LEITFRAGEN POLITIK

Orientierungswissen
Politische Bildung

Horst Becker
Jürgen Feick
Herbert Uhl

Ernst Klett Verlag für Wissen und Bildung
Stuttgart · Dresden

Gedruckt auf Recyclingpapier, hergestellt aus 100 % Altpapier

1. Auflage 1 5 4 3 2 / 1997 96 95

Alle Drucke dieser Auflage können im Unterricht nebeneinander verwendet werden; sie sind untereinander unverändert. Die letzte Zahl bezeichnet das Jahr dieses Druckes.

Redaktion: Dr. Hans-Werner Thunig

Satz: Setzerei Lihs, Ludwigsburg
Zeichnungen: Eugen Münzing und Claire Sarvisé-Giralt
Umschlaggestaltung: Ilona Arfaoui
Druck: Druckerei Parzeller, Fulda
ISBN 3-12-800600-8

Vorwort

Politik: entscheiden und handeln

„Wir formen unsere Gebäude, und die Gebäude formen uns". – Dies sagte Winston Churchill, der britische Premierminister in den Jahren des Zweiten Weltkrieges, bei einer Einweihung neuer öffentlicher Bauwerke.
Was Churchill auf die gebaute Umwelt des Menschen bezog, kann auf die Gesellschaft insgesamt ausgedehnt werden: Wir gestalten sie – und schaffen damit zugleich Verhältnisse, die unser Leben beeinflussen.
Damit sind wir bei der **Politik** angelangt. Das bedeutet, daß
- ► wir uns gemeinsam darüber auseinandersetzen müssen, wie wir das Zusammenleben in unserer Gesellschaft regeln wollen;
- ► wir nicht allein und für uns existieren, sondern in einer Welt leben, in der es viele andere Länder und Staaten gibt;
- ► das Zusammenleben in und zwischen den Staaten nicht von selbst und nicht immer reibungslos funktioniert.

Orientierungswissen Politik

Dazu sind gemeinsame Anstrengungen notwendig – nicht nur von denen, die Politik berufsmäßig betreiben. Sich einmischen und mitmachen heißt aber auch: **wissen, worum es geht.** Dieses Buch informiert darüber in neun Kapiteln. Zusammen bieten diese Kapitel ein **Orientierungswissen** zu den wichtigsten Themenkreisen der politischen Bildung an:
- ► Jedes **Kapitel** – und damit jeder Themenkreis – wird in einzelne Themen und dadurch in überschaubare **Abschnitte** eingeteilt.
- ► Das **Thema** eines Abschnittes wird durch **Leitfragen** aufgeschlossen.
- ► Die **Informationen** zu den einzelnen Leitfragen werden durch Marginalien deutlich untergliedert. Die wichtigen **Grundbegriffe** können dabei schnell mit Hilfe der Marginalien erfaßt werden.
- ► Die **Zusammenfassungen** wiederholen die wichtigsten Aussagen am Schluß eines jeden Abschnittes.

Leitfragen Politik – wozu?

„Leitfragen Politik" enthält keine Aufgaben, die gelöst, keine „Quellentexte", die interpretiert werden sollen. Und es muß auch nicht von vorne bis hinten „durchgearbeitet" werden. Es ist ein Buch, das z. B. gebraucht wird, wenn man sich zu einem Thema schnell und systematisch informieren will, etwa bei der Auseinandersetzung mit einem aktuellen Fall, bei der Beschäftigung mit einem konkreten Projekt. Es eignet sich aber auch zum Nachschlagen, zum Wiederholen, zur Vorbereitung auf ein Thema, auf einen Test, auf eine Klausur oder auf die Abschlußprüfung.
Wir haben darauf geachtet, daß die einzelnen Kapitel so geschrieben und gestaltet wurden, daß sie von den Leserinnen und Lesern selbst – ohne Hilfe von anderen – gemeistert werden können. „Leitfragen Politik" ist deshalb zugleich ein Buch zum Selbstlernen und zum Selbststudium, auch außerhalb der Schule.

Inhaltsverzeichnis

2 Medien und Kommunikation

3 Wirtschaftssystem und Wirtschaftspolitik

5 Rechtsordnung in der Bundesrepublik Deutschland

6 Entscheiden, Regieren, Kontrollieren: Das politische System der Bundesrepublik Deutschland

8 Internationale Politik: Friedenssicherung nach dem Ost-West-Konflikt

9 Entwicklungsländer und Entwicklungspolitik

Gesellschaft in Deutschland

1

1.1 Die Bevölkerung der Bundesrepublik Deutschland

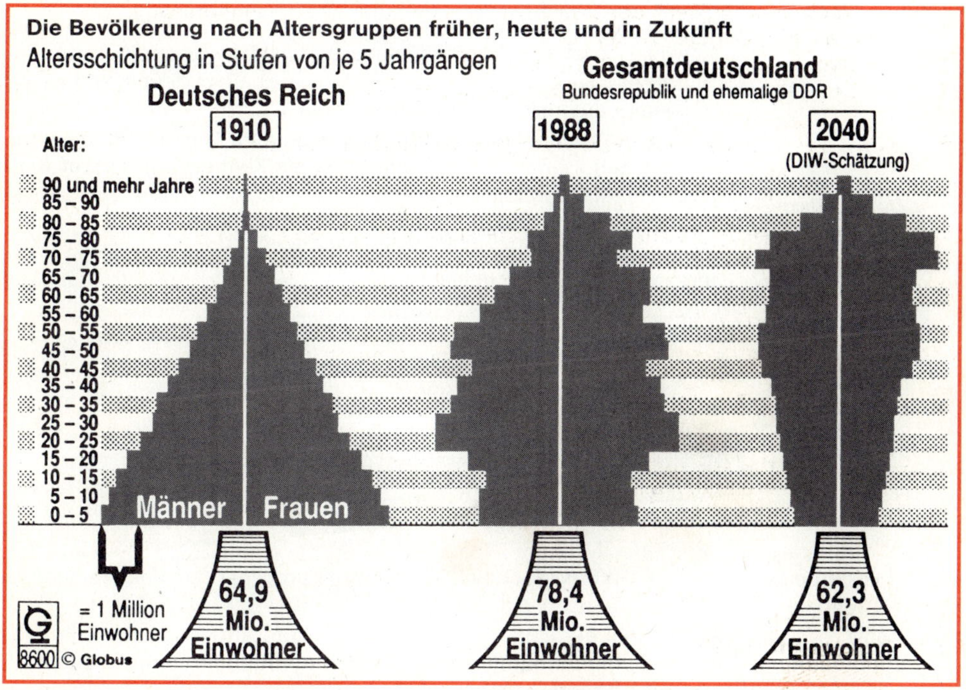

Leitfragen

1 Die Entwicklung der Bevölkerung – immer weniger Deutsche?

2 Die räumliche Verteilung der Bevölkerung – immer mehr und immer größere Städte?

3 Der Altersaufbau der Bevölkerung – weniger junge, mehr ältere Menschen?

1 Die Entwicklung der Bevölkerung – immer weniger Deutsche?

Früher, heute und in Zukunft

Im Jahre 1871 lebten im Deutschen Reich 41 Mio. Menschen. Bis 1937 stieg diese Zahl auf 69 Mio. an. Nach 1945 lief die Statistik getrennt: 1949 lebten im Gebiet der (alten) Bundesrepublik 49,2 Mio., in der

DDR 18,8 Mio. Menschen. Während die Bevölkerung im Westen bis 1989 auf 62,6 Mio. anstieg, ging sie in der DDR – vor allem aufgrund der Abwanderungen – auf 16,4 Mio. zurück. Damit leben heute – nach der Vereinigung – 79,113 Mio. Menschen in Deutschland.
Für die Zukunft gehen alle **Vorausschätzungen** davon aus, daß die Bevölkerung insgesamt abnehmen wird. Diese Vorausschätzungen sind um so genauer, je geringer der Zeitraum ist, für den die Voraussagen gemacht werden. Allen Schätzungen liegen nämlich keine exakten und meßbaren Zahlen, sondern Annahmen zugrunde.
Solche Annahmen sind vor allem eine etwa gleichbleibende Häufigkeit der Geburten sowie die weitere Zunahme der Lebenserwartung. Schwieriger ist es allerdings, sichere Aussagen über die Zuwanderung in die Bundesrepublik zu machen (z. B. über deutschstämmige Aussiedler aus osteuropäischen Staaten, den Zuzug und die Abwanderung von Ausländern). Außerdem ist aus der Geschichte bekannt, daß die Geburtenhäufigkeit, gemessen als Zahl der Kinder auf 1000 Frauen im Alter zwischen 15 und 45 Jahren, nicht konstant ist, sondern nach unten und oben schwanken kann.
Diese Einschränkungen vorausgesetzt, nennen die Prognosen (Vorhersagen) folgende Zahlen:

Tab. 1: Vorausschätzungen der Wohnbevölkerung für das Gebiet der früheren Bundesrepublik Deutschland (vor dem 03.10.1990)

Einwohner in Mio. im Jahr

1987	2000	2010	
61,143	54,866	51,476	Jahrbuch der Bundesrepublik Deutschland 1988/89, S. 7

Warum verändert sich die Bevölkerungszahl?

Die **Entwicklung der Bevölkerung** wird durch mehrere Faktoren beeinflußt, insbesondere durch

- die Zahl der Geburten im Verhältnis zur Zahl der Sterbefälle,
- die Zuwanderungen aus dem und die Abwanderungen in das Ausland („Wanderungsbilanz"),
- den medizinischen Fortschritt, der sich vor allem auf die Säuglingssterblichkeit und die Höhe der Lebenserwartungen auswirkt,
- besondere Wertvorstellungen, die sich im Laufe der Jahre verändern können, etwa die Vorstellungen über die Größe der Familie und die Zahl der eigenen Kinder (generatives Verhalten).

Unterschiede zwischen West- und Ostdeutschland

Die Entwicklung der Bevölkerungszahlen verlief seit 1949 in den beiden deutschen Staaten z. T. sehr unterschiedlich. Während etwa 1961 in der alten BRD 1,2 % der Bevölkerung **Ausländer** waren, stieg diese Zahl Ende der achtziger Jahre auf nicht ganz 8 %. In der DDR dagegen ging diese Bevölkerungsgruppe nie wesentlich über 1 % hinaus.
Unterschiede zeigen sich auch in der **Wanderungsbilanz:** Die DDR verlor – vor allem durch die Fluchtbewegung bis zum Bau der Berliner Mauer 1961 und dann wieder 1989/90 – sehr viele Einwohner

(z. B. 1989: 343 854 Übersiedler); ihre Wanderungsbilanz ist negativ. Auf der anderen Seite ging die starke Zunahme der Bevölkerung im Westen nach 1945 zum einen auf die Flüchtlingsströme aus den ehemaligen deutschen Ostgebieten, zum andern auf die DDR-Flüchtlinge und -Übersiedler zurück. In den achtziger Jahren kamen zudem zahlreiche deutschstämmige **Aussiedler** vor allem aus Polen, der UdSSR und Rumänien.

Tab. 2: Aussiedler nach Herkunftsländern

Zeitraum	insgesamt	davon aus			
		Polen	UdSSR*	Rumänien	CSFR*
1950 – 1979	1 016 611	605 510	78 743	91 163	88 372
1980 – 1989	984 087	632 800	176 615	151 157	12 727
davon					
1988	202 673	140 226	47 572	12 902	949
1989	377 055	250 340	98 134	23 387	2 027
1990	397 075	113 253	147 455	107 189	1 324
1991	221 995	40 129	147 320	32 178	2 368**
1992	230 565	17 742	195 576	16 146	1 101**

Nach: Datenreport 1992, Bonn 1992, S. 41. Statistische Berichte des Bundesausgleichsamtes. *bzw. Nachfolgestaaten **einschl. sonstiger Länder

Einen weiteren Unterschied verdeutlicht die sogenannte **Fruchtbarkeitsziffer.** Sie drückt die Anzahl der Lebendgeborenen bezogen auf 1000 Frauen im Alter zwischen 15 und 45 Jahren aus.

Tab. 3: Lebendgeborene auf 1000 Frauen
(im Alter von 15 – 45 Jahren)

Jahr	BRD*	DDR*
1970	67	70
1975	48	52
1980	47	67
1989	52	57

*vor 03.10.1990

Nach: Datenreport 1992, Bonn 1992, S. 48; Gunnar Winkler (Hrsg.), Sozialreport 1990, Stuttgart 1990, S. 22.

Ausländische Bevölkerung

Durch den Zuzug von Ausländern und die höhere Geburtenhäufigkeit ausländischer Familien wurde – neben der Zuwanderung von Übersiedlern aus der DDR und deutschen Aussiedlern aus osteuropäischen Staaten – der Rückgang der Bevölkerung in der Bundesrepublik nach 1974 abgeschwächt. Ende 1992 lebten in der Bundesrepublik 6,5 Mio. Ausländer. Das entsprach einem Anteil an der gesamten Bevölkerung von rund 8 % (zum Vergleich in der Schweiz: rund 20 %). Die meisten von ihnen kamen, um hier **Arbeit** zu finden. Den kleineren Teil der ausländischen Bevölkerung stellen die Asylbewerber (1989: 121 318, 1990: 193 063, 1991: 256 112, 1992: 438 000). (Vgl. auch Abschn. 6.6, Leitfrage 5)

Tab. 4: Ausländische Wohnbevölkerung nach Staatsangehörigkeit (Ende 1992)

Nationalität	Anzahl in 1000	Anteil an der ausländ. Bevölkerung
Türkei	1 855	28,6 %
Jugoslawien	916	14,1 %
Italien	558	8,6 %
Griechenland	346	5,3 %
Polen	286	4,4 %
Österreich	185	2,8 %
Spanien	134	2,1 %

Zur Ergänzung: Ende 1989 lebten in der DDR 191 190 Ausländer. 31 % waren Vietnamesen, 27 % Polen, 8 % Mosambikaner, 8 % Bürger der ehemaligen UdSSR, 7 % Ungarn, 4 % Kubaner.

Statistisches Jahrbuch 1992, S. 71.

Tab. 5: Wie lange leben Ausländer bei uns? (Stichtag 31.12.1990)

Aufenthaltsdauer von ... bis unter ... Jahren	absolut in 1000 (gerundet)	in % aller Ausländer
unter 1	315	6
1 – 6	1 206	23
6 – 10	524	10
10 – 15	891	17
15 – 20	1 048	20
20 und mehr	1 258	24
insgesamt	5 242	100,0

Lesebeispiel: Am 31.12.1990 lebten 5 242 000 Ausländer bei uns. 1 258 000 von ihnen – oder 24 % aller Ausländer – lebten an diesem Tag bereits 20 und mehr Jahre hier.

Statistisches Jahrbuch 1990, S. 59 (Neuere Zahlen zu dieser Frage lagen Ende 1992 noch nicht vor).

2 Die räumliche Verteilung der Bevölkerung – immer mehr und immer größere Städte?

Bevölkerungsdichte

Die Bevölkerung Deutschlands lebt auf einer Fläche von 356 954 qkm (248 621 qkm ehem. BRD, 108 333 qkm ehem. DDR). Verteilt man die Gesamtzahl der 79,070 Mio. Einwohner rechnerisch auf diese Fläche, so erhält man die durchschnittliche Einwohnerzahl je Quadratkilometer, die **Bevölkerungsdichte**. Mit 222 Einwohnern steht dabei Deutschland nach den Niederlanden (353) und nach Belgien (324) an dritter Stelle in Europa (kleine Stadtstaaten wie Monaco ausgenommen).

Ungleiche regionale Verteilung

Mit der durchschnittlichen Bevölkerungsdichte ist noch keine Aussage über die tatsächliche Verteilung im Bundesgebiet möglich. Wie in den meisten Industriestaaten gibt es auch bei uns **Regionen**, deren Bevölkerungsdichte weit unter, und solche, die weit über dieser Durchschnittszahl liegen. Auf alle Bundesländer bezogen ergibt sich folgende Aufteilung:

Tab. 6: Bundesländer nach Fläche, Einwohner und Bevölkerungsdichte

Land	Fläche in qkm	Einwohner	
		in 1000	je qkm
Baden-Württemberg	35 751	9 619	269
Bayern	70 554	11 221	156
Berlin	883	3 410	3 862
Brandenburg	29 059	2 641	91
Bremen	404	674	1 668
Hamburg	755	1 626	2 154
Hessen	21 114	5 661	268
Mecklenburg – Vorpommern	23 838	1 964	82
Niedersachsen	47 344	7 238	153
Nordrhein-Westfalen	34 070	17 104	502
Rheinland-Pfalz	19 849	3 702	186
Saarland	2 570	1 065	414
Sachsen	18 337	4 901	267
Sachsen-Anhalt	20 445	2 965	145
Schleswig-Holstein	15 729	2 595	165
Thüringen	16 251	2 684	165

Datenreport 1992, S. 43.

Ballungsräume – Stichwort: Verstädterung

Die Industrialisierung, der Übergang zur industriellen Produktionsweise vor allem seit der Mitte des letzten Jahrhunderts, veränderte die Lebensbedingungen und die Lebensweisen der Menschen nachhaltig. Sie löste große Wanderungsbewegungen aus, die in der Verteilung der Bevölkerung heute noch erkennbar sind. Die Arbeitsplätze in den Fabriken, die Produktionsstandorte der Industrie bildeten den Ausgang für die Entwicklung der Städte und Großstädte. Sie legten den Grund für die **wirtschaftlichen Ballungsräume** von heute (Verstädterung).

Siedlungsstruktur heute

Die Konzentration in solchen Ballungsräumen ist ein Merkmal industrieller Gesellschaften. Um diese Entwicklung, die sich über mehrere Jahrzehnte erstreckt und bis heute anhält, darzustellen, müssen wir alle Gemeinden nach ihrer Einwohnerzahl in Gruppen einteilen und untersuchen, wie sich die Bevölkerung auf diese Gemeindegruppen verteilt. Damit beschreiben wir die **Siedlungsstruktur** der Bevölkerung.

Tab. 7: Siedlungsstruktur 1871–1986
1871–1925: Deutschland; 1954–1986: BR Deutschland; 1989 DDR

Gemeindegruppen nach Einwohnern	Von 100 Einwohnern lebten ... in Gemeinden ...					
	1871	1925	1954	1976	1986	1989 DDR
unter 2000	63,9	35,6	26,1	8,1	6,1	23,5
2000 bis 100 000	31,3	37,6	44,7	57,1	61,2	49,4
mehr als 100 000	4,8	26,8	29,2	34,8	32,7	27,1
insgesamt	100,0	100,0	100,0	100,0	100,0	100,0

Dieter Claessens u. a., Sozialkunde der Bundesrepublik Deutschland, Reinbek 1989, S. 175; Statistisches Jahrbuch 1988, S. 60, Statistisches Jahrbuch 1990, S. 639.

Gemeindereformen

Bei der Auswertung dieser Tabelle muß allerdings berücksichtigt werden, daß der starke Rückgang des Anteils der Bevölkerung, die in kleinen Gemeinden lebt, nicht in erster Linie durch Abwanderung oder durch ein starkes Bevölkerungswachstum der größeren Gemeinden und Städte verursacht wurde. Dahinter verbergen sich die statistischen Auswirkungen der **Gemeindereformen**, die in den siebziger Jahren in den elf alten Bundesländern durchgeführt wurden. Dabei wurden kleinere Gemeinden zu größeren zusammengelegt. So existierten noch 1970 im damaligen Bundesgebiet rund 18 700 Gemeinden mit weniger als 2 000 Einwohnern. Ihre Zahl hat sich bis heute auf 4 653 – bei insgesamt 8 502 – Gemeinden verringert. Zum Vergleich: DDR am 31.12.1989: insgesamt 7 565 Gemeinden, davon hatten 6 597 weniger als 2 000 Einwohner (Stat. Jahrbuch 1990, S. 639; Jahrbuch der Bundesrepublik Deutschland 1990/91, S. 82). In den neuen Bundesländern werden Gemeindereformen schrittweise seit Beginn der neunziger Jahre durchgeführt. Dadurch verringert sich auch hier die Zahl der Kommunen mit eigener Verwaltung.
Der Anteil der Menschen, die in Gemeinden mit mehr als 100 000 Einwohnern – den Großstädten – leben, verändert sich heute nicht mehr nennenswert; er ist seit 1960 in etwa konstant (mit kleineren Abweichungen in den siebziger Jahren – vgl. Tab. 7).

3 Der Altersaufbau der Bevölkerung – weniger junge, mehr ältere Menschen?

Pyramide, Glocke, Urne – drei Modelle

Die Altersstufen innerhalb der Bevölkerung, also die Aufteilung aller nach dem Lebensalter, werden meist in der „Bevölkerungspyramide" dargestellt. Dabei wird die gesamte Bevölkerung zu einem besonderen Stichtag – etwa der Volkszählung am 25.05.1987 in der damaligen Bundesrepublik – in **Altersgruppen** eingeteilt, z. B. in Ein-Jahres-Gruppen. Es wurde gefragt, wieviel Personen waren am 25.05.1987 ein Jahr, zwei Jahre usw. alt? Oder genauer: Wie viele weibliche und wie viele männliche Personen waren ein Jahr alt?

Übersicht 1: Drei Typen des Altersaufbaus einer Bevölkerung

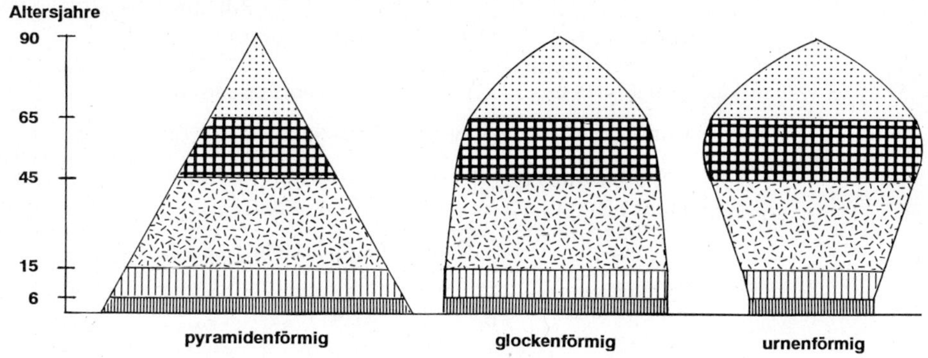

Pyramide

Die „Pyramide" als Darstellungsform für den Altersaufbau der Bevölkerung sagt aus, daß jeder Jahrgang Neugeborener größer ist als der vorausgegangene. Die älteren Jahrgänge werden zudem kleiner, weil in ihnen die Sterbefälle zunehmen. Die „Pyramide" zeichnet somit das Bild einer zunehmenden, wachsenden Bevölkerung.

Glocke

Entspricht der Altersaufbau der Gesellschaft eher einer „Glocke", dann werden jedes Jahr etwa gleich viel Menschen geboren. Durch die mit steigendem Alter auch zunehmenden Sterbefälle nimmt die Zahl der Personen in höheren Altersgruppen ab; der Altersaufbau schließt sich nach oben wie eine Glocke. Dieses Bild entspricht einer Bevölkerung, die sich zahlenmäßig nicht nennenswert verändert.

Urne

Dem Bild der „Urne" entspricht eine Gesellschaft, deren Bevölkerung abnimmt. Jeder Jahrgang Neugeborener ist zahlenmäßig geringer als der jeweils vorausgegangene. So wurden 1965 in der damaligen Bundesrepublik 1 044 000 Kinder geboren (Lebendgeborene); 1988 waren es nur noch 677 259. Die größere Sterblichkeit in den höheren Altersgruppen führt zudem dazu, daß sich die Form der Urnenspitze rascher schließt.
Seit 1975 sank die Zahl der Bevölkerung der elf westlichen Bundesländer (1974: 62,071 Mio.; 1975: 61,847 Mio.). Diese Entwicklung hielt bis 1987 an. Der sich daran anschließende Anstieg war im wesentlichen durch zwei Ursachen bestimmt: Ein verstärkter Zugang von deutschstämmigen Aussiedlern aus Osteuropa und den Übersiedlern bzw. Flüchtlingen aus der damaligen DDR.

Mehr ältere Menschen

Der Rückgang der Bevölkerung und der zunehmende Anteil alter Menschen haben **mehrere Ursachen**: der Anstieg der Lebenserwartung durch die medizinischen Fortschritte, die Möglichkeiten der bewußten Familienplanung, die veränderten Rollenvorstellungen und -erwartungen der Frauen, die sich etwa in einer zunehmenden Zahl derjenigen ausdrückt, die einen Beruf ausüben wollen, steigende Kosten für Wohnungsmieten bzw. den Wohnungsbau vor allem in den Städten, veränderte Vorstellungen von der Zukunft (der eigenen und der der eigenen Kinder, Angst vor der Zukunft).

Tab. 8: Die Bevölkerung nach Altersgruppen

Alter von ... bis unter ... Jahren	1989 Deutschland		1988 BRD	1950 BRD
	in 1000	in % aller	in % aller	in % aller
0 - 6	5205,3	6,6	6,1	8,1
6 - 15	7433,2	9,4	8,7	15,2
15 - 18	2505,5	3,2	3,4	4,5
18 - 25	8634,1	10,9	11,5	10,1
25 - 45	23153,5	29,3	28,8	28,2
45 - 60	16098,7	20,3	20,6	19,9
60 - 65	4288,2	5,4	5,5	4,6
65 und mehr	11794,3	14,9	15,4	9,4
insgesamt	79112,8	100,0	100,0	100,0

Statistisches Jahrbuch 1991, S. 64f.

Übersicht 2: Die Zukunft gehört den Alten

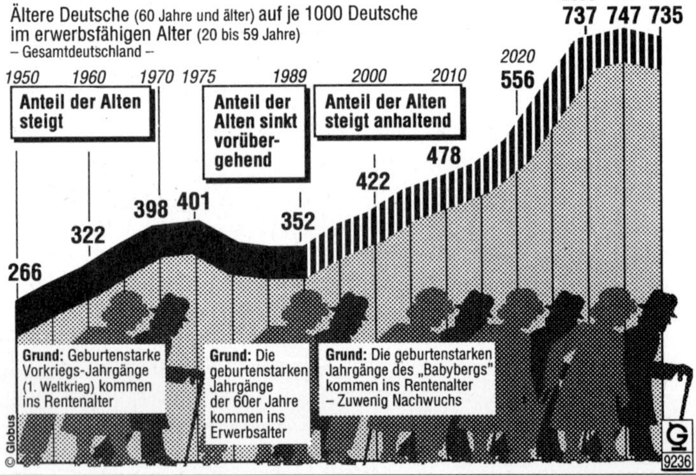

Tab. 9: Lebenserwartung zum Zeitpunkt der Geburt in Jahren

Geschlecht	1901/10	1949/51	1986/88 *	1987/88 **
weiblich	48,3	68,48	78,7	75,9
männlich	44,8	64,56	72,1	69,8

* BRD, ** DDR — Statistisches Jahrbuch 1992, S. 81.

Zusammenfassung

1 Die Zahl der Bevölkerung der elf westlichen Bundesländer nahm bis 1974 zu. Von 1975 bis 1987 war sie leicht rückläufig. Ohne die ausländische Wohnbevölkerung wären die Zahlen noch stärker zurückgegangen. Die Zunahme der Bevölkerung der elf Länder 1988/89 war vor allem durch den Zugang deutschstämmiger Aussiedler aus Osteuropa und auf Übersiedler und Flüchtlinge aus der damaligen DDR bedingt.

2 In Deutschland leben im Durchschnitt auf einem Quadratkilometer 222 Einwohner (Bevölkerungsdichte). Die Bevölkerungskonzentration in den Großstädten und Stadtregionen ist eine Folge der wirtschaftlichen Entwicklung seit der industriellen Revolution.

3 Der Altersaufbau der Bevölkerung Deutschlands nähert sich dem Bild einer „Urne“: Der Anteil der älteren Menschen an der Gesamtzahl der Bevölkerung wächst, der Anteil der jungen wird kleiner. Diese Entwicklung hat mehrere Ursachen; eine davon muß in dem Rückgang der Zahl der Geburten seit Mitte der sechziger Jahre gesehen werden.

1.2 Jugendliche in ihren Familien

Aus einem Gespräch in einer befreundeten Elterngruppe – ihr Thema: Wie sind wir – wie unsere Kinder?

Ihr Alter: von 45 bis 52 Jahre, das Alter ihrer Kinder: zwischen 12 und 26 Jahren.

Frau E: Wenn unser Michael jetzt mit 17 sagt, ich tramp' eben mal fort am Heiligen Abend, und hat er die Möglichkeit wegzukommen, dann macht er's auch. Das hat's bei uns nicht gegeben. Ich hab' mal mit 17 meiner Mutter gesagt, ich geh' in die Schweiz in den Haushalt. Da brauch ich 'nen neuen Koffer. Da hat meine Mutter gesagt: ‚Bevor du nicht 21 bist, geb' ich dir kein Geld für einen Koffer.' Und da bin ich nicht in die Schweiz gekommen. Das war einfach nicht drin.
Und wenn ich heut' sag: ‚Du kannst nicht fort an Weihnachten!' – dann stellt er sich an die Straß' und weg ist er. Das ist der Unterschied.

Herr A: Was mich mal interessieren würde: Woran liegt das? Wir haben gegenüber unseren Eltern immer gekuscht.

Frau C: Ich denk', das hängt auch etwas von der Umgebung ab, in der wir aufgewachsen sind.

Herr A: Sicher, aber heut' sind die Jungen freier als wir damals.

Frau C: Ich denk', daß heut' nicht nur die Jungen anders sind als zu unserer Zeit. Wir Eltern unterscheiden uns ja heute auch von unseren Eltern damals. Das hat einfach damit zu tun, daß der einzelne heutzutag' freier ist. Wir kuschen ja auch nicht mehr vorm Herrn Pfarrer, auch nicht vor unseren Eltern.

Nach den Protokollen in Ralf Bohnsack, Generation, Milieu und Geschlecht. Ergebnisse aus Gruppendiskussionen mit Jugendlichen, Opladen 1989, S.183 ff.

Leitfragen

1 Die Jungen und die Alten – zwei Generationen im Konflikt?

2 Familienleben – wozu?

3 Der Staat – notwendig für das Familienleben?

1 Die Jungen und die Alten – zwei Generationen im Konflikt?

Jugendzeit: zwischen der Familie und anderen

Kinder wollen meist anders werden als ihre Eltern, sie stellen sich eine andere Zukunft vor. Das Stichwort vom „Konflikt der Generationen" drückt aus, daß es nicht selten bei dem Bemühen der Jugendlichen, ihre Vorstellungen von ihrer eigenen Zukunft zu verwirklichen, zu Meinungsverschiedenheiten und zu Auseinandersetzungen kommt. Wenn auch diese Auseinandersetzungen zwischen den Generationen im einzelnen unterschiedlich verlaufen, so können sie letztlich auf eine gemeinsame Ursache zurückgeführt werden: Jugendliche **lösen** sich von ihrer Familie, sie erweitern schrittweise ihre Erfahrungen und bauen eigene, von der Familie unabhängige Beziehungen auf. Zum sozialen Umfeld der Familie treten im Laufe der Lebensgeschichte von Kindern und Jugendlichen andere: die Schule insgesamt und die einzelne Schulklasse im besonderen, die Gleichaltrigen zunächst aus der Nachbarschaft, dann die Kolleginnen und Kollegen bei der Arbeit, die Freunde, mit denen man große Teile der Freizeit verbringt. Alle diese Gruppen ermöglichen **soziale Beziehungen**, in ihnen und mit ihnen können neue Erfahrungen in der Gesellschaft gemacht werden.

Weg von der Familie – wann?

Die Ablösung von der Familie vollziehen die meisten Jugendlichen schrittweise. Dabei spielt der Übergang in das **Berufsleben** und damit zusammenhängend die Möglichkeit, finanziell unabhängig zu sein, eine entscheidende Rolle. Für die meisten steht am Ende dieser Phase die **Heirat** und die Gründung einer eigenen Familie oder das **Zusammenleben** mit einer Partnerin/einem Partner.

Eine kleinere Zahl Jugendlicher im Alter zwischen 16 und 18 Jahren – genau 1,4 % – lebt außerhalb der Familie. Eine Untersuchung in Westdeutschland ergab: 0,1 % dieser Jugendlichengruppe lebt in Wohngemeinschaften, 0,5 % allein und 0,8 % zusammen mit einem Partner. Dagegen leben rund 80 % mit beiden Eltern, knapp 11 % nur mit der Mutter und die übrigen mit dem Vater zusammen (nach Klaus Allerbeck, Wendy Hoag, Jugend ohne Zukunft? 3. Aufl. München 1986, S. 54).

Tab. 1: Durchschnittliches Heiratsalter in Jahren

	1950	1975	1989*	1989**	
ledige Männer	28,1	25,3	28,2	25,3	* BRD
ledige Frauen	25,4	22,7	25,7	23,2	** DDR

Statistisches Jahrbuch 1991, S. 76.

Stichworte: Generation, Generationenkonflikt

Eine Generation umfaßt bei uns etwa den Zeitraum von 20 bis 30 Jahren. In ihr werden Menschen zusammengefaßt, die aufgrund annähernd gleicher Zeitumstände und davon geprägter Lebensverhältnisse eine Altersgruppe bilden. So spricht man von der Generation der Eltern, Großeltern, Kinder, oder – mit dem Blick auf eine bestimmte Zeitspanne – von der „Nachkriegsgeneration“ und meint diejenigen, die unter den Bedingungen der Jahre nach dem Zweiten Weltkrieg, also nach 1945, aufgewachsen sind. Eine solche Bezeichnung unterstellt, daß die **Lebensverhältnisse** dieses Zeitabschnittes die **Lebensläufe** dieser Menschen geprägt, sie in ihren Vorstellungen und Verhaltensweisen beeinflußt haben.
Spannungen und Konflikte zwischen den Generationen entstehen im unmittelbaren Zusammenleben in der Familie: aus den unterschiedlichen Vorstellungen über die Rollen als Vater, Mutter, Erziehungsberechtigte(r), Auszubildende(r) usw. Während die Eltern lernen müssen, daß sie nicht mehr die einzigen sind, die auf ihr Kind Einfluß ausüben können (Schule, Beruf, Freunde, Massenmedien), müssen sich Jugendliche von ihrer Herkunftsfamilie ablösen und gleichzeitig eine eigene Stellung in der Gesellschaft aufbauen.

Gleichaltrige – die Clique

Gruppen von **Gleichaltrigen** – englisch auch peers oder peer-groups genannt – sind für viele Jugendliche in der Zeit der Ablösung von ihrer Familie besonders wichtig: „Die Gruppe der peers, die häufig in der Nachbarschaft, der Schulklasse oder im gemeinsamen Sportverein ihren Ursprung hat, gibt dem Jugendlichen die Chance, über sich und seine Erfahrungen und Gefühle, sein Welt-Erleben und Welt-Bewältigen zu sprechen.“ (Bernhard Schäfers, Sozialstruktur und Wandel der Bundesrepublik Deutschland, 4. Aufl. Stuttgart 1985, S. 282.) Was in der Gruppe geschieht und wie sich die einzelnen in ihr verhalten, was als wichtig erachtet wird und was nicht – dies alles führt zu neuen Erfahrungen, die das eigene Denken und Handeln beeinflussen. Solche Cliquen haben – dies zeigen genauere Untersuchungen in den letzten 30 Jahren – zahlenmäßig zugenommen. Während von den Jugendlichen, die in den sechziger Jahren in westlichen Bundesländern lebten (die heutige „Eltern-Generation“), nur 16% angaben, Mitglied einer Clique gewesen zu sein, konnten in der ersten Hälfte der achtziger Jahre dies 57% der Befragten bestätigen (Klaus Allerbeck, Wendy Hoag, a. a. O., S. 38).
Das Gemeinschaftserleben in Gruppen („Wir-Gefühl“) kann sich nach außen wenden, wenn eine Gruppe ihre Eigenart betont demonstriert (z. B. durch besondere Kleidung und besonderes Auftreten). Solche Verhaltensweisen haben zum Ziel, sich von anderen zu unterscheiden oder sich von ihnen abzugrenzen.
Das besondere Aussehen und Verhalten kann in einem betont anderen **Lebensstil** gipfeln. Mit ihm wollen die Mitglieder dieser Gruppe eine eigene Lebensweise demonstrieren, mit der sie sich von „den anderen“ absetzen. Das Nebeneinander solcher unterschiedlicher Lebensstile vollzieht sich nicht immer konfliktfrei – weder in den Familien noch zwischen den Generationen noch in der Gesellschaft insgesamt, also

zwischen den sozialen Gruppen. Die Wirklichkeit zeigt vielmehr, daß der Konflikt der „Normalfall“ ist.

2 Familienleben – wozu?

Familien unterscheiden sich – Familientypen

Unter Familie verstehen wir jene Lebensgemeinschaften von Erwachsenen, in denen Kinder aufwachsen und erzogen werden. „Die Erwachsenen sind in der Regel die leiblichen Eltern, aber Ausnahmen von dieser Regel sind zahlreich; zu denken ist an die Familien, in denen nur ein Elternteil den Familienvorstand bildet, aber auch an Adoption (Annahme an Kindes Statt), erweiterter Blutsverwandten- oder Nichtverwandtenfamilie, Wohngemeinschaften, selbst-bestimmte Jugend-Kollektive usw.“ (Bernhard Schäfers, Gesellschaftlicher Wandel in Deutschland, 5. Aufl. Stuttgart 1990, S. 109.)
In den elf westlichen Bundesländern gab es 1988 27,403 Mio. Haushalte. Davon lebten in 14,870 Mio. Haushalten Verheiratete zusammen; in 738 000 Haushalten lebten Verheiratete getrennt; 4,682 Mio. waren Verwitwetenhaushalte und 1,995 Mio. Geschiedenenhaushalte. (Hildegard Rapin, Der private Haushalt. Daten und Fakten, Frankfurt a. M. 1990, S. 59.) Auf die Gesamtbevölkerung bezogen läßt sich festhalten, daß heute etwa 39 % ledig, rund 48 % verheiratet, 9 % verwitwet und knapp 4 % geschieden sind. Noch vor 100 Jahren lag der Anteil der Ledigen an der Gesamtbevölkerung bei 60 %.
Nach der letzten Volkszählung in der DDR gab es dort 1981 6,5 Mio. Haushalte. Davon lebten in 4,8 Mio. Haushalten mehrere Personen zusammen. Von diesen Mehrpersonenhaushalten waren 62,9 % (oder 3,02 Mio.) Familien mit Kindern.
Die heute vorherrschende Form der **Kern- oder Kleinfamilie** besteht aus Eltern und im gemeinsamen Haushalt lebenden Kindern. In **unvollständigen** Familien fehlt ein Elternteil, sei es durch Trennung, Scheidung oder Tod. Hierzu zählen auch Familien, in denen nicht verheiratete Mütter (bzw. Väter) ihre Kinder allein erziehen (Alleinerziehende).

Tab. 2: Familientypen in Deutschland

Familientypen	BRD	DDR	
Familien insgesamt	23,2 Mio.	5,9 Mio.	Jahrbuch der Bundesrepublik Deutschland 1990/91; S. 25; Sozialreport DDR 1990, S. 264 (Erhebungszeiten: BRD – 1987; DDR – 1981).
davon ohne Kinder	54,9 %	37,1 %	
mit Kindern	45,1 %	62,9 %	
mit 1	23,0 %		
mit 2	16,0 %		
mit 3 und mehr Kindern	6,0 %		

Aufgaben der Familie – „alte und neue“

Die Familie gilt für die überwiegende Mehrheit als die Lebensform, in der Kinder geboren und erzogen werden. **Fortpflanzung** und **Erziehung der Kinder** stellen somit wesentliche Aufgaben der Familie dar.

Stichwort: Sozialisation

Bereits in den ersten Wochen und Monaten prägt sich dem Kind unbewußt ein, ob es sich auf die Umwelt und die Menschen verlassen kann oder nicht. Wird es beständig von derselben Person betreut, dann kann es sich auf diese Person einstellen. Es lernt, wie die Menschen in seiner Umwelt auf seine Bedürfnisse und Äußerungen reagieren. Im positiven Falle erwirbt das Kind damit ein **Urvertrauen** in die Menschen seiner Umgebung und in seine eigenen Fähigkeiten.
Die Bezugsperson muß nicht die leibliche Mutter oder der leibliche Vater sein. Aus Beobachtungen wissen wir, daß Kinder, denen in den ersten Lebensjahren eine ständige Bezugsperson fehlte (z.B. eine ständige Betreuerin in einem Säuglingsheim, die sie gut und zuverlässig kannten), nur schwer sprechen lernten, oft auch körperlich unterentwickelt und für Krankheiten besonders anfällig waren.
Dies bedeutet: Durch das frühe Vertrauen erwirbt der Mensch die Fähigkeit, die er braucht, um in der Gesellschaft mit anderen zu leben. Diesen Vorgang nennen wir auch **Sozialisation**: Das Kind lernt, seine Bedürfnisse zu äußern und zu befriedigen. Dabei erlebt es die Regeln, die Verhaltensweisen und Gewohnheiten, die Sitten und Wertvorstellungen seiner Umgebung. Es lernt, sich durch Zeichen, Gesten und Sprache zu verständigen, moralisch zwischen guten und bösen Handlungen zu unterscheiden, sich unterzuordnen, sich mit den anderen auseinanderzusetzen und sich und seine eigenen Vorstellungen durchzusetzen. Für die meisten Menschen vollzieht sich diese Entwicklung in der überschaubaren sozialen Umwelt der Kleinfamilie.

„Funktionsverlust" der Familie?

Verglichen mit Großfamilien, wie wir sie noch zu Anfang unseres Jahrhunderts in der Schicht des besitzenden Bürgertums (z.B. Handel- und Gewerbetreibende, selbständige Bauern) antrafen, hat die heutige Kern- oder Kleinfamilie frühere Aufgaben bzw. Funktionen verloren: Allgemeine und berufliche Bildung erfolgen weitgehend außerhalb der Familie in besonderen Einrichtungen (in Schulen und Betrieben). Ältere Menschen, Kranke oder Arbeitslose brauchen nicht mehr ausschließlich die Pflege und Versorgung durch die eigenen Angehörigen, staatliche Einrichtungen (z.B. die Sozialhilfe) und Sozialversicherungen (Renten-, Kranken-, Arbeitslosenversicherungen, vgl. Abschn. 1.7) sollen den einzelnen unabhängiger von den Familienangehörigen machen.
Andererseits gewinnen neue Aufgaben für die Familie verstärkt an Bedeutung. In der zunehmend anonymen, von unpersönlichen Vorschriften und Automaten gestalteten Welt ist sie ein Lebensraum, in dem die gefühlsmäßigen Bedürfnisse der heranwachsenden Kinder und der Eltern befriedigt werden können: gegenseitige Liebe und Vertrauen, Sexualität, Geborgenheit, Sicherheit, Anerkennung ... Die Famille wird deshalb auch als **Intimgruppe** bezeichnet.

Familienbilder – im Wandel begriffen

Was die einzelnen von einer Familie erwarten und was Familien tatsächlich leisten, verändert sich im Laufe der Zeit. In diesem **Wandel** kommen nicht zuletzt jene Veränderungen zum Ausdruck, die wir in der Gesellschaft insgesamt beobachten (z.B. in den Konsum- und Freizeitgewohnheiten). Dies gilt auch für die **Rollen**, die die Familienmitglieder – Vater, Mutter, Kinder – übernehmen. So gibt es seit den siebziger Jahren eine breite Diskussion über die traditionell dominierende Rolle der Väter in den Familien als „Haushalts-" oder „Familienvorstand". Der verbreiteten Arbeitsteilung – Mann: Beruf, Frau: Haushalt – wurde die Forderung nach der Gleichberechtigung der Frau gegenübergestellt. Ihre Verwirklichung setzt zwischen Männern und Frauen eine partnerschaftliche Aufteilung der Aufgaben in der Familie voraus. Diese neue Arbeitsteilung wird um so wichtiger, als heute immer mehr Frauen auch nach der Heirat weiterhin einen Beruf ausüben.

Tab. 3: Frauen und Beruf: Erwerbstätigkeit der Frauen
(ab 15 Jahren)
Von 100 Männern und Frauen waren jeweils erwerbstätig

Jahr	BRD		DDR		*Zahlen für 1988
	Männer	Frauen	Männer	Frauen	Datenreport 1989, Bonn 1990, S. 82; DDR 1990. Zahlen und Fakten, Wiesbaden 1990, S. 31.
1950	63	31	–	–	
1970	58	30	54	43	
1980	58	33	56	49	
1990	61	39	58*	50*	

3 Der Staat – notwendig für das Familienleben?

Familienpolitik und ihre Ziele

Die Bedeutung, die die Familien zum einen für die Zukunft der Gesellschaft ingesamt und zum anderen für die Entwicklung jedes einzelnen haben, kommt im Grundgesetz für die Bundesrepublik Deutschland zum Ausdruck: „Ehe und Familie stehen unter dem besonderen Schutze der staatlichen Ordnung." (Art. 6, Abs. 1 GG). Staatliche Familienpolitik soll vor allem folgende **gesellschaftspolitische Ziele** verwirklichen:

- Die freie Entfaltung der Person (Art. 2, Abs. 1 GG), auch in der Familie; d. h. von Mann und Frau, Kindern und Eltern, Alten und Jungen.
- Die Verwirklichung von mehr sozialer Gerechtigkeit zwischen den Familien (Art. 3), indem ungleiche Start- und Entwicklungschancen der Kinder sowie die ungleichen Lebensbedingungen der Familien durch Leistungen des Staates ausgeglichen werden.

Familienpolitik – wodurch?

Diese Ziele der staatlichen Familienpolitik können mit folgenden **Mitteln** umgesetzt werden:

- Durch wirtschaftliche **Familienhilfen**, z. B. durch das Kindergeld: Gestaffelt nach der Zahl der Kinder erhalten die Familien finanzielle Unterstützung aus Haushaltsmitteln des Bundes.
- Durch die Sicherung familiengerechter **Wohnbedingungen**, z. B. durch das Wohngeld, mit dem der Staat einen Zuschuß zur Finanzierung der Mieten bedürftiger Familien gibt.

- Durch **soziale Dienste und Bildungshilfen** für die Familien, z. B. durch eine kostenlose Erziehungs- und Familienberatung oder durch die Förderung der Einrichtungen zur Familienerholung. In diesem Bereich sind neben dem Staat auch gesellschaftliche Organisationen wie der Caritas-Verband (katholische Kirche), das Diakonische Werk (evangelische Kirchen) und die Arbeiterwohlfahrt (aus der Arbeiterbewegung entstanden) tätig.
- Durch die Gestaltung des **Familienrechts**, z. B. im Bürgerlichen Gesetzbuch, das die Rechte und Pflichten der Väter und der Mütter einschließlich der Rechte der Kinder bei der Erziehung festlegt.

In der Praxis umstritten: familienpolitische Maßnahmen

Die tatsächliche Verwirklichung dieser familienpolitischen Maßnahmen ist Teil der politischen Auseinandersetzungen zwischen den gesellschaftlichen Gruppen und den Parteien. Dabei ist strittig, welche **Interessen** und welche **Ziele** jeweils Vorrang haben. Beispielhaft wird dies an der Diskussion über die Rolle der Frau in der Familie, in der Arbeitswelt und in der Gesellschaft deutlich. Gegenwärtig sind Frauen in vielen Bereichen benachteiligt, und dies trotz der Forderung des Grundgesetzes: „Männer und Frauen sind gleichberechtigt“ (Art. 3, Abs. 2 GG). Der Staat unterstützt z. B. die Berufstätigkeit der Mütter, indem er nach der Geburt eines Kindes einen 24monatigen Erziehungsurlaub finanziert. Das Gesetz bestimmt, daß die Mutter (oder der Vater) nach Ablauf dieser Frist an den alten Arbeitsplatz zurückkehren kann. Darüber hinaus kann der Erziehungsurlaub um ein weiteres Jahr verlängert werden, allerdings entfällt in dieser Zeit das staatliche Erziehungsgeld. Viele meinen, dies reiche nicht aus. Soll das Erziehungsgeld auf drei Jahre ausgedehnt werden, bis das Kind in einen Kindergarten gehen kann? Würden die Unternehmen bereit sein, auch in dieser Zeit den Arbeitsplatz zu garantieren? Oder können sie eine solche Bestimmung umgehen, indem sie weniger junge Frauen einstellen oder verstärkt befristete Zeitverträge abschließen? Wie stark soll der Druck sein, den der Staat durch seine Familienpolitik auf die Unternehmen ausüben kann?

Wenn Mütter und Väter sich die Erziehungsarbeit teilen können, weil beide zur Erziehung der Kinder von der Berufsarbeit beurlaubt werden können, und weil dabei ihre Chancen zu beruflichem Aufstieg und Einkommen gleich bleiben, dann könnte auch die Bereitschaft zunehmen, mehr Kinder gemeinsam großzuziehen.

Ehepartner, die sich beide in ihren persönlichen und beruflichen Interessen gleich entwickeln können, haben darüber hinaus weniger Grund, die Ehe als Belastung zu empfinden. Untersuchungen zeigen, daß Mütter mit beruflicher Halbtagstätigkeit ausgeglichener und zufriedener mit ihren Kindern umgehen als „Nur-Mütter“.

Aktuelle Infos

1. Bei den **Parteien** bzw. **Bundestagsfraktionen**:
Fraktion der CDU/CSU, Arbeitsgruppe Jugend, Familie, Gesundheit
Fraktion der SPD, Arbeitskreis Sozialpolitik
Fraktion der FDP, Arbeitskreis Arbeits-, Sozial- und Gesundheitspolitik
Anschrift jeweils: Bundeshaus, 53113 Bonn
DIE GRÜNEN: Colmantstraße 36, 53115 Bonn
2. Beim Presse- und Informationsamt der **Bundesregierung**, Welckerstraße 11, 53113 Bonn
3. Bei den **Landesregierungen** bzw. den zuständigen Ministerien.

Zusammenfassung

1 Die Erziehung zur Selbständigkeit ist eine notwendige Vorbereitung auf die Zeit, in der sich Jugendliche von ihren Familien lösen. Einen entscheidenden Schritt stellt der Eintritt in das Berufs- und Arbeitsleben dar. Für die eigenen Verhaltensweisen und Einstellungen spielen dabei die Erfahrungen in Gleichaltrigen-Gruppen eine besondere Rolle.

2 Die Familie ist die überwiegende Lebensform, die durch die Erziehung der Kinder für den Fortbestand der Gesellschaft sorgt. Sie stellt zugleich die soziale Gruppe dar, in der das Kind seine ersten Erfahrungen mit seiner Umwelt macht. Das Vertrauen in diese Umwelt, das es dabei erwerben kann, ist eine Voraussetzung dafür, daß es sich später in der Gesellschaft zurechtfindet (Sozialisation).

3 Ziele der Familienpolitik des Staates sind: Die freie Entfaltung der Person, die Verwirklichung von mehr sozialer Gerechtigkeit. Die Umsetzung dieser Ziele ist Teil der politischen Auseinandersetzungen zwischen den gesellschaftlichen Gruppen und den politischen Parteien.

1.3 Schulen und Berufsausbildung

Duale Berufsausbildung: Schulen und Betriebe arbeiten zusammen

Schulen und Betriebe

- **unterrichten/bilden aus:** Bildungsinhalte der Fächer und Ausbildungsinhalte der Berufe
- **erziehen:** Verhaltensweisen und Regeln (Normen), die von Schule, Betrieb und Gesellschaft erwartet werden
- **prüfen und wählen aus:** Zeugnisse und Berufsabschlüsse, die zu bestimmten Berufen oder weiteren Ausbildungsgängen berechtigen

Stellung des einzelnen

- in der Berufs- und Arbeitswelt
- in der Gesellschaft

Leitfragen

1 Schule ist nicht gleich Schule – welche ist die „richtige"?

2 Berufsausbildung – lebenslang lernen?

1 Schule ist nicht gleich Schule – welche ist die „richtige"?

Staatliche Schulaufsicht

Das Grundgesetz bestimmt: „Das gesamte Schulwesen steht unter der Aufsicht des Staates." (Art. 7, Abs. 1) Die Frage nach der „richtigen" Schule ist deshalb zugleich auch die Frage, welche Schulen bei uns vom Staat eingerichtet, unterhalten und gefördert werden.

Schule und Chancengleichheit

Diese Aufgabe ist in der Bundesrepublik Sache der sechzehn **Bundesländer**: Jedes Bundesland entscheidet für sich, welches Schulsystem in seinem Gebiet verwirklicht wird. Die politische Auseinandersetzung um die „richtige" Schule drehte sich in den zurückliegenden Jahren in den westlichen Bundesländern besonders um einen Punkt: Welche Schule ist am besten geeignet, allen Kindern die **gleichen Chancen** zu geben, eine Ausbildung zu bekommen, die ihren Fähigkeiten und Interessen gerecht wird?

Schulpflicht

In den deutschen Staaten wurde die allgemeine, vom Staat geregelte **Schulpflicht** seit Anfang des 19. Jahrhunderts eingeführt. Trotz des Ziels, allen Kindern unabhängig von ihrer sozialen Herkunft eine Schulausbildung zu geben, gingen Politiker und Pädagogen davon aus, daß Kinder unterschiedliche Schulen bräuchten, weil sie auch unterschiedlich begabt seien: die Volksschule für die praktisch veranlagten, das Gymnasium für die theoretisch begabten Schüler.

Reform des Bildungswesens

In den 60er Jahren ergaben Untersuchungen in Westdeutschland, daß Realschulen und Gymnasien hauptsächlich von Kindern besucht wurden, deren Eltern Berufe mit höherer theoretischer Vorbildung ausübten. An Gymnasien kamen nur etwa 15 %, an den Hochschulen sogar nur 5 bis 10 % der Schüler bzw. Studenten aus Arbeiterfamilien, obwohl diese Familien rund 50 % der Bevölkerung ausmachten.
Hinsichtlich der sogenannten „angeborenen" Begabung (für Sprachen, naturwissenschaftlich-technisches oder gesellschaftlich-kulturelles Denken und Handeln) bestehen aber keine nachweisbaren Unterschiede zwischen den sozialen Schichten. Die **Auslese der Schüler** nach den verschiedenen Schularten mußte also andere Ursachen haben: In der übergroßen Mehrzahl neigten die Eltern dazu, ihre Kinder zumindest auf eine Schule zu schicken, die ihrer eigenen Schulbildung entsprach. Das bedeutet: Arbeiterkinder besuchten in ihrer Mehrzahl vor allem die Volks- bzw. die Hauptschule, Kinder von Akademikern wählten überwiegend die Gymnasien. Die Schullaufbahn eines Kindes wurde also in erster Linie durch seine soziale Herkunft und nicht ausschließlich durch seine Begabung bestimmt.

Das Bildungssystem der ehemaligen DDR

In der DDR wurde im Zuge der Umgestaltung der Gesellschaft das „Einheitliche sozialistische Bildungssystem" aufgebaut. Es bestand im im wesentlichen aus der zehnklassigen allgemeinbildenden **Polytechnischen Oberschule** (POS) und der anschließenden zweijährigen **Erweiterten Oberschule** (EOS). Nach dem Beitritt zum Grundgesetz (03.10.1990) wurde die Schulpolitik wieder in die Zuständigkeit der fünf neuen Bundesländer gelegt. Das bedeutet, daß auch hier die dreigliedrige Schulorganisation – Hauptschule, Realschule und Gymnasium – zum Normalfall wird. Allerdings können Haupt- und Realschulen als „Sekundarschulen“ zusammengefaßt werden. Daneben gilt in Brandenburg auch die Gesamtschule (siehe unten) als Regelschule. Die **Berufsschulen** waren in der DDR überwiegend an die großen Unternehmen (Kombinate, Volkseigene Betriebe) angeschlossen. Sie gingen danach in die Zuständigkeit der Städte und Kreise über.

Dreigliedriges Schulsystem: Hauptschule, Realschule, Gymnasium

Seit Mitte der 60er Jahre wurde das Angebot an weiterführenden Schulen stark ausgebaut. Auch in ländlichen Gegenden entstanden neben den Hauptschulen neue Realschulen und Gymnasien. Das dreigliedrige Schulsystem sollte zugleich durchlässiger werden, um den Wechsel von einer Schulart in die andere auch nach dem fünften Schuljahr zu erleichtern. Bevölkerungsschichten, die bis dahin zögerten, ihre Kinder in Realschulen oder Gymnasien zu schicken (vor allem Arbeiter und Landbewohner), wurden gezielt informiert und angespro-

Übersicht 1: Der Aufbau des Bildungswesens nach der Grundschule

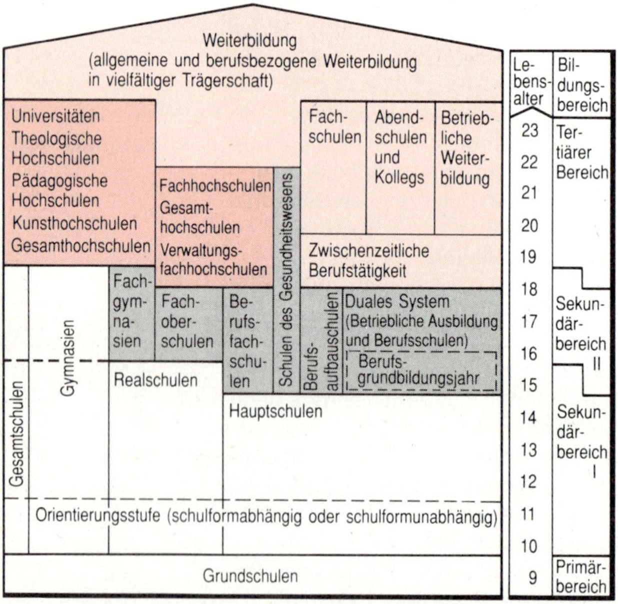

Schematisierte Darstellung der typischen Struktur des Bildungssystems der Bundesrepublik Deutschland. In den einzelnen Bundesländern bestehen Abweichungen.

Übersicht 2: Bildungsabschlüsse in West- und Ostdeutschland

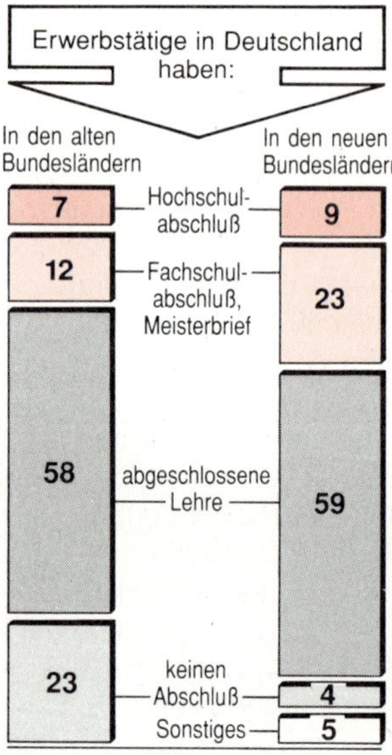

chen. Mit dieser Bildungswerbung sollten mehr Kinder und Jugendliche besser ausgebildet werden. Zum einen entsprach diese Bildungspolitik den Anforderungen der Wirtschaft: Die technische und wirtschaftliche Entwicklung führte in den sechziger Jahren zu einer großen Nachfrage nach qualifizierten Arbeitskräften. Zum andern sollte auf diese Weise das Grundrecht auf freie Entfaltung der Person (Art. 2, Abs. 1 GG) für jeden besser verwirklicht werden.

Gesamtschule – länger gemeinsam lernen

Ein bildungspolitischer Streitpunkt wurde die Gesamtschule. Diese Schulart wurde besonders in den Ländern Nordrhein-Westfalen, Hessen, Hamburg, Bremen, dem Saarland (seit 1985) und in Berlin eingerichtet. Der Grundgedanke dieser Schulform ist: Die Entscheidung für eine bestimmte Schullaufbahn oder einen bestimmten Ausbildungsgang soll nicht schon mit zehn, sondern erst mit sechzehn Jahren getroffen werden. Die Trennung zwischen Hauptschule, Realschule und Gymnasium wird bis zum zehnten Schuljahr durch verschiedenartige Kurse, Förder- und Leistungsgruppen ersetzt. Auf diese Weise will die Gesamtschule mehr **Chancengleichheit** bei gleichzeitiger **Förderung aller Schüler** erreichen. Insbesondere soll die Benachteiligung der Kinder aus den unteren sozialen Schichten ausgeglichen werden.

Bildung und soziale Herkunft

Trotz des bildungspolitischen Ziels der Chancengleichheit zeigen Untersuchungen weiterhin, wie eng der Bildungsweg der Kinder vom Elternhaus abhängt: Kinder aus den oberen Schichten erreichen in der Mehrzahl – auch bei nur durchschnittlicher Fähigkeit und Anstrengung – höhere Ausbildungsabschlüsse als Kinder aus den unteren Schichten. Damit trägt das Bildungssystem wesentlich dazu bei, daß die bestehende **Gliederung der Gesellschaft** immer wieder neu erzeugt wird (siehe Tabelle 1).

Tab. 1: Bildung und soziale Herkunft (Angaben in Prozent)
Schulbesuch von Kindern im Alter von 10 bis unter 15 Jahren aus vollständigen Familien

Schultyp	Familienvorstand ist erwerbstätig als							
	Selbständiger		Beamter		Angestellter		Arbeiter	
	1972	1988	1972	1988	1972	1988	1972	1988
Grund-, Haupt- (Volks-)schule	63,3	48,0	45,9	34,8	51,6	41,0	80,1	69,2
Real-/Mittelschule	16,2	20,6	15,1	15,8	17,4	19,8	11,5	18,2
Gymnasium	20,1	28,5	36,8	45,0	28,7	34,5	5,6	8,5
Integrierte Gesamtschule	–	3,1	–	4,5	–	4,9	–	4,2
Angabe fehlt	2,4	–	2,2	–	2,3	–	2,9	–
insgesamt	100	100	100	100	100	100	100	100

Datenreport 1987, Bonn 1988, S. 74 (für 1972), Mikrozensus (für 1988) – geringfügige Unterschiede in den Summen (zu 100) durch Auf- und Abrundungen. Vergleichbare Zahlen liegen für das Gebiet der ehemaligen DDR nicht vor.

2 Berufsausbildung – lebenslang lernen?

Berufsausbildung dual: in Schule und Betrieb

In der Bundesrepublik Deutschland findet die Berufsausbildung für die meisten Berufe im sogenannten **dualen System** statt. Dual heißt zweifach: Der theoretische und allgemeinbildende Teil der Ausbildung erfolgt nach staatlichen Lehrplänen in Berufsschulen, der berufspraktische Teil findet in Betrieben der Wirtschaft, also in einem Industriebetrieb, einem Handwerksbetrieb, einem Geschäft des Einzelhandels, in hauswirtschaftlichen und landwirtschaftlichen Betrieben, in den freien Berufen (z. B. beim Rechtsanwalt), in der Schiffahrt, aber auch in einer Behörde der öffentlichen Verwaltung statt. Besonders für handwerkliche Berufe wird heute ein Teil der praktischen Ausbildung verstärkt in **überbetriebliche Lehrwerkstätten** (Berufsbildungszentren) verlagert. Dies ist dann sinnvoll, wenn Betriebe aufgrund ihrer besonderen Ausrichtung nicht mehr in der Lage sind, in der gesamten Breite des Berufs auszubilden.
Für die Festlegung der Ziele und Inhalte, nach denen die Berufsschulen unterrichten, sind die einzelnen Bundesländer zuständig (Schulhoheit der Länder). Die Regelung der fachpraktischen Ausbildung in den Betrieben, die Ausbildungsordnungen (vgl. unten), ist Aufgabe der Bundesregierung. Sie nimmt sie in Abstimmung mit den Bundesländern wahr.

Ausbildungsvertrag schriftlich

Auszubildende sind, wie die Arbeitnehmer, von Ausbildenden abhängig. Der Grundkonflikt, daß der Ausbildungsbetrieb vor allem für seinen Nachwuchsbedarf ausbilden und auch die Arbeitskraft des Auszubildenden für den Betriebserfolg mit einsetzen möchte, der Auszubildende dagegen möglichst umfassend, gründlich und vielseitig ausgebildet und nicht als betriebliche Aushilfskraft ausgenutzt werden will, ist heute durch die Vorschriften des **Berufsbildungsgesetzes** (BBiG 1969) weitgehend geregelt. Es schreibt vor, daß zu Beginn der Ausbildung zwischen dem Ausbildenden und dem Auszubildenden ein schriftlicher **Ausbildungsvertrag** abgeschlossen werden muß.

Ausbildungsordnung und Ausbildungsrahmenpläne

Das Gesetz zählt hierzu die wichtigsten beiderseitigen Rechte und Pflichten der Vertragspartner auf. Es beschreibt die Voraussetzungen, die ein Ausbildungsbetrieb erfüllen muß und bestimmt, daß die Ausbildung nach einem sachlich und zeitlich gegliederten Ausbildungsplan zu erfolgen hat.

Für viele Berufe liegen entsprechend dem BBiG **Ausbildungsordnungen** vor, die den Betrieben vorschreiben, welche Fähigkeiten und Kenntnisse während der Ausbildung vermittelt werden und welche Anforderungen in den Zwischen- und Abschlußprüfungen zu stellen sind. Kernstück dieser Ausbildungsordnung sind die **Ausbildungsrahmenpläne.**
Normalerweise dauert die Ausbildung drei bzw. dreieinhalb Jahre. Sie ist in einzelne Stufen gegliedert: Einer breiten beruflichen Grundausbildung schließt sich eine berufliche Fachbildung an. Ihr folgt im dritten Jahr eine besondere berufliche Spezialisierung. Auf diese Weise sol-

len die Auszubildenden nicht nur auf einen eng spezialisierten Beruf festgelegt werden. Sie sollen vielmehr in der Lage sein, sich später auch in andere Berufe dieses Berufsfeldes einarbeiten und sich so veränderten beruflichen Anforderungen anpassen zu können (vgl. auch Kap. 4: Beruf und Arbeit).
Die Ausbildungsordnungen wurden in den letzten Jahren für die meisten Berufe neu gestaltet. So lagen zum Beginn des Ausbildungsjahres 1992/93 für rund 248 Berufe (von insgesamt 376 geregelten Ausbildungsberufen) neue Ausbildungsordnungen vor.

Übersicht 3: Neuordnung der Berufsausbildung – z. B. die industriellen Metallberufe seit 1987

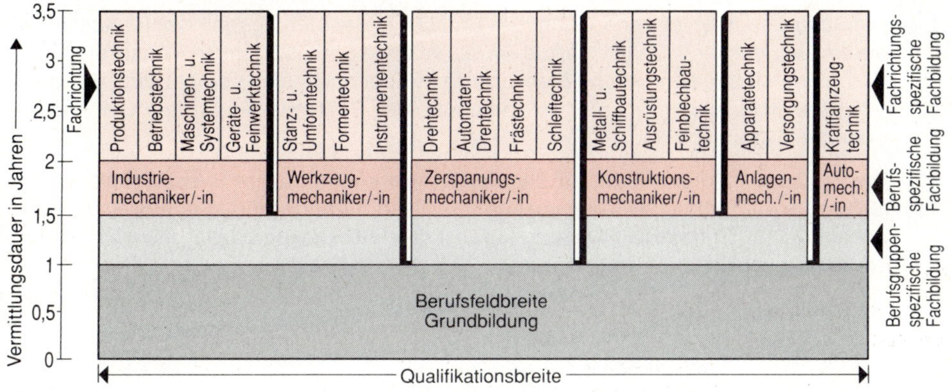

Lebenslang lernen? – Weiterbildung für Arbeitnehmer

Mit dem Abschluß der Berufsausbildung ist das Lernen nicht zu Ende. Zum einen verlangt jeder Beruf, daß man sich weiterbildet. Neue Arbeitsweisen, neue Werkstoffe und neue Techniken zwingen dazu. **Berufliche Weiterbildung** liegt im Interesse der Unternehmen; sie wollen möglichst nach der wirtschaftlichsten Methode arbeiten. Sie liegt aber auch im Interesse der Arbeitnehmer, da sie auf diese Weise geänderten Anforderungen eher gerecht werden können.
Neuere Untersuchungen zeigen, daß vor allem die Arbeitnehmer an einer beruflichen Weiterbildung interessiert sind, die in höheren Positionen arbeiten. Dies trifft besonders für diejenigen zu, die in Unternehmen der Wachstumsbranchen (z. B. Banken und Versicherungen) beschäftigt sind. Ungelernte oder angelernte Arbeitnehmer sind hier dagegen seltener zu finden. Ihnen wird eine Weiterbildung von den Unternehmen nicht nur seltener angeboten; sie sehen darin auch weniger oft eine Chance, auf diese Weise beruflich weiterzukommen.

Umschulung

Neben der Weiterbildung sehen sich heute viele Arbeitnehmer gezwungen, sich **beruflich umschulen** zu lassen, d. h. einen zweiten, anderen Beruf zu erlernen. Dies ist zum einen eine Folge der Veränderungen in der Wirtschaft (vgl. Kap. 3). So haben z. B. viele Beschäftigte im Schiffsbau in den letzten Jahren ihren Arbeitsplatz verloren, weil die

Nachfrage nach großen Schiffen weltweit gesunken ist. Zum andern werden in vielen Branchen – auch bei steigender Produktion – Arbeitsplätze frei, weil im Zuge der Rationalisierung verstärkt moderne Maschinen und computergesteuerte Automaten eingesetzt werden (vgl. Kap. 3, Stichwort Rationalisierung). Gegenwärtig arbeitet fast die Hälfte der Erwerbstätigen, die eine gewerbliche Lehre abgeschlossen haben, außerhalb des einmal erlernten Berufs; bei den Erwerbstätigen mit kaufmännischer Lehre haben knapp ein Drittel die Tätigkeit gewechselt. (W. Glatzer, W. Zapf [Hrsg.], Lebensqualität 1984, S. 104.)

Zusammenfassung

1 Die Schule steht unter der Aufsicht des Staates. In der bildungspolitischen Auseinandersetzung geht es vor allem um die Frage, welches Schulsystem dem Anspruch nach Chancengleichheit und nach Förderung der Kinder am besten gerecht wird, das dreigliedrige Schulsystem mit der Hauptschule, der Realschule und dem Gymnasium oder die Gesamtschule.

2 Die Berufsausbildung findet für die meisten Berufe im dualen System (Schule und Betrieb) statt. Rationalisierungsmaßnahmen und Veränderungen in einzelnen Wirtschaftsbereichen zwingen heute zu lebenslangem Lernen, d. h. zu Weiterbildung und oft auch zu beruflicher Umschulung.

1.4 Arbeit und Beruf

Wandel in der Arbeitswelt

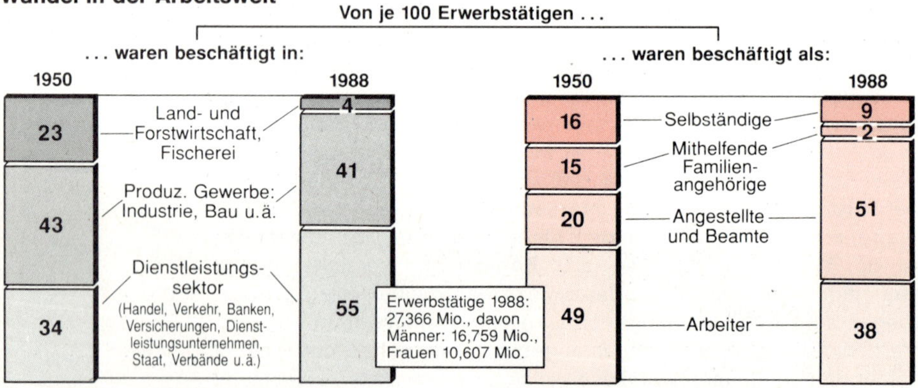

Statistisches Jahrbuch 1991, S. 118; Institut der deutschen Wirtschaft, Zahlen 1991, Tab. 11.

Die Angaben beziehen sich auf das Gebiet der Bundesrepublik vor dem 3. 10. 1990.

Der Wandel, der sich innerhalb der vergangenen vierzig Jahre in der bundesrepublikanischen Gesellschaft vollzogen hat, ist gewaltig. Waren 1950 noch fast ein Viertel der bundesdeutschen Erwerbstätigen in der Land- und Forstwirtschaft einschließlich der Fischerei beschäftigt, sind es Ende der achtziger Jahre nur noch vier Prozent. Demgegenüber ist die Zahl der im Dienstleistungssektor Beschäftigten kräftig von 34 auf 55 Prozent gestiegen. Nahezu unverändert geblieben ist hingegen der Anteil derjenigen, die in der Industrie ihren Lebensunterhalt verdienen, wenngleich sich innerhalb der einzelnen Branchen durchaus dramatische Veränderungen ergeben haben. Parallel zur Entwicklung hin zu einer Dienstleistungsgesellschaft hat sich auch ein deutlicher Wandel im sozialen Status der Erwerbstätigen ergeben. Heute sind fünfzig Prozent der Beschäftigten Angestellte oder Beamte, 1950 waren es lediglich zwanzig Prozent.

Leitfragen

1 Die Arbeit – wie wird sie erfahren, und wie wird sie bewertet?

2 Die Arbeit verändert sich – wie verändert sich dabei die Berufswelt?

1 Die Arbeit – wie wird sie erfahren, und wie wird sie bewertet?

Arbeitserfahrungen – Arbeitserwartungen

Wenn Menschen sich in ihrer Freizeit oder im Urlaub begegnen und sich kennenlernen wollen, so tauschen sie Informationen über ihre beruflichen Tätigkeiten aus. Mit diesen Informationen kann man sich gegenseitig meist rasch und scheinbar zuverlässig einschätzen:

Mit welchen Gruppen von Menschen der andere jeweils häufiger zusammen ist, welche Bildung und Ausbildung er vermutlich hat, wie seine finanziellen Möglichkeiten sind, welche kulturellen Interessen oder politischen Grundeinstellungen er möglicherweise hat ...

Oft verbindet man mit dem Beruf auch bestimmte Charaktereigenschaften: der pfiffige Geschäftsmann, der zupackende Betonwerker, die aufgeschlossene Chefsekretärin ...

Die Erfahrungen, die gemacht werden, prägen auch das Verhalten in anderen Lebensbereichen. Wer z.B. in der Industrie täglich in ein festes Produktionsprogramm eingespannt ist, Maschinen nach Anweisungen bedient, sich ständig auf einen vorgegebenen Arbeitsablauf konzentrieren muß, um Unfälle, Schäden und Produktionsfehler zu vermeiden, macht dabei die Erfahrung, daß man in der Regel am besten durchkommt, wenn man sich der vorgegebenen Arbeitssituation anpaßt. Wer dagegen als Selbständiger, Angestellter oder höherer Beamter selbst über den Ablauf der Arbeit entscheiden kann, nicht nur Vorgesetzte, sondern auch Untergebene hat und in einer Gruppe mit anderen zusammenarbeitet, wird andere Fähigkeiten und Verhaltensweisen für wichtig halten. Etwa die Möglichkeit, selber gestalten zu können, Einfluß zu haben oder eine abwechslungsreiche Tätigkeit auszuüben.

Auszubildende äußerten sich bei einer Befragung wie folgt über ihre Situation am Arbeits- bzw. Ausbildungsplatz:

Tab. 1: Wie finden Sie Ihre jetzige Ausbildung?

mögliche Antworten	Zustimmung in % aller Befragten
Es macht mir richtig Spaß	33
Es ist ganz gut	47
Es geht, es ist für mich ein notwendiges Übel	13
Fällt mir recht schwer	3
Möchte lieber heute als morgen aufhören	4
insgesamt	100

Tab. 2: Wie empfinden Sie den Besuch der Berufsschule?	
mögliche Antworten	Zustimmung in % aller Befragten
Es macht mir richtig Spaß	15
Es ist ganz gut	42
Es geht, es ist für mich ein notwendiges Übel	36
Fällt mir recht schwer	5
Möchte lieber heute als morgen aufhören	2
insgesamt	100

Alle Angaben der Tab. 1 und 2 nach Bundesminister für Bildung und Wissenschaft (Hrsg.), Berufsbildungsbericht 1989, Bonn 1989, S. 67.

2 Die Arbeit verändert sich – wie verändert sich dabei die Berufswelt?

Stichworte: Erwerbspersonen und Erwerbsquote

Die **Erwerbspersonen** setzen sich zusammen aus Erwerbstätigen und Erwerbslosen. **Erwerbstätige** sind alle, die in einem Arbeitsverhältnis stehen (= abhängig Beschäftigte oder Arbeitnehmer) sowie alle Selbständigen, Freiberufler und mithelfenden Familienangehörigen. **Erwerbslose** sind alle Nichtbeschäftigten, die sich um eine Arbeitsstelle bemühen, unabhängig davon, ob sie beim Arbeitsamt gemeldet sind oder nicht. Zu den **Arbeitslosen** werden dagegen nur die beim Arbeitsamt registrierten erwerbslosen Personen gerechnet. Die **Erwerbsquote** drückt den Anteil der Erwerbspersonen an der gesamten Wohnbevölkerung aus. Sie liegt gegenwärtig bei 49 % der Wohnbevölkerung für die elf alten und bei 55 % in den fünf neuen Bundesländern (BMWi, Wirtschaft in Zahlen '92, Bonn 1992, S. 12).

Tab. 3: Erwerbstätigkeit in der ehemaligen DDR (in %)		
Stellung im Beruf	1970	1989
Selbständige und Mithelfende	3,3	2,1
Arbeiter und Angestellte	78,9	84,8
Mitglieder von Produktionsgenossenschaften	12,3	9,2
Lehrlinge	5,5	3,8
Wirtschaftsbereiche	1970	1989
Land- und Forstwirtschaft	12,4	10,8
Produzierendes Gewerbe	52,1	50,4
Handel, Verkehr	18,4	17,8
Sonstige Bereiche*	17,0	21,0

*auch: Mitarbeiter von politischen Parteien, Massenorganisationen.

DDR 1990. Zahlen und Fakten, S. 33.

Strukturwandel in der Wirtschaft

Bei der Darstellung der Veränderungen, die sich in der Wirtschaft und im Arbeitsleben in den letzten Jahrzehnten vollzogen haben, konzentrieren wir uns im folgenden auf die Bedingungen der sozialen Marktwirtschaft. Da die Entwicklung der Wirtschaft in der ehemaligen DDR durch politische Lenkung bestimmt war, hat sich hier ein vergleichbarer Wandel nicht oder nur minimal vollzogen. Die statistischen Angaben und die Beschreibung der Veränderungen beschränken sich deshalb auf das Gebiet der alten Bundesrepublik.

Veränderungen zwischen den Sektoren

Die einzelnen **Bereiche** der Wirtschaft (Sektoren) entwickeln sich nicht gleichlaufend. Dies ist besonders an der Zahl der Erwerbstätigen zu erkennen. Während z.B. in der Landwirtschaft 1950 noch 5,04 Mio. arbeiteten, sind es derzeit noch knapp 1,06 Mio. Umgekehrt arbeiteten 1950 im produzierenden Gewerbe (Industrie und produzierendes Handwerk einschließlich Bau) 9,03 Mio. Menschen; diese Zahl ist bis 1970 auf 13,02 Mio. angestiegen und inzwischen wieder auf 11,34 Mio. gesunken. Der Bereich der Dienstleistungen einschließlich der öffentlichen Verwaltungen dagegen zeigt einen kontinuierlichen Anstieg von 7,09 Mio. (1950) auf nun 15,37 Mio. Beschäftigte (Statistisches Jahrbuch 1990, S. 96).

Branchen

Noch deutlicher werden die Unterschiede, wenn wir einzelne **Branchen** betrachten: Neben Branchen, in denen die Zahl der Beschäftigten stark abnahm, wie z. B. im Bergbau, im Schiffsbau und in der Textilindustrie, gibt es Branchen, die neue Arbeitsplätze schaffen. Hierzu gehören vor allem die technischen Berufe, insbesondere diejenigen, die mit der elektronischen Datenverarbeitung und den neuen Technologien zu tun haben. Wir unterscheiden deshalb Wachstumsbranchen, schrumpfende Branchen und stagnierende Branchen, in denen keine nennenswerten Veränderungen stattfinden.

Ursachen

Solche umfassenden Veränderungen bezeichnen wir als **Strukturwandel** in der Wirtschaft (Struktur = Aufbau, Gefüge). Er kann auf unterschiedliche Weise vorangetrieben werden:

- Durch eine **veränderte Nachfrage:** So werden heute immer weniger Großschiffe benötigt, die Personenschiffahrt (Seeschiffahrt) z. B. spielt – abgesehen von Kreuzfahrten – heute keine nennenswerte Rolle mehr.
- Durch den **internationalen Wettbewerb:** Die Textilindustrie bekam in den 70er Jahren den Druck der Länder aus der Dritten Welt zu spüren, die Massenware wesentlich billiger produzieren. Seither benötigt diese Branche wesentlich weniger Arbeitskräfte.
- Durch **technische Neuerungen:** Durch Automatisierung und Rationalisierung, vor allem durch den Einsatz von Computern und computergesteuerten Maschinen wird menschliche Arbeit in der Industrie, aber auch im Bereich der Dienstleistungen (z. B. Handel, Banken, Versicherungen) in großem Maße ersetzt. Zugleich kann aber auch ein neuer Bedarf an Arbeitskräften in den Branchen entstehen, die die neuen Technologien erzeugen, warten und vertreiben.

Neue Anforderungen – neue Qualifikationen

Damit verändern sich auch die Berufe. So sind in den letzten Jahrzehnten neue Berufe entstanden (z. B. der Programmierer). Bedeutender ist aber, daß auch die anderen, die alten Berufe sich verändern, indem **neue Fähigkeiten** (Qualifikationen) notwendig werden. Hierzu zählt vor allem der Umgang mit der Mikroelektronik in ihren unterschiedlichen Anwendungsbereichen.

Zum gegenwärtigen Zeitpunkt ist noch nicht klar zu erkennen, welche Auswirkungen die neuen Technologien auf die Anforderungen in der Berufswelt haben. Strittig ist besonders die Frage, ob diese Anforderungen in der Mehrzahl steigen oder ob künftig der Arbeitsmarkt geteilt wird: in wenige Berufe, die hohe Qualifikationen erfordern, und in viele Tätigkeiten, mit denen den computergesteuerten Maschinen lediglich zugearbeitet wird.

Das folgende Schaubild stellt eine Prognose, eine Annahme auf der Grundlage der technischen und wirtschaftlichen Bedingungen der alten Bundesländer dar. Es kommt insgesamt zu einem optimistischen Ergebnis.

Übersicht 1:
Qualifikationsbedarf der Wirtschaft
in der Bundesrepublik Deutschland
1976 – 2000

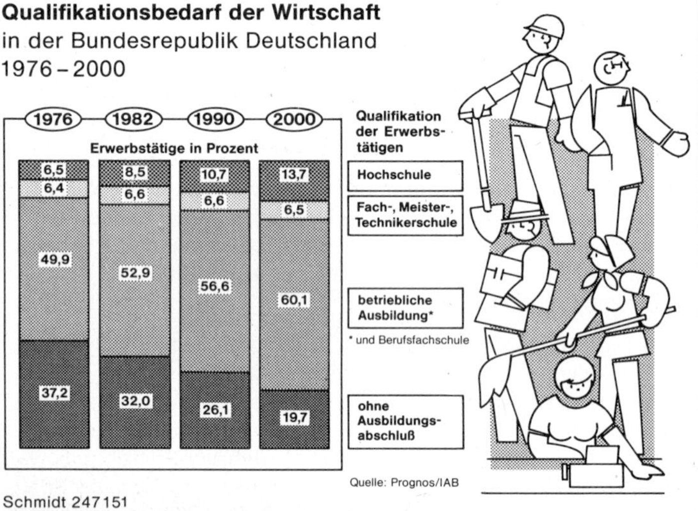

Schmidt 247151

Stichwort: Schlüsselqualifikationen

Neben den besonderen beruflichen Qualifikationen, wie sie in den neuen Ausbildungsordnungen (vgl. Abschn. 1.3) formuliert sind, spielen in der Ausbildung **berufsübergreifende Fähigkeiten** zunehmend eine größere Rolle. Damit sind Qualifikationen gemeint, die die Arbeitnehmer befähigen sollen, neuen Anforderungen gerecht zu werden. Solche Anforderungen können durch eine veränderte Organisation der Arbeitsabläufe (z. B. Zusammenarbeit in aufgabenbezogenen Gruppen statt am Fließband), durch den Einsatz moderner Maschinen (z. B. CNC-Maschinen) oder durch die Umstellung der Produktion auf andere Produkte entstehen. Zu diesen **Schlüsselqualifikationen** zäh-

len Fähigkeiten wie Selbständigkeit, Problemlösungsfähigkeit, Entscheidungsfähigkeit, Bereitschaft, in Gruppen zu arbeiten (Teamarbeit) usw.
Vor allem große Unternehmen haben ihre betriebliche Aus- und Weiterbildung auf solche Schlüsselqualifikationen ausgerichtet; sie verstehen sie als „Schlüssel", um den neuen Aufgaben einer veränderten Arbeitswelt gerecht zu werden. Damit soll die Leistungsfähigkeit der Arbeitskräfte, d. h. die Produktivität der Arbeit (vgl. Kap. 3), gesteigert werden.
Die folgende Übersicht entstammt einem Aus- und Weiterbildungsplan der Siemens AG München:

Übersicht 2: Schlüsselqualifikationen

Dimension	Zielbereich	Beispiele für einzelne Schlüsselqualifikationen
I Organisation und Ausführung der Übungsaufgabe	Arbeitsplanung, Arbeitsausführung, Ergebniskontrolle	Zielstrebigkeit, Sorgfalt, Genauigkeit, Selbststeuerung, Selbstbewertung, Systematisches Vorgehen, rationales Arbeiten, Organisationsfähigkeit, flexibles Disponieren, Koordinationsfähigkeit
II Kommunikation und Kooperation	Verhalten in der Gruppe, Kontakt zu anderen, Teamarbeit	Schriftliche und mündliche Ausdrucksfähigkeit, Sachlichkeit in der Argumentation, Aufgeschlossenheit, Kooperationsfähigkeit, Einfühlungsvermögen, Integrationsfähigkeit, kundengerechtes Verhalten, soziale Verantwortung, Fairneß
III Anwenden von Lerntechniken und geistigen Arbeitstechniken	Lernverhalten, Auswerten und Weitergeben von Informationen	Weiterbildungsbereitschaft, Einsatz von Lerntechniken, Verstehen und Umsetzen von Zeichnungen und Schaltplänen, Analogieschlüsse ziehen können, formallogisches Denken, Abstrahieren, vorausschauendes Denken, Transferfähigkeit, Denken in Systemen, z. B. in Funktionsblöcken, Umsetzen von theoretischen Grundlagen in praktisches Handeln, problemlösendes Denken, Kreativität
IV Selbständigkeit und Verantwortung	Eigen- und Mitverantwortung bei der Arbeit	Mitdenken, Zuverlässigkeit, Disziplin, Qualitätsbewußtsein, Sicherheitsbewußtsein, eigene Meinung vertreten, umsichtiges Handeln, Initiative, Entscheidungsfähigkeit, Selbstkritikfähigkeit, Erkennen eigener Grenzen und Defizite, Urteilsfähigkeit
V Belastbarkeit	Psychische und physische Beanspruchung	Konzentrationsfähigkeit, Ausdauer z. B. bei Langzeitaufgaben, wiederkehrenden Aufgaben, Unterforderung und Schwierigkeiten, Vigilanz, d. h. Aufmerksamkeit bei abwechslungsarmen Beobachtungstätigkeiten, Frustrationstoleranz, Umstellungsfähigkeit

R. Boretty u. a., PETRA. Projekt- und transferorientierte Ausbildung, München: Siemens AG 1988, S. 20.

Zusammenfassung

1 Die Erfahrungen, die bei der Arbeit gemacht, die Verhaltensweisen, die dabei als wichtig erachtet werden, beeinflussen auch das Verhalten in anderen Lebensbereichen, im Umgang mit anderen Menschen.

2 Die Wirtschaft befindet sich in einem Strukturwandel: Das Angebot von Arbeitsplätzen verändert sich in den einzelnen Bereichen der Wirtschaft. Dieser Wandel, vor allem der Einsatz neuer Technologien, stellt neue Anforderungen an die Arbeitsplätze und an die Erwerbstätigen. Neben den besonderen berufsbezogenen und fachlichen Qualifikationen spielen berufsübergreifende Schlüsselqualifikationen in der Aus- und Weiterbildung zunehmend eine größere Rolle.

1.5 Freizeit – arbeitsfreie Zeit?

Von der Arbeits- zur Freizeitgesellschaft?

Im Durchschnitt haben die Menschen bei uns 5860 Stunden pro Jahr zur Verfügung. Diese teilen sich auf für:

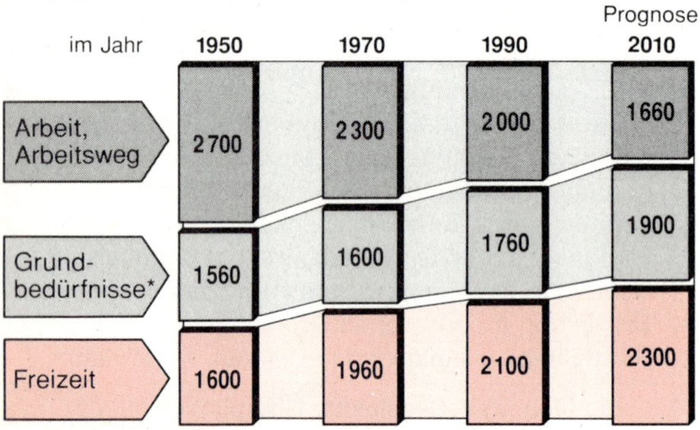

*Essen, Einkaufen, Gesundheitspflege, Hygiene, soziale Verpflichtungen

Angenommen, die Arbeitszeit wird jährlich um 0,8 % verringert, ergibt sich für die Zukunft folgende Entwicklung:
Im Jahr 2010 werden wir etwa 200 freie Tage haben; an rund 165 Tagen wird dann noch gearbeitet. Was werden wir mit dieser Freizeit tun?

Leitfragen

1 Immer mehr Freizeit – bei weniger Arbeitszeit?

2 Was wird in der Freizeit getan?

3 Verändert die Freizeit unsere Gesellschaft?

1 Immer mehr Freizeit – bei weniger Arbeitszeit?

Freizeit – freie Zeit?

Freizeit können wir zunächst als die Zeit kennzeichnen, in der der Mensch frei wählen kann, ob er etwas tun will und was er tun will. Er kann sich dabei den Erwartungen oder gar den Zwängen der Arbeits-

und Berufswelt entziehen, das tun, wozu er Lust hat, was ihn interessiert, was ihm Spaß macht, was er für das eigene Leben als wichtig oder als sinnvoll betrachtet ...
Doch die bloße Gegenüberstellung von Freizeit einerseits und Arbeitszeit andererseits genügt nicht. Der normale Arbeitstag eines Berufstätigen zeigt: Es gibt Übergänge zwischen beiden Zeiten, Phasen, die nicht mehr reine Arbeitszeit, aber auch noch nicht ganz Freizeit sind.

Übersicht 1: Freizeit – nicht einfach arbeitsfreie Zeit

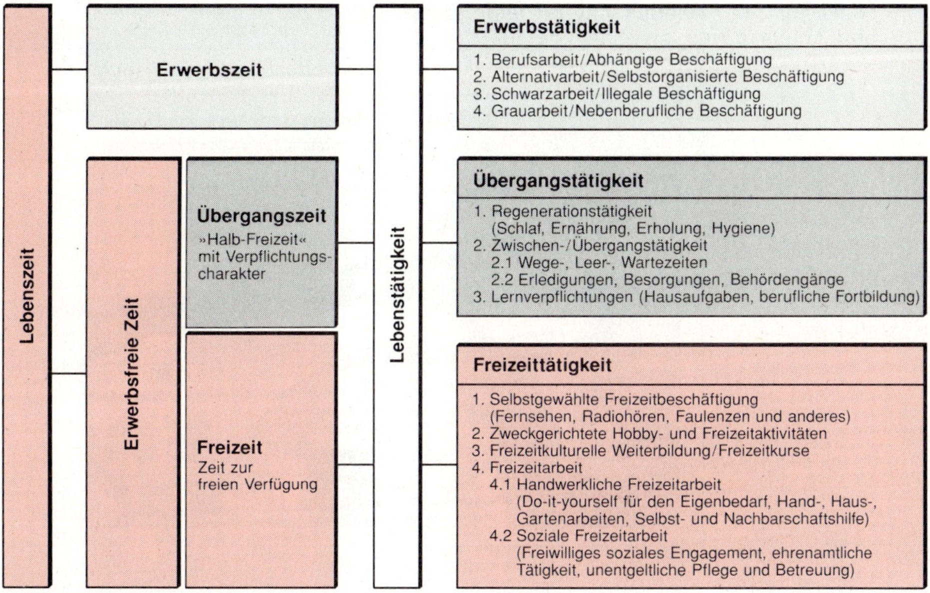

Horst W. Opaschowski, Ursula Neubauer, Freizeit im Ruhestand, Hamburg 1987, S. 43

Die Veränderung der Arbeitszeit – ein Überblick

Die Verkürzung der Arbeitszeit und die Ausdehnung der Freizeit ist eine Entwicklung, die gegen Ende des 19. Jahrhunderts einsetzte. Bis dahin waren Arbeitstage mit 15 Stunden an der Tagesordnung. 1856 wurden in der Deutschen Druckindustrie der Zehnstundentag und die 70-Stunden-Woche vereinbart. Kurze Zeit danach forderten die Gewerkschaften den **Achtstundentag**. 1889 erklärten sie auf einem internationalen Treffen in Paris den 1. Mai zum Kampftag für diese Forderung. Während einige Großunternehmen wie die Zeiss-Werke in Jena 1900 diese Forderung verwirklichten, blieb der weitaus größte Teil der Wirtschaft beim Zehnstundentag. Noch 1910 gehörte er in den meisten Industriebereichen zum Alltag.
In der Novemberrevolution 1918 wurde dann die tägliche Arbeitszeit gesetzlich auf acht Stunden begrenzt. Allerdings zwang die wirtschaftliche Lage in den darauffolgenden Jahren viele, länger zu arbeiten. Die **Arbeitszeitverordnung**, die 1938 – im Vorfeld des Zweiten Weltkrieges

– erlassen wurde, schrieb den Achtstundentag fest und bestimmte die 48-Stunden-Woche als regelmäßige Arbeitszeit.

Von der 40- zur 35-Stunden-Woche?

1955 forderten die DGB-Gewerkschaften in der damaligen Bundesrepublik die **Fünftagewoche** mit **40 Arbeitsstunden**. Sie wurde 1965 erstmals in der Druckindustrie und 1967 in der Metallindustrie verwirklicht (in der DDR: 1968). Zehn Jahre später wurde auf einem Gewerkschaftstag der IG-Metall die **35-Stunden-Woche** zum tarifpolitischen Ziel erklärt.
Die Veränderungen der wöchentlichen Arbeitszeit sowie des Jahresurlaubs faßt das folgende Schaubild zusammen:

Übersicht 2: Entwicklung von Arbeitszeiten und Urlaub

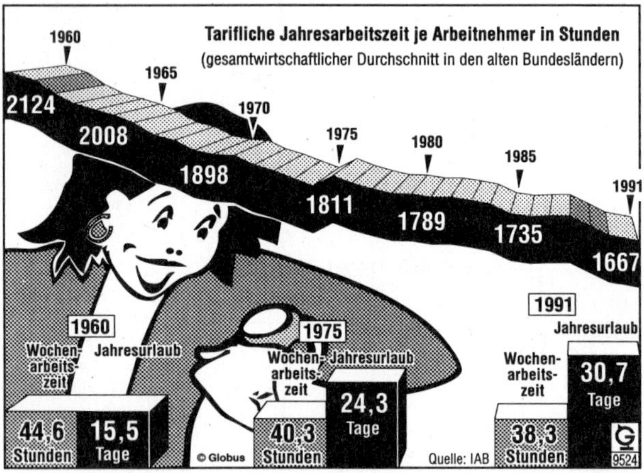

Weniger Arbeitszeit = mehr Freizeit?

Die Verringerung der Arbeitszeit – d. h. genauer der vertraglich festgelegten Arbeitszeit – ist nicht zwangsläufig mit mehr Freizeit verbunden, über die der einzelne persönlich verfügen kann. Die Zeit, die wir für alltägliche bzw. regelmäßige Verpflichtungen außerhalb des Arbeitsplatzes benötigen, nimmt vielmehr zu. Schon heute zeigt sich, daß im Durchschnitt zunehmend Zeit verwendet wird für Einkäufe, Haushalts- und Reparaturarbeiten, Gänge zu den Behörden, aber auch für familiäre und gesellschaftliche Verpflichtungen und freiwillig übernommene soziale und politische Aufgaben. Diese Tätigkeiten dienen zwar nicht – wie die berufliche Arbeit – dem Erwerb eines Einkommens, mit dem der Lebensunterhalt bestritten wird. Dennoch handelt es sich dabei in den meisten Fällen um Arbeit.
Daneben nimmt der Weg zum und vom Arbeitsplatz immer mehr Menschen immer länger in Anspruch. Überfüllte Straßen in Stoßverkehrszeiten, die Verlagerung neuer Wohngebiete an die Stadtränder oder in ländliche Regionen, das Fehlen flächendeckender öffentlicher Nahverkehrseinrichtungen sind nur einige der Ursachen hierfür. Und schließlich hat in den letzten Jahren die Zahl der Arbeitnehmer zuge-

nommen, die auf eigenen Gewinn einer zweiten, illegalen Erwerbsarbeit, der Schwarzarbeit, nachgehen. Auf diese Weise wird die dem einzelnen zur freien Verfügung stehende Freizeit wieder eingeschränkt.

2 Was wird in der Freizeit getan?

Tab. 1: Freizeitbeschäftigungen von Männern und Frauen im Vergleich

Frage: *„Auf diesen Karten stehen verschiedene Dinge, die man in seiner Freizeit tun kann. Suchen Sie bitte die Dinge heraus, die Sie in der letzten Woche und am Wochenende ausgeübt haben."*

Alle Befragten (N = 2 000)			In Prozent
	Frauen	Männer	**Frauen (+)**
Telefonieren	50	38	12
Buch lesen/Lesen	39	25	14
Handarbeiten/Stricken	39	1	38
Wandern/Spazierengehen	32	26	6
Einkaufsbummel machen	28	13	15
Sich in Ruhe pflegen	27	15	12
Gottesdienst/Kirche besuchen	20	14	6
Briefe schreiben	15	8	7
	Frauen	Männer	**Männer (+)**
Fernsehen	76	85	9
Heimwerken	4	26	22
Im Freundeskreis handwerken	4	26	22
Selbst aktiv Sport treiben	11	25	14
In die Kneipe gehen	8	23	15
Unterhaltungsspiele	11	20	9
Erotik/Sex	10	18	8
Bei Sportveranstaltungen zusehen	3	15	12

Nach Horst Opaschowski, Konsum und Freizeit, Hamburg 1987, S. 20.

Freizeitinteressen sind nicht gleich

Die Tabelle gibt Durchschnittswerte wieder, unterschieden nach Männern und Frauen. Was die einzelnen in ihrer Freizeit wirklich machen, hängt darüber hinaus von mehreren Dingen ab, etwa:

- Vom **Alter**: Jugendliche verbringen ihre freie Zeit anders als ältere Menschen.
- Von der **Umgebung**: Das Freizeitangebot auf dem Lande unterscheidet sich von dem in der Stadt; und das einer Großstadt wiederum von dem, was eine Kleinstadt anbietet.
- Von den **beruflichen Tätigkeiten**: Wer seine Arbeit ausschließlich an Kontrollmonitoren verrichten muß, sucht in der Freizeit einen anderen Ausgleich als z. B. ein Landschaftsgärtner.

- Vom **Einkommen** bzw. der **finanziellen Situation**: Zahlreiche Freizeitaktivitäten sind mit Ausgaben verbunden. Da die Einkommen der Haushalte nicht gleich sind, unterscheiden sich auch ihre Freizeitausgaben.

Freizeit = Konsumzeit?

Mit der Zunahme der Freizeit nahmen auch die **Ausgaben** hierfür zu. Dies trifft – trotz der Unterschiede im einzelnen – für alle Einkommensgruppen zu. Im Durchschnitt werden heute in den alten Bundesländern zwei Monatseinkommen für Freizeitzwecke ausgegeben. Während 1970 jede zehnte Mark, die ausgegeben wurde, für Freizeitgüter verwendet wurde, ist es heute bereits jede sechste Mark.

Tab. 2: Ausgaben für die Freizeit
DM je Haushalt und Monat 1991

Ausgaben für	Arbeiter und Angestellte mit mittlerem Einkommen	Arbeiter und Angestellte mit höherem Einkommen
Urlaub	170	345
Bücher, Zeitungen, Zeitschriften	55	100
TV, Radio	82	111
PKW	92	119
Sport und Camping	95	162
Garten und Tiere	44	70
Spiele und Spielwaren	31	33
Theater, Kino, Konzerte	16	27
Foto und Kinogeräte	20	29
Werkzeuge	5	9
Sonstiges	69	147
insgesamt	679	1 152

Differenzen zur Gesamtsumme: Auf- und Abrundungen
Statistisches Jahrbuch 1992, S. 561.

Wachstumsbranche Freizeitindustrie

Die Freizeit stellt einen entscheidenden **Wirtschaftsfaktor** dar, der auch in den kommenden Jahren Wachstum verspricht. Konsum- und Freizeitindustrie versuchen, die Freizeit zum Geschäft zu machen. Das Bedürfnis nach Zerstreuung, Unterhaltung, Erholung wird durch die Werbung mit teuren Waren verbunden: aufwendige Sportarten wie Tennis, Reiten, Segeln, Skifahren werden als unentbehrlicher Bestandteil richtiger Lebensgestaltung propagiert. Freizeitverhalten wird dadurch zur Prestigefrage: „In-Sein“ zum Ziel des eigenen Verhaltens.

Tab. 3: ‚In-Sein' in der Freizeit

Frage: *„Sagen Sie mir bitte für jede der Meinungen, ob Sie ihr zustimmen oder nicht zustimmen."* (Antworten in Prozent der Befragten)

„Stimme zu"	Gesamt-bevölkerung	Männer	Frauen	Ledige	14- bis 29-jährige
Ich lege Wert auf **modische Freizeitkleidung**	38	43	34	52	55
Es ist wichtig zu wissen, was **„in"** ist	35	36	35	50	51
Beim Einkauf für die Freizeit achte ich auf **bekannte Marken;** da weiß man, was man hat	32	36	28	37	39
Ich kaufe in meiner Freizeit gern schöne Dinge, die **neu auf dem Markt** sind	26	25	26	38	40
Ich bin gern bereit, **mehr zu arbeiten,** um mir in der Freizeit **mehr leisten zu können**	27	35	20	43	45

Horst Opaschowski, Konsum in der Freizeit, Hamburg 1987, S. 28.

Arbeitsplätze

Nach einer Berechnung des BAT-Freizeit-Forschungsinstituts (Hamburg) sind in der Freizeit-Wirtschaft der westlichen Bundesländer rund 4 Mio. Erwerbstätige beschäftigt. Damit stellt dieser Bereich etwa jeden siebten Arbeitsplatz. Dazu zählen neben den Branchen, die ausschließlich oder zum größten Teil für den Freizeitbedarf wirtschaften (z. B. Reiseveranstalter, Hotel- und Gaststättengewerbe), auch solche, deren Dienstleistungen bzw. Produkte neben anderem für die Freizeitgestaltung nachgefragt werden (z. B. Bücher- und Zeitschriftenverlage).

3 Verändert die Freizeit unsere Gesellschaft?

Freizeit – wichtiger als Arbeit?

Für die Jugend ist die Freizeit besonders eine Möglichkeit, eigene **Lebensstile** auszuprobieren. Während die einen – vielleicht die Mehrzahl? – alles mitmachen, erproben andere die Verweigerung gegenüber der Gesellschaft und ihren Konsumangeboten und engagieren sich für sich selbst und ihre Mitwelt. Auch wenn dies manchmal in ungewohnten Formen geschieht (z. B. als Punk), gehen von diesen **Freizeit-Kulturen** gesellschaftliche Anregungen aus. Denn die Jugendkulturen bringen sichtbar zum Ausdruck, was in einer Gesellschaft fehlt: zu wenig Gefühlshaftes (wie in der Musik, in Spielen, in Randale) gegenüber zuviel Vernunft, Kalkulation, Automatisierung, zu wenig Genuß und Freude gegenüber Disziplin und Anstrengung, zu wenig solidarisches Miteinander gegenüber konkurrierendem Gegeneinander.

Freizeit – andere Maßstäbe?

Das Schlagwort von der Freizeitgesellschaft bedeutet unter diesem Blickwinkel mehr als nur die Aussage, daß mit der industriellen Automatisierung die Arbeitszeiten immer kürzer werden. In einer freizeitbestimmten Gesellschaft können für viele Menschen der Beruf, das Einkommen und die Bildung an Bedeutung verlieren. Wenn statt der damit verbundenen materiellen Leistungen **andere Werte** zum Maßstab werden, dann verändert sich auch allmählich das Verhalten der Menschen.

Neben der Erwerbsarbeit, durch die der Lebensunterhalt verdient wird, erhält die **Arbeit in der Freizeit** im Bewußtsein der Menschen zunehmend einen höheren Stellenwert. Während heute noch das gesellschaftliche Ansehen eines Menschen eng mit seiner beruflichen Arbeit verbunden ist, könnte in Zukunft die nichtbezahlte Arbeit, die in der Freizeit, allein oder im Kontakt mit anderen, verrichtet wird, im gesellschaftlichen Bewußtsein einen höheren Rang einnehmen.

Arbeit – auch wieder am Wochenende?

Sieht man von Dienstleistungsberufen, etwa im medizinischen Bereich, bei der Post, der Bahn und im Bildungswesen, ab, so kann heute die Fünf-Tage-Woche als **Regelarbeitswoche** bezeichnet werden. Diese feste Regelung wird jedoch von Arbeitgeberseite in Frage gestellt. Deren Ziel ist es, die Maschinenlauf- bzw. Produktionszeiten der Unternehmen auszuweiten. Auf diese Weise kann die Wirtschaftlichkeit der Anlagen gesteigert werden. Ihrer Meinung nach erfordern die zunehmend automatisierten Produktionsanlagen einen steigenden Kapitaleinsatz. Dessen Produktivität soll durch Samstags- und Sonntagsarbeit erhöht werden.

Flexible Arbeitszeiten

Vor allem Großunternehmen verbinden diese Ausweitung der Produktionszeit auf das Wochenende mit dem Angebot, die Wochenarbeitszeit über die tarifliche Festlegung hinaus zu verringern. Sie streben vereinzelt eine Vier-Tage-Woche an. Allerdings müssen die Arbeitnehmer bereit sein, in einem zuvor vereinbarten Rhythmus auch an Samstagen und eventuell an Sonntagen zu arbeiten.

In einigen Betrieben der Elektronik-Industrie und bei PKW-Herstellern werden diese **flexiblen Arbeitszeiten** bereits heute praktiziert. Sie sind jedoch sowohl bei den Gewerkschaften als auch bei den Kirchen umstritten. Solche Arbeitszeiten können diese Arbeitnehmer weitgehend vom gesellschaftlichen und kulturellen Leben ihrer Umgebung ausschließen. Darüber hinaus erschweren sie eine gemeinsame Gestaltung des Familienlebens. Letztlich wird so die Freizeit der Arbeitnehmer von den Vorgaben der Maschinen und der Produktionsanlagen abhängig gemacht.

Zusammenfassung

1 Der Anteil der Freizeit an der Lebenszeit eines Menschen nimmt beständig zu. Parallel dazu verringert sich die Arbeitszeit, dies gilt für den Arbeitstag wie die Arbeitswoche, aber auch für das Arbeitsjahr. Dies schließt nicht aus, daß das „Arbeiten in der Freizeit“ zunimmt.

2 Die Freizeitinteressen der Menschen unterscheiden sich je nach Alter, nach Wohnort, der beruflichen Tätigkeit und dem Einkommen. Die Nachfrage nach Freizeitgütern ist in den letzten Jahren ständig gewachsen. Die Freizeitindustrie ist eine bedeutende Wachstumsbranche.

3 Auf dem Weg zur Freizeitgesellschaft verändern sich auch die Verhaltensweisen der Menschen. Neue Lebensstile drücken andere Vorstellungen vom Zusammenleben in der Gesellschaft aus. Freizeit wird zu einem wichtigen Bestandteil der eigenen Lebensplanung. Aber auch: Bei geringeren Arbeitszeiten pro Woche wird das freie Wochenende in Frage gestellt. Teure Produktionsanlagen sollen – so die Forderung der Arbeitgeber – länger produzieren, die Maschinenlaufzeiten damit erhöht werden.

1.6 Alte Menschen – vom „Arbeitsleben“ in den „Ruhestand“?

Alte Menschen – wann gehört man dazu?
Meinungen Jugendlicher und Älterer
Frage: *Ab welchem Lebensalter würden Sie heute jemand zu den „alten Menschen“ rechnen?*

Antworten: „Alt ist man ab … Jahre“	Zustimmung in % aller Befragten: Gruppen nach Lebensalter	
	14–24jährige	55–64jährige
40	2,0	0,5
50	13,8	6,6
60	45,4	24,0
70	36,6	67,0

Rest zu 100 % – ohne Angaben

Nach: K. Arnold, E. Lang, Wie sieht man die Älteren und wie sehen sie sich selbst? Hamburg 1989, S. 337.

Leitfragen

1 Die Alten – Menschen in unserer Gesellschaft „mit Zukunft“?

2 Alltag und Lebensperspektiven alter Menschen – eine Aufgabe für die Politik?

1 Die Alten – Menschen in unserer Gesellschaft „mit Zukunft“?

Alt werden – alt sein: das Alter als Lebensabschnitt

Mit dem Alter verbinden die meisten Jüngeren weniger die Vorstellung von der Zukunft. Schon eher denken wir an den Lebensabend, an ein Leben, das sich auf ein Ende zu bewegt, an Menschen, die mehr und mehr der Hilfe anderer und der Gesellschaft bedürfen. Entsprechen solche Bilder vom Alter der gesellschaftlichen Wirklichkeit heute? Dürfen wir von „den Alten“ sprechen, als handle es sich um eine einheitliche Gruppe von Menschen in weitgehend gleicher Lebenslage?

Die Altersgrenze – nicht für alle gleich

Eine erste Antwort auf diese Frage ist in den beiden Schaubildern am Beginn dieses Abschnitts enthalten:

- Wir haben unterschiedliche **Vorstellungen** vom Beginn der Lebensphase, die wir als Alter bezeichnen. Und dies hängt ganz entscheidend davon ab, wie alt wir selber sind: In der Vorstellung der Jüngeren beginnt diese Phase früher als für die Älteren.
- Statistisch – etwa in der Volkszählung – wird der Beginn des Alters als eigenständige Lebensphase mit dem Übergang von der **Berufsarbeit** in die **nachberufliche Phase** bezeichnet. Für die Mehrzahl der Bevölkerung heißt dies: Sie treten in das Rentenalter (bei Rentenversicherten) bzw. in das Pensionsalter (bei Beamten) ein. Das gesetzliche Rentenalter (Altersruhegeld) beginnt mit dem vollendeten 65. Lebensjahr. Bis zum Inkrafttreten der Rentenreform am 1. Januar 1992 wurde Altersrente für Männer nach dem 65., für Frauen nach dem 60. Lebensjahr bezahlt (vgl. Abschn. 1.7).
- Der **tatsächliche** Zeitpunkt dieses Übertritts in die nachberufliche Lebensphase vollzieht sich heute für die Mehrzahl jedoch bereits vor dem 65. Lebensjahr.

Das Alter – zunehmend länger

Die nachberufliche Phase beginnt einerseits für immer mehr Menschen zu einem früheren Zeitpunkt; durch die **gestiegene Lebenserwartung** (vgl. Abschn. 1.1) dauert sie andererseits für immer mehr Menschen auch länger. Um die Jahrhundertwende betrug die durchschnittliche Lebenserwartung für 60jährige Männer 12,8 und für gleichaltrige Frauen 13,6 Jahre. Bis heute stiegen diese Daten in den westlichen Ländern auf 17,3 und 21,7 Jahre an. Für die DDR betrug 1989 die Lebenserwartung 60jähriger Männer 16,2, für Frauen 19,8 Jahre. In Deutschland werden diese Zahlen weiter ansteigen (Schätzungen für 1996: 18,8 Jahre bei den Männern, 23,5 Jahre bei den Frauen; Bevölkerung in den elf alten Ländern). Oder anders ausgedrückt: Während um die Jahrhundertwende die hauptberufliche Lebensphase etwa zwei Drittel des gesamten Lebens ausmachte, dauert sie heute im Durchschnitt 35 bis 40 Jahre und umfaßt damit die Hälfte der durchschnittlichen Lebenserwartung. Auf eine Formel gebracht: Das Alter ist heute jünger, und es wird zugleich älter.

Alte Menschen – keine geschlossene Gruppe

Der relative Anteil der alten Menschen an der Bevölkerung der Bundesrepublik (in Prozent ausgedrückt) ist in den letzten Jahren ständig gestiegen; er wird auch in Zukunft weiter wachsen. Und: Auch bei abnehmender Gesamtbevölkerung hat die absolute Zahl alter Menschen zugenommen (vgl. Abschn. 1.1). 1910 lebten in Deutschland rund 65 Mio. Menschen; davon waren 3,2 Mio. 65 Jahre und älter. Heute sind dies in Deutschland – bei einer Bevölkerung von etwas mehr als 79 Mio. – 11,7 Mio. Menschen, das sind knapp 15 % der Gesamtbevölkerung.

Das „doppelte Altern“

Diese Entwicklung können wir als das „doppelte Altern“ der Gesellschaft bezeichnen. Eine steigende **Lebenserwartung** einerseits bewirkt, daß immer mehr Menschen immer länger leben; sinkende oder stagnierende **Geburtenzahlen** andererseits bewirken, daß der Anteil der alten Menschen zu und der der jungen abnimmt.
Die Ausweitung des Alters als Lebensphase hat zur Folge, daß es nicht einfach „die Alten“ als eine einheitliche Gruppe gibt. Vielmehr leben **mehrere Altengenerationen** heute gleichzeitig nebeneinander. So müssen wir zwischen den 65- bis 74jährigen alten Menschen und den „Hochbetagten“, die 75 Jahre und älter sind, unterscheiden (nach Wolfgang Zapf u. a., Individualisierung und Sicherheit, München 1987, S. 76). Wenn die Entwicklung wie bislang anhält, wird vor allem der Anteil der Hochbetagten weiter zunehmen. So ergab eine Berechnung, die in Nordrhein-Westfalen auf der Grundlage der Volkszählung von 1987 durchgeführt wurde, daß bis zum Jahre 2000 die Altersgruppe der 85jährigen und älteren um 58 % zunehmen wird (Gerhard Bäcker u. a., Ältere Menschen in Nordrhein-Westfalen, Düsseldorf 1989, S. 269).

Hochbetagte – vor allem alleinstehende Frauen

Frauen haben heute eine um rund sieben Jahre höhere Lebenserwartung als Männer (von der Geburt an gerechnet). Und: Geschiedene oder verwitwete Männer heiraten häufiger zum zweiten Mal als Frauen in gleichen Situationen. Dies sind zwei Gründe, warum wir schlagwortartig sagen können: Die Hochbetagten unter den alten Menschen sind in ihrer überwiegenden Zahl **alleinstehende Frauen** – das hohe Alter ist vor allem weiblich.
Der „vierte Familienbericht“, der 1986 dem Deutschen Bundestag vorgelegt wurde (und der die z. Zt. repräsentativsten Zahlen hierzu bringt), verdeutlicht diesen Sachverhalt für das Gebiet der Bundesrepublik bis zum 3. Oktober 1990: Rund 3,6 Mio. Menschen sind 75 Jahre und älter. Knapp zwei Drittel dieser Ältesten sind Frauen. Oder anders formuliert: Auf 100 Männer kommen 189 Frauen. Rund 47 % aller dieser Hochbetagten leben allein.

2 Alltag und Lebensperspektiven alter Menschen – eine Aufgabe für die Politik?

Für die Darstellung der **Lebensbedingungen** alter Menschen in der Bundesrepublik wählen wir drei Bereiche aus: Wir fragen nach den Einkommen, den Wohnbedingungen und den Kontaktmöglichkeiten alter Menschen in ihrer sozialen Umgebung. Wie schon im ersten Teil, wird es auch hier nicht möglich sein, nur von „den“ Alten zu sprechen. Gerade die Untersuchung der konkreten Lage alter Menschen in unserer Gesellschaft läßt weitreichende Unterschiede deutlich werden.

Einkommen im Alter

Die hauptsächliche Einnahmequelle im Alter stellt für Arbeitnehmer die **Rente** (Arbeiter- und Angestelltenrente) bzw. die **Pension** (für Beamte) dar. Für rund zwei Drittel der Arbeiter und Angestellten wird die Rente durch eine zusätzliche Leistung ergänzt (die Betriebsrente bzw. die Zusatzversorgung für Arbeiter und Angestellte im öffentlichen Dienst). Zu den Einkommen der älteren Menschen zählen häufig auch Leistungen aus zusätzlicher **privater Vorsorge**, etwa aus Lebensversicherungen oder aus Vermögensanlagen. So erreichten 1990 die Auszahlungen aus Lebensversicherungen im Gebiet der alten Bundesrepublik einen Betrag, der rund 20 % aller Zahlungen aus den Renten der Arbeiter- und der Angestelltenversicherung entsprach. Diese private Altersvorsorge ist vor allem für **Selbständige** und Angehörige der **freien Berufe** von Bedeutung, die nicht der gesetzlichen Rentenversicherung unterliegen.

Wohlstand im Alter – ungleich verteilt

Die wirtschaftliche Situation der alten Menschen hängt ganz entscheidend mit ihrer wirtschaftlichen Situation im Arbeits- bzw. Berufsleben zusammen. So richtet sich die Höhe der Renten für Arbeiter und Angestellte zum einen nach der Höhe der Beiträge, zum andern nach der Dauer, während derer diese Beiträge in die Rentenversicherung entrichtet wurden. Einkommensunterschiede in der Phase der Erwerbsarbeit spiegeln sich somit auch in den Renten der nachberuflichen Zeit wider (vgl. Abschn. 1.7).

Übersicht 1: Wie haben sich die Renten entwickelt?

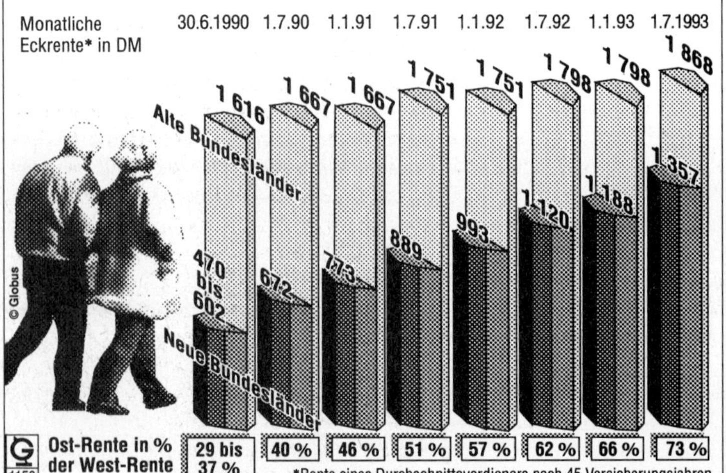

*Rente eines Durchschnittsverdieners nach 45 Versicherungsjahren

Stichwort: Armut im Alter

Die Einkommen der Erwerbstätigen sind in den zurückliegenden Jahren nahezu ständig gestiegen. An dieser „Wohlstandskurve“ haben auch die alten Menschen teilgenommen. Dennoch gibt es unter ihnen Gruppen, die an dieser allgemein positiven Entwicklung nicht in ausreichendem Maße beteiligt sind. Dies ist vor allem dann der Fall, wenn das Einkommen aus der eigenen Arbeit gering war (z. B. bei kleineren Gewerbetreibenden) oder nicht über eine längere Dauer regelmäßig bezogen wurde. **Armut im Alter** treffen wir deshalb bei denjenigen verstärkt an, die in ihrem Erwerbsleben nur geringe Leistungen in die Altersvorsorge einbringen konnten - kleinere Selbständige, gering verdienende Arbeiter und Angestellte, vor allem aber durchschnittlich mehr Frauen als Männer.

Gerade am Beispiel der Frauen wird deutlich, wie sich die soziale Benachteiligung im Erwerbsleben in den Ruhestand hinüberzieht (Zahlen bezogen auf BRD vor dem 03.10.1990):

- ▶ Frauen hatten in der Vergangenheit - in einem stärkeren Maße als dies heute noch der Fall ist - ein niedrigeres Ausbildungsniveau als Männer;
- ▶ sie verdienten/verdienen durchschnittlich weniger als die männlichen Kollegen;
- ▶ sie waren/sind öfter als Männer nur teilzeitbeschäftigt bzw. nur kurzfristig - etwa bis zur Ehe - erwerbstätig;
- ▶ und nicht zuletzt: Es sind mehr Frauen als Männer ohne eigenes Einkommen und damit ohne eigene Altersvorsorge; so verfügt heute nur die Hälfte der Ehefrauen über ein eigenes Alterseinkommen. In den fünf neuen Bundesländern ist die Zahl der Frauen mit eigener Altersversorgung höher, da dort mehr Frauen erwerbstätig sind.

Eine Untersuchung der Einkommen alter Menschen nennt folgende Zahlen:

- ▶ 16 % aller Arbeiterehepaare müssen mit einem Alterseinkommen unter DM 1250,– im Monat auskommen; bei den Angestellten sind dies 4 %, bei den Beamtenehepaaren 1 %.
- ▶ 19 % der verwitweten älteren Frauen haben ein monatliches Alterseinkommen von weniger als DM 800,–; bei den ledigen älteren Frauen müssen sogar 34 % von diesem Einkommen leben. (Zahlen nach Gerhard Bäcker u. a., Ältere Menschen in Nordrhein-Westfalen, Düsseldorf 1989, S. 75 f.)

Wohnen im Alter

Gerade alte Menschen legen Wert darauf, daß sie in ihrer gewohnten Umgebung leben können. Die familiären und verwandtschaftlichen Bindungen und die gesellschaftlichen Kontakte, die sie im bisherigen Leben hatten, lassen sich auf diese Weise am ehesten weiterführen. Ein Überblick über die unterschiedlichen **Wohnformen** alter Menschen (65jährige und ältere) ergibt folgendes Bild (Zahlen bezogen auf BRD vor dem 03.10.1990):

Übersicht 2: Wie wohnen alte Menschen?

60jährige und Ältere leben in:

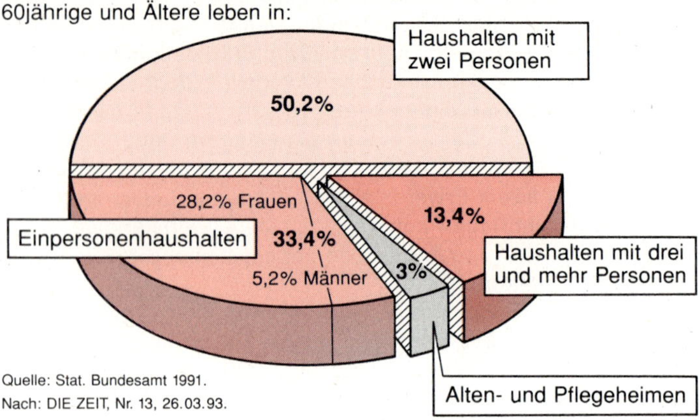

Quelle: Stat. Bundesamt 1991.
Nach: DIE ZEIT, Nr. 13, 26.03.93.

Stichwort: Betreutes Wohnen im Alter

Die Zahl der Hochbetagten und unter ihnen der Alleinstehenden, die keine Hilfe aus der eigenen Familie oder dem Verwandtenkreis haben, nimmt zu. Damit ist voraussehbar, daß auch der Anteil derjenigen, die im hohen Alter auf **Pflege** angewiesen sind, immer größer wird. Pflegebedürftigkeit muß jedoch nicht in jedem Fall einen Umzug in ein Pflegeheim zur Folge haben. Zwar nimmt die Abhängigkeit von der Hilfe anderer zu; **mobile soziale Dienste** können jedoch dazu beitragen, daß auch diese alten Menschen in ihrem bisherigen Lebensbereich bleiben können.

Soziale Dienste dieser Art werden von verschiedenen Stellen organisiert: Von Gemeinden und Landkreisen, von Sozial- und Pflegevereinen wie auch von den Verbänden der freien Wohlfahrtspflege (z. B. der Arbeiterwohlfahrt). Sie reichen von der Versorgung mit Essen (z. B. „Essen auf Rädern“) bis zur medizinischen Pflege in der eigenen Wohnung. Solche Dienste werden aus öffentlichen Mitteln (z. B. Sozialhilfe) oder durch die sie tragenden Organisationen selbst und durch eigene Aufwendungen der betroffenen Pflegebedürftigen finanziert. Seit 1991 bezahlen die Krankenkassen monatlich bis zu 25 Pflegestunden für die Betreuung von Schwerpflegebedürftigen (maximal DM 750,– im Monat).

In den mobilen sozialen Diensten arbeiten heute viele junge Männer, die den Wehrdienst aus Gewissensgründen ablehnen und dafür einen **zivilen Ersatzdienst** leisten. „Zivis“ sind während dieser Zeit einem Träger der sozialen Dienste – etwa einer Sozialstation in einer Gemeinde – zugeordnet. Mit ihrer Arbeit entlasten sie die staatliche Altenhilfe in hohem Maße, auch in finanzieller Hinsicht.

Soziale Kontakte: miteinander oder nebeneinander leben?

Alter verbindet sich in unseren Vorstellungen oft mit Einsamkeit, mit einem Leben ohne Kontakte zur Umgebung. So nannten Jugendliche (14 – 24 Jahre) als typische Merkmale bzw. Verhaltensweisen alter Menschen unter anderem:

- Alte Menschen haben oft Langeweile (56 von 100 Befragten),
- sie sitzen viel vor dem Fernseher (83 von 100),
- sie leben häufig allein (65 von 100),
- sie fühlen sich einsam (67 von 100 Befragten; Zahlen nach K. Arnold, E. Lang, Wie sieht man die Älteren und wie sehen sie sich selbst? Hamburg 1989, S. 23 ff.).

Bei genauerer Beobachtung können wir feststellen, daß das Bild von den „einsamen Alten“ noch am ehesten auf die Hochbetagten (75 Jahre und älter), und hier vor allem auf die Bewohner von Alten- und Pflegeheimen zutrifft. Die Mehrzahl der alten Menschen unterscheidet sich hier – wie eine Umfrage unter ihnen selbst ergab – nicht besonders von den jüngeren:

Tab. 1: Kontakte mit anderen – wie oft?

mögliche Antworten	Zustimmung (in %) nach dem Alter der Befragten (Jahre)		
	65–74	75 und älter	Zum Vergleich: alle Altersgruppen
nie/sehr selten	12	24	8
gelegentlich	57	56	55
häufig/regelmäßig	32	21	38

Zahlen gerundet, deshalb Summe größer als 100. Wolfgang Zapf u. a., Individualisierung und Sicherheit, München 1987, S. 79.

Einsamkeit im Alter – wer ist betroffen?

Mit dem Ende der beruflichen Arbeit müssen nicht immer auch die gesellschaftlichen Beziehungen dieser Zeit zu Ende gehen. Vielmehr können jetzt Kontakte in Vereinen, Freundes- und Interessengruppen noch intensiver gepflegt werden. Darüber hinaus bieten Altenselbsthilfegruppen, Alten- und Seniorentreffs neue Möglichkeiten, sich in der Gesellschaft zu engagieren. Das Alter ist deshalb nicht immer gleichbedeutend mit einem Verlust an Aufgaben und sinnvollen Aktivitäten, sondern kann auch – jenseits der Zwänge der Berufsarbeit – neue Chancen für die **Verwirklichung eigener Interessen** bieten. Ob diese Chancen wahrgenommen werden, hängt zum einen von den Betroffenen selber ab:

- Untersuchungen zeigen, daß alte Menschen, die sich einsam fühlen, oft auch schon als Jugendliche und junge Erwachsene einsam waren.
- Frauen, die sich in ihrem früheren Lebensalter ausschließlich auf die Erziehung ihrer Kinder konzentriert haben und nicht berufstätig waren, klagen mit dem Auszug der Kinder aus der Familie häufig über Einsamkeit.
- Hochbetagte Heimbewohnerinnen und Heimbewohner sind in weitaus höherem Maße sozial isoliert als diejenigen, die in Privathaushalten leben.

- Witwen haben im Alter größere Schwierigkeiten als Witwer, bestehende gesellschaftliche Beziehungen aufrechtzuerhalten oder neue zu schaffen. Frauen, die schon in jüngeren Jahren alleinstehend waren, gelingt es auch im Alter leichter als verwitweten Frauen, Kontakte mit ihrer Umgebung zu halten.

Lebensperspektiven im Alter

Selbständigkeit und Aktivität im Alter hängen zum anderen auch von den **Angeboten** ab, die in der sozialen Umgebung zur Verfügung stehen – in Einrichtungen des Staates und der Gemeinden, in den Aktivitäten der Vereine, in Sozialstationen der Pflegevereine und der Verbände der freien Wohlfahrtspflege, aber auch durch eigene Initiativen alter Menschen. Einige Beispiele hierzu:

- Altenwohnungen und Altenheime dürfen keine Altenghettos sein, sie brauchen ein Umfeld, das Anregungen für den Alltag gibt und das Bewußtsein vermittelt, mitten in der Gesellschaft zu leben. Je aktiver dieses Umfeld ist, um so mehr Anreize gehen von ihm auf die alten Menschen aus, ihre Lage nicht als „Ruhestand“, sondern als Lebensphase zu betrachten, die jenseits der Erwerbsarbeit neue Chancen der Lebensgestaltung bietet.
- Altentages- oder Altenbegegnungsstätten, auch in Verbindung mit Tagespflegeheimen, schaffen einen Raum für kulturelle, sportliche und gesellige Treffen und die Gestaltung der Freizeit.
- Alten- oder Seniorenkreise und Bürgerinitiativen zur Altenselbsthilfe sind lose Vereinigungen, die mit eigenem Programm und durch eigene Arbeit selbstgesetzte Ziele verwirklichen wollen. Solche Aktivitäten reichen von praktischen Do-it-yourself-Gruppen über gemeinsame Kulturarbeit bis hin zur sozialen und pflegerischen Selbst- und Nachbarschaftshilfe.
- Volkshochschulen und andere Einrichtungen der Erwachsenenbildung organisieren Angebote für alte Menschen, die vorhandene Interessen erhalten und neue aufbauen können.
- „Essen auf Rädern“ liefert täglich oder wöchentlich Verpflegung in die Haushalte und entlastet dadurch ältere oder behinderte Menschen von dieser alltäglichen Hausarbeit.
- Hausnotrufdienste geben alleinstehenden alten Menschen die Sicherheit, im Notfall Hilfe herbeirufen zu können. Mit Telefonketten können sie täglich miteinander Kontakt aufnehmen, sie erfahren so, wo Hilfe oder Unterstützung notwendig ist.
- Freiwillige Besucher- und Helferdienste können eine drohende soziale Isolierung verhindern. Dies gilt gerade für Behinderte und pflegebedürftige Alleinstehende. Selbst bei einem Wechsel in ein Alten- oder Pflegeheim können dadurch Brücken zur gewohnten Umgebung erhalten werden.

Zusammenfassung

1 Im statistischen Sinn wird der Beginn des Alters als eigenständiger Lebensphase mit dem Übergang von der Berufsarbeit in die nachberufliche Zeit gleichgesetzt. Dieser Zeitpunkt liegt im Durchschnitt bei Männern früher als bei Frauen. Mit zunehmender Lebenserwartung wird die Altersphase auch zunehmend länger.
„Die Alten“ bilden keine einheitliche Gruppe: Es ist sinnvoll, zwischen „alten Menschen“ (65 – 74 Jahre) und den „Hochbetagten“ (75 Jahre und älter) zu unterscheiden. Zwei Drittel dieser Hochbetagten sind Frauen.

2 Die Lebensbedingungen älterer Menschen hängen – neben der Gesundheit – vor allem von ihrem Einkommen, ihrer Wohnsituation und den Beziehungen zu ihrer Umgebung ab. Für die meisten stellen die Rente bzw. die Pension die wichtigste Einkommensart dar.
Der Wohlstand ist auch im Alter ungleich verteilt. Darin kommen die Einkommensunterschiede aus der Zeit der Erwerbsarbeit zum Ausdruck. Armut im Alter treffen wir vor allen Dingen bei denjenigen an, die während ihres Erwerbslebens nur geringe Leistungen in ihre Altersvorsorge einbringen konnten.
Die überwiegende Mehrzahl der älteren Menschen lebt in Privathaushalten; knapp 4 % nehmen stationäre Einrichtungen der Altenhilfe in Anspruch. Mobile soziale Dienste ermöglichen auch Alleinstehenden und Pflegebedürftigen, weiter in ihrem Haushalt zu leben.
Um auch nach der Erwerbsarbeit Kontakte mit anderen Menschen zu haben, sind die Arbeit der staatlichen und kommunalen Einrichtungen, die Angebote von Vereinen und Verbänden sowie die Selbst- und Nachbarschaftsinitiativen von besonderer Bedeutung. Sie bieten Aktivitäten an, die helfen, Vereinsamung und soziale Isolierung im Alter zu verhindern.

1.7 Soziale Sicherheit und sozialer Ausgleich – Politik im sozialen Auftrag

Zwei Ansichten über soziale Sicherheit

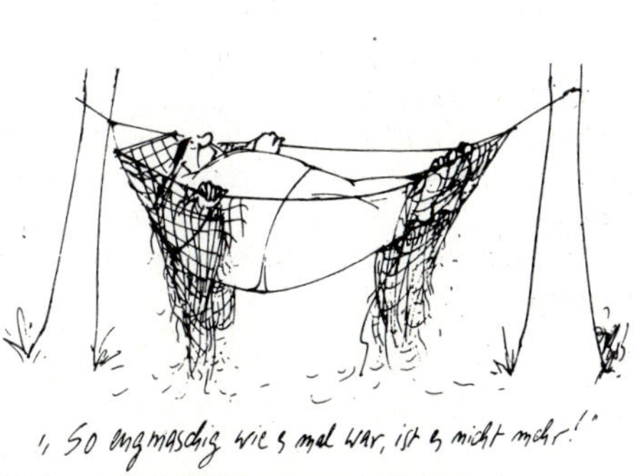

Karikatur: Fritz Wolf, Wolfgang Baaske-Cartoons

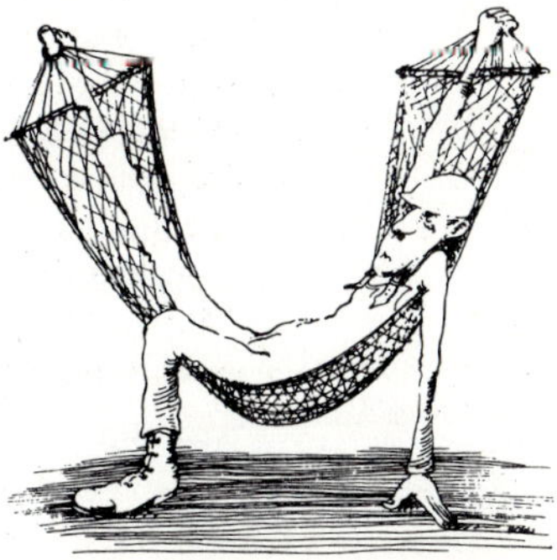

Karikatur: Hogli

Leitfragen

1 Warum wurde die soziale Sicherung im letzten Jahrhundert zu einer Aufgabe des Staates?

2 Die Gesetzliche Sozialversicherung – Sicherheit für wen, wann und wodurch?

3 Starke und Schwache in der Gesellschaft – Was verstehen wir unter „sozialem Ausgleich"?

4 Das Sozialbudget – Wieviel soziale Sicherheit kann sich die Gesellschaft leisten?

1 Warum wurde die soziale Sicherung im letzten Jahrhundert zu einer Aufgabe des Staates?

Im Rückblick: von der Armenhilfe zur Gesetzlichen Sozialversicherung

Bis in die Mitte des letzten Jahrhunderts lag es bei den Kirchen, den Dorf- und Stadtgemeinden, bei Genossenschaften des Handwerks und schließlich den Familien selber, mit unvorhergesehenen Risiken des Lebens fertig zu werden. Wer durch Krankheit oder durch einen Unfall, aber auch im Alter nicht mehr in der Lage war, selber für sein Leben aufzukommen, war auf die Armenhilfe angewiesen: Kirchliche Spitäler zum Beispiel, städtische Armenhäuser und Stiftungen vermögender Bürger waren die wichtigsten Einrichtungen dieser Armenhilfe. Mit ihnen sollte die ärgste Not gelindert werden, wenn die Familien dazu selber nicht in der Lage waren.

Industrialisierung: neue Probleme – die soziale Frage

Um den Beginn des 19. Jahrhunderts, insbesondere mit der zunehmenden **Industrialisierung** der wirtschaftlichen Produktion, veränderte sich die Lage vor allem der Arbeiterschaft rasch. In den Städten Nord- und Westeuropas vermehrte sich die Bevölkerung lawinenartig. Die neuen Fabriken zogen viele Menschen vom Lande in diese Ballungsräume. Dort waren die Kosten für den Lebensunterhalt im Vergleich zu den Löhnen allerdings sehr hoch.
Um eine Familie mit dem Notwendigsten zu versorgen, mußten auch Frauen und Kinder arbeiten, zum Teil bis zu 16 Stunden am Tag. Kinder- und Frauenarbeit erhöhte aber noch das Überangebot an Arbeitskräften und drückte so die Löhne weiter. Verarmung und Verelendung waren deshalb nicht mehr Einzelschicksale, sondern Lebensmerkmal einer ganzen **gesellschaftlichen Klasse,** des „Industrie-Proletariats". Ein Unfall oder eine Krankheit, aber auch Arbeitslosigkeit, waren gleichbedeutend mit absolutem Elend, denn Arbeiterfamilien waren nicht in der Lage, etwas von ihrem Lohn für solche Zeiten zurückzulegen. Zudem mußten die Alten von den Arbeitsfähigen der Familien mitversorgt werden.

Selbsthilfe und politische Organisation: die Arbeiterbewegung

Die Arbeiterschaft organisierte sich – anfangs heimlich – in Arbeitervereinen, Selbsthilfekassen für Notfälle, in **Gewerkschaften und Arbeiterparteien**. Mit Arbeitsniederlegungen, Fabrikbesetzungen, Zerstörung von Maschinen versuchten sie, ihre Forderungen nach einem besseren Schutz bei der Arbeit und nach mehr Mitspracherech-

ten durchzusetzen. Die Regierenden wie auch die Unternehmer verstanden diese Aktivitäten als Bedrohung der staatlichen und gesellschaftlichen Ordnung. Sie reagierten auf diese „soziale Frage", also auf das neue gesellschaftliche Problem, zunächst mit Verboten und mit Strafaktionen der Polizei.
Die „Politik der Verbote" konnte jedoch nicht mehr durchgehalten werden, seit sich in den sechziger Jahren immer mehr Arbeiter in Gewerkschaften und in der neuen Arbeiterpartei, der Sozialdemokratie, organisierten. Dazu in Stichworten einige ausgewählte Daten:

- Im Dezember 1865 wurden in Leipzig der Allgemeine Deutsche Zigarrenarbeiterverband, ein Jahr später der Deutsche Buchdruckerverband gegründet.
- Seit 1869 war es den Arbeitern in den norddeutschen Staaten, seit 1871 im neu gegründeten Deutschen Reich auch rechtlich erlaubt, Gewerkschaften zu gründen (Vereinigungs- bzw. Koalitionsfreiheit, vgl. Art. 9 des Grundgesetzes).
- Im neuen Deutschen Reichstag waren seit 1871 auch Sozialdemokraten vertreten; zunächst saßen zwar nur zwei, 1884 aber schon 24 und 1890 dann 35 Abgeordnete im deutschen Parlament.

Zuckerbrot und Peitsche: soziale Reformen im Kaiserreich

Die Bewegung der unzufriedenen Arbeiterschaft konnte zur Gefahr für den bestehenden Staat und der von ihm gesicherten kapitalistischen Wirtschaftsordnung werden. Die Reichsregierung unter **Reichskanzler von Bismarck** reagierte auf diese Herausforderung mit „Zuckerbrot und Peitsche":

- Einerseits wurde die Arbeiterbewegung politisch und polizeilich weiterhin bekämpft. Das „Gesetz gegen die gemeingefährlichen Bestrebungen der Sozialdemokratie" verbot von 1878 bis 1890 alle sozialdemokratischen Versammlungen, Bücher und Zeitungen. Sozialdemokraten konnten von der Polizei des Landes verwiesen werden. Weiterhin erlaubt waren allerdings die Teilnahme an Wahlen und die Arbeit in Parlamenten.
- Andererseits begann die Reichsregierung in den achtziger Jahren, schrittweise eine Sozialversicherung aufzubauen, mit der die Arbeitnehmer nach einem Unfall, bei Krankheit oder im Alter finanziell unterstützt wurden (vgl. Übersicht 1).

Soziale Sicherheit – nicht ohne politischen Druck

Der knappe Rückblick in die Geschichte zeigt: Die schrittweise Einführung der Gesetzlichen Sozialversicherung seit 1883 war mit wichtigen **gesellschaftlichen** und **politischen Kämpfen** und Interessenauseinandersetzungen verbunden. Die Arbeiterschaft organisierte sich in Gewerkschaften und Parteien, um ihre Ziele gegenüber den Unternehmen und dem Staat durchzusetzen. Die Sozialpolitik des Reichskanzlers von Bismarck sollte dazu beitragen, durch Reformen revolutionären „Dampf abzulassen". Mit anderen Worten: Die soziale und finanzielle Absicherung der Arbeiter und Angestellten (und später auch ihrer Familien) bei Krankheit, nach einem Unfall und im Alter war das eine Ziel der Bismarckschen Reformen. Das andere war, die Arbeitnehmer auf diesem Weg mit dem Staat des Kaiserreichs zu versöhnen.

Übersicht 1: Die Sozialversicherung vom Deutschen Reich bis zur Weimarer Republik

1883: **Krankenversicherung** der Arbeitnehmer in der gewerblichen Wirtschaft.

1884: **Unfallversicherung** mit Rentenzahlung an Hinterbliebene.

1889: **Alters- und Invaliditätsversicherung** für alle Arbeitnehmer, deren Einkommen jährlich unter 2000 Mark lag; Altersgrenze: 70 Jahre. Eine Rente reichte noch nicht zur Finanzierung des eigenen Lebensunterhalts aus. Ein zusätzliches Einkommen war weiterhin notwendig.

1911: **Reform der Sozialversicherung** – neue Reichsversicherungsordnung:
a) Einführung einer besonderen **Angestellten-Rentenversicherung** (bislang gleichgestellt mit den Arbeitern); zwar höhere Beiträge, aber auch wesentlich höhere Leistungen; Altersgrenze: 65 Jahre.
b) Einführung einer **Hinterbliebenen-Rente** für Witwen. Einschränkung: Witwenrente nur bei Erwerbsunfähigkeit der Witwe. Gängige Praxis: Arbeiterwitwen wurden in der Regel als erwerbsfähig, Angestelltenwitwen dagegen als erwerbsunfähig betrachtet.

1916: Senkung der Altersgrenze in der **Arbeiter-Rentenversicherung** von 70 auf 65 Jahre.

1922: **Reform der Altersversicherung** – die Versicherten sollen bei Vollendung des 65. Lebensjahres eine Rente erhalten, die ihren eigenen Lebensunterhalt absichert (vgl. oben: Zwang zum Zuverdienst).

1927: Einführung einer gesetzlichen **Arbeitslosenversicherung** für Arbeitnehmer (alle Mitglieder der Kranken- und Angestelltenversicherung) als vierte Säule der Sozialversicherung; Schaffung eines **Reichsarbeitsamtes** mit Landes- und regionalen Arbeitsämtern.

2 Die Gesetzliche Sozialversicherung – Sicherheit für wen, wann und wodurch?

Die vier Säulen der Gesetzlichen Sozialversicherung

Mit der Einführung der Arbeitslosenversicherung 1927 erhielt der Aufbau der Sozialversicherung einen gewissen Abschluß: Gesetzliche Krankenversicherung, Unfallversicherung, Alters- und Invaliditätsversicherung und Arbeitslosenversicherung sind die Grundelemente dieses Systems der sozialen Sicherung.

Woher kommt das Geld?

Wenn wir von der staatlichen oder genauer: der Gesetzlichen Sozialversicherung (GSV) sprechen, heißt dies jedoch nicht, daß alle Leistungen aus der Staatskasse kommen und damit über Steuern finanziert würden. Vielmehr gilt der Grundsatz, daß die Leistungen der Sozialversicherung durch die **Beiträge der Versicherten** selber und ihrer **Arbeitgeber** aufgebracht werden (vgl. Übersicht 2). Die Rolle des Staates besteht dabei vor allem darin, mit besonderen Gesetzen die Einrichtungen der Sozialversicherung zu beschließen. Dabei regelt er zugleich die Leistungsarten (z. B. Geld- und Sachleistungen) und den Umfang der Leistungen sowie die Höhe der Beitragszahlungen durch die Versicherten bzw. ihre Arbeitgeber.

Beispiel: Gesetzliche Krankenversicherung (GKV), Gesetz vom 20. Dezember 1988: § 5: Versicherungspflichtige Personen; § 11 ff.:

Übersicht 2: Die vier Säulen der Gesetzlichen Sozialversicherung

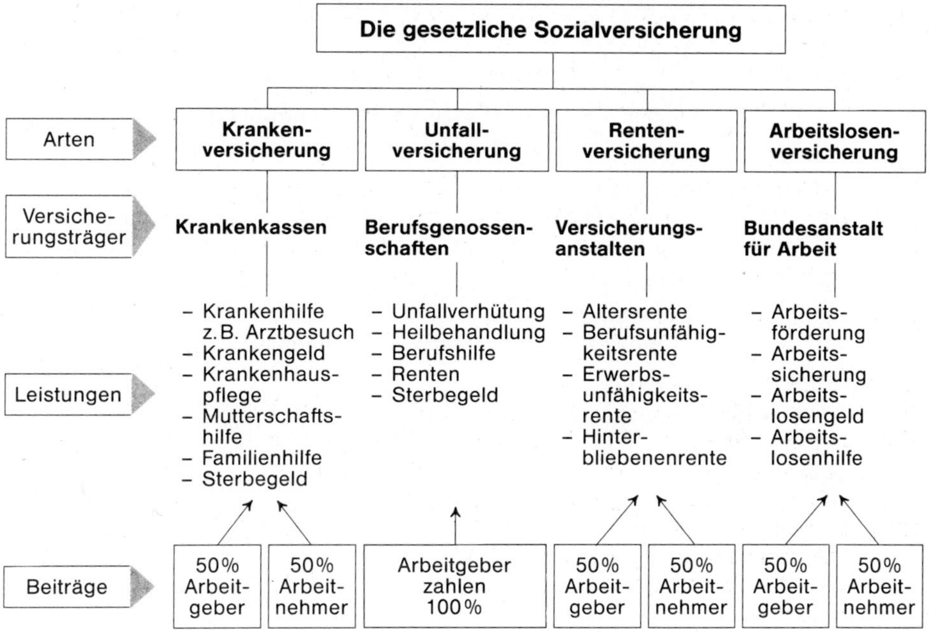

Leistungsarten und Leistungsumfang; § 220 ff.: Finanzierung der GKV, vor allem durch Beiträge der versicherungspflichtigen Arbeitnehmer und ihre Arbeitgeber (§ 249).
Mitglieder der **Unfallversicherung** sind nicht die Arbeitnehmer, sondern die **Unternehmen.** Die Beiträge hierzu werden deshalb auch allein von ihnen aufgebracht. Ihre Höhe richtet sich zum einen nach der Lohn- und Gehaltssumme, die das Unternehmen bezahlt, zum anderen nach der Gefahrenklasse, der das Unternehmen angehört. Dazu werden alle Branchen nach der Zahl und der Schwere der vorgekommenen Unfälle und Berufskrankheiten in Klassen eingeteilt.

Staatliche Zuschüsse

Bei der Gesetzlichen Rentenversicherung (GRV) werden die Beitragszahlungen der Arbeitnehmer und der Arbeitgeber durch **staatliche Zuschüsse** ergänzt. Diese sind notwendig, weil die GRV keine langfristigen und umfassenden Rücklagen bildet, sondern die laufenden Ausgaben aus den laufenden Beiträgen finanziert (Mindestrücklage der GRV: in Höhe der Rentenzahlungen für einen Monat). Dabei kann es zu Finanzierungsengpässen kommen, die dann durch die Zuschüsse aus dem Bundeshaushalt aufgefangen werden. Auf diese Weise können die Beiträge zur GRV, die die Arbeitnehmer und die Arbeitgeber (vgl. Übersicht 2) bezahlen, niedriger gehalten werden, als

dies von den laufenden Ausgaben her notwendig wäre. Darüber hinaus sind staatliche Zuschüsse notwendig, wenn neue, zusätzliche Leistungen eingeführt werden, die noch nicht aus den Beiträgen finanziert werden können (z. B. bei der Rentenreform 1992 und der zusätzlichen Berücksichtigung von Kindererziehungszeiten bei der Ermittlung der Versicherungsjahre – vgl. S. 59 f.).
Auch die soziale Sicherung der **Landwirte** wird durch staatliche Zuschüsse gefördert. Die Beiträge für die Alterskassen der landwirtschaftlichen Berufsgenossenschaften werden zu rund 80 % vom Bund finanziert. Außerdem zahlt er Zuschüsse für die Kranken- und die Unfallversicherung.

Gesetzliche Krankenversicherung

In der Gesetzlichen Krankenversicherung (GKV) sind alle Arbeiter – unabhängig von der Höhe ihres Einkommens – **pflichtversichert**. Angestellte können aus der Pflichtkrankenkasse austreten, wenn ihr Einkommen mehr als 75 % der Beitragsbemessungsgrenze für die Rentenversicherung beträgt (z. B. 1993: 75 % von 7 200 DM/Mon. = 5 400 DM in den alten Bundesländern; in den neuen Bundesländern werden diese Beträge schrittweise bis zur Höhe der westlichen Länder angehoben). Arbeitslose, Studenten, Rentner und Landwirte sind ebenfalls pflichtversichert. Unter bestimmten Umständen ist auch eine freiwillige Mitgliedschaft für einzelne Berufsgruppen der Selbständigen möglich.
Für Beamte übernimmt der jeweilige Dienstherr direkt einen Teil der anfallenden Krankenkosten (Beihilfe genannt). Die restlichen Kosten werden in der Regel über eine private Krankenkasse abgesichert. Die Beiträge hierzu müssen von den versicherten Beamten selber, also ohne Arbeitgeberanteil, aufgebracht werden.

Leistungen

Als Leistung trägt die GKV notwendige Kosten für die ärztliche Versorgung der **Versicherten** und ihrer **Familienangehörigen** bei Krankheit, Mutterschaft und bei Maßnahmen zur Krankheitsfrüherkennung (Kinder bis zum 4. Lebensjahr, Krebsvorsorgeuntersuchungen ab dem 30. Lebensjahr). Hierbei werden ohne zeitliche Begrenzung ärztliche und zahnärztliche Behandlungen sowie die Versorgung mit Medikamenten und notwendigen Hilfsmitteln (Brillen, Prothesen u. a.) sowie der Aufenthalt und die Pflege im Krankenhaus übernommen.

Krankengeld bei Lohnausfall

In den ersten sechs Wochen erhalten versicherte Arbeitnehmer nach den Bestimmungen des **Lohnfortzahlungsgesetzes** von 1969 das volle Arbeitsentgelt als **Lohnfortzahlung.** Diese Leistung müssen die Arbeitgeber aufbringen. Kleinbetriebe mit maximal 20 Arbeitnehmern erhalten allerdings 80 % von den Sozialversicherungsträgern erstattet. Nach diesen sechs Wochen beträgt das Krankengeld aus der GKV 80 % des Regellohns. Dieser wird aus dem regelmäßigen Bruttolohn als Tagessatz errechnet (z. B. Monatslohn geteilt durch 30 = Regellohn), und dann kalendertäglich bezahlt.
Das Krankengeld soll allerdings den regelmäßigen Nettolohn nicht überschreiten. Es wird für längstens 78 Wochen wegen derselben

Krankheit innerhalb von drei Jahren bezahlt. Danach muß die Versorgung von der Rentenversicherung getragen werden.
Zu den Leistungen der GKV gehört ferner die **Mutterschaftshilfe** mit der medizinischen Versorgung der Schwangeren und dem Mutterschaftsgeld (sechs Wochen vor und acht Wochen nach der Entbindung). Beim Tod von Versicherten wird ein **Sterbegeld** bezahlt, das allerdings künftig für neu eintretende Versicherungspflichtige entfällt.

Mutterschaftshilfe

Zur Finanzierung der medizinischen Versorgung mußten in den zurückliegenden Jahren immer größere Summen aufgewendet werden. Diese Ausgaben der GKV erhöhten sich von 1970 bis 1987 um das Fünffache (von rd. 25 Mrd. DM auf 125 Mrd. DM). Ein großer Teil dieser Steigerung geht auf steigende Arzneimittel-Preise, gestiegene Arzthonorare und teurere Krankenhausaufenthalte zurück. Darüber hinaus wird medizinische Betreuung in den letzten Jahren auch intensiver und häufiger in Anspruch genommen als früher und der Bedarf an Medikamenten steigt weiterhin an.
Die Krankenkassen geben Kostensteigerungen an die Versicherten weiter, indem sie die Beitragssätze erhöhen. Während 1970 der durchschnittliche Beitragssatz eines versicherten Arbeitnehmers 8,2 % seines Bruttolohnes ausmachte, erreichte dieser Posten Ende der 80er Jahre fast die Marke von 13 % (1991: Durchschnitt aller Kassen ca. 12,3 %). Ein ungebremster Anstieg dieser Beiträge würde – zusammen mit steigenden Kosten für die übrigen Bereiche der Gesetzlichen Sozialversicherung – die Einkommen der Arbeitnehmer einerseits wie auch die Kosten der Arbeitgeber andererseits weiter belasten.

Gesellschaftspolitisch umstritten: Wie soll die Kostenlawine gebremst werden?

Die von der Mehrheit der CDU/CSU und FDP im Bundestag im November 1988 beschlossene **Reform des Gesundheitswesens** hat zum Ziel, einen weiteren Anstieg der Kosten zu vermeiden (schrittweise in Kraft seit 01. 01. 1989). Zwischen der Regierungsmehrheit und den Oppositionsparteien SPD und GRÜNE waren dabei vor allem die gesellschaftspolitischen Auswirkungen umstritten, weil bisherige Leistungen der Versicherungen auf Kosten der Versicherten eingeschränkt wurden. Nach Meinung der Opposition war diese Reform sozial nicht ausgewogen, da die versicherungspflichtigen Arbeitnehmer als Bezieher niedriger Einkommen stärker belastet würden als andere Gruppen – etwa die Pharmaindustrie und die Ärzteschaft. Während einerseits die Versicherten in Zukunft bei einer Reihe von Leistungen hinzuzahlen müßten, so beim Zahnersatz und anderen Hilfsmitteln, fehle andererseits eine wirkungsvolle Kontrolle der Preise für Arzneimittel und Honorare der Ärzte.

Gesundheitsreform

Gesetzliche Unfallversicherung

In der Gesetzlichen Unfallversicherung (GUV) ist jeder Arbeitnehmer von dem Augenblick an versichert, in dem er seine Wohnung auf dem Weg zur Arbeitsstelle verläßt. Dasselbe gilt für Kleingewerbetreibende und Landwirte. Außerdem sind Personen, die sich in der Ausbildung befinden, unfallversichert (Kindergartenkinder, Schüler und Studenten, Auszubildende). Auch wer bei einem Verkehrsunfall oder einem

Brand Erste Hilfe leistet und dabei selbst verletzt wird, hat Anspruch auf Leistungen aus der GUV.
Ihre wichtigste Aufgabe ist die **Unfallvorbeugung.** Deshalb können die Berufsgenossenschaften als Träger der GUV durch Zwangsmittel und Strafbestimmungen die Unternehmen und ihre Beschäftigten zur Beachtung und Einhaltung von Unfallverhütungsvorschriften zwingen. In Betrieben mit mehr als 20 Beschäftigten hat der Unternehmer – zusammen mit dem Betriebsrat – einen oder mehrere **Sicherheitsbeauftragte** zu bestellen. Die Berufsgenossenschaften können technische Aufsichtsbeamte zur Überwachung und Beratung in die Betriebe schicken. Tritt ein Unfall ein, so muß ihn der Unternehmer auf einem vorgedruckten Formular melden.
Als Unfallfolgen gelten Verletzungen durch Unfälle bei der Arbeit (Arbeitsunfälle, rund 88 % aller Fälle), auf dem üblichen Weg von der Wohnung bis zur Arbeitsstätte und zurück (Wegeunfälle, ca. 2 %) sowie Berufskrankheiten (z. B. eine Staublunge, etwa 10 %). In diesen Fällen wird nicht die Kranken- oder Rentenversicherung, sondern die Unfallversicherung beansprucht.

Leistungen

Erhält der Verunglückte keine Lohnfortzahlung, dann wird für die Dauer der Arbeitsunfähigkeit **Verletztengeld** (auch Übergangsgeld genannt) nach denselben Bestimmungen wie für das Krankengeld bezahlt. Darüber hinaus leistet die GUV **Berufshilfe,** d. h., sie finanziert Maßnahmen zur vollen Wiedereingliederung in das Arbeitsleben (z. B. durch Umschulung).
Bleibt eine **Erwerbsunfähigkeit** als Unfallfolge zurück, so erhält der Verletzte eine Unfallrente. Sie beträgt zwei Drittel des vorangegangenen Brutto-Jahresverdienstes. Eine Unfallrente wird nicht erst bei vollständiger Erwerbsunfähigkeit, sondern bereits bei teilweiser Erwerbsminderung bezahlt (ab 20 % aufwärts). Auch Personen, die zum Zeitpunkt des Unfalls kein Einkommen haben, erhalten eine Unfallrente (z. B. Studenten). Zu ihrer Berechnung wird – je nach Alter – ein Durchschnittseinkommen zugrunde gelegt.
Stirbt der Versicherte an den Folgen eines Unfalls oder einer Berufskrankheit, so erhalten der überlebende Ehegatte und die Kinder Hinterbliebenenrenten. Sie können – je nach Kinderzahl – bis maximal 80 % des Bruttoeinkommens des Verunglückten erreichen. Wie in der Rentenversicherung ist diese Unfallrente **dynamisch,** d. h., sie steigt jährlich um die Zunahme der mittleren Einkommen aller Versicherten (vgl. unten).

Gesetzliche Rentenversicherung

Die Gesetzliche Rentenversicherung (GRV) steht im Mittelpunkt der sozialen Versorgungseinrichtungen. Ihre Träger sind die **Bundesversicherungsanstalt für Angestellte** (BfA) sowie die **Landesversicherungsanstalten** (LVA) für die Arbeiter. Die Beiträge – seit 1. April 1991 17,5 % des Bruttoeinkommens – werden jeweils zur Hälfte von den Arbeitnehmern und den Arbeitgebern bezahlt. Dabei wird eine obere Einkommensgrenze festgelegt (seit 01.01.1993: DM 7 200,–; mit

laufender Anpassung). Das darüber hinausgehende Einkommen ist sozialabgabenfrei.
Versichert sind alle Arbeiter und Angestellten. Selbständige können freiwillig Mitglied in der GRV werden.

Leistungen

Gegenüber ihren Versicherten hat die GRV folgende Leistungen zu erbringen:

- **Vorbeugung bzw. Rehabilitation:** Um frühzeitige Invalidität zu vermeiden, haben Versicherte bereits nach kurzer Mitgliedschaft Anspruch auf Heil- und Kurmaßnahmen. Zur Rehabilitation zählen alle Maßnahmen, welche die Erwerbsfähigkeit sichern oder wiederherstellen (z. B. eine Heilbehandlung in einer Kurklinik). Kann eine Arbeit aus gesundheitlichen Gründen nicht mehr ausgeübt werden, finanziert die GRV mit einem **Übergangsgeld** eine Umschulung.
- Eine **Rente** wegen **Berufsunfähigkeit** erhält ein Arbeitnehmer, wenn seine Erwerbsfähigkeit auf weniger als die Hälfte vergleichbarer Berufstätigkeiten abgesunken ist.
- **Rente** wegen **Erwerbsunfähigkeit** wird gezahlt, wenn der Versicherte infolge von Krankheit auf absehbare Zeit keine regelmäßige Arbeit mehr ausüben kann.
- Das **Altersruhegeld** soll den Lebensunterhalt nach der Erwerbstätigkeit sichern. Es wird bezahlt, wenn Versicherte ein bestimmtes Lebensalter erreicht haben:
  - ab dem 60. Lebensjahr an Frauen mit mindestens 5 Versicherungsjahren,
  - ab dem 60. Lebensjahr an Schwerbehinderte, Berufsunfähige und Arbeitslose,
  - ab dem 63. Lebensjahr an Versicherte, die mindestens 35 Versicherungsjahre nachweisen können,
  - ab dem 65. Lebensjahr für jeden Versicherten mit einer Versicherungszeit von mindestens 5 Jahren.
- **Hinterbliebenenrente** erhalten überlebende Ehegatten (Witwen-/Witwerrente: 60 % der Erwerbsunfähigkeitsrente der/des Verstorbenen) und Kinder (Waisenrente 10 % pro Kind). Wenn das eigene Einkommen der Witwe bzw. des Witwers höher als DM 900,–/Monat ist, wird der überschießende Betrag zu 40 % bei der Hinterbliebenenrente angerechnet.

Rentenreform 1992

Am 9. November 1989 verabschiedete der Bundestag die **Reform der Rentenversicherung,** mit der die Altersrente neu geregelt wurde. Die wichtigsten Regelungen traten ab dem 1. Januar 1992 in Kraft:

- Eine **Teilrente** kann zu dem Zeitpunkt bezogen werden, zu dem die Voraussetzungen für eine volle Altersrente erfüllt sind, also für Frauen und Schwerbehinderte ab dem 60., für langjährig Versicherte ab dem 63. Lebensjahr.
- Die unterschiedlichen **Altersgrenzen** werden vom Jahr 2001 an bis zur Regelaltersgrenze von 65 Jahren angehoben: Frauen und Arbeitslose werden im Jahr 2012, langjährig versicherte Männer

bereits im Jahre 2006 erst ab dem 65. Lebensjahr eine Altersrente beziehen können.

- **Zeiten der Kindererziehung oder der Pflege,** in denen Versicherte nicht erwerbstätig waren und demzufolge auch keine Beiträge gezahlt haben, werden auf die Versicherungsdauer angerechnet (z. B. für ein Kind: drei Jahre).
- **Ausbildungszeiten** in Schule, Fachschule und Hochschule (nach dem 16. Lebensjahr), werden nur noch bis zur Gesamtdauer von sieben Jahren berücksichtigt.

Dynamische Rente – die Höhe der Rente

Grundlagen für die Festlegung der Rentenhöhe sind

- die anrechenbaren Versicherungszeiten,
- die Höhe des Einkommens und damit zusammenhängend die Höhe geleisteter Beiträge,
- der Durchschnitt der laufenden (aktuellen) Einkommen; es wird vom mittleren Verdienst aller Versicherten errechnet. Dadurch werden die Renten an die laufende Entwicklung der Löhne und Gehälter angepaßt, sie wachsen also mit dem durchschnittlichen Anstieg der Einkommen, d. h., sie sind **dynamisch.**

Versicherungsunterlagen

Zur Sicherung seiner Rentenansprüche ist es wichtig, daß der Versicherte seine Versicherungsunterlagen gut aufbewahrt und prüft, ob der Arbeitgeber den maßgebenden Jahresverdienst richtig eingesetzt hat. Jeder Versicherungspflichtige erhält bei erstmaliger Beschäftigungsaufnahme von der Rentenversicherung ein Versicherungsnachweisheft mit einem Versicherungsausweis und den Versicherungskarten. Den Ausweis mit der Versicherungsnummer behält der Versicherte für sich, die Versicherungskarten gibt er dem Arbeitgeber ab. An jedem Jahresende und bei Wechsel des Arbeitgebers erhält der Versicherte eine Durchschrift der Versicherungskarte, mit der der Arbeitgeber der Versicherung gegenüber die versicherungspflichtigen Einkommensbeiträge abgerechnet hat. Damit hat der Arbeitnehmer einen kontrollierbaren Nachweis seiner anrechenbaren Jahresverdienste.

Generationenvertrag

Die Leistungen der GRV werden im wesentlichen aus den laufenden Beiträgen der jetzigen Arbeitnehmer finanziert. Mit anderen Worten: Die heutige Generation der im Erwerbsleben Stehenden kommt für die Altersversorgung der heutigen Rentnerinnen und Rentner auf. Dieser **Generationenvertrag** wird dann problematisch, wenn durch Veränderungen im Altersaufbau, durch lang anhaltende Massenarbeitslosigkeiten oder in schweren wirtschaftlichen Krisen die Summe der Beitragszahlungen abnimmt. Bei steigender Lebenserwartung müssen dann immer mehr Renten aus dem knapper werdenden Beitragsaufkommen finanziert werden.

Arbeitslosenversicherung

Die Regelungen der Arbeitslosenversicherung sind Bestandteil des Arbeitsförderungsgesetzes (AFG). Seine Durchführung ist Aufgabe der Bundesanstalt für Arbeit und der ihr unterstellten Arbeitsämter. Die finanzielle Absicherung Arbeitsloser ist dabei nur eine neben anderen Aufgaben:

Übersicht 3: Aus dem Arbeitsförderungsgesetz (AFG): Aufgaben der Bundesanstalt für Arbeit

§ 3 (1) Die Aufgaben nach diesem Gesetz werden im Rahmen der Sozial- und Wirtschaftspolitik der Bundesregierung von der Bundesanstalt für Arbeit (Bundesanstalt) durchgeführt,

(2) Der Bundesanstalt obliegen

1. die Berufsberatung,
2. die Arbeitsvermittlung,
3. die Förderung der beruflichen Bildung, soweit sie ihr in diesem Gesetz übertragen ist,
4. die Gewährung von berufsfördernden Leistungen zu Rehabilitation, soweit sie ihr in diesem Gesetz übertragen ist,
5. die Gewährung von Leistungen zur Erhaltung und Schaffung von Arbeitsplätzen,
6. die Gewährung von Arbeitslosengeld,
7. die Gewährung von Konkursausfallgeld.

Die Bundesanstalt hat Arbeitsmarkt- und Berufsforschung zu betreiben.

...

(4) Die Bundesanstalt gewährt im Auftrag des Bundes die Arbeitslosenhilfe.

...

Leistungen

Die Beiträge in Höhe von 6,5 % des Bruttolohnes (seit 1. Januar 1993, bis maximal 7 200 DM) werden je zur Hälfte von den Arbeitgebern und den Arbeitnehmern erbracht.

Zur Überbrückung eines vorübergehenden Arbeitsausfalls zahlt die Bundesanstalt für Arbeit Arbeitnehmern in Betrieben, in denen regelmäßig mindestens ein Arbeitnehmer beschäftigt ist, **Kurzarbeitergeld.** Dabei wird erwartet, daß die betroffenen Arbeitsplätze auch tatsächlich erhalten bleiben. Arbeitnehmer mit Kindern erhalten 68 %, ohne Kinder 63 % des letzten Nettoverdienstes.

Um Arbeitnehmer des Baugewerbes vor einem witterungsbedingten Einkommensverlust zu sichern, erhalten sie ein **Schlechtwettergeld.** Die Leistungen orientieren sich dabei am Kurzarbeitergeld.

Arbeitslosengeld erhalten Arbeitnehmer, die in den letzten drei Jahren vor der Arbeitslosigkeit mindestens 360 Kalendertage versicherungspflichtig beschäftigt waren (Wartezeit), sich arbeitslos melden, Arbeitslosengeld beantragen und der Arbeitsvermittlung zur Verfügung stehen. Kinderlose Arbeitslose erhalten 63 %, mit Kindern 68 % des zuletzt erzielten Nettoeinkommens. Je nach Lebensalter und Dauer der Beschäftigung, während der Beiträge an die AV bezahlt wurden, kann Arbeitslosengeld bis zu 32 Monate lang bezogen werden. Der Anspruch auf Arbeitslosengeld wird allerdings für ein bis drei Monate gesperrt (Sperrzeiten), wenn

- der Arbeitnehmer selbst gekündigt oder durch vertragswidriges Verhalten die Kündigung verschuldet hat,

- der Arbeitnehmer eine vom Arbeitsamt angebotene zumutbare Arbeit nicht angenommen oder angetreten hat,
- der Arbeitnehmer sich einer Maßnahme zur beruflichen Förderung (z. B. Umschulung) entzogen hat.

Arbeitslosenhilfe ist zu gewähren, wenn die Wartezeit für das Arbeitslosengeld noch nicht erfüllt ist oder die Arbeitslosigkeit länger dauert, als Arbeitslosengeld bezahlt wird. Der Arbeitslose muß die Arbeitslosenhilfe – wie das Arbeitslosengeld – selbst beantragen, und er muß der Arbeitsvermittlung zur Verfügung stehen.
Im Unterschied zum Arbeitslosengeld wird Arbeitslosenhilfe jedoch nur gewährt, wenn der Arbeitslose **bedürftig** ist. Bedürftigkeit liegt vor, wenn das sonstige Einkommen oder das Vermögen des Arbeitslosen oder seiner Familienangehörigen zur Erhaltung des durchschnittlichen Lebensstandards nicht ausreichen. So kann z. B. ein Teil des Einkommens eines Ehegatten zur Kürzung oder gar zur Aussetzung der Arbeitslosenhilfe führen. Arbeitslosenhilfe hat demnach den Charakter einer **Fürsorgeleistung.** Sie wird deshalb auch nicht aus den Beiträgen der Arbeitslosenversicherung, sondern aus dem Bundeshaushalt, also letztlich über die Steuereinnahmen, finanziert.
Ist die Bedürftigkeit festgestellt, erhalten Arbeitslose ohne Kinder 56 %, mit Kindern 58 % des maßgeblichen Nettolohns. Außerdem zahlt die Arbeitslosenversicherung die jeweils entsprechenden Beiträge zur Kranken- und Rentenversicherung.

Leistungen – nicht für alle

Nicht alle Arbeitslosen erhalten Unterstützung aus der Arbeitslosenversicherung. In den letzten Jahren zeichnete sich folgende Entwicklung ab:

- Rund 40 % der gemeldeten Arbeitslosen beziehen Arbeitslosengeld aus Mitteln der Versicherung.
- Etwa 25 % erhalten die niedrigere Arbeitslosenhilfe aus Steuermitteln.
- Fast 35 % der Arbeitslosen erhalten gar keine Unterstützung. Zu dieser Gruppe kommt noch die „stille Reserve“, jene Arbeitslosen, die sich erst gar nicht beim Arbeitsamt melden, weil sie keine Leistungen beanspruchen können. Darunter fallen viele Berufsanfänger, die noch keine Versicherungsbeiträge bezahlt haben. Sie sind auf die Unterstützung durch die Sozialhilfe (vgl. Leitfrage 3) oder durch Angehörige angewiesen.

3 Starke und Schwache in der Gesellschaft – Was verstehen wir unter „sozialem Ausgleich“?

Umverteilung der Mittel als Instrument der Sozialpolitik

Die Gesetzliche Sozialversicherung stellt mit ihren vier Elementen – Kranken-, Unfall-, Renten- und Arbeitslosenversicherung – den Kern der sozialen Sicherung dar. Sie dient der **Vorsorge** auf mögliche Risiken bei Krankheit, Unfall, Erwerbsunfähigkeit, Alter und Arbeitslosigkeit. Diese Risiken werden durch besondere Versicherungen „abgefedert“. Von solchen Vorsorgeleistungen ist heute der überwiegende Teil der Bevölkerung erfaßt (z. B. in der gesetzlichen Krankenversicherung: rund 90 % der Bevölkerung).

Stichwort: Sozialer Ausgleich

Während die Mittel für diese Vorsorge zum größten Teil aus den Beiträgen von Versicherten kommen, ist für eine Reihe weiterer Leistungen der Staat auf seinen verschiedenen Ebenen zuständig. Damit soll der im Grundgesetz für die Bundesrepublik Deutschland formulierte Grundsatz der **Sozialstaatlichkeit** (Art. 20 und 28 GG) durch aktive Sozialpolitik umgesetzt werden.
Mit diesen staatlichen Leistungen werden finanzielle Mittel, die aus den Steuerzahlungen aller kommen, umverteilt. Ziel dieser **Umverteilung** ist es, besondere Belastungen bestimmter Personengruppen auszugleichen. Während die Gesetzliche Sozialversicherung der Risikovorsorge dient, sollen diese Leistungen einen **sozialen Ausgleich** zugunsten sozial und wirtschaftlich Schwächerer herstellen.
Ansprüche auf Leistungen aus diesen Einrichtungen der sozialen **Fürsorge** sind deshalb grundsätzlich an **Bedürftigkeit** bzw. an **Einkommensgrenzen** gebunden. Mit anderen Worten: Ein rechtlich zugesicherter Anspruch setzt voraus, daß einzelne oder Gruppen (z. B. eine Familie) nicht in der Lage sind, die erforderliche Leistung ganz oder teilweise aus eigener Anstrengung zu erbringen.
Im folgenden werden fünf Einrichtungen des sozialen Ausgleichs beschrieben, mit denen die staatliche Sozialpolitik durch **Geld- und Sachleistungen** und durch **Beratung** Hilfe für einzelne und besondere Gruppen zur Verfügung stellt.

Kindergeld

Wirtschaftliche Belastungen, die Kinder mit sich bringen, werden durch eine staatliche Förderung teilweise aufgefangen. Nach Schätzungen des Statistischen Bundesamtes betragen die Lebenshaltungskosten für ein Kind (in einer vierköpfigen Familie) etwa 550 DM/Monat.

Tab. 1: Leistungen des Kindergeldes (1993)

	1. Kind	2. Kind	3. Kind	jedes weitere Kind
DM/Monat	70	70 – 130 *	140 – 220 *	140 – 240 *

Leistungsdauer: Bis zum vollendeten 16. Lebensjahr; bei Schul- und Berufsausbildung bis zum 27. Lebensjahr.
* Die Höhe ist vom Einkommen abhängig.

Jugendhilfe

Die Jugendhilfe besteht im wesentlichen aus
- persönlichen **Erziehungshilfen** durch Jugendämter (Beratung und Hilfestellung auf Wunsch von Eltern oder Kindern),
- **finanziellen Hilfen** bei der Unterbringung von Kindern außerhalb des Elternhauses,
- finanzieller und beratender **Förderung** der Jugendarbeit **nichtstaatlicher** Organisationen (z. B. Vereine, freie Jugendzentren).

Ausbildungsförderung

Leistungen nach dem **Bundesausbildungsförderungsgesetz** (BAföG) können in Anspruch genommen werden, wenn eine förderungsfähige Ausbildung begonnen wird, und die Mittel hierzu nicht aus eigener Kraft erbracht werden können. Sie werden als Zuschüsse (bei Schülern weiterführender Schulen) sowie als Zuschüsse und Darlehen (bei Studierenden jeweils die Hälfte) bewilligt.
Bei der Festsetzung der Förderungshöhe werden für das Vermögen und das Einkommen des Auszubildenden, der Eltern und eines eventuellen Ehegatten besondere Freibeträge berücksichtigt, die zur Sicherung des eigenen Bedarfs dienen (Zahlen beispielhaft nach den Sätzen von 1993):

Grundfreibetrag Elterneinkommen:	1 850 DM
für Kinder in Ausbildung:	155 DM
für Kinder unter 15 Jahren:	490 DM

Übersteigt das Einkommen diese Freibeträge, wird der übersteigende Betrag nicht vollständig, sondern nur teilweise in Anrechnung gebracht: 50 % für die Eltern zuzüglich 5 % für jedes Kind bleiben unberücksichtigt. Je nach Einkommens- und Vermögenssituation reichen die Leistungen von einer Teil- bis zur Vollförderung (1990/91: maximal 950,– DM bei auswärtiger Unterkunft.

Wohngeld

Wohngeld wird an Einkommensschwache als **Mietzuschuß** und als **Lastenzuschuß** (an Eigentümer von Wohnraum) gewährt. Bei der Berechnung werden die Höhe des Einkommens, der Familienstand, die Art und Größe der Wohnung und die Größe der Wohngemeinde zugrunde gelegt. Dabei werden die Wohnkosten und das verfügbare Einkommen verglichen, um die Belastungen durch die Ausgaben für das Wohnen zu ermitteln.
Anfang der neunziger Jahre erhielten rund 2 Mio. Haushalte Wohngeld. Dies entsprach 12 % aller Mieterhaushalte und 1,5 % der Wohnungs- bzw. Hauseigentümer. Nach sozialen Merkmalen aufgeschlüsselt ergibt sich folgendes Bild:
Von 100 Haushalten mit Wohngeld sind 39 Rentner, 21 Sozialhilfeempfänger, 15 Arbeitslose, 10 andere Erwerbstätige und Studierende. Im Durchschnitt beziehen sie 170,– DM Wohngeld.

Sozialhilfe

Für alle Fälle, in denen keine ausreichenden Vorsorge- und Ausgleichsansprüche bestehen, soll das **Bundessozialhilfegesetz** (BSHG) als letztes Auffangnetz eine Lebensführung ermöglichen „die der Würde des Menschen entspricht" (§ 1 BSHG). Im Unterschied zu BAFöG- oder Wohngeld-Leistungen besteht hier jedoch kein allgemeiner Anspruch auf eine bestimmte Leistung. Sozialhilfe ist immer Einzelfallhilfe, die nur soweit unterstützend („subsidiär") gewährt wird, als sich der einzelne nicht selbst helfen kann.
Sozialhilfeleistungen werden von den Gemeinden bzw. Landkreisen erbracht. Sie werden zum einen als **Hilfe zum Lebensunterhalt** (Siche-

rung des notwendigen Bedarfs des täglichen Lebens) nach festen **Regelsätzen** gewährt (vgl. Tab. 2). Mit den **Hilfen in besonderen Lebenslagen** soll zum anderen eine spezielle Hilfsbedürftigkeit aufgefangen werden, wie sie etwa durch Krankheit, bei Behinderung oder im Alter entstehen kann. Für die besonderen Hilfen gibt es keine festen Regelsätze. Die Höhe der Leistungen wird nach der besonderen Bedürftigkeit des Einzelfalles festgelegt. Wird festgestellt, daß der Einzelfall unter die Bestimmungen des BSHG fällt, besteht ein Rechtsanspruch auf Leistungen.

Regelsätze und Warenkorb

Die Regelsätze, die der Berechnung der Hilfe zum Lebensunterhalt zugrunde gelegt werden, sind nach Regionen bzw. Ländern verschieden. Damit sollen die unterschiedlichen Lebenshaltungskosten berücksichtigt werden.

Tab. 2: Regelsätze für Hilfen zum Lebensunterhalt in DM/Monat
(ausgewählte Länder, Stand: Februar 1993)

	Berlin-Ost	Baden-Württemberg	Schleswig-Holstein
Haushaltsvorstand (Alleinstehende/r)	494	510	509
Angehörige/r nach Alter			
bis 7. Lebensjahr	247	255	280
8. bis 14. Lebensjahr	321	332	331
15. bis 18. Lebensjahr	445	459	458
ab 19. Lebensjahr	395	408	407

Bei der Festlegung der Regelsätze sprechen die Städte und Gemeinden (bzw. Landkreise) ein entscheidendes Wort mit, da sie letztlich die Leistungen erbringen. Anders als bei den „dynamischen Renten" erfolgt hier jedoch keine laufende Anpassung an die steigenden Löhne und Gehälter. Vielmehr zeigt ein Vergleich, daß die Regelsätze für Sozialhilfe in der Vergangenheit wesentlich langsamer zunahmen als die Einkommen.

Der Entscheidung über die Höhe der Regelsätze liegt ein sogenannter **Warenkorb** zugrunde. Damit wird beschrieben, welche Güter in welchen Mengen erforderlich sind, um eine Mindestausstattung für eine Lebensführung zu sichern, „die der Würde des Menschen entspricht" (§ 1 BSHG). Dabei nimmt der „Teilwarenkorb Ernährung" den größten Anteil am Regelsatz ein (etwas mehr als die Hälfte), gefolgt von den Ausgaben für persönliche Bedürfnisse (Freizeit, kleinere Kleidungsstücke – mit rund 30 %) und dem „Teilwarenkorb Hauswirtschaftliche Bedürfnisse", (z. B. Wasch- und Reinigungsmittel, Strom – mit etwa 15 %). Für notwendige größere Anschaffungen (Möbel, Kleidung sowie für die Wohnung und die Heizkosten) werden besondere einmalige **Beihilfen** bezahlt.

Die Bestimmung der **Höhe** und der **Inhalte** dieses Warenkorbes ist umstritten. Zur Forderung nach einer Anpassung in kürzeren Abständen kommt die Kritik, daß seine Zusammensetzung heute nicht mehr geeignet ist, andere als die materiellen Existenzbedürfnisse zu befriedigen. Insbesondere stellt dieser Warenkorb bislang nur unzureichend Mittel für eine Teilnahme am kulturellen und sozialen Leben zur Verfügung.

Armut in Deutschland

Der Warenkorb und die Höhe der Regelsätze können als eine **Armutsgrenze** in der Bundesrepublik Deutschland betrachtet werden. Seit Mitte der siebziger Jahre sind von Armut zunehmend die längerfristig Arbeitslosen betroffen. Anfang der 90er Jahre war Arbeitslosigkeit für rund jeden dritten Sozialhilfeempfänger der wesentliche Grund, warum er auf diese Sozialleistung angewiesen war. Durch den enormen Anstieg der Arbeitslosigkeit in den neuen Ländern nimmt die Zahl derer zu, die auf Sozialhilfe angewiesen sind.

1990 erhielten annähernd 3,8 Mio. Menschen in der alten Bundesrepublik Sozialhilfe. Auf die Gesamtbevölkerung bezogen waren dies rund 5,8 % der Einwohner. Untersuchungen über die tatsächliche Armut zeigen jedoch, daß eine große Zahl der Betroffenen davor zurückschreckt, Sozialhilfe zu beantragen. Eine wesentliche Ursache liegt in der gesellschaftlichen Einschätzung der Armut: Armut ist in den Augen vieler Folge persönlichen Versagens und persönlicher Schuld. Dazu kommt, daß diese Sozialleistungen von einer strengen Überprüfung des eigenen Einkommens und das der näheren Verwandtschaft abhängen. Eine weitere Ursache liegt deshalb in der Angst, die Familienbeziehungen zu stören, indem man den anderen „zur Last" fällt. Die **Dunkelziffer der Armut,** d. h. die Zahl derer, die vor dem Gang zum Sozialamt zurückschrecken, muß deshalb als sehr hoch angenommen werden. Berechnungen gehen heute davon aus, daß jeder Dritte, der berechtigt ist, Hilfe nach dem BSHG zu beziehen, diese nicht in Anspruch nimmt. Die Zahlen der Sozialhilfeempfänger (vgl. Tab. 3) müssen also um diese **verdeckte Armut** erhöht werden.

Tab. 3: Empfänger von Sozialhilfe und Ausgaben in DM

Jahr	Empfänger in Mio.	Ausgaben in Mrd. DM	davon für laufenden Lebensunterhalt	davon für besondere Lebenslagen
1970	1,5*	3,4	1,2	2,2
1980	2,1*	13,2	4,3	8,9
1989	3,6*	28,8	11,8	17,0
1990	3,8	31,8	12,0	18,8

*davon Ausländer 1970: 20 000, 1980: 163 000, 1989: 671 000.

Jahrbuch der Bundesrepublik Deutschland 1992/93, S. 206; Datenreport 1992, Bonn 1992, S. 233.

4 Das Sozialbudget – Wieviel soziale Sicherheit kann sich die Gesellschaft leisten?

Das „soziale Netz" – wie eng sind seine Maschen?

Für die vielfältigen Arten der sozialen Sicherung hat sich der Ausdruck „soziales Netz" eingebürgert. Die nachstehende Abbildung zeigt neben Einrichtungen der Gesetzlichen Sozialversicherung und des sozialen Ausgleichs eine Reihe weiterer, auch solche, die direkt von den Betrieben ohne gesetzliche Verpflichtung geleistet werden (z. B. die betriebliche Altersversorgung). Außerdem enthält das Schaubild die Versorgung der Beamten (z. B. Beamtenpensionen, Beihilfen im öffentlichen Dienst zur medizinischen Versorgung). Es vermittelt den Eindruck, daß die einzelnen Leistungsbereiche jeweils untereinander verknüpft seien, so daß niemand hindurchfallen sollte.

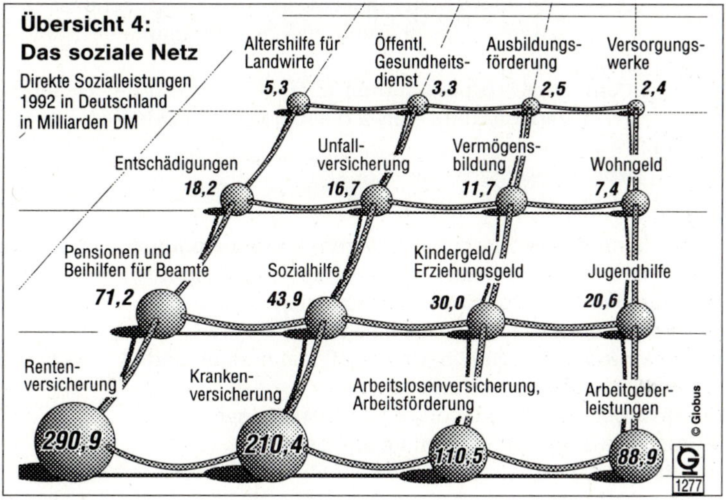

Dieses Bild täuscht zumindest teilweise. Zwar kann man an der Größe der Kreise ablesen, welche Sicherungseinrichtungen das meiste Geld benötigen. Andererseits haben z. B. die betrieblichen Altersversorgungen nichts mit der steuerrechtlichen Sparförderung, der staatlichen Kriegsopferversorgung oder der Jugendhilfe zu tun, wie dies die Abbildung nahelegt. Die darin enthaltenen Leistungen stehen zum einen nicht allen gleichermaßen zur Verfügung, zum andern sind sie an unterschiedliche Voraussetzungen gebunden. Damit hängt zusammen, daß trotz hoher Sozialleistungen, also eines „nach Zahlen" dichten sozialen Netzes, es einzelne oder soziale Gruppen gibt, die ungenügend abgesichert sind. Mit anderen Worten: Für sie sind die „Maschen des sozialen Netzes" nicht eng genug.

Soziale Benachteiligung drückt sich meistens in **mehrfacher** Weise aus. So leben diejenigen, die zu den unteren Einkommensbeziehern zählen, überdurchschnittlich häufig in einer schlecht ausgestatteten

und beengten Wohnung. Ein Drittel dieser Gruppe hatte Ende der 80er Jahre keinen Berufsabschluß. Verglichen mit höheren Einkommensgruppen treffen wir hier überdurchschnittlich viele mit gesundheitlichen Problemen an. (Nach: Diether Döring u. a. (Hrsg.), Armut im Wohlstand, Frankfurt a. M. 1990, S. 62 ff.)
Solche Beispiele schränken den Aussagewert der Zahlen über das „soziale Netz" ein, weil sie nicht Bezug nehmen können auf die Lebenslage einzelner oder einzelner benachteiligter Gruppen.

Sozialleistungen und Wirtschaftskraft

Diese Einschränkung schließt nicht aus, daß eine **Gesamtbilanz** der sozialen Sicherung möglich ist. Dazu ist es notwendig, die gesamten Ausgaben, die von unterschiedlicher Seite für die soziale Sicherung geleistet werden, zusammenzufassen. Hierzu zählen Leistungen

- der **staatlichen Einrichtungen** (z. B. vom Bund: Zuschüsse zur Gesetzlichen Rentenversicherung; von den Kommunen und Kreisen: Sozialhilfe),
- der **öffentlichen Körperschaften** (z. B. den Trägern der Gesetzlichen Sozialversicherung – etwa die Allgemeinen Ortskrankenkassen),
- der **Arbeitgeber** (z. B. die Lohnfortzahlung im Krankheitsfalle, betriebliche Altersversorgungen).

Stichwort: Sozialbudget

Die Summe dieser Ausgaben nennen wir **Sozialbudget.** Damit wird gleichsam eine „Haushaltsrechnung" unserer Volkswirtschaft für den sozialen Bereich aufgestellt. Nicht enthalten sind in dieser Summe die privaten Ausgaben für die Daseinsvorsorge, etwa für private Lebensversicherungen. Für 1992 betrug das Sozialbudget rund 1000 Mrd. DM (einschl. D-Ost).
Zur genaueren Untersuchung können wir fragen:

- Wer finanziert die sozialen Leistungen?
- Für welche Aufgaben (Funktionen) werden soziale Leistungen gewährt?

Die Übersichten zu diesen zwei Fragen sind im folgenden stark vereinfacht. In ausführlicher Form werden sie jedes Jahr von der Bundesregierung veröffentlicht.

Tab. 4: Die Finanzierung des Sozialbudgets (1992, einschl. D-Ost)

Finanzierungsquellen	Anteil an Gesamtkosten (in %)
Unternehmen	31,2
Private Haushalte (und sonstige)	30,1
Bund	20,1
Länder	9,8
Gemeinden	8,5
Sozialversicherung (und private Organisationen)	0,3
insgesamt	100,0 %

Tab. 5: Leistungen des Sozialbudgets nach Funktionen (1992)

Aufgabenbereiche	in Mrd. DM
Ehe und Familie	128,7
Gesundheit	343,1
Beschäftigung	107,1
Alter und Hinterbliebene	380,0
Sonstiges (z. B. Wohnen, Sparen, etc.)	42,5
insgesamt	1001,4

Bundesministerium für Arbeit und Sozialordnung.

Stichwort: Sozialleistungsquote

Die Ausgaben für die soziale Sicherung müssen durch die Leistungen der Volkswirtschaft erarbeitet werden. Vergleicht man diese gesamten Ausgaben – zusammengefaßt im Sozialbudget – mit den gesamten Leistungen der Volkswirtschaft innerhalb eines Jahres – ausgedrückt im Bruttosozialprodukt –, erhalten wir die **Sozialleistungsquote.** Mit anderen Worten: Die Sozialleistungsquote ist der Anteil der Summe an Sozialleistungen an der Wertschöpfung der gesamten Volkswirtschaft im Zeitraum eines Jahres.
Mit dieser Kennziffer können wir die Entwicklung der Sozialleistungen im westlichen Deutschland vergleichen.

Tab. 6: Sozialleistungsquoten in der Bundesrepublik Deutschland 1965 – 1992

Jahr	Sozialleistungsquote
1965	25,0
1970	26,7
1975	33,7
1980	32,0
1985	31,4
1988	31,5
1990	29,3
1991	31,6
1992	33,1

Da die soziale Sicherung in der DDR anders aufgebaut war, liegen hierzu keine vergleichbaren Zahlen vor.
Ab 1990 ist D-Ost einbezogen.
Bundesministerium für Arbeit und Sozialordnung.

Die Tabelle zeigt, daß die Sozialleistungsquote nicht konstant ist. Sie hängt unter anderem von der wirtschaftlichen Konjunktur ab: Die Rezession seit Mitte der 70er Jahre führte zum Abbau sozialer Leistungen. Außerdem kann sie gezielt durch politische Entscheidungen gesteuert werden. Dies geschah z.B. bei der Gesundheitsreform (seit 1989): Für Leistungen, die bis dahin die Versicherungen übernommen hatten, muß nun jeder einzelne selber aufkommen. Diese privaten Eigenleistungen können aber nicht bei der Berechnung des Sozialbudgets und damit auch nicht bei der Sozialleistungsquote berücksichtigt werden.

International

Die Sozialleistungsquote erlaubt auch, den Umfang der Sozialleistungen zwischen einzelnen Staaten zu vergleichen. Zu den Ländern mit einer hohen Sozialleistungsquote zählen Belgien, Schweden und die Niederlande, gefolgt von der Bundesrepublik Deutschland, Frankreich und Dänemark. Traditionell niedrig ist diese Quote in den USA, der Schweiz und in Japan.
Eine niedrige Sozialleistungsquote bedeutet jedoch nicht zwangsläufig, daß in diesen Ländern die soziale Sicherheit einen niedrigen Stellenwert hat. Vielmehr ist es – wie etwa in der Schweiz – möglich, daß die Absicherung **dem einzelnen** in großem Maße selber, z. B. über private Lebensversicherungen, überlassen wird. Allerdings tritt dabei das Ziel der sozialen **Umverteilung,** also des Ausgleichs zwischen den Starken und den Schwachen, in den Hintergrund.

Wieviel Sozialleistungen?

Diese Frage ruft in der Politik Kontroversen hervor. Dabei lassen sich **zwei grundsätzliche Positionen** unterscheiden:

„Abbau des überspannten sozialen Netzes“

Argumentation: Armut und Not müssen mit öffentlichen Mitteln bekämpft werden. Das soziale Netz wurde jedoch in den letzten Jahrzehnten zur „Hängematte“; private Anstrengungen sind so nicht mehr erforderlich. Es kann auf Dauer nicht mehr finanziert werden. Die Leistungsfähigkeit der Wirtschaft wird durch hohe Sozialabgaben eingeschränkt. Grundlage für die beste soziale Sicherung ist eine funktionierende Wirtschaft. Die Freiheit des Bürgers bedeutet, daß er für seine Sicherheit zunächst erst einmal selber verantwortlich ist. Diese Verantwortung muß gefördert werden. Zudem werden Selbsthilfegruppen und die Hilfe in der Familie immer wichtiger.
Diese Argumentation finden wir bei FDP, Teilen der CDU/CSU und den Arbeitgeberverbänden.

„Der Sozialstaat muß erhalten und umgebaut werden.“

Argumentation: Es gibt nicht zuviel Sozialleistungen, sie sind allerdings nicht immer richtig verteilt. Neue Aufgaben verlangen deshalb einen Umbau des Sozialstaates. Zum Beispiel: Damit nicht immer mehr Menschen im Alter auf Sozialhilfe angewiesen sind, ist die Einführung einer allgemeinen, gesetzlich geregelten Pflegeversicherung notwendig (70 % aller Bewohner von Pflegeheimen sind heute auf Sozialhilfe angewiesen). Auf eigene Initiative und auf Selbsthilfe soll dabei nicht verzichtet werden. Dazu ist jedoch notwendig, daß der Staat erst die erforderlichen Rahmenbedingungen schafft (z. B. Stationen zur mobilen Betreuung alter Menschen in ihrer eigenen Wohnung).
Jeder Bürger soll durch eine umfassende, staatlich geregelte Sicherung ausreichend gegen Risiken geschützt werden. Durch Umverteilung öffentlicher Mittel sollen Chancengleichheit praktisch verwirklicht und besondere Notlagen gemindert werden.
Diese Argumentation finden wir bei Teilen der CDU/CSU („Arbeitnehmerflügel“), der SPD, den Gewerkschaften und den Kirchen. (Nach Gotthard Breit, in: SOWI 18 (1989) Heft 1, S. 57).

Deutsche Einigung – Anpassung der sozialen Sicherung in den neuen Ländern

Mit dem Beitritt der DDR zum Grundgesetz am 3. Oktober 1990 wurde auch die verfassungsmäßige Voraussetzung geschaffen, damit die sozialstaatliche Ordnung (Art. 20 und 28 GG) auf dieses Gebiet ausgedehnt werden kann. Ein erster Schritt wurde bereits zum 1. Juli 1990 mit dem Vertrag über die Währungs-, Wirtschafts- und Sozialunion getan. Der **Umbau der sozialen Ordnung** und die Einführung der einzelnen Einrichtungen der sozialen Sicherung ist jedoch ein langwieriger Vorgang. Nicht zuletzt ist hierzu eine schrittweise Angleichung der Lebens- und Arbeitsbedingungen in den neuen Bundesländern erforderlich.

Für die vier Bereiche der **Gesetzlichen Sozialversicherung** wurden Übergangsfristen festgelegt. Mit dem 1. Januar 1992 gilt zwar in den neuen Bundesländern grundsätzlich das gleiche Sozialversicherungsrecht. Allerdings wurden einzelne Bestimmungen an die besonderen Bedingungen in Ostdeutschland angepaßt, z. B.:

- Zur Finanzierung der Renten sind zusätzliche staatliche Zahlungen notwendig.
- Für kleine Renten sowie für Leistungen aus der Unfall- und der Arbeitslosenversicherung (z. B. Arbeitslosengeld) werden seit der Währungsunion (01. 07. 1990) bis längstens Ende 1995 sogenannte „Sozialzuschläge" bezahlt (bis 495 DM/Monat). Dadurch sollen die gestiegenen Lebenshaltungskosten aufgefangen werden.
- Für die Beiträge zur Sozialversicherung gelten niedrigere Bemessungsgrenzen als im Westen.
- Die Preise für Medikamente sowie die Arzthonorare wurden niedriger festgesetzt als in den westlichen Ländern (z. B. Arzneimittel bis Ende 1991: 55 % der westlichen Preise).

Im Zuge der Angleichung der sozialen Sicherung werden auch die entsprechenden **Organisationen** geschaffen. So dehnt die Bundesversicherungsanstalt für Angestellte ihre Zuständigkeit auf die neuen Gebiete aus. Für die Rentenversorgung werden seit dem 1. Januar 1991 in den neuen Ländern entsprechende Landesversicherungsanstalten aufgebaut. In gleicher Weise geschieht dies auch in der Krankenversicherung (z. B. 14 neue Allgemeine Ortskrankenkassen) und in der Unfallversicherung. Die Arbeitsförderung obliegt der Nürnberger Bundesanstalt für Arbeit. Seit dem 1. Juli 1990 wurden deshalb insgesamt 38 Arbeitsämter in den neuen Ländern eingerichtet.

Auch für die **Einrichtungen des sozialen Ausgleichs** – Kindergeld, Jugendhilfe, Ausbildungsförderung (BAföG), Wohngeld und Sozialhilfe – war der 1. Januar 1991 das entscheidende Datum: Mit diesem Tag wurde deren Geltung, unter Berücksichtigung von Übergangsbestimmungen, auf das Gebiet der neuen Bundesländer ausgedehnt.

Aktuelle Infos

Bundesminister für Arbeit und Sozialordnung
Rochusstraße 1, 53123 Bonn
Sozialpolitische Informationen (alle zwei Wochen).
Sozialbericht (in der Regel ein Bericht in einer Legislaturperiode).

Bundesminister für Bildung und Wissenschaft
Heinemannstraße 2 ,53175 Bonn
Grund- und Strukturdaten (jährlich).

Bundesminister für Wirtschaft
Villemomblerstraße 76, 53123 Bonn
Leistung in Zahlen (jährlich im September).

Deutscher Gewerkschaftsbund DGB
Hans-Böckler-Straße 39, 40476 Düsseldorf

Deutscher Gewerkschaftsbund (Hrsg.), Soziale Sicherheit. Zeitschrift für Sozialpolitik (monatlich).

Zusammenfassung

1 Die Sozialgesetzgebung des deutschen Kaiserreichs seit 1883 ist eng mit der Entwicklung der Industrie-Arbeit im 19. Jahrhundert verbunden: Der Lohn für diese Arbeit machte es den Arbeiterfamilien unmöglich, selber für mögliche Risiken durch Krankheit, Unfall oder Tod vorzusorgen. Die „soziale Frage" verlangte eine politische Lösung durch staatliche Reformen. Für die Regierung unter Reichskanzler Otto von Bismarck sollte damit zugleich die Arbeiterklasse mit dem Staat des Kaiserreichs und seiner Gesellschaftsordnung „versöhnt" werden.

2 Die vier Säulen der Gesetzlichen Sozialversicherung sind die Kranken-, die Unfall-, die Renten- und die Arbeitslosenversicherung. Die Leistungen dieser Versicherungen werden im wesentlichen aus den Beiträgen der Arbeitnehmer und ihrer Arbeitgeber finanziert. Sie sollen für die finanziellen Risiken der Arbeitnehmer bei Krankheit, Unfall, Arbeitslosigkeit und nach Beendigung der Erwerbstätigkeit vorsorgen. Selbständige Berufsgruppen können unter bestimmten Bedingungen Mitglieder der Gesetzlichen Sozialversicherung werden.

3 Dem sozialen Ausgleich dienen besondere Leistungen, die unmittelbar mit staatlichen Mitteln finanziert werden. Ihr Ziel ist es, besondere Belastungen bestimmter Gruppen auszugleichen (Chancengleichheit). Hierzu zählen das Kindergeld, die Jugendhilfe, die Ausbildungsförderung und das Wohngeld. Mit der Sozialhilfe steht ein „letztes Netz" zur Verfügung, wenn keine ausreichenden Vorsorge- und Ausgleichsansprüche bestehen. Sie wird als Hilfe zum Lebensunterhalt und als Hilfen in besonderen Lebenslagen geleistet.

4 Das Sozialbudget faßt alle sozialen Leistungen der staatlichen Stellen, der öffentlichen Körperschaften und der Arbeitgeber zusammen (in Geld bewertet). Die Sozialleistungsquote drückt aus, wie groß der Anteil aller Sozialleistungen am Bruttosozialprodukt der Volkswirtschaft innerhalb eines Jahres ist. Diese Quote war Mitte der 70er Jahre bei knapp 34 Prozent. Anfang der 90er sank sie wieder unter 30 Prozent. Ihre Höhe kann durch politische Entscheidungen, etwa durch Gesetze zur Reform des Gesundheitswesens und der Rentenversicherung, beeinflußt werden.

Medien und Kommunikation

2

2.1 Das Grundrecht: Informations- und Meinungsfreiheit

Art. 5 (1) GG
Jeder hat das Recht, seine Meinung in Wort, Schrift und Bild frei zu äußern und zu verbreiten und sich aus allgemein zugänglichen Quellen ungehindert zu unterrichten. Die Pressefreiheit und die Freiheit der Berichterstattung durch Rundfunk und Film werden gewährleistet. Eine Zensur findet nicht statt.

Meinungsfreiheit
Meinungen frei äußern und verbreiten

Informationsfreiheit
sich informieren, andere informieren

Pressefreiheit
freie Berichterstattung in den gedruckten und in den elektronischen Medien

Verbot der Zensur
keine inhaltliche Kontrolle vor Veröffentlichung durch staatliche Behörden

Leitfragen

1 Was gehört zum Grundrecht der Informations- und Meinungsfreiheit, und welche Rechte folgen daraus für den einzelnen?

2 Welche Bedeutung hat die Informations- und Meinungsfreiheit für die politische Ordnung?

1 Was gehört zum Grundrecht der Informations- und Meinungsfreiheit, und welche Rechte folgen daraus für den einzelnen?

Ein Grundrecht – drei Freiheiten und ein Verbot

In diesem Abschnitt beschreiben wir die Informations- und Meinungsfreiheit als ein **Grundrecht**, das sich aus mehreren einzelnen Rechten zusammensetzt. Diese Rechte kann jeder in Anspruch nehmen, sei er z. B. Zeitungsleser oder Zeitungsmacher. Sie schützen den einzelnen Menschen vor Übergriffen des Staates, aber auch die Medien, deren Aufgabe es ist, Informationen und Meinungen zu verbreiten.

Zum Grundrecht der Informations- und Meinungsfreiheit gehören:

Meinungsfreiheit

- Die Freiheit, seine eigene Meinung in unterschiedlichen Formen („in Wort, Schrift und Bild") zu äußern und zu verbreiten. Diese **Meinungsfreiheit** steht Deutschen, Ausländern und „juristischen Personen" (z. B. privaten Unternehmen, eingetragenen Vereinen) zu. Auf diese Weise soll sichergestellt werden, daß in der Öffentlichkeit unterschiedliche Meinungen geäußert werden können. Hierzu gehört auch das Recht, sich zur Durchsetzung seiner Meinung politisch zu betätigen.

Informationsfreiheit

- Die Freiheit, sich „aus allgemein zugänglichen Quellen" ungehindert zu informieren. Der Staat darf diese **Informationsfreiheit** nicht durch besondere Maßnahmen (z. B. durch Verbot von Zeitungen) einschränken.

Pressefreiheit – freie Berichterstattung

- Die Freiheit der Berichterstattung in der Presse. Zur Presse werden hier alle Druckerzeugnisse gerechnet, die in regelmäßigen Abständen, sei es täglich, wöchentlich, monatlich oder in anderen zeitlichen Folgen, erscheinen. Diese **Pressefreiheit** sichert jedem einzelnen das Recht zu, seine Meinung in den gedruckten Massenmedien (Medium = Mittel; vgl. Abschn. 2.2) zu verbreiten. Die Presse soll frei und ungehindert arbeiten können.
  Zur Pressefreiheit gehört auch die Freiheit der Berichterstattung durch Rundfunk (einschließlich des Fernsehens) und Film. Dieses Recht soll gewährleisten, daß es auch in den modernen **elektronischen Massenmedien** (vgl. Abschn. 2.5) möglich ist, ungehindert zu informieren und Meinungen zum Ausdruck zu bringen. Wie in den gedruckten Medien darf hier die Arbeit nicht durch den Staat, darüber hinaus auch nicht durch einzelne Gruppen in der Gesellschaft, beeinträchtigt werden (vgl. Abschn. 2.4, Stichwort „öffentlich-rechtliche Rundfunkanstalten").

Zensurverbot

- Das **Verbot der Zensur**. Damit ist es dem Staat und seinen Behörden verboten, die freie Information und die freie Meinungsäußerung zu unterdrücken oder zu behindern, die Massenmedien zu beaufsichtigen oder ihre Berichterstattung vorab zu kontrollieren.

Einschränkungen

Diese Rechte („Freiheiten") – ausgenommen das Verbot der Zensur – können in besonderen Fällen eingeschränkt werden. Diese Einschränkungen müssen aber durch Gesetze begründet werden.

> **Art. 5 (2) GG**
> Diese Rechte finden ihre Schranken in den Vorschriften der allgemeinen Gesetze, den gesetzlichen Bestimmungen zum Schutze der Jugend und in dem Recht der persönlichen Ehre.

Art. 5, Abs. 2 GG nennt **drei Gründe**:

- „allgemeine Gesetze" – So bestimmt z. B. das „Gesetz über die Rechtsstellung der Soldaten", daß ein Soldat zwar „die gleichen staatsbürgerlichen Rechte wie jeder andere Staatsbürger" hat, diese können jedoch „im Rahmen der Erfordernisse des militärischen Dienstes ... beschränkt" werden (§ 6). Im Dienst darf er sich z. B. nicht politisch für eine Partei betätigen. Das „Recht der freien Meinungsäußerung" findet zudem „seine Schranken in den Grundregeln der Kameradschaft" (§ 15).

- „gesetzliche Bestimmungen zum Schutze der Jugend" – z. B. das Verbot von Schriften, die Gewalt und Krieg verherrlichen oder zur Hetze gegenüber anderen Völkern und Rassen auffordern.
- „das Recht der persönlichen Ehre" – z. B. das Verbot, über andere wahrheitswidrige Behauptungen aufzustellen, durch die diese wirtschaftlich geschädigt werden (vgl. § 824 Bürgerliches Gesetzbuch).

2 Welche Bedeutung hat die Informations- und Meinungsfreiheit für die politische Ordnung?

Informations- und Meinungsfreiheit – eine Grundlage der Demokratie

Stichwort: Kommunikationsmittel

Der Begriff **Kommunikation** stammt aus dem Lateinischen: „Communicatio" bedeutet wörtlich übersetzt „Mitteilung". Wir verstehen darunter eine Situation, in der Menschen untereinander Informationen austauschen. Dies kann mit unterschiedlichen Mitteln (Medien) geschehen. Solche Kommunikationsmittel können sein:

- Die **Sprache**, mit der sich Menschen verständigen;
- die **Geste**, mit der wir den anderen z. B. Erwartungen, Zustimmung oder Ablehnung signalisieren;
- die **Schrift**, mit der wir die Sprache durch geschriebene Zeichen, das sind Buchstaben und Wörter, weitergeben;
- **Bilder und Symbole**, aus denen wir bestimmte Informationen – wie z. B. von Verkehrsschildern – entnehmen können.

Als Kommunikationsmittel verstehen wir aber auch die **technischen Mittel**, die wir verwenden, um Informationen auszutauschen, d. h. weiterzugeben und zu empfangen. Hierzu gehören zum einen die **gedruckten** Mittel – Zeitungen, Zeitschriften, Broschüren und Bücher –, zum anderen die **elektronischen** Kommunikationsmittel wie Telefon, Telegraf, Fernschreiber, Rundfunk, Fernsehen, Film, aber auch die unter dem Begriff **neue Medien** zusammengefaßten elektronischen Mittel wie Videotext, Bildschirmtext (Btx), Fernkopierer (Telefax), Bildschirmtelefon, Videorecorder und Bildplatte sowie der Computer. Zur Übermittlung der Informationen dienen sowohl Satelliten als auch moderne, besonders leistungsstarke Kabel.

Stichwort: Massenmedien

Massenmedien sind jene Kommunikationsmittel, die mit ihren Informationen **gleichzeitig** ein zahlenmäßig großes Publikum (als Leser, Hörer, Zuschauer) erreichen. Zwar wird auch das Telefon von zahlreichen Menschen als Kommunikationsmittel benutzt. An einem Telefongespräch können sich jedoch gleichzeitig nur zwei (oder bei Konferenzschaltungen ein paar) Menschen beteiligen.

Massenmedien dienen also der **Massenkommunikation**. Zu den wichtigsten zählen im engeren Sinne die Zeitungen und Zeitschriften, der Rundfunk und das Fernsehen. Im weiteren Sinne werden auch der Film, das Buch, die Schallplatten und Kassetten als Massenmedien bezeichnet.

Die Kommunikation mit Hilfe der traditionellen Massenmedien (Zeitungen, Zeitschriften, Rundfunk und Fernsehen) verläuft in der Regel **einseitig**, d. h. vom Medium zum Benutzer (z. B. dem Zeitungsleser), nicht aber vom Benutzer zurück zum Medium. Von dieser Einweg-Kommunikation unterscheiden wir die **gegenseitige** Kommunikation (z. B. in einem Telefongespräch) und die **wechselseitige** Kommunikation, wie sie z. B. in einer Video-Konferenz möglich ist, bei der die Teilnehmer sowohl miteinander sprechen als sich auch über Bildschirme sehen.

Aufgaben der Medien

Das Bundesverfassungsgericht hat in seinen Urteilen die Informations- und Meinungsfreiheit, eine freie Berichterstattung durch Presse, Rundfunk und Fernsehen, als eine **Grundlage der demokratischen Ordnung** in der Bundesrepublik Deutschland bezeichnet. Dieses Grundrecht wird als Voraussetzung für die Beteiligung der Bürger am politischen Leben, mit den Worten des Grundgesetzes: an der politischen Willensbildung, bezeichnet. Art. 5 und Art. 20 GG bilden somit eine Einheit:

Übersicht 1: Informations- und Meinungsfreiheit in der Demokratie	
Art. 20 (2) GG Alle Staatsgewalt geht vom Volke aus.	
Art. 5 (1) GG: sich frei informieren, seine Meinung frei äußern und verbreiten	**Art. 20 (2) GG:** sich an der Staatsgewalt beteiligen: wählen, abstimmen, die übrigen Grundrechte (z. B. Versammlungsfreiheit, Vereinigungsfreiheit ...) wahrnehmen

Informieren

► Wer an demokratischen Wahlen und Abstimmungen teilnehmen will, um damit seinen politischen Willen auszudrücken, braucht **Informationen**. Er muß wissen, welche Probleme gelöst werden sollen und welche Lösungen die politischen Parteien anbieten. Je besser die Bürger informiert sind, desto begründeter können sie sich entscheiden.

Meinungen vorstellen und äußern

► Medien sollen nicht nur informieren, sie tragen darüber hinaus zur politischen **Meinungsbildung** bei. Dies geschieht, wenn sie über die unterschiedlichen Meinungen, die in der Öffentlichkeit vertreten werden, berichten und selber Stellung beziehen.

Kritisieren und kontrollieren

► In der Demokratie müssen diese beiden Aufgaben durch die dritte, durch **Kritik und Kontrolle** gegenüber staatlicher und gesellschaftlicher Macht (z. B. Wirtschaftsunternehmen), ergänzt werden. Die Medien sollen einen Gegenpol zu dieser Macht bilden. Dadurch können nicht nur Mißstände im Nachhinein aufgedeckt werden. Eine kritische Presse trägt vielmehr dazu bei, daß Mißstände von vornherein vermieden oder durch öffentliche Kritik verhindert werden. Mit dem Blick auf diese Aufgabe werden Massenmedien auch als „vierte Gewalt“ – neben dem Parlament, der Regierung und den unabhängigen Gerichten – bezeichnet.

Zusammenfassung

1 Das Grundrecht der Informations- und Meinungsfreiheit garantiert zum einen, daß sich der einzelne ungehindert informieren, seine Meinung frei äußern und für sie eintreten kann. Es sichert die freie Arbeit der Massenmedien, und es verbietet die Zensur dieser Medien durch staatliche Stellen.

2 Die ungehinderte Arbeit der Medien ist eine Voraussetzung für die freie politische Willensbildung in der Demokratie. Die Medien haben dabei die Aufgaben, zu informieren, Meinungen vorzustellen und zu äußern und gegenüber gesellschaftlichen Gruppen und staatlichen Organen Kritik und Kontrolle auszuüben.

2.2 Nachrichten machen Meinungen – wer macht die Nachrichten?

Nachricht und Meinung

Als nach 1945 eine neue deutsche Presse ins Leben gerufen werden mußte, stand als erster ... Grundsatz allem anderen voran: die klare Trennung zwischen Nachricht und Meinung ... Freilich enthält die Art, wie eine Neuigkeit formuliert wird, wie die Tatsachen dargestellt werden, welche Nachrichten überhaupt aus der Fülle des Geschehens als berichtenswert angesehen werden und welches Gewicht die Zeitung ihnen durch die Plazierung zuweist, ein gutes Stück Beurteilung der Fakten.

Frankfurter Allgemeine Zeitung, Alles über die Zeitung, Frankfurt 1992, S. 21.

Leitfragen

1 Wie entstehen Nachrichten?

2 Wodurch unterscheiden sich Meinungen von den Nachrichten?

1 Wie entstehen Nachrichten?

Nicht alles kommt durch – und an

Wie Nachrichten entstehen, wer sie macht, bearbeitet, weitergibt und wie sich Meinungen bilden, wird im folgenden am Beispiel der Zeitung dargestellt. Die Ausführungen lassen sich aber auch auf die elektronischen Medien übertragen.

Wir können in kürzester Zeit Informationen aus den entferntesten Gegenden bekommen. Die Fülle an Informationen, die die Medien in unterschiedlicher Art bereithalten, nimmt ständig zu. So könnte der Eindruck entstehen, daß wir damit ein Spiegelbild all dessen bekommen, was sich in der Wirklichkeit auch tatsächlich ereignet.
Zwischen die Vielfalt der Ereignisse und den endgültig verbreiteten Informationen, schieben sich mindestens vier **Filter**:

Filter 1

Als erster Filter wirken die Personen, die Informationen sammeln, die **Reporter** und **Korrespondenten**. Sie erfahren nicht alles und berichten von dem, was sie erfahren, nur das, was sie selbst für wichtig halten. Dabei verändern sich die Berichte über die ausgewählten Ereignisse bereits durch Weglassungen, aber auch durch besondere Hervorhebungen.

Filter 2

Der zweite Filter sind die **Nachrichten-Agenturen**. Das sind wirtschaftliche Unternehmen, die Nachrichten sammeln und an die Medien weiterverkaufen. Auch sie geben nur einen Teil der Informationen, die bei ihnen eingehen, weiter. Sie bestimmen also durch ihre Auswahl, welche Nachrichten wichtig und interessant sind.
Große Zeitungen und Rundfunk- und Fernsehanstalten sind jedoch nicht ausschließlich auf die Nachrichten-Agenturen angewiesen. Sie unterhalten in den wichtigsten Städten der Welt eigene Nachrichten-Büros bzw. Redaktionen, von denen aus ihre Mitarbeiter berichten. So kann die Tagesschau im Ersten Programm des Fernsehens auf insgesamt 26 ständig besetzte Auslandsbüros zurückgreifen.

Filter 3

Aus der Angebotsflut der Agenturen und Nachrichten-Büros wählen die **einzelnen Medien** – als dritter Filter – nochmals jene Mitteilungen aus, die ihnen für ihren jeweiligen Abnehmerkreis als besonders interessant erscheinen. Sie übernehmen die von den Agenturen vorformulierten Nachrichten oft ohne Nachprüfung als zuverlässige Tatsachen. Daneben geben sie diesen Nachrichten durch ergänzende Bebilderung und durch räumliche Anordnungen (erste Seite, Schlagzeile, Randnotiz) oder zeitliche Hervorhebung (günstige Sendezeiten) unterschiedliches Gewicht. Die als wichtig erachteten Nachrichten werden meist noch durch **Kommentare** (vgl. Leitfrage 2) ergänzt: Der Leser, Hörer oder Zuschauer bekommt so zugleich mit der Information noch eine Bewertung des Themas.

Diese drei Filter bewirken, daß Nachrichten letztlich von den Herstellern „gemacht" sind. Auch wenn diese dadurch noch nicht vorschreiben können, was die Menschen denken sollen, so bestimmen sie doch wesentlich, welche Informationen weitergeleitet werden, was wahrgenommen und über welche Themen in der Öffentlichkeit nachgedacht wird. Kurz: Journalisten und Medien machen Ereignisse zu öffentlichen Themen.

Filter 4

Bei den auf allen drei Filterebenen tätigen Personen ist schließlich auch wirksam, was als vierter Filter beim **Empfänger** selbst stattfindet: Jeder versteht Informationen, die er bekommt, etwas anders. Je nach

Lebenslage (Alter, Beruf, Interesse, momentane Situation, Wissen u. a.) nimmt jeder vor allem das wahr, wofür er „ein Ohr" oder „einen Blick" hat, was er interessant findet, aber auch: was seine bisherigen Ansichten bestätigt. Was zu fremd, zu neu oder zu speziell ist, wird dagegen oft übersehen oder gar abgewehrt.
Was der einzelne somit als Information wahrnimmt, ist durch die verschiedenen Filter nur noch ein Bruchteil all dessen, was sich tatsächlich ereignet hat.

Übersicht 1: Vom Ereignis zur Nachricht

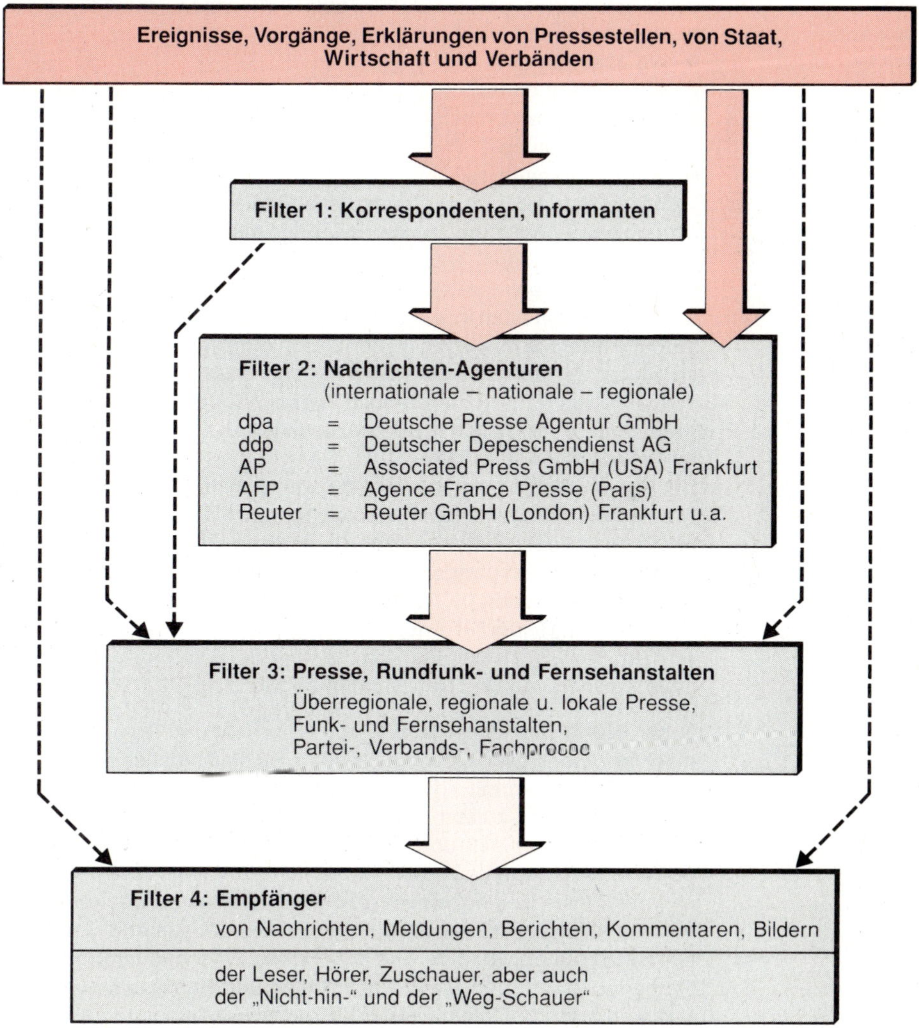

2 Wodurch unterscheiden sich Meinungen von den Nachrichten?

Meinungen – von Nachrichten getrennt

Meinungen dürfen in den Medien nicht fehlen, denn in einer freien Presse sollen unterschiedliche Ansichten über wichtige Fragen zum Ausdruck kommen. Die Leser der Zeitungen – wie auch die Zuhörer und Zuschauer in Rundfunk und Fernsehen – können sich mit diesen Meinungen auseinandersetzen und ein eigenes Urteil bilden.

Stichworte: Nachricht, Bericht, Kommentar

Eine **Nachricht** ist eine Information, die Mitteilung einer Neuigkeit, die für eine große Zahl von Menschen interessant oder wichtig ist. Sie soll so abgefaßt sein, daß sie auf die **sechs W-Fragen** Antworten gibt:

- ▶ Was geschah?
- ▶ Wo geschah es?
- ▶ Wann geschah es?
- ▶ Wer war daran beteiligt?
- ▶ Wie geschah es?
- ▶ Warum geschah es?

Wenn zusätzliche Informationen diese Fragen erläutern, wenn Hintergründe aufgedeckt und Zusammenhänge mit anderen Sachverhalten beschrieben werden, entsteht aus der Nachricht ein **Bericht**.
In **Kommentaren** (lateinisch: Erläuterung, Auslegung, Anmerkung) drücken Journalisten ihre eigene **Meinung** über Ereignisse oder Sachverhalte aus. Sie **bewerten** Nachrichten und zeigen aus der Sicht des kommentierenden Journalisten mögliche Folgen und Auswirkungen auf. Während Nachrichten sachlich beschreibend sein sollen, können Kommentare von der Kritik bis zur Zustimmung – etwa zu Politikern und ihren Aktivitäten – reichen.
Der Unterschied zu den Nachrichten soll auch durch die Art und Weise, wie Kommentare präsentiert werden, erkannt werden können. In Zeitungen und Zeitschriften werden sie deshalb durch den Standort und die Schrift von den übrigen Teilen abgehoben. In vergleichbarer Weise geschieht dies auch im Rundfunk, indem ein Kommentar durch den Sprecher angekündigt und der Name des Kommentators genannt wird. Im Fernsehen werden Kommentare darüber hinaus durch optische Zeichen von den Nachrichten abgehoben.

Die Praxis

In der Praxis wird die Trennung von Nachricht und Kommentar allerdings in vielen Fällen nicht eingehalten. So sind nicht selten Zeitungsberichte verdeckt mit kommentierenden, d. h. wertenden Aussagen durchsetzt. Nicht zuletzt drücken Boulevardzeitungen (wie die Bild-Zeitung) mit knalligen und gefühlsbetonten Überschriften Stimmungen und Meinungen aus. Mit solchen emotionalen Aufreißern gelingt es ihnen, Interesse bei einem großen Leserkreis zu wecken.
Auch in den Nachrichtensendungen des Rundfunks und des Fernsehens wird die notwendige Unterscheidung zwischen Information und Meinung aufgehoben, wenn Nachrichten und Berichte bewußt durch kommentierende Einleitungen oder Zusammenfassungen eingerahmt und bewertet werden.

Zusammenfassung

1 Nachrichten werden ausgewählt, „gefiltert“: durch die berichtenden Reporter und Korrespondenten, die Nachrichten-Agenturen, die Medien – und uns selber, durch unsere eigene auslesende, d. h. selektive Wahrnehmung. Nachrichten werden also gemacht.

2 Meinungen sollen sich von den Nachrichten unterscheiden. Sie erscheinen in den Medien besonders in der Form des Kommentars. Aber auch die Nachrichten, die uns die Medien übermitteln, können in verdeckter und offener Form Meinungen enthalten.

2.3 Die Presse – Zeitungen und Zeitschriften als Massenmedien

Der konzentrierte Zeitungsleser

Leitfragen

1 Die Presse – was gehört alles dazu?

2 Was bieten Zeitungen den Leserinnen und Lesern?

1 Die Presse – was gehört alles dazu?

Tageszeitungen

Die Zeitungen haben gegenüber dem Rundfunk und dem Fernsehen den Vorteil, daß sie mit ihren Informationen gezielter auf die Bedürfnisse ihrer Leser eingehen können. Die **lokalen** und die **regionalen Tageszeitungen** – die überwiegend als **Abonnementszeitungen** verkauft werden – informieren über das alltägliche Geschehen – von der Lokalpolitik und dem regionalen Sport bis zu Sonderangeboten im Werbeteil.

... als Abonnementszeitungen

Die Berichte über die wichtigen politischen und wirtschaftlichen Ereignisse übernehmen die meisten kleineren Tageszeitungen von **überregionalen Tageszeitungen**. Mit ihren **Vollredaktionen**, in denen alle Teile einer Zeitung entstehen, können diese die vielfältigen Ereignisse in der nationalen und internationalen Politik, in der Gesellschaft, im Sport, in der Kultur und in der Wirtschaft umfassend und gründlich bearbeiten.

... als Boulevardzeitungen

Im Gegensatz dazu bringen die sogenannten **Boulevardzeitungen** als Straßenverkaufszeitungen (z. B. Bild, Abendpost, Express) täglich weniger Nachrichten, dafür aber meist reißerisch aufgemachte Sensationsmeldungen. Politische Zusammenhänge werden hier in der Regel verkürzt, dadurch oft verzerrt und manchmal auch falsch dargestellt.

Übersicht 1: Presseerzeugnisse als Massenmedien	
Zeitungen	**Tageszeitungen:** überregional – z. B. Süddeutsche Zeitung, Die Welt, Frankfurter Allgemeine, Frankfurter Rundschau regional – z. B. Berliner Zeitung, Sächsische Zeitung (Dresden), Badische Zeitung (Freiburg), lokal – überwiegend als Abonnementszeitungen
	Boulevardzeitungen: überwiegend Straßenverkauf, als Tageszeitungen, z. B. Bild, AZ München, Super Zeitung; auch als Sonntagszeitungen, z. B. Bild am Sonntag
	Wochenzeitungen: z. B. DIE ZEIT, Rheinischer Merkur/Christ und Welt, Das Parlament; wöchentlich erscheinende Nachrichtenmagazine: z. B. DER SPIEGEL Anzeigenblätter, kostenlos, überwiegend Werbung
Zeitschriften	**Publikumszeitschriften:** Illustrierte, Programm-, Frauen-, Kinder- und Jugendzeitschriften
	Zielgruppenzeitschriften: z. B. Das Haus, Mode, Auto, Motor und Sport
	Fachzeitschriften: z. B. Der Metallhandwerker
	Verbands-, Kirchen- und Werkszeitschriften: z. B. Die berufsbildende Schule
	Nichtkommerzielle Zeitschriften: z. B. Schülerzeitungen, Gemeindeblätter mit amtlichen Nachrichten und Vereinsmitteilungen

Wochenzeitungen

Wochenzeitungen (z. B. DIE ZEIT, Der Sachsenspiegel) können in größerer zeitlicher Distanz in umfassenden Berichten Hintergrundinformationen liefern, Nachrichten genauer untersuchen und ausführlich kommentieren. Das ebenfalls wöchentlich erscheinende **Nachrichtenmagazin** DER SPIEGEL verarbeitet Nachrichten zu größeren Berichten, indem es sie durch zusätzliche Informationen ergänzt. Einzelne Themen werden als Schwerpunkte jeweils über mehrere Wochen als

Serien behandelt. Die Berichterstattung ist dabei deutlich durch eine kritische Haltung geprägt.

Publikumszeitschriften

Unter den Zeitschriften erreichen vor allem die **Publikumszeitschriften** hohe Verkaufszahlen. Damit stellen die Illustrierten, die Programmzeitschriften, die Frauen-, Kinder- und Jugendzeitschriften einen entscheidenden Markt und bedeutsame Werbeträger dar. In den meisten Publikumszeitschriften stehen Berichte über Personen des „öffentlichen Lebens", über sensationell aufgemachte Ereignisse, nicht selten auch über Skandale und deren Behandlung in der Gesellschaft im Mittelpunkt der Berichterstattung. Vor allem die **Frauenzeitschriften** beschränken sich weitgehend auf diese Themen. **Programmzeitschriften** konzentrieren sich besonders auf Berichte aus dem Umfeld der Darsteller und Mitwirkenden in Fernsehproduktionen.

Übersicht 2: Zeitungen und Zeitschriften – eine Auswahl

Titel	verkaufte Auflage	Titel	verkaufte Auflage
1. **Tageszeitungen (Mo – Sa)**		4. **Publikumszeitschriften Illustrierte**	
Freie Presse (Chemnitz)	586 000	Stern	1 359 000
Mitteldeutsche Zeitung (Halle)	527 000	Bunte	995 000
Sächsische Zeitung (Dresden)	513 000	Neue Revue	951 000
Frankfurter Allgemeine Zeitung	394 000	Quick	718 000
Süddeutsche Zeitung (München)	390 000	**Frauenzeitschriften**	
Berliner Zeitung	304 000	Bild der Frau	2 232 000
Die Welt (Hamburg)	226 000	Neue Post	1 805 000
Frankfurter Rundschau	205 000	Brigitte	1 085 000
2. **Boulevardzeitungen, auch Sonntagszeitungen**		**Männerzeitschriften**	
		Playboy (deutsche Ausgabe)	311 000
Bild (insgesamt)	4 892 000	Penthouse (deutsche Ausgabe)	270 000
Express (Köln)	444 000	**Jugendzeitschriften**	
Super Zeitung (Berlin)	rd. 370 000	Bravo	1 582 000
Bild am Sonntag	2 751 000	Mädchen	463 000
		Popcorn	294 000
3. **Wochenzeitungen, Nachrichtenmagazine**		**Verbandszeitschriften, Mitgliederzeitschriften**	
DER SPIEGEL	1 212 000	ADAC-Motorwelt	9 895 000
DIE ZEIT	514 000	Deutsche Gewerkschaftszeitung	304 000
		Programmzeitschriften	
		Hörzu	3 402 000
		TV Hören und Sehen	2 758 000

IVW-Auflagenliste I/1991 und Media Perspektiven 7/91, S. 422 f., sowie Media Perspektiven, Basisdaten 1991, S. 44 ff.

Alternative Presse

In den letzten Jahren ist eine Reihe von **alternativen** Zeitungen und Zeitschriften entstanden. Sie zeichnen sich durch eine betont politische Orientierung aus, vor allem dann, wenn sie aus der alternativen Stadtteilarbeit, der Umwelt- und der Friedensbewegung hervorgegangen sind. Unter ihnen hat die **taz, die tageszeitung,** überregionale Bedeutung erlangt.

Wie ist die Presse organisiert?

Ausgehend von der in Art. 5 GG garantierten Pressefreiheit ist das Pressewesen **privatwirtschaftlich** organisiert, das heißt, Zeitungen und Zeitschriften gehören jeweils einem oder mehreren Eigentümern, den **Verlegern.**

Im Konkurrenzkampf unterliegen kleinere Pressebetriebe jedoch meist den großen Verlagen, die mit moderneren Einrichtungen billiger drucken und vertreiben, mehr Anzeigenaufträge erhalten und damit billigere und umfassendere Zeitungen und Zeitschriften anbieten können. So lebt rund ein Drittel der Bevölkerung der Bundesrepublik Deutschland in Regionen mit nur einer Abonnementszeitung.

Übersicht 3: Pressekonzentration am Beispiel der Tagespresse 1954–1991

Jahr	Zeitungen Titel	Auflage verkaufte Ex.	Zahl der Verlage	Zahl der Vollredaktionen
1954	1 500	13,4 Mill.	624	225
1989	1 344	20,3 Mill.	358	119
1989 DDR	291	9,8 Mill.	38	37
1991 *	1 673	27,3 Mill.	410	158

Vollredaktionen sind Redaktionen, die alle Teile einer Zeitung, einschließlich der überregionalen Teile (Politik, Wirtschaft, Kultur, Sport), selber herstellen, auch „publizistische Einheiten" genannt.

* 01.09.1991

Media Perspektiven, Daten zur Mediensituation in der Bundesrepublik. Basisdaten 1987, Frankfurt a. M. 1987, S. 37, und Media Perspektiven 12/1989, S. 754 ff; Media Perspektiven, Basisdaten 1991, S. 42.

Übersicht 4: Marktanteile der großen Presseverlage bei den Tageszeitungen 1991

Rang	Verlagsgruppe	Marktanteil in %
1	Axel-Springer-Verlag	23,9
2	Verlagsgruppe Stuttgarter Zeitung/Die Rheinpfalz, Südwestpresse	5,0
3	Verlagsgruppe Westdeutsche Allgemeine Zeitung (WAZ)	5,0
4	Verlag M. DuMont Schauberg	4,5
5	Verlagsgruppe Süddeutsche Zeitung	3,2
1 – 5 insgesamt:		41,6

Media Perspektiven 7/91, S. 431.

Presse-konzentration

Wie in der gesamten Wirtschaft können wir auch bei den Druckmedien feststellen: Die großen Unternehmen streben danach, ihre Marktstellung auszuweiten, indem sie kleinere Presseverlage aufkaufen. Dadurch sinkt zum einen die Zahl der selbständigen Verlage und Redaktionen (Übersicht 3). Zum andern nimmt der Anteil, den die großen Zeitungsverlage an der Gesamtzahl der verkauften Zeitungen haben, d. h. der Marktanteil, zu (Übersicht 4). Diese **Pressekonzentration** bedroht die Meinungsvielfalt und – wenn die Konkurrenz der Zeitungen in einer Region fehlt – auch die Kontrollfunktion der Presse, besonders auf lokaler Ebene. Die wenigen großen Verlagskonzerne können längerfristig durch die Auswahl ihrer Journalisten – insbesondere der Chefredakteure – die Nachrichtengestaltung und Meinungsbildung in ihrem Sinne beeinflussen.

Deutsche Einigung: Neuorganisation der Presse in Ostdeutschland

In der DDR war die Presse nicht privatwirtschaftlich organisiert. Sie war vielmehr im Besitz der Sozialistischen Einheitspartei Deutschlands (SED, z. B. die Tageszeitung Neues Deutschland) und der mit ihr zusammenarbeitenden Blockparteien (z. B. CDU: Neue Zeit) sowie der politischen und gesellschaftlichen Massenorganisationen (z. B. Gewerkschaften: Tribüne). Insgesamt gab es in der DDR in den achtziger Jahren 37 Vollredaktionen (sog. publizistische Einheiten), die 291 Ausgaben von Tageszeitungen machten. Sie verkauften täglich rund 9,8 Mill. Zeitungen (nach Media Perspektiven, Basisdaten 1991, S. 42). Diese Zahlen blieben aufgrund der politischen Vorgaben über die Jahre hin weitgehend konstant.
Mit der Vereinigung wurden die Betreibergesellschaften dieser Zeitungen überwiegend in Gesellschaften mit beschränkter Haftung umgewandelt, die nun als selbständige Eigenunternehmen auftreten. Die meisten von ihnen arbeiten inzwischen mit **westdeutschen Presseunternehmen** zusammen. Einige Zeitungen wurden auch ganz von westdeutschen und ausländischen Verlagen aufgekauft, so die Chemnitzer „Freie Presse" von der Ludwigshafener „Rheinpfalz" und die „Berliner Zeitung" von dem Hamburger Unternehmen Gruner und Jahr und dem britischen Verleger Maxwell. Dabei nehmen die bereits im Westen Deutschlands führenden Unternehmen (vgl. Übersicht 4) eine besondere Rolle ein. Auf diese Weise können solche Unternehmen einflußreiche Positionen auch in den neuen Bundesländern aufbauen.
Neben der Beteiligung westdeutscher Verlage an ostdeutschen Unternehmen dehnen westdeutsche Medien ihr Verbreitungsgebiet auch auf die neuen Bundesländer aus. Dies gelingt vor allem den überregionalen Zeitungen und Zeitschriften. Darüber hinaus wurden seit dem Ende der SED-Herrschaft auch neue Zeitungen gegründet, etwa „Wir in Leipzig" und die „Magdeburger Allgemeine" (bis Mitte 1991: rund 60 Neugründungen). 1991 wurden täglich (Montag – Samstag) in der ehemaligen DDR rund sieben und in den alten Bundesländern etwa 20 Millionen Tageszeitungen verkauft (Media Perspektiven 7/91, S. 421 ff.).

2 Was bieten Zeitungen den Leserinnen und Lesern?

Der Aufbau – alles an seinem Platz
Politik, Wirtschaft, Sport und Kultur,

Die Tages-Abonnementszeitungen sind heute alle nach einem relativ einheitlichen Schema aufgebaut:
Auf der **Titelseite** finden sich zunächst die wichtigsten Nachrichten sowie die Kurzübersicht. Die der Zeitung am wichtigsten erscheinende Nachricht wird durch den **Aufmacher**, die Hauptüberschrift, hervorgehoben. Parallel dazu findet sich – in der Regel immer am selben Platz – der **Leitartikel**. Dieser enthält keine Nachricht, sondern einen Kommentar zu einem Thema, das nach Meinung des Kommentators im Mittelpunkt der aktuellen Diskussion steht oder diskutiert werden sollte. Nachrichten und Kommentare werden ergänzt durch Berichte. In ihnen geht es vor allem um die sachliche Klärung der Nachrichtenhintergründe einerseits, der bewertenden Kommentare andererseits. Diesem **politischen Teil** einer Zeitung folgen, je nach Wochentag auch in unterschiedlicher Reihenfolge, der **Sport-**, der **Wirtschafts-** und der **Kulturteil**.

Lokalteil und Regionalteil

Kleinere Regionalblätter übernehmen diese überregionalen Teile, die auch **Zeitungsmantel** genannt werden, in aller Regel von größeren Vollredaktionen. Vom „Mantel" unterscheidet sich der **Lokal-** und **Regionalteil**, in dem über Gemeinde- und Kreispolitik, aktuelle Ereignisse, Veranstaltungen und Termine in den Kreisgemeinden berichtet wird.

Anzeigenteil

Der **Anzeigenteil** enthält Stellenanzeigen, Anzeigen zum Kinoprogramm, zu Tanz- und Konzertveranstaltungen, Festen, Hochzeiten, Geburts- und Sterbefällen, An- und Verkäufen, Sonderangeboten der Geschäfte usw. Zwei Drittel der Erlöse, die Tageszeitungen erzielen, stammen in der Regel aus dem Anzeigengeschäft. Ohne diese Einnahmen müßten die Zeitungen zu einem wesentlich höheren Preis verkauft werden, um die Kosten für Herstellung und Vertrieb zu decken und einen Gewinn zu erwirtschaften.

Jugendliche Zeitungsleser – was interessiert?

Es gibt eine Reihe von Jugendzeitschriften, die in der Regel monatlich erscheinen. Einige von ihnen erreichen Auflagen, die die Millionengrenze überschreiten (vgl. Übersicht 2). Da Jugendliche eine große Zielgruppe für die Wirtschaft sind, stellen solche Jugendzeitschriften wichtige **Werbeträger** dar.
Jugendliche interessieren sich auch für die Tageszeitung. Dabei stehen allerdings Themen aus der Politik nicht im Vordergund: Der Sportteil und der Lokalteil werden am häufigsten gelesen; eine kleinere Zahl liest auch regelmäßig den überregionalen Politikteil. Vermißt werden in der Tageszeitung vor allem „jugendgemäße Themen", Hintergrundinformationen zu den politischen Nachrichten, Themen wie Umweltschutz, Arbeitslosigkeit, Vereinsamung der Menschen, die Situation der Ausländer...

Übersicht 5: Jugendliche – im Zeitungslesen schwach?
Nutzung der Tageszeitungen an einem durchschnittlichen Tag (Montag bis Sonntag):
– Vergleich Deutschland-West und -Ost

Altersgruppen (nach Jahren)	BRD-West		BRD-Ost	
	Zeitaufwand in Min.	gelesen von ...% der Gruppe	Zeitaufwand in Min.	gelesen von ...% der Gruppe
14–19	15	49	19	51
20–29	20	59	26	75
30–39	26	73	30	81
40–49	31	79	32	82
50–59	32	78	35	80
60–69	34	79	49	85
Gesamtbevölkerung	28	71	33	78

Nach: Marie-Luise Kiefer, Massenkommunikation 1990, in: Media Perspektiven 4/1991, S. 253.

Aktuelle Infos

Auflagenzahlen, Zahl der Zeitungen, Zeitschriften usw.:
Informationsgemeinschaft zur Feststellung der Verbreitung von Werbeträgern e. V. (IVW)
Postfach 201414
53144 Bonn
Telefon 02 28/8 20 92-0

Zusammenfassung

1 Als Presse werden die gedruckten Massenmedien bezeichnet, das sind vor allem die Zeitungen und die Zeitschriften.
Die Presse ist in der Bundesrepublik Deutschland privatwirtschaftlich organisiert, d. h., die Presseverlage sind Eigentum eines oder mehrerer privater Verleger. Seit der Vereinigung beider deutscher Staaten ist eine Neuorganisation der Presse im Gebiet der ehemaligen DDR im Gange. Die meisten der dort vorhandenen Zeitungen und Zeitschriften arbeiten inzwischen mit westdeutschen Verlagen zusammen oder wurden von diesen gekauft. Außerdem wurden darüber hinaus auch neue Zeitungen gegründet.

2 Zeitungen setzen sich aus dem Zeitungsmantel genannten überregionalen Teil (mit den Abteilungen Politik, Wirtschaft, Sport, Kultur), dem regionalen und lokalen Teil und dem Anzeigenteil zusammen.
Jugendliche sind eine besondere Zielgruppe der Jugendzeitschriften, die zugleich wichtige Werbeträger darstellen. Die Mehrzahl der Jugendlichen liest darüber hinaus auch die Tageszeitungen. Die einzelnen Teile der Zeitung sind dabei von unterschiedlichem Interesse.

2.4 Rundfunk und Fernsehen – „privat“ und „öffentlich-rechtlich“

Urteil des Bundesverfassungsgerichtes: Privater Rundfunk und privates Fernsehen zulässig, aber ...

Karlsruhe. Am 4. November entschied das Bundesverfassungsgericht in Karlsruhe, daß die Bundesländer berechtigt sind, private Rundfunk- und Fernsehanstalten zuzulassen. Gleichzeitig machte das Gericht die Genehmigung dieser Anstalten von einigen Bedingungen abhängig:

1. Die öffentlich-rechtlichen Rundfunk- und Fernsehanstalten (ARD und ZDF) dürfen in ihrer Existenz nicht gefährdet werden. Mit ihren Programmen liefern sie die „Grundversorgung“ der Bevölkerung. Diese Grundversorgung ist für die demokratische Ordnung wie auch für das kulturelle Leben unerläßlich.
2. Daneben können private Rundfunk- und Fernsehanstalten zugelassen werden. Der Landesgesetzgeber muß sicherstellen, daß auch hier „alle Meinungsrichtungen – auch diejenigen von Minderheiten“ zum Ausdruck gelangen können. Die Entstehung von Meinungsmonopolen muß verhindert werden (Monopol = Alleinmacht).

Nach den Leitsätzen zum Urteil des Bundesverfassungsgerichts vom 04.11.1986. In: Das Parlament, 17.04.1991, S. 15.

Der Homo sapiens und seine Entwicklung

Leitfragen

1 Rundfunk und Fernsehen – zwischen gesellschaftlichem Auftrag und wirtschaftlichen Interessen?

2 Bedeuten mehr Rundfunk- und Fernsehprogramme auch vielfältigere Programme?

1 Rundfunk und Fernsehen – zwischen gesellschaftlichem Auftrag und wirtschaftlichen Interessen?

Die elektronischen Medien – direkt am Geschehen?

Gefragt nach den Medien, auf die sie am wenigsten verzichten möchten, nannten **Jugendliche** an erster Stelle das Fernsehen: 33 Prozent bezeichneten dieses Medium als ihr wichtigstes; auf dem zweiten

Platz folgten Plattenspieler, CD-Player und Cassettenrecorder (rund 20 Prozent). Dagegen steht die Zeitung lediglich für knapp 5 Prozent der Jugendlichen an erster Stelle (nach D. Baacke u. a., Medienwelten Jugendlicher. Forschungsprojekt-Endbericht, Bd. 1, Bielefeld 1989, S. 68).
Auch in Rundfunk- und Fernsehanstalten arbeiten Redakteure für verschiedene Sachgebiete (Innen- und Außenpolitik, Wirtschaft, Kultur, Sport, Unterhaltung). Diese Abteilungen werden als **Ressorts** bezeichnet. Wie in den Zeitungs- und Zeitschriftenredaktionen werden Nachrichten ausgewählt, mit Hintergrundberichten angereichert, Kommentare gegeben. Anders als in den Zeitungen nehmen jedoch in den elektronischen Medien Rundfunk und Fernsehen **Unterhaltungssendungen** einen großen Teil der Programmgestaltung ein.

Bilder – richtig und wahr?

Durch die Möglichkeit, Informationen unmittelbar und direkt vom Ort des Geschehens in die Wohnzimmer der Zuhörer und Zuschauer – als Livesendung oder zeitlich versetzt – zu übertragen, entsteht der Eindruck, es handle sich hier immer um die richtigen und wahren Informationen, um eine **objektive Berichterstattung**. Die Meinung, daß „Bilder nicht lügen“, gilt als Hauptgrund, warum besonders Fernsehnachrichten – verglichen mit den Nachrichten in den Zeitungen, aber auch im Rundfunk – beim Zuschauer die höchste **Glaubwürdigkeit** haben.
Dennoch sind diejenigen, die regelmäßig eine Zeitung lesen, in vielen Fällen besser informiert als Fernsehzuschauer. Zwar kann das Fernsehen die Zuschauer durch Bilder und dokumentarische Filme direkter ansprechen und in ihren Gefühlen und Einstellungen treffen. Darin liegt jedoch zugleich auch eine Gefahr: Die sachliche Information tritt nicht selten hinter die Wiedergabe von Stimmungen und Augenblicksbildern zurück. Wenn z. B. über Beratungen der Regierung zur Bekämpfung der Jugendarbeitslosigkeit berichtet wird, so wird deren Ergebnis kaum in Bildern, sondern höchstens als gesprochene Nachricht dargestellt. Der Zuschauer erhält z. B. einen Kameraschwenk über eine Ministerrunde, sieht Politiker und Gewerkschaftler beim Händeschütteln ... Solche Bilder lenken eher vom Inhalt der gesprochenen Nachricht ab; sie sind meist nur Illustration, ohne Informationen zur Sache selbst zu enthalten.

Öffentlich-rechtlich: weder staatlich noch privat

Rundfunk und Fernsehen wurden nach 1945 in den westlichen Ländern der Bundesrepublik als **öffentlich-rechtliche** Länderanstalten gegründet. Das bedeutet: Sie sollen sowohl vom Staat als auch von privaten Geldgebern unabhängig sein. Sie können ihre Arbeit durch Gebühren, die die Hörer und Zuschauer bezahlen, und durch Einnahmen aus der Werbung finanzieren. Ihre Programme werden nach besonderen Richtlinien gestaltet.
Die Einhaltung dieser Richtlinien kontrollieren die **Rundfunkräte** (vgl. in Übersicht 4 das Beispiel des **Fernsehrates** beim ZDF). Deren Mitglieder kommen aus den **gesellschaftlich wichtigen Gruppen:** Dazu zählen insbesondere Vertreter der Landesregierungen und der Land-

tagsfraktionen, der Universitäten (Kunst und Wissenschaft), der Kirchen bzw. Religionsgemeinschaften, der Gewerkschaften, der Arbeitgeberverbände und von sozialen, kulturellen und sportlichen Verbänden. Die Rundfunkräte wählen den **Intendanten** als den Leiter der Anstalt. Er überwacht die Einhaltung der Programmrichtlinien und beruft die Mitarbeiterinnen und Mitarbeiter des Senders.

Programmgestaltung – „ausgewogen“?

Die Programme müssen **pluralistisch** sein, d. h., sie sollen möglichst alle gesellschaftlichen Standpunkte zur Geltung bringen, „ausgewogen“ und nicht „einseitig“ berichten. In der Praxis führt diese Regelung immer wieder zu Streit. Der Druck von außen auf die Redaktionen nimmt vor allem in den Wochen vor politischen Wahlen zu. Regierungen, politische Parteien und Interessenverbände versuchen dann, über die („ihre“) Rundfunkräte (bzw. beim ZDF den Fernsehrat) Einfluß auf Sendungen und ihre Redakteure zu nehmen. Der **politische Druck** auf die Sender hatte auch schon zur Folge, daß besonders kritische Sendungen aus dem Programm genommen oder ihre Redakteure „wegen mangelnder Ausgewogenheit“ in andere, weniger bedeutsame Redaktionen versetzt wurden.

Drei Programme

ARD

Mit der Vereinigung Deutschlands müssen auch die unterschiedlichen Rundfunk- und Fernsehorganisationen zusammengeführt werden. Bis dahin arbeiteten in der **Arbeitsgemeinschaft der Rundfunkanstalten Deutschlands** (ARD) neun Länderanstalten zusammen. Dies sind der Westdeutsche Rundfunk (WDR), der Norddeutsche Rundfunk (NDR), der Bayerische Rundfunk (BR), der Südwestfunk (SWF), der Sender Freies Berlin (SFB), der Hessische Rundfunk (HR), der Süddeutsche Rundfunk (SDR), Radio Bremen (RB) und der Saarländische Rundfunk (SR).

Am 1. Januar 1992 begannen der Mitteldeutsche Rundfunk (MDR für Sachsen-Anhalt, Thüringen und Sachsen) und der Ostdeutsche Rundfunk (ODR in Brandenburg) als weitere Mitglieder der ARD mit ihren Hörfunk- und Fernsehausstrahlungen. In Mecklenburg-Vorpommern wurden weitere Studios und Sender des Norddeutschen Rundfunks (NDR) eingerichtet. Die ARD-Sender strahlen neben ihren eigenen Rundfunkprogrammen gemeinsam das **Erste Fernsehprogramm** aus.

Die Dritten Programme

Die **Dritten Programme** des Fernsehens werden von den einzelnen Rundfunkanstalten der ARD nur in ihren Regionen gesendet. Das Sendegebiet kann sich auf ein einzelnes Bundesland – wie bei West 3 in Nordrhein-Westfalen – oder auf das Gebiet mehrerer Bundesländer – wie bei Südwest 3, dem gemeinsamen Dritten Programm des Süddeutschen, des Saarländischen und des Südwestfunks (für Baden-Württemberg, Saarland und Rheinland-Pfalz) – erstrecken. Im Sendegebiet des NDR – Hamburg, Niedersachsen, Schleswig-Holstein, Mecklenburg-Vorpommern – werden mehrere, regional verschiedene Dritte Programme ausgestrahlt.

ZDF

Das **Zweite Deutsche Fernsehen** (ZDF) ist eine Fernsehanstalt, die 1961 aufgrund eines Übereinkommens, eines Staatsvertrags, zwischen den Bundesländern errichtet wurde. Dieser Staatsvertrag war notwendig, da das Recht, Rundfunksender zu bewilligen, Sache der Länder ist (Rundfunkhoheit der Bundesländer). Es erhält 30 % der Fernsehgebühren, die restlichen 70 % gehen an die Anstalten der ARD. Etwas mehr als ein Drittel seiner Gesamteinnahmen erwirtschaftet das ZDF aus Werbeeinnahmen.
Der Fernsehrat hat 77 Mitglieder. Er wird nach den gleichen Grundsätzen wie die Rundfunkräte der Rundfunkanstalten in der ARD zusammengesetzt und nimmt dieselben Aufgaben wahr.

Übersicht 1: Der Fernsehrat des ZDF
Insgesamt 77 Mitglieder, davon:

Bundesregierung, Länderregierungen, Parteien	31	Kunst, Wissenschaft, Erziehung, Bildung, Freie Berufe, Familienarbeit, Kinder- und Jugendschutz usw.	16
Gewerkschaften, Arbeitgeber, Landwirtschaft, Handwerk	8	Wohlfahrtsverbände, Gemeindeverbände, Vertriebenenverbände usw.	9
Sportverbände, Europaunion, Naturschutz	4	Zeitungsverleger, Journalisten	4
Kirchen	5		

Zusammengestellt nach Staatsvertrag über den Rundfunk im vereinten Deutschland, Artikel 3, 31. August 1991, in: Media Perspektiven III a/1991, S. 140f.

Privates Fernsehen und privater Rundfunk – die neue Vielfalt?

Die neuen Übertragungstechniken mit Hilfe leistungsfähiger Kabel und Satelliten eröffnen neue Möglichkeiten für Rundfunk und Fernsehen: Es können gleichzeitig viele Programme übertragen und zudem über weite Räume – auch aus dem Ausland – ausgestrahlt werden. Zugleich ist es durch die Entwicklung der Mikroelektronik technisch und finanziell möglich, viele kleine Rundfunkstationen für lokale und regionale Programme einzurichten.
Die neue Technik kann auf zweifache Weise **wirtschaftlich** genutzt werden:
- Durch die Aufnahme von **Werbesendungen** in das Programm;
- durch die **Produktion von Programmen** und den **Verkauf** an andere Rundfunk- und Fernsehanstalten.

Eine politische Frage

Wie sollen diese neuen Möglichkeiten genutzt werden? Durch die schon vorhandenen **öffentlich-rechtlichen Anstalten** oder durch neue, **private Sender**, die nach wirtschaftlichen Grundsätzen arbeiten, d. h. Gewinne erzielen wollen? Um dies zu entscheiden, war eine Einigung der dafür zuständigen Regierungen der elf Bundesländer notwendig. Gestritten wurde besonders über die Verteilung zusätzlicher,

durch Satelliten möglicher Kanäle (vgl. Abschn. 2.5 sowie das Urteil des Bundesverfassungsgerichts vom 04.11.1986, s. S. 88).
Die von CDU und CSU regierten Länder traten vor allem für die Zuteilung der neuen Sendeberechtigungen – der Lizenzen – an private Sender ein. Dadurch könne eine Vielzahl unterschiedlicher Programme ausgestrahlt werden. Dies diene dem technischen Fortschritt; zudem würden neue Arbeitsplätze geschaffen.
Dagegen betonten die SPD-regierten Länder zunächst, die bestehenden öffentlich-rechtlichen Anstalten würden den Wettbewerb mit den neuen privaten Sendern um die Werbekunden verlieren. Dies gefährde letztlich die Existenz der Sender der ARD und des ZDF. Rundfunk und Fernsehen müßten so zwangsläufig von wirtschaftlich starken Unternehmen abhängig werden.
Im März 1987 kam im **Medienstaatsvertrag** der Länder folgende Einigung zustande:

- Die **zusätzlichen Kanäle** werden zwischen der ARD und dem ZDF einerseits und den privaten Gesellschaften andererseits aufgeteilt. Die öffentlich-rechtlichen Anstalten können deshalb neben ihren Fernseh-Hauptprogrammen und den Dritten Programmen noch die Satelliten-Fernsehprogramme 3sat und Eins Plus ausstrahlen. Private Sender (etwa SAT1, RTL plus, TELE 5 und PRO 7) bieten zusätzlich bundesweite Programme an.
- ARD und ZDF erhalten weiterhin Einnahmen aus den Rundfunkgebühren. Damit können sie die **Grundversorgung** der Bevölkerung insbesondere mit politischen Informationen und kulturellen Unterhaltungs- und Bildungsangeboten im Rahmen ihrer Programme finanzieren. Sie dürfen allerdings die Werbung in ihren Programmen nicht weiter ausdehnen. Ihre Existenz wird von den Länderregierungen auch in Zukunft gewährleistet.
- Neben privaten Fernsehprogrammen sind auch **private Rundfunkprogramme** möglich. Sie benötigen eine Zulassung durch die jeweilige Landesmedienanstalt.
- Die privaten Rundfunk- und Fernsehanstalten, die als **Wirtschaftsunternehmen** Gewinne machen wollen, können ihre Programme durch Werbung finanzieren. Die Werbesendungen dürfen 20 % der täglichen Sendezeit nicht überschreiten.

2 Bedeuten mehr Rundfunk- und Fernsehprogramme auch vielfältigere Programme?

Desinformiert durch zuviel Unterhaltung?

Ein Zuviel an Programmen kann auch nachteilige Folgen haben. Der Zuschauer wird desinformiert, wenn Sendungen nur noch nach ihrem **Unterhaltungswert** gestaltet und ausgewählt werden. Politische Informationen werden wertlos, wenn die Informierten es verlernt haben, zwischen Schein und Wirklichkeit zu unterscheiden. In Unterhaltungssendungen werden politische und gesellschaftliche Konflikte überwiegend nach dem harmonisierenden Muster überdeckt und verdrängt; am Ende steht fast immer eine versöhnliche Lösung. Wo

Harmonie aber nicht zieht, wird in vielen Fällen direkte Gewalt und körperliche Vernichtung als Mittel zur Bewältigung von Problemen propagiert.

Hohe Einschaltquoten erlauben einen hohen Preis für die Werbesendungen. Solche Zahlen zu erreichen, kann zum wirtschaftlichen Hauptziel der elektronischen Medien werden. Die Befürchtung erscheint begründet, daß dadurch Verhaltensweisen, die für das Zusammenleben wichtig sind – wie: sich informieren, diskutieren, überlegt urteilen, Stellung beziehen, sein Verhalten gegenüber anderen rechtfertigen –, verlorengehen. Die Ausrichtung der politischen Berichterstattung auf ihren Unterhaltungswert, auf die „großen Politiker“ und „spektakulären Ereignisse“, läßt befürchten, daß viele meinen, Politik müsse weitgehend ohne die kritische und aktive Mitwirkung der Bevölkerung erfolgen.

Medienmacht und wirtschaftliche Macht

Aber auch diejenigen, die sich aktiv an den politischen Auseinandersetzungen beteiligen, sich z. B. in Verbänden, Parteien und Bürgerinitiativen engagieren, können durch Berichterstattung in den Medien in der Wahrnehmung ihrer demokratischen Rechte beeinträchtigt werden. In den großen privaten Medienkonzernen kann **wirtschaftliche** Macht zur **politischen** Macht werden, wenn sich die Programmgestalter an den Zielen ihrer Eigentümer oder Werbekunden und nicht an den unterschiedlichen Interessen und Meinungen, wie sie in der Gesellschaft vorhanden sind, orientieren.

Für und wider mehr Rundfunk und Fernsehen

Die Einführung der neuen Medien, vor allem die Ausweitung des Rundfunks und des Fernsehens, wird in der Bundesrepublik Deutschland kontrovers beurteilt. **Befürworter** führen an:

- Die Bürger brauchen eine **größere Auswahl;** sie sind mündig und können selber entscheiden.
- Das Monopol der öffentlich-rechtlichen Sender muß durch die **Konkurrenz** der Privaten gebrochen, das Angebot bereichert werden.
- Die neuen Medien sind für die inländische Industrie ein wichtiger **Wachstumsfaktor.**

Kritiker wenden ein:

- Eine Vielzahl von Programmen ist nicht gleichzusetzen mit der inhaltlichen Vielfalt; private Sender bringen vor allem solche Programme, die sich **wirtschaftlich lohnen.** Das sind vor allem Unterhaltungsprogramme, die hohe Einschaltzahlen bei den Hörern und Zuschauern bringen. Solche Programme sind für die Unternehmen, die werben wollen, interessant.
- Auf die Dauer wird dies zu einer **Angleichung** der öffentlich-rechtlichen Programme an die privaten führen. Da die Konkurrenz um Werbung und damit um Einschaltzahlen das Angebot bestimmt, werden auch in ARD und ZDF Unterhaltungssendungen eine immer größere Rolle spielen. Die vom Bundesverfassungsgericht (siehe S. 88) verlangte Grundversorgung im politischen und kulturellen Bereich tritt in diesem Wettlauf um Zuschauer immer weiter zurück.

- Private Sender sind den Interessen und den politischen Zielen der **wirtschaftlich Starken** ausgeliefert.

Wie die öffentlich-rechtlichen einerseits und die privaten Fernsehanstalten andererseits ihre Programme ausrichten, zeigt folgender Vergleich der Programmsparten in der Hauptsendezeit:

Übersicht 2: Information contra Unterhaltung? – Öffentlich-rechtliches und privates Fernsehen im Vergleich (Hauptsendezeit zwischen 19 und 23 Uhr)

Anteile am Gesamtprogramm in %

Programm	ARD	ZDF	SAT 1	RTL plus	TELE 5	PRO 7
Information, Bildung	41,1	45,5	23,1	16,2	11,8	3,2
Fiction, Spielfilme	32,3	30,0	48,5	49,0	21,2	80,1
Spiele, Shows	5,6	5,3	1,5	7,1	4,5	0,4
Musik	1,9	3,8	0,2	2,6	32,3	0,4
Sport	4,7	3,3	6,5	3,8	4,1	–
Kinder-, Jugendsendungen	8,6	5,6	4,1	6,8	17,8	8,7
Werbung	2,2	2,2	12,3	12,0	6,0	4,8
Sonstiges	3,6	4,3	3,9	2,5	2,4	2,4

Media Perspektiven, Basisdaten 1991, S. 23 f.

Zusammenfassung

1 Nach 1945 wurden die Rundfunk- und Fernsehanstalten in der damaligen Bundesrepublik ausschließlich öffentlich-rechtlich organisiert: Der Rundfunk- bzw. Fernsehrat (beim ZDF), in dem die gesellschaftlich bedeutsamen Gruppen sowie die (Länder)-Regierung(en) und die Fraktionen der Parlamente vertreten sind, ist das oberste Entscheidungs- und Kontrollgremium. Es wählt den Intendanten, der die Rundfunkanstalt leitet. Die öffentlich-rechtlichen Anstalten finanzieren sich aus Gebühren und aus Werbeeinnahmen.

Die privaten Rundfunk- und Fernsehanstalten, die nach einem Urteil des Bundesverfassungsgerichts von 1986 rechtlich möglich sind, verstehen sich in erster Linie als wirtschaftlich orientierte Unternehmen. Sie finanzieren ihre Programme durch Einnahmen aus der Werbung und den Verkauf von Programmproduktionen an andere Sender.

2 Die Ausweitung der Zahl der Programme in Rundfunk und Fernsehen ist nicht zwangsläufig mit vielfältigeren Inhalten verbunden. Es besteht die Gefahr, daß das Programmangebot sich vorrangig an den Erwartungen einfacher Unterhaltung mit dem Ziel hoher, für die Werbung ertragreicher Einschaltzahlen orientiert. Die öffentlich-rechtlichen Fernsehanstalten haben einen Programmschwerpunkt im Bereich der Information und der Bildung. Das private Fernsehen konzentriert mehr als die Hälfte des Angebots in der Hauptsendezeit (19 – 23 Uhr) auf Unterhaltungssendungen.

2.5 Die neuen Medien – Einstieg in eine neue Informationsgesellschaft?

Tomaschoff

Leitfragen

1 Was ist neu an den neuen Medien?

2 Welche Zukunft versprechen die neuen Medien?

1 Was ist neu an den neuen Medien?

Elektronik und Bildschirm: die schnellen Informationen

Zu den **neuen Medien** zählt eine Vielzahl elektronischer Geräte, die mit dem Bildschirm in Verbindung stehen. Neu daran ist:

Mikrochips

▶ Durch die rasante Verbesserung der elektronischen **Schaltelemente** zu winzigen „Mikrochips" haben diese Geräte die Fähigkeit, sehr viele Informationen auf kleinstem Raum aufzunehmen und zu speichern, auf Befehl zu verarbeiten (berechnen, messen, vergleichen, auslesen, sortieren, neu gruppieren) und die Ergebnisse sowohl am Bildschirm als auch gedruckt rasch wiederzugeben. Mit diesen kleinsten Schaltungen von hoher Verarbeitungsgeschwindigkeit läßt sich z. B. die menschliche Stimme in 8000 elektronische Schaltimpulse pro Sekunde zerlegen, also elektronisch „codieren" (code = engl. Zeichen, Schlüssel). Dadurch können Informationen mit höchster Genauigkeit und störungsfrei mit Hilfe elektronischer Geräte auch über große Entfernungen übertragen werden.

Neue Übertragungstechniken

▶ Die Entwicklung der **Lasertechnik** (Energiebündelung auf dünnstem Lichtstrahl), die Erfindung der **Glasfaser** als Transportkabel für Laserimpulse und die Anwendung moderner **Nachrichtensatelliten** schaffen die Möglichkeit, gleichzeitig und in kürzester Zeit eine Vielzahl von Nachrichten (z. B. Telefongespräche, Rundfunk- und Fernsehprogramme) zu übertragen. Zusätzlich zum bisherigen

Übersicht 1: Neue Medien – Endgeräte und Übertragungstechniken

Videotext

Texte und Grafiken werden über den TV-Schirm, d. h. über die normale Fernsehantenne, drahtlos empfangen. Videotext wird seit 1980 gemeinsam von ARD und ZDF unter Beteiligung von fünf überregionalen Tageszeitungen ausgestrahlt. Zum Angebot zählen: aktuelle Nachrichten, Sportergebnisse, Wetterberichte, Börsenkurse und Informationen zum Rundfunk- und Fernsehprogramm. Hörgeschädigte können in das Fernsehbild Untertitel einblenden.

Bildschirmtext (Btx)

Ein Kommunikations- und Informationsdienst, den die Deutsche Bundespost seit 1984 bundesweit anbietet. Die Informationen – Texte und Grafiken – werden über das Telefonkabel übertragen und auf dem Fernsehschirm dargestellt. Die Benutzer – vorwiegend aus der Wirtschaft – können sich damit zentraler Informationsbanken und Datenverarbeitungsanlagen (z. B. große Computer) bedienen.

Videorecorder, Videokamera, Bildplatte

Dies sind Zusatzeinrichtungen zum Fernsehgerät. Recorder und Bildplatte können fertige Programme wiedergeben. Mit dem Recorder können zudem Sendungen des Fernsehens aufgezeichnet werden. Die Kamera erlaubt es, eigene Programme zu erstellen.

Breitbandkabel/ISDN

Herkömmliche Kabel übertragen zur gleichen Zeit nur eine Art der Kommunikation, z. B. nur Ferngespräche über Telefone. Moderne Breitbandkabel sind notwendig, wenn die Übertragungsqualität hoch sein soll – z. B. beim verkabelten Rundfunk- und Fernsehprogramm. Zudem können diese Kabel gleichzeitig und mit hoher Geschwindigkeit verschiedene Impulse übertragen, also z. B. Ferngespräche, Fernseh- und Rundfunkprogramme und Bildschirmtexte. Breitbandkabel werden aus Kupfer und aus den hochleistungsstärkeren Glasfasern hergestellt. Der Ausbauplan der Post sieht vor, daß die verschiedenen Dienste – etwa Fernsprechen, Textübertragung, Fernkopierer, Radio und Fernsehen und Video-Konferenzen – mit einem einheitlichen (integrierten) Kabel übertragen werden. Dieses Netz wird als ISDN bezeichnet (Integrated Services Digital Network = integriertes Netz für Sprache, Text, Bilder und Daten).

Satelliten

Sie werden im Weltraum stationiert, nehmen elektronische Impulse (z. B. als Ferngespräche oder Rundfunkprogramme) auf und strahlen sie an die Bodenstationen (z. B. für Telefongespräche) oder direkt an die Empfänger (z. B. über zusätzliche Antennen für Fernsehprogramme) aus. Die Zahl der zusätzlichen Satelliten-Kanäle wurde 1977 in internationalen Vereinbarungen festgelegt. Die Bundesrepublik Deutschland bekam dabei fünf Kanäle, die unter den öffentlich-rechtlichen und den privaten Rundfunk- und Fernsehanstalten aufgeteilt wurden.

Teletex

Die Übertragung eines geschriebenen Textes durch elektrische Fernschreiber wurde durch die Elektronik weiterentwickelt. Teletex ist eine elektronische Speicherschreibmaschine bzw. ein Textverarbeitungsterminal (mit Bildschirm). Mit dieser Technik können Texte originalgetreu (in Briefqualität) und in kürzester Zeit (weniger als 10 Sekunden pro Seite) vom Absender zum Empfänger übertragen werden. Die „elektronischen Briefe“ können gespeichert, über Telefonleitungen automatisch versandt und beim Empfänger ausgedruckt werden.

Videokonferenz

Die Videokonferenz ist eigentlich eine Fortentwicklung des Bildtelefons. Zwischen zwei oder mehr Sendestudios werden Bild- und Sprechverbindungen hergestellt. Um eine gute Übertragungsqualität zu erreichen, sind für Videokonferenzen heute noch besondere Übertragungskabel notwendig. Videokonferenzstudios werden seit 1984 von der Deutschen Bundespost in den größeren Städten unterhalten. Sie können dort auf Zeit gemietet werden. Daneben besitzen auch einige Großunternehmen bereits eigene Konferenzstudios. Mit Hilfe weiterer Einrichtungen – wie z. B. dem Fernkopierer Telefax – können während einer Konferenz Dokumente – etwa Planungsskizzen – elektronisch ausgetauscht werden.

Telefonnetz lassen sich Schaltverbindungen herstellen, durch die man weitere Informationen direkt und schnell abrufen bzw. weitergeben kann. So ist es z.B. möglich, aus dem Computer eines Warenhauses Angebote einzuholen, den Kontostand bei der Bank über den Bildschirm abzufragen und Bestellungen oder Überweisungsaufträge direkt einzugeben (vgl. Übersicht 1: Bildschirmtext – Btx).

Der Ausbau eines leistungsfähigen Kabelnetzes ist bislang Aufgabe der Post. Sie hat von 1980 bis 1990 dafür rund 10 Mrd. DM investiert. Dem stehen allerdings nur Einnahmen an Kabelgebühren von etwas mehr als 3 Mrd. DM gegenüber. Die staatliche Post finanziert demzufolge die notwendigen Kabeleinrichtungen als „Vorleistungen" für die private Wirtschaft und die Haushalte (Zahlen nach Media Perspektiven 10/89, S. 591, aktualisiert).

Der Bildschirm als Medienzentrum

▶ Das Programmangebot von Rundfunk und Fernsehen kann sich vervielfachen. Die neuen Techniken haben schon jetzt die Gründung von zusätzlichen privaten Rundfunk- und Fernsehanstalten möglich gemacht (vgl. Abschn. 2.4). Der **Bildschirm** wird darüber hinaus zum **Zentrum,** mit dem mehrere Medien genutzt werden. Dies ist sowohl in privaten Haushalten als auch in der Verwaltung und in der Wirtschaft möglich:

2 Welche Zukunft versprechen die neuen Medien?

Vielseitige Anwendung

Die neuen Techniken der Informationsverarbeitung und Informationsübertragung haben **Industrie- und Verwaltungsbetriebe** bereits vielfach umgewandelt: Massengüter, wie z.B. Automobile, werden in zunehmendem Maß von selbststeuernden Maschinen (Robotern) gefertigt, Lagerhaltung, Vertriebs- und Zahlungswesen brauchen immer weniger menschlichen Einsatz bei höherer Zuverlässigkeit. Über zentrale Daten- und Rechnerkataloge erhalten Wissenschaftler in Sekundenschnelle Auskünfte, welche Forschungsergebnisse zu ihrer Frage bereits vorliegen. Insgesamt zeichnet sich schon jetzt ab, daß die technische und wirtschaftliche Anwendung der neuen Medien zur weiteren Automatisierung und Rationalisierung in der industriellen Produktion, in den Dienstleistungsberufen und in der öffentlichen Verwaltung führen wird.

Bei der **Verbrechensbekämpfung** kann die Polizei direkt vom Tatort aus den zentralen Polizeicomputer befragen, um z. B. die Eigentümer von Kraftfahrzeugen rasch zu ermitteln. **Verkehrsampeln** können nach der automatisch gemessenen Fahrzeugdichte optimal geschaltet und aufeinander abgestimmt werden.
Wenn die **Haushalte** anstelle der Telefonverbindung mit einem Breitband-Glasfasernetz verbunden sein werden, entfallen Besuche bei Ämtern, Banken u. a. weitgehend. Wer eine Fremdsprache, wer Betriebswirtschaft oder Kochen erlernen möchte, kann sich die Lernprogramme auf den Bildschirm holen. Zeitraubende Geschäftsreisen entfallen durch Konferenzen über das Bildtelefon oder durch Video-Konferenzen. Nachrichten und Unterhaltungssendungen können auf Band gespeichert werden; der Zuschauer wird vom Sendetermin unabhängig.

Übersicht 2: Wo Mikroprozessoren eingesetzt werden können (Beispiele)

Meß-, Steuerungs- und Regeltechnik

Industrie:
Roboter; Steuerung von Fertigungsprozessen auch in Kleinbetrieben; Meßgeräte, die sich selbst steuern; Waagen

Medizin:
Computertomographie; Narkosegeräte; Elektronische Fieberthermometer; Puls- und Blutdruckmessung; Analysegeräte; Seh- und Hörhilfen

Verkehr:
Straßenverkehrs-Leitsysteme; Schiffs- und Flugleitsysteme

Kraftfahrzeug-Elektronik:
Regelung des Kraftstoffverbrauchs; Antiblockier-Bremssystem; Antikollisions-Radar; Überwachung aller wichtigen Kfz-Funktionen

Datenverarbeitung

Taschenrechner; Tischrechner; Heimcomputer; Kleincomputer am Arbeitsplatz; Datenendgeräte; Programmier-Hilfsgeräte; Büromaschinen

Nachrichtentechnik

Fernschreiber; Fernkopierer (Telefax); Elektronisches Fernsprechsystem; Bildfernsprechen; Kommunikation in Breitbandnetzen (schnelle Übertragung von Informationen und Bildern); Videotext, Bildschirmtext; Verkehrsfunk-Decoder

Haushaltsgeräte

Steuerung von Waschmaschinen, Geschirrspülmaschinen und anderen Haushaltsgeräten; Heizungs- und Lichtregelung; Raumüberwachung

Unterhaltungs- und Freizeitelektronik

Plattenspieler- und Tonbandsteuerung; Fernsehgeräte-Elektronik; Videorecorder; Filmkamera und Projektoren; Elektronische und Fernsehspiele

Nach: Klaus Brepohl, Lexikon der neuen Medien, 5. Aufl. Köln 1989, S. 95.

Datenschutz

Die Vielzahl der neuen technischen Möglichkeiten birgt jedoch auch **Risiken.** Wer Informationen speichern und verarbeiten kann, hat – technisch gesehen – auch die Möglichkeit, sich mit diesen Informationen gegenüber anderen einen Vorteil zu verschaffen: Das Versand-

haus, indem es die Bestellungen seiner Kunden speichert und darauf aufbauend gezielte Werbemaßnahmen entwickelt; die Banken, wenn sie aus den Konten ihrer Kunden auf ihre Einkommensverhältnisse schließen können; staatliche Stellen, wenn sie ihre Computer dazu benutzen, die privaten Verhältnisse der Bürger zu beobachten und festzuhalten.
Das **Bundesverfassungsgericht** (vgl. Abschn. 5.4) hat deshalb entschieden, daß staatliche Behörden nur solche Informationen über die Bürger speichern und verwerten dürfen, die ausdrücklich für die Ausübung ihrer Aufgaben unbedingt erforderlich sind. Die Verkehrspolizei ist also nicht berechtigt, Angaben über die Einkommensverhältnisse eines Autobesitzers zu speichern. Das Einwohnermeldeamt darf die Angaben über Alter, Beruf und Anschrift der Einwohner nicht an Versandhäuser weitergeben ... Betroffene müssen unterrichtet werden, wenn über sie erstmals Daten gespeichert werden. Darüber hinaus ist jeder berechtigt, von Behörden Auskunft darüber zu verlangen, welche Daten sie über ihn gespeichert haben.
Die Einhaltung dieses Datenschutzes kontrollieren in den Bundesländern und im Bund insgesamt jeweils besondere **Beauftragte für den Datenschutz**. Grundlage dieser Arbeit bildet das „Gesetz zum Schutz vor Mißbrauch personenbezogener Daten bei der Datenverarbeitung“ von 1977. Die Datenschutzbeauftragten legen jedes Jahr einen Datenschutzbericht vor, der auch eventuelle Verstöße gegen das Datenschutzgesetz enthält. Jede Bürgerin und jeder Bürger ist berechtigt, sich an diese Beauftragten zu wenden.

Aktuelle Infos

Der Bundesbeauftragte für den Datenschutz
Stephan-Lochner-Straße 2
53175 Bonn

Auf Länderebene:
Datenschutzbeauftragte der Landesregierungen.

Zusammenfassung

1 Die neuen Medien machen es möglich, sehr viele Informationen in kurzer Zeit aufzunehmen, zu speichern, zu bearbeiten und weiterzugeben. Verschiedene Geräte und unterschiedliche Übertragungstechniken erlauben eine vielfältige Verwendung in privaten Haushalten, in der öffentlichen Verwaltung und nicht zuletzt in der Wirtschaft.

2 Diese neuen Techniken können das menschliche Leben in umfassender Weise beeinflussen: in der Wirtschaft und in der Verwaltung, bei der Steuerung und Organisation von Arbeitsabläufen, der Speicherung und Bearbeitung von Daten, aber auch in der Forschung und in den privaten Haushalten.
Die Einhaltung des Datenschutzes in der Verwaltung, d. h. bei den staatlichen Stellen, überwachen die Datenschutzbeauftragten der Länder und des Bundes.

3 Wirtschaftssystem und Wirtschaftspolitik

3.1 Wirtschaftliches Handeln: Wozu und wie?

„Ein-Mann-Wirtschaft“

„Geld gegen Gut“

Leitfragen

1 Wirtschaftliches Handeln – eine Notwendigkeit?

2 Was steckt hinter dem Wirtschaftlichkeitsprinzip?

3 In welcher Wirtschaftsgesellschaft leben wir?

1 Wirtschaftliches Handeln – eine Notwendigkeit?

Wirtschaftliches Handeln

Fast alles, was die Menschen zum Leben brauchen, müssen sie herstellen oder besorgen, z. B. Kleidung und Brot. Selbst Trinkwasser muß heute für den Gebrauch aufbereitet werden. Weder in der Natur noch durch die Produktion der Menschen sind Güter im Überfluß vorhanden. Unter wirtschaftlichem Handeln verstehen wir deshalb ganz allgemein die **Herstellung und Verteilung knapper Güter**.

Der Mensch braucht Güter verschiedenster Art, um überleben und seine Bedürfnisse befriedigen zu können. Für deren Produktion und Verteilung muß er Arbeitskraft und Produktionsmittel (Rohstoffe, Werkzeuge, Maschinen usw.) einsetzen. Dabei kommt es nicht darauf an, ob die Arbeit bezahlt wird. Der Hobbytischler produziert genauso wie der angestellte Schreiner.

Arbeitsteilung und Tausch

Stellt man nicht alles selbst her – wie Robinson Crusoe –, dann müssen fehlende Güter von anderen geliefert (**Arbeitsteilung**) und durch Tausch erworben werden, indem man eigene Güter (**Naturaltausch**) oder Geld dafür gibt (**Kauf**).

Güter
Sachgüter
Dienstleistungen
Konsumgüter
Produktionsmittel

Zu den Gütern gehören die „greifbaren" Produkte als **Sachgüter**, z.B. Schuhe, genauso wie deren Transport und Verkauf (**Dienstleistungen**). Darüber hinaus werden Konsumgüter von Produktionsmitteln unterschieden. **Konsumgüter** sind für den unmittelbaren Verbrauch oder Gebrauch bestimmt, während **Produktionsmittel** benutzt werden, um weitere Güter herzustellen. Das gleiche Gut kann einmal Konsumgut, in einem anderen Zusammenhang jedoch Produktionsmittel sein. Die Apfelsinen, die zu Hause oder auch im Restaurant gegessen werden, sind ein Konsumgut. Apfelsinen sind aber auch ein Produktionsmittel, wenn aus ihnen Saft für den Verkauf hergestellt wird. Die Übersicht 1 gibt einen Überblick über die verschiedenen Arten von Gütern.

Übersicht 1: Arten wirtschaftlicher Güter

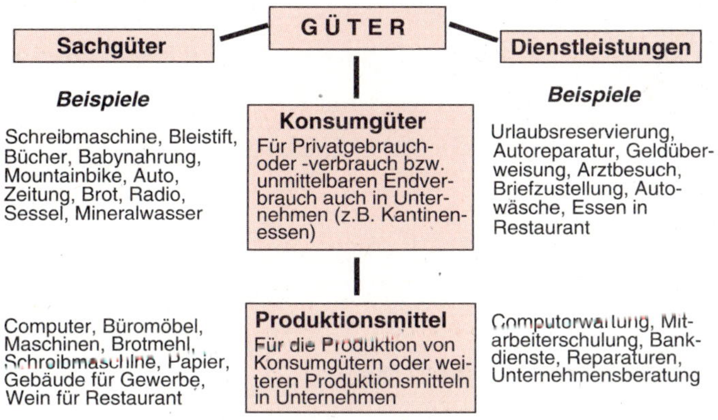

2 Was steckt hinter dem Wirtschaftlichkeitsprinzip?

Wirtschaftlichkeitsprinzip

Wenn ein Auto als besonders wirtschaftlich im Verbrauch bezeichnet wird, dann ist damit ein besonders niedriger Kraftstoffverbrauch auf 100 km Fahrleistung gemeint. Für wirtschaftliches Handeln gilt das gleiche Prinzip. Es geht um das **Verhältnis zwischen Einsatz und**

Ertrag. Das Wirtschaftlichkeitsprinzip kann auf die Produktion und auf den Konsum von Gütern angewandt werden. Zwei mögliche Vorgehensweisen gibt es:

- Ein bestimmter Ertrag soll mit möglichst geringem Einsatz an Mitteln erzielt werden (Minimierungsprinzip).
  Beispiel: Ein Unternehmen, das mit Produktionskosten von 100,– DM ein Fahrrad herstellen kann, arbeitet wirtschaftlicher als eines, das für die Produktion des gleichen Fahrrads 120,– DM einsetzen muß.
- Mit einem bestimmten Mitteleinsatz soll ein möglichst großer Ertrag erreicht werden (Maximierungsprinzip).
  Beispiel: Ein Konsument hat 250,– DM für den Kauf eines Fahrrads zur Verfügung. Er kauft in dem Geschäft ein, in dem er das bestausgestattete Fahrrad erhält für dieses Geld.

Stichwort: Arbeitsproduktivität

Werden bei der Produktion nur der Arbeitseinsatz oder die Arbeitskosten berücksichtigt, dann steht die Wirtschaftlichkeit der Arbeit – oder die **Arbeitsproduktivität** – im Vordergrund. Jedes Unternehmen ist bestrebt, die Wirtschaftlichkeit allgemein und die Arbeitsproduktivität speziell dadurch zu erhöhen, daß die Kosten der Produktion pro hergestelltem Gut gesenkt werden. Die Güter können dann billiger und damit konkurrenzfähiger verkauft bzw. der Gewinn des Unternehmens kann gesteigert werden.

Übersicht 2: Steigerung der Arbeitsproduktivität in einer Fahrradfabrik

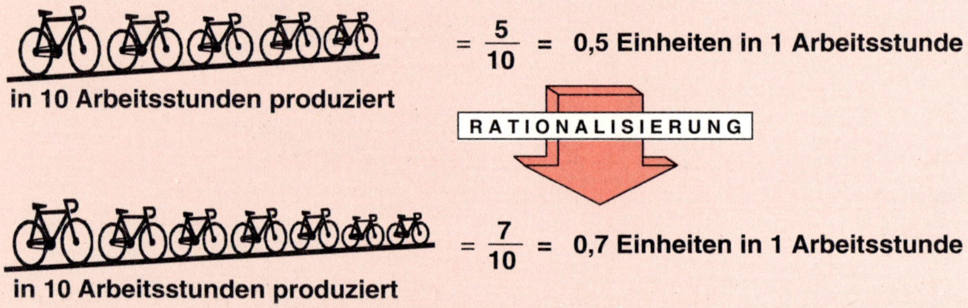

Hinweis: Die Anzahl der Arbeitsstunden bezieht sich auf eine Arbeitskraft.

Rationalisierung

Die Arbeitsproduktivität wird auf unterschiedliche Weise beeinflußt. Zum Beispiel

- durch den **Einsatz von Maschinen**: Mit einer Knetmaschine kann ein Bäcker mehr Teig in der Stunde herstellen, als wenn er von Hand rühren und kneten muß;
- durch die **Organisation der Arbeit**: Wenn die Arbeitskräfte arbeitsteilig vorgehen – die eine den Teig herstellt, eine andere Brote formt, eine dritte den Backvorgang überwacht etc. –, werden mehr Brote

am Tag produziert, als wenn jede einzelne Arbeitskraft alle Arbeitsschritte selbst durchführt.

In beiden Fällen spricht man von **Rationalisierung der Arbeit**. Rationalisierung erhöht in der Regel die Arbeitsproduktivität und damit die Wirtschaftlichkeit. Sie kann aber auch gleichzeitig negative Konsequenzen haben: Arbeitsplätze gehen verloren, falls die Produktion nicht gleichzeitig entsprechend ausgeweitet wird, und die Arbeit wird häufig für die Arbeitskräfte langweiliger (Monotonie der Arbeit). Durch Rationalisierungsmaßnahmen können jedoch auch neue Arbeitsplätze entstehen: z.B. bei den Firmen, die neue Maschinen liefern.

3 In welcher Wirtschaftsgesellschaft leben wir?

Wirtschaftssektoren

Um den „Wirtschaftscharakter" einer Gesellschaft zu beschreiben, werden in der Regel drei **Wirtschaftssektoren** unterschieden:

- primärer Sektor: Land-, Vieh-, Wasser-, Forstwirtschaft und Bergbau
- sekundärer Sektor: industrielle/handwerkliche Produktion
- tertiärer Sektor: Dienstleistungen wie Handel, Verkehr, Geldwesen, Ausbildung, Gesundheitswesen etc.

Agrar-, Industrie-, Dienstleistungsgesellschaften

Je nachdem, welcher Wirtschaftssektor eine Gesellschaft am stärksten prägt, wird diese als **Agrar-, Industrie- oder Dienstleistungsgesellschaft** bezeichnet. Man kann den Prozentsatz der Erwerbstätigen betrachten, die in den einzelnen Sektoren arbeiten. Man kann auch

Übersicht 3: Entwicklung der Wirtschaftsgesellschaft in Deutschland

Anteil der Erwerbstätigen nach Wirtschaftssektoren und Anteil der Wirtschaftssektoren am volkswirtschaftlichen Gesamtertrag (BIP) in %

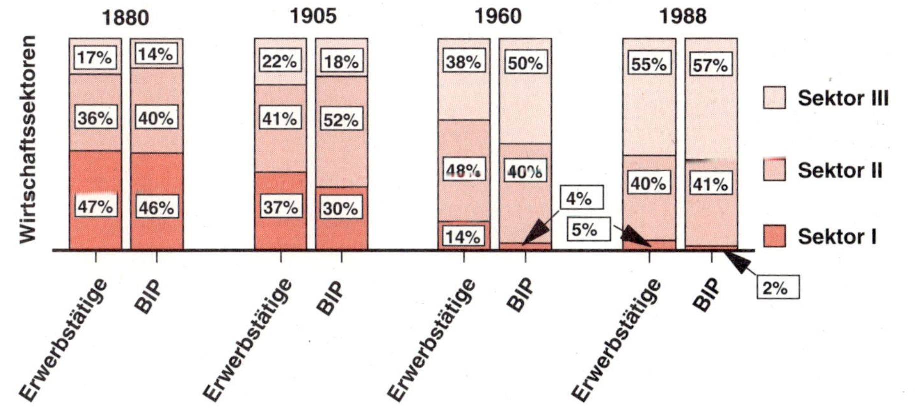

Quellen: Wirtschafts-Plötz 1984, S. 175, 195; Wirtsch. und Statistik 3/89, 4/88; Statistisches Jahrbuch 1989 S. 92, 545-548; eigene Berechungen, Zahlen gerundet.

danach fragen, wieviel jeder einzelne Sektor zum gesamtwirtschaftlichen Ergebnis beiträgt.

Lesebeispiel zu Übersicht 3: 1880 waren im primären Sektor 47 % der Erwerbstätigen beschäftigt, 1988 nur noch 5 %. Zum gesamtwirtschaftlichen Ergebnis trug der primäre Sektor 1880 etwa 46 % (also fast die Hälfte) bei, 1988 nur noch ungefähr 2 % (also ein Fünfzigstel). Für alle wirtschaftlich hochentwickelten Gesellschaften ist eine Entwicklung von der Agrar- über die Industrie- hin zu einer Dienstleistungsgesellschaft typisch.

Zusammenfassung

1 Bei wirtschaftlichem Handeln geht es um die Herstellung und Verteilung knapper Güter, die der Mensch zur Befriedigung seiner Bedürfnisse braucht. Es werden Sachgüter und Dienstleistungen unterschieden. Sie können direkt konsumiert (Konsumgüter) oder für die Produktion weiterer Güter verwendet werden (Produktionsmittel).

2 Wirtschaftlich Handeln heißt auch, mit möglichst geringem Mitteleinsatz einen bestimmten Ertrag oder mit einem festgelegten Mitteleinsatz einen möglichst großen Ertrag zu erzielen. Auch die Arbeitsproduktivität ist ein Maß der Wirtschaftlichkeit. Durch technische und arbeitsorganisatorische Rationalisierung wird versucht, die Arbeitsproduktivität zu erhöhen.

3 Der wirtschaftliche Charakter einer Gesellschaft wird danach bestimmt, welcher Wirtschaftssektor in ihr von besonderer Bedeutung ist. In der Agrargesellschaft dominiert der primäre, in der Industriegesellschaft der sekundäre und in der Dienstleistungsgesellschaft der tertiäre Sektor.

3.2 Das Ergebnis des Wirtschaftens in einer Volkswirtschaft

Das Bruttosozialprodukt (BSP) der Bundesrepublik von 1985 - 1992

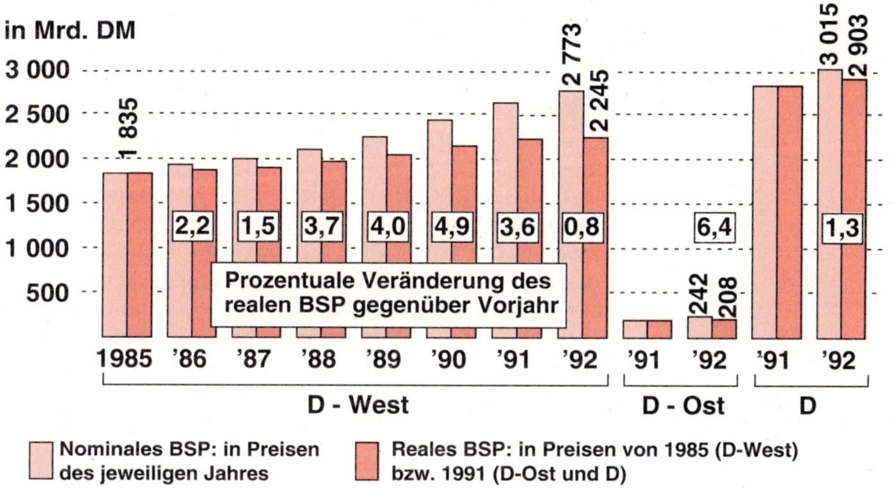

Quelle: Statistisches Bundesamt

Leitfragen

1 Wie wird die wirtschaftliche Leistungsfähigkeit einer Gesellschaft gemessen?

2 Wie wird das Volkseinkommen verteilt?

3 Das Bruttosozialprodukt – Maßstab des Wohlstands?

1 Wie wird die wirtschaftliche Leistungsfähigkeit einer Gesellschaft gemessen?

Volkswirtschaft

Alle Gesellschaftsmitglieder und Organisationen eines Landes, die durch ihr wirtschaftliches Handeln Güter herstellen, verteilen oder kaufen, gehören zur **Volkswirtschaft** dieses Landes.

Volkswirtschaftliche Wertschöpfung

Der Geldwert sämtlicher Sachgüter und Dienstleistungen, die innerhalb eines Jahres in einer Volkswirtschaft produziert werden, stellt den **Bruttoproduktionswert** einer Volkswirtschaft dar. In diesem sind jedoch Doppelzählungen enthalten: Der Geldwert der von Firma X produzierten Fahrradbremse steckt ebenso darin wie der Wert des von Firma Y gelieferten kompletten Fahrrads. Die Bremse wird also doppelt gezählt, wie es bei allen weiterverarbeiteten Gütern der Fall ist. Wenn diese Vorleistungen bereits bei ihrer Produktion erfaßt worden sind (z.B. die Fahrradbremse), müssen sie vom Wert des Endprodukts (Fahrrad) abgezogen werden. Aus dieser Berechnung ergibt sich die **Wertschöpfung** einer Volkswirtschaft, die immer in Geld ausgedrückt wird. Geht es um die Wertschöpfung, die im **Inland** (z. B. BRD) innerhalb eines Jahres erwirtschaftet worden ist, dann wird diese Summe als **Bruttoinlandsprodukt** (BIP) bezeichnet. Dieses kennzeichnet am besten die wirtschaftliche Produktionskraft einer Volkswirtschaft.

Stichwort: Bruttoinlandsprodukt

Stichwort: Bruttosozialprodukt

Bis 1992 wurde jedoch vom Statistischen Bundesamt das **Bruttosozialprodukt (BSP)** als Maßstab für die Wirtschaftskraft verwendet. Das BSP drückt die wirtschaftliche Leistungsfähigkeit **aller Inländer** aus – gleichgültig ob sie im Inland oder im Ausland Güter produzieren und Einkommen erwirtschaften. Die Mitglieder einer Volkswirtschaft erhalten auch Einkommen durch Produktionsstätten oder Geldanlagen im Ausland. Umgekehrt erzielen im Ausland lebende Menschen Einkommen aus der deutschen Volkswirtschaft, indem sie in Deutschland investieren. Die Einkommen, die in Deutschland Lebende vom Ausland erhalten, werden zum **Bruttoinlandsprodukt** hinzugezählt. Einkommen, die ans Ausland gehen, werden von ihm abgezogen. Als Ergebnis erhält man das **Bruttosozialprodukt**. Zwischen BSP und BIP ist in der Regel kein großer Unterschied.

Nominales und reales Bruttosozialprodukt

Allen genannten Zahlen liegen die jeweils geltenden Marktpreise zugrunde. Das sind die Preise, die von den Käufern für die Güter am Markt tatsächlich bezahlt werden müssen. Wie will man die Entwicklung des Bruttosozialprodukts von Jahr zu Jahr vergleichen, wenn sich die Preise ändern? Um dies tun zu können, wird zwischen dem **nominalen** und dem **realen Bruttosozialprodukt** unterschieden. Beim nominalen sind die jeweiligen Marktpreise während eines Jahres zugrundegelegt, beim realen werden die jährlichen Preissteigerungen abgezogen. Das reale Bruttosozialprodukt eignet sich deshalb für Vergleiche zwischen den Jahren (zur Entwicklung des BSP vergleiche die Grafik am Anfang des Abschnitts).

2 Wie wird das Volkseinkommen verteilt?

Stichwort: Volkseinkommen

Wer Produktionsfaktoren (Arbeit, Kapital oder „Boden“) zur Verfügung stellt, damit die Güter einer Volkswirtschaft – zusammengefaßt im BSP – produziert werden können, erhält dafür Einkommen – z.B. Lohn, Gehalt, Zinsen oder Miete/Pacht. Außerdem zahlt der Staat Geld an Haushalte, indem er z.B. Sozialhilfe, Wohngeld oder Stipendien gewährt; weiterhin zahlt er an Unternehmen Subventionen (finanzielle Förderungen). All diese Einkommen summieren sich zum **Volkseinkommen**.

Verteilung des Volkseinkommens

Lohnquote
Gewinnquote

In der **Verteilungsrechnung** wird unterschieden, welcher prozentuale Anteil des Volkseinkommens auf Löhne und Gehälter und welcher Anteil auf Gewinne sowie Einkommen aus Vermögen entfällt. Man spricht von der **Lohnquote** einerseits und der **Gewinnquote** andererseits. Übersicht 1 zeigt, wie das Volkseinkommen seit 1970 verteilt worden ist. In ihr ist nur die Lohnquote dargestellt. Sie besagt, wieviel Prozent des Volkseinkommens für Löhne und Gehälter verteilt worden sind. Die Lohnquote und Gewinnquote ergänzen sich zu 100 % des Volkseinkommens. Im Jahre 1991 betrug die Lohnquote 71 %, die Gewinnquote also 29 %.

Übersicht 1: Lohnquote 1970 - 1991 in den alten Bundesländern

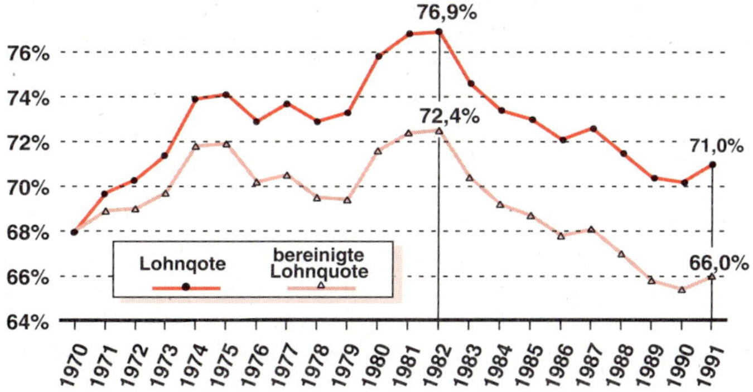

Hinweis: Da 1970 das Ausgangsjahr ist, haben die unbereinigte und die bereinigte Lohnqote 1970 den gleichen Wert. Quelle: Statistisches Bundesamt; IW

Übersicht 1 zeigt, daß den abhängig Beschäftigten (Arbeitnehmer) seit 1982 ein immer kleinerer Teil des Volkseinkommens zur Verfügung steht. Zusätzlich verschärfend wirkte sich aus, daß der Anteil der abhängig Beschäftigten an der Gesamtheit der Erwerbspersonen zugenommen, der Anteil der Selbständigen dagegen abgenommen hat (für die Jahre 1975 und 1991 siehe Übersicht 2). Das heißt: Ein ständig

Verteilungsentwicklung

Übersicht 2: Arbeitnehmer und Selbständige 1975 und 1991

Anteil an der Erwerbsbevölkerung (alte Bundesländer)

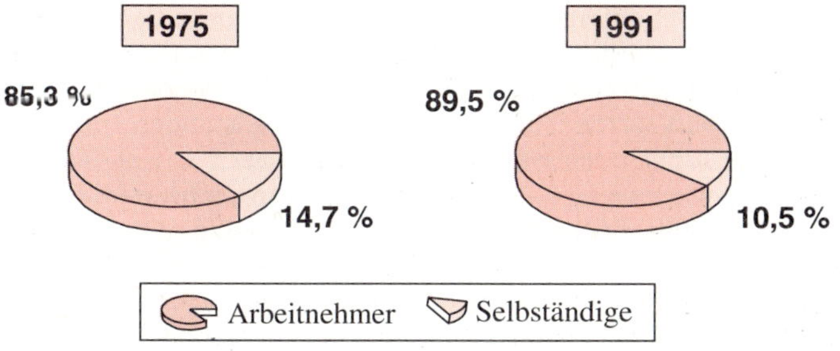

Hinweis: Zahl der Selbständigen enthält auch mithelfende Familienangehörige.
Quelle: Statistisches Bundesamt

größer werdender Teil der Erwerbspersonen erhält einen immer kleiner werdenden Anteil am Volkseinkommen. Diesem Tatbestand wird in Übersicht 1 durch die Darstellung der bereinigten Lohnquote Rechnung getragen – bereinigt um die Veränderung des Anteils der abhängig Beschäftigten an der Gesamtzahl der Erwerbspersonen. Die bereinigte Lohnquote liegt deutlich unterhalb der unbereinigten Werte.

Verteilung als politischer Streitpunkt

Die Verteilung des Volkseinkommens ist ein sozialpolitisch bedeutender Tatbestand. Die Parteien zum Beispiel streiten darum, welche Verteilung als gerecht zu betrachten sei. Die einen – liberale und konservative Parteien – akzeptieren mehr oder weniger das Verteilungsergebnis, das durch Marktprozesse zustande kommt. Andere – vor allem sozialdemokratisch orientierte Parteien – zielen auf eine stärkere Umverteilung von den Beziehern höherer zu denen niedrigerer Einkommen. Auch bei den Tarifverhandlungen zwischen Gewerkschaften und Arbeitgeberverbänden (vgl. Abschn. 3.4) geht es nicht zuletzt um die zukünftige Verteilung des Volkseinkommens zwischen Arbeitnehmern und Selbständigen.

3 Das Bruttosozialprodukt – Maßstab des Wohlstands?

Die Höhe des Bruttosozialprodukts und dessen jährliche Veränderung wird häufig nicht nur als Ausdruck der Wirtschaftskraft einer Volkswirtschaft betrachtet, sondern auch mit dem allgemeinen Wohlstand einer Gesellschaft gleichgesetzt. Vorsicht ist angebracht.

Fehlende Güter im Bruttosozialprodukt

Im Bruttosozialprodukt sind nicht alle Güter berücksichtigt, die in einer Volkswirtschaft produziert werden. Wird ein Auto an einer Tankstelle gewaschen, dann ist diese bezahlte Dienstleistung im Bruttosozialprodukt enthalten, nicht jedoch die Wagenwäsche, die der Autobesitzer in seiner Freizeit durchführt. Vom zu Hause gebackenen Kuchen sind nur die gekauften Zutaten und die verbrauchte Energie im Bruttosozialprodukt berücksichtigt, nicht jedoch der Wert der Arbeit beim Zubereiten. Der in der Bäckerei gekaufte Kuchen erscheint jedoch vollständig mit seinem Marktpreis in der volkswirtschaftlichen Gesamtrechnung.

Informeller Wirtschaftssektor

Alle Güter, die nicht offiziell am Markt verkauft werden, gehen nicht in das Bruttosozialprodukt ein. Man spricht hier vom **informellen Wirtschaftssektor** („Schattenwirtschaft"), weil seine Ergebnisse nicht formell registriert werden. Dazu gehören Eigenleistungen, z.B. bei der Hausarbeit oder beim Hausbau, genauso aber auch ungesetzliche Aktivitäten wie Verkäufe auf dem sogenannten **„Schwarzmarkt"** oder auch die **„Schwarzarbeit"**, bei denen gesetzeswidrig weder Steuern an den Staat noch Abgaben an die Sozialversicherungen abgeführt werden.
Wieviel wirtschaftliche Wertschöpfung stattfindet, ohne daß sie in die offiziellen Statistiken einfließt, kann nur geschätzt werden. Allein für die illegalen wirtschaftlichen Tätigkeiten schwanken die Schätzungszahlen etwa zwischen 10 und 20% des Bruttosozialprodukts für die

Bundesrepublik (alte Bundesländer). In den neuen Ländern dürfte der Anteil höher liegen. Denn je höher die Arbeitslosigkeit und je unsicherer die Wirtschaftssituation generell ist, um so mehr Menschen versuchen, ihren Lebensunterhalt durch Betätigung in der Schattenwirtschaft aufzubessern.

Im Bruttosozialprodukt nicht berücksichtigte Kosten

Die Zahlen des Bruttosozialprodukts sind als Wohlstandsmaßstab auch deshalb irreführend, weil bestimmte Kosten wirtschaftlichen Handelns nicht als wohlstandsmindernd abgezogen werden. Einige Beispiele: Wenn Menschen sich durch den Lärm von Produktionsanlagen oder Transportmitteln belästigt fühlen, dann sinkt deren Wohlbefinden und Wohlstand. Umweltverschmutzung gefährdet die natürliche Umwelt und die Gesundheit von Menschen. Diese negativen Folgen wirtschaftlichen Handelns stellen Kosten dar, auch **soziale Kosten** genannt, die in der Regel nicht als Wertminderung vom Bruttosozialprodukt abgezogen werden.

Soziale Kosten

Reparaturen als Wohlstandsmehrung

Bei der Berechnung des Bruttosozialprodukts geschieht sogar Kurioses. Die **Behebung von Schäden** erhöht das Bruttosozialprodukt und damit scheinbar den gesellschaftlichen Wohlstand, obwohl bestenfalls ein vorhergehender Zustand wieder hergestellt worden ist. Wenn jemand wegen langjähriger Lärmbelästigung am Arbeitsplatz gesundheitliche Schäden davonträgt und deshalb in ärztliche Behandlung muß, dann schlagen die Behandlungskosten der ärztlichen Dienstleistung positiv zu Buche. Auch die Reparatur eines Unfallfahrzeugs erhöht das Bruttosozialprodukt. Das Statistische Bundesamt in Wiesbaden macht seit einigen Jahren Versuche, die Umweltschäden und den Naturverbrauch des Wirtschaftens als Kosten bei der Volkswirtschaftlichen Gesamtrechnung zu berücksichtigen und vom Bruttosozialprodukt herkömmlicher Art abzuziehen (vgl. auch Abschn. 4.2).

Ein neues Bruttosozialprodukt

Qualitatives statt quantitatives Wirtschaftswachstum

Andere meinen, man solle nicht mehr wie bisher das Wirtschaftswachstum rein mengenmäßig (quantitativ) messen, sondern qualitativ beurteilen. Von **qualitativem Wachstum** dürfe nur dann gesprochen werden, wenn das Bruttosozialprodukt steige und sich gleichzeitig zumindest die Umweltqualität und der Gesundheitszustand der Menschen verbessere oder jedenfalls nicht verschlechtere, außerdem ein schonender Umgang mit den nicht erneuerbaren Rohstoffen und Energiequellen garantiert sei.

Zusammenfassung

1 Unter dem Bruttosozialprodukt versteht man die in Geld ausgedrückte Summe der von den Mitgliedern einer Volkswirtschaft jährlich produzierten Sachgüter und Dienstleistungen. Dem Geldwert dieser Produktion stehen auf der anderen Seite die Einkommen aller Haushalte, das Volkseinkommen, gegenüber. Einkommen erhalten die Haushalte dafür, daß sie dem Wirtschaftsprozeß die Produktionsfaktoren Arbeit, Kapital und „Boden“ zur Verfügung stellen.

2 Die volkswirtschaftliche Verteilungsrechnung gibt Auskunft darüber, wie das Volkseinkommen auf Löhne und Gehälter (Lohnquote) einerseits sowie Vermögenseinkommen (Gewinnquote) andererseits verteilt wird.

3 Das Bruttosozialprodukt gibt Auskunft über die wirtschaftliche Leistungsfähigkeit einer Volkswirtschaft. Als Wohlstandsmaßstab ist es jedoch umstritten. In ihm ist weder die Güterproduktion berücksichtigt, die nicht am Markt gegen Geld getauscht (also z.B. Hausarbeit, Hobbyarbeit) oder die nirgends registriert wird (Schwarzarbeit). Außerdem werden Schädigungen z.B. von Gesundheit und Umwelt bislang nicht als Kosten des Wirtschaftens bei den Berechnungen abgezogen.

3.3 Marktwirtschaft und Wirtschaftskreislauf

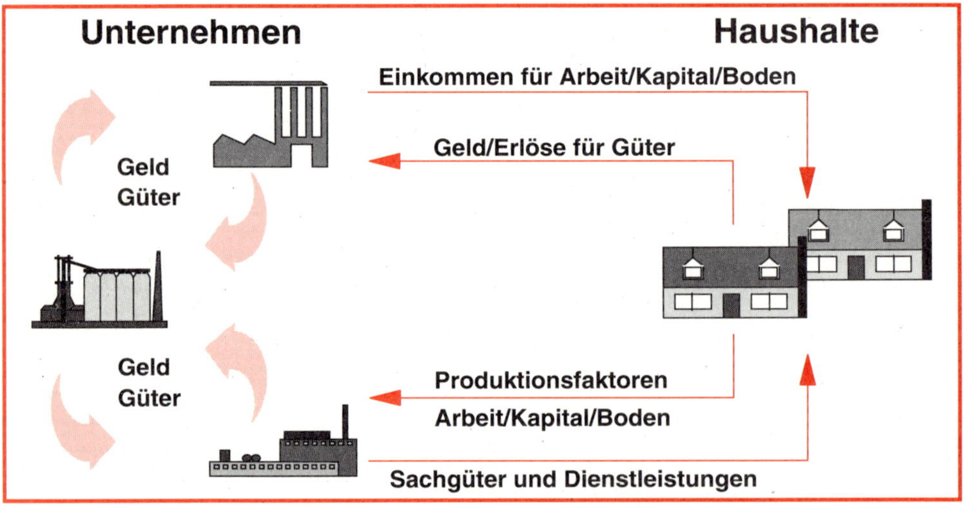

Leitfragen

1 Wie funktioniert die Marktwirtschaft?

2 Wie sind die wirtschaftlich Handelnden im Wirtschaftskreislauf miteinander verbunden?

1 Wie funktioniert die Marktwirtschaft?

Haushalte und Unternehmen

In einer idealen Marktwirtschaft handeln die einzelnen Haushalte und Unternehmen frei nach ihren **wirtschaftlichen Interessen**. Die **Unternehmen** entscheiden, welche Güter sie in welchen Mengen herstellen und zu welchen Preisen sie diese verkaufen wollen. Die **Haushalte** entscheiden, wie sie ihr Einkommen verwenden wollen – z.B. für den Konsum oder für Ersparnisse. Arbeitnehmer sollen frei bestimmen können, in welcher Weise und zu welchem Preis sie ihre Arbeitskraft anzubieten bereit sind. Unternehmen treten nicht nur als Anbieter, sondern auch als **Käufer (Nachfrager)** auf – z.B. wenn sie Maschinen oder Rohstoffe kaufen, Fabriken bauen lassen oder Arbeitskräfte anwerben.

Angebot und Nachfrage

Die Entscheidungen der vielen einzelnen müssen aufeinander abgestimmt werden, damit das Gewünschte produziert und das Produzierte gekauft wird. In der Marktwirtschaft wird diese Koordination durch das Zusammentreffen von **Angebot und Nachfrage** „am Markt" bewerkstelligt. Von besonderer Bedeutung sind dabei die Preise, die sich für alle Güter bilden. Der marktwirtschaftliche **Preismechanismus** ist in der Übersicht 1 dargestellt.

Übersicht 1: Der Preismechanismus

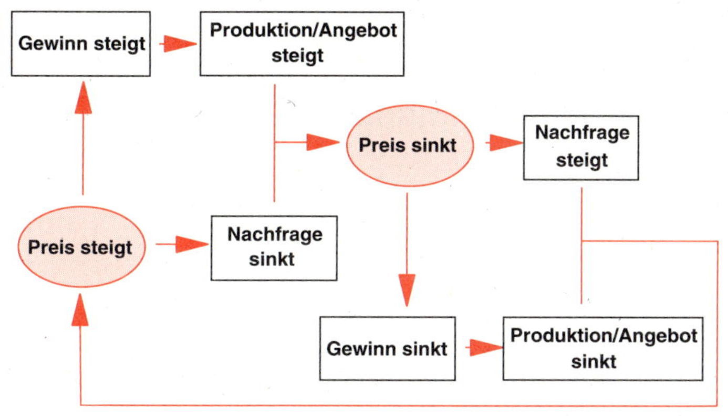

Beispiel zum Preismechanismus

Ein Beispiel zum Preismechanismus: Fahrräder werden aus Umwelt- und Freizeitgründen verstärkt nachgefragt. Da die Produktion nicht Schritt hält und deshalb nicht entsprechend viele Räder angeboten werden, können die Verkäufer mehr Geld verlangen. Der Preis steigt, mit ihm die Gewinne von Produzenten und Händlern. Während bei höherem Preis die Produzenten mehr Fahrräder herstellen, können oder wollen sich weniger Kunden ein solches Rad leisten. Die Nachfrage sinkt bzw. entspricht nicht dem gestiegenen Angebot. Die Verkäufer können die Fahrräder nur zu einem niedrigeren Preis loswerden. Der Preis sinkt, mit ihm die Gewinne. Die Produzenten senken die Produktion, während gleichzeitig die Nachfrage steigt, weil die Räder preiswerter geworden sind. Bei sinkendem Angebot und steigender Nachfrage gehen die Preise wieder nach oben usw.
Dieses Beispiel entspricht einer vereinfachten Modellbetrachtung. In Wirklichkeit können die Prozesse wesentlich komplizierter ablaufen. Moden ändern sich, und auch bei noch so niedrigem Preis verlangt niemand mehr das Produkt. Umgekehrt kann die Nachfrage auch bei

steigenden Preisen zunehmen; zum Beispiel, wenn es geradezu zu einer Prestigesache wird, ein besonders teures Mountain-Bike zu besitzen.

Marktpreise

In einer idealen Marktwirtschaft mit funktionierendem Wettbewerb können einzelne Anbieter oder Nachfrager die Preise nicht bestimmen. Die **Marktpreise** ergeben sich erst, wenn Anbieter und Nachfrager am Markt aufeinandertreffen. Die Produzenten können sich ausrechnen, ob es sich bei diesen Preisen lohnt, bestimmte Güter anzubieten. Die Käufer überlegen, welche Güter oder Mischung von Gütern sie bei diesen Preisen nachfragen wollen.

Wettbewerb

Konzentration

Markttransparenz

Marktwirtschaft kann nur unter der **Bedingung** des Wettbewerbs funktionieren. Weder auf der Seite der Produzenten noch auf der der Käufer sollte es wirtschaftliche Machtzusammenballungen (Konzentration) geben; sonst können besonders mächtige Produzenten oder Verkäufer (Anbieter) einerseits und Käufer (Nachfrager) andererseits Preise, Güterqualität und Lieferbedingungen einseitig festlegen. Zur Sicherung des Wettbewerbs ist es auch wichtig, daß die Käufer einen guten Überblick über die angebotenen Güter und deren Preise haben (Markttransparenz).

Selbstgefährdung des Wettbewerbs

Marktwirtschaften bergen stets die Gefahr in sich, die Basis ihrer Wirkungsweise selbst zu zerstören. Der ungezügelte Konkurrenzkampf zwischen Unternehmen kann dazu führen, daß sich die Konkurrenten gegenseitig ausschalten, so daß letztlich wirtschaftliche Konzentration entsteht. Auch kann es im Gewinninteresse von Unternehmen liegen, sich gegenseitig zum Beispiel bei den Preisen abzusprechen (Preiskartelle). Außerdem wird die notwendige **Markttransparenz** (Marktüberblick) häufig durch manipulierende Werbung oder verwirrende Produktvielfalt **eingeschränkt**.

Privateigentum

Eine Marktwirtschaft kann theoretisch auch ohne **Privateigentum** an den Produktionsstätten und Produktionsmitteln funktionieren. Trotzdem wird in Marktwirtschaften üblicherweise das Privateigentum garantiert; denn so ist am ehesten die wirtschaftliche Entscheidungsfreiheit der einzelnen gewährleistet.

Tab. 1: Reine Marktwirtschaft

Vorteile	**Nachteile**
► **wirtschaftliche Entscheidungsfreiheit** als Selbstbestimmungsrecht des einzelnen; ► **hohe wirtschaftliche Leistungsfähigkeit** durch Wettbewerb.	► **egoistisches Verhalten** kann zu sozialer Rücksichtslosigkeit führen; ► **Probleme der Allgemeinheit** – z.B. Umweltschutz – werden **vernachlässigt**, weil sich niemand verantwortlich fühlt; ► sich selbst überlassene Marktwirtschaft tendiert zu **Wirtschaftskrisen.**

Die reine Form uneingeschränkter Marktwirtschaft hat es im Grunde nirgends gegeben. Und dort, wo man ihr am nächsten kam, etwa zur Zeit der Industrialisierung im 19. Jahrhundert, hat dies für große Teile der Bevölkerung zur Ausbeutung der Arbeitskraft – auch von Kindern –, sozialer Verelendung und höchster Not geführt. Aus diesen Gründen greift der Staat in marktwirtschaftlichen Ländern in die Wirtschaftsprozesse ein. In der Bundesrepublik wird deshalb von der **Sozialen Marktwirtschaft** gesprochen, auf die im Abschn. 3.4 näher eingegangen wird.

Staatseingriffe

Das Modell der Marktwirtschaft ist als Gegenmodell zu dem der **Zentralverwaltungswirtschaft** zu verstehen. In dieser werden wirtschaftliche Entscheidungen zum überwiegenden Teil von zentralen staatlichen Behörden getroffen. Diese Form der Wirtschaftsordnung, auch Planwirtschaft genannt, war typisch für die ehemals kommunistisch orientierten Staaten Osteuropas. Im Zuge der Reformbestrebungen in der Sowjetunion seit 1985 unter Michail Gorbatschow und der revolutionären Umwälzungen in Ländern wie Ungarn, Polen, der ehemaligen ČSSR und der früheren DDR wurde das Scheitern der Zentralverwaltungswirtschaft eingestanden, und es wurden Reformen in Richtung Marktwirtschaft durchgeführt. Mit der vertraglichen „Schaffung einer Wirtschafts-, Währungs- und Sozialunion zwischen der Bundesrepublik Deutschland und der Deutschen Demokratischen Republik“ zum 2. Juli 1990 und dem Beitritt der neu gebildeten DDR-Länder zur Bundesrepublik am 3. Oktober 1990 wurde auch in den neuen Bundesländern die Wirtschaftsordnung der Sozialen Marktwirtschaft übernommen. (Zum Wandel der Wirtschaftsordnung in der ehemaligen DDR vgl. Abschn. 3.5.)

Zentralverwaltungswirtschaft

Die Zentralverwaltungswirtschaften, in denen das Privateigentum an den Produktionsmitteln abgeschafft worden war, hatten sich als wirtschaftlich nicht leistungsfähig und in ihren Entscheidungen als zu bürokratisch und unflexibel herausgestellt. Auch eine gerechtere Verteilung der produzierten Güter war nicht verwirklicht worden.
Nur noch wenige Länder folgen dem Modell der Zentralverwaltungswirtschaft im strengeren Sinn. Zu ihnen zählen die Volksrepubliken China, Nordkorea, Vietnam und Kuba, obwohl auch in diesen Ländern die geringe wirtschaftliche Leistungsfähigkeit sichtbar ist.

Scheitern der Zentralverwaltungswirtschaft

2 Wie sind die wirtschaftlich Handelnden im Wirtschaftskreislauf miteinander verbunden?

In einer Volkswirtschaft sind viele Menschen und Organisationen durch wirtschaftliches Handeln miteinander verbunden. Die wirtschaftlichen Tauschbeziehungen machen jedoch nicht an Staatsgrenzen halt. Auch ausländische Volkswirtschaften müssen deshalb in die Betrachtung eingeschlossen werden. Der folgende Text beschreibt beispielhaft die Vielfalt der Wirtschaftbeziehungen eines Haushalts.

Beispiel: Eine in der Bundesrepublik lebende ausländische Familie

Zwei Familienmitglieder arbeiten als Erwerbstätige, das heißt, sie stellen Unternehmen ihre Arbeitskraft zur Verfügung. Dafür erhalten sie Lohn. Ein Teil des Geldes „fließt" an Unternehmen, bei denen Güter für den täglichen Bedarf gekauft werden. Die Familie hat eine Wohnung gemietet. Somit fließt Geld in Form von Miete an einen anderen Haushalt, der dafür das Gut „Wohnung" überläßt. Die Familie spart einen Teil des Einkommens auf einem Sparkonto. Für dieses Geld erhält die Familie Zinsen von der Bank. Diese können gezahlt werden, weil andere Haushalte und insbesondere Unternehmen, aber auch der Staat und das Ausland, von den Banken Kredite für Konsumgüter bzw. Investitionen erhalten, für die Kreditzinsen gezahlt werden müssen. Einen Teil des monatlichen Einkommens überweist die Familie ins Ausland, um dort andere Familienmitglieder zu unterstützen. Man ißt gerne Nahrungsmittel aus der alten Heimat. Diese Güter müssen eingeführt (importiert) werden. Für diese Importe wiederum fließt Geld aus der Bundesrepublik in ausländische Volkswirtschaften. Und natürlich muß die Familie Steuern und Abgaben an den Staat bezahlen, außerdem Beiträge zur Krankenversicherung usw. Aber sie erhält auch Geld vom Staat – einmal Kindergeld und zusätzlich Wohngeld, weil das Familieneinkommen relativ niedrig ist.

Wirtschaftskreislauf: Güterströme, Geldströme

In der volkswirtschaftlichen Betrachtungsweise kann man die wirtschaftlich Handelnden zu großen Gruppen vereinfachend zusammenfassen (z. B. zu Haushalten, Unternehmen, Geldinstituten, Staat und ausländischen Volkswirtschaften) und beschreiben, was zwischen

Übersicht 2: Wirtschaftskreislauf - Geld- und Güterströme

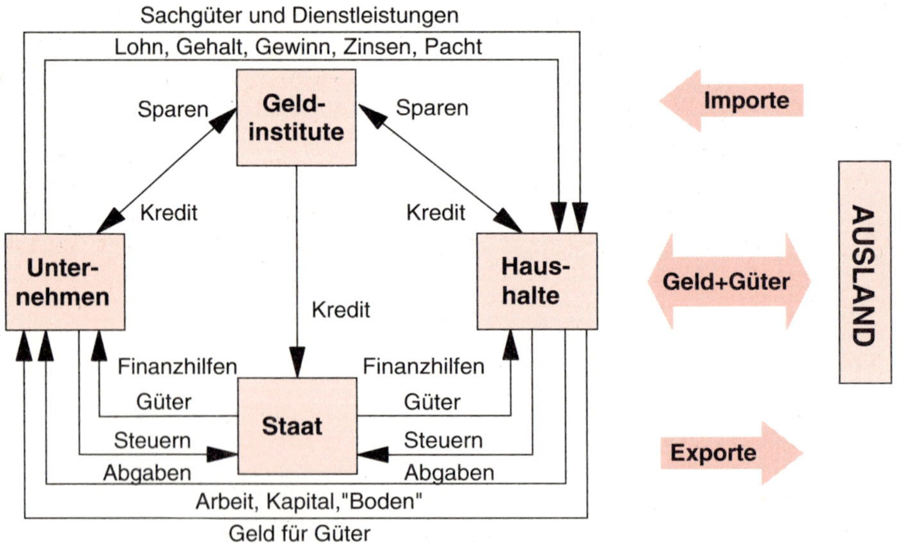

ihnen ausgetauscht wird. Dabei unterscheidet man zwischen **Güterströmen** einerseits und **Geldströmen** andererseits. Daraus ergibt sich ein Wirtschaftskreislauf von Geld und Gütern, wie er in Übersicht 2 dargestellt ist.
In der stark vereinfachten Übersicht 2 ist allerdings nicht berücksichtigt, daß zum Beispiel auch Unternehmen jeweils untereinander in wirtschaftlichen Tauschbeziehungen stehen.

Zusammenfassung

1 In einer funktionierenden Marktwirtschaft entscheiden die einzelnen Unternehmen und Haushalte frei, welche Güter sie produzieren und verkaufen bzw. nachfragen oder kaufen wollen. Der Wettbewerb zwischen den Unternehmen um die Kunden soll eine möglichst hohe Leistungsfähigkeit der Volkswirtschaft sichern.
Angebot und Nachfrage am Markt bestimmen den Preis eines Produkts. Steigt die Nachfrage und sinkt das Angebot, dann steigt der Preis. Bei sinkender Nachfrage und steigendem Angebot fällt er. Der Preis für ein Produkt ist in der Marktwirtschaft ein wichtiges Signal. Anbieter entscheiden, ob sich bei einem gegebenen Preis die Produktion lohnt, Nachfrager entscheiden, ob ein Gut zu diesem Preis für sie kaufenswert ist.
Eine Marktwirtschaft basiert auf dem Wettbewerb zwischen den wirtschaftlich Handelnden. Dieser Wettbewerb ist gefährdet, wenn z. B. konkurrierende Unternehmen sich gegenseitig auszuschalten versuchen, um möglichst große Marktanteile zu gewinnen. Dies führt zur Konzentration wirtschaftlicher Macht und weniger Wettbewerb. Der Wettbewerb wird auch behindert, wenn für die Kunden/Nachfrager keine Markttransparenz besteht.
Zu den Nachteilen rein marktwirtschaftlichen Verhaltens gehört, daß die wirtschaftlich Handelnden sich nur nach ihren eigenen Interessen richten, Probleme von allgemeiner Bedeutung (z. B. Umweltzerstörung, soziale Probleme wie Armut) dagegen eher vernachlässigen.

2 In einem Wirtschaftssystem sind die wirtschaftlich Handelnden alle direkt oder indirekt miteinander verbunden – auch über die Grenzen einer Volkswirtschaft hinaus. Sie tauschen Produktionsfaktoren (Arbeit, Kapital, „Boden"), produzierte Güter und Dienstleistungen gegen Bezahlung untereinander. Zwischen den unterschiedlichen wirtschaftlichen Einheiten (Haushalte, Unternehmen, Geldinstitute, staatliche Institutionen) entstehen auf diese Weise Geld- und Güterströme. Diese kann man sich in Form eines Wirtschaftskreislaufs vorstellen, der auch die einzelnen Volkswirtschaften innerhalb der Weltwirtschaft miteinander verbindet.

3.4 Soziale und demokratische Marktwirtschaft in der Bundesrepublik Deutschland

So ändern sich die Zeiten

Leitfragen

1 Soziale Marktwirtschaft – warum und mit welchem Ziel?

2 Welche demokratischen Elemente enthält die soziale Marktwirtschaft?

3 Tarifautonomie – der vorprogrammierte Streit?

1 Soziale Marktwirtschaft – warum und mit welchem Ziel?

Geschichtliche Erfahrungen

Das **Grundgesetz der Bundesrepublik Deutschland** schreibt keine bestimmte Wirtschaftsordnung vor. Nach dem Zweiten Weltkrieg fiel in Westdeutschland die politische Entscheidung zugunsten der sozialen Marktwirtschaft aus. Auf zwei geschichtliche Erfahrungen sollte damit reagiert werden. Die negativen Folgen einer weitgehend ungezügelten Marktwirtschaft mit ruinösem Wettbewerb, Ausbeutung, Wirtschaftskrisen und Not sollten der Vergangenheit angehören. Auf der anderen Seite hatten Wirtschaftsordnungen mit staatlicher Planung und zentraler Verwaltung wie in der Sowjetunion nach der Oktoberrevolution von 1917 nicht zu wirtschaftlichem Wohlstand, sondern vielfach zu Mißwirtschaft und Versorgungsengpässen für die Bevölkerung geführt.

Soziale Marktwirtschaft

In der sozialen Marktwirtschaft sollen die **Prinzipien des marktwirtschaftlichen Wettbewerbs** und größtmögliche wirtschaftliche Freiheit des einzelnen gelten, um eine besonders leistungsfähige Volkswirtschaft zu schaffen. Gleichzeitig soll der **Staat aktiv** in die Wirtschaft eingreifen. Er hat die Aufgabe, die Wettbewerbsordnung zu garantieren (z. B. Verhinderung der Konzentration wirtschaftlicher Macht) und die für schädlich und unsozial gehaltenen Versäumnisse und Folgen rein marktwirtschaftlich-egoistischen Handelns zu verhindern oder im nachhinein zu beheben. Allerdings ist es zwischen den politischen Gruppierungen und Parteien umstritten, wann, zu welchem Zweck und mit welchen Mitteln der Staat in die Wirtschaft einzugreifen hat.

Die folgenden Grundgesetzartikel benennen fundamentale Prinzipien, denen die Wirtschaftsordnung in der Bundesrepublik zu genügen hat. Sie lassen der konkreten Politik gleichzeitig viel Spielraum.

Übersicht 1: Wichtige Grundgesetzartikel für die Wirtschaftsordnung

Artikel 9 GG
(3) Das Recht, zur Wahrung und Förderung der Arbeitsbedingungen Vereinigungen zu bilden, ist für jedermann und für alle Berufe gewährleistet. Abreden, die dieses Recht einschränken oder zu behindern suchen, sind nichtig, hierauf gerichtete Maßnahmen sind rechtswidrig. Maßnahmen... dürfen sich nicht gegen Arbeitskämpfe richten,...

Artikel 12 GG
(1) Alle Deutschen haben das Recht, Beruf, Arbeitsplatz und Ausbildungsstätte frei zu wählen...
(2) Niemand darf zu einer bestimmten Arbeit gezwungen werden, außer im Rahmen einer... allgemeinen, für alle gleichen öffentlichen Dienstleistungspflicht.

Artikel 14 GG
(1) Das Eigentum und das Erbrecht werden gewährleistet...
(2) Eigentum verpflichtet. Sein Gebrauch soll zugleich dem Wohle der Allgemeinheit dienen.
(3) Eine Enteignung ist nur zum Wohle der Allgemeinheit zulässig. Sie darf nur durch Gesetz... erfolgen, das Art und Ausmaß der Entschädigung regelt...

Artikel 15 GG
Grund und Boden, Naturschätze und Produktionsmittel können zum Zwecke der Vergesellschaftung durch ein Gesetz, das Art und Ausmaß der Entschädigung regelt, in Gemeineigentum oder in andere Formen der Gemeinwirtschaft überführt werden...

Artikel 20 GG
(1) Die Bundesrepublik Deutschland ist ein demokratischer und sozialer Bundesstaat.

Berufsfreiheit

Das Grundgesetz garantiert die **Berufsfreiheit** (Art. 12), jedoch nicht einen Arbeitsplatz. Es erlaubt **Vereinigungen**, die sich um Arbeits- und Wirtschaftsbedingungen kümmern (z.B. Gewerkschaften und Arbeitgeberverbände, Berufsverbände), und schützt das **Recht auf Arbeitskämpfe** (Streik, Aussperrung, siehe Art. 9 GG). Es garantiert das **Privateigentum** und entspricht damit dem auf Einzelinteressen beruhenden Prinzip des marktwirtschaftlichen Wettbewerbs. Gleichzeitig soll der Gebrauch des Eigentums durch den einzelnen dem **Wohl der Allgemeinheit** dienen (Art. 14). Die Freiheit der Eigentumsnutzung kann also durch die Interessen der Gesamtgesellschaft eingeschränkt werden. Was als notwendige Einschränkung der individuellen wirtschaftlichen Freiheit und als Gemeinwohlinteresse betrachtet wird, ist Gegenstand der politischen Auseinandersetzung. Auch die **Vergesellschaftung von Eigentum** ist möglich (Art 15).

Wirtschaftliche Vereinigungsfreiheit

Privateigentum

Gemeinwohl

Gemeineigentum

Die wirtschaftliche Entwicklung in den neuen Bundesländern ist ein Beispiel dafür, wie sehr diese unterschiedlichen Prinzipien des Grundgesetzes miteinander im Widerstreit stehen können (siehe hierzu auch Abschn. 3.5). Der Einigungsvertrag von 1990 zwischen der Bundesrepublik und der damaligen DDR sieht vor, daß frühere Eigentümer, die vom Staat der DDR enteignet worden sind, ihr Eigentum wieder zurückerhalten können. Dieses Recht, in Einklang mit Art. 14 des Grundgesetzes, verhinderte jedoch in vielen Fällen die schnelle Nutzung von Grund und Boden, Fabriken und Gebäuden durch Investoren und Unternehmer. Investitionen in die wirtschaftliche Entwicklung Ostdeutschlands blieben somit zum Teil aus, Arbeitsplätze konnten nicht geschaffen oder gesichert werden.

Sozialstaat

Art. 20 GG bezeichnet die Bundesrepublik Deutschland unter anderem als **Sozialstaat**. Der Staat soll sozial schädliche Auswirkungen der Marktwirtschaft verhindern oder ausgleichen. Diese Bestimmung gibt ebenfalls Anlaß zum politischen Streit, wenn es um konkrete sozialpolitische Maßnahmen geht. Konservative und liberale Parteien betonen in erster Linie das Leistungsprinzip, demzufolge den Leistungsfähigeren auch die Früchte ihrer Leistung möglichst ungeschmälert zufallen sollten; sonst sinke deren Leistungsbereitschaft. Sozialistische, sozialdemokratische und ökologisch orientierte Parteien fordern in der Regel ein höheres Maß an Ausgleich, d.h. zum Beispiel eine stärkere Umverteilung der Einkommen zugunsten ärmerer Gruppen und mehr soziale Leistungen für diese.

2 Welche demokratischen Elemente enthält die soziale Marktwirtschaft?

Mitbestimmung

Geschichtliche Erfahrungen

In Krisenzeiten wurden die Arbeitnehmer und ihre Gewerkschaften regelmäßig von Unternehmern und Regierungen aufgefordert, Verantwortung für die Erhaltung der nationalen Wirtschaftskraft oder der politischen Stabilität zu übernehmen. Ihnen wurden dann gleichzeitig mehr Mitwirkungsrechte in Staat und Wirtschaft eingeräumt. Das war während des Ersten Weltkrieges so, als man den Gewerkschaften die politische Anerkennung und wirtschaftliche Mitwirkungsrechte in Wirtschaftsräten zugestand, um die Kriegswirtschaft funktionsfähig zu erhalten. Dies wiederholte sich nach dem Zweiten Weltkrieg, als es darum ging, die zerstörte deutsche Industrie wieder aufzubauen. Solche Appelle verflüchtigten sich in normalen Zeiten genauso regelmäßig. Dann wird von vielen Unternehmern die Meinung vertreten, daß die wirtschaftliche Mitbestimmung von Arbeitnehmern und deren Gewerkschaften das freie Unternehmertum aushöhle. In Übersicht 2 werden wesentliche Argumente für und gegen die Mitbestimmung von Arbeitnehmern gegenübergestellt.

Bereiche der Mitbestimmung

In der Bundesrepublik ist die Mitbestimmung der Arbeitnehmer in mehreren Gesetzen festgelegt. Diese beinhalten Mitwirkungsrechte unterschiedlichen Ausmaßes, beziehen sich auf unterschiedliche Gegenstandsbereiche und schließen auch nicht alle Unternehmen in gleicher Weise ein.

Innerbetriebliche Mitbestimmung

Das **Betriebsverfassungsgesetz von 1972** (erste Fassung von 1952) bezieht sich vorwiegend auf die Mitbestimmung und Mitwirkung im

Übersicht 2: Pro und Contra Mitbestimmung	
Pro	**Contra**
▶ Die politische Demokratie (Mitbestimmung der Bürger im Staat) muß durch Wirtschaftsdemokratie ergänzt werden. Nur so ist wirkliche Demokratie möglich, die auf der Selbstbestimmung des Menschen in allen Lebensbereichen basiert.	▶ Was bei politischen Entscheidungen richtig ist, gilt nicht für wirtschaftliche Entscheidungen in Unternehmen. Hier kommt es nur auf den Sachverstand und die persönliche Verantwortung für das Unternehmen an.
▶ Die Arbeitnehmer müssen die Eigentümer der Produktionsmittel kontrollieren, damit diese ihre wirtschaftliche Macht nicht mißbrauchen. Dies ist insbesondere wegen der zunehmenden Unternehmenskonzentration eine Gefahr.	▶ Die Kontrolle der Eigentümer ist ausreichend gewährleistet, und zwar durch Wettbewerb am Markt, kritische Verbraucher, Gewerkschaften der Arbeitnehmer und arbeitnehmerorientierte Parteien.
▶ Die abhängig Beschäftigten verbringen einen großen Teil ihres Lebens am Arbeitsplatz. Ihr Wohlergehen hängt in hohem Maße von den Bedingungen am Arbeitsplatz und den Entscheidungen im Unternehmen ab. Warum dann nicht die mitbestimmen lassen, deren Leben von diesen Entscheidungen grundlegend betroffen ist?	▶ Unternehmensentscheidungen gehören in die Hand derer, die ihr Eigentum (Kapital) einsetzen und riskieren. Wenn Eigentümer durch Mitbestimmung die Verfügungsgewalt über ihr Eigentum verlieren, kommt das einer Enteignung gleich. Die Arbeitnehmer sind durch bestimmte Gesetze – z.B. Kündigungsschutz-, Arbeitsschutzgesetze – an ihrem Arbeitsplatz ausreichend geschützt.

Betrieb, also dort, wo produziert und verwaltet wird. Das **Personalvertretungsgesetz von 1972** entspricht ungefähr dem Betriebsverfassungsgesetz für den Öffentlichen Dienst. Mitwirkung und Mitbestimmung finden in privaten Betrieben durch **Betriebsräte**, im öffentlichen Bereich durch **Personalräte** statt, die von den Arbeitnehmern gewählt werden. Die Größe des Betriebs- bzw. Personalrats richtet sich nach der Anzahl der Beschäftigten. Je nach Anzahl jugendlicher Arbeitnehmer unter 18 Jahren und der Auszubildenden sind **Jugend- und Auszubildendenvertretungen** vorgesehen. Bei den innerbetrieblichen Informations-, Mitwirkungs- und Mitentscheidungsrechten geht es insbesondere um solche Entscheidungen, die die Arbeitssituation unmittelbar beeinflussen. Je nach Entscheidungsgegenstand sind die Mitwirkungsmöglichkeiten mehr oder weniger stark ausgeprägt. Die Übersicht 3 gibt Informationen über die Rechte des Betriebsrats.

Mitbestimmung auf Unternehmensebene

Bei der **Mitbestimmung auf Unternehmensebene** geht es um Entscheidungen, die die Entwicklung des gesamten Unternehmens betreffen – z.B. die Einrichtung neuer Produktionsstätten, die Schließung von Werken usw.

Übersicht 3: Rechte des Betriebsrats Nach dem Betriebsverfassungsgesetz (BetrVG) hat der Betriebsrat (BR)		
Mitbestimmungs- und Mitwirkungsrechte		**Beratungs- und Informationsrechte**
in **sozialen** Angelegenheiten	in **personellen** Angelegenheiten	in **wirtschaftlichen** und organisatorischen Angelegenheiten
z. B. – Betriebsordnung – Arbeitszeit – Urlaubsplan – Unfallverhütung – Festsetzung von Prämien- und Akkordsätzen – Lohngestaltung – Sozialeinrichtungen – Sozialplan bei Betriebsänderung oder Konkurs	z. B. – Personalplanung – Einstellungen – Ein- und Umgruppierungen von Arbeitnehmern – betriebliche Berufsbildung – Personalfragebogen – Beurteilungsgrundsätze – Kündigungen	z. B. Information über – die wirtschaftliche Lage des Unternehmens – die Produktions- und Absatzverhältnisse – Rationalisierungsvorhaben Beratung über – technische und organisatorische Betriebsveränderungen oder Stillegungen
Zustimmung des BR **unbedingt** erforderlich, sonst rechtsunwirksam	**Begründeter Widerspruch** des BR schiebt Maßnahme auf	Bei Nichtbeteiligung des BR Zwangsgeld, Buße oder Strafe möglich

Mitbestimmungsrechte auf der Ebene des Gesamtunternehmens sind in den folgenden Gesetzen formuliert:

- **Montanmitbestimmungsgesetz von 1951**, das nur für den Bergbau und die Stahlindustrie gilt;
- **Mitbestimmungsgesetz von 1976** für alle Kapitalgesellschaften (siehe Definition in Übersicht 4) mit mehr als 2000 Beschäftigten;
- **Betriebsverfassungsgesetz von 1972** für alle Kapitalgesellschaften von 500 bis 2000 Beschäftigten.

Aufsichtsräte

Mitbestimmung auf Unternehmensebene findet durch gewählte **Arbeitnehmervertreter in den Aufsichtsräten** statt, welche die Geschäftsführung des Unternehmens kontrollieren sollen (siehe Übersicht 4).

Paritätische Mitbestimmung

In der **Montanindustrie** gilt die sogenannte **paritätische Mitbestimmung**. Eigentümer (Anteilseigner) und Arbeitnehmer entsenden jeweils gleich viele Vertreter(innen) in den Aufsichtsrat. Damit beide Seiten die für das Unternehmen zu treffenden Entscheidungen nicht durch Stimmengleichheit blockieren können, müssen sie sich auf ein „neutrales" Aufsichtsratsmitglied einigen, das in einem solchen Fall den Ausschlag gibt. Nach dem Montanmitbestimmungsgesetz darf außerdem der Arbeitsdirektor – als Mitglied der Unternehmens-

Übersicht 4: Begriffe zu Unternehmensformen

Kapitalgesellschaften und Personengesellschaften

Die Kapitalgesellschaft ist eine Unternehmensform, bei der die Eigentümer, auch Gesellschafter genannt, nur mit einem bestimmten Kapitalanteil am Unternehmen beteiligt sind. Ihr Unternehmensrisiko ist auf diesen Anteil beschränkt. Im Unterschied dazu sind in **Personengesellschaften** die Eigentümer grundsätzlich als Personen verantwortlich und haften mit ihrem privaten Vermögen.

Die Aktiengesellschaft (AG) als Beispiel einer Kapitalgesellschaft

Sie ist die wichtigste Kapitalgesellschaftsform, weil fast alle Großunternehmen Aktiengesellschaften sind. Das Kapital der AG ist in gleich große Anteile (Aktien) aufgeteilt, die in der Regel jeder über die Börse kaufen und verkaufen kann. Die Anteilseigner (Aktionäre) sind die Gesellschafter der AG.

Organe einer AG

- **Hauptversammlung:** Versammlung der Aktionäre. Sie wählt die Vertreter der Aktionäre in den Aufsichtsrat des Unternehmens und entscheidet, wie der Gewinn der AG verwendet werden soll. Ein Aktionär hat so viele Stimmen, wie er Aktien besitzt.
- **Aufsichtsrat:** Besteht aus den gewählten Vertretern der Aktionäre und der Arbeitnehmer. Er bestellt den Vorstand (Geschäftsführung der AG), überwacht dessen Arbeit und entscheidet über besonders wichtige Geschäfte (Schließungen, größere Investitionen etc.).
- **Leitende Angestellte:** Angestellte des Unternehmens, die mit unternehmerischen Leitungsaufgaben betraut sind.

geschäftsführung (Vorstand) insbesondere zuständig für Personalfragen – nicht gegen die Stimmen der Arbeitnehmerseite berufen werden.

Mitbestimmungsgesetz von 1976

Das **Mitbestimmungsgesetz von 1976** sieht keine Parität vor. Bei Stimmengleichheit entscheidet der Aufsichtsratsvorsitzende, der nicht gegen den Willen der Anteilseignerseite gewählt werden darf. Nach diesem Gesetz hat also die Anteilseignerseite ein Übergewicht. Dieses wird noch dadurch verstärkt, daß mindestens ein Arbeitnehmervertreter von den „leitenden Angestellten“ gewählt werden muß. Diese tendieren bei Abstimmungen eher zur Meinung der Anteilseigner.

Betriebsverfassungsgesetz von 1972

Noch eindeutiger ist das Übergewicht der Anteilseigner bei den kleineren und mittleren Kapitalgesellschaften, die ausschließlich dem **Betriebsverfassungsgesetz** unterliegen. Bei ihnen stellen die Anteilseigner zwei Drittel, die Arbeitnehmer ein Drittel der Mitglieder im Aufsichtsrat.

3 Tarifautonomie – der vorprogrammierte Streit?

Tarifautonomie

Die **Tarifpartner** in der Bundesrepublik Deutschland – das sind die **Gewerkschaften** als Vertreter der Arbeitnehmer und die **Verbände der Arbeitgeber** sowie zum Teil einzelne, besonders große Arbeitgeber als

Einzelunternehmen. Sie handeln Löhne, Gehälter und andere Arbeitsbedingungen wie Arbeitszeit- und Urlaubsregelungen untereinander aus. Der Staat darf sich nicht einmischen, sofern er nicht selbst als Arbeitgeber an Verhandlungen beteiligt ist. Die verfassungsrechtliche Grundlage dieser sogenannten **Tarifautonomie** (Autonomie = Unabhängigkeit) ist Artikel 9, Absatz 3 des Grundgesetzes (vgl. Übersicht 1). Tarifautonomie bedeutet allerdings nicht, daß die Tarifpartner Bestimmungen aushandeln dürfen, die bestehenden Gesetzen widersprechen (z. B. gegen die maximale Arbeitszeit nach dem Jugendarbeitsschutzgesetz).

Tarifverträge

Löhne, Gehälter und andere Arbeitsbedingungen werden innerhalb der einzelnen Branchen (Wirtschaftszweige) jeweils für eine bestimmte Zeit zwischen den Tarifpartnern ausgehandelt und in **Tarifverträgen** festgelegt. Die Arbeitsverträge, die bei Einstellung mit jedem Arbeitnehmer abgeschlossen werden, dürfen die Vorgaben in den Tarifverträgen normalerweise nicht unterschreiten (z.B. Lohntarif). 1993 wurden in der ostdeutschen Industrie erstmals Tarifverträge abgeschlossen, die vorsehen, daß bei besonders schlechter Wirtschaftsentwicklung auch unter Tarif entlohnt werden kann.

Zwei Arten von Tarifverträgen werden unterschieden:

- **Gehalts- und Lohntarifverträge:** Sie legen die Mindesthöhe in einer Branche für verschiedene Gehalts- und Lohngruppen fest und werden den veränderten Wirtschaftsbedingungen (Inflation, Zunahme der Arbeitsproduktivität) in regelmäßigen Abständen angeglichen. Sie haben traditionell eine relativ kurze Laufzeit, in der Regel zwischen 12 und 18 Monaten. 1987 wurden zum ersten Mal in verschiedenen Branchen mehrjährige Laufzeiten mit Lohn- und Gehaltserhöhungen in Stufen vereinbart.
- **Mantel- oder Rahmentarifverträge:** Sie können z.B. Bestimmungen über Arbeitszeit, Pausen, Schulungsmaßnahmen bei technischen Umstellungen, Urlaubsdauer, vermögenswirksame Leistungen, Zuschläge für Nacht- und Sonntagsarbeit, Sonderurlaubsmöglichkeiten usw. enthalten. In den Manteltarifverträgen stehen Vereinbarungen, die in der Regel für längere Zeiträume oder sogar unbefristet gelten.

Tarifverhandlungen

Arbeitskampf: Streik und Aussperrung

Schlichtung

Tarifverträge können von beiden Seiten zum Ende der vereinbarten Laufzeit gekündigt werden. Die jeweils zuständigen Gewerkschaften und Arbeitgeberverbände eines Tarifbezirks treffen sich dann zu neuen **Tarifverhandlungen**. Diese Verhandlungen führen wegen der gegensätzlichen Interessen häufig nicht zu einer schnellen Einigung oder scheitern sogar. Nach einer Urabstimmung unter den Arbeitnehmern kann es schließlich zum Arbeitskampf kommen. Die Gewerkschaften greifen zum **Streik**, die Arbeitgeber zur **Aussperrung**. Mit diesen Maßnahmen soll die Gegenseite in neuen Verhandlungen zum Einlenken gezwungen werden. Bevor es zum Arbeitskampf kommt, können beide Seiten zunächst ein **Schlichtungsverfahren** veranlassen. In einem solchen versucht ein von beiden Seiten akzeptierter Schlichter, die Kontrahenten zu einem Kompromiß zu bewegen. Übersicht 5 gibt die möglichen Abläufe von Tarifverhandlungen wieder.

Übersicht 5: Tarifverhandlungen – wie laufen sie ab?

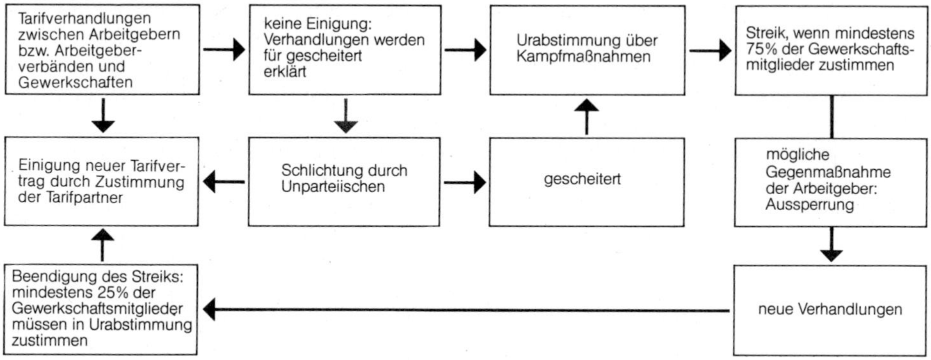

Streikrecht

Das **Streikrecht in Deutschland** ist schon über 100 Jahre alt. 1869 wurde es im Norddeutschen Bund (das waren 22 Staaten nördlich des Mains unter der Führung Preußens) eingeführt. Beim Streik legen die Arbeitnehmer die Arbeit in gemeinsamen, organisierten Aktionen mit dem Ziel nieder, sie unter veränderten Bedingungen wieder aufzunehmen. Der in geregeltem Verfahren durch die Gewerkschaften organisierte Streik ist rechtlich geschützt. Nur Beamten ist in der Bundesrepublik das Streikrecht versagt, weil man bei ihnen ein besonderes Treueverhältnis zum Staat voraussetzt, das ihnen umgekehrt Unkündbarkeit garantiert. Allerdings wird auch im Bereich des Öffentlichen Dienstes bereits seit vielen Jahren das Mittel „Dienst nach Vorschrift" von Beamten eingesetzt, um den eigenen Forderungen gegenüber den öffentlichen Arbeitgebern Nachdruck zu verleihen.

Aussperrung

Die **Aussperrung von der Arbeit** ist eine Gegenmaßnahme der Arbeitgeber im Arbeitskampf. Auch solchen Arbeitnehmern, die nicht direkt an einem Streik beteiligt sind, kann vorübergehend der Zutritt zu ihren Arbeitsplätzen verweigert werden. Für den Zeitraum der Aussperrung wird den Arbeitnehmern kein Lohn bzw. Gehalt ausgezahlt. 1980 hat das Bundesarbeitsgericht die Aussperrung für rechtmäßig erklärt, sofern dieses Arbeitskampfmittel nicht unverhältnismäßig eingesetzt werde. Das heißt: Eine Aussperrungsmaßnahme muß sich an der Anzahl der Streikenden und der Größe des Streikgebiets orientieren.

Zusammenfassung

1 In der Sozialen Marktwirtschaft bildet marktwirtschaftlicher Wettbewerb die Basis wirtschaftlichen Handelns. Gleichzeitig sind jedoch staatliche Eingriffe in die Wirtschaft vorgesehen; z.B. um die Wettbewerbsordnung zu garantieren und wirtschaftliche Machtkonzentration zu verhindern; um eine stetige Wirtschaftsentwicklung zu sichern; aber auch, um negative Folgen marktwirtschaftlich-egoistischen Verhaltens zu unterbinden (z.B. durch Kündigungsschutzbestimmungen, Regelungen zur Sicherheit am Arbeitsplatz etc.) oder im nachhinein zu beheben (z.B. durch Sozialpolitik, Umweltschutzpolitik etc.).

2 Die Mitbestimmung bzw. Mitwirkung von Arbeitnehmern und ihrer Gewerkschaften bei Entscheidungen auf Unternehmens- oder Betriebsebene wird von den einen als notwendige Ergänzung der politischen Demokratie, von den anderen als gefährliche Aushöhlung der unternehmerischen Freiheit betrachtet. Die Mitbestimmungsmöglichkeiten auf der Betriebsebene werden durch gewählte Betriebsräte, auf der Unternehmensebene durch gewählte Arbeitnehmervertreter im Aufsichtsrat wahrgenommen.

3 Tarifautonomie bedeutet, daß die Tarifpartner (Gewerkschaften und Arbeitgeber) Löhne, Gehälter und Arbeitsbedingungen unabhängig von staatlichem Einfluß aushandeln und in Tarifverträgen festlegen können. Zur Durchsetzung ihrer Interessen können die Arbeitnehmer zum Streik, die Arbeitgeber zur Aussperrung greifen. Verhandlungsergebnisse sind Lohn- und Gehaltstarifverträge einerseits und Manteltarifverträge (über Arbeitsbedingungen) andererseits.

3.5 Von der Planwirtschaft zur Marktwirtschaft in Ostdeutschland

Aus einem Interview mit dem sächsischen Ministerpräsidenten Kurt Biedenkopf:

...„wenn ich ... eine Sorge habe, dann die, daß die mit der deutschen Einheit verbundene Umstellung die ostdeutschen Bürger überfordern könnte. Schon jetzt werden sie von mehr Veränderungen in Anspruch genommen, als man eigentlich von einem Menschen erwarten kann, und das in einem kaum noch zu kontrollierenden Tempo ....
... die Straßen- und Eisenbahntarife, die Miet- und Energiepreise, die Versicherungs- und Steuerbeiträge ändern sich, das gesamte ‚gelernte' System gilt nicht mehr, es ändern sich Eigentumsverhältnisse, Rechts- und Denkstrukturen. All das muß erst einmal verkraftet, das Neue innerlich ‚verarbeitet' werden ... die Menschen waren es gewohnt, daß die Obrigkeit ablöste, abberief. Nun, in der privatwirtschaftlichen Ordnung, müssen sie über ihre Betriebsräte in den Unternehmen selbst mit für Ordnung sorgen – also wieder Ungewohntes, Risiken, denn man weiß noch nicht, wie das funktioniert .... Auch um die Arbeitsstelle, bislang sicher, muß man sich nun bemühen ....
Wenn jemand auf die Idee käme, den Menschen im Westen einen nur halbwegs vergleichbaren Umstellungsprozeß zuzumuten, dann würde ihn jeder Politiker für verrückt erklären."

Sachsen-Spiegel, 15. 01. 1991, S. 3

Leitfragen

1 War der Sprung ins „kalte Wasser“ notwendig?
2 Welche wirtschaftlichen Folgen brachte die Vereinigung für Ostdeutschland?
3 Welche Probleme behindern den wirtschaftlichen Umbau?
4 Wie und durch wen wird die deutsche Einheit finanziert?
5 Die Treuhandanstalt – kann sie ihre Aufgaben bewältigen?
6 Wächst die wirtschaftspolitische Rolle des Staates?

1 War der Sprung ins „kalte Wasser“ notwendig?

Wirtschafts-, Währungs- und Sozialunion

Am 1. Juli 1990 trat der Vertrag über die Schaffung einer **Währungs-, Wirtschafts- und Sozialunion** zwischen der Bundesrepublik Deutschland und der Deutschen Demokratischen Republik in Kraft. Mit diesem Schritt wurden in der DDR das **Wirtschaftssystem**, die **Deutsche Mark** und die **Sozialgesetze** der Bundesrepublik eingeführt. Das System der Planwirtschaft, welches die Volkswirtschaft der DDR 40 Jahre lang geprägt hatte, wurde durch die Soziale Marktwirtschaft der Bundesrepublik abgelöst, die in der DDR jahrzehntelang als abschreckendes Beispiel gedient hatte.
Der Sprung „ins eiskalte Wasser“ der Marktwirtschaft war notwendig, weil die Menschen in der DDR neben politischen auch neue wirtschaftliche Zukunftsperspektiven verlangten. Nach der Öffnung der Grenzen am 9. November 1989 waren Hunderttausende in die Bundesrepublik übergesiedelt, wo sie sich nach der nun erreichten Freiheit auch materiellen Wohlstand erhofften.

Tabelle 1: Übersiedler/Abwanderer Ost- nach Westdeutschland

1989	(Grenzöffnung Herbst 1989)	**383.261**
1990	bis Juni	**238.384**
	ab Juli	**120.742**
1991		**169.476**
1992	Schätzung	ca. **100.000**

Hinweis: Es handelt sich um "Netto-Wanderungen", d.h. Übersiedlungen/Wanderungen von Ost- nach Westdeutschland abzüglich der Zahl derer, die von West nach Ost gegangen sind.

Quelle: Statistisches Bundesamt;eigene Berechnungen.

Übersicht 1: Arbeitspendler Ost- nach Westdeutschland

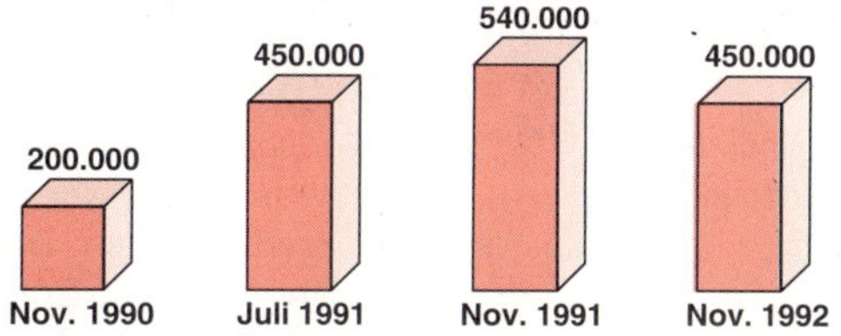

Hinweis: Einschließlich Arbeitspendler von Ost nach Westberlin; ungefähre Angaben.

Quelle: Statistisches Bundesamt, Bundesanstalt für Arbeit.

Übersiedlung und Abwanderung von Ost nach West

Auch nach der Vereinigung versiegte der Zuwandererstrom von Ost nach West nicht. Gründe für eine Abwanderung der ostdeutschen Bundesbürger waren u. a. die angespannte Wirtschaftslage, die sprunghaft ansteigende Kurzarbeit und Arbeitslosigkeit in Ostdeutschland sowie das höhere Lohn- und Gehaltsniveau in Westdeutschland. Da vorwiegend junge und qualifizierte Fachkräfte gingen, wurde die Wirtschaft der neuen Länder zusätzlich geschwächt. Der Mangel an Arbeitsplätzen veranlaßte auch viele in Ostdeutschland Wohnende, zur Arbeit täglich in den Westen zu pendeln (vgl. Übersicht 1).

Zentralverwaltungswirtschaft

In der **Zentralverwaltungswirtschaft** der DDR legten zentrale staatliche Gremien in Fünfjahresplänen fest, welche Produktionsziele in den unterschiedlichen Wirtschaftsbereichen erreicht werden sollten. Daraus wurden Jahrespläne abgeleitet, in denen die Produktionsabläufe, z. B. der Produktionsort und die Menge der hergestellten Güter und deren Verkaufspreise genau festgelegt wurden. Über 80 % der Unternehmen waren in staatlicher Hand – Volkseigene Betriebe (VEB) oder Kombinate –, weitere 15 % genossenschaftlich organisiert (z. B. in der Landwirtschaft). Privatunternehmen machten nur etwa 5 % aus.
Mit der Einführung der Sozialen Marktwirtschaft nach westdeutschem Modell ab Juli 1990 änderte sich die Situation abrupt. Die Umstellung von einem zentral gelenkten in ein marktwirtschaftliches System erwies sich als außerordentlich schwierig und machte folgende Probleme sichtbar:

Umstellungsprobleme

Fehlende Eigeninitiative

- Durch den Wegfall der staatlich gelenkten Wirtschaft wurden viele Menschen in Ostdeutschland unsicher. Es fehlten fähige Unternehmer und Manager, die in der Lage gewesen wären, sich ohne staatliche Vorgaben in dem neuen Marktsystem zurechtzufinden. Auch für die Arbeitnehmer war es ungewohnt, selbständig nach Arbeit suchen zu müssen.

Wettbewerbsdruck aus dem Westen

- Die Beseitigung der Grenze zur Bundesrepublik setzte die ostdeutschen Unternehmen sofort dem Wettbewerb mit westdeutschen und ausländischen Unternehmen aus. Dem westlichen Konkurrenzdruck waren die meisten Betriebe nicht gewachsen. Wenig attraktive Produkte, veraltete Produktionsanlagen mit entsprechend hohen Produktionskosten und die mangelnde Erfahrung in Vertrieb und Werbung führten viele in den Ruin.

Verlust von Exportmärkten

- Die Einführung der DM machte die DDR-Produkte für die Länder Osteuropas – früher die Haupthandelspartner der DDR-Wirtschaft – unerschwinglich. Den osteuropäischen Ländern fehlten Devisen (Währungen wie Dollar und DM). Dadurch verlor die DDR-Wirtschaft den überwiegenden Teil ihrer Exportmärkte.

2 Welche wirtschaftlichen Folgen brachte die Vereinigung für Ostdeutschland?

Zusammenbruch der Produktion

Während 1990 und 1991 die Wirtschaftsleistung in den alten Bundesländern kräftig wuchs und die westlichen Unternehmen sogar erheblich von den Käufen aus der DDR bzw. den späteren Bundesländern profitierten, brachen große Teile der Wirtschaft Ostdeutschlands zusammen. Im produzierenden Gewerbe sackte die Produktion von 1989 bis Ende 1992 um etwa 60 % ab (vgl. Übersicht 2). **Arbeitsplätze** gingen verloren. Die Beschäftigtenzahlen nahmen zwischen 1989 und 1992 von 9,9 auf etwa 6,15 Millionen ab.

Arbeitslosigkeit

In der Zentralverwaltungswirtschaft der DDR garantierte die Verfassung jedem Arbeitssuchenden einen Arbeitsplatz, auch dann, wenn nicht genug Arbeit vorhanden war und mit zuviel Arbeitskräften unwirtschaftlich produziert wurde. Die Arbeitsplätze waren bei zusammenbrechender Produktion in der Marktwirtschaft nicht mehr gesichert. Die **Arbeitslosenzahlen** stiegen zunächst nur allmählich, weil verschiedene Maßnahmen ergriffen wurden, um den Arbeitsmarkt zu entlasten: **Kurzarbeit, Arbeitsbeschaffungsmaßnahmen, Fortbildungsmöglichkeiten** oder **vorzeitiger Ruhestand.** Auch gab es immer mehr **Arbeitspendler** von Ost- nach Westdeutschland (vgl. Übersicht 1).
Die Entlastungsmaßnahmen konnten jedoch nicht darüber hinwegtäuschen, daß innerhalb von zwei Jahren für drei bis vier Millionen Menschen keine oder nicht mehr ausreichend Arbeit vorhanden war. Offiziell lag die Arbeitslosenquote in Ostdeutschland im Januar 1993 zwar bei 14,7 % gegenüber 7,4 % in Westdeutschland. Genau betrachtet konnten jedoch 30 – 40 % der etwa 10 Millionen Erwerbspersonen keine normale Arbeitsstelle in der ostdeutschen Wirtschaft finden.

Frauenarbeitslosigkeit

Besonders stark betroffen waren und sind die Frauen. Im Januar 1993 waren ca. 62 % der Arbeitslosen in Ostdeutschland Frauen. Bei ihnen betrug die Arbeitslosenquote 19,6 %, bei den Männern 11,0 %. Viele Frauen haben bereits resigniert, suchen nicht mehr nach Arbeit und tauchen deshalb auch nicht mehr in der Arbeitslosenstatistik auf.

Übersicht 2: Produktion in Ostdeutschland

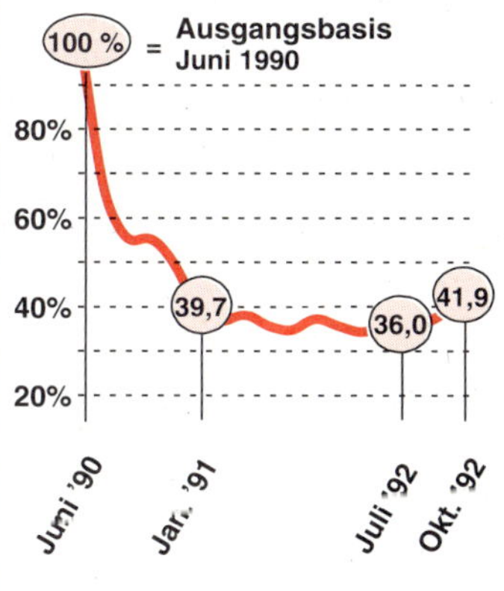

Nach: Statist. Bundesamt; eigene Berechnungen.

Tabelle 2: Arbeitsmarkt - neue Bundesländer

Jahresdurchschnitte bzw. Monatsendzahlen in 1000	1990	1991	Mai 1992	Jan. 1993
Arbeitslose	240	913	1.149	1.194
offene Stellen	26	32	30	36
Arbeitsbeschaffungsmaßnahmen	12	199	405	325
Kurzarbeit	1.515	1.616	437	215
Fortbildung, Umschulung oder Einarbeitung		311	510	420
Vorruhestands- oder Altersübergangsgeld		511	780	893
Pendler: Ost nach West	83	377	540	*450

Hinweis: 1990 = 2. Jahreshälfte; * = Nov. '92. Quelle: BfA.

Preise, Löhne und Gehälter

Die Einführung der Marktwirtschaft und der DM veränderte das bisher staatlich festgelegte **Gefüge von Preisen, Löhnen und Gehältern.** Die zuvor staatlich festgelegten Preise wurden freigegeben – Ausnahmen sind die zum großen Teil noch staatlich verbilligten Mieten und Preise

Hohe Preissteigerungen

für Energie – und paßten sich dem Westniveau an. Vieles wurde teurer (Grundnahrungsmittel wie Brot, Gemüse und Fleisch), anderes billiger (Bekleidung, Elektroartikel, Luxusgüter, aber auch Kaffee, Südfrüchte etc.). Insgesamt aber stiegen die Lebenshaltungskosten in den neuen Bundesländern von 1990 bis 1992 um etwa 30%. In Westdeutschland waren es im gleichen Zeitraum etwa 6%.

Niedrige Einkommen

Es gab **Westpreise,** aber **keine Westeinkommen.** Bei gestiegenen Preisen waren die Einkommen gleichzeitig weitaus niedriger als in Westdeutschland. Trotz überdurchschnittlicher Renten- und Tariferhöhungen von 1990 bis 1992 betrug das durchschnittliche Nettoeinkommen der Haushalte (Einkommen nach Abzug von Steuern und Sozialabgaben) in den neuen Bundesländern nur etwas mehr als die Hälfte der entsprechenden Einkommen in den alten Bundesländern.

Angleichung der Einkommen

Insbesondere die Gewerkschaften drängten auf eine rasche Angleichung der Löhne und Gehälter an das Westniveau. Damit sollte die Kaufkraft gesteigert, die wirtschaftliche Entwicklung angekurbelt und der Abwanderung aus den neuen Bundesländern entgegengewirkt werden. Von Unternehmer- und Regierungsseite wurde betont, daß die Tariflöhne und -gehälter bereits zu hoch seien. Während die Arbeitsproduktivität (vgl. Abschn. 3.1) der ostdeutschen Wirtschaft 1992 bei 39% der westdeutschen lag, hätten die durchschnittlichen Arbeitskosten (Bruttolohn- und Gehaltssumme je Erwerbstätigem) bereits 62% des Niveaus in Westdeutschland erreicht (Quelle IWD). Die Arbeitgeber befürchteten zu hohe Lohn- und Gehaltssteigerungen; diese würden unweigerlich dazu führen, daß ostdeutsche Betriebe wegen zu hoher Arbeitskosten nicht konkurrenzfähig blieben und folglich wegen fehlender Investitionen Arbeitsplätze verlorengingen. Die Arbeitgeberverbände drängen deshalb in Tarifverhandlungen auf eine langsame Anpassung der ostdeutschen Arbeitseinkommen an das westdeutsche Niveau. In der Metall- und Stahlindustrie haben sich die Tarifparteien nach einem Arbeitskampf im Mai 1993 darauf geeinigt, die Tariflöhne und -gehälter in Ostdeutschland bis 1996 in Stufen an die westdeutschen Tarife anzugleichen.

3 Welche Probleme behindern den wirtschaftlichen Umbau?

Wirtschaftsfördernde Maßnahmen

Verschiedene Maßnahmen sollen der Wirtschaft in den neuen Bundesländern zu marktwirtschaftlicher Konkurrenzfähigkeit und zukunftsträchtigen Arbeitsplätzen verhelfen:

- Privatisierung bzw. Sanierung der überwiegend staatlichen Unternehmen und Errichtung neuer Unternehmen;
- Aufbau funktionsfähiger Länderregierungen und Gemeindeverwaltungen;
- Modernisierung der Infrastruktur insbesondere im Verkehrswesen (öffentliche Verkehrsmittel, Straßen) und im Telekommunikationsbereich (Telefon etc.);

- Ausbildung und Qualifizierung von Arbeitskräften und Unternehmen für moderne Produktions-, Verwaltungstechniken und Vertriebsmethoden.

Hindernisse bei der Privatisierung
Eigentumsfragen

Vielfältige **Hindernisse** sind sichtbar geworden, die die Privatisierung der staatlichen bzw. die Gründung neuer Unternehmen verzögern, wobei die Probleme der **Eigentumsfragen** an erster Stelle zu nennen sind. Das Treuhandgesetz vom Juni 1990 und der „Einigungsvertrag" vom September 1990 geben den früheren Eigentümern, die nach 1949 von der DDR-Regierung enteignet worden waren, das Recht, Ansprüche auf **Rückübereignung** (Rückgabe ihres Eigentums) anzumelden. Bis die Eigentumsverhältnisse – evtl. vor Gericht – geklärt sind, vergeht jedoch viel Zeit, in der keine neuen Investitionen vorgenommen werden können. Diese Bestimmung des Staatsvertrags war heftig umstritten, weil sie die wirtschaftliche Erholung in Ostdeutschland gefährdet. Vom Bundestag und Bundesrat 1991 und 1992 verabschiedete Ergänzungen sehen deshalb Ausnahmen von diesem Prinzip vor, wenn es um die Schaffung oder Erhaltung von Arbeitsplätzen bzw. um die Sicherung oder den Bau von Wohnraum geht. Sind in diesen Fällen ehemalige Eigentümer nicht in der Lage oder willens zu investieren, sollten mögliche Käufer, die sich dazu verpflichten zu investieren, Vorrang haben. Früheren Eigentümern steht jedoch in jedem Fall eine **Entschädigung** zu. Trotz dieser Regelungen blockiert der Vorrang der Rückübereignung weiterhin Investitionen, weil sich inzwischen Hunderttausende von Anträgen, deren Bearbeitung Jahre beanspruchen wird, bei den Verwaltungen stapeln.

Verwaltungen im Aufbau

Die Verwaltungen in den ostdeutschen Bundesländern und Gemeinden sind noch nicht voll funktionsfähig. Es fehlt an eingearbeitetem **Personal und Geld.** Viele sind noch nicht in der Lage, zum Beispiel Pläne für Bebauungsmaßnahmen sowie Kaufanträge für Grundstücke oder Baugesuche schnell genug zu bearbeiten. Das Personal muß sich auf eine für sie ungewohnte Organisation der Verwaltung und völlig neue Gesetze und Verordnungen einstellen.

Fehlende Infrastruktur

An leistungsfähigen Straßen- und Schienennetzen herrscht Mangel. Auch die Telefon- und andere Telekommunikationsverbindungen müssen erst noch auf den neuesten Stand gebracht werden. Eine gute Infrastruktur ist für moderne Industriegesellschaften unentbehrlich. Fehlt sie, dann ist dieser Standortnachteil ein Hinderungsgrund für Investitionen.

Ein Teufelskreis?

Der Zusammenbruch der Wirtschaft im Osten Deutschlands hat nicht nur zu einem hohen Finanzierungsbedarf für Investitionen geführt. Weitere Folgen waren geringe Steuereinnahmen des Staates und niedrige Sozialabgaben der Arbeitnehmer und Arbeitgeber für die Renten- und Arbeitslosenversicherung. Andererseits steigen wegen der hohen Arbeitslosigkeit und der geringen Einkommen die Ausgaben im sozialen Bereich. Ein Teufelskreis: Geringe Wirtschaftskraft bringt wenig Steuereinnahmen und Sozialabgaben, erfordert aber wegen hoher

Arbeitslosigkeit wachsende Ausgaben für Arbeitslosengeld, Sozialhilfe und Wohngeld. Diese Mittel fehlen beispielsweise für Investitionen in die öffentliche Infrastruktur, für Investitionsförderung etc.

4 Wie und durch wen wird die deutsche Einheit finanziert?

Finanzierung der deutschen Einheit

Der Bund, die westlichen Bundesländer und Gemeinden sowie die Europäische Gemeinschaft (EG) unterstützen den Neuaufbau in Ostdeutschland vor allem mit **Finanzhilfen.** Zu diesem Zweck wurden vom Staat Kredite aufgenommen **(Staatsverschuldung)**, aber auch ver-

Übersicht 3: Finanzhilfen für Ostdeutschland

A Hilfen für Länder, Gemeinden und öffentliche Einrichtungen

1 Fonds Deutsche Einheit
1990-94 ca. 146 Mrd. DM für Finanzhaushalte der neuen Bundesländer (Finanzierung: Bund und alte Bundesländer)

2 Hilfen für Sozialversicherungen und Arbeitsmarktmaßnahmen
Renten-, Kranken- und Arbeitslosenversicherung 1991-93 ca. 91 Mrd. DM (Finanzierung: Versicherungsträger, Bundesanstalt für Arbeit, Bund)

3 Kreditprogramm der Kreditanstalt für Wiederaubau
Zinsverbilligung für Kredite zur Instandsetzung und Modernisierung im Wohnungsbau sowie Investitionen in die kommunale Infrastruktur; Kreditvolumen 60 Mrd. DM (Finanzierung: Bund)

4 Erblastfonds ab 1995
Altschulden der DDR-Wohnungswirtschaft ca. 31 Mrd. DM; Kosten der Währungsumstellung 1990 ca. 140 Mrd. DM; Schulden der Treuhandanstalt ca. 275 Mrd. DM (Finanzierung: Bund)

B Finanzielle Unterstützung für Unternehmen

1 Treuhandanstalt
Öffentliche Finanzhilfen für die Sanierung, Weiterführung oder Auflösung von Unternehmen;
1990/91 ca. 25 Mrd. DM/Jahr
1992-94 ca. 38 Mrd. DM/Jahr
(Finanzierung: Bund)

2 ERP-Sonderprogramm und Umweltprogramm
Zinsgünstige Kredite für mittlere und kleine Unternehmen und Existenzgründungen; pro Jahr ca. 2 Mrd. DM (Finanzierung Bund)

3 Steuerliche Vergünstigungen
für Unternehmensinvestitionen und Wohnungsbau in Ostdeutschland

C Hilfen für öffentliche Haushalte und Unternehmen

1 Gemeinschaftsaufgabe "Verbesserung der regionalen Wirtschaftsstruktur"
1991-95 Gesamtgebiet der östlichen Bundesländer als Fördergebiet; jährlich ca. 3 Mrd. DM
(Finanzierung: Bund und Länder)

2 Gemeinschaftswerk "Aufschwung Ost"
für Baumaßnahmen der Gemeinden, private Investitionen, Arbeitsbeschaffungsmaßnahmen der Bundesanstalt für Arbeit usw.;
1991/92 insg. ca. 24 Mrd. DM
(Finanzierung: Bund)

3 Europäische Gemeinschaft (EG): Regionalfonds und gemeinsames Förderkonzept
Unterstützung privater und öffentlicher Investitionen;
1991-93 insgesamt ca. 14 Mrd. DM
(Finanzierung: EG)

Stand: Frühjahr 1993

schiedene **Steuern und Abgaben** für die Bundesbürger angehoben (z.B. die vorübergehende Einführung eines Solidaritätsbeitrags zur Lohn-, Einkommens- und Körperschaftssteuer für ein Jahr, höhere Beiträge zur Arbeitslosenversicherung für Arbeiter und Angestellte, Erhöhung der Mineralöl- und Kfz-Steuer usw.).

„Solidarpakt"

Übersicht 3 faßt die wichtigsten Finanzhilfen für die öffentlichen Haushalte und für die Investitionen der Unternehmen in Ostdeutschland zusammen. Die Hilfen reichten jedoch bei weitem nicht aus. Obwohl 1991 und 1992 jeweils ca. 110 Mrd. DM netto an öffentlichen finanziellen Mitteln von West- nach Ostdeutschland flossen, standen die Länder und Gemeinden in Ostdeutschland 1993 immer noch vor Finanzierungsproblemen. Deshalb wurde 1993 ein **„Solidarpakt"** zwischen den größeren Bundestagsparteien, dem Bund und den Bundesländern vereinbart. Er soll den stockenden Aufbau in Ostdeutschland vorantreiben helfen, die sozialen Härten des Übergangs mildern und die öffentliche Hand in den neuen Bundesländern mit ausreichenden Finanzmitteln versorgen. Unter anderem sind folgende Maßnahmen vorgesehen:

- höhere Staatsverschuldung ab 1993 vor allem auf Seiten des Bundes (Übernahme von Zahlungen für die ostdeutschen Bundesländer und Gemeinden);
- Neuverteilung der Steuereinnahmen ab 1995 zugunsten der ostdeutschen Bundesländer (Bund-Länder-Finanzverteilung);
- Erhöhung von Steuer- und Sozialabgaben ab 1995 (z.B. Solidaritätszuschlag von 7,5 % der Lohn- und Einkommensteuerschuld);
- Senkung der Staatsausgaben durch Abbau von Steuervergünstigungen und Subventionen.

Streit um den Solidarpakt

Während die Regierungsparteien CDU/CSU/FDP und die Arbeitgeberverbände darauf drängten, insbesondere an den Ausgaben für sozial Schwächere (Arbeitslosengeld, Sozialhilfe, Wohngeld u. ä.) zu sparen, lehnten die Oppositionsparteien und die Gewerkschaften dies als sozial ungerecht ab. Sie drangen darauf, in erster Linie die Bezieher höherer Einkommen, z.B. durch einen wieder einzuführenden Zuschlag auf die Einkommensteuer, zu belasten. Beide Gruppen haben ihre Vorstellungen nicht durchsetzen können und sich schließlich auf eine höhere Staatsverschuldung verständigt. Die westdeutschen Bundesländer konnten bei den Verhandlungen durchsetzen, daß sie nur einen relativ kleinen Teil ihrer Steuereinnahmen im Finanzausgleich an die ostdeutschen Bundesländer abgeben müssen, während der Bund die größeren Lasten zu tragen haben wird.
In der Diskussion um die Finanzierung der deutschen Einheit wird auf die „Gerechtigkeitslücke" hingewiesen. Übersicht 4 zeigt, daß die Arbeiter- und Angestelltenhaushalte im Durchschnitt einen wesentlich größeren Teil ihres Einkommens für die Unterstützung Ostdeutschlands aufbringen mußten als die Selbständigen- oder Beamtenhaushalte bzw. die Haushalte in der Landwirtschaft.

Übersicht 4: Finanzielle Beiträge zur deutschen Einheit
Belastung unterschiedlicher Gruppen 1992

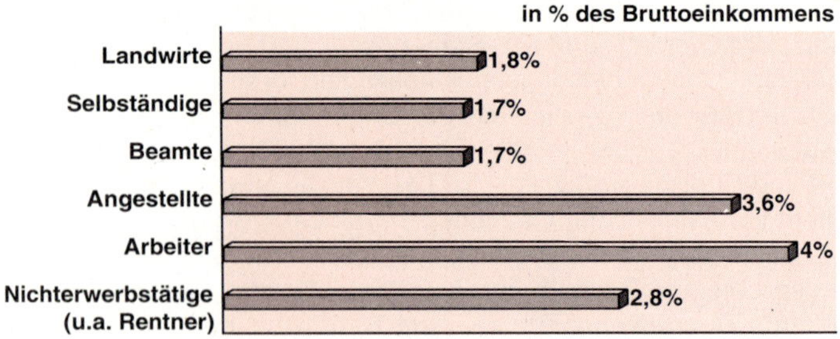

Hinweis: Die finanziellen Beiträge der Haushalte zur deutschen Einheit bestanden aus Steuerzahlungen, einschließlich Solidaritätszuschlag, und Sozialversicherungsbeiträgen.

Quelle: RWI, Konjunkturbrief 3/1992.

5 Die Treuhandanstalt – kann sie ihre Aufgaben bewältigen?

Treuhandanstalt
Privatisierung, Sanierung, Schließung

Wirtschaftlich an erster Stelle stand die Aufgabe, aus den vielen volkseigenen Betrieben, Kombinaten und Genossenschaften private Unternehmen zu bilden. Für diese Aufgabe wurde die **Treuhandanstalt** in Berlin mit ihren Außenstellen in den neuen Bundesländern eingerichtet. Die Treuhandanstalt war am 17. Juni 1990 noch von der DDR-Volkskammer gegründet worden („Gesetz zur Privatisierung und Reorganisierung des volkseigenen Vermögens“). Als staatliche Behörde mit weitreichenden Handlungsvollmachten untersteht sie dem Finanzministerium und hat die Aufgabe, die Unternehmen an Investoren zu verkaufen (privatisieren) oder sie mit Finanzhilfen rentabel zu machen (sanieren) und dann zu privatisieren. Betriebe ohne langfristige Überlebenschancen sollten geschlossen werden.

Die Bilanz

1990 übernahm die Treuhandanstalt ca. 8.000 staatliche Unternehmen und organisierte sie im Laufe der Zeit zu mehr als 15.000 Unternehmen und Unternehmensteilen um. Im Verlauf dieser Privatisierungen konnten bis Januar 1993 mehr als 11200 Einheiten verkauft werden. 2442 waren zu jenem Zeitpunkt noch nicht privatisiert, unterstanden also noch der Treuhand. Von Stillegung waren bis zu diesem Zeitpunkt 2340 Unternehmen betroffen. Fazit: Etwa 75 % der Unternehmen bzw. Unternehmensteile wurden bis Anfang 1993 privatisiert, etwa 15 % wurden geschlossen.

Treuhandschulden

Die Treuhand soll bis Ende 1994 ihren Auftrag offiziell beendet haben. Bis dahin wird sie nach vorsichtigen Schätzungen etwa 250 bis 300 Mrd. DM Schulden angehäuft haben – Altlasten wie übernommene Unternehmensschulden und Kosten für die Beseitigung von Umweltverschmutzungen der ehemaligen DDR-Unternehmen. Diese Schulden müssen dann Bund und Länder übernehmen, d. h., sie sind letztlich von den Bürgern über Steuern und Abgaben zu bezahlen.

Zurückhaltung westdeutscher Unternehmen

1990 und 1991 wurden zwar viele neue Unternehmen in den neuen Bundesländern gegründet. In der Mehrzahl handelte es sich jedoch um kleine Handwerks-, Handels- und Gaststättenbetriebe (fliegende Händler, Imbißstände etc.). Gebraucht werden aber produzierende Unternehmen, die Millionen Arbeitsplätze schaffen und sichern. Trotz vielfältiger Investitionshilfen (Subventionen und Steuervergünstigungen) sind nicht genug westdeutsche und ausländische Unternehmen bereit, in Ostdeutschland zu investieren. Ein wichtiger Grund: Diese Unternehmen haben in Westdeutschland und an ausländischen Standorten schon genügend Produktionsstätten, um auch den ostdeutschen Markt mit Gütern beliefern zu können. Dazu kam: Als 1992 eine konjunkturelle Krise einsetzte (vgl. Abschnitte 3.2 und 3.6), schoben einige Großunternehmen die geplanten Investitionen hinaus oder strichen sie ganz.

6 Wächst die wirtschaftspolitische Rolle des Staates?

Warum kein „Wirtschaftswunder"?

In Ostdeutschland wurde von vielen ein ähnliches „Wirtschaftswunder" erwartet – und von der Bundesregierung angekündigt – wie nach dem Zweiten Weltkrieg in Westdeutschland. Die Ausgangspositionen waren in diesen beiden historischen Situationen jedoch unterschiedlich:

- In keiner Region Westdeutschlands fühlten sich die Menschen nach 1949 extrem benachteiligt, wie es heute oft bei den Ostdeutschen gegenüber den Westdeutschen der Fall ist.
- Nach dem Zweiten Weltkrieg konnte in der Bundesrepublik ohne große Probleme marktwirtschaftlich gearbeitet werden. In der DDR dagegen war nach 1949 die Wirtschaft weitgehend verstaatlicht und zentralisiert worden, so daß 1990 diese Wirtschaftsstrukturen einem marktwirtschaftlichen Neubeginn entgegenstanden.
- Für die Wirtschaft der Bundesrepublik gab es in der Nachkriegszeit keine erdrückende Konkurrenz. Die europäischen Nachbarstaaten waren nach dem Krieg wirtschaftlich genauso geschwächt wie Deutschland. Gleichzeitig waren die bundesdeutschen Unternehmen durch hohe Einfuhrzölle gegen ausländische Konkurrenzprodukte geschützt und konnten sich allmählich für den Weltmarkt stärken. Die ostdeutsche Wirtschaft sah sich nach der Vereinigung dagegen von einem Tag auf den anderen einer erdrückenden Konkurrenz internationaler und westdeutscher Unternehmen ausgesetzt.
- Die Aufbruchstimmung, in der sich die Westdeutschen nach dem Krieg befanden, wurde durch wirtschaftliche Erfolge verstärkt. Diese Bestätigung fehlte in Ostdeutschland, so daß die Euphorie nach 1989 schnell verflog.
- Während in Westdeutschland die Menschen nach dem Zweiten Weltkrieg sahen, daß es sich lohnte, am angestammten Wohnort die Ärmel hochzukrempeln, verließen insbesondere qualifizierte

Arbeitskräfte zu Hunderttausenden Ostdeutschland, um in den westlichen Bundesländern Arbeit und Anschluß an den erhofften wirtschaftlichen Wohlstand zu finden.

Ein westdeutscher Sozialwissenschaftler weist darauf hin, daß der wirtschaftliche Wohlstand auch in der 1949 gegründeten Bundesrepublik nicht vom Himmel gefallen und der Aufbauprozeß von sozialen Konflikten begleitet war:

„Generell unterschätzt, d. h. in der Erinnerung verklärt, sind die Mühen und langen Fristen des sogenannten Wirtschaftswunders nach 1945. Erst 1956 wurde erstmalig ein Jahresdurchschnitt von weniger als 1 Million Arbeitslosen erreicht. Noch 1960 hatte mehr als die Hälfte der Haushalte kein eigenes Bad; der Abbau der Beschäftigten in der Landwirtschaft von 11% (wie heute in der DDR) auf 5% (heute in Westdeutschland) dauerte etwa ... 15 Jahre ... Der heutige Lebensstandard der DDR wurde in der Bundesrepublik in den frühen 60er Jahren erreicht, also etwa 10 Jahre nach Beginn des Wirtschaftswachstums. Riesige Streiks mit mehr als 1 Million verlorener Arbeitstage hatten wir 1951, 1953, 1954 und nochmals 1957 ... Wenn diese Zahlen ... besser bekannt werden, kann man auch die für die DDR und das einheitliche Deutschland zu erwartenden Übergangszeiten realistischer ... abschätzen." (W. Zapf, Modernisierung und Modernisierungstheorien, Wissenschaftszentrum Berlin 1991, S. 11f.)

Aussichten

Optimisten waren 1990 der Ansicht, daß die neuen Bundesländer in spätestens drei bis fünf Jahren die wirtschaftlichen Schwierigkeiten überwunden haben würden. Viele Wirtschaftswissenschaftler gehen jedoch davon aus, daß für lange Zeit eine neue Grenze zwischen Ost- und Westdeutschland entstehen wird – eine **Wohlstandsgrenze.** Sie rechnen inzwischen damit, daß es etwa 15 bis 20 Jahre dauern wird, bevor die ostdeutschen Wirtschafts- und Wohlstandsverhältnisse den westdeutschen annähernd entsprechen werden. Dabei wird es, ähnlich wie in Westdeutschland, auch in Ostdeutschland große regionale Unterschiede geben – etwa zwischen dem weniger wohlhabenden Mecklenburg-Vorpommern und den reicheren Bundesländern Sachsen und Brandenburg.

Rolle des Staates

Die bisherige Entwicklung in Ostdeutschland hat gezeigt, daß der krasse Übergang von der Planwirtschaft zur Sozialen Marktwirtschaft nicht allein mit marktwirtschaftlichen Mitteln und Methoden herbeigeführt werden kann. Um die Entwicklung zu beschleunigen und auch sozial erträglich zu gestalten, greift der Staat ein. Beispielsweise

- ▶ wird der Privatisierungsprozeß von einer staatlichen Behörde gesteuert,
- ▶ werden noch nicht privatisierungsfähige Unternehmen praktisch unter staatlicher Regie weitergeführt,
- ▶ werden direkte Finanzierungshilfen von den öffentlichen Haushalten Westdeutschlands zu den öffentlichen Haushalten der neuen Bundesländer transferiert,

- werden Investitionshilfen für öffentliche und private Investitionen eingeräumt, Steuerermäßigungen und Kredithilfen bei privaten Investitionen in Ostdeutschland gewährt,
- werden Fortbildungs- und Umschulungsmaßnahmen staatlich finanziert,
- werden für Auszubildende, die keine betriebliche Lehrstelle finden, überbetriebliche Ausbildungsplätze zur Verfügung gestellt,
- bürgt der Staat bei Exporten nach Osteuropa für die ostdeutschen Unternehmen (Hermes-Bürgschaften).

Die Notwendigkeit der staatlichen Eingriffe und Hilfen für die ostdeutsche Wirtschaft sind politisch weitgehend unumstritten. Sie haben bislang jedoch eine dramatische Zunahme der Arbeitslosigkeit und das Zusammenbrechen der Produktion in Ostdeutschland nicht verhindern können.

Zusammenfassung

1 Mit der Wirtschafts-, Währungs- und Sozialunion zwischen der Bundesrepublik Deutschland und der DDR wurden am 1. Juli 1990 die Soziale Markwirtschaft und die DM in der DDR eingeführt. Über 40 Jahre lang war die DDR-Wirtschaft zentralstaatlich gelenkt worden. Folgende Probleme traten auf: Es fehlte an Unternehmern, Managern und Arbeitnehmern, die sich im marktwirtschaftlichen System hätten zurechtfinden können. Außerdem waren Produkte, Produktionsstätten und Produktionsmethoden häufig veraltet und dem internationalen Wettbewerb nicht gewachsen.

2 Die Produktion in der ehemaligen DDR bzw. den neuen Bundesländern ging bis Ende 1992 um etwa 60 % zurück. Hohe Arbeitslosigkeit und Kurzarbeit waren die Folge. Mit der Einführung der DM galten plötzlich Westpreise, die Haushaltseinkommen waren im Durchschnitt jedoch nur etwa halb so hoch wie in Westdeutschland.

3 Die Umstellung der ostdeutschen Zentralverwaltungswirtschaft auf marktwirtschaftliche Verhältnisse und zügige Investitionen privater Unternehmen wurden schwerwiegend gehemmt. Der Vorrang der Rückübereignung vor Entschädigung für ehemalige Eigentümer verzögerte oder verhinderte Privatisierung und Investitionen. Die ostdeutschen Verwaltungen waren nicht sofort funktionsfähig. Zum einen fehlte es an Geld, zum anderen war zu wenig Personal vorhanden, das sich in den neuen Rechtsverhältnissen auskannte. Die Infrastruktur (Straßen- und Schienennetz, Telekommunikation usw.) wies erhebliche Mängel auf.

4 Der Bund, die westdeutschen Bundesländer und die Europäische Gemeinschaft beteiligen sich finanziell am Aufbau Ostdeutschlands. Da sich die wirtschaftliche und soziale Lage 1992 zuspitzte, haben die großen Parteien, Bund und Länder einen „Solidarpakt" vereinbart, der die finanziellen Mittel für Ostdeutschland sicherstellen soll – z. B. durch höhere Staatsverschuldung, Neuverteilung der Steuereinnahmen zugunsten der ostdeutschen Bundesländer, Erhöhung von Steuern und Sozialabgaben.

5 Die staatlichen und genossenschaftlichen Unternehmen – über 90 % der ehemaligen DDR-Wirtschaft – wurden der Treuhandanstalt unterstellt, die diese privatisieren, sanieren oder schließen sollte. Stand die Privatisierungsaufgabe zunächst an erster Stelle, so ist 1992/93 angesichts zunehmender Arbeitslosigkeit und des Zusammenbrechens ganzer Industriezweige die Sanierung von Unternehmen in den Vordergrund getreten, die sich noch im Eigentum der Treuhand befinden.

6 Die Hoffnung auf ein „zweites Wirtschaftswunder" in Deutschland erwies sich als zu optimistisch. Die Bedingungen nach dem Zweiten Weltkrieg in Westdeutschland unterschieden sich völlig von der Situation in Ostdeutschland nach dem Ende der etwa 45jährigen kommunistischen Herrschaft.
Der Umbruch in Ostdeutschland und in Osteuropa allgemein hat deutlich gemacht, daß der Übergang von zentralstaatlich gelenkten in marktwirtschaftliche Wirtschaftssysteme nicht ohne eine aktive Beteiligung des Staates erreicht werden kann, z. B. durch Investitionshilfen, arbeitsmarktpolitische Maßnahmen (Kurzarbeit, ABM, Umschulungen, Vorruhestand) und die Steuerung des Privatisierungsprozesses.

3.6 Volkswirtschaftliche Probleme und staatliche Wirtschaftspolitik

Wirtschafts- und finanzpolitische Aufgaben des Staates		
Ordnungspolitik	**Strukturpolitik**	**Prozeßpolitik**
► marktwirtschaftlichen Wettbewerb sichern ► wirtschaftliche Mitbestimmung regeln ► soziale Marktwirtschaft gestalten, z. B.: – gerechte Verteilung der Einkommen erreichen – wirtschaftlichen Wohlstand mit dem Schutz von Natur und Umwelt in Einklang bringen	► regionale Wirtschaftsentwicklung fördern ► bestimmte Wirtschaftszweige unterstützen	► Wirtschaftswachstum garantieren ► für möglichst hohe Beschäftigung sorgen ► Preisentwicklung niedrig halten ► wirtschaftlichen Austausch mit dem Ausland im Gleichgewicht halten

Leitfragen

1 Welche grundlegenden Aufgaben hat der Staat gegenüber der Wirtschaft?
2 Ruiniert zunehmende Wirtschaftskonzentration die Marktwirtschaft?
3 Läßt sich Wirtschaftswachstum steuern?
4 Geldentwertung – welche Ursachen, welche Politik?
5 Arbeit für alle?
6 Gleiche Lebensbedingungen in allen Regionen?
7 Welche Bedeutung hat der Wirtschaftsaustausch mit dem Ausland?

1 Welche grundlegenden Aufgaben hat der Staat gegenüber der Wirtschaft?

Parlamente, Regierungen und Verwaltungen nehmen in der Bundesrepublik Einfluß auf die Wirtschaft und deren Entwicklung. Drei große wirtschaftspolitische Aufgabenbereiche werden im Kasten oben unterschieden: Ordnungspolitik, Strukturpolitik, Prozeßpolitik.

Ordnungspolitik

Staatliche Organe sollen darüber wachen, daß die **Wirtschaftsordnung der sozialen Marktwirtschaft** (siehe Abschn. 3.4, Leitfrage 1) gewahrt und weiterentwickelt wird. Dem Staat fällt zum Beispiel die Rolle zu, den **marktwirtschaftlichen Wettbewerb** dort zu sichern, wo er gefährdet ist – etwa durch Wirtschaftskonzentration.
Mitbestimmungsregelungen gehören ebenfalls zur wirtschaftlichen Ordnungspolitik (siehe Abschn. 3.4, Leitfrage 2), ebenso Bestimmungen des Arbeitsschutzes (Sicherheit am Arbeitsplatz, Kündigungsschutz), die die Verfügungsgewalt der Eigentümer an den Produktionsmitteln aus sozialen Gründen einschränken. Die **Tarifautonomie** überläßt den Tarifpartnern die Festsetzung und Regelung von Löhnen, Gehältern und vielen Arbeitsbedingungen (siehe Abschn. 3.4, Leitfrage 3).
Auch sozialstaatliche Ziele wie das einer **gerechten Verteilung** der volkswirtschaftlichen Leistungen (Verteilung des Volkseinkommens, siehe Abschn. 3.2, Leitfrage 2) werden zum ordnungspolitischen Aufgabenkatalog des Staates in der sozialen Marktwirtschaft gerechnet.
Seit etwa zwei Jahrzehnten wird gefordert, wirtschaftliches Handeln müsse seine Grenze dort finden, wo Natur und Umwelt zerstört würden. **Umweltschutzziele** werden damit zu Rahmenbedingungen wirtschaftlichen Handelns. Viele sprechen deshalb auch davon, die soziale Marktwirtschaft müsse zur **sozialen und ökologischen Marktwirtschaft** weiterentwickelt werden.

Strukturpolitik

Die **Strukturpolitik** zielt auf sogenannte strukturelle Probleme der Wirtschaft. Dazu gehören zum Beispiel Unterschiede in der Wirtschaftskraft verschiedener Regionen. Staatliche Versuche, den wirtschaftlich schwächeren Regionen zu helfen, werden als **regionale Strukturpolitik** bezeichnet – z. B. die Förderung der Küstenregionen oder das gesamte Gebiet der östlichen Bundesländer. Es können aber auch wirtschaftliche Probleme innerhalb einzelner Wirtschaftszweige im Vordergrund stehen. Die Krise in der Bergbau- und Stahlindustrie oder im Schiffbau während der siebziger und achtziger Jahre in den alten Bundesländern sowie die Krise fast aller Industriezweige in den neuen Bundesländern stellen solche Wirtschaftsprobleme dar. Durch die sogenannte **sektorale Strukturpolitik** – z. B. mit Investitionshilfen, Geld für Forschung und Entwicklung oder auch Umschulungsmaßnahmen – sollen notleidende Industrien wieder konkurrenzfähig gemacht oder besonders zukunftsträchtige Industrien – z. B. Mikroelektronik, Informations- und Kommunikationstechnologie, Biotechnologie – in der Anfangsphase unterstützt werden.

Regionale Strukturpolitik

Sektorale Strukturpolitik

Prozeßpolitik

Die **Prozeßpolitik** versucht, den Verlauf der allgemeinen wirtschaftlichen Entwicklung zu beeinflussen. Dabei interessiert in erster Linie, wie sich die wirtschaftliche Leistung, das Bruttosozialprodukt (siehe Abschn. 3.2), entwickelt, ebenso die Arbeitslosenzahlen, die Preise und der wirtschaftliche Austausch mit dem Ausland. Wirtschaftswachstum, Arbeitslosenquote, Inflationsrate und die außenwirtschaftlichen Ergebnisse werden beobachtet und bei Bedarf mit wirtschaftspolitischen Maßnahmen zu beeinflussen versucht.

Stabilitätsgesetz

Durch das 1967 verabschiedete „Gesetz zur Förderung der Stabilität und des Wachstums der Wirtschaft" – kurz **Stabilitätsgesetz** genannt – ist der Staat verpflichtet, bestimmte wirtschaftspolitische Ziele anzustreben (vgl. Übersicht 1). Da es außerordentlich schwierig ist, die im §1 des Stabilitätsgesetzes genannten Ziele gleichzeitig zu erreichen, werden diese Ziele häufig auch als **magisches Viereck** bezeichnet. Fördert der Staat das Wirtschaftswachstum durch zusätzliche Nachfrage nach Gütern, dann kann dies zugleich unerwünschte Preissteigerungen nach sich ziehen. Umgekehrt kann eine Politik, die Inflation bekämpft, Arbeitsplätze und Wirtschaftswachstum gefährden.

Übersicht 1: Auszüge aus dem „Stabilitätsgesetz"

§1 Gesamtwirtschaftliches Gleichgewicht
Bund und Länder haben bei ihren wirtschafts- und finanzpolitischen Maßnahmen die Erfordernisse des gesamtwirtschaftlichen Gleichgewichts zu beachten. Die Maßnahmen sind so zu treffen, daß sie im Rahmen der marktwirtschaftlichen Ordnung gleichzeitig zur Stabilität des Preisniveaus, zu einem hohen Beschäftigungsstand und außenwirtschaftlichem Gleichgewicht bei stetigem und angemessenem Wirtschaftswachstum beitragen.

§2 Jahreswirtschaftsbericht
Die Bundesregierung legt im Januar eines jeden Jahres dem Bundestag und dem Bundesrat einen Jahreswirtschaftsbericht vor.

§3 Konzertierte Aktion
(1) Im Falle der Gefährdung eines der Ziele des §1 stellt die Bundesregierung Orientierungsdaten für ein gleichzeitiges aufeinander abgestimmtes Verhalten (konzertierte Aktion) der Gebietskörperschaften (Bund, Länder und Gemeinden), Gewerkschaften und Unternehmerverbände zur Erreichung der Ziele des §1 zur Verfügung.

Information zu § 3: Die Abstimmung des Verhaltens von Staat, Gewerkschaften und Unternehmerverbänden in der „Konzertierten Aktion" wurde bald wieder fallengelassen.
Parteien- und gruppenübergreifende Abstimmung der Wirtschaftspolitik findet seit 1992 in einer anderen Form statt (vgl. Solidarpakt in Abschn. 3.5).

Streit um Wirtschaftspolitik

Das Gesetz nennt Möglichkeiten staatlicher Wirtschaftspolitik, schreibt Regierung und Parlament jedoch keine konkreten Maßnahmen in bestimmten wirtschaftlichen Situationen vor. Der Streit zwischen den Parteien und den an der Wirtschaftspolitik besonders interessierten Wirtschaftsverbänden (Arbeitnehmer- und Arbeitgeberorganisationen) geht vor allem darum, welche konkreten Maßnahmen getroffen werden sollen, um die in Übersicht 1 genannten Ziele zu erreichen. Der die Bundesregierung beratende **Sachverständigenrat zur Begutachtung der gesamtwirtschaftlichen Entwicklung** schlägt in seinem jährlichen Gutachten die anzustrebenden Zielwerte vor, die für die Regierung allerdings nicht verbindlich sind. Er versucht dabei, die zukünftige Entwicklung vorauszuberechnen. Das gelingt in Zeiten gleichmäßiger Entwicklung recht gut, nicht jedoch, wenn die wirtschaftliche Entwicklung in Turbulenzen gerät – wie zum Beispiel die Wirtschaft der Bundesrepublik nach der Vereinigung 1990.

2 Ruiniert zunehmende Wirtschaftskonzentration die Marktwirtschaft?

Wege zur Konzentration wirtschaftlicher Macht

Konzentration wirtschaftlicher Macht kann sich zwangsläufig aus marktwirtschaftlichem Wettbewerb ergeben. Denn jedes Unternehmen möchte die Konkurrenz hinter sich lassen und einen besonders großen Marktanteil und damit möglichst sichere und große Gewinne erzielen. Unterschiedliche Wege führen zu wirtschaftlicher Konzentration:

- Manche Unternehmen sind mit ihren Produkten besonders erfolgreich, verdrängen die Konkurrenz vom Markt und werden selbst immer größer (**Konzentration durch Markterfolg**).
- Unternehmen können sich zusammenschließen – man sagt: sie fusionieren (**Konzentration durch Fusion**).
- Häufig sitzen Manager des einen Unternehmens in den Aufsichtsräten anderer Unternehmen und nehmen damit nicht nur auf das eigene Unternehmen Einfluß (**Konzentration durch personelle Verflechtung**).
- Unternehmen können sich – verbotener Weise – untereinander absprechen und Preise, Verkaufsgebiete oder Produktionsmengen aushandeln und damit den Wettbewerb untereinander aufheben (**Konzentration durch Absprache in Kartellen**).

Übersicht 2: Unternehmenszusammenschlüsse
alte Bundesländer

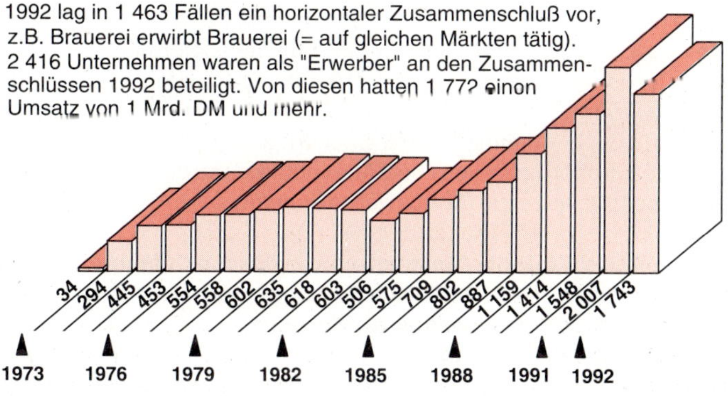

Quelle: Bundeskartellamt

Vorteile wirtschaftlicher Konzentration

Wirtschaftliche Konzentration kann volkswirtschaftlich vorteilhaft sein – etwa wenn es darum geht, sich gegen internationale Konkurrenz auf dem Weltmarkt zu behaupten. Die Entwicklung und Herstellung von Gütern kann auch mit so hohen Entwicklungs- und Produktionskosten verbunden sein, daß nur wenige große Unternehmen dies finanzieren können. Die Übersicht 3 zur Marktkonzentration nach Branchen zeigt deutlich, in welchen Wirtschaftsbereichen die Konzentration besonders hoch und wo sie vergleichsweise niedrig ist. Aber auch in Fällen relativ hoher wirtschaftlicher Konzentration ist es wichtig, daß zumindest die wenigen Großunternehmen – einschließlich ausländischer Konkurrenz – miteinander in Wettbewerb stehen.

Übersicht 3: Marktmacht in unterschiedlichen Branchen
Marktanteil der jeweils 6 umsatzstärksten Unternehmen

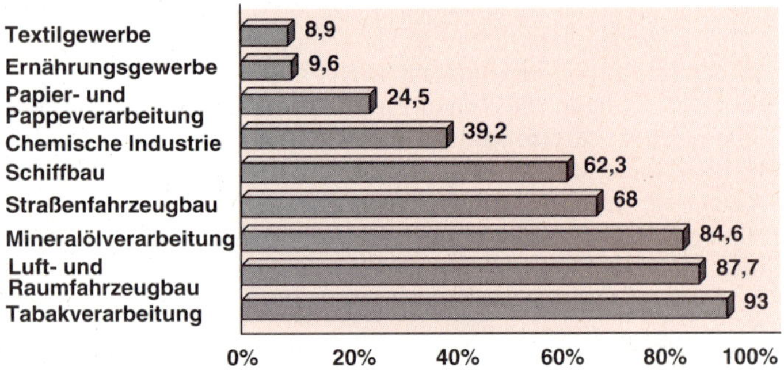

Quelle: Statistisches Bundesamt

Gefahren wirtschaftlicher Konzentration

Wo Wettbewerb nicht vorhanden ist, besteht immer die Gefahr, daß Anbieter den Kunden schlechtere Ware liefern oder ungünstigere Bedingungen einräumen als bei funktionierendem Wettbewerb. Umgekehrt besteht bei einer zu starken Stellung des Nachfragers (Käufers) gegenüber vielen Anbietern die Gefahr, daß den Lieferanten die Preise und Lieferbedingungen in einem Maße diktiert werden, daß sie nicht mehr gewinnbringend arbeiten können. Zwischen relativ kleinen Lieferanten und Großabnehmern – z. B. Bäckern und großen Handelsketten oder Autozubehörherstellern und Automobilkonzernen – besteht häufig eine solche verzerrte Wettbewerbssituation.

Wirtschaftliche Macht als politische Macht

Wirtschaftliche Konzentration birgt auch politische Gefahren. Denn sie läßt sich einsetzen, um politische Entscheidungen zu beeinflussen. Das muß nicht so direkt geschehen wie bei manchen multinationalen Konzernen (Unternehmen, die ihren Sitz in mehreren Ländern haben), die Putsche in der Dritten Welt gegen ihnen unangenehme Regierungen angestiftet haben. Das braucht auch nicht mit Bestechung und

Korruption verbunden zu sein. Ein großes Unternehmen kann mit der Verlagerung der Produktion drohen, um Gemeinden, Ländern und sogar Staaten besonders entgegenkommendes Verhalten abzuringen – zum Beispiel in Form billigerer Grundstückspreise, bevorzugter Verkehrsanbindung usw.

Staatliche Wettbewerbspolitik

Kartellgesetz
Bundeskartellamt

Staatliche Wettbewerbspolitik in der Bundesrepublik soll eine übermäßige Konzentration wirtschaftlicher Macht verhindern und den marktwirtschaftlichen Wettbewerb sichern. Zu diesem Zweck gibt es das Gesetz gegen Wettbewerbsbeschränkungen (GWB) – kurz **Kartellgesetz** genannt – und als Aufsichtsbehörde das **Bundeskartellamt** in Berlin. Es hat die Aufgabe, Gesetzesverstöße (zum Beispiel unerlaubte Preisabsprachen) zu ermitteln, zu ahnden und außerdem zu entscheiden, ob genehmigungspflichtige Unternehmenszusammenschlüsse (Fusionen) erlaubt werden sollen. Dabei ist zu prüfen, ob ein geplanter Zusammenschluß oder eine geplante Beteiligung an einem anderen Unternehmen den Wettbewerb wesentlich beeinträchtigt.
Die betroffenen Unternehmen wehren sich häufig mit Erfolg gegen ablehnende Entscheidungen des Bundeskartellamts durch Klage vor dem Bundesverwaltungsgericht. Auch ist es möglich, daß der Bundeswirtschaftsminister Ausnahmegenehmigungen erteilt, wenn er eine Fusion für volkswirtschaftlich sinnvoll hält – zum Beispiel im Falle starker Konkurrenz durch ausländische Großunternehmen. Eine solche Genehmigung gegen die Ablehnung durch das Kartellamt hat der Bundeswirtschaftsminister 1989 beim umstrittenen Zusammenschluß der beiden Großkonzerne Daimler-Benz und Messerschmitt-Bölkow-Blohm erteilt. Das Bundeskartellamt darf allerdings nicht eingreifen, wenn Unternehmen wachsen, weil sie am Markt mit ihren Produkten erfolgreicher als die Konkurrenz sind.

EG-Fusionskontrolle

Auf europäischer Ebene gibt es seit 1990 eine **EG-Fusionskontrolle** durch die EG-Kommission. Sie wird dann tätig, wenn innerhalb der EG Unternehmenszusammenschlüsse vorgesehen sind, die in ihrer Wirkung über die Märkte der einzelnen EG-Länder hinausgehen.

3 Läßt sich Wirtschaftswachstum steuern?

Konjunktur und Konjunkturzyklen

Die wirtschaftliche Entwicklung – gemessen an der jährlichen Veränderung des Bruttosozialprodukts – kann man mit Wellenbewegungen vergleichen, bei denen es Auf- und Abschwünge gibt, Wellenberge und Wellentäler. Das Auf und Ab der wirtschaftlichen Entwicklung nennt man **Konjunktur**, die einzelnen Wellen der wirtschaftlichen Entwicklung Konjunkturzyklen. Ein Zyklus wird in vier Phasen aufgeteilt und reicht vom wirtschaftlichen **Aufschwung** über die **Hochkonjunktur**, den wirtschaftlichen **Abschwung** bis zum wirtschaftlichen **Tiefstand**. Danach beginnt ein neuer Zyklus. Übersicht 4 gibt die Konjunkturentwicklung in der alten Bundesrepublik seit 1950 wieder. Deutlich sind die Konjunkturwellen (Zyklen) mit den verschiedenen Konjunkturphasen zu erkennen.

Übersicht 4: Konjunkturentwicklung 1951 - 1992
Reales Wirtschaftswachstum in Prozent/Jahr

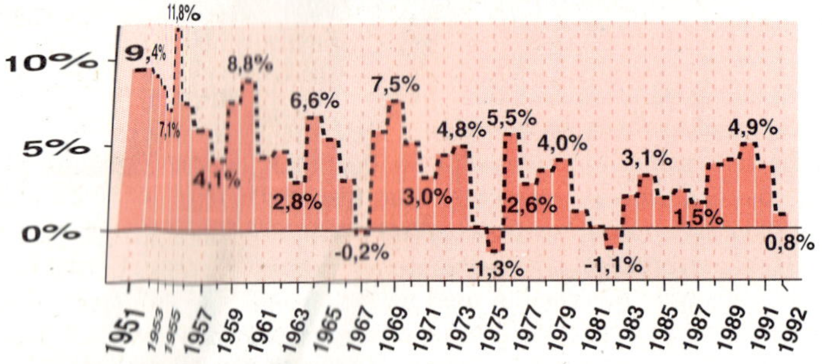

Hinweis: Die Zahlen beziehen sich auf das Bruttosozialprodukt der alten Bundesländer.

Quelle: Statistisches Bundesamt.

Lesebeispiel

1984 befand sich die wirtschaftliche Entwicklung in einer Phase der Hochkonjunktur, d.h. bei 3,1% realem Wirtschaftswachstum.
Der Konjunkturzyklus bis zur nächsten Hochkonjunktur dauerte 6 Jahre - bis 1990 (4,9%).
1987 war mit 1,5% Wirtschaftswachstum gegenüber dem Vorjahr ein Tiefstand erreicht.
Seit 1991 befindet sich die Konjunktur wieder auf Talfahrt.

Saisonale Schwankungen

Neben dem erfahrungsgemäß etwa 4 – 7 Jahre währenden Konjunkturzyklus gibt es noch kurzfristigere Konjunkturschwankungen, die auch als **saisonale Schwankungen** bezeichnet werden. Sie sind insbesondere in einzelnen Wirtschaftsbereichen von Bedeutung und haben häufig witterungsbedingte Ursachen (z.B. Rückgang der Bauwirtschaft im Winter).

Einflüsse auf die Konjunktur

Die wirtschaftliche Entwicklung in der Bundesrepublik ist von vielen Einflüssen abhängig. Existiert im Inland eine rege Nachfrage nach Konsum- und Investitionsgütern (Binnennachfrage), dann kann man von einem guten konjunkturellen Binnenklima sprechen. Die wirtschaftliche Konjunktur bei uns ist jedoch in hohem Maße auch von der **Wirtschaftsentwicklung in anderen Ländern** abhängig, denn fast ein Drittel unseres Bruttosozialprodukts wird durch den Export von Gütern erwirtschaftet. Verläuft die Konjunktur bei unseren wichtigsten Handelspartnern (z.B. den anderen EG-Staaten, USA, Japan, Kanada) schlecht, dann sinkt auch deren Nachfrage nach unseren Exportgütern und schwächt somit die Konjunktur in der Bundesrepublik.

Staatliche Konjunkturpolitik

Insbesondere Bund und Länder, aber auch die Gemeinden, tragen nach dem „Stabilitätsgesetz" besondere Verantwortung für die konjunkturelle Entwicklung in der Bundesrepublik. Deren Wirtschaftspolitik und finanzpolitische Maßnahmen sollen ein möglichst gleichmäßiges Wirtschaftswachstum ohne große Schwankungen ermöglichen. Dabei geht es im einen Fall darum, eine schwache Konjunktur in Richtung Wachstum zu stärken, im anderen Fall um das Bremsen einer zu starken konjunkturellen Entwicklung; denn eine zu starke Entwicklung birgt die Gefahr überschäumenden Wachstums mit hohen Preissteigerungen und nachfolgendem Zusammenbrechen der Konjunktur in

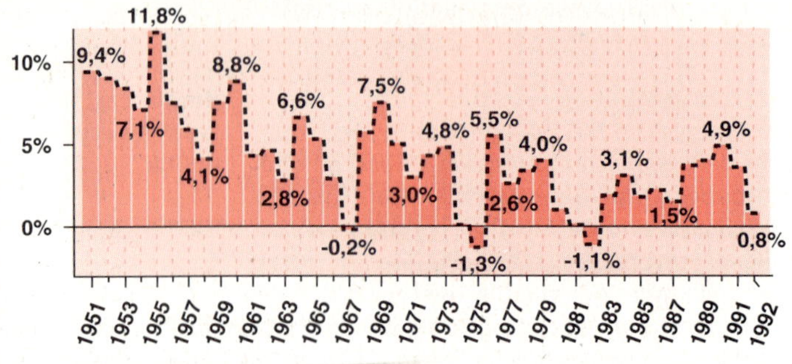

4 Geldentwertung – welche Ursachen, welche Politik?

Inflation

Die Menschen sind daran gewöhnt, daß Brot, Fleisch, Automobile und viele andere Güter in der Regel von Jahr zu Jahr mehr kosten. Diese Erscheinung nennt man **Inflation** (= Anstieg der Preise). Bei Inflation nimmt der Wert des Geldes ab. Für den gleichen Geldbetrag erhält man immer weniger Güter.

Übersicht 6: Inflationsrate in der Bundesrepublik
Veränderung der Verbraucherpreise gegenüber dem Vorjahr

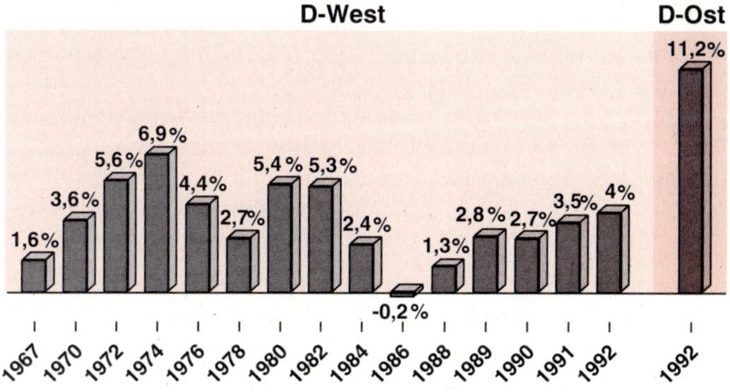

Quelle: BMWI; Statistisches Bundesamt.

Inflationsrate

Die jährliche prozentuale Preissteigerung für bestimmte Güter nennt man **Inflationsrate**. Man berechnet sie anhand des sogenannten **Warenkorbes**, in dem typische Güter der Lebenshaltung für einen Haushalt zusammengestellt sind. Wie Übersicht 6 zeigt, sind die Inflationsraten in den achtziger Jahren deutlich gesunken. 1986 kam die Geldentwertung sogar zu einem Stillstand. Dies lag zum überwiegenden Teil daran, daß einige aus dem Ausland eingeführte Güter billiger wurden.

Preise – zum Teil staatlich beeinflußt oder festgesetzt

Auch durch staatliche Entscheidungen werden die Preise beeinflußt. In den östlichen Bundesländern werden zur Zeit noch die Mieten sowie die Preise für öffentliche Transportmittel und Heizenergie in großem Umfang vom Staat bzw. den Kommunen **subventioniert**, d. h. die Preise liegen wesentlich unter den Herstellungskosten.
Solche staatlich beeinflußten Preise – sogenannte **administrierte Preise** – gibt es in allen Bundesländern. Der Wasser- oder Strompreis der städtischen Werke wird von politischen Gremien bestimmt. Die Preise für Bus und Bahn, für Telefongespräche, Postversand usw. werden nicht in erster Linie nach Marktgesetzen (Angebot und Nachfrage), sondern nach politischen Gesichtspunkten festgelegt.
Innerhalb der EG wird der Preis für Argarprodukte künstlich hoch gehalten – über den Weltmarktpreisen –, um die europäischen Landwirte vor außereuropäischer Konkurrenz zu schützen.

Die staatlich festgesetzten **Verbrauchssteuern** machen Güter teurer. Das gilt z.B. für die Mehrwertsteuer, die in der Bundesrepublik alle Preise um 15 % bzw. 7 % erhöht (Stand Mitte 1993). Es gilt außerdem für gezielte Produktsteuern wie die Mineralöl-, Tabak- oder Branntweinsteuer. Erhöht der Staat diese Steuern, dann wirkt sich das auf die Preisentwicklung aus.

Gründe für Inflation

Abgesehen von außenwirtschaftlichen und staatlichen Einflüssen auf die Inflationsrate spielen insbesondere zwei Faktoren eine große Rolle:

- Wenn die Nachfrage nach Gütern gegenüber dem bestehenden Angebot zu groß ist, dann gibt das Produzenten und Verkäufern Gelegenheit, höhere Preise für die Güter zu verlangen. Die starke Nachfrage zieht die Preise nach oben – Inflation durch **Nachfragesog** (vgl. Abschn. 3.3, Übersicht 1).
- Andererseits können die Produktionskosten der Unternehmen steigen – zum Beispiel dadurch, daß sich die Preise für Rohstoffe, die Löhne und Gehälter für Arbeitskräfte, die Transportkosten usw. erhöhen. Diese Kostenerhöhungen werden auf die Preise abgewälzt. In einem solchen Fall liegt Inflation durch **Kostendruck** vor.

Wachstumspolitik und Inflationsgefahr

Mit ihrer Wirtschafts- und Finanzpolitik kann die Regierung auch die Preisentwicklung beeinflussen. Die möglichen konjunkturpolitischen Maßnahmen, wie sie in Übersicht 5 genannt sind, wirken sich auch auf die Preisentwicklung aus. Maßnahmen, die das Wirtschaftswachstum durch Nachfragesteigerung fördern, begünstigen eine inflationäre Entwicklung. Maßnahmen, die die konjunkturelle Entwicklung zu bremsen versuchen, verringern im allgemeinen auch inflationäre Tendenzen.

Deutsche Bundesbank

Für die Entwicklung der Preise sind die Entscheidungen der **Deutschen Bundesbank** besonders wichtig. Als „Hüter des Geldwertes" ist sie nach dem Bundesbankgesetz in ihren Entscheidungen gegenüber der Bundesregierung unabhängig, soll deren Wirtschaftspolitik jedoch grundsätzlich unterstützen.

Geldpolitik

Die Maßnahmen der Bundesbank zielen in erster Linie darauf ab, die in der Volkswirtschaft vorhandene **Geldmenge** zu **steuern**. Ist zuviel Geld vorhanden, dann können Nachfrage und Preise steigen. Ist zu wenig Geld vorhanden, dann wird dadurch nicht nur möglicherweise ein Preisverfall herbeigeführt, sondern auch die konjunkturelle Entwicklung abgebremst. Mit ihrer **Geldpolitik** versucht die Bundesbank, die Geldmenge in der Volkswirtschaft so zu beeinflussen, daß Inflation vermieden wird und zugleich ausreichend viel Geld (bzw. Nachfrage) für ein gleichmäßiges Wirtschaftswachstum vorhanden ist.

Diskontsatz

Die Bundesbank beeinflußt die Geldmenge unter anderem mit folgendem Instrument: Sie setzt die Zinshöhe fest, zu der andere Banken und Sparkassen bei ihr Geld leihen können (Diskontsatz). Damit wird auch der Zins beeinflußt, zu dem Haushalte und Unternehmen bei den Geldinstituten Geld leihen können. Bei höheren Zinsen werden in der Regel weniger Kredite nachgefragt, und dadurch kommt weniger Geld in Umlauf.

5 Arbeit für alle?

Arbeitslosigkeit

Seit den frühen achtziger Jahren ist in der Bundesrepublik und ganz Europa zunehmende Arbeitslosigkeit eines der dringendsten politischen Probleme. Arbeitslosigkeit spaltet Gesellschaften in Gruppen, die Arbeit und damit ihr sicheres Einkommen haben, und solche, die aus Gründen der Arbeitslosigkeit in ihrer materiellen Existenz an den Rand der Gesellschaft oder gar in tiefe Armut gedrängt werden. Sie kann auch zu psychischen und körperlichen Erkrankungen führen.

Stichwort: Arbeitslosenquote

Das Ausmaß der Arbeitslosigkeit wird als **Arbeitslosenquote** ausgedrückt. Damit ist der prozentuale Anteil der Arbeitslosen an der Gesamtzahl aller abhängigen zivilen Erwerbspersonen (inkl. Arbeitslose) gemeint. Etwa 2,2 Mio. Arbeitslose in den alten Bundesländern im April 1993 entsprachen einer Arbeitslosenquote von ungefähr 7,9 %. In Ostdeutschland waren zum gleichen Zeitpunkt ca. 1,1 Mio. Menschen als arbeitslos gemeldet. Dies entsprach einer Arbeitslosenquote von 15,4 %. Die Jahresdurchschnittszahlen in Übersicht 7 sagen nichts über die Arbeitslosigkeit in einzelnen Regionen aus, noch geben sie als Jahresdurchschnitte Auskunft über monatliche Schwankungen.

Deutschland – Ost und West im Vergleich

Große Unterschiede existieren zwischen den östlichen und westlichen Bundesländern (siehe Übersicht 8). Während in **Westdeutschland** die Zahl der Arbeitsplätze 1991/92 zugenommen hat und die Arbeitslosenquote leicht zurückgegangen ist, sind die **östlichen Bundesländer** seit

Übersicht 7: Arbeitslosenquote in der Bundesrepublik
Jahresdurchschnitte

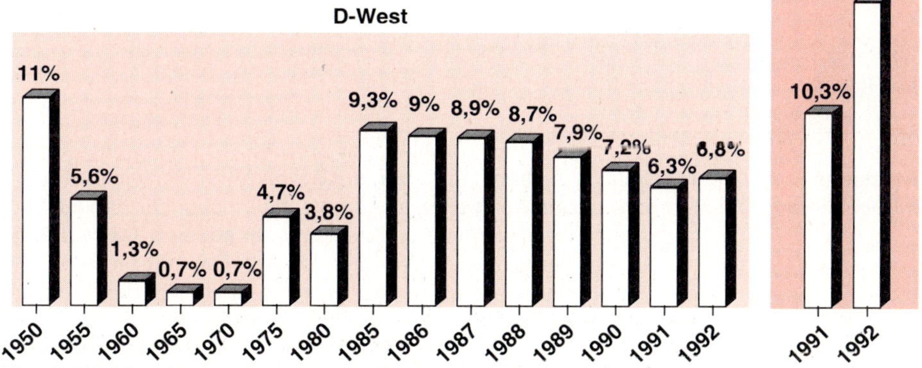

Hinweis: Die Arbeitslosenquote ist berechnet als Anteil der Arbeitslosen an der Gesamtzahl der abhängigen Erwerbspersonen (ohne Soldaten); Zahlen für 1992 vorläufig.

Quelle: Bundesanstalt für Arbeit; eigene Berechnungen.

der Vereinigung von dramatisch zunehmender Arbeitslosigkeit und Kurzarbeit betroffen (siehe Abschn. 3.5). Anfang 1993 haben jedoch auch in Westdeutschland infolge der einsetzenden Wirtschaftsflaute Arbeitslosigkeit und Kurzarbeit erheblich zugenommen.

Übersicht 8: Arbeitslose und Arbeitslosenquote
nach Bundesländern im April 1993

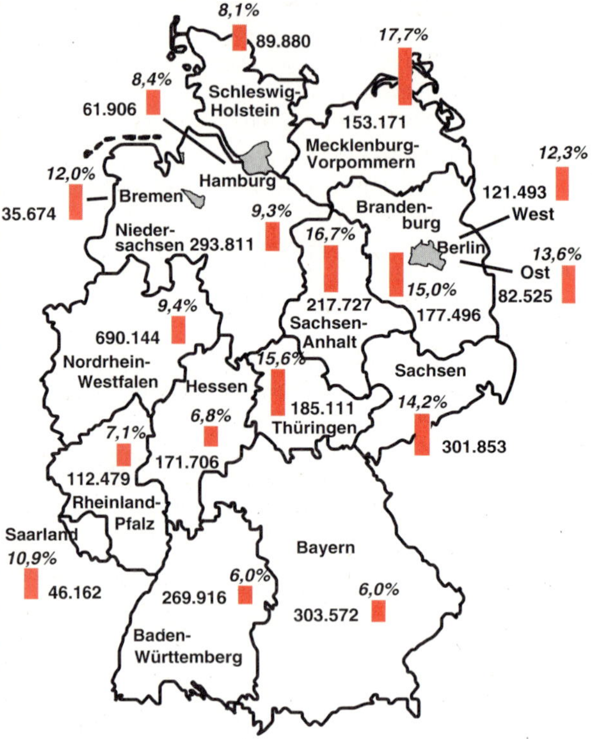

Hinweis: Arbeitslosenquote als Anteil der Arbeitslosen an der Gesamtzahl der abhängig Beschäftigten (ohne Militär).

Quelle: Bundesanstalt für Arbeit

Für Arbeitslosigkeit gibt es viele **Gründe**. Sie können einerseits bei den Arbeitslosen selbst liegen (z.B. mangelnde Ausbildung und Qualifikation), andererseits mit den Bedingungen am Arbeitsmarkt und der dort vorhandenen Nachfrage nach Arbeitskräften zusammenhängen. Die Nachfrage nach Arbeitskräften kann sich abschwächen wegen:

- generell nachlassendem Wirtschaftswachstum (**konjunkturelle Arbeitslosigkeit**);
- geringer wirtschaftlicher Aktivität in bestimmten Regionen (**regionale Arbeitslosigkeit**);
- schlechter Auftragslage in bestimmten Industrien oder Wirtschaftsbranchen (**strukturelle Arbeitslosigkeit**);
- rationellerer Arbeitstechniken (**Arbeitslosigkeit durch Rationalisierung**).

Entwicklung der Bevölkerung

Arbeitslosigkeit hängt auch von der **Bevölkerungsentwicklung** ab, die nur schwer und dann allenfalls langfristig zu beeinflussen ist. In den sechziger Jahren wurden relativ viele Kinder geboren. Diese drängten seit Anfang der achtziger Jahre auf den Arbeitsmarkt. Im selben Zeitraum sind aber sehr viel weniger ältere Menschen in den Ruhestand getreten. Von 1984 bis 1988 war die Zahl des Berufsnachwuchses zusammengerechnet um fast 750 000 höher als die der Berufsabgänger. Erst seit 1990 hat sich diese Entwicklung wieder umgekehrt. Der Geburtenrückgang in den späten sechziger Jahren hat dazu geführt, daß die Jugendarbeitslosigkeit seit 1984 allmählich zurückgegangen ist und seit 1991 wieder ein Mangel an Auszubildenden – jedenfalls in den alten Bundesländern – registriert wird. In den neuen Bundesländern dagegen hat der wirtschaftliche Zusammenbruch vieler Unternehmen auch zu einem Mangel an Ausbildungsplätzen geführt. Durch staatlich geförderte, überbetriebliche Ausbildungsmaßnahmen wird versucht, diesen Ausbildungsplatzmangel auszugleichen.

Zuwanderung von Arbeitskräften

Auch die Zuwanderung von Arbeitskräften führt zu einer Erhöhung des Arbeitskräfteangebots. Dies gilt zum Beispiel für Arbeitskräfte aus anderen EG-Staaten, für die freie Arbeitsplatzwahl innerhalb der EG besteht. Die Zuwanderung von deutschstämmigen Aussiedlern aus osteuropäischen Staaten und Übersiedlern aus der ehemaligen DDR hat auf dem Gebiet der alten Bundesrepublik ebenfalls die Anzahl der Arbeitsuchenden in den Jahren 1989 bis 1992 erheblich erhöht. Hinzu kommen die vielen Abwanderungen aus den neuen Bundesländern seit Juli 1990 wegen des dort herrschenden Arbeitsplatzmangels (siehe Abschn. 3.5, Leitfrage 1). All diese Zugänge an Arbeitskräften sind der Grund dafür, weshalb die Arbeitslosigkeit in Westdeutschland Anfang der neunziger Jahre trotz des Anstiegs der Arbeitsplätzezahl nur geringfügig abgenommen und dann wieder zugenommen hat.

Politik gegen Arbeitslosigkeit

Für die Bürger am sichtbarsten ist Politik gegen Arbeitslosigkeit dort, wo dem einzelnen Arbeitnehmer direkt geholfen werden soll, seine Chancen am Arbeitsmarkt zu verbessern. Zu den Aufgaben der staatlichen Bundesanstalt für Arbeit in Nürnberg sowie ihrer Arbeitsämter in den Ländern und Gemeinden gehört es, durch **Berufsberatung, Arbeitslosenvermittlung, Umschulungs- und Arbeitsbeschaffungsmaßnahmen** Hilfen zu geben.

Bundesanstalt für Arbeit

Arbeitsbeschaffungsmaßnahmen

Bei **Arbeitsbeschaffungsmaßnahmen** zahlt das Arbeitsamt für eine bestimmte Zeit Lohn oder Gehalt (bis zu 90 %), wenn ein Unternehmen oder eine öffentliche Verwaltung Arbeitslose einstellt. Man hofft, daß die Arbeitnehmer danach leichter eine feste Arbeitsstelle erhalten. Außerdem können Firmen Kurzarbeit bei den Arbeitsämtern für eine festgelegte Zeitspanne beantragen. Dann zahlt das Arbeitsamt einen Teil des Lohnes oder Gehalts, während das Unternehmen nur den Teil für die tatsächlich geleistete, verkürzte Arbeitszeit bezahlt.

Kurzarbeit

In den neuen Bundesländern spielen insbesondere Kurzarbeit, Weiterbildung und Umschulung sowie Arbeitsbeschaffungsmaßnahmen eine große Rolle, um das Heer der Arbeitslosen nicht zu sehr anschwellen zu lassen. Darüber hinaus erhalten ältere Arbeitnehmer die Möglichkeit, vorzeitig in den Ruhestand zu gehen.

Vorruhestand

Arbeitszeitverkürzung

Wenn weniger Arbeit vorhanden ist, sollte sie dann gerechter unter den Arbeitsuchenden verteilt werden? Alle, die eine **Arbeitszeitverkürzung** befürworten, beantworten diese Frage positiv. Die Forderung der Gewerkschaften nach der 35-Stunden-Woche ist so zu verstehen. Die Arbeitgeber kritisieren solche Vorschläge mit dem Hinweis, daß hierdurch die Arbeitskosten steigen würden und die internationale Wettbewerbsfähigkeit beeinträchtigt würde. Inzwischen haben sich die

Tarifparteien verschiedener Wirtschaftszweige in Tarifverhandlungen auf die 38,5-Stunden-Woche und ein stufenweises Reduzieren bis zur 37-Stunden-Woche geeinigt, einige bereits auf das Ziel der 35-Stunden-Woche, so zum Beispiel in der metallverarbeitenden und in der Druckindustrie.

Wirtschaftspolitik als Arbeitsmarktpolitik

Der wirtschaftspolitische Streit geht vor allem darum, ob und wie der Staat durch **Wirtschaftspolitik** die Arbeitslosigkeit vermindern könnte. Das Argument: Alle Maßnahmen, die die Produktionstätigkeit und die **Investitionen der Unternehmen** ankurbeln, weiten in der Regel auch das Arbeitsplatzangebot aus (siehe Übersicht 5). Hinsichtlich konkreter Maßnahmen lassen sich wiederum grob zwei große politische Lager unterscheiden.

Die Position von CDU, CSU, FDP und Arbeitgeberverbänden

CDU, CSU und FDP lehnen in ihrer Mehrheit direkte staatliche Ausgabenprogramme zur Arbeitsplatzbeschaffung ab. Sie wollen in erster Linie steuerliche und andere Belastungen für die Unternehmen verringern, damit diese mehr Spielraum für gewinnträchtige private Investitionen erhalten. Gleichzeitig soll die Kaufkraft der privaten Haushalte durch steuerliche Erleichterungen erhöht werden. Beides soll zu mehr Wirtschaftswachstum und Arbeitsplätzen führen. Diese wirtschaftspolitische Haltung deckt sich weitgehend mit der der Arbeitgeberverbände. Der wirtschaftliche Zusammenbruch in Ostdeutschland in den Jahren 1990/91 und die dort dramatisch zunehmende Arbeitslosigkeit (siehe Abschnitt 3.5) hat jedoch bei diesen Parteien und Interessengruppen zu einem gewissen Umdenken geführt. Zumindest für den wirtschaftlichen Aufschwung in den neuen Bundesländern befürworten sie staatliche Finanzhilfen für Investitionen und Ausgabenprogramme zur Beschaffung von Arbeitsplätzen.

SPD, Gewerkschaften, GRÜNE

SPD und Gewerkschaften, im wesentlichen auch die GRÜNEN sowie Bündnis 90/GRÜNE, sind überzeugt, daß eine Wirtschaftspolitik, die sich fast ausschließlich auf Wachstum durch private Initiative verläßt, die Arbeitslosigkeit nicht wirksam bekämpfen kann. Neben einer Arbeitszeitverkürzung werden öffentliche Ausgabenprogramme insbesondere im Bereich des Umweltschutzes und auch der Infrastrukturentwicklung in Ostdeutschland gefordert, mit denen gleichzeitig die Arbeitslosigkeit erheblich reduziert werden könne. Solche Beschäftigungsprogramme seien auch finanzierbar, weil sie zu einem großen Teil aus eingesparten Ausgaben für Arbeitslose (Arbeitslosengeld, Arbeitslosenhilfe) bezahlt werden könnten.

6 Gleiche Lebensbedingungen in allen Regionen?

Regionale Strukturpolitik

Das Grundgesetz schreibt den staatlichen Institutionen vor, durch wirtschafts- und finanzpolitische Maßnahmen möglichst einheitliche Lebensbedingungen in allen Regionen der Bundesrepublik anzustreben. Bereits ein oberflächlicher Vergleich zeigt jedoch, daß zum Beispiel die Arbeitslosigkeit in Ostdeutschland höher ist als in Westdeutschland, im Bayerischen Wald höher als in der Münchener Region, im Saarland höher als in Baden-Württemberg (siehe Übersicht 8).

In der Bundesrepublik sollen wirtschafts- und finanzpolitische Maßnahmen wirtschaftlich schwächere Regionen unterstützen. Zu diesem Zweck gibt es verschiedene Formen des Finanzausgleichs. Beim **Länderfinanzausgleich** zahlen leistungsstärkere Bundesländer aus ihren Steuereinnahmen einen finanziellen Ausgleich an leistungsschwächere. Innerhalb der einzelnen Bundesländer gibt es einen **kommunalen Finanzausgleich**.

Übersicht 9: Regionale Wirtschaftsförderung

Fördergebiete seit 1990

Quelle: Deutscher Bundestag, 21. Rahmenplan der Gemeinschaftsaufgabe "Verbesserung der regionalen Wirtschaftsstruktur".

Auf besondere Problemregionen soll sich die **Gemeinschaftsaufgabe „Verbesserung der regionalen Wirtschaftsstruktur"** konzentrieren. Bund und Länder finanzieren gemeinsam seit 1972 wirtschaftliche Fördermaßnahmen in Regionen, die im Vergleich zu anderen in der Bundesrepublik als besonders förderungswürdig eingestuft worden sind (siehe Übersicht 9). Seit der Verwirklichung der deutschen Einheit 1990 wurden die Fördermittel stark angehoben; denn sämtliche Regionen Ostdeutschlands gelten als Fördergebiete. Im Zeitraum von 1992–95 werden ca. 22 Mrd. DM bereitgestellt – inklusive Sonderprogramme in Höhe von 2,1 Mrd. DM. Mit diesen finanziellen Hilfen sollen Investitionen von insgesamt 103 Mrd. DM im Zeitraum von 4 Jahren angestoßen werden. An dieser Gemeinschaftsaufgabe wird kritisiert, daß sie zu sehr nach dem Gießkannenprinzip gehandhabt werde. Zu viele Regionen würden als förderungswürdig ausgewählt, weil alle Bundesländer möglichst viel für ihre Regionen herauszuschlagen versuchen. Für die größten Problemgebiete bleibt dadurch weniger Geld übrig.

Europäischer Regionalfonds

Neben den genannten regionalpolitischen Hilfen gibt es auch auf der Ebene der Bundesländer Förderprogramme für strukturschwache Gebiete innerhalb der jeweiligen Landesgrenzen. Und auf europäischer Ebene existiert unter anderem der **Europäische Regionalfonds**, der auf die wirtschaftlich schwachen Regionen innerhalb der Europäischen Gemeinschaft ausgerichtet ist – darunter auch einige westdeutsche Regionen und sämtliche neue Bundesländer.

7 Welche Bedeutung hat der Wirtschaftsaustausch mit dem Ausland?

Außenhandel

Der wirtschaftliche Austausch mit ausländischen Volkswirtschaften ist für die Bundesrepublik besonders wichtig. Folgende Zahlen machen das deutlich: 1991 erwirtschaftete die deutsche Volkswirtschaft Güter (Waren und Dienstleistungen) im Wert von über 2.800 Mrd. DM (Bruttosozialprodukt). Von diesen Gütern wurde ein Teil – und zwar im Wert von über 900 Mrd. DM – an das Ausland verkauft. Das heißt: In der deutschen Volkswirtschaft konnte nur deshalb so viel produziert und damit Arbeitsplätze und Einkommen gesichert werden, weil etwa ein Drittel des Bruttosozialprodukts Abnehmer in einer ausländischen Vokswirtschaft fand. Andererseits wurden 1991 auch ausländische Güter von der deutschen Volkswirtschaft gekauft – und zwar für etwa 700 Mrd. DM. Diese gingen zum Teil direkt in den Konsum (z. B. importierte Textilien, Kameras oder Nahrungsmittel) oder wurden für die Produktion von Gütern eingesetzt (z. B. Erdöl, Büromaschinen).

Handelspartner

Die wichtigsten Handelspartner der Bundesrepublik (alte und neue Bundesländer) sind die EG-Länder – Frankreich, Italien und die Niederlande auf den vordersten Plätzen. Als außereuropäische Einzelländer spielen die USA und Japan eine große Rolle für die deutsche Außenwirtschaft (vgl. Übersicht 10). Die ehemalige DDR handelte überwiegend mit den Staatshandelsländern des damals kommunistisch regierten Ostblocks. Die Beseitigung der kommunistischen Herrschaft

Übersicht 10: Außenhandel der Bunderepublik mit verschiedenen Regionen/Ländern
Einfuhr und Ausfuhr von Waren 1992 in Milliarden DM

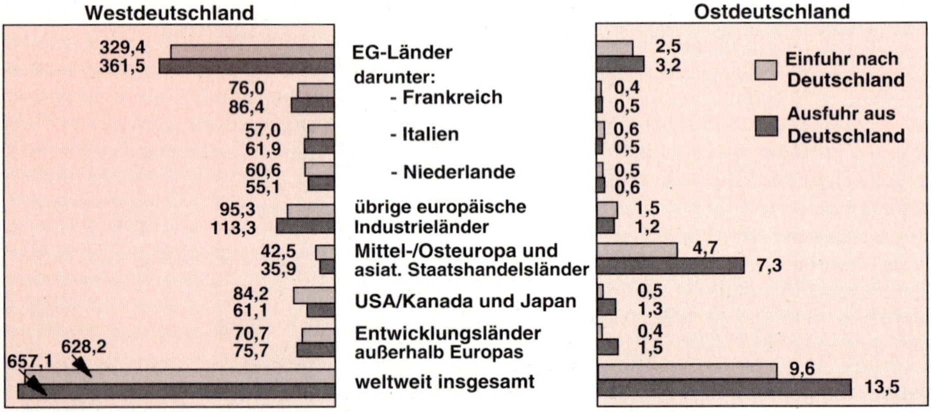

Hinweis: Die Balkenlängen sind nur innerhalb der beiden Teilgrafiken vergleichbar. Für den direkten Vergleich zwischen Ost- und Westdeutschland müssen die Zahlenwerte herangezogen werden. Nicht alle Regionen sind in der Grafik enthalten. Es fehlen z.B. die OPEC-Staaten, die europ. Entwicklungs- und einige hochindustrialisierte Länder Asiens. Die Summe der Einzelangaben entspricht deshalb nicht dem Betrag weltweit.

Lesebeispiel: 1992 importierte Westdeutschland aus Frankreich Waren im Wert von 76,0 Mrd. DM, Ostdeutschland für 0,4 Mrd. DM. Bei der Ausfuhr nach Frankreich betrugen die Warenwerte 86,4 bzw. 0,5 Mrd. DM.

Quelle: Statistisches Bundesamt.

und die Umstellung der Wirtschaftsordnungen dort hat in diesen Reformländern zu großen wirtschaftlichen Übergangsschwierigkeiten geführt. Der Handel der neuen ostdeutschen Bundesländer mit den osteuropäischen Staaten ist deshalb weitgehend zusammengebrochen und hat sich seit 1990 um mehr als die Hälfte reduziert.

Dienstleistungen

Nicht nur Waren (Sachgüter) werden importiert oder exportiert, sondern auch **Dienstleistungen**. So bezahlen deutsche Unternehmen Transportgebühren auch an Spediteure im Ausland (Import von Dienstleistungen). Auf der anderen Seite erhält die Deutsche Bundesbahn Geld von ausländischen Reisegästen (Export von Dienstleistungen).

Außenwirtschaftliches Gleichgewicht

Im **Stabilitätsgesetz von 1967** (siehe Leitfrage 1) wird vom **außenwirtschaftlichen Gleichgewicht** als einem wirtschaftspolitischen Ziel gesprochen. Damit ist gemeint, daß der Wert insbesondere der Güter und Dienstleistungen, die exportiert werden, nicht allzu sehr von dem der Importe abweichen soll. Die Differenz zwischen dem Wert der Exporte und dem Wert der Importe wird in Form von Bilanzen berechnet.

Leistungsbilanz einer Volkswirtschaft

Handelsbilanz

Dienstleistungsbilanz

Übertragungsbilanz

Bei der **Handelsbilanz** geht es um die Differenz zwischen dem Import und Export von Waren, bei der **Dienstleistungsbilanz** um die von Dienstleistungen. Die **Übertragungsbilanz** enthält empfangene oder geleistete Geldüberweisungen, mit denen keine Verpflichtung (also nicht z. B. Ware gegen Geld, Zinsen und Rückzahlung für Kredite) der anderen Seite verbunden ist – praktisch handelt es sich um „Geschenke“. Hierzu gehören Zahlungen an internationale Organisationen, Entwicklungshilfezahlungen, Spenden für die Dritte Welt, Überweisungen hier arbeitender Ausländer ins Heimatland usw. Alle drei Bilanzen zusammen ergeben die **Leistungsbilanz einer Volkswirtschaft.**

Die Handelsbilanz der Bundesrepublik ist meist positiv, d. h. aus der Volkswirtschaft der Bundesrepublik werden für mehr DM Waren exportiert als in sie importiert. Die Dienstleistungsbilanz dagegen weist keine eindeutige Tendenz auf, sondern ist manchmal positiv, manchmal negativ. Die Übertragungsbilanz ist in der Regel negativ, d.h. es wird mehr Geld ohne Gegenleistung von der Bundesrepublik ins Ausland überwiesen als umgekehrt.

Protektionismus

Internationalen Zündstoff bieten vor allem unausgeglichene Handelsbilanzen. Die Handelsbilanzen von Japan und Deutschland sind erfahrungsgemäß positiv, die der USA meist negativ. Die Volkswirtschaft der USA verschuldet sich daher zunehmend gegenüber dem Ausland, weil sie mehr importiert als exportiert. Das führt dazu, daß in den USA nach Maßnahmen gerufen wird, die die eigene Wirtschaft vor zu viel Importen schützen sollen, sogenannte **protektionistische Maßnahmen**. Darunter fallen zum Beispiel **Zölle** oder auch **Mengenbegrenzungen** für

Einfuhren. Begründet wird dieser Ruf nach dem Schutz der eigenen Industrie häufig damit, daß bestimmte Wirtschaftszweige in anderen Ländern staatlich subventioniert würden und sie ihre Güter deshalb billiger auf dem Weltmarkt anbieten könnten. So wird den Ländern der EG vorgeworfen, ihre eigene Landwirtschaft finanziell stark zu unterstützen und gleichzeitig Einfuhrzölle an den Grenzen Europas für ausländische Agrarprodukte zu verlangen. Besonders Japan wird immer wieder vorgehalten, dort subventioniere der Staat fast alle Wirtschaftsbereiche. Gleichzeitig sorge er nicht dafür, daß ausländische Firmen den japanischen Markt ungehindert beliefern könnten. Deshalb hat sich Japan schon mehrfach verpflichtet, die Exporte etwa von Automobilen in die USA und auch nach Europa zu begrenzen.

GATT

Das **GATT (General Agreement on Tariffs and Trade** = Allgemeines Zoll- und Handelsabkommen) ist eine Vereinbarung, die seit 1947 existiert und Protektionismus verhindern bzw. abbauen soll. Es ist inzwischen von über 100 Staaten unterzeichnet und soll die Handelsschranken zwischen den Volkswirtschaften verringern und Zollbestimmungen vereinheitlichen. Eine wichtige Regel ist die Meistbegünstigungsklausel. Sie besagt, daß eine Handelsvergünstigung, die einem Land von einem anderen eingeräumt worden ist, einem dritten Land des Abkommens nicht verweigert werden darf. Das heißt: Die günstigste Handelsbedingung – z. B. der niedrigste zugestandene Zolltarif für ein bestimmtes Produkt – muß für alle Unterzeichner des GATT gelten. Im Rahmen des GATT sind die Handelszölle in verschiedenen Stufen stark gesenkt worden. Die einzelnen Länder haben jedoch das Recht, zum Schutz besonders gefährdeter Wirtschaftsbereiche oder bei besonders negativen Außenhandelsbilanzen Schutzmaßnahmen für die eigene Wirtschaft zu ergreifen. Seit 1986 wird in der sogenannten **Uruguay-Runde** versucht, die bestehenden Vereinbarungen insbesondere auf den bislang ausgenommenen Agrarsektor auszudehnen. Vor allem die Weigerung der EG und Japans, die hohen Subventionen für ihre Landwirtschaften drastisch zu vermindern, haben bislang den Abschluß eines neuen Abkommens verhindert. Die USA, aber auch viele Entwicklungsländer sind daran interessiert, ihre billiger produzierten Agrarprodukte in der EG und Japan abzusetzen.

EG
Stichwort:
Binnenmarkt

Den größten, weitgehend ohne Handelshemmnisse funktionierenden Wirtschaftsraum bildet die **Europäische Gemeinschaft (EG)**. Mit Einführung des **Binnenmarktes** am 1. Januar 1993 sind fast alle Schranken für den ungehinderten Austausch von Waren, Dienstleistungen und Kapital (Geld) beseitigt worden, zu einem Teil auch für einen unbehinderten Arbeitsmarkt. Dieser Wirtschaftsraum könnte sich in Zukunft noch erweitern, wenn beitrittswillige Länder wie Schweden, Finnland, Österreich und evtl. auch Norwegen und die Schweiz EG-Mitglieder werden.

EWS

Das **Europäische Währungssystem** (EWS) mit dem ECU als Währungseinheit soll für möglichst stabile Wechselkurse zwischen den Währungen in Europa sorgen. Bis 1999 soll eine **Wirtschafts- und**

Währungsunion (EWU) entstehen, in der eine gemeinsame Währung als Zahlungsmittel eingeführt wird sowie eine **europäische Zentralbank** den Geldmarkt überwachen und mit einer von den Regierungen unabhängigen Geldpolitik für Geldwertstabilität sorgen soll (zur EG vgl. Leitfrage 2 in Abschnitt 7.1).

EWU
Europäische Zentralbank

Zusammenfassung

1 Die wirtschaftspolitischen Aufgaben des Staates werden in solche der Ordnungs-, Struktur- und Prozeßpolitik unterschieden. Im ersten Fall geht es darum, die Ordnung der sozialen Marktwirtschaft zu sichern und zu gestalten. Strukturpolitik versucht, wirtschaftliche Regionen zu unterstützen oder ganz bestimmte Wirtschaftszweige zu fördern. Die Prozeßpolitik nimmt auf die Entwicklung der Wirtschaft generell Einfluß – auf das Wirtschaftswachstum, die Preise, die Arbeitslosigkeit und den wirtschaftlichen Austausch mit dem Ausland.

2 Wirtschaftliche Konzentration kann den marktwirtschaftlichen Wettbewerb gefährden und soll vom Bundeskartellamt im Rahmen der staatlichen Wettbewerbspolitik kontrolliert werden. Wirtschaftliche Konzentration kann z. B. durch Unternehmenserfolg am Markt, aber auch durch Firmenzusammenschlüsse (Fusionen) entstehen. Nur im letzteren Fall hat das Bundeskartellamt in bestimmten Fällen ein Kontrollrecht.

3 Die Wirtschaftsentwicklung verläuft normalerweise in Konjunkturwellen, die aus einzelnen Zyklen bestehen. Ein Zyklus reicht vom Aufschwung (Expansion) über die Hochkonjunktur (Boom) und den Abschwung (Rezession) bis zum Konjunkturtiefstand (Depression). Die Wirtschafts- und Finanzpolitik versucht mit unterschiedlichen Maßnahmen, eine Wirtschaftskonjunktur im Abschwung oder Tiefstand anzustoßen und eine Konjunktur in oder nahe der Hochkonjunktur abzubremsen. Zwei grundsätzlich unterschiedliche Vorgehensweisen sind denkbar. Eine Gruppe von Wirtschaftspolitikern befürwortet direkte staatliche Eingriffe und Ausgabenprogramme, etwa um das Wirtschaftswachstum durch staatliche Nachfrage anzukurbeln (nachfrageorientierte Politik). Eine andere Gruppe rät zu weitgehender Zurückhaltung des Staates und stellt Maßnahmen in den Vordergrund, die die Entscheidungsfreiheit und die finanziellen Möglichkeiten der Unternehmen erhöhen. Deren Interesse an neuen Investitionen und Produktionen soll dadurch gesteigert werden (angebotsorientierte Politik).

4 Preissteigerungen – und damit Inflation – begleiten die Entwicklung westlicher Industrieländer ständig. Die umgekehrte Entwicklung, Preisrückgang oder gar Preisverfall (Deflation) kommt dagegen selten vor. Verschiedene Faktoren beeinflussen die Preisentwicklung: Angebot und Nachfrage am Markt, die in der Volkswirtschaft zur Verfügung stehende Geldmenge und die Preise für importierte Waren; auch der Staat hat direkten Einfluß auf Preise, z. B. durch Verbrauchssteuern oder auch direkte Preisfestsetzungen.

Besondere Verantwortung für die Stabilität des Geldwerts trägt die Bundesbank. Sie versucht, die Geldmenge so zu kontrollieren, daß genug Geld für wirtschaftliches Wachstum vorhanden ist, aber nicht so viel, daß dies Inflation durch übergroße Nachfrage nach sich zieht.

5 Hohe Arbeitslosigkeit ist seit den frühen achtziger Jahren ein internationales Problem. In der Bundesrepublik herrschen große regionale Unterschiede hinsichtlich der Arbeitslosenquote. In den neuen Bundesländern ist die Arbeitslosigkeit besonders hoch.

Unter anderem folgende Faktoren beeinflussen das Ausmaß der Arbeitslosigkeit: die Bevölkerungsentwicklung und damit das Angebot an Arbeitskräften; die konjunkturelle Entwicklung allgemein (konjunkturelle Arbeitslosigkeit) sowie in bestimmten Regionen speziell (regionale Arbeitslosigkeit); die wirtschaftliche Lage in bestimmten Wirtschaftszweigen (strukturelle Arbeitslosigkeit); der Einsatz rationellerer Arbeitstechniken (Rationalisierung).

Politik gegen die Arbeitslosigkeit setzt unter anderem bei denen an, die arbeitslos oder von Arbeitslosigkeit bedroht sind (Berufsberatung, Arbeitsvermittlung, Weiterbildung und Umschulung, Arbeitsbeschaffungsmaßnahmen). Sie kann auch die Arbeitsbedingungen verändern (z. B. Arbeitszeitverkürzung) oder durch Maßnahmen, die für wirtschaftliches Wachstum sorgen, gleichzeitig die Entwicklung von Arbeitsplätzen fördern.

6 Nach dem Grundgesetz soll sich der Staat um die Schaffung einheitlicher Lebensbedingungen in der Bundesrepublik bemühen. Zu diesem Zweck wird zwischen den Bundesländern ein Länderfinanzausgleich und innerhalb der Länder ein kommunaler Finanzausgleich durchgeführt. Der Zweck: Weniger finanzstarken Ländern und Gemeinden soll die Finanzkasse aufgefüllt werden. Die von Bund und Ländern gemeinsam finanzierte „Gemeinschaftsaufgabe Verbesserung der regionalen Wirtschaftsstruktur" fördert Investitionen des privaten Gewerbes und den Ausbau der Infrastruktur in wirtschaftsschwachen Regionen. Auch auf der Ebene der Europäischen Gemeinschaft gibt es Finanzhilfen für die regionale Wirtschaftsförderung, die vor allem im Europäischen Regionalfonds enthalten sind.

7 Beim wirtschaftlichen Austausch mit dem Ausland geht es um den Export (Ausfuhr) und den Import (Einfuhr) von Waren und Dienstleistungen einerseits und um Geldüberweisungen andererseits. Der jährliche Austausch mit anderen Volkswirtschaften wird u. a. in der Leistungsbilanz berechnet. Sie setzt sich aus der Handelsbilanz (Waren), der Dienstleistungsbilanz und der Übertragungsbilanz (Geldüberweisungen ohne Gegenleistung) zusammen.

Im Falle einer negativen Handelsbilanz setzen Staaten bisweilen protektionistische Maßnahmen ein: Zum Beispiel durch Zölle und Mengenbegrenzungen für Einfuhren soll die eigene Industrie gegen ausländische Konkurrenz geschützt werden. Protektionismus gefährdet den Welthandel und schadet letztlich allen, insbesondere aber exportierenden Ländern wie der Bundesrepublik, die auf internationalen Handel in hohem Maße angewiesen sind.

Umwelt zum Leben

4

4.1 Umweltzerstörung – ein politisches Thema?

Marie Marcks. In: Vorwärts Nr. 33/1984

Leitfragen

1 Erfolg und Gefährdung – zwei Seiten der gleichen Medaille?

2 Sind wir aufgewacht?

1 Erfolg und Gefährdung – zwei Seiten der gleichen Medaille?

Naturbeherrschung – fehlendes Problembewußtsein

Begriffe wie „Umweltverschmutzung" und „Umweltschutzpolitik", wie „Waldsterben", „Ölpest", „Abfallawine", „Ozonloch" oder „Treibhauseffekt" waren in den sechziger Jahren noch Fremdwörter in der öffentlichen Diskussion. „Macht Euch die Erde untertan!" Diese biblische Aufforderung wurde wörtlich genommen. Was als **wissenschaftlicher und technischer Fortschritt** gefeiert werden konnte, machte zunächst unabhängiger von der Natur und äußerte sich in steigender wirtschaftlicher Produktivität, in Wirtschaftswachstum und zunehmendem Wohlstand. Die Zerstörung der Umwelt wurde entweder nicht ernst genommen, oder man glaubte, die Probleme nach ersten Abhilfen gelöst zu haben.

Als zum Beispiel im Winter 1952 während einer Smog-Periode in London mehr als 4000 Menschen starben, wurde besonders schwefelhaltige Kohle als Brennmaterial in Wohnungsöfen oder offenen Kaminen verboten. Diese Einzelmaßnahme schien das Problem zu lösen. Man konnte wieder zur Tagesordnung übergehen. Und auf der stand die Steigerung der Wirtschaftsleistung obenan.

Belastbarkeit der Natur

Solange die Natur in der Lage war, Schadstoffe aufzunehmen und zu neutralisieren, brauchte man sich um die Umwelt keine Gedanken zu machen. Erst mit der enormen **Zunahme der Bevölkerung** seit dem vergangenen Jahrhundert, der wachsenden **Siedlungsdichte in Großstädten**, mit der **Ausweitung industrieller Produktionsweisen** und steigendem **Massenkonsum** geriet die Fähigkeit der Natur, Schadstoffe aufzunehmen und abzubauen, an ihre Grenzen.

Bevölkerungswachstum

Im Jahre 1 n. Chr. lebten etwa 300 000 Menschen auf der Erde. Tausend Jahre später waren es nicht einmal doppelt so viele, ungefähr eine halbe Million. Weitere Tausend Jahre später, im Jahre 2000, werden es etwa zwanzigtausendmal so viele wie zur Zeit der Geburt Christi sein, dann etwa 6 Milliarden. 1950 mußten ca. 2,5 Milliarden Menschen von dieser Erde leben. Im Jahre 2040, nicht einmal hundert Jahre später, werden es voraussichtlich viermal so viele sein, ca. 10 Milliarden.

Fortschritt

Durch **wissenschaftlichen Fortschritt** und **technische Erfindungen** hat der Mensch immer mehr und aufwendigere Güter produzieren können. Dies führte in den industrialisierten Ländern zu hohem Wohlstand. Bessere Ernährung und mehr Schutz vor den Naturgewalten ließen mehr Neugeborene überleben und die Menschen insgesamt länger leben. Fortschritte in der Hygiene – Trinkwasserversorgung, Abwassersysteme, Kläranlagen usw. – und nicht zuletzt die medizinischen Errungenschaften seit dem vergangenen Jahrhundert haben die Lebenserwartung der Menschen erheblich gesteigert, auch in den ärmeren Regionen dieser Erde. Gerade dort wächst die Bevölkerung in dramatischem Tempo. Auch diesen Menschen steht das Menschenrecht zu, ernährt, mit Kleidung und Wohnraum, mit Ausbildung und Arbeit versorgt zu werden, damit sie überleben können (vgl. dazu auch Kap. 9). Die Folgen des weltweiten Produktionsanstiegs waren: Lebensquellen wie Bodenschätze, die über Millionen von Jahren entstanden sind, wurden in nicht einmal einem Jahrhundert in großem Umfang abgebaut und verbraucht und gehen einem absehbaren Ende entgegen – so z. B. Erdöl und Kohle, Eisenerze und wichtige Mineralien. Fruchtbare Ackerböden werden durch einseitigen Anbau (Monokulturen), zu starke Düngung und chemische Schädlingsbekämpfung ausgelaugt, sie verlieren an Fruchtbarkeit. Landschaften veröden, weil Wälder abgeholzt werden. Gewässer und Grundwasser werden durch Industrie, Land-

Übersicht 1: Umweltverschmutzung und Nahrungsmittelkette

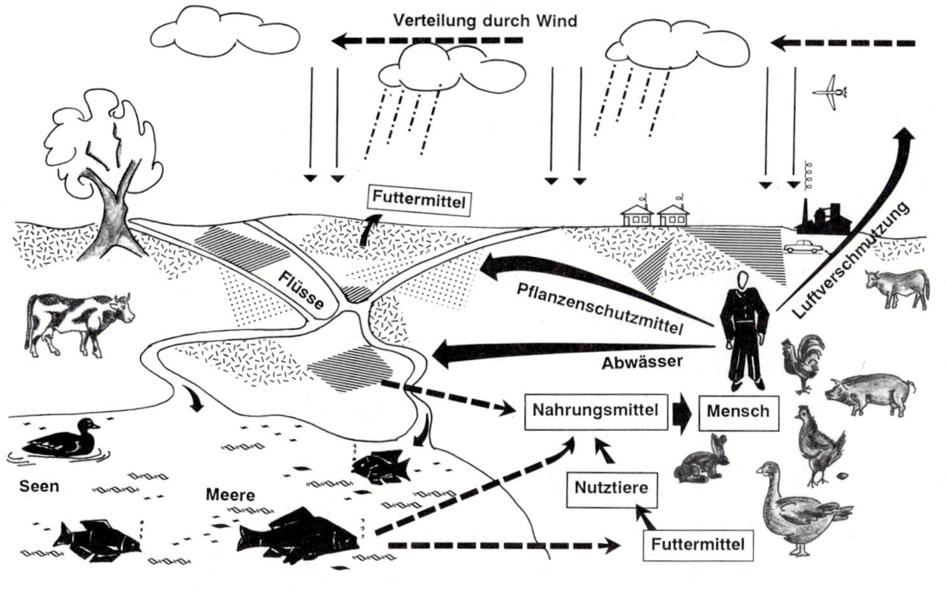

wirtschaft und Haushalte verschmutzt. Klimatische Veränderungen treten durch Abgase verschiedenster Art ein.

2 Sind wir aufgewacht?

Mensch und Umwelt als Ökosystem

Naturschutzvereine gab es bereits um die Jahrhundertwende. Ihnen ging es um den Schutz und die Pflege der Natur, um sich z. B. in der Freizeit an ihr zu erfreuen und sich in ihr zu erholen. **Umweltschutz** im heutigen Sinne geht weit über diese Vorstellungen hinaus. Er basiert auf der Erkenntnis, daß der Mensch Teil eines umfassenden natürlichen Systems **(Ökosystem)** ist. Alles, was in diesem System durch menschliches Handeln oder auch durch Naturgewalten geschieht, wirkt sich direkt oder indirekt auf den Menschen und seine Umwelt aus. Die Nahrungsmittelkette in Übersicht 1 gibt einen Eindruck davon, wie sehr Menschen, Tiere und Pflanzen in einem natürlichen Kreislauf miteinander verbunden sind. Diese komplizierten gegenseitigen Einflüsse sind schwer zu durchschauen, und ihre Wirkung tritt häufig erst lange nach der Verursachung zutage. Dabei können die Lebensbedingungen in einer Region oder auf der ganzen Erde unumkehrbar verändert werden.

Umweltschutzbewegungen und -parteien

In den sechziger und siebziger Jahren entstanden **Umweltschutzgruppen** und **Bürgerinitiativen,** die sich Umweltproblemen annahmen. Sie beschäftigten sich mit zahlreichen örtlich begrenzten Aufgaben, z. B. bei Straßenbauplanungen und Industrieansiedlungen. Aber auch

auf nationaler und internationaler Ebene gaben zahlreiche Gruppen neue Anstöße (vgl. Übersicht 2).
Auch bildeten sich **Umweltschutzparteien**, die ihren Einfluß in Parlamenten und Regierungskoalitionen geltend mach(t)en (vgl. Kap. 6.4).

Übersicht 2: Nationale und Internationale Umweltschutzorganisationen

Bund für Umwelt und Naturschutz
Deutschland e.V. (BUND)
Bundesgeschäftsstelle:
Im Rheingarten 7
53225 Bonn

Bundesverband Bürgerinitiativen
Umweltschutz e.V. (BBU)
Friedrich-Ebert-Allee 120
53113 Bonn

Grüne Liga e.V.
Netzwerk ökologischer Bewegungen
Friedrichstraße 165
10117 Berlin

GREENPEACE e.V.
Vorsetzen 53
20459 Hamburg

Robin Wood e.V.
Aktionsgemeinschaft für Natur und Umwelt
Lahnstraße 65
28199 Bremen

World Wide Fund for Nature
Umweltstiftung WWF Deutschland
Hedderichstraße 110
60596 Frankfurt a. Main

Dies ist ein kleiner Auszug aus der Vielzahl von Organisationen und Initiativen im Umweltschutz. Manche von ihnen haben regionale Büros und spezielle Jugendabteilungen. Auf Landesebene, kommunaler Ebene und auf Schulebene existiert eine große Zahl weiterer Umweltschutzaktivitäten. Adressenverzeichnisse findet man z.B. in folgenden Büchern: Bundesgesundheitsamt: Wer informiert über Gesundheits- und Umweltschutz? Berlin 1991 (kostenlos); Grefe/Jerger-Bachmann: Das blöde Ozonloch. C.H. Beck Verlag, München 1992 (vor allem Jugendorganisationen und -initiativen).

Übersicht 3: Kauf umweltfreundlicher Produkte ?

Gefragt wurde: Wenn ein Produkt, z.B. ein Waschmittel, mit einem staatlich vergebenen Gütesiegel versehen wäre, das seine Umweltfreundlichkeit garantiert - würden Sie ein solches Produkt eher kaufen als ein anderes, oder wäre Ihnen das egal ?

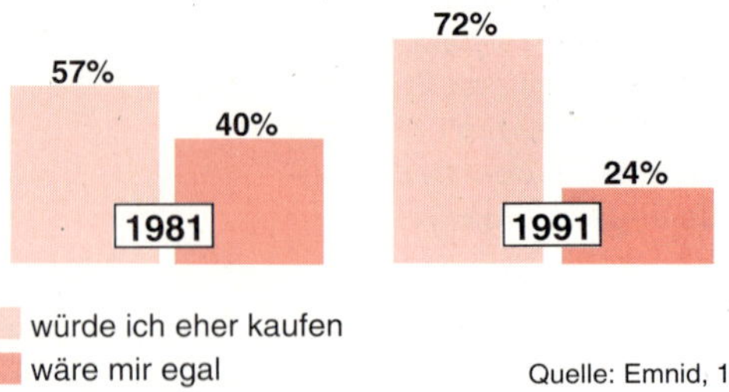

Quelle: Emnid, 1991

Zwischen Wollen und Tun:

1. Nicht alle, die sagen, sie würden umweltfreundliche Produkte bevorzugen, kaufen dann tatsächlich auch solche. Das hat eine Untersuchung ergeben.

2. Diejenigen, die sich auf Etiketten wie "Bio", "natürlich", "light" usw. verlassen, können nicht immer sicher sein, tatsächlich ein umweltfreundliches Produkt gekauft zu haben; denn es gibt auch "Mogelpackungen".

Umweltbewußtsein

Das **Umweltbewußtsein** in der Bundesrepublik hat seit den siebziger Jahren erheblich zugenommen und den Druck auf Parteien und Regierungen verstärkt, Umweltschutz als politische Aufgabe ernst zu nehmen. Noch 1969 war nur 2% der Bevölkerung in der Bundesrepublik der Begriff „Umweltschutz" geläufig, 1971 konnten 53% und 1972 schon 92% etwas mit ihm anfangen (Quelle: infas). Inzwischen wird bei allen Umfragen die Umweltzerstörung zumindest als eines der wichtigsten politischen Probleme genannt. Und auch die Bereitschaft, etwa beim Konsum auf Umweltschutz zu achten, hat zugenommen (vgl. Übersicht 3).

Zusammenfassung

1 Umweltbelastungen wurden lange nicht zur Kenntnis genommen, weil Fortschritt ausschließlich als Naturbeherrschung und zunehmende wirtschaftliche Leistungsfähigkeit definiert worden war und die Menschen keine Kenntnis von den komplizierten Zusammenhängen zwischen menschlichem Verhalten und den natürlichen Lebensgrundlagen hatten. Auch war die Natur lange Zeit in der Lage, Verschmutzungen und Belastungen aufzunehmen und abzubauen, so daß Umweltbelastungen ohne erkennbare Folgen blieben.
Der wissenschaftliche, technische und wirtschaftliche Erfolg produzierte seine Kehrseite: Überbevölkerung in allen Teilen der Welt, Überproduktion in den reicheren Industriestaaten und für die Zukunft einen größeren Nachholbedarf in den ärmeren Ländern.

2 Ökologische Forschungsergebnisse und deren allmähliche Verbreitung, Berichte über Umweltkatastrophen und sich abzeichnende kurzfristige wie langfristige Folgen haben ein Umweltbewußtsein entstehen lassen. Umweltbewegungen und -parteien entstanden. Ende der sechziger Jahre begann in der Bundesrepublik eine aktive Umweltschutzpolitik, die sich u. a. in umweltpolitischen Gesetzen und der Bildung von Umweltministerien und -behörden niederschlug.

4.2 Bereiche, Ursachen und Folgen der Umweltverschmutzung

Bereiche und Ursachen der Umweltverschmutzung

Wo?	**Wodurch?**
Boden	– Überdüngung und Ausbringen von „Pflanzenschutzmitteln" – Vernichtung von Wäldern und Pflanzenbewuchs zum landwirtschaftlichen Anbau, für Wohn-, Industrieansiedlungen und Straßen – Ablagerung von Abfällen in Mülldeponien – Ablagerungen von Luftverschmutzungen durch Windtransport sowie verunreinigte Niederschläge – Überbauung mit Gebäuden und Straßen
Wasser	– Einleitung von Abwässern in Flüsse, Seen und Meere – Schiffsunfälle mit gefährlicher Ladung – Herauswaschen von Verunreinigungen aus dem Boden – Schadstoffe aus der Luft, u. a. durch Niederschläge – Einsickern von Schadstoffen aus Mülldeponien, durch Verkehrsunfälle etc. ins Grundwasser – Gewässererwärmung durch industrielle Kühlwasserentnahme
Luft	– Abgase und Stäube durch Energieerzeugung, und gewerbliche Produktion – Heizungsabgase und -stäube – Abgase von Verkehrsmitteln mit Verbrennungsmotoren
Lärm	– entsteht bei fast allen menschlichen Tätigkeiten: in der Produktion, beim Konsum, bei der Arbeit, in der Freizeit

Leitfragen

1 Umweltverschmutzung – wo, wie und durch wen?

2 Welche Folgen sind zu erwarten?

3 Was kostet die Umweltzerstörung?

1 Umweltverschmutzung – wo, wie und durch wen?

Die drei Umweltbereiche **Luft, Boden** und **Wasser** werden durch Verschmutzungen verschiedenster Art zunehmend belastet. Die folgende Übersicht 1 zeigt am Beispiel der Umweltverschmutzung, wodurch diese Belastungen vor allem verursacht werden.

Umweltbelastungen messen

Sollen die Umweltbelastungen gemessen werden, bieten sich zwei Vorgehensweisen an:

Stichwort: Emissionen

► Werden die Schadstoffe gemessen, die zum Beispiel aus einem Fabrikschornstein, einem Kraftfahrzeug oder einer Hausheizung entweichen, handelt es sich um **Emissionen**. Emissionswerte interessieren z. B., wenn es um die jährlich durchzuführenden Schadstoffprüfungen bei Kraftfahrzeugen geht oder um die Genehmigung

Übersicht 1: Luftverschmutzung in den alten Bundesländern 1990

Anteile verschiedener Verursachungsquellen in %

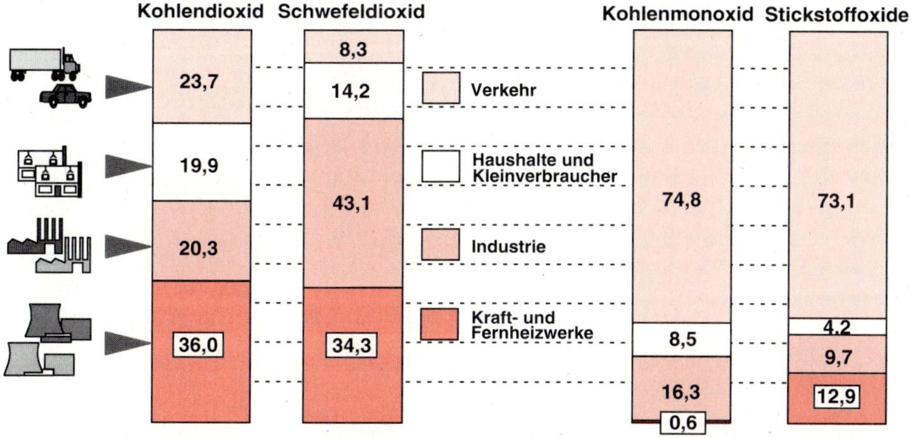

Hinweis: Die Industrie umfaßt hier auch industrielle Feuerungsanlagen. In der Kategorie Verkehr geht der bei weitem größte Teil der Belastungen vom Straßenverkehr aus.

Quelle: UBA, 15.05.1992

einer Fabrik, durch deren Produktionsprozesse bestimmte Schadstoffkonzentrationen im Rauch oder Abwasser nicht überschritten werden dürfen.

Bei den sogenannten **Immissionen** geht es um die Schadstoffbelastung in einem bestimmten Gebiet unabhängig von der Verursachungsquelle. In den Medien wird oft z. B. über die Belastung des Rheins mit Schadstoffen, die Ozonwerte in einer Stadt oder die Kohlenmonoxid- oder Schwefeldioxidwerte an einer Straße berichtet. Dies sind die Ergebnisse von Immissionsmessungen.

Übersicht 2: Verbreitung von Schwefel von und nach Deutschland

Zahlen in 100.000 kg oxidiertem Schwefel

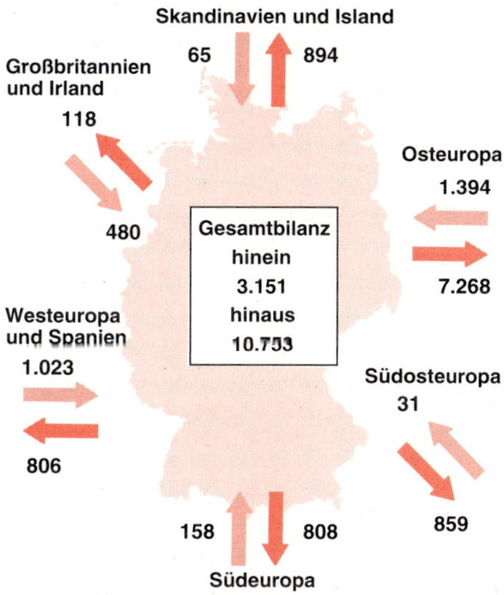

Hinweis: Die Zahlen gelten für die Bundesrepublik und die ehemalige DDR zusammen (Stand 1989).

Quelle: Wirtschaftskommission der Vereinten Nationen für Europa (UN-ECE).

Schadstoffe – nicht immer erkennbar

Manche Schadstoffe sind leicht wahrzunehmen, z. B. die Müllhalden, die Dunstglocken aus Staub und Abgasen über den Städten, Öllachen in Gewässern usw. Viele giftige Gase oder Flüssigkeiten sind jedoch geruch- und farblos oder kommen in solch geringen Mengen vor, daß sie nur mit Hilfe hochempfindlicher Instrumente gemessen werden können.
Gleiches gilt für die radioaktive Strahlung, die bei Transport und Nutzung von Kernbrennstoffen in die Umwelt gelangen kann.

Umweltverschmutzung ohne Grenzen

Die schädlichen Auswirkungen vieler Stoffe lassen sich nicht auf einen engen Raum begrenzen, sondern werden durch Wasser, Wind und sogar Transportmittel – z. B. bei Abfalltransporten – über lokale, regionale und Ländergrenzen verbreitet.
In England oder Deutschland produzierte Schwefelgase gehen zum Teil über Skandinavien und Osteuropa als „saurer Regen" nieder und tragen dort zur Übersäuerung von Seen und zum „Waldsterben" bei (vgl. Übersicht 2).

2 Welche Folgen sind zu erwarten?

Umweltrisiken

Die vielfältigen Risiken steigender Umweltbelastung sind nur zum Teil erkannt oder berechenbar und können sich katastrophal für Pflanzen, Tiere und Menschen auswirken. Dies zeigte sich besonders kraß bei den Chemiekatastrophen in Seveso (1976) und Bophal (1984) sowie beim Kernreaktorunfall von Tschernobyl (1986).
Besonders schwerwiegend sind die Belastungen, die sich erst längerfristig auswirken. Sie werden von den Menschen nicht rechtzeitig wahrgenommen, und somit reagieren sie auch zu spät. Auf den folgenden Seiten können nur einige Aspekte angesprochen, jedoch nicht vertieft werden. Dafür sind die Zusammenhänge in den meisten Fällen

Übersicht 3: Umweltrisiken im Überblick

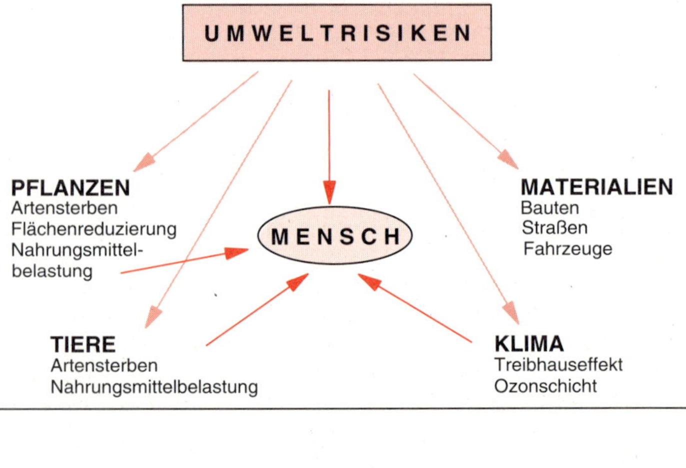

zu kompliziert und in ihren Einzelheiten auch unter Experten bisweilen umstritten.

Veränderungen in der Atmosphäre

Besondere Aufmerksamkeit haben in letzter Zeit Veränderungen in der Erdatmosphäre gefunden, die auf Luftschadstoffe zurückgeführt werden. Die Auswirkungen betreffen den ganzen Globus. Es handelt sich um die allmähliche Ausdünnung und teilweise **Zerstörung der Ozonschicht** in großer Höhe sowie den sogenannten **Treibhauseffekt.**

Stichwort: Zerstörung der Ozonschicht

Die fortschreitende Ausdünnung der **Ozonschicht** etwa 20 – 30 km über der Erdoberfläche wird durch bestimmte Gase hervorgerufen, die insbesondere von den Industrieländern erzeugt werden. An erster Stelle sind hier die sogenannten Fluorchlorkohlenwasserstoffe (FCKW) zu nennen, die zum Beispiel als Treibmittel in Spraydosen, zum Aufschäumen von Dichtungsmaterial oder in Kühlschränken und Klimaanlagen als Kühlmittel Verwendung finden. Halone, z. B. in Feuerlöschern, spielen eine wichtige Rolle, ebenso die in der Landwirtschaft bei der Verwendung von Düngemitteln entstehenden Gase und die bei der Verbrennung in Fahrzeugmotoren ausströmenden Stickoxide.

Hautkrebs und Augenleiden

Die gesundheitlichen Folgen dieser Entwicklung für die Menschen sind alarmierend. Die Ozonschicht filtert normalerweise einen großen Teil der ultravioletten Strahlen des Sonnenlichts. Geschieht dies nicht in ausreichendem Maße, dann ist mit einem Anstieg der Hautkrebserkrankungen und Augenleiden zu rechnen. Während in der Vergangenheit das sogenannte Ozonloch zunächst über der Antarktis beobachtet wurde (1956 zum ersten Mal, seit 1978 dessen ständige Vergrößerung), weiß man spätestens seit Ende der achtziger Jahre, daß auch über der nördlichen Halbkugel des Globus die Ozonschicht dünner wird. Schätzungen gehen davon aus, daß deshalb alleine in den USA in den nächsten 50 Jahren etwa 200 000 Menschen zusätzlich an Hautkrebs sterben werden.

Stichwort: Treibhauseffekt

Ein globales Klimaproblem stellen auch die Abgase dar, die den natürlichen **Treibhauseffekt** verstärken. Dieser ist zunächst einmal nötig, damit nicht alle Sonnenwärme von der Erde in Richtung Weltraum zurückstrahlt. Es wäre sonst bitterkalt auf der Erde. Bestimmte Gase, die sich in der Atmosphäre wie ein Mantel um die Erde legen, führen dazu, daß ein Teil der Wärmestrahlung in der Atmosphäre bleibt oder zurück zur Erde reflektiert wird. Zu diesen Gasen gehört vor allem das Kohlendioxid, das entsteht, wenn z. B. Holz, Kohle oder Öl verbrannt werden. Weitere Gase sind das Methan – es entsteht bei der Tierzucht und beim landwirtschaftlichen Anbau – und das FCKW, das zugleich die Ozonschicht zerstört (siehe oben). Gelangen zuviele Treibhausgase in die Atmosphäre, dann steigern diese den Treibhauseffekt so sehr, daß sich die Temperatur der Erdatmosphäre langsam erhöht. Die voraussichtliche Folge: Das Eis der Pole und Gletscher wird zum Teil abschmelzen, der Meeresspiegel um möglicherweise mehrere Meter ansteigen. Niedrig liegende Küstenregionen drohen, überflutet zu wer-

den. Eine Erwärmung des Erdklimas hätte aber auch die Verschiebung von Klimazonen zur Folge. Die Wüstengebiete Nordafrikas zum Beispiel könnten sich weiter nach Norden ausdehnen.
Besonders heimtückisch an diesen Belastungen der Erdatmosphäre ist der Umstand, daß die gefährlichen Gase bis zu mehreren Jahrzehnten brauchen, bis sie so weit aufgestiegen sind, daß ihre negativen Auswirkungen spürbar werden. Das heißt auch: Selbst wenn ihre Produktion und Anwendung heute gestoppt werden könnte, würde sich die Situation in der Erdatmosphäre in den nächsten Jahrzehnten trotzdem weiter verschärfen.

Waldrodungen

Wenn es um Gefährdungen des Klimas geht, kommen auch Waldrodungen in die Kritik. Seit 1970 wurden ca. 200 Millionen Hektar Wald vernichtet – das entspricht der Fläche der Vereinigten Staaten östlich des Mississippi. Die Tendenz ist steigend. Waren es 1989 etwa 11 Mio. Hektar pro Jahr, so stieg die Fläche vernichteten Waldes bis Ende der achtziger Jahre auf ca. 17 Mio. Hektar pro Jahr. Wälder sind in der Lage, Kohlendioxid in Sauerstoff umzuwandeln. Weniger Wald bedeutet deshalb eine Verstärkung des Treibhauseffekts. Wälder haben gleichzeitig die Eigenschaft, Wasser aufnehmen, speichern und langsam verdunsten oder in das Grundwasser abgeben zu können. Damit tragen sie zu Feuchtigkeit in der Luft und Regenfällen auch in entfernten Regionen bei. Sie leisten ebenso einen Beitrag zur Sicherung von Grundwasser, d. h. Süßwasser für Menschen, Tiere und Pflanzen. Bei uns sind die Wälder zwar nicht durch Rodungen, aber massiv durch Luftverschmutzung gefährdet (vgl. Übersicht 4).

Übersicht 4: Waldschäden in der Bundesrepublik 1992

Anteil der deutlich geschädigten Waldfläche in % der gesamten Waldfläche

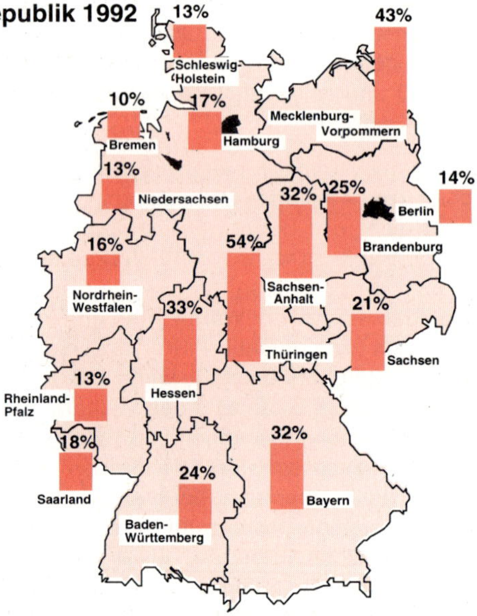

Für die Beurteilung der Qualität des Baumbestandes gibt es fünf Schadstufen:

0 ohne Schadensmerkmale (bis 10%)
1 schwache Schädigungen (11-25%)
2 mittelstark geschädigt (26-60%)
3 stark geschädigt (61-99%)
4 abgestorben

Ab Schadstufe 2 wird von deutlichen Schäden gesprochen. Der Blatt- bzw. Nadelverlust liegt über 25%.

Quelle: BMELF, Waldzustandsbericht 1992.

Tierwelt

Nicht nur Menschen, auch Tiere sind bedroht, wenn die natürliche Umwelt verändert, mit belastenden Stoffen geschädigt oder sogar zerstört wird. Dort, wo natürliche Wälder und Wiesen verschwinden, verlieren viele Tiere ihren Lebensraum, in dem sie sich ernähren und fortpflanzen können. Wer in einer Großstadt wohnt, weiß, daß dort viele heimische Vogelarten nicht mehr zu finden sind. Die Verschmutzung unserer Flüsse und Seen durch Chemikalien und Schwermetalle hat viele Fischsorten und mit ihnen Wasservögel verdrängt. Werra und Weser gelten als fast tote Flüsse, im Rhein trat wegen verschiedener Chemieunfälle 1986 ein allgemeines Fischsterben ein. Erst allmählich beginnt der Fluß, sich wieder zu erholen. Die gleichen Probleme zeigen sich in den Meeren und an den Küsten. Unfälle von Öltankern hinterlassen riesige Ölteppiche und führen zur Verseuchung von Fischgründen und Stränden sowie zum qualvollen Tod von Fischen und Wasservögeln. 1988 kam es zu einem Robbensterben in der Nord- und Ostsee, dem etwa 20 000 Tiere zum Opfer fielen. Forschungen legen den Verdacht nahe, daß Meeresverschmutzungen das Immunsystem der Tiere so geschädigt hatten, daß diese nicht genügend Abwehrkräfte gegen auftretende Krankheiten mobilisieren konnten.

Robbensterben in Nord- und Ostsee

Diese Bedrohungen durch Umweltzerstörungen ließen sich noch für viele andere Bereiche schildern, etwa die Auswirkungen auf die Gesundheit des Menschen, die Gebäudezerstörung etc. Im folgenden beschäftigen wir uns damit, welche finanziellen Belastungen dadurch entstehen.

3 Was kostet die Umweltzerstörung?

Kosten der Umweltverschmutzung

Es ist schon schwierig, die Umweltverschmutzung zu messen. Die finanziellen und gesellschaftlichen Folgen lassen sich noch schwerer ermitteln und in Geldwerten ausdrücken. Es müßten z. B. die Kosten aufgerechnet werden, die entstehen, wenn ein Arbeitnehmer wegen Umweltbelastungen erkrankt (Verlust der Arbeitskraft, Behandlungskosten etc.). Dabei müßten allerdings die Gesundheitsschäden, die durch andere Einflüsse entstehen, herausgerechnet werden. Neben diesen Folgekosten gibt es solche, die dadurch zustandekommen, daß die schädlichen Umwelteinflüsse der Produktion und des Konsums von vornherein vermieden oder vermindert werden sollen. Hier geht es um **präventive** (vorbeugende) **Maßnahmen** wie z. B. den Einbau von Filteranlagen zur Abluft- und Abgasreinigung, von Kläranlagen für die Abwasserreinigung usw.

Folgekosten

Christian Leipert hat versucht, Folgekosten wie auch solche der vorbeugenden Vermeidung von Umweltschäden zu schätzen (vgl. Tab. 1). Diese vorsichtigen, eher zu niedrigen Zahlen sagen aus, daß die Umweltkosten zwischen 1970 und 1988 um mehr als das Dreifache angewachsen sind. Ihr Anteil am Bruttosozialprodukt betrug 1970 etwa 1,5 %, 1988 schon fast 3,5 %. Das heißt: 3,5 % unseres gemessenen Güterwohlstands besteht in Wirklichkeit aus Reparatur- und Repara-

Tabelle 1: Umweltkosten der Produktion und des Konsums in der Bundesrepublik
in Mrd. DM und Preisen von 1980 (Schätzungen)

		1970	1980	1988
A	**Kosten zur Verminderung von Umweltbelastungen**	**1970**	**1980**	**1988**
1	Umweltschutzausgaben im produzierenden Gewerbe und in privatwirtschaftlichen Entsorgungsunternehmen	5,7	8,9	19,3
2	Kosten für Sicherheitsmaßnahmen bei Atomkraftwerken			2,3
3	Umweltschutzausgaben des Staates	6,0	12,75	15,0
4	Mehrkosten für Katalysatoreinbau in Kraftfahrzeuge			1,0
	Summe A ca.	**11,7**	**21,65**	**37,6**
B	**Folgekosten nicht vermiedener Umweltschäden**			
1	Zusatzkosten von Privathaushalten wegen Lärmbelästigung		2,0	2,0
2	Kosten der Altlastensanierung (wilde Deponien etc.)		0,05	1,0
3	Kosten der Asbestsanierung			0,4
4	Kosten des Ersatzes PCB-haltiger Kondensatoren			0,1
5	Aufbereitungskosten von Wasserwerken	1,71	3,44	7,0
6	Wassertransportkosten wegen Grundwasserbelastung	1,0	1,0	1,0
7	Kosten zur Beseitigung von Schäden bei Schiffsunfällen			0,1
8	Kosten der Waldwirtschaft wegen des Waldsterbens			0,5
9	Technische Kosten für Lawinenschutz nach Waldverlust			0,3-0,5
10	Kosten wegen Material- und Gebäudeschäden	2,4	2,4	4,0
11	Sanierung von Kunstwerken		0,05	0,15
12	Aufwand bei Autos wegen Korrosionsschäden		2,55	3,1
	Summe B ca.	**5,1**	**11,5**	**19,7**
	Summe A + B ca.	**16,8**	**33,15**	**57,3**

Nach: Chr. Leipert 1989: Die heimlichen Kosten des Fortschritts, Frankfurt/M: Fischer Verlag.

Vermeidungskosten

turvermeidungsmaßnahmen, die der umweltbelastenden Produktions- und Lebensweise zuzuschreiben sind. In die Tabelle 1 fehlen die Kosten, die im Bereich der Gesundheitsdienste entstehen, mit Maßnahmen im Arbeitsleben zu tun haben, im Hinblick auf die innere Sicherheit (z. B. Schutz von Kernkraftanlagen) anfallen usw. Werden auch diese Kosten berücksichtigt, dann belaufen sich die „heimlichen" Kosten der umweltschädigenden Produktions- und Konsumweise auf mehr als 10 % des Bruttosozialprodukts.

Stichwort: Umweltbilanzen

Das Statistische Bundesamt versucht, eine Art Umweltbilanz in die Volkswirtschaftliche Gesamtrechnung (VGR, vgl. Abschn. 3.2) aufzunehmen. Eine Umweltökonomische Gesamtrechnung (UGR) soll die bisherige VGR, in die der Wert der produzierten Güter eingeht, durch die Verluste an Naturkapital (Naturverbrauch bzw. -belastung) ergänzen, die bei der Produktion und dem Konsum von Gütern verursacht werden. Auch einige große Unternehmen sind inzwischen dabei, in ihre Jahresbilanzen Angaben über Umweltbelastungen und Ausgaben für den Umweltschutz aufzunehmen.

Umweltschutz als absolutes Gebot?

Einige Umweltschutzorganisationen lehnen es ab, die Schäden finanziell zu erfassen. Der Mensch habe sich nach dem Gebot zu richten, die Natur zu respektieren und intakt zu lassen – um ihrer selbst und kommender Generationen willen. Wirkliche Wohlstandsmehrung habe sich daran zu messen, ob die menschlichen Bedürfnisse besser befriedigt werden können bei gleichzeitiger Bewahrung der Natur. Das Denken in den ökonomischen Kategorien von Kosten und Nutzen behandele die natürliche Umwelt wie eine beliebig verfügbare Ware. Und genau dieses Denken habe zu den heutigen Umweltzerstörungen geführt.

Zusammenfassung

1 Umweltverschmutzung tritt in den Bereichen Boden, Wasser und Luft als Folge der Produktion und des Konsums von Gütern auf. Daran sind industrielle, gewerbliche und landwirtschaftliche Unternehmen sowie die privaten Haushalte beteiligt. Zu den großen Umweltverschmutzern zählen auch die mit fossilen Kraftstoffen angetriebenen Verkehrsmittel.
Viele Schadstoffe werden durch Wind, Wasser und Transportmittel über große Distanzen verteilt.

2 Die Folgen der Umweltverschmutzung machen sich bei Menschen, Tieren und Pflanzen, an Bauten sowie Klimaveränderungen bemerkbar. Neben den kurzfristigen Auswirkungen von „Umweltunfällen“ sind vor allem die langfristigen Folgen, die „schleichenden Katastrophen“, von Bedeutung.
Risiken für das Klima stellen insbesondere der Treibhauseffekt und die Ausdünnung der Ozonschicht dar. Pflanzen- und Tierarten sterben aus oder sind gefährdet. Das Waldsterben ist in vielen Ländern als Folge vor allem der Luftverschmutzung zu beobachten.

3 Der Versuch, die Folgen der Umweltverschmutzung in Geldsummen auszudrücken, stößt vor allem auf zwei Probleme – einerseits klar zu bestimmen, zu welchem Anteil Umweltbelastungen die Ursachen für Schäden sind, andererseits diesen Folgen einen Geldwert zuzuordnen. Kosten entstehen einmal dadurch, daß eingetretene Umweltschäden repariert werden, zum anderen dadurch, daß versucht wird, Umweltbelastungen bereits bei der Produktion und beim Konsum zu vermeiden oder einzuschränken. Schätzungen gehen davon aus, daß in der Bundesrepublik inzwischen über 10 % des Bruttosozialprodukts dafür ausgegeben werden, um Umweltbelastungen von vornherein in Grenzen zu halten oder Umweltschäden im Nachhinein zu reparieren.

4.3 Umweltpolitik in der Bundesrepublik Deutschland

Freimut Wössner/Cartoon-Caricature-Center.

Leitfragen

1 Wie hat sich die Umweltpolitik entwickelt?

2 Die Umwelt schützen – aber wie?

3 Welche Streitpunkte und Interessenkonflikte gibt es?

1 Wie hat sich die Umweltpolitik entwickelt?

Auf und Ab der Umweltpolitik

1969 erklärte Willy Brandt als Kanzler einer SPD/FDP-Bundesregierung den Umweltschutz zu einer wichtigen politischen Reformaufgabe. Seither hat die Umweltpolitik in der Bundesrepublik Höhen und Tiefen erlebt. Vier Phasen lassen sich unterscheiden (vgl. Übersicht 1). Zu dieser Entwicklung läßt sich grundsätzlich sagen: Je größer der Problemdruck (Umweltunfälle und -katastrophen) war, je stärker der öffentliche Druck (Bürgerinitiativen, Umweltbewegung, Umweltparteien, Medien) auf Parlament und Regierung wurde und je besser die wirtschaftliche Situation war, umso konsequenter wurde Umweltpolitik betrieben. Gab es hingegen wirtschaftliche Wachstumsprobleme mit hohen Arbeitslosenzahlen, dann wurde in der Umweltpolitik gebremst, um die Industrie vor „Umweltkosten" zu „schonen" und die deutsche Wirtschaft gegenüber der ausländischen Konkurrenz im Welthandel nicht zu benachteiligen.

Umweltpolitik in Bund und Ländern

Umweltschutzpolitik wird auf allen Ebenen des politischen Systems gemacht: durch den Bund, die Bundesländer sowie die Kommunen. Nach dem Grundgesetz hat der Bund in den Bereichen der **Abfallbeseitigung,** der **Luftreinhaltung** und der **Lärmbekämpfung** die **konkurrierende Gesetzgebung,** d. h., die Bundesgesetzgebung hat Vorrang. Die Bundesländer dürfen diese Bereiche gesetzlich nur so lange regeln, wie auf Bundesebene keine Gesetze erlassen worden sind. Bei der Bundesgesetzgebung wirken die Länder jedoch über den Bundesrat mit (vgl. S. Abschn. 6.2, Leitfrage 2). Im Falle des **Naturschutzes,** der **Landschaftspflege,** des **Wasserhaushalts** und der **Raumordnung** steht der Bundesebene nur eine **Rahmengesetzgebung** zu. In dieser werden allgemeine Grundsätze aufgestellt, die durch die Gesetzgebung der Bundesländer auszufüllen sind.

Gesetzgebung

Gesetzesvollzug

Bei den Bundesländern bzw. deren Verwaltungen und bei den Kommunen liegt in erster Linie die Verantwortung für den **Vollzug der Umweltschutzgesetze.** Ob die Gesetze wirksam werden, entscheidet sich letztlich dort, wo sie in die Praxis umgesetzt werden. Fehlt es den

Übersicht 1: Vier Phasen der Umweltpolitik in der Bundesrepublik

1969 – 1973 Aufbruchphase	**1974 – 1978 Abschwung**	**1978 – 1990 Aufschwung**	**1990 – erneuter Abschwung?**
Berichterstattungen insbesondere über Industrielle Umweltverschmutzung und deren Folgen sowie Informationen über die Umweltschutzgesetze in den USA und zunehmendes Umweltbewußtsein trugen dazu bei, daß die Umweltpolitik Teil des Reformprogramms der SPD/FDP-Bundesregierung wurde.	Mit der Ölversorgungskrise von 1973/74 und der nachfolgenden wirtschaftlichen Rezession kam die Angst vor hoher Arbeitslosigkeit. Umweltpolitik geriet in den Verdacht, die Produktionskosten zu sehr zu erhöhen, Investitionen zu vereiteln und Arbeitsplätze zu gefährden, in der Umweltpolitik wurde gebremst.	Öffentliche Auseinandersetzungen um die Kernenergie, Giftmüll, Öltankerunfälle, Flußverseuchungen, Chemieunfälle oder Waldsterben brachten den Umweltschutz wieder auf die Tagesordnung. Wahlerfolge der Partei „Die GRÜNEN" (seit 1979 in Landtagen, 1983 im Bundestag) schreckten die etablierten Parteien auf.	Mit der deutschen Einheit bekamen die Wirtschaftsprobleme Priorität. Der Zusammenbruch der ostdeutschen Wirtschaft und sprunghaft ansteigende Arbeitslosigkeit machten den Umweltschutz wieder zum Stiefkind, obwohl die Umweltprobleme gerade in der ehemaligen DDR besonders groß sind.

Übersicht 2: Umweltschutzrecht in der Bundesrepublik (Beispiele)

Schutz vor gefährlichen Stoffen

1980: Chemikaliengesetz (Neufassung 1990)
Anmeldung von Chemikalien und Mitteilung über deren Gefährlichkeit, bevor sie vermarktet werden können; Kennzeichnungs- und Verpackungsvorschriften; 1990 Verschärfung der Vorschriften: Umfangreichere Mitteilungs- und Prüfpflichten; Ausweitung auf Chemikalien, die exportiert werden sollen oder als Zwischenprodukte dienen.

Luftreinhaltung und Klimaschutz

1974: Bundes-Immissionsschutzgesetz (bis 1990 mehrfach geändert)
Ziel: Schutz vor schädlichen Umwelteinwirkungen durch Luftverunreinigung, Geräusche und Erschütterungen. Aus dem Inhalt: Genehmigungspflicht für und Überwachung von großen Industrie- und Gewerbeanlagen; Anforderungen an Beschaffenheit und Betrieb von Kraftfahrzeugen; Maßnahmen zur Bekämpfung von Smogsituationen; Regelungen zur Begrenzung des Schwefelgehalts in leichtem Heizöl und Dieselkraftstoff; Rechtsgrundlage für regionale Luftreinhaltepläne, Luftbelastungsmessungen etc.

1974: Technische Anleitung Luft (1986 neu gefaßt)
Festlegung von Emissionshöchstwerten für bestimmte Anlagen (z.B. Produktionsanlagen der chemischen Industrie) und den Ausstoß bestimmter Stoffe (z.B. Schwefeldioxid, Stickstoffoxide, Schwermetalle, Staub).

1980: Störfallverordnung (geändert 1988 und 1990)
Vorschrift, bei der zuständigen Behörde eine Sicherheitsanalyse für besonders gefährliche Anlagen zu hinterlegen; Beschreibung bei einem Störfall austretender Stoffe und möglicher Auswirkungen; Erläuterung von Vorsorgemaßnahmen; Meldepflicht bei Störfällen und Betriebsstörungen; Information der betroffenen Bevölkerung über Schutzmaßnahmen.

1983: Großfeuerungsanlagen-Verordnung
Schreibt für große Verbrennungsanlagen Emissionsgrenzen für Luftschadstoffe vor (u.a Schwefeldioxid, Stickstoffoxide, Kohlenmonoxid, Halogenverbindungen, Staub).

1985: Förderung schadstoffarmer PKW
Steuerliche Vorteile für PKW, deren Abgase schadstoffarm sind.

1988: Verbot von verbleitem Normalbenzin
Seit 1991 steuerliche Begünstigung von unverbleitem Superbenzin.

1988: Bundestags-Zustimmung zum internationalen "Montrealer Protokoll"
Internationale Vorschrift zur Verminderung bzw. Beendigung der Produktion und Verwendung von Fluorchlorkohlenwasserstoffen (FCKW) und Halonen - beides wichtige "Ozon-Killer"; verschärft durch die Konferenz von Kopenhagen 1992: FCKW-Verbot bis 1.1.96, Halon-Verbot bis 1.1.1994 (10-Jahresaufschub für Entwicklungsländer); in Deutschland über diese Regelungen hinaus vorgezogene abgestufte Verbotstermine nach Anwendungsbereichen; endgültige Verbotstermine: FCKW 1.1.95, Halone 1.1.92 (außer für Halone mit Ausnahmen u.a. für Altanlagen und Altanwendungen).

Schutz von Gewässern

1957: Wasserhaushaltsgesetz (1986 novelliert)
Rahmengesetz, das die Erlaubnispflicht für Gewässernutzungen vorsieht (Entnehmen von Wasser bzw. Einleiten von Abwasser); seit 1976 bundesweite Anforderungen an die Qualität von Abwasser; Abwasserreinigung muß dem "Stand der Technik" entsprechen; 1990 Trinkwasserverordnung: Grenzwerte für gesundheitsschädliche Stoffe im Trinkwasser.

1976: Abwasserabgabengesetz (1990 erneuert)
An die Länder zu entrichtende Abgabe für die Einleitung von Abwasser in Gewässer; Höhe richtet sich nach der Schädlichkeit und Menge eingeleiteter Schadstoffe (im Laufe der Jahre zusätzliche Schadstoffe berücksichtigt und höhere Abgaben eingeführt).

Abfall

1972: Abfallbeseitigungsgesetz/ 1986 neues Abfallgesetz
Theoretisch Vorrang der Vermeidung und Wiederverwertung von Abfall vor der Beseitigung; 1993 Technische Anleitung Siedlungsabfall: Ziel der Verminderung der Abfallmenge des Haus- und Gewerbemülls durch Maßnahmen der Verwertung (z.B. Kompostierung der Bioabfälle) und auch der "Schadstoffentfrachtung" (z.B. durch Abfallverbrennung) vor der Endlagerung der Restmenge auf Mülldeponien.

1987: Verordnung zur Altölentsorgung
Vorschriften über die Kennzeichnung, Entsorgung und Art der Aufarbeitung von Altöl; Verpflichtung der Vertreiber zur Rücknahme.

1988: Abfallverbringungs-Verordnung
Umsetzung einer EG-Richtlinie über den Transport gefährlicher Abfälle in andere EG-Länder; neue EG-Müllverordnung 1992; deutsche Verordnung gilt auch für Transporte in Nicht-EG-Länder.

1991: Verpackungsverordnung
Verpflichtung von Herstellern/Handel, Verpackungen zurückzunehmen und erneuter Verwendung oder stofflicher Verwertung außerhalb der öffentlichen Abfallentsorgung zuzuführen; Aussetzen der Rücknahmepflicht, wenn funktionierendes System auf privater Basis eingeführt wird, das die Einsammlung, Sortierung und Verwertung des entsprechenden Abfalls organisiert und sicherstellt. (vgl. "Duales System Deutschland", Abschn. 4.3)

1992: Klärschlammverordnung
Höchstgrenzen für organische Stoffe und Schwermetalle in Klärschlamm aus Klärwerken, der zur Düngung in der Landwirtschaft verwendet werden darf.

Strahlenschutz

1986: Strahlenschutzvorsorgegesetz
Meß-, Informations- und Überwachungssystem für radioaktive Strahlung.

1988: Errichtung des Bundesamtes für Strahlenschutz
Übernahme insbesondere von Aufsichtsaufgaben beim Strahlenschutz, der Reaktorsicherheit und nuklearen Entsorgung durch die Bundesebene (vorher bei den Bundesländern).

Allgemeine Maßnahmen

1990: Gesetz über Umweltverträglichkeitsprüfung
Umsetzung einer EG-Richtlinie in nationales Recht: Verlangt die Untersuchung und Berücksichtigung von Umweltauswirkungen bei der Planung/Genehmigung z.B. von Großanlagen wie Kraftwerken, Fabriken, Abfalldeponien oder Straßen (auf EG-Ebene auch grenzüberschreitend); enthält Vorschriften zur Information und Beteiligung der Öffentlichkeit.

1990: Umwelthaftungsgesetz
Schadenersatzpflicht von Anlagenbetreibern, wenn durch Umwelteinwirkung anderen Schaden an Leben, Körper, Gesundheit oder Sachen entsteht.

Nach: Bundesministerium für Umwelt, Naturschutz und Reaktorsicherheit(BMU), 1992: Umweltschutz in Deutschland; BMU, 1992: Wichtige Rechtsvorschriften im Umweltschutz; Pressemitteilungen des BMU.

durchführenden Verwaltungen an qualifiziertem und motiviertem Personal sowie an effektiven Kontrollmöglichkeiten, dann bleiben Gesetze ohne Folgen. Die Einleitung umweltgefährdender Industrieabwässer z. B. kann gesetzlich streng geregelt sein. Ist es aber nicht möglich, mit Hilfe wirksamer Meß- und Kontrollverfahren nachzuprüfen, ob die Gesetze eingehalten werden, dann bleiben solche Gesetze „zahnlos". Gesetzesbrecher können dann auch nicht bestraft werden.

Gemeinde- und Kreisebene

In den **Gemeinden und Landkreisen** sind u. a. die Müllbeseitigung und die Abwasserreinigung große umweltpolitische Aufgaben. In der Stadtplanung wird außerdem entschieden, wo welche Gewerbebetriebe und Industrieunternehmen angesiedelt werden dürfen, wie die städtische Verkehrsplanung aussehen soll, wieviel Grünflächen, Fußgängerzonen und Fahrradwege ausgewiesen werden, wie gut der öffentliche Nahverkehr ausgebaut ist usw.

Umweltgesetze und -maßnahmen des Bundes

Übersicht 2 enthält eine Auswahl wichtiger Bundes-Umweltgesetze und -maßnahmen. Diese Aufzählung sagt allerdings nichts über die Details dieser Regelungen aus, auch nichts über ihre Wirksamkeit und die politischen Auseinandersetzungen, die es um sie gegeben hat.

2 Die Umwelt schützen – aber wie?

Umwelt als öffentliches Gut

Am besten wäre es, wenn alle von sich aus soviel Rücksicht auf Natur und Umwelt nähmen, daß staatliche Politik überhaupt nicht eingreifen müßte. Produzenten und Konsumenten verhalten sich aber nicht so. Dafür gibt es mehrere Gründe. Die Umwelt „gehört allen", ist ein sogenanntes **öffentliches Gut**, das nicht beliebig in Portionen aufgeteilt werden kann. Deshalb profitieren viele davon, wenn einzelne sich umweltfreundlich verhalten. „Trittbrettfahrer" nennt man die, die das Verhalten der Umweltbewußten zum eigenen Vorteil ausnutzen, ohne selber etwas für die Umwelt zu tun.

Trittbrettfahrer

Der Ge- und Verbrauch der Umwelt erscheint „kostenlos". Wer durch umweltbelastende Produktionsmethoden oder durch besonders abgasintensive Fahrzeuge die Umwelt verschmutzt, muß dafür in der Regel nichts bezahlen. Diese Umweltkosten sind nicht im Preis der produzierten Güter enthalten. Dafür muß die Allgemeinheit aufkommen. Sie muß dann mit der schmutzigen Umwelt leben oder für deren Reinigung aufkommen.

Grundprinzipien der Umweltpolitik
Stichwort: Vorsorge-, Nachsorgeprinzip

Wenn nicht zu erwarten ist, daß Unternehmen und Haushalte von sich aus die Umwelt schützen, dann muß staatliche und internationale Umweltpolitik im Interesse des Gemeinwohls eingreifen.
Umweltpolitik kann nach dem **Vorsorgeprinzip** oder dem **Nachsorgeprinzip** gestaltet werden. Im ersten Fall sollen Umweltschäden von vornherein verhindert werden, im zweiten Fall geht es um deren nachträgliche Beseitigung. In der Umweltpolitik der Bundesrepublik spielen beide Vorgehensweisen eine Rolle. Vorschriften, die Höchstwerte für

Schadstoffe in den Abgasen großer Industrieanlagen vorschreiben (wie etwa in der Technischen Anleitung Luft, vgl. Übersicht 2), dienen dem vorsorgenden Umweltschutz. Wenn Trinkwasser aufbereitet werden muß oder Mülldeponien saniert werden müssen, geht es um die Beseitigung bereits eingetretener Schäden (Nachsorge).

Stichwort: Verursacherprinzip

Nach dem **Verursacherprinzip** sollen diejenigen, die Umweltbelastungen verursachen, auch für die Kosten der vorsorglichen Verhinderung oder der nachträglichen Beseitigung aufkommen. In der Bundesrepublik wird generell versucht, das Verursacherprinzip anzuwenden. In Fällen, in denen die Verursacher nicht zur Verantwortung gezogen werden können, muß die Allgemeinheit einspringen. Dann kommt das **Gemeinlastprinzip** zum Zuge. Dies geschieht etwa in den östlichen Bundesländern bei ehemaligen Staatsunternehmen, die privatisiert werden sollen, auf deren Gelände aber Umweltverschmutzungen zu beseitigen sind.

Gemeinlastprinzip

Instrumente der Umweltpolitik

Der Staat kann die Umsetzung dieser Prinzipien in praktische Umweltpolitik mit unterschiedlichen Mitteln anstreben. Er kann wirtschaftliche Anreize für umweltverträgliche Entscheidungen bei Produzenten und Konsumenten schaffen (marktorientierte Instrumente). Der Staat kann auch durch Vorschriften in die Entscheidungsfreiheit von Produzenten und Konsumenten eingreifen (ordnungspolitische Instrumente). Er kann auch mit erzieherischen Maßnahmen (Informationen und Appellen) das Verhalten der Menschen zu beeinflussen versuchen.

Übersicht 3: Instrumente der Umweltpolitik

Ordnungspolitische Instrumente
- Verbote, z. B. Gebrauch bestimmter Pflanzenschutzmittel
- Gebote, z. B. regelmäßige Abgasuntersuchungen bei Kraftfahrzeugen

Marktorientierte Instrumente
- Abgaben und Steuern, z. B. Abgaben von Industrieunternehmen, wenn sie Schadstoffe in Gewässer einleiten
- finanzielle Hilfen für Produktion und Konsum umweltfreundlicher Produkte, für Forschung im Umweltbereich, z. B. für Techniken zur Nutzung der Sonnenenergie

Erzieherische Instrumente
- Information und Überzeugung, z. B. über Folgen hohen Energie- und Wasserverbrauchs

3 Welche Streitpunkte und Interessenkonflikte gibt es?

Zurück in die Steinzeit?

In der Anfangszeit der Umweltdiskussion wurde den Umweltschützern von Unternehmern, Gewerkschaften und etablierten Parteien vorgeworfen, ihre radikalen Forderungen setzten die Errungenschaften der Industrie- und Wohlstandsgesellschaft aufs Spiel. Deutschland als hochindustrialisiertes Land würde im internationalen Wettbewerb verlieren und Arbeitsplätze würden millionenfach verlorengehen. Die Entwicklung zurück in die Steinzeitgesellschaft wurde an die Wand gemalt.

Einschränkungen durch Umweltschutz

Diese von Angst vor Veränderungen geprägten Argumentationen sind inzwischen fast verschwunden. Geblieben ist die Befürchtung, radikal betriebener Umweltschutz gefährde Arbeitsplätze und schränke die Entwicklung neuer wissenschaftlicher Erkenntnisse und technischen Fortschritt ein. Richtig ist: Umweltrechtliche Vorschriften können im Einzelfall die Ansiedlung eines Industrieunternehmens, die Produktion eines bestimmten Gutes, den Bau einer Straße oder die Plazierung einer Mülldeponie beeinflussen oder gar verhindern. Arbeitsplätze können dann gefährdet sein. Die Gegenfrage lautet allerdings: Sollen Arbeitsplätze in Produktionen geschützt oder sogar geschaffen werden, die langfristig die Umwelt zerstören und damit die Bedingungen für zukünftige Produktion zunichte machen?

Umweltschutz als Wachstumsmarkt der Zukunft

Insgesamt gesehen, haben sich die Befürchtungen der Gegner des Umweltschutzes nicht bewahrheitet. Umweltschutzgesetze haben im Gegenteil zur Entwicklung neuer Industrien beigetragen. 1992 waren ungefähr 6 000 Firmen im Bereich der Umwelttechnik tätig. Etwa 600 000 Arbeitsplätze waren hiermit direkt, mehr als 200 000 weitere indirekt verbunden. Auch im wirtschaftlichen Abschwung des Jahres 1993 wuchs die Produktion der im Umweltbereich tätigen Unternehmen um etwa 5 %. Umweltschutz hat sich nicht als „Job- und Wachstumskiller" erwiesen. Er scheint im Gegenteil ein Wachstumsmarkt der Zukunft zu werden. International heißt das: Länder, in denen sich die Wirtschaft frühzeitig auf umweltverträgliche Produkte und Produktionsverfahren einstellt, könnten im internationalen Wirtschaftswettbewerb zukünftig eher Vor- als Nachteile haben.

Stichwort: Der grüne Punkt

Die Interessenkonflikte in der Umweltpolitik finden nicht so sehr auf abstrakter Ebene statt, sondern dort, wo es um konkrete politische Entscheidungen und Verwaltungsmaßnahmen geht. Hier zeigt sich im Einzelfall, welche Interessen die größeren Durchsetzungschancen haben. Die Auseinandersetzung um den „grünen Punkt" soll hier als Beispiel dienen.

Verpackungsverordnung 1991

Die Verpackungsverordnung von 1991 (vgl. Übersicht 2) verpflichtet Hersteller und Handel, Verpackungen zurückzunehmen. Diese Verpflichtung kann vermieden werden, wenn ein privat organisiertes System eingeführt wird, in dem die Verpackungsabfälle erfaßt, eingesammelt, sortiert und wiederverwertet werden. Wiederverwertung heißt hier nicht Wiederverwendung wie bei Pfandflaschen, sondern Wiedergewinnung und erneute Nutzung der Stoffe, die im Verpackungsmaterial enthalten sind (stoffliche Wiederverwertung).

Stichwort: Duales System

Herstellerfirmen und Handel haben deshalb das „duale System" gegründet, das diese Aufgaben auf privater Basis übernehmen soll. Der „grüne Punkt" auf Verpackungen besagt, daß die Herstellerfirma des entsprechenden Produkts, z. B. eines Joghurts, dem dualen

System angeschlossen ist. Sie bezahlt einen bestimmten Preis pro Verpackung dafür, daß im dualen System die Verpackungen – hier Joghurtbecher – eingesammelt und stofflich wiederverwertet werden. Damit das duale System funktioniert, müssen zusätzliche Mülltonnen zur Verfügung gestellt werden, in denen Plastikverpackungen, Blech- oder Aluminiumdosen und Glas getrennt gesammelt werden können. Die „Duale System GmbH“ schließt Verträge mit Abfallentsorgungsfirmen ab, die für Transport, Sortierung und stoffliche Wiederverwertung verantwortlich sein sollen. Bloßes Verbrennen in Müllverbrennungsanlagen ist nicht gestattet.
Damit das „duale System“ von den einzelnen Bundesländern anerkannt wird, müssen mehrere Voraussetzungen erfüllt sein:

- ► Der Mehrweganteil an den Getränkeverpackungen – z. B. wiederverwendete Pfandflaschen – darf im Bundesgebiet nicht unter den Anteil von 1991 (durchschnittlich 72 %) sinken (Ausnahme bei Milch: 17 %),
- ► Es muß gewährleistet sein, daß festgelegte Mindestanteile der verschiedenen Verpackungsmaterialien, z. B. Glas, Aluminium und Kunststoff vom dualen System eingesammelt bzw. wiederverwertet werden.
- ► Die bereits bestehenden Wertstoffsammelsysteme in vielen Städten und Gemeinden (Glas-, Altpapiercontainer etc.) müssen in das Sammel- und Verwertungssystem einbezogen werden.

Sind diese Bedingungen nicht erfüllt, können die Landesumweltminister die Genehmigung des dualen Systems verweigern bzw. zurückziehen. In einem solchen Fall müßten im betreffenden Bundesland Handel und Hersteller individuell die Verpackungen zurücknehmen. Kunden könnten dann also z. B. leere Joghurtbecher in die Einzelhandelsgeschäfte zurückbringen. Auch in einem solchen Fall müßten Handel und Hersteller dafür sorgen, daß die zurückgegebenen Verpackungen entweder wiederverwendet oder wiederverwertet werden.

In wessen Interesse ist das „duale System“?

Zunächst einmal sind die Verpackungsindustrie, die Hersteller, der Handel und das Abfallentsorgungsgewerbe zufrieden. Die **Verpackungsindustrie** kann durch die Einführung des dualen Systems Verpackungen liefern wie bisher, denn die Regelung verlangt keine Verminderung, sondern nur Wiederverwertung des Verpackungsabfalls. Die **Hersteller** sind zufrieden, weil sie ihre Produktion nicht umstellen müssen, der **Handel,** weil das „duale System“ ihn vor der Flut zurückgebrachter Verpackungen bewahrt. Und auch die am System beteiligte **Abfallwirtschaft** ist zufrieden, denn sie verdient am Einsammeln, Sortieren und der Organisation der Wiederverwertung von ca. 3,9 Mio. Tonnen Verpackungsmüll (1991). Vorteile haben vordergründig auch **Städte und Gemeinden.** Ihnen wird durch das privat organisierte „duale System“ ein Teil des Abfalls abgenommen, der sonst in öffentlichen Hausmülltonnen landen würde.

Kritik am „grünen Punkt“

Umweltschützer sind gegen den „grünen Punkt“. Das fängt schon bei der Bezeichnung „grün“ an. Dies sei Augenwischerei, weil der grüne

Punkt Umweltfreundlichkeit des Produkts oder der Verpackung vortäusche. Noch schlimmer sei jedoch, daß das „duale System" nicht die umweltpolitisch notwendige Abfallvermeidung fördere, sondern im Gegenteil die Einweg- und Wegwerfmentalität. Der Anteil der Mehrwegverpackungen werde nicht – im Sinne des Umweltschutzes – erhöht, sondern nur auf dem Stand von 1991 festgeschrieben. Auch müssen die **Verbraucher** des „dualen Systems" höhere Preise bezahlen. Es wird geschätzt, daß ein normaler Haushalt mit Mehrausgaben von durchschnittlich 200,- DM pro Jahr rechnen muß. Allerdings haben die Verbraucher auch die Möglichkeit, bei ihren Einkäufen Produkte zu bevorzugen, die in Mehrwegverpackungen, in umweltfreundlichem oder gar ohne Verpackungsmaterial geliefert werden.

Wie in anderen Fällen wird auch hier deutlich, daß die Umweltschützer normalerweise geringere Durchsetzungschancen besitzen als diejenigen, die über große wirtschaftliche Macht verfügen (Industrie und Handel) oder direkte poltitische Interessen und Einflußmöglichkeiten haben (Städte und Gemeinden mit ihren Abfallproblemen).

Zusammenfassung

1 Die Umweltpolitik in der Bundesrepublik läßt sich in vier Phasen einteilen: (a) Aufbruchphase von 1969 – 1973; (b) Abschwungphase wegen wirtschaftlicher Rezession von 1974 – 1978; (c) erneuter Aufschwung in den Jahren 1978 – 1990; (d) ungewisse Entwicklung seit der Deutschen Einheit 1990.

2 Verschiedene prinzipielle Vorgehensweisen spielen in der Umweltpolitik eine Rolle: Das Vorsorgeprinzip zielt auf Vermeidung von Umweltschäden, das Nachsorgeprinzip auf deren nachträgliche Beseitigung. Die Bundesrepublik versucht, die Verursacher von Umweltschäden zur Verantwortung zu ziehen (Verursacherprinzip). Wo das nicht möglich erscheint, muß die Gemeinschaft für Schäden einstehen (Gemeinlastprinzip). Bei den Instrumenten der Umweltpolitik werden drei Typen unterschieden: ordnungspolitische Instrumente, die auf Verbote und Gebote setzen; marktorientierte Instrumente, die mit finanziellen Anreizen arbeiten (Umweltabgaben bzw. Subventionen); erzieherische Instrumente, die mit Informationen und Appellen das Verhalten zu beeinflussen versuchen.

3 Umweltpolitik hat sich nicht als „Jobkiller" erwiesen, sondern zum Aufbau einer zunehmend bedeutsamen Umweltindustrie geführt. Trotzdem gibt es nach wie vor politische Auseinandersetzungen darüber, wie radikal Umweltschutzpolitik auf die Umweltbelastungen reagieren soll.
Bei konkreten Maßnahmen zeigt sich immer wieder, daß starke Wirtschaftsgruppen ihre Vorstellungen gegen die Forderungen von Umweltschutzgruppen nach konsequenterer Umweltschutzpolitik durchsetzen können.

4.4 Internationale Umweltpolitik

Die Mahner von Nairobi

Aus einer Rede des Umweltforschers Ernst U. von Weizsäcker 1989: „Jede Sekunde gehen etwa 3000 Quadratmeter Wald verloren; jede Sekunde verlieren wir etwa 1000 Tonnen Boden; jeden Tag verbrennen wir soviel fossile Brennstoffe, wie erst in einem Menschenleben wieder nachwächst; jeden Tag werden etwa 10, vielleicht 50 Tier- und Pflanzenarten ausgerottet; jede Sekunde werden 1000 Tonnen Treibhausgase in die Luft geblasen ...
Beruhigen wir uns nicht mit der Ausrede, der Raubbau finde in Brasilien oder Indonesien statt. Die Ausrede ist faul und unwahrhaftig. In den Entwicklungsländern strebt man nach unserer Art Wohlstand. Und unsere Art Wohlstand bedeutet einen nahezu zehnfach höheren Pro-Kopf-Verbrauch an Wasser, Energie, Bodenschätzen und Land als in den Entwicklungsländern. Unsere Art Wohlstand, auf die heute lebenden 5 Milliarden Menschen ausgedehnt, würde den sofortigen ökologischen Kollaps bedeuten.
Wir haben zwei Möglichkeiten: Entweder wir hindern 9/10 der Weltbevölkerung auf Dauer daran, sich nach unserem Modell zu entwickeln. Oder wir ändern unser Modell."

Leitfragen

1 Europäische Gemeinschaft – Umweltschutz auf Sparflamme?

2 Internationale Umweltpolitik: Außer Spesen nichts gewesen?

3 Ziehen alle an einem Strang?

1 Europäische Gemeinschaft – Umweltschutz auf Sparflamme?

EG-Umweltpolitik seit 1972

1972, 15 Jahre nach Gründung der Europäischen Wirtschaftsgemeinschaft, wurde auf einem Gipfeltreffen der Regierungschefs beschlossen, daß die EG eine eigenständige Umweltschutzpolitik betreiben solle. Es dauerte weitere 15 Jahre, bis die Römischen Verträge von 1957

Übersicht 1: Stationen der EG-Umweltpolitik

1972 **EG-Gipfeltreffen in Paris**: Erste Erklärung zur politischen Verantwortung der EG im Umweltschutz.

1973-1976 **Erstes Umweltaktionsprogramm**: Aufstellung verschiedener Grundsätze: z.B. Vorsorge- und Verursacherprinzip, Koordinierung nationaler Umweltpolitiken und internationale Zusammenarbeit.

1977-1981 **Zweites Umweltaktionsprogramm**: Fortschreibung des ersten Programms ohne besondere neue Akzente.

1982-1986 **Drittes Umweltaktionsprogramm**: Beschluß des EG-Rats (EG-Regierungschefs), in bestimmten Bereichen umweltpolitische Schwerpunkte zu setzen, u.a. im Verkehrsbereich; Schutz der menschlichen Gesundheit und dauerhafte Verfügbarkeit von Ressourcen wird zum Ziel der EG-Umweltpolitik.

1987 Die **Einheitliche Europäische Akte** (EEA) tritt am 1. Januar in Kraft und verankert den Schutz der Umwelt offiziell im EG-Vertragsrecht. Die Römischen Verträge werden u.a. durch folgende Teile ergänzt:
Art. 130 r (1) Die Umweltpolitik der Gemeinschaft hat zum Ziel
- die Umwelt zu erhalten, zu schützen und ihre Qualität zu verbessern,
- zum Schutz der menschlichen Gesundheit beizutragen,
- eine umsichtige und rationale Verwendung der natürlichen Ressourcen zu gewährleisten.
(2) Die Tätigkeit der Gemeinschaft im Bereich der Umwelt unterliegt dem Grundsatz, Umweltbeeinträchtigungen vorzubeugen und sie nach Möglichkeit an ihrem Ursprung zu bekämpfen, sowie dem Verursacherprinzip. Die Erfordernisse des Umweltschutzes sind Bestandteil der anderen Politiken der Gemeinschaft. ...

1987-1992 **Viertes Umweltaktionsprogramm**: Ziele sind eine bessere Umsetzung bereits bestehenden EG-Umweltrechts in den Mitgliedsstaaten, eine bessere umweltpolitische Zusammenarbeit mit den Entwicklungsländern und freier Zugang für EG-Bürger zu umweltrelevanten Informationen in öffentlichen Verwaltungen.

1990 Beschluß des Ministerrats, eine **Europäische Umweltagentur** zu schaffen, die vor allem Umweltinformationen sammeln und öffentlich zugänglich machen soll (Anfang 1993 noch nicht eingerichtet).

1991 Der **Vertrag über die Europäische Union** (Maastricht-Vertrag), der in erster Linie die Vollendung des Binnenmarktes und eine Europäische Wirtschafts- und Währungsunion zum Inhalt hat, nennt in Titel II, Art. 2 gleichzeitig *"ein umweltverträgliches Wachstum"* und *"die Hebung der Lebenshaltung und der Lebensqualität"* als Aufgabe.

1993 **Fünftes Umweltaktionsprogramm**: Politische Willenserklärung der EG-Kommission mit Entschließung des EG-Ministerrats; nennt keine konkreten Vorhaben, sondern beschränkt sich auf allgemeine Aussagen zu verschiedenen Aufgabenbereichen und nennt das Ziel einer beständigen wirtschaftlichen und sozialen Entwicklung ohne Schädigung der Umwelt und der Natur; betont den Einsatz marktwirtschaftlicher, statt reglementierender Instrumente im Umweltschutz; soll 1995 überprüft werden.

durch die Einheitliche Europäische Akte 1987 ergänzt wurden. Umweltschutz war damit ein neues Ziel, das die Europäische Gemeinschaft anstrebte. Der Vertrag über die Europäische Union, 1991 in Maastricht unterzeichnet, verpflichtet die EG-Staaten, „ein beständiges, nicht inflationäres und umweltverträgliches Wachstum zu fördern". Übersicht 1 listet umweltpolitische Stationen der EG auf.

EG-Recht – nationales Recht

Für die Umweltpolitik ist die EG theoretisch ein Glücksfall, bietet sie doch als Institution die Chance, eine staatenübergreifende Umweltpolitik systematisch zu betreiben und für die Mitgliedstaaten verbindlich festzulegen. Von 1972 bis Ende 1991 hat die EG 136 Richtlinien im Bereich des Umweltschutzes erlassen. Nicht alle Länder haben diese bislang vollständig in nationales Umweltrecht umgesetzt: Dänemark (122), Frankreich (117), Großbritannien und Portugal (108), Griechenland (102), Spanien (100), Deutschland (99), Niederlande (96), Belgien (95), Irland (94), Luxemburg (88) und Italien (70). Diese Richtlinien sind zwar nicht – wie z. B. die EG-Verordnungen – unmittelbar in den einzelnen Staaten anwendbares Recht; sie müssen jedoch von den Mitgliedstaaten innerhalb einer festgelegten Frist in nationales Recht umgesetzt werden. Geschieht dies nicht, können die einzelnen Staaten beim Europäischen Gerichtshof angeklagt werden, was durchaus häufig geschieht. Die EG hat allerdings keine Machtmittel, ein Land auch nach einer Verurteilung zum Befolgen der Vorschriften zu zwingen.

Umweltrecht und Bürgereinfluß

Auch die Bürger der EG-Staaten oder Umweltschutzverbände können die Initiative ergreifen, wenn sie der Ansicht sind, daß in ihrem eigenen oder in einem anderen Land der EG Umweltschutzrichtlinien nicht oder nicht rechtzeitig in nationales Recht umgesetzt bzw. nicht korrekt angewendet werden. Beschwerden können direkt an die EG-Kommission in Brüssel oder als Petition an das Europa-Parlament in Straßburg gerichtet werden. Die europäischen Organe müssen solchen Beschwerden nachgehen.

Information über den Zustand der Umwelt

Eine EG-Richtlinie von 1990 schreibt den Mitgliedstaaten vor, freien Zugang zu Umweltdaten zu gewähren, die ihren Behörden vorliegen – Daten ausgenommen, die dem Schutz von Geschäfts- oder Betriebsgeheimnissen unterliegen, personenbezogen sind oder geistiges Eigentum darstellen. Solchen Informationszwecken soll auch eine Europäische Umweltagentur und ein Europäisches Umweltinformations- und Umweltbeobachtungsnetz dienen. Beides existierte jedoch Anfang 1993 noch nicht, weil die Regierungen sich bislang nicht über den Sitz der Agentur einigen konnten.

Umweltschutz gegen Handelsfreiheit

Der EG wird vielfach vorgeworfen, sie bremse in Sachen Umweltschutz. Für sie stünden Wirtschaftswachstum, Handelsfreiheit und gleiche Wettbewerbsbedingungen innerhalb der EG an erster Stelle. Die Einführung des europäischen Binnenmarkts Anfang 1993 ist vor allem auf einen freien Austausch von Waren, Dienstleistungen, Kapital und Arbeitskräften innerhalb der EG ausgerichtet. Zwar haben die einzelnen Länder die Möglichkeit, in Fragen des Umweltschutzes national über Schutzmaßnahmen auf EG-Ebene hinauszugehen – dies aber nur, wenn damit keine willkürlichen Handelssperren und Wettbewerbshindernisse aufgebaut werden. Das Ziel, den freien Wettbewerb zu sichern, kann hier also dem Ziel, im eigenen Land besonders umweltschützend zu handeln, entgegenstehen.

Europäischer Gerichtshof als Umweltschützer?

Der Europäische Gerichtshof schließt sich bei den bisherigen Gerichtsverfahren durchaus nicht immer den Argumenten für freien Marktzugang und Wettbewerbsgleichheit zu Lasten des Umweltschutzes an. Im September 1988 entschied er zugunsten eines dänischen Gesetzes, das ein Pfand- und Rücknahmesystem u. a. für leere Getränkeflaschen vorschreibt. Das Gericht lehnte die Klage der EG-Kommission ab, die in diesem Gesetz eine Behinderung des Wettbewerbs und des freien Warenverkehrs für ausländische Getränkeproduzenten sah. Die Begründung des EuGH: Der Umweltschutz als eines der wesentlichen Ziele der Gemeinschaft rechtfertige gewisse Einschränkungen des freien Warenverkehrs durch nationale Regierungen – jedenfalls solange eine EG-weite Regelung fehle.

Defizite in der Durchführung

Es ist keineswegs sichergestellt, daß die EG-Richtlinien in der praktischen Verwaltungsarbeit der einzelnen Staaten tatsächlich oder mit gleichem Nachdruck durchgesetzt werden. Nicht in allen Ländern gibt es ausreichendes, gut geschultes und mit technischen Überwachungsmitteln ausgerüstetes Personal, um die Einhaltung des Umweltrechts zu kontrollieren. Wegen dieser Defizite bei der Durchführung umweltrechtlicher Vorschriften hat der EG-Kommissar für Umweltfragen vorgeschlagen, eine der EG-Kommission unterstehende Umweltschutzpolizei zu schaffen.

Uneinigkeit zwischen EG-Staaten

Zwischen den einzelnen Mitgliedstaaten herrscht häufig alles andere als Einigkeit, wenn es um konkrete Umweltschutzmaßnahmen geht. So hat Frankreich auf Druck seiner Automobilindustrie in den Jahren 1984–1988 zunächst strengere Richtlinien bei den Autoabgasen und eine frühere Katalysatorpflicht für Neufahrzeuge (jetzt ab 1992) verhindert, die die Bundesrepublik, Dänemark und die Niederlande gerne eingeführt hätten. Die Bundesrepublik, andererseits, sträubt sich als einziges EG-Land bislang gegen eine umwelt-, energie- und menschenschonende Tempobeschränkung auf Autobahnen. Hinter solchen nationalen Differenzen stehen in erster Linie unterschiedliche wirtschaftliche Interessen. Die Gretchenfrage in jedem Land ist: Was kostet eine bestimmte Maßnahme die Wirtschaft oder den Steuerzahler? Und: Erleidet die eigene Industrie Nachteile – z. B. weil sie technisch noch nicht in der Lage ist, bestimmte Richtlinien zu konkurrenzfähigen Kosten einzuhalten?

Wirtschaftliche Interessen

2 Internationale Umweltschutzpolitik: Außer Spesen nichts gewesen?

Internationale Umweltpolitik = Friedenspolitik

Während bereits die zwölf vertraglich eng miteinander verbundenen EG-Staaten Schwierigkeiten haben, eine gemeinsame Umweltschutzpolitik zu formulieren und durchzuführen, sind die Chancen noch weitaus geringer, alle oder fast alle Staaten der Erde zu Umweltschutzmaßnahmen zu bewegen. Unbestritten ist, daß eine international abgestimmte Umweltpolitik nicht nur für den Schutz der Umwelt und einen sparsamen Umgang mit natürlichen Resourcen notwendig ist. Internationale Umweltpolitik wird auch als Friedenspolitik verstanden. Denn Umweltzerstörungen, die ganze Regionen der Erde unfruchtbar und unbewohnbar machen, können militärische Auseinandersetzungen um unzerstörte Lebensräume nach sich ziehen.

Abkommen von regionaler Bedeutung

Zwei Bereiche der internationalen Umweltpolitik lassen sich unterscheiden. Zum einen sind Abkommen zu nennen, die sich auf Umweltschutzaufgaben von regionaler Bedeutung konzentrieren. Hierzu gehören z. B. Abkommen zwischen den Anrainerstaaten der Ostsee, der Nordsee, des Rheins oder des Mittelmeers.

Globale Vereinbarungen und Abkommen

Der zweite Bereich internationaler Umweltpolitik sind Versuche, weltweite Umweltgefährdungen in den Griff zu bekommen. Hier sind in erster Linie die das Klima gefährdenden Entwicklungen zu nennen, die mit den Stichworten Ozonloch und Treibhauseffekt belegt werden (vgl. Abschn. 4.2, Leitfrage 2). Wie für Umweltbelastungen typisch, sind auch hier nicht nur die Verursacher von den Folgen betroffen. Das Worldwatch Institut schrieb 1992: „Der Ozonabbau kann Hautkrebs unter Bauern in den Anden auslösen, die niemals Sprühdosen mit Treibgas verwendeten, und die globale Klimaveränderung kann die Heimat von Bengalen überfluten, die niemals Elektrizität verbraucht haben."

Umweltpolitik der Vereinten Nationen

In der internationalen Umweltpolitik spielen die Vereinten Nationen eine wichtige Rolle, seit 1972 insbesondere das sogenannte UNEP (United Nations Environmental Programme) in Nairobi/Kenia, eine Unterorganisation der UNO, die deren umweltpolitische Maßnahmen koordinieren soll. Die UNO hielt im Juni 1992 in Rio de Janeiro die bislang größte Umweltkonferenz („Erdgipfel") zwanzig Jahre nach der ersten UN-Umweltkonferenz in Stockholm (1972) ab. 100 Staatschefs und etwa 15 000 Delegierte aus 178 Ländern kamen zu dieser Mammut-Konferenz. Die große Hoffnung, nicht nur allgemeine Absichtserklärungen, sondern verbindliche Abmachungen, z. B. über die Verminderung von CO2-Emissionen, Ozon-zerstörenden Gasen und von Waldrodungen zu erreichen, erfüllte sich nicht. Die wichtigsten Gründe:

- Die Weigerung der USA, sich auf feste Reduzierungswerte einzulassen,
- das Scheitern einer Einigung über größere finanzielle und technische Hilfen der Industrieländer für die Entwicklungsländer, um diese zu einer umweltverträglicheren Politik zu befähigen,

Übersicht 2: Internationale Umweltpolitik - Konferenzen, Verträge und Abkommen

1972 Erste UN-Umweltschutzkonferenz in Stockholm.

1982 Genfer Abkommen zur grenzüberschreitenden Luftverschmutzung. 1983 Helsinki-Protokoll: Verminderung der SO_2-Emmissionen um 30% bis 1990 vorgesehen. 1988 Sofia-Protokoll: SO_2-Emmissionen sollen bis 1994 auf den Stand von 1987 eingefroren werden. Beitritt zu den Protokollen freiwillig, u.a. Großbritannien, Polen und Spanien (noch) nicht beigetreten.

1987 Montrealer Protokoll zum Wiener Abkommen von 1985 zum Schutz der Ozonschicht. In den folgenden Jahren Konferenzen in Helsinki, London und Kopenhagen: Stop der Produktion und des Verbrauchs von FCKW und Halonen bis 1996 bzw. 1994 (EG bis 1995 bzw. 1994); 1990 gab es 60 Unterzeichnerstaaten, allerdings ohne so große Länder wie China oder Indien.

1992 Zweite UN-Konferenz über Umwelt und Entwicklung in Rio de Janeiro ("Erdgipfel"): Keine verbindliche Vereinbarung über CO_2-Emmissionen wie ursprünglich geplant.

1990 3. Internationale Nordseekonferenz in Den Haag: Beschluß, flächendeckend Kläranlagen der zweiten (biologischen) Reinigungsstufe einzusetzen (Frankreich, Großbritannien und Norwegen beanspruchen Ausnahmeregelung); Stop der Einleitung von Industrieabfällen in die Nordsee ab 1995.

1991 Antarktiskonferenz in Madrid: 38 Unterzeichnerstaaten verpflichten sich, in den nächsten 50 Jahren in der Antarktis weder Bodenschätze abzubauen noch Erdöl zu fördern.

1992 Übereinkommen zum Schutz der Nordsee und des Nordatlantiks zwischen den Anrainerstaaten: Vorsorge- und Verursacherprinzip erstmals völkerrechtlich verankert; Verbot der Abfallbeseitigung auf See (Ausnahmeregelung für Frankreich und Großbritannien bezüglich radioaktiver Abfälle; außerdem: Großbritannien darf bis 1998 Klärschlamm in die Nordsee verklappen.)

► und die fehlende Bereitschaft der Industrieländer, ihre Märkte insbesondere für Agrarprodukte der Entwicklungsländer stärker zu öffnen.

3 Ziehen alle an einem Strang?

Die Forderung der reichen Industrieländer

In den meisten hochentwickelten Industrieländern wird immer mehr Menschen bewußt, daß Wirtschaftswachstum und Wohlstandsentwicklung ohne Rücksicht auf die Umwelt und natürliche Quellen nicht von Dauer sein können. Häufig wird dann von einer globalen Verantwortung für die Umwelt gesprochen und von den Entwicklungsländern z. B. verlangt, sie sollten etwa die für das Klima wichtigen Wälder nicht ungebremst abholzen, die Böden und Vegetation nicht durch einseitige landwirtschaftliche Nutzung langfristig unfruchtbar machen usw. Von den armen Ländern wird erwartet, daß sie bei ihrer Entwicklung nicht die gleichen Umweltfehler begehen wie die heutigen Industrieländer früher. Im Hintergrund der Befürchtungen steht die Bevölkerungsexplosion in den armen Ländern; denn würden die Menschen in den Entwicklungsländern heute einen Lebensstandard beanspruchen, der nur einem Zehntel dessen eines Mitteleuropäers entspräche, würde das ökologische System dieser Erde zusammenbrechen. Die Forderungen der reichen Industrieländer laufen praktisch darauf hinaus, von den Menschen der Entwicklungsländer zweierlei zu verlangen: Erstens, weniger Kinder zu zeugen, zweitens, auf Wohlstand im europäischen Sinn zu verzichten.

Armut gegen Umweltschutz

Diese Forderungen werden von den Politikern der armen Länder als zynisch erachtet. Die Menschen dort haben akute Probleme: Armut, Hunger, Krankheit. Wer sich nicht sattessen kann, macht sich wenig Gedanken darum, ob er mit seinem Verhalten die Umwelt schädigt. Regierungen und Volkswirtschaften, die nicht wissen, wie sie ihre Schulden gegenüber den reichen Ländern zurückzahlen sollen, beuten ihre natürlichen Ressourcen bis zum letzten aus. Und zur Forderung nach Familienplanung (= weniger Kinder) sagte ein Wissenschaftler aus den Entwicklungsländern, dies sei ungefähr so, als würden diese von den Industrieländern verlangen, auf Privatautos zu verzichten.

Die doppelte Schuld der reichen Industrieländer

Einschneidende Maßnahmen werden jeweils von der anderen Seite verlangt. Die reicheren Industrieländer sind jedoch an erster Stelle gefordert; dazu der Journalist C. Wernicke: „Der Norden leugnet seine Schuld, ignoriert seine ökologischen Schulden. Dabei hat sein Wohlstand erst jenes Treibhaus geschaffen, das uns nun den Angstschweiß über die Stirn rinnen lassen müßte. Acht Zehntel allen Kohlendioxids, das nach dem zweiten Weltkrieg in die Atmosphäre stieg, qualmte aus den Schloten und Auspuffrohren der Industrieländer, die fast allein jene Ozonkiller schufen, die nun Löcher in den schützenden Himmel fressen. Nun vom Süden zu verlangen, er solle nicht genau die ökologischen Sünden wiederholen, mit denen wir uns selbst auf Kosten der Umwelt bereicherten, wäre bigott (scheinheilig). Da müssen wir zumindest den Armen jene Technologien bezahlen, die ihnen wirtschaftliche und soziale Fortschritte erlauben, ohne den gesamten Globus in den wirtschaftlichen Abgrund zu stürzen.
Das käme teuer – und wäre dennoch zu billig. Denn mit ein bißchen mehr Entwicklungshilfe allein kann der Norden sich schon deshalb nicht von der Last der eigenen Anpassung freikaufen, weil er – für ein knappes Viertel der Weltbevölkerung – tagtäglich vier Fünftel des Ressourcenverbrauchs beansprucht. Mit anderen Worten ... Wer weiterhin als Leitbild einem Leben hemmungsloser Verschwendung frönt, der kann nicht Verzicht verlangen von jenen, die ohnehin nur um ihre nackte Existenz kämpfen." (DIE ZEIT, 20.03.92, S. 1)

Zusammenfassung

1 Eine Umweltpolitik der Europäischen Gemeinschaft (EG) gibt es seit 1972. Weit über 100 umweltpolitische Richtlinien wurden seither EG-Recht. Große Unterschiede bestehen zwischen den EG-Ländern hinsichtlich der Umsetzung der EG-Richtlinien in nationales Recht und auch bezüglich der konkreten Anwendung durch die jeweiligen Verwaltungen.

2 Auf internationaler Ebene werden Umweltschutzvereinbarungen und -abkommen getroffen, die sich einerseits auf bestimmte Regionen beziehen, andererseits globale Bedeutung haben. Für die Koordination internationaler Umweltschutzdiskussionen und -maßnahmen ist innerhalb der UNO die UNEP (= United Nations Environmental Programme) in Nairobi/Kenia zuständig.

3 Die reichen Industrieländer erwarten von den Entwicklungsländern, daß sie in ihren Volkswirtschaften mehr Rücksicht auf die natürliche Umwelt nehmen (z. B. weniger Waldrodungen), gleichzeitig für geringeres Bevölkerungswachstum sorgen. Von den Industrieländern wird andererseits verlangt, daß sie ausreichende finanzielle und technische Hilfe leisten, damit die Entwicklungsländer sich mehr Umweltschutz leisten können. Gefordert wird auch eine Öffnung der Märkte in den reichen Ländern insbesondere für landwirtschaftliche Produkte, um den armen Ländern eine selbständige wirtschaftliche Basis zu ermöglichen.
Viele Wissenschaftler und Umweltschützer fordern von den Industrieländern eine radikale Abkehr von ihrem traditionellen Modell des Wirtschaftens und des Wohlstands, weil sie nur dann den armen Ländern als Vorbild dienen könnten. Auf sämtliche Gesellschaften der Erde übertragen, würde die derzeitige Produktionsweise und das Konsumverhalten der reichen Länder zum ökologischen Kollaps führen.

Rechtsordnung in der Bundesrepublik Deutschland

5

5.1 Die Verfassung: Das Grundgesetz des Staates

1949 – Unterzeichnung des Grundgesetzes für die Bundesrepublik Deutschland

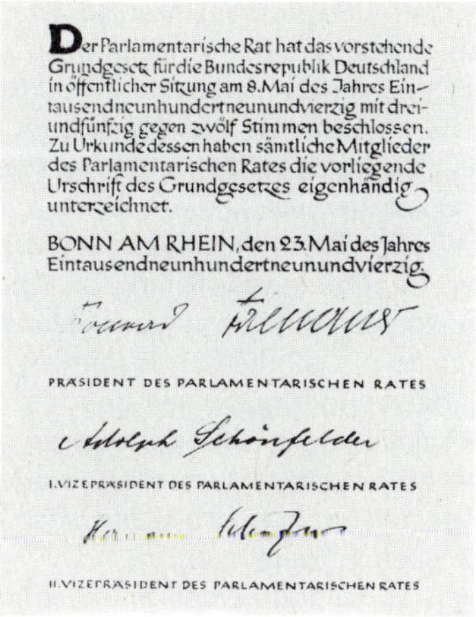

Der Parlamentarische Rat hat das vorstehende Grundgesetz für die Bundesrepublik Deutschland in öffentlicher Sitzung am 8. Mai des Jahres Eintausendneunhundertneunundvierzig mit dreiundfünfzig gegen zwölf Stimmen beschlossen. Zu Urkunde dessen haben sämtliche Mitglieder des Parlamentarischen Rates die vorliegende Urschrift des Grundgesetzes eigenhändig unterzeichnet.

BONN AM RHEIN, den 23. Mai des Jahres Eintausendneunhundertneunundvierzig.

PRÄSIDENT DES PARLAMENTARISCHEN RATES

I. VIZEPRÄSIDENT DES PARLAMENTARISCHEN RATES

II. VIZEPRÄSIDENT DES PARLAMENTARISCHEN RATES

Leitfragen

1 Eine Verfassung – wozu?

2 Was sagt unsere Verfassung über die grundlegenden Rechte der Bürgerinnen und Bürger aus?

3 Wie regelt die Verfassung die politische Grundordnung?

1 Eine Verfassung – wozu?

Zusammenleben – aber wie?

Schon vor Jahrtausenden wurde das Zusammenleben der Menschen durch Regeln geordnet. So überbrachte **Moses** dem Volk Israels die Zehn Gebote als das **Gesetz Gottes.** Was unter Christen heute als Katalog religiöser Pflichten verstanden wird, war damals das „Grundgesetz" des jüdischen Volkes, das sich nach seinem Auszug aus Ägypten um 1300 v. Chr. zum Ziel setzte, einen eigenen Staat in Palästina zu schaffen.
In Mesopotamien, dem heutigen Irak, ließ König **Hammurabi** (1728 bis 1686 v. Chr.) die Rechtsvorschriften seines Reiches in Stein meißeln. Diese **Gesetzessäule** steht heute im Louvre-Museum in Paris. Der Grundsatz dieser Rechtsordnung lautete: „Auge um Auge, Zahn um

Zahn." Für uns zeugt eine solche Regel von brutaler Härte. In Mesopotamien drückte sie jedoch die Vorstellung von einer gerechten Ordnung des Zusammenlebens aus.
Auch in den antiken **griechischen Stadtstaaten** und im **Römischen Reich** gab es Regeln, in denen die Rechte des einzelnen und das Zusammenleben im Staat festgelegt waren. Die Gesetze, mit denen z. B. **Solon** (640 bis 560 v. Chr.) die innere Ordnung in Athen nach langen Unruhen reformierte, enthielten bereits wichtige demokratische Grundsätze. Ihr Ziel war, eine Ordnung zu schaffen, in der die Regierenden die politische Macht in Übereinstimmung mit dem **Volk** ausübten.
Die Könige und Kaiser im **Mittelalter** beriefen sich bei ihrer Herrschaft nicht wie Solon im antiken Athen auf den Willen der Bevölkerung. Ihre Macht rechtfertigten sie mit dem Argument, sie seien letztlich von **Gott** eingesetzt. Dennoch waren auch sie gezwungen, bei der Ausübung dieser Macht **Rechte der Regierten** zu berücksichtigen. Der Adel, die höheren kirchlichen Amtsträger (Bischöfe usw.), die Vertreter der Städte und in manchen Gegenden auch die freien Bauern sicherten sich gegenüber der „Obrigkeit" in Verträgen wichtige Rechte zu. Dabei traten sie gegenüber dem Landesherren gemeinsam als „Landstände" auf. Sie konnten diese Rechte einfordern, weil die Landesherren auf sie angewiesen waren – etwa bei der Verteidigung des Landes. So mußten die Herzöge von Württemberg nach dem **Tübinger Vertrag** von 1514 jeweils schwören, niemanden willkürlich zu verhaften, Steuern nur mit Zustimmung der Landstände zu erheben und diese auch an Entscheidungen über Krieg und Frieden zu beteiligen.
Aus heutiger Sicht hatten solche Verträge jedoch einen entscheidenden Mangel: Sie enthielten Rechte, die nicht für alle, sondern nur **für besondere Gruppen** galten. Ausgeschlossen waren etwa die Besitzlosen und Armen, die oft auch als „Rechtlose" bezeichnet wurden. Zu diesen zählte vor allem die Mehrzahl der auf dem Land lebenden Menschen, die auf den Gutshöfen als Unfreie arbeiteten.

Stichwort: Naturrecht

Seit der **nordamerikanischen Unabhängigkeitserklärung** von 1776 und kurz darauf seit der **Französischen Revolution** im Jahre 1789 setzte sich allmählich das moderne Rechtsverständnis durch: Jeder Mensch ist – unabhängig von seiner Herkunft, von seiner Geburt – **von Natur** aus frei; er wird mit gleichen Rechten geboren. **Freiheit** und **Gleichheit** sind Rechte des Menschen, die ihm nicht erst von einem Herrscher oder vom Staat gegeben werden. Vielmehr haben alle Menschen bereits mit ihrer Geburt einen Anspruch darauf, frei und gegenüber niemandem benachteiligt, d. h. also gleich zu sein.
Solche natürlichen Rechte zu fordern, ist eine Sache; sie zu verwirklichen, eine andere. Die Forderung heißt deshalb: Wir wollen eine politische Ordnung, einen **Staat**, der uns diese Rechte **garantiert**.
Der Staat und seine Einrichtungen haben also die Aufgabe, für die Einhaltung des Rechtes aller zu sorgen, allen „Schutz und Sicherheit" zu geben.

Übersicht 1: Erklärung der „Grundrechte von Virginia“ aus dem Jahr 1776

Artikel 1
Alle Menschen sind von Natur aus gleichermaßen frei und unabhängig und besitzen gewisse angeborene Rechte ...

Artikel 2
Alle Macht kommt dem Volke zu und wird folglich von ihm hergeleitet ...

Artikel 3
Die Regierung ist oder sollte eingerichtet sein für das gemeinsame Beste, den Schutz und die Sicherheit des Volkes ...

Die Verfassung – wozu?

Seither geht man davon aus, daß jede moderne Verfassung als „Grundgesetz“ eines Staates zumindest Antworten auf **zwei Fragenkreise** geben muß:

1. Welches sind die **grundlegenden Rechte,** die die Menschen in diesem Staat haben?
2. Wie ist der **Staat aufgebaut, d. h. organisiert?** Welche Einrichtungen, d. h. welche Organe sind notwendig, und welche Aufgaben müssen sie erfüllen, damit die Bürgerinnen und Bürger „Schutz und Sicherheit“ haben?

Die Verfassung beschreibt also die **politische Grundordnung** des Staates. Sie bildet sowohl die Grundlage für die Gesetze, die im Parlament beschlossen werden, als auch für die Handlungen der staatlichen Organe.

2 Was sagt unsere Verfassung über die grundlegenden Rechte der Bürgerinnen und Bürger aus?

Am 23. Mai 1949 wurde das „Grundgesetz für die Bundesrepublik Deutschland“ in Bonn verkündet. Es sollte als provisorische Verfassung für den westdeutschen Teilstaat solange gelten, bis das „gesamte Deutsche Volk ... in freier Selbstbestimmung die Einheit und Freiheit Deutschlands“ vollendet hat (Präambel). Mit dem Beitritt der DDR zur Bundesrepublik am 3. Oktober 1990 „ist der Auftrag der Präambel des Grundgesetzes in Erfüllung gegangen“ (Bundespräsident Richard von Weizsäcker im Oktober 1990). Das Grundgesetz ist seither die Verfassung des vereinten Deutschlands.

Die Grundrechte des einzelnen

Am Anfang dieser Verfassung stehen die **Grundrechte**: Der erste Abschnitt des Grundgesetzes zählt sie im einzelnen in den Artikeln 1 bis 19 auf. Artikel 1 wird dabei besonders hervorgehoben. Er formuliert das oberste **Ziel der Politik**, an das alle staatlichen Organe gebunden sind:

Übersicht 2: Menschenwürde als oberstes Ziel der Politik

Menschenwürde

Artikel 1

1. Die Würde des Menschen ist unantastbar. Sie zu achten und zu schützen ist Verpflichtung aller staatlicher Gewalt.
2. Das Deutsche Volk bekennt sich darum zu unverletzlichen und unveräußerlichen Menschenrechten als Grundlage jeder menschlichen Gemeinschaft, des Friedens und der Gerechtigkeit in der Welt.
3. Die nachfolgenden Grundrechte binden Gesetzgebung, vollziehende Gewalt und Rechtsprechung als unmittelbar geltendes Recht.

Die Grundrechte

Artikel 2 – 19

Freiheitsrechte — Gleichheitsrechte

Staatliche Gewalten – aufgeteilt

Gesetzgebung	**Vollziehende Gewalt**	**Rechtsprechung**
Bundestag und Bundesrat, Länderparlamente	Regierungen und Verwaltungen	Gerichte des Bundes und der Länder

Menschenrechte und Bürgerrechte

Im Grundgesetz finden wir Grundrechte, die für alle Menschen, die in Deutschland leben, also unabhängig von ihrer Staatszugehörigkeit, gelten. Zu diesen **Menschenrechten** gehören etwa Art. 3, Abs. 1: „Alle Menschen sind vor dem Gesetz gleich", aber auch Art. 13, Abs. 1: „Die Wohnung ist unverletzlich."

Andere Grundrechte sind an die deutsche Staatsbürgerschaft gebunden. Ein solches **Bürgerrecht** steht z. B. in Art. 9, Abs. 1: „Alle Deutschen haben das Recht, Vereine und Gesellschaften zu bilden."

Neben den Grundrechten, die im ersten Abschnitt des Grundgesetzes aufgeführt sind, finden wir in den darauffolgenden Abschnitten Bestimmungen, die eine den Grundrechten vergleichbare Bedeutung haben. Dazu zählen etwa:

- Art. 33: gleiche staatsbürgerliche Rechte und Pflichten für alle Deutschen (Abs. 1) und gleicher Zugang zu den öffentlichen Ämtern für alle Deutschen, entsprechend ihrer Eignung, Befähigung und Leistung (Abs. 2);
- Art. 103: das Recht eines jeden – unabhängig von der Staatsbürgerschaft –, sich vor Gericht zu den gegen ihn erhobenen Anschuldigungen äußern zu können („rechtliches Gehör", Abs. 1).

Grundrechte sind nicht nur unverbindliche Absichtserklärungen. Als „unmittelbar geltendes Recht" können sie vor Gericht **eingeklagt** werden. Art. 19, Abs. 4: „Wird jemand durch die öffentliche Gewalt in seinen Rechten verletzt, so steht ihm der Rechtsweg offen."

Freiheitsrechte

Die größte Gruppe der Grundrechte bilden die **Freiheitsrechte.** Sie sollen den einzelnen vor Eingriffen des Staates in seine Freiheit schützen. Oder anders formuliert: Sie sind **Abwehrrechte** gegenüber dem Staat und seinen Organen.

Allgemeines Freiheitsrecht

An der Spitze dieser Freiheitsrechte steht das **allgemeine Freiheitsrecht** in Art. 2:
„Jeder hat das Recht auf die freie Entfaltung seiner Persönlichkeit, soweit er nicht die Rechte anderer verletzt und nicht gegen die verfassungsmäßige Ordnung oder das Sittengesetz verstößt."
Daraus folgt:
- Jeder hat die Freiheit, zu tun und zu lassen, was er will.
- Der Staat darf niemanden daran hindern, dies auch tatsächlich zu tun.

Diese allgemeine Freiheit ist jedoch nicht gleichbedeutend mit dem „Recht des Stärkeren". Sie hat ihre **Schranken**. Das sind
- die Rechte der anderen;
- die verfassungsmäßige Ordnung (vgl. dazu Art. 1 und Art. 20 GG);
- das Sittengesetz, also überlieferte und in der Gesellschaft anerkannte Werte und Verhaltensweisen.

Besondere Freiheitsrechte

Alle anderen Freiheitsrechte, die das Grundgesetz nennt, lassen sich auf das allgemeine Freiheitsrecht zurückführen. Diese **besonderen Freiheitsrechte** sollen die freie Entscheidung und das freie Handeln in besonderen Situationen garantieren und einzelne Lebensbereiche vor staatlichen Eingriffen schützen. Etwa:
- Art. 4: die Freiheit des Glaubens, des Gewissens und der Religionsausübung;
- Art. 5: die Informations-, Meinungs- und die Pressefreiheit;
- Art. 10: die Garantie des Brief-, Post- und des Fernmeldegeheimnisses;
- Art. 14: die Garantie des privaten Eigentums und seiner Verwendung ...

Gleichheitsrechte

Wie bei den Freiheitsrechten, finden wir bei den **Gleichheitsrechten** zunächst ein übergeordnetes, **allgemeines Gleichheitsrecht.** In Art. 3, Abs. 1 heißt es:

Allgemeines Gleichheitsrecht

„Alle Menschen sind vor dem Gesetz gleich."
Daraus folgt zum Beispiel:
- Vor Gericht darf nur nach gesetzlichen Grundlagen entschieden werden. Besondere Gerichte, etwa zur Aburteilung einer bestimmten Person, sind verboten (vgl. Art. 101 GG).
- Gegen den Gleichheitsgrundsatz darf nicht willkürlich verstoßen werden. Verboten ist es, gleiche Fälle verschieden zu behandeln,

zum Beispiel in der Straßenverkehrsordnung: Wenn zwei Autofahrer in eine Radarkontrolle geraten und dabei statt der erlaubten 30 km/h jeweils doppelt so schnell gefahren sind, müssen sie gleichlautende Bußgeldbescheide bekommen – unabhängig vom Alter, Beruf und Ansehen der beiden Fahrer. Gleiches muß gleich behandelt werden.

Gleichheit ist aber nichts Schematisches, schon gar nicht, wenn gefragt wird, was gerecht ist. Deshalb gilt auch: Verschiedenes muß ungleich, d. h. verschieden behandelt werden. Etwa zwei Autofahrer, die Alkohol getrunken haben. Die Kontrolle ergibt bei beiden 1,2 Promille. Allerdings: Während der eine in dieser Hinsicht noch völlig unbelastet ist, hat der andere schon seine „Vorgeschichte" – er ist rückfällig geworden.

Besondere Gleichheitsrechte

Die Gleichheitsrechte sind im Grundgesetz weniger ausführlich festgelegt als die Freiheitsrechte. Trotzdem finden wir **besondere Gleichheitsrechte,** in denen einzelne Sachverhalte konkret geregelt sind. Dazu gehören:

- Art. 3, Abs. 2: das Gebot, Männer und Frauen gleich zu behandeln;
- Art. 3, Abs. 3: das Verbot, Menschen wegen einzelner Merkmale – Geschlecht, Abstammung, Rasse, Sprache, Heimat, Herkunft, Glauben, religiöse und politische Anschauungen – zu benachteiligen oder zu bevorzugen;
- Art. 6, Abs. 5: das Gebot an den Gesetzgeber, für uneheliche Kinder gleiche Entwicklungs- und Lebensbedingungen zu schaffen wie für die ehelichen;
- Art. 33: die Garantie gleicher Rechte und Pflichten im Staat (Abs. 1) und das Gebot, allen Deutschen den Eintritt in die Ämter des öffentlichen Dienstes – je nach Eignung, Befähigung und Leistung – zu gewähren (Abs. 2).

Der Staat – auch zum Handeln gefordert

Grundrechte setzen in erster Linie dem Staat **Schranken** – er darf die Freiheiten des einzelnen nicht willkürlich einschränken. Das ist jedoch nur die eine Seite. Die andere ist: Grundrechte muß man auch praktisch in Anspruch nehmen können. Ein menschenwürdiges Leben (Art. 1 GG) setzt zum Beispiel voraus, daß man über das hierfür notwendige Einkommen verfügt. Deshalb hat derjenige, der ein solches Einkommen nicht durch eigene Arbeit erzielen kann, Ansprüche auf Leistungen durch die staatliche Sozialhilfe. Die zweite Aufgabe des Staates bei der Verwirklichung der Grundrechte heißt also: Der Staat muß bestimmte **Leistungen** erbringen, damit die Grundrechte praktisch verwirklicht werden können.

Eine strittige Frage: soziale Grundrechte?

Wie weit muß der Staat mit diesen Leistungen gehen? Wie groß ist unser Anspruch auf solche Leistungen? Einen Arbeitsplatz zu haben, ist eine Voraussetzung dafür, daß man in der Lage ist, sein Leben nach den eigenen Vorstellungen zu leben. In Artikel 12 wird zwar das Recht auf eine freie Wahl des Arbeitsplatzes zugesichert. Doch wer arbeitslos ist, kann davon keinen Gebrauch machen. Zur „Würde des Menschen"

(Art. 1) und zur „freien Entfaltung seiner Persönlichkeit“ (Art. 2) gehört es auch, arbeiten zu können und damit seine Existenz selber zu sichern. In einigen Verfassungen der Bundesländer – nicht jedoch im Grundgesetz – finden wir deshalb ein Grundrecht auf **Arbeit**.
Nach dem Beitritt der DDR zum Grundgesetz im Oktober 1990 wurde insbesondere von Politikern aus den neuen Ländern gefordert, ein solches **soziales Grundrecht** in das Grundgesetz aufzunehmen, wenn es nach der Vereinigung Deutschlands überarbeitet und den veränderten wirtschaftlichen Verhältnissen angepaßt werde.
In ähnlicher Weise soll – so die Forderung – ein Recht auf **Wohnung,** auf **soziale Sicherheit** und auf eine **gesunde Umwelt** in die Verfassung aufgenommen werden. Der Staat würde auf diese Weise stärker als bislang verpflichtet, eine Politik zur Lösung dieser sozialen Aufgaben zu betreiben.
Dagegen wird eingewendet, daß ein Grundrecht auf Arbeit lediglich eine unverbindliche Versprechung bleiben müsse, weil der Staat in einer Marktwirtschaft nicht in der Lage sei, selber Arbeitsplätze zu schaffen – sieht man einmal vom öffentlichen Dienst ab. Dies sei Sache der Unternehmen. (Zu den Möglichkeiten staatlicher Arbeitsmarktpolitik finden Sie Informationen in Kap. 3.) Soziale Grundrechte seien mit Leistungen verbunden, die – anders als z. B. bei den Freiheitsrechten – vom Staat **nicht direkt** verwirklicht werden können. Nur über den Umweg einer erfolgreichen Wirtschafts- und Sozialpolitik sei dies möglich. Ihre Verwirklichung setze voraus, daß der Staat die finanziellen Mittel habe, um solchen Ansprüchen gerecht zu werden.

Aktuelle Infos

Bei Redaktionsschluß Mitte 1993 war diese politische Diskussion noch nicht abgeschlossen. Über den aktuellen Stand geben die Fraktionen der Bundestagsparteien Auskunft. Soziale Grundrechte werden abgelehnt von den Fraktionen der CDU/CSU und FDP. Befürwortet werden sie vor allem vom Bündnis 90/GRÜNE und von der SPD.
Die Fraktionsanschriften sind jeweils:

Bundeshaus, 53113 Bonn

3 Wie regelt die Verfassung die politische Grundordnung?

Die demokratische Grundordnung

Die Organisation der politischen Ordnung ist in Artikel 20 des Grundgesetzes in vier Grundsätzen festgelegt. Nach Artikel 28 müssen diese Grundsätze auch in den Bundesländern gelten. Damit bestimmt das Grundgesetz, daß auf Bundes- und Länderebene politische Entscheidungen nach gleichen Regeln getroffen werden.

Grundrechte und Grundordnung – besonders geschützt

Bestimmungen des Grundgesetzes können geändert werden. Allerdings erschwert die Verfassung eine solche Entscheidung: Das Gesetz, mit dem die Verfassung geändert werden soll, muß mit „zwei Dritteln der Mitglieder des Bundestages und zwei Dritteln der Stimmen des Bundesrates“ beschlossen werden (Art. 79, Abs. 2 GG).

Übersicht 3: Grundsätze der politischen Ordnung nach dem Grundgesetz

Artikel 20:
(1) Die Bundesrepublik Deutschland ist ein demokratischer und sozialer Bundesstaat.
(2) Alle Staatsgewalt geht vom Volke aus. Sie wird vom Volke in Wahlen und Abstimmungen und durch besondere Organe der Gesetzgebung, der vollziehenden Gewalt und der Rechtsprechung ausgeübt.
(3) Die Gesetzgebung ist an die verfassungsgemäße Ordnung, die vollziehende Gewalt und die Rechtsprechung sind an Gesetz und Recht gebunden.
(4) Gegen jeden, der es unternimmt, diese Ordnung zu beseitigen, haben alle Deutschen das Recht zum Widerstand, wenn andere Abhilfe nicht möglich ist.

Artikel 28:
(1) Die verfassungsmäßige Ordnung in den Ländern muß den Grundsätzen des republikanischen, demokratischen und sozialen Rechtsstaates im Sinne dieses Grundgesetzes entsprechen. In den Ländern, Kreisen und Gemeinden muß das Volk eine Vertretung haben, die aus allgemeinen, unmittelbaren, freien, gleichen und geheimen Wahlen hervorgegangen ist. In Gemeinden kann an die Stelle einer gewählten Körperschaft die Gemeindeversammlung treten.

Vier Grundsätze: Prinzipien der politischen Ordnung

Volkssouveränität

Staatliche Herrschaft ist aus dem **Willen des Volkes** abgeleitet. Regieren kann nur, wer die Mehrheit der Wähler hinter sich hat.

Alle Staatsorgane müssen letztlich aus freien **Wahlen** hervorgehen, sei es
- direkt, z. B. die Parlamente, oder
- indirekt, wie der Bundeskanzler und seine Regierung.

Rechtsstaat

Alle Handlungen der staatlichen Organe sind an die **Verfassung** und an die **Gesetze** gebunden.

Staatliche Macht ist aufgeteilt – **Gewaltenteilung**:
- gesetzgebende Gewalt: Parlament
- vollziehende Gewalt: Regierung und Verwaltung
- rechtsprechende Gewalt: Gerichte.

Sozialstaat

Der Staat ist verpflichtet, soziale Gegensätze durch politische Maßnahmen **auszugleichen** und seinen Bürgern **soziale Sicherheit** zu gewährleisten durch
- direkte finanzielle Leistungen, z. B. das Kindergeld
- gesetzliche Vorsorgevorschriften, z. B. zur Rentenversicherung
- Abbau von sozialen Benachteiligungen, etwa im Bildungswesen

Bundesstaat

16 Bundesländer bilden den Gesamtstaat.

Die Aufgaben des Bundes und die der Länder sind in der Verfassung festgelegt:
- Abschnitt II. Der Bund und die Länder.
- Abschnitt IV. Der Bundesrat.

Genauere Informationen zu diesen vier Grundsätzen unserer politischen Ordnung stehen in Kap. 6.

Die vier Grundsätze der politischen Ordnung stehen zusammen mit Art. 1 GG (Würde des Menschen) unter einem besonderen Schutz der Verfassung: Sie dürfen nicht geändert werden, auch nicht mit einer Zwei-Drittel-Mehrheit:

Artikel 79, Abs. 3 GG:
„Eine Änderung dieses Grundgesetzes, durch welche die Gliederung des Bundes in Länder, die grundsätzliche Mitwirkung der Länder bei der Gesetzgebung oder die in den Artikeln 1 und 20 niedergelegten Grundsätze berührt werden, ist unzulässig."

Verfassungsänderungen durch die deutsche Einigung

Mit der Vereinigung Deutschlands 1990 wurde auch das Grundgesetz in mehreren Punkten geändert. Neu gefaßt wurden vor allem die Präambel (die Einleitung), Art. 51 (Zusammensetzung des Bundesrates) und Art. 146 (Geltungsdauer des Grundgesetzes). Gestrichen wurde der Art. 23, der bis dahin den Beitritt deutscher Gebiete zum alten Geltungsbereich des Grundgesetzes geregelt hatte. Mit dieser Streichung machten der Bundestag und der Bundesrat deutlich, daß nach dem Beitritt der DDR zum Grundgesetz die deutsche Einigung abgeschlossen ist: Es gibt keine Gebiete mehr, auf die Deutschland einen Anspruch erhebt.
An dieser Änderung des Grundgesetzes war vor allem Polen interessiert. Es verlangte die Anerkennung der Oder-Neiße-Grenze als deutsch-polnische Grenze und damit den Verzicht auf jene ehemals deutschen Gebiete, die 1945 zu Polen kamen: Schlesien, Pommern, Danzig und das südliche Ostpreußen. Diese Grenze wurde dann im Vertrag zwischen der Bundesrepublik Deutschland und Polen vom 14. November 1990 von beiden Staaten anerkannt.

Eine neue Verfassung?

Der Vertrag über die deutsche Einigung legt fest, daß innerhalb von zwei Jahren das Grundgesetz auf weitere Änderungen hin überprüft werden soll. Neben der Ergänzung des Abschnittes über die Grundrechte (vgl. Leitfrage 2) geht es dabei vor allem um zwei weitere Fragen:

1. Sollen die Bürgerinnen und Bürger neben ihrem Recht, die Abgeordneten der Parlamente wählen zu dürfen, weitere politische Mitwirkungsrechte erhalten? Gedacht ist dabei an die Möglichkeit, durch **Volksbegehren** und **Volksabstimmungen** direkt entscheiden zu können (vgl. Abschnitt 5.2, Leitfrage 3).
2. Die neue Bundesrepublik besteht nun aus 16 Ländern. Sie sind unterschiedlich groß, stehen vor ganz verschiedenen Problemen, und die Wirtschaft läuft nicht überall auf vollen Touren. Kurz: Die Lebensbedingungen in diesen Ländern sind mitunter sehr verschieden. Wäre es da besser, weniger, aber wirtschaftlich stärkere Bundesländer zu schaffen? Darüber hinaus: Welche Rolle sollen die Bundesländer künftig in einem vereinten Europa haben? Die Staaten der EG schließen sich immer enger zusammen; immer mehr Entscheidungen fallen in Brüssel. Welche Rolle können dabei die deutschen Bundesländer noch spielen?

Im Winter 1991 nahm eine **Verfassungskommission** ihre Arbeit auf. Sie setzt sich aus 32 Mitgliedern des Bundestages und ebenso vielen des Bundesrates zusammen. Ihre Aufgabe ist es, Vorschläge für eine Änderung des Grundgesetzes zu machen und Antworten auf diese Fragen zu finden.

Zusammenfassung

1 Das Grundgesetz ist die Verfassung der Bundesrepublik Deutschland. Es beschreibt die politische Ordnung des Staates. Es bestimmt
- ▶ die Grundrechte als Menschen- und als Bürgerrechte,
- ▶ die Grundsätze, nach denen der Staat aufgebaut ist und politische Herrschaft ausgeübt werden soll,
- ▶ die Organe, mit denen die Entscheidungen getroffen, ausgeführt und überprüft werden können.

2 Oberstes Ziel der Politik soll die Achtung und der Schutz der Würde des Menschen sein. Die Grundrechte binden alle Organe des Staates. Werden sie verletzt, können sie vor einem Gericht eingeklagt werden.
Grundrechte setzen dem Staat und seinen Organen Schranken: Er muß die Rechte des einzelnen achten. Sie verpflichten aber auch den Staat, die politischen und gesellschaftlichen Bedingungen zu schaffen, daß die Menschen diese Rechte in Anspruch nehmen können.

3 Volkssouveränität, Rechtsstaat, Sozialstaat und Bundesstaat sind die vier Prinzipien der politischen Ordnung, die in Art. 20 und 28 des Grundgesetzes festgelegt sind. Diese Merkmale der politischen Ordnung dürfen – wie auch der Art. 1 – nicht verändert werden.

5.2 Die Gesetzgebung: Recht setzen – neues Recht schaffen

„Das Gesetz in seiner majestätischen Gleichheit verbietet den Reichen wie den Armen, unter den Brücken zu schlafen, auf den Straßen zu betteln und Brot zu stehlen."

Anatole France, 1844–1924.

Karikatur: Reinhold Löffler

Leitfragen

1 Beschließen, was Gesetz sein soll: Wie sind die Aufgaben zwischen dem Bund und den Ländern bei der Gesetzgebung verteilt?

2 Vom Entwurf zum Gesetz: Wie funktioniert die Gesetzgebung in der parlamentarischen Demokratie?

3 Gesetzgebung durch das Volk: Brauchen wir mehr direkte Demokratie?

4 Rechtspolitik: Was hat das Recht mit der Politik zu tun?

1 Beschließen, was Gesetz sein soll: Wie sind die Aufgaben zwischen dem Bund und den Ländern bei der Gesetzgebung verteilt?

Gesetzgebung in der parlamentarischen Demkratie

Die Verwaltung und an ihrer Spitze die Regierung sind in einem Rechtsstaat „an Gesetz und Recht gebunden" (Art. 20, Abs. 3 GG). Die Verfassung nennt diesen Teil des Staates die „vollziehende Gewalt": Sie kann nicht von sich aus entscheiden, was Recht ist, sie muß vielmehr Recht anwenden, Gesetze durchführen.

Doch wer entscheidet, was Recht sein soll? Die Antwort könnte kurz und bündig lauten: Das Volk selber. Denn: „Alle Staatsgewalt geht vom Volke aus" (Art. 20, Abs. 2 GG). Aber im nächsten Satz heißt es auch: „Sie wird vom Volke ... durch **besondere Organe** der Gesetzgebung ... ausgeübt." Diese „besonderen Organe" sind die Vertretungen des Volkes, die **Parlamente** (lat.: parlare = sprechen, beraten).

Im Bundesstaat: Wer darf was beschließen?

Die Gesetzgebung durch die Parlamente finden wir auf allen Ebenen unserer politischen Ordnung:

- Für die Bundesrepublik insgesamt im Deutschen Bundestag,
- für die Bundesländer jeweils in den Landtagen (in Bremen und Hamburg Bürgerschaft, in Berlin das Abgeordnetenhaus genannt).

Gesetzgebung des Bundes
Stichwort: ausschließliche Gesetzgebung

Das Grundgesetz führt in Art. 73 einen Katalog von Aufgaben auf, die ausschließlich durch **Bundesgesetze** geregelt werden müssen. Zu dieser **ausschließlichen Gesetzgebung** des Bundes zählen unter anderem als wichtigste:

- die Außen- und Verteidigungspolitik,
- das Recht der Staatsangehörigkeit,
- die Geld- und Währungspolitik,
- die Bundesbahn,
- das Post- und das Fernmeldewesen.

Stichwort: Konkurrierende Gesetzgebung

Daneben gibt es Bereiche, die dem Bund zur Regelung zustehen. Macht dieser davon allerdings keinen Gebrauch, können die Länder eigene Gesetze beschließen. Diese **konkurrierende Gesetzgebung** umfaßt Aufgaben, die in Art. 74 und 74a GG aufgelistet sind, etwa:

- das Vereins- und Versammlungsrecht,

- einzelne Regelungen aus dem Bürgerlichen Recht und dem Strafrecht,
- die Festlegung von Ausbildungsbeihilfen,
- die Förderung der wissenschaftlichen Forschung,
- die Besoldung und Versorgung der Angehörigen des öffentlichen Dienstes ...

Stichwort: Rahmengesetzgebung

Einige Aufgaben sind zwar Sache der Länder. Damit ihre Lösungen nicht allzu verschieden sind, beschließt der Bund dafür Rahmenvorschriften. Diese **Rahmengesetzgebung** (Art. 75 GG) regelt z. B:

- die Rechtsverhältnisse im öffentlichen Dienst (Besoldung, Laufbahn-Regelungen ...),
- den Naturschutz,
- das Melde- und Ausweiswesen.

Gesetzgebung der Länder

Worüber die Länder allein entscheiden können, wird nicht im Grundgesetz beschrieben. Es gilt jedoch der Grundsatz: Die Länder haben überall dort das Recht, Gesetze zu beschließen, „soweit dieses Grundgesetz nicht dem Bund Gesetzgebungsbefugnisse" verliehen hat (Art. 70, Abs. 1 GG). Das heißt:

- Was im Grundgesetz **nicht als Aufgabe des Bundes** benannt wird, steht allein den Ländern zu – etwa die Schulpolitik, die Festlegung der Gemeindeordnungen und das Wahlrecht in Gemeinden ...
- Solange der Bund von seiner Befugnis zur **konkurrierenden Gesetzgebung** keinen Gebrauch macht, dürfen die Länder handeln (siehe oben). Für diese Gesetze gilt allerdings: Bundesrecht bricht Landesrecht, d. h., sobald der Bund einen Bereich selbst gesetzlich regelt, sind die Ländergesetze zweitrangig oder unwirksam.

Rechtsverordnungen

Gesetze bedürfen in vielen Fällen zu ihrer Durchführung noch genauerer Vorschriften. Diese Einzelheiten werden nicht vom Gesetzgeber selber, sondern von der Regierung bzw. den jeweils zuständigen Ministerien als **Rechtsverordnungen** festgelegt und erlassen. So hat der Gesetzgeber das Recht des Straßenverkehrs im Straßenverkehrsgesetz geregelt. Die einzelnen Vorschriften werden dann in der Straßenverkehrsordnung und der Straßenverkehrszulassungsordnung genauer bestimmt.

Der Bundesrat

Die Länder reden auch bei der Bundesgesetzgebung mit: Ohne ihre Mitwirkung kommt kein Bundesgesetz zustande. Jedes Bundesgesetz muß neben dem Bundestag auch den **Bundesrat** „passieren". Alle Gesetze, die Länderinteressen mitbetreffen – insbesondere die Verwaltung oder die Finanzen der Länder – sowie alle Verfassungsänderungen erlangen ohne die **Zustimmung** des Bundesrates keine Rechtskraft (zustimmungsbedürftige Gesetze). Bei Gesetzen, die nicht die Zustimmung des Bundesrates benötigen, hat dieser aber das Recht, innerhalb von zwei Wochen **Einspruch** zu erheben. Der Bundestag kann diesen Einspruch jedoch zurückweisen. Dafür sind folgende Mehrheiten notwendig:

Übersicht 1: Einspruch des Bundesrates und Zurückweisung durch den Bundestag
(bei nicht zustimmungsbedürftigen Gesetzen)

Einspruch des Bundesrates		Zurückweisung durch den Bundestag
1. mit der Mehrheit der Stimmen	→	mit der Mehrheit der Mitglieder,
2. mit zwei Dritteln der Stimmen.	→	mit Zwei-Drittel-Mehrheit der abstimmenden Abgeordneten, mindestens jedoch mit der Mehrheit der Mitglieder.

Zusammengestellt nach Art. 77, Abs. 3 und 4 GG.

Das Satzungsrecht der Gemeinden

Auch die Gemeinden und Landkreise können durch ihre Bürgervertretungen, die Gemeinderäte und die Kreistage, Recht setzen, d. h. Regelungen beschließen, die in ihrem Bereich für alle verbindlich sind. Solche **Satzungen** werden mit dem **Recht der kommunalen Selbstverwaltung** begründet.

Artikel 28, Abs. 2 GG:
„Den Gemeinden muß das Recht gewährleistet sein, alle Angelegenheiten der örtlichen Gemeinschaft im Rahmen der Gesetze in eigener Verantwortung zu regeln. Auch die Gemeindeverbände haben im Rahmen ihres gesetzlichen Aufgabenbereiches nach Maßgabe der Gesetze das Recht der Selbstverwaltung."

Zu diesem **kommunalen Recht** gehören etwa:
- Gebührensatzungen für Wasser und Abwasser,
- die Feuerwehrabgabe,
- ein Bebauungsplan, der die Vorschriften beim Bau von Wohn- und Geschäftshäusern und von Gewerbebetrieben regelt,
- der jährliche Haushaltsplan mit den Einnahmen und Ausgaben der Gemeinde (auch Haushaltssatzung genannt).

2 Vom Entwurf zum Gesetz: Wie funktioniert die Gesetzgebung in der parlamentarischen Demokratie?

Damit Bundesgesetze rechtmäßig in Kraft treten können, müssen alle staatlichen Organe, die an der Gesetzgebung beteiligt sind, ein festes **Verfahren** einhalten. Dieser Weg ist in der Verfassung in den Art. 76 bis 78 und in Art. 82 festgelegt. Er verläuft in mehreren Stufen (siehe Übersicht 2). Mit diesem komplizierten Verfahren sollen **drei Aufgaben** gelöst werden:
- Ein Gesetz bildet die Grundlage zur Lösung bestimmter Sachaufgaben. Dazu braucht man Fachleute und eine sorgfältige **fachliche Vorbereitung**.
- Damit das Gesetz nicht einseitigen Interessen dient, muß es **demokratisch** zustande kommen. Die Öffentlichkeit muß Einblick in und Einfluß auf den Entstehungsprozeß haben können.
- Das Bundesgesetz muß auf die Interessen der **Bundesländer** abgestimmt werden, damit es deren Zustimmung im Bundesrat erhält.

Übersicht 2: Die Gesetzgebung des Bundes

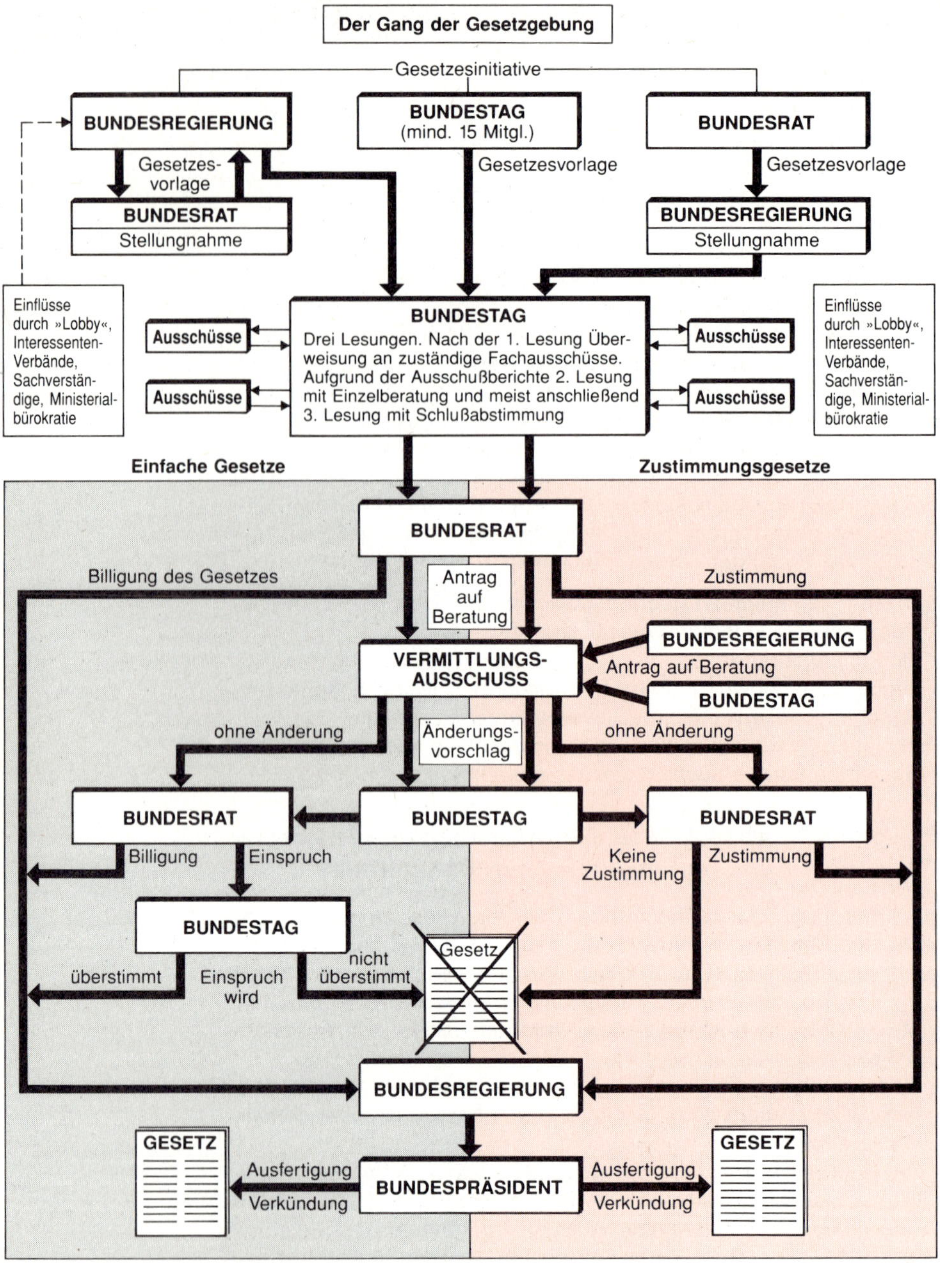

Horst Becker, Jürgen Heß, Grundwissen Recht, Stuttgart: Ernst Klett Schulbuchverlag 1990, S. 199.

Gesetzesinitiative: Wer darf das Verfahren in Gang setzen?

Die meisten Gesetzesvorlagen kommen von der Regierung; aber auch Bundestagsabgeordnete (Gruppen von mindestens 15 Unterzeichnern eines Entwurfes) sowie der Bundesrat können die **Gesetzesinitiative** ergreifen.

Artikel 76 GG:

„(1) Gesetzesvorlagen werden beim Bundestage durch die Bundesregierung, aus der Mitte des Bundestages oder durch den Bundesrat eingebracht.

(2) Vorlagen der Bundesregierung sind zunächst dem Bundesrate zuzuleiten ...

(3) Vorlagen des Bundesrates sind dem Bundestage durch die Bundesregierung innerhalb von drei Monaten zuzuleiten. Sie hat hierbei ihre Auffassung darzulegen."

Drei Durchgänge: drei Lesungen im Bundestag

Alle Entwürfe eines Bundesgesetzes müssen dem Bundestag zur Beratung vorgelegt werden. Das Plenum, d. h. der gesamte Bundestag, beschäftigt sich mit der Vorlage in drei verschiedenen Durchgängen. Jede dieser **drei Lesungen** hat eine besondere Aufgabe:
Erste Lesung: Wer den Gesetzentwurf in das Parlament eingebracht hat, begründet ihn. Daran schließt sich eine erste Aussprache an, bei der es noch nicht um Einzelheiten, sondern um die Ziele geht, die mit dem Gesetz verwirklicht werden sollen. Am Ende dieser Generaldebatte wird der Entwurf zur weiteren Beratung in einen **Ausschuß** (oder auch in mehrere Ausschüsse) des Bundestages geschickt.

Ausschüsse des Bundestages – die Fachberatungen

In den Ausschüssen sind die **Fachleute** der Fraktionen vertreten: die Sozialpolitiker im Ausschuß für Arbeit- und Sozialordnung, die Außenpolitiker im Auswärtigen Ausschuß usw. Diese Fach-Ausschüsse werden in jedem Gesetzgebungszeitraum (Legislaturperiode) neu gebildet.
Muß ein Gesetzentwurf von mehreren Ausschüssen beraten werden, wird zuvor ein führender Ausschuß bestimmt. Er faßt die Beratungsergebnisse aller beteiligten Ausschüsse in einem Bericht zusammen, der dann dem Plenum des Bundestages vorgelegt wird.
Die Beratungen der Ausschüsse sind in der Regel nichtöffentlich. Neben den Mitgliedern aus den Fraktionen des Bundestages können Vertreter der Bundesregierung, Beamte des zuständigen Fachministeriums und Vertreter des Bundesrates daran teilnehmen. Außerdem ist es möglich, zu einzelnen Themen Sachverständige einzuladen. Die Interessenverbände, die von dem künftigen Gesetz betroffen sind, können ebenfalls vor dem Ausschuß angehört werden. Diese **Anhörungen**, auch Hearings genannt, werden auf Beschluß des Ausschusses auch öffentlich abgehalten.
Die **zweite Lesung** im Bundestag beginnt mit dem Bericht über die Ausschuß-Beratungen. Dabei wird die Gesetzesvorlage Schritt für Schritt beraten. Zeigt es sich, daß noch nicht alle Fragen ausreichend gelöst sind, kann die Vorlage nochmals in den Ausschuß zurückverwiesen werden. Jeder Abgeordnete und jede Fraktion können nun **Ände-**

rungsanträge stellen. Die einzelnen Bestimmungen der Vorlage wie auch die Änderungsanträge werden der Reihe nach zur Abstimmung gebracht. Findet sich eine Mehrheit, ist das Gesetz in zweiter Beratung angenommen.
Die Beschlüsse der zweiten Beratung bilden die Grundlage der **dritten Lesung**. Hier können nur noch die Fraktionen Änderungsanträge stellen. Nach der Beratung und Abstimmung über diese Änderungen erfolgt die **Schlußabstimmung** über das Gesetz als Ganzes. Stimmt die Mehrzahl zu, ist das Gesetz vom Bundestag angenommen. Allerdings brauchen Gesetze, mit denen die Verfassung geändert werden soll, eine besondere Mehrheit: Zwei Drittel der Mitglieder müssen zustimmen (vgl. dazu Art. 79, Abs. 2 GG).

Der Vermittlungsausschuß

Hat nach der abschließenden dritten Lesung die Mehrheit der Abgeordneten dem Gesetz zugestimmt, dann muß als zweites Gesetzgebungsorgan noch der **Bundesrat** darüber befinden (vgl. Leitfrage 1). Besteht die Gefahr, daß hier die Gesetzesvorlage keine Mehrheit findet, wird sie zunächst an den **Vermittlungsausschuß** übergeben. Dieser besteht aus je einem Vertreter der 16 Länder und aus 16 Abgeordneten des Bundestags. Die Ländervertreter sind hier nicht – wie bei der Beratung und Abstimmung im Bundesrat – an Weisungen ihrer Landesregierungen gebunden.
Der Vermittlungsausschuß versucht, das Gesetz so abzuändern, daß es der vom Bundestag beschlossenen Absicht noch entspricht und zugleich die Bedenken aus dem Bundesrat berücksichtigt. Empfiehlt er eine Änderung oder die Ablehnung des Gesetzentwurfs, so muß der Bundestag erneut über den Vorschlag beschließen, bevor im Bundesrat endgültig über die Gesetzesvorlage entschieden wird. Handelt es sich um ein „einfaches" Bundesgesetz, bei dem keine Länderzustimmung erforderlich ist, dann kann der Bundestag einen Einspruch des Bundesrates auch überstimmen (vgl. Leitfrage 1).

Ausfertigen, verkünden, in Kraft setzen

Ist das Gesetz angenommen, so wird es zuerst von den zuständigen **Fachministerien** und vom **Bundeskanzler** unterzeichnet. Erst mit der Unterschrift des **Bundespräsidenten** erhält das Gesetz seine Verbindlichkeit für alle Staatsbürger. Es tritt nach **Veröffentlichung** im Bundesgesetzblatt in Kraft.

Welche Rolle spielt die Bevölkerung bei der Gesetzgebung?

Gesetze drücken die politischen Zielsetzungen aus, die die mehrheitlich gewählten Parteien durchsetzen sollen. Oft wird aber kritisiert, daß vor allem die wirtschaftlich starken Interessen und die mächtigen Interessenverbände zu großen Einfluß auf die Gesetzgebung ausüben. In den achtziger Jahren wurde bekannt, daß große Wirtschaftsunternehmen mit hohen Geldspenden an einzelne Parteien und Politiker versucht haben, deren Politik in ihrem Sinne zu beeinflussen. Da sie diese Zahlungen in ungesetzlicher Weise als gemeinnützige Spenden verbuchten und für diese Beträge keine Steuern bezahlten, kam die Sache ans Tageslicht. Dieser „Spendenskandal" und die anschließen-

den Gerichtsverfahren haben gezeigt, daß auch auf solchen Wegen – gleichsam hinter dem Rücken der Wähler – Einfluß auf die Politik genommen wird.
Einen rechtswidrigen Einfluß durch wirtschaftlich mächtige Gruppen können nicht allein die Wähler mit ihren Stimmzetteln bei den Wahlen verhindern. Hierzu ist eine **politisch informierte Öffentlichkeit** notwendig. Möglich wird dies durch kritische und unabhängige **Massenmedien**. Als „vierte Gewalt" können diese dazu beitragen, daß politisch informierte Wähler sich zu Wort melden und ihre Abgeordneten kontrollieren und beeinflussen (vgl. Kap. 2).
Briefe an Zeitungen, Politiker und Ämter, öffentliche Diskussionen, Plakate oder Demonstrationen, die Mitarbeit in Bürgerinitiativen, Verbänden und Parteien – dies alles sind Kanäle, durch die Meinungen und die Interessen einzelner auf den Weg in die Parlamente – und damit in die Gesetzgebung – transportiert werden können.

3 Gesetzgebung durch das Volk: Brauchen wir mehr direkte Demokratie?

Auf Bundesebene haben die Bürgerinnen und Bürger bislang keine Möglichkeit, in direkten Abstimmungen politische Entscheidungen zu treffen. Das Grundgesetz sieht bislang lediglich in einer Angelegenheit einen **Volksentscheid** vor: Wenn die Grenzen der Bundesländer neu geordnet werden sollen. Eine solche „Neugliederung des Bundesgebietes" muß, wie in Art. 29, Abs. 2 GG bestimmt, durch ein Bundesgesetz beschlossen werden, „das der Bestätigung durch Volksentscheid bedarf". Alle anderen politischen Aufgaben müssen in der Bundesrepublik durch das **Parlament** gelöst werden (siehe Leitfrage 2).

In Bundesländern: Volksgesetzgebung

Die Verfassungen der meisten Bundesländer enthalten dagegen Bestimmungen, welche die direkte Mitwirkung der Bevölkerung durch **Volksbegehren** und **Volksentscheide** erlauben. So heißt es in Art. 2 der Verfassung Nordrhein-Westfalens:
„Das Volk bekundet seinen Willen durch Wahl, Volksbegehren und Volksentscheid."

Stichworte: Volksbegehren und Volksentscheid

Mit der Wahl der Abgeordneten entscheiden die Wählerinnen und Wähler über die personelle und politische Zusammensetzung der Parlamente. Diese **Volksvertreter** beschließen dann – stellvertretend für die Bürgerinnen und Bürger – die Gesetze. Neben der **parlamentarischen** Gesetzgebung ist jedoch auch eine direkte **Volksgesetzgebung** möglich. Sie geschieht in der Regel in zwei Schritten:

(1) Mit einem **Volksbegehren** kann aus der Bevölkerung heraus die Initiative ergriffen werden mit dem Ziel, daß das Landesparlament ein Gesetz beschließt, ein bereits beschlossenes Gesetz ändert oder es ganz aufhebt. Das Landesparlament kann dem Volksbegehren entsprechen, indem es ihm zustimmt. Die Landesverfassungen legen jeweils fest, zu welchen Fragen Volksbegehren zulässig sind. Während

einige Länder – wie z. B. Nordrhein-Westfalen – Volksbegehren auf einfache Gesetze beschränken, ist es in anderen – wie etwa in Baden-Württemberg – möglich, auf diesem Wege die Landesverfassung zu ändern.
Damit ein Volksbegehren erfolgreich sein kann, schreiben die Verfassungen vor, daß diese Initiative von einer **Mindestzahl** der Wahlberechtigten mit ihrer Unterschrift unterstützt wird.
(2) Stimmt das Landesparlament einem Gesetzentwurf, der durch ein Volksbegehren eingebracht wird, nicht zu, so muß innerhalb einer festgelegten Frist die Bevölkerung die Möglichkeit haben, in einer **Volksabstimmung** bzw. in einem **Volksentscheid** darüber abzustimmen. Einige Verfassungen sehen vor, daß in diesem Falle das Parlament die Möglichkeit hat, mit dem Gesetzentwurf des Volksbegehrens zugleich über einen eigenen Entwurf abstimmen zu lassen. Damit solche direkten Entscheidungen rechtskräftig sind, ist auch bei diesem zweiten Schritt eine **Mindestzahl** an Stimmen vorgeschrieben. In Baden-Württembergs Verfassung heißt es dazu bei einfachen Gesetzen:

Artikel 60, Abs. 5:

„Bei der Volksabstimmung entscheidet die Mehrheit der abgegebenen gültigen Stimmen. Das Gesetz ist beschlossen, wenn mindestens ein Drittel der Stimmberechtigten zustimmt."

Soll die Verfassung Baden-Württembergs geändert werden, ist diese Mindestzahl höher:

Artikel 64, Abs. 3:

„Die Verfassung kann ... durch eine Volksabstimmung geändert werden. Das verfassungsändernde Gesetz ist beschlossen, wenn die Mehrheit der Stimmberechtigten zustimmt."

Direkte Demokratie auch in Gemeinden

Dem Grundsatz der direkten Demokratie entsprechend können die Bürgerinnen und Bürger auch direkte Entscheidungen in Gemeinden treffen. So sieht die **Gemeindeordnung** von Baden-Württemberg zwei Möglichkeiten vor:
(1) Mit einem **Bürgerantrag** können sie beantragen, daß der Gemeinderat eine bestimmte Angelegenheit behandelt.
(2) Über eine wichtige Gemeindeangelegenheit kann ein **Bürgerentscheid** durchgeführt werden, wenn dies

- zwei Drittel der Gemeinderäte beschließen
- oder mindestens 15 Prozent der Wahlberechtigten auf dem Weg eines **Bürgerbegehrens** mit ihrer Unterschrift fordern. Auf diese Weise können auch Beschlüsse des Gemeinderates wieder aufgehoben werden. Auch hier gilt: Nicht alle Fragen dürfen direkt entschieden werden. Um Erfolg zu haben, muß eine vorgeschriebene Mindestzahl zustimmen.

Weitere Informationen

Die Mitwirkungsmöglichkeiten der Bürgerinnen und Bürger sind festgelegt in

- der Landesverfassung,

- der Gemeindeordnung (das ist die „Verfassung“ der Gemeinden),
- der Hauptsatzung der eigenen Gemeinde, die vom Gemeinderat auf der Grundlage der Gemeindeordnung beschlossen wird.

Eine Streitfrage: Direkte Demokratie auch im Bund?

Die Forderung, direkte Entscheidungsmöglichkeiten der Bürgerinnen und Bürger zusätzlich zu den Parlamentswahlen in die Verfassung der Bundesrepublik aufzunehmen, ist nicht erst mit der Vereinigung der beiden deutschen Staaten im Jahr 1990 erhoben worden. Schon zuvor hatten unter den Parteien die SPD, die FDP und die GRÜNEN die Einführung von Volksbegehren und Volksentscheiden auch auf Bundesebene verlangt. Die CDU/CSU lehnt eine solche Ergänzung des Grundgesetzes ab.

Ergänzung oder Schwächung der parlamentarischen Demokratie?

Die Befürworter der direkten Volksgesetzgebung durch Volksbegehren und Volksentscheid betonen, daß sie nicht die Gesetzgebung auf dem Weg über Parlamentsentscheidungen aufheben wollen. Die **parlamentarische bzw. repräsentative Demokratie** soll vielmehr durch die **direkte bzw. plebiszitäre Demokratie ergänzt** werden (Plebiszit: Entscheidung des Volkes). Dadurch nehme die Bevölkerung intensiver am politischen Geschehen teil. Dieses stärkere Engagement trage dazu bei, daß wichtige Aufgaben von den Parteien und den Politikern rechtzeitig wahrgenommen und Lösungen gesucht würden. Die Parteien seien zwar durch das Grundgesetz geschützt. Während es dort heiße, sie **wirkten** an der politischen Willensbildung **mit**, habe sich in der Praxis nahezu ein Monopol der Parteien in Politik und Gesellschaft herausgebildet.
Die Entstehung zahlreicher **Bürgerinitiativen** seit den siebziger Jahren, die Ökologie- und die Friedensbewegung verdeutlichen diesen Anspruch, **von unten** Anstöße für politisches Handeln zu geben. Solche „Frühwarnsysteme“ haben dazu beigetragen, daß die Parteien ihre Programme überdacht und neue politische Ziele formuliert haben. Diese Erfahrungen widerlegen nach Meinung der Befürworter auch die Befürchtungen, die gegen eine solche Grundgesetzergänzung vorgebracht werden, wonach Volksbegehren und Volksentscheide

- durch starke gesellschaftliche Gruppen und durch die Medien **manipuliert** und
- durch radikale politische Parteien in **demagogischer** Absicht mißbraucht werden könnten.

4 Rechtspolitik: Was hat das Recht mit der Politik zu tun?

Recht als politische Entscheidung

Recht wird „gesetzt“ – das sagt nichts anderes als: Gesetze müssen in einem demokratischen Rechtsstaat so zustande kommen, wie es die Verfassung vorsieht,

- auf dem Weg der parlamentarischen Gesetzgebung (vgl. Leitfrage 2),
- durch direkte Volksgesetzgebung, aus Volksbegehren und Volksentscheid, wie es in einigen Bundesländern möglich ist (vgl. Leitfrage 3).

In beiden Fällen müssen dabei die grundlegenden Werte, die in der Verfassung festgelegt sind, eingehalten werden (vgl. Art. 1, 20 und 78 GG). Denn diese dürfen nicht durch den Gesetzgeber verändert oder gar aufgehoben werden.
Recht wird „gesetzt" – das sagt aber auch: Die rechtlichen Normen (Gesetze, Verordnungen usw.), die unser Zusammenleben regeln, sind uns nicht – wie göttliche Gebote oder wie Naturgesetze – vorgegeben. Sie gehen vielmehr hervor aus **politischen Auseinandersetzungen**: Sie sind das Ergebnis politischer Entscheidungen. Damit drückt das Recht auch immer aus, **wie** das Zusammenleben der Menschen gestaltet, auf welche Weise die Beziehungen der Menschen untereinander und ihr Verhalten geregelt werden sollen.

Recht – abhängig von der Mehrheit

In demokratischen Gesellschaften gibt es darüber in der Regel unterschiedliche Positionen. Die Minderheit kann sich dem von der Mehrheit bestimmten Recht jedoch nur unterwerfen, wenn sie die Hoffnung

Übersicht 3: Das Recht verändert sich

Beispiel: Das Recht der Eltern und das Recht der Kinder – nach dem Bürgerlichen Gesetzbuch von 1900 und nach der heutigen Regelung

BGB 1900	BGB heute (seit 1974)
§ 1626, Elterliche Gewalt Das Kind steht, solange es minderjährig ist, unter elterlicher Gewalt.	**§ 1626, Elterliche Sorge** (1) Der Vater und die Mutter haben das Recht und die Pflicht, für das minderjährige Kind zu sorgen (elterliche Sorge) ... (2) Bei der Pflege und Erziehung berücksichtigen die Eltern die wachsende Fähigkeit und das wachsende Bedürfnis des Kindes zu selbständigem verantwortungsbewußtem Handeln. Sie besprechen mit dem Kind, soweit es nach dessen Entwicklungsstand angezeigt ist, Fragen der elterlichen Sorge und streben Einvernehmen an.
§ 1627, Elterliche Gewalt des Vaters Der Vater hat kraft der elterlichen Gewalt das Recht und die Pflicht, für die Person und das Vermögen des Kindes zu sorgen.	**§ 1627, Ausübung der elterlichen Sorge** Die Eltern haben die elterliche Sorge in eigener Verantwortung und in gegenseitigem Einvernehmen zum Wohle des Kindes auszuüben. Bei Meinungsverschiedenheiten müssen sie versuchen, sich zu einigen.
§ 1684, Elterliche Gewalt der Mutter Der Mutter steht die elterliche Gewalt zu, 1. wenn der Vater gestorben oder für tot erklärt ist; 2. wenn der Vater die elterliche Gewalt verwirkt hat und die Ehe aufgelöst ist.	**§ 1628, Entscheidungsrecht** (1) Können sich die Eltern ... nicht einigen, so kann das Vormundschaftsgericht auf Antrag eines Elternteils die Entscheidung einem Elternteil übertragen, sofern dies dem Wohle des Kindes entspricht ...

haben kann, für ihre Ziele und Wertvorstellungen in Zukunft ebenfalls eine Mehrheit zu finden. Wäre dagegen einmal Recht „auf ewig" festgeschrieben, dann wäre es ein Mittel, andere Ansichten und Ziele zu unterdrücken und die eigene Herrschaft auf Dauer abzusichern. Aus dem Rechtsstaat würde dann ein Zwangs- und Unterdrückungsstaat.

Recht – abhängig von der Zeit

Die Vorstellungen über das „richtige" Zusammenleben der Menschen verändern sich. Was jeder in seiner eigenen Familie, zwischen den verschiedenen Generationen beobachten kann, gilt auch in der Gesellschaft insgesamt und im Staat. Auf das Recht bezogen heißt dies: Ein Gesetz oder ein Teil eines Gesetzes kann „von der Zeit überholt" werden. Seine Bestimmungen sind veraltet,

- weil sich die Verhältnisse, in denen wir leben, geändert haben und
- weil unsere eigenen Vorstellungen, unsere Werte, heute andere sind als die der Generationen vor uns.

Was sich hier zwischen 1900 und heute verändert hat, wird deutlich, wenn beide Fassungen des Gesetzes nach den Rollen befragt werden, die den beteiligten Personen dabei jeweils zugeschrieben werden – den Eltern gegenüber dem Kind, den Eltern untereinander, also dem Vater und der Mutter. Damit verändert haben sich auch die verschiedenen Leitvorstellungen, die zu unterschiedlichen Zeiten als Regel für das Zusammenleben in der Familie und zwischen den Ehepartnern herrschten und als Recht „gesetzt" wurden.

Zusammenfassung

1 In der parlamentarischen Demokratie sind besondere Organe mit der Gesetzgebung beauftragt. Auf Bundesebene wirken dabei Bundestag und Bundesrat zusammen. Das Grundgesetz bestimmt die politischen Bereiche, bei denen der Bund die ausschließliche Kompetenz zur Gesetzgebung hat. Bei der konkurrierenden Gesetzgebung haben die Länder das Recht, eigene Gesetze zu beschließen, solange keine entsprechenden Bundesgesetze bestehen. Durch die Rahmengesetzgebung des Bundes soll sichergestellt werden, daß die Ländergesetze trotz unterschiedlicher Einzelregelungen von grundlegenden Gemeinsamkeiten ausgehen.

2 Das Gesetzgebungsverfahren im Parlament vollzieht sich in mehreren Schritten. Neben den drei Lesungen im Plenum des Bundestages wird ein Gesetzentwurf in einem Ausschuß (oder auch in mehreren Ausschüssen) beraten. Bei Meinungsverschiedenheiten zwischen dem Bundestag und dem Bundesrat kann der Vermittlungsausschuß angerufen werden. Damit ein Gesetz in Kraft treten kann, muß es zuvor vom zuständigen Bundesminister und vom Bundeskanzler sowie vom Bundespräsidenten unterschrieben und im Bundesgesetzblatt verkündet werden.

3 Die meisten Verfassungen der 16 Bundesländer sehen direkte Entscheidungsmöglichkeiten der Bürgerinnen und Bürger vor. Zu dieser „Volksgesetzgebung" zählen das Volksbegehren und der Volksentscheid. Sie sollen die parlamentarische Gesetzgebung der Landtage ergänzen. Ähnliche Regelungen werden zur Zeit auch für die Bundespolitik gefordert. Dazu müßte das Grundgesetz geändert werden.

4 Das Recht ist nicht statisch ein für allemal festgeschrieben. Es ist das Ergebnis politischer Entscheidungen auf der Grundlage von Werten, die in der Verfassung festgelegt sind. In der Rechtspolitik kommen immer auch die politischen Vorstellungen der regierenden Mehrheit zum Ausdruck.
Auf längere Frist gesehen wandelt sich das Recht, weil sich die Gesellschaft verändert und mit ihr unsere Wertvorstellungen.

5.3 Die Rechtsordnung: Alles, was Recht ist im Rechtsstaat

Alles klar?

Marie Marcks in: Klipp und klar. 100 x Bürgerrecht. Bibliographisches Institut, Mannheim 1979, S. 181.

Leitfragen

1 Gesetze und Paragraphen: Nach welchen Merkmalen können wir das Recht einteilen?

2 Nach welchen Grundsätzen ist das Strafrecht aufgebaut?

3 Welche grundsätzlichen Regelungen enthält das Privatrecht?

1 Gesetze und Paragraphen: Nach welchen Merkmalen können wir das Recht einteilen?

Beinahe jeder Bereich unseres Lebens wird durch das Recht geregelt. Dies wird uns meistens erst dann bewußt, wenn es Probleme gibt, Konflikte entstehen und die unterschiedlichen Interessen nicht mehr „unter einen Hut“ zu bringen sind. Niemand kann heute alle Rechtsgebiete vollständig kennen. Auch unter den Rechtsanwälten gibt es längst Spezialisten – etwa den Fachanwalt für Steuerrecht, den Strafverteidiger im Strafprozeß oder den Anwalt für das Verwaltungsrecht. Wenn wir zwischen **privaten** und **öffentlichen** Lebensbereichen unterscheiden, gewinnen wir eine Einteilung, die uns hilft, die verschiedenen Aufgaben des Rechts zu ordnen.

Privatrecht

Auch in privaten Lebensbereichen begegnen sich Personen, deren Interessen durch rechtliche Vorschriften geregelt werden. So der Vermieter und der Mieter, der Käufer und der Verkäufer, der Arbeitgeber und der Arbeitnehmer, usw. Es handelt sich dabei um Rechte und Pflichten einzelner untereinander, wie sie etwa aus einem Kauf- oder aus einem Mietvertrag folgen, aber auch um Verpflichtungen, die ein Bauherr gegenüber seinem Nachbarn einhalten muß.
Das Privatrecht legt die Grundsätze fest, nach denen solche Beziehungen zwischen **einzelnen Menschen** oder zwischen **Gruppen von Menschen** (z. B. in Vereinen und Verbänden) gestaltet sein müssen. Es bestimmt, welche Verpflichtungen beide Seiten eingehen und welche Leistungen sie jeweils erwarten können. Dabei ist entscheidend: Keine Seite kann ihre Interessen allein oder gar mit Gewalt durchsetzen. Im Streitfall stehen sich die Streitenden gleichrangig vor Gericht gegenüber. Diesem obliegt es, auf Grundlage der Gesetze den Konflikt, die Streitsache, zu entscheiden (genauer in Abschn. 5.4, Leitfrage 1).

Öffentliches Recht

Hier geht es um das Recht, auf dessen Grundlage die **öffentlichen Einrichtungen** ihre Aufgaben erfüllen. Es regelt die Beziehungen des Staates zu den Bürgerinnen und Bürgern, aber auch die Verhältnisse zwischen den Einrichtungen des Staates untereinander – von der Ebene des Bundes bis zur Gemeinde. So bestimmt das Strafrecht, in welchem Ausmaß staatliche Gerichte die Straftat eines einzelnen aburteilen müssen. Und im Verfassungsrecht ist festgelegt, welche Aufgaben die verschiedenen staatlichen Einrichtungen, etwa der Bundestag und der Bundesrat, haben (vgl. Abschn. 5.2).

Stichwort: Körperschaften

Die rechtlichen Ansprüche werden hier von **Körperschaften des öffentlichen Rechts** getragen. Damit werden alle öffentlichen Einrichtungen bezeichnet, die auf der Grundlage von Gesetzen Aufgaben für die Bürgerinnen und Bürger zu leisten haben. Dazu gehören insbesondere

- die Gebietskörperschaften: der Bund und die Länder, die Landkreise und die Gemeinden,
- die Organisationen zur Selbstverwaltung der Berufe und der Wirtschaft: die Industrie- und Handelskammern, die Handwerkskammern, die Ärztekammern usw.,
- die Träger der Sozialversicherung, d. h. der Rentenversicherung, der gesetzlichen Krankenversicherung (nicht der privaten), der Unfall- und der Arbeitslosenversicherung (vgl. Kap. 1).

Diese Liste zeigt, daß neben den rein staatlichen Körperschaften des Bundes, der Länder, der Landkreise und der Gemeinden auch solche zum Bereich des öffentlichen Rechts gehören, die für bestimmte Gruppen in der Gesellschaft Aufgaben übernehmen – die Selbstverwaltungseinrichtungen der Berufe, der Wirtschaft und der Sozialversicherung. Sie arbeiten zwar auf der Grundlage von Bestimmungen des öffentlichen Rechts, aber im Rahmen dieses Rechts handeln sie in eigener Zuständigkeit und Verantwortung. Wie die staatlichen Verwaltungen sind auch diese Einrichtungen an den Grundsatz des Rechtsstaates gebunden: Jede ihrer Handlungen muß letztlich durch eine rechtliche Vorschrift, sei es ein Gesetz, eine Verordnung oder eine Satzung, begründet sein (Gesetzmäßigkeit der Verwaltung, vgl. Abschn. 5.1, Leitfrage 3). Denn die öffentlich-rechtlichen Körperschaften können Bürgern bestimmte Pflichten auferlegen, ihnen Berechtigungen zuweisen oder verweigern (Beispiel: Stadt verweigert Baugenehmigung für ein geplantes Hochhaus).

Übersicht 1: Öffentliches und privates Recht – eine Einteilung des Rechts

Öffentliches Recht		Privatrecht (Zivilrecht)	
Inhaltliches Recht („Materielles Recht“)	Verfahrensrecht („Formelles Recht“)	Bürgerliches Recht	Sonderprivatrecht
▶ Verfassungsrecht ▶ Staatsrecht ▶ Verwaltungsrecht ▶ Strafrecht ▶ Sozialversicherungsrecht ▶ Steuerrecht ▶ Gewerbe- und Handwerksrecht ▶ Berufsausbildungs- und Schulrecht u. a.	▶ Zivilprozeßrecht ▶ Strafprozeßrecht ▶ Vollstreckungsrecht ▶ Verwaltungsprozeßrecht ▶ Gerichtsverfassungsrecht u. a.	▶ Bürgerliches Gesetzbuch und Nebengesetze, z. B. – Ehegesetz – Abzahlungsgesetz u. a.	▶ Handels- und Wettbewerbsrecht ▶ Aktien- und GmbH-Gesetz ▶ Patentrecht ▶ Urheberrecht u.a. ▶ Arbeitsrecht (Tarifvertragsrecht u. a.) ▶ Betriebsverfassungs- und Mitbestimmungsrecht u.a.
Merkmal: Öffentliche Einrichtungen vertreten Ansprüche, denen sich einzelne **unterordnen** müssen.		**Merkmal:** Personen stehen sich **gleichrangig** mit Ansprüchen und Gegenansprüchen gegenüber.	

Weitere Informationen zu dieser Übersicht bringen die Leitfragen 2 und 3.

Verfahrensrecht

Die Unterscheidung zwischen Privatrecht und öffentlichem Recht wird auch an den unterschiedlichen Grundsätzen deutlich, nach denen Rechtsstreitigkeiten ausgetragen werden müssen. Für verschiedene Rechtsbereiche gibt es jeweils ein spezielles **Verfahrensrecht** (auch formelles Recht genannt), das genau vorschreibt, wie die Verfahren abzulaufen haben. Hier unterscheiden sich privatrechtliche Prozesse (z. B. ein Zivilprozeß vor einem ordentlichen Zivilgericht oder vor einem Arbeitsgericht) von öffentlich-rechtlichen Verfahren (z. B. vor einem

Verwaltungsgericht oder einem Strafgericht). Im öffentlich-rechtlichen Verfahren erforscht das Gericht **von sich aus**, welche Tatsachen für die Urteilsfindung eine Rolle spielen. Im Zivilverfahren dagegen bleibt das Gericht weitgehend **neutral** und behandelt nur die von den streitenden Parteien vorgebrachten Anträge. So können die Parteien im Zivilprozeß jederzeit von sich aus übereinkommen, daß sie auf eine Fortsetzung der Verhandlung verzichten.

Ein Tatbestand – zwei Verfahren

Herr Vogel verursacht unter Alkohol einen Verkehrsunfall. Er selbst verletzt sich dabei und ist arbeitsunfähig. In den Unfall schuldlos verwickelt wird Frau Greiff; ihr Auto ist beschädigt, sie selbst muß sich ärztlich behandeln lassen. Wegen eines Verstoßes gegen die Straßenverkehrsordnung (StVO), eine öffentlich-rechtliche Bestimmung, wird Herr Vogel strafrechtlich verurteilt. Das Gericht muß hierbei von sich aus alle belastenden und entlastenden Umstände der Tat (Tatbestand, Rechtswidrigkeit) und des Täters (Schuldausmaß) prüfen. Dies ist Gegenstand eines **Strafprozesses**.
Zu einem **Zivilprozeß** kommt es nur, wenn Herr Vogel sich z. B. weigert, den von Frau Greiff geforderten Schadensersatz für die Reparaturkosten sowie die Kosten der ärztlichen Behandlung zu zahlen. Dann klagt Frau Greiff in einem Zivilprozeß gegen Herrn Vogel. In diesem Verfahren wird der Richter nur prüfen, ob die Schadensersatzforderungen und ihre Höhe zu Recht bestehen. Die Geschädigte muß dabei die Beweise für ihre Ansprüche selbst beschaffen, ebenso der Beklagte die Beweise für seine Gegenargumentation. Falls die Geschädigte von sich aus zu wenig fordert, z. B. ein Schmerzensgeld ganz vergißt, darf ihr der Richter nicht von sich aus einen „gerechteren" Schadensersatz zusprechen.

2 Nach welchen Grundsätzen ist das Strafrecht aufgebaut?

Obwohl es mehr Zivil- als Strafprozesse gibt, interessieren sich die Menschen besonders für das Strafrecht. Im folgenden soll dieser Teil des öffentlichen Rechts deshalb besonders dargestellt werden.
Im Strafrecht begegnet uns das Recht immer mit dem Anspruch, mit Hilfe **staatlicher Gewalt** durchgesetzt zu werden. Die Hauptaufgabe des Rechts – Ordnung und Frieden zu sichern – ist hier am deutlichsten sichtbar. Es unterscheidet am klarsten zwischen erlaubtem und verbotenem, „richtigem" und „falschem" Verhalten. Damit sind schon die grundlegenden Merkmale des Strafrechts angesprochen.

Das Strafgesetzbuch

Die wichtigsten Bestimmungen des Strafrechts finden wir im **Strafgesetzbuch** (StGB). Vereinzelt enthalten auch andere Gesetze, etwa das Berufsbildungsgesetz, Straf- oder Bußbestimmungen.
Der „Allgemeine Teil" des StGB klärt in den §§ 1–79 b zunächst die Voraussetzungen und Bedingungen, unter denen die im „Besonderen Teil" (§§ 80–358) aufgeführten Taten zu einer Bestrafung führen.

Übersicht 2: Grundsätze des Strafrechts

Gesetzesgrundsatz

§ 1 StGB: „Keine Strafe ohne **Gesetz**. Eine Tat kann nur bestraft werden, wenn die Strafbarkeit gesetzlich bestimmt war, bevor die Tat begangen wurde."

Bestimmtheitsgebot
Eine Person kann nur für eine Handlung bestraft werden, die in einer rechtlichen Vorschrift (z. B. einem Gesetz) ausdrücklich als **verboten** und **strafbar** benannt, d. h. „bestimmt" ist.

Rückwirkungsverbot
Eine Tat muß bereits zum Zeitpunkt, in dem sie begangen wird, verboten sein, um mit einer Strafe geahndet zu werden. Wird eine Strafbestimmung neu in ein Gesetz aufgenommen, darf **niemand rückwirkend** für eine Tat bestraft werden, die vor diesem Zeitpunkt liegt.

Übersicht 3: Der Aufbau des Strafgesetzbuches (StGB)
vom 15. Mai 1871 in der Fassung vom 10. März 1987

Allgemeiner Teil §§ 1–79 b	**Besonderer Teil** §§ 80–358
1. **Das Strafgesetz: Wann** und **wo** gilt eine Tat als Straftat, **wer** unterliegt dem Strafgesetz? Welche Taten gelten als Verbrechen, welche als Vergehen? §§ 1–12	**Straftaten:** 1.–6. Straftaten gegen den Staat: z. B. Spionage, Sabotage, Widerstand gegen die Staatsgewalt u. ä.
2. **Die Tat:** Wodurch werden Handlungen **strafbar?** Wann sind strafbare Handlungen gerechtfertigt oder entschuldbar? Wie sind Versuche strafrechtlich zu werten? §§ 13–37	7.–8. Straftaten gegen die öffentliche Ordnung, z. B. Geld- und Wertzeichenfälschung 9.–10. Falsche Aussage, Meineid, falsche Verdächtigung
3. **Rechtsfolgen der Tat:** Strafarten (Geld- und Freiheitsstrafen, Nebenstrafen und Nebenfolgen), Strafbemessung und Strafaussetzung. Maßregeln der Besserung und Sicherung §§ 38–76 a	11.–12. Straftaten bezüglich Religion und Familie 13.–15. Straftaten gegen sexuelle Selbstbestimmung, Ehre, persönlicher Geheimbereich
4. **Strafantrag, Ermächtigung, Strafverlangen:** Wer kann Strafanträge stellen? Wann sind Strafanträge zu stellen? §§ 77–77 e	16.–18. Straftaten gegen Leben, Gesundheit und persönliche Freiheit 19.–26. Straftaten gegen das Eigentum 27. Gemeingefährliche Straftaten
5. **Verjährung:** Nach welchen Fristen können verschiedene Straftaten nicht mehr verfolgt bzw. können Strafen nicht mehr vollstreckt werden? §§ 78–79 b	28. Straftaten gegen die Umwelt 29. Straftaten im Amte, z. B. Bestechlichkeit

Die Straftat

Drei Voraussetzungen müssen erfüllt sein, damit eine Tat eine Bestrafung nach sich zieht:

Tatbestand

(1) Das Verhalten erfüllt einen **Tatbestand** (oder mehrere), der im Gesetz unter Strafe gestellt, also verboten ist.

Rechtswidrigkeit

(2) Das Verhalten ist **rechtswidrig** und entstand nicht aus einer Notstandssituation, etwa aus einer Notwehr, heraus.

Schuld

(3) Dem Täter ist die rechtswidrig begangene Tat als **schuldhaftes** Verhalten vorzuwerfen, d. h. es gibt keine Gründe, die sein Verhalten entschuldigen würden (z. B. geistige Verwirrung, Todesangst).
Ist eines der drei Merkmale nicht erfüllt, dann ist eine Bestrafung nicht möglich. Das Schuldmerkmal ist von besonderer Bedeutung, da die Schuld die Höhe der Strafe begrenzt. Zum einen ergibt sich die Schuldzurechnung aus dem Maß der Verwerflichkeit einer Tat. Zum andern spielt es eine Rolle, ob der Täter vorsätzlich oder nur fahrlässig gehandelt hat und ob äußere Umstände das strafbare Verhalten begünstigt haben.
Kinder unter 14 Jahren und Geisteskranke werden strafrechtlich als nicht schuldfähig eingestuft und also nicht bestraft – auch wenn sie rechtswidrig schwere Straftaten begangen haben (vgl. Übersicht 6).

Das Jugendstrafrecht

Für Jugendliche zwischen 14 und 18 Jahren, die Straftaten begangen haben, muß das **Jugendgerichtsgesetz** angewendet werden. Auch Heranwachsende zwischen 18 und 21 Jahren können nach diesem Gesetz behandelt werden, wenn ihre geistige und charakterliche Reife noch nicht die eines Erwachsenen erreicht hat. Dieses Gesetz sieht nur für besonders schwere Straftaten **Jugendstrafen** (Freiheitsstrafen zwischen 6 Monaten und höchstens 10 Jahren) vor. In den meisten Fällen werden **Erziehungsmaßnahmen** eingesetzt und **Zuchtmittel** angeordnet.
Sowohl die Richter als auch die im Jugendstrafvollzug tätigen Sozialarbeiter, Psychologen, Berufsberater, Lehrer und Bewährungshelfer sollen speziell daraufhin ausgebildet sein, mit den jugendlichen Straftätern die Ursachen für ihre Straffälligkeit herauszufinden und dem Jugendlichen zu helfen, ein Leben ohne Kriminalität aufzubauen.

3 Welche grundsätzlichen Regelungen enthält das Privatrecht?

Das Bürgerliche Gesetzbuch – BGB

Die zahlreichen Vorschriften des Privatrechts können wir zum einen einteilen in solche, die jeden Bürger im Zusammenleben mit anderen betreffen; sie sind überwiegend im **Bürgerlichen Gesetzbuch** (BGB vom 1. Januar 1900) zusammengestellt. Zum andern finden wir privatrechtliche Regelungen in einigen **Nebengesetzen** zum BGB und in Vorschriften des sogenannten **Sonderprivatrechts.** Dieses Recht regelt Fragen, die sich aus dauerhaften wirtschaftlichen Beziehungen ergeben (z. B. das Handels- und das Arbeitsrecht, vgl. Übersicht 1).

Übersicht 4: Rechtsfolgen von Jugendstraftaten nach dem Jugendgerichtsgesetz (JGG)		
Maßnahmen	**Art der Durchführung oder Wirkung**	**Strafgründe**
A Erziehungsmaßregeln (§ 9)	Gelten nicht als Strafen, kein Eintrag ins Strafregister	
1. Weisungen	Gebote und Verbote zur Regelung der Lebensführung, z. B. Arbeitsstelle annehmen, in einem Heim wohnen u. a.	Einmalige Straftaten, die durch Umstände der Lebensführung wesentlich mitverursacht wurden
2. Erziehungsbeistandschaft	Durch gerichtlich bestellte Erziehungsbeistände, z. B. Helfer des Jugendamts, Verwandte, Lehrer u. a.	Wenn mangelhafte elterliche Erziehungsmöglichkeit als Tätermerkmal festgestellt wird
3. Fürsorgeerziehung	In Erziehungsheimen oder in fremden Familien	Wenn bei unter 17jährigen die Familie eine drohende Verwahrlosung nicht aufhalten kann
B Zuchtmittel (§ 13)	Gelten nicht als Strafen	
1. Verwarnung	Förmliche Zurechtweisung des Täters aufgrund eines Jugendstrafprozesses	Einmalige Straftaten, für die der Jugendliche in seiner Person selbst verantwortlich ist
2. Auflagen	Verpflichtungen, die dem Jugendlichen das Unrecht eindringlich in Erinnerung rufen, z. B. Dienst in gemeinnützigen Einrichtungen	Schäden aus Übermut – Wiedergutmachung und persönliche Entschuldigung
3. Jugendarrest	Freizeitarrest bis zu 4 Freizeiten, Kurzarrest bis 6 Tage, Dauerarrest bis 4 Wochen	Delikte aus mangelnder Selbstkontrolle bei besonderer Gelegenheit, z. B. leichter Diebstahl, Körperverletzung
C Jugendstrafe (§ 17)	Wenn Erziehungsmaßregeln und Zuchtmittel nicht ausreichen	
1. Freiheitsentzug von bestimmter Dauer	Mindestens 6 Monate, höchstens 10 Jahre, Strafaussetzung und vorzeitige Entlassung zur Bewährung möglich	Schwere Straftaten mit hohem Schuldgehalt, insbesondere bei Heranwachsenden und Feststellung schädlicher Neigung, z. B. bei Wiederholungstätern
2. Freiheitsentzug von unbestimmter Dauer	Mindestens 6 Monate, höchstens 4 Jahre, wenn Erziehungserfolg nicht vorausschätzbar	Mittelschwere Delikte
D Maßregeln der Besserung und Sicherung (§ 7)	Meist begleitend zu den Maßnahmen A bis C, z. B. Entziehungskur bei Drogen, Führungsaufsicht, Entziehung der Fahrerlaubnis	Im Zusammenhang mit bestimmten Straftaten

Übersicht 5: Das Bürgerliche Gesetzbuch (BGB)

Die rechtlichen Bestimmungen der ersten drei Teile des BGB gelten als allgemeine Grundlage im gesamten Privatrecht, also auch z. B. im Handelsrecht. Die beiden letzten Teile regeln als besondere Fragen des Privatrechts das Zusammenleben in Familien und die Weitergabe des privaten Eigentums im Erbfalle.

Stichwort: Rechtsfähigkeit

Das Privatrecht geht davon aus, daß jede **Person** Träger privater Rechte und Pflichten ist, also z. B. Eigentümer eines Hauses sein kann, einen Vertrag abschließt, ein Darlehen aufnimmt usw. Diese **Rechtsfähigkeit** hat jede **natürliche Person** vom Augenblick ihrer Geburt an. Auch Vereine, Handelsgesellschaften wie die GmbH (Gesellschaft mit beschränkter Haftung) oder die AG (Aktiengesellschaft) sind, wenn sie ins Vereins-, Handels- oder Genossenschaftsregister beim Amtsgericht eingetragen wurden, Rechtspersonen geworden. Als **juristische Personen**, d. h. vom Recht künstlich geschaffene Personen, können sie ebenfalls Träger von Rechten und Pflichten sein, sei es als Eigentümer, Mieter, Schuldner usw.

Stichwort: Geschäftsfähigkeit

Ein Kleinkind kann allerdings seine Rechte noch nicht selbst in Anspruch nehmen – z. B. als Hauseigentümer die Miete einnehmen oder neu festsetzen. Das BGB regelt, daß natürliche Personen erst ab ihrem 18. Geburtstag die volle rechtliche **Geschäftsfähigkeit** erhalten: Ihre Erklärungen gegenüber anderen Personen sind erst dann rechtlich wirksam, vertragliche Abmachungen mit anderen erst dann bindend. Beschränkt geschäftsfähig sind Kinder und Jugendliche zwischen dem 7. und 18. Lebensjahr sowie wegen Trunksucht, Verschwendung oder Geistesschwäche gerichtlich Entmündigte: Ihre

Vereinbarungen und Handlungen sind nur wirksam, wenn der gesetzliche Vertreter (die Eltern oder der Vormund) ausdrücklich zustimmt. Juristische Personen werden voll geschäftsfähig, sobald sie in das entsprechende Register beim Amtsgericht eingetragen sind.

Verträge als Rechtsgeschäfte

Insgesamt geht es bei fast allen privatrechtlichen Fragen um eine für beide Seiten gerechte und zuverlässige Ausgestaltung von **Verträgen**. Ein Vertrag ist eine rechtlich bindende Vereinbarung zweier oder mehrerer Personen, die in der Absicht getroffen wird, bestimmte Lei-

Übersicht 6: Die rechtliche Stellung des Menschen bis zum 21. Lebensjahr

allgemeine rechtliche Fähigkeiten	Jahre	Strafrecht Strafmündigkeit (strafrechtliche Deliktfähigkeit)		Zivilrecht Geschäftsfähigkeit		Schadenersatzpflicht (zivilrechtl. Deliktfähigkeit)	Eltern bzw. gesetzliche Vertreter
	ab 21	Erwachsene	voll strafmündig (ordentl. Gerichte)	Volljährige	voll geschäftsfähig	volle Wiedergutmachung	Ende der elterlichen Sorge keine Aufsicht keine Haftung begrenzte Unterhaltspflicht (bis Abschluß der Berufsschulausbildung)
18: volljährig: aktives und passives Wahlrecht, ehemündig, wehrpflichtig	18–21	Heranwachsende	je nach Reife des Täters Jugendstrafrecht oder allgemeines Strafrecht				
16: eidesfähig, Testament errichten, Ausweispflicht	14–18	Jugendliche	beschränkt strafmündig (Jugendstrafrecht, Jugendgerichte)				
14: Religionsmündigkeit 12: Religionsänderung nur mit Zustimmung des Minderjährigen	7–18			Minderjährige	beschränkt geschäftsfähig	beschränkt schadensersatzpflichtig (bei erforderlicher Einsicht)	Zustimmung zu Rechtsgeschäften Haftung bei mangelnder Unterrichtung Unterhaltspflicht Erziehungspflicht
6: Schulpflicht	bis 14	Kinder	nicht strafmündig				
Rechtsfähigkeit: Träger von Rechten und Pflichten, z. B. Eigentum, Erbrecht	bis 7			Kinder	nicht geschäftsfähig	keine Schadenersatzpflicht	Haftung bei mangelnder Aufsicht Unterhaltspflicht Erziehungspflicht

Anmerkung: Diese Übersicht stellt sowohl die zivilrechtliche Geschäftsfähigkeit und Deliktfähigkeit (Schadenersatzpflicht) als auch die strafrechtliche Deliktfähigkeit natürlicher Personen dar. In beiden Bereichen geht es darum, ob einem Menschen bestimmte Folgen seines Tuns zugerechnet werden können. Geschäftsfähigkeit und Deliktfähigkeit werden mit dem Oberbegriff **Handlungsfähigkeit** zusammengefaßt.

stungen zu erzielen. In der juristischen Fachsprache wird diese Absicht als „Willenserklärung" bezeichnet. So erklären der Vermieter und der Mieter im Mietvertrag gegenseitig ihren Willen, eine Wohnung mit bestimmten Rechten und Pflichten zu vermieten bzw. zu mieten. Verträge müssen nicht immer schriftlich sein; in den meisten Fällen werden sie einfach stillschweigend vereinbart oder genauer: einfach vollzogen. So stellt jeder Kauf – auch wenn es sich dabei nur um eine Zeitung am Kiosk handelt – im rechtlichen Sinne einen Vertrag dar. Bei einem Vertrag haften die Vertragspartner immer gegenseitig für eine ordnungsgemäße **Erfüllung** der eingegangenen Pflichten, (z. B. fristgerechte, mängelfreie Lieferung am rechten Ort), sie stehen rechtlich in einem **Schuldverhältnis** zueinander. **Haftung** (Haftpflicht) gegenüber anderen entsteht auch, wenn eine Person einer anderen absichtlich oder unbeabsichtigt einen Schaden zufügt.

Zusammenfassung

1 Die Rechtsordnung der Bundesrepublik Deutschland unterscheidet zwei Bereiche des Rechts: Das Privatrecht regelt das Zusammenleben der Menschen und ihrer Vereinigungen. Es legt die Rechte und Pflichten fest, die in den privaten Lebensbereichen gegenseitig beachtet werden müssen. Das öffentliche Recht ordnet die Beziehungen des Staates (sowie von Einrichtungen, denen der Staat öffentliche Regelungsbefugnisse übertragen hat) zu den Bürgerinnen und Bürgern sowie der staatlichen Einrichtungen untereinander.

2 Das Strafrecht als Teil des öffentlichen Rechts ist mit seinen wichtigsten Bestimmungen im Strafgesetzbuch (StGB) zusammengefaßt. Bei der Verurteilung einer Handlung als Straftat muß die Grundregel des Rechtsstaates beachtet werden: „Keine Strafe ohne Gesetz." Dieser Grundsatz wird durch das Bestimmtheitsgebot und das Rückwirkungsverbot verdeutlicht. Für jugendliche Straftäter enthält das Jugendgerichtsgesetz besondere Bestimmungen.

3 Die Grundzüge und die wichtigsten Regelungen des Privatrechts enthält das Bürgerliche Gesetzbuch. Es besteht aus fünf Teilen, auch „Bücher" genannt. Rechtsfähig im Sinne des BGB sind sowohl natürliche als auch juristische Personen: Sie können Träger von Rechten und Pflichten sein. Die volle zivilrechtliche Geschäftsfähigkeit erreichen natürliche Personen in der Regel mit Vollendung des 18. Lebensjahres, juristische Personen mit der rechtlich abgeschlossenen Gründung (der Eintragung in ein Register beim Amtsgericht). Die Grundform der privatrechtlichen Vereinbarungen stellt der Vertrag dar.

5.4 Die Rechtsprechung: Recht haben und recht bekommen

Rechtsprechende Gewalt, rechtliches Gehör – aus dem Grundgesetz

Artikel 92
Die rechtsprechende Gewalt ist den Richtern anvertraut; sie wird durch das Bundesverfassungsgericht, durch die ... Bundesgerichte und durch die Gerichte der Länder ausgeübt.

Artikel 103
(1) Vor Gericht hat jedermann Anspruch auf rechtliches Gehör.

Leitfragen

1 Die Richter und die Gerichte: Welche Aufgaben und welche Stellung hat die dritte Gewalt im Rechtsstaat?

2 Der Rechtsweg: Wie ist das Rechtssystem aufgebaut, und welche Bedeutung hat dieser Aufbau im Rechtsstaat?

1 Die Richter und die Gerichte: Welche Aufgaben und welche Stellung hat die dritte Gewalt im Rechtsstaat?

Allgemeine Gesetze – konkrete Fälle

Gesetze können nur allgemeine Regeln vorschreiben, die möglichst viele Einzelfälle umfassen sollen. In der Wirklichkeit unterscheidet sich beinahe jeder Fall von anderen Fällen.

► So können Diebstähle unterschiedlich schwer sein, der eine Täter mehr als ein anderer schuldhaft in seine Taten verwickelt sein.

- Bürger können untereinander in Konflikt darüber geraten, ob die vertraglich vereinbarten Leistungen und Gegenleistungen ordentlich erfüllt wurden und ob der eine dem anderen zum Ersatz eines Schadens verpflichtet ist.
- Ob eine Behörde zu Recht von allen Grundstückseigentümern, auch von kinderlosen Rentnern, Anliegerbeiträge für den Ausbau eines Kinderspielplatzes erhebt, wird von betroffenen Bürgern oft bestritten.

Gewaltenteilung – die Gerichte als „besondere Organe"

Die Ausübung der Macht, der staatlichen Gewalt, ist in einem Rechtsstaat auf mehrere Organe verteilt. Im Rahmen dieser **Gewaltenteilung** (vgl. Abschn. 5.1, Übersicht 2) ist – wie Art. 92 GG festhält – „die rechtsprechende Gewalt ... den Richtern" anvertraut. Damit sind die Gerichte die **Organe der Rechtsprechung**. Ihre Aufgabe ist es, die abstrakten **Rechtsnormen**, die Gesetze und Verordnungen, in Streitfällen auf die **Rechtswirklichkeit** anzuwenden. Durch die Anwendung der Rechtsvorschriften sollen Konflikte in friedlicher Weise durch einen Richterspruch ausgeglichen werden.
Konflikte zeigen, daß der **Rechtsfriede** gestört ist. Die Entscheidung der Gerichte soll diesen Frieden auf der Grundlage des Rechts wieder herstellen. Die beteiligten Parteien müssen darauf vertrauen können, daß die Rechtsprechung **einheitlich** erfolgt. Dazu muß sie soweit als möglich unabhängig von der jeweiligen Person des Richters sein. Das „formelle Recht", also die Regeln über den Ablauf von Gerichtsverfahren, soll diese Einheitlichkeit sichern. Es ist im **Gerichtsverfassungsgesetz (GVG), der Strafprozeß- und der Zivilprozeßordnung (StPO, ZPO)** festgelegt. In diesem **„Verfahrensrecht"** werden die wichtigsten Grundsätze der rechtsstaatlichen Verfassung, wie sie in Abschnitt IX des Grundgesetzes formuliert sind, praktisch angewendet (Art. 92–104 GG).

Richterliche Unabhängigkeit

In Art. 97, Abs. 1 GG heißt es: „Die Richter sind unabhängig und nur dem Gesetze unterworfen." In der Praxis bedeutet dieser Satz, daß ein einmal berufener Richter in seiner richterlichen Tätigkeit keinen Anweisungen vorgesetzter Behörden unterworfen werden darf. Auch eine Entlassung oder Versetzung eines Richters gegen seinen Willen an ein anderes Gericht ist aus Gründen seiner richterlichen Tätigkeit nur möglich, falls ein anderes Gericht bei ihm strafbare oder disziplinarrechtliche Vergehen festgestellt hat. Ein Richter soll nicht befürchten müssen, daß ihm ein Urteil berufliche Nachteile bringt, wenn z. B. ein Verurteilter gute Beziehungen zum Justizministerium hat und dort gegen den Richter vorzugehen versucht.
Damit haben die Gerichte die Aufgabe,

- das Recht im Einzelfall anzuwenden,
- dabei nach gleichen Grundsätzen und Verfahren einheitlich Recht zu sprechen,
- unabhängig vom Einfluß Dritter, d. h. ausschließlich an den Gesetzen orientiert, zu entscheiden.

Gerichtsverfahren – ein Überblick

Die Bereitschaft der Menschen, sich dem Urteil eines Gerichts zu unterstellen, hängt davon ab, ob sie sicher sein können, daß die Gerichte im Ernstfall das Recht nach **gleichen** und für alle **kontrollierbaren Regeln** anwenden. Im Ablauf der Gerichtsverfahren sind deshalb

- die einzelnen Schritte,
- die beteiligten Personen und
- die Rollen dieser Personen

genau bestimmt:

Übersicht 1: Ablauf eines Strafprozesses

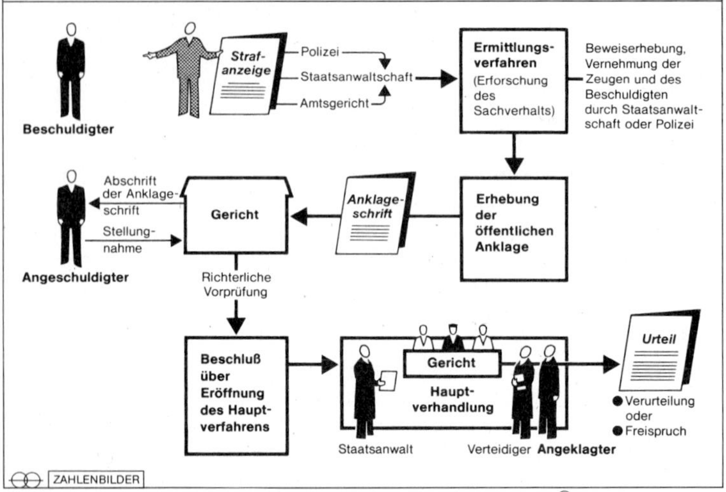

129 520 © Erich Schmidt Verlag GmbH

Übersicht 2: Ablauf eines Zivilprozesses

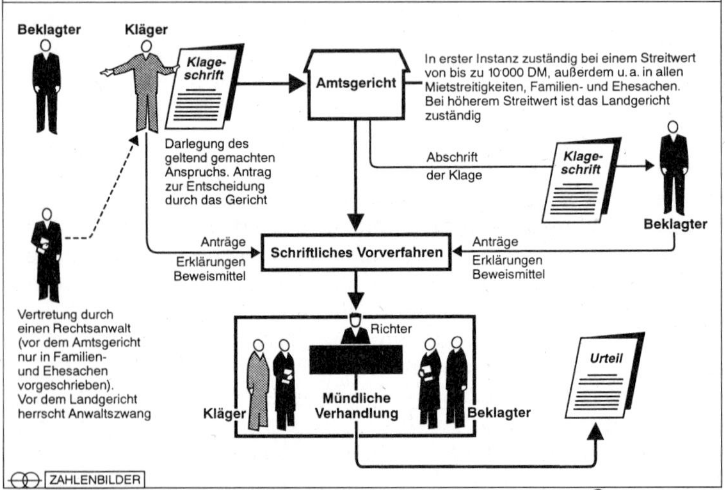

129 610 © Erich Schmidt Verlag

Rechtsstaatliche Vorschriften für Gerichtsverfahren

Gesetzlicher Richter

Welches Gericht und welche Richter für ein Verfahren zuständig sind, muß unabhängig von einem bestimmten Streitfall oder Strafprozeß festgelegt worden sein. Damit soll verhindert werden, daß durch die personelle Zusammensetzung des Gerichtes Einfluß auf das Urteil genommen wird: „Niemand darf seinem **gesetzlichen Richter** entzogen werden." (Art. 101, Abs. 1, Satz 2 GG). Welches Gericht für einen bestimmten Rechtsfall räumlich und sachlich zuständig ist, bestimmen das Verfahrensrecht (siehe oben) und die Geschäftspläne der Gerichte.

Verbot von Ausnahmegerichten

Damit zusammen hängt auch das Verbot, für einen Rechtsfall ein besonderes Gericht zusammenzustellen, d. h. neu zu schaffen: „Ausnahmegerichte sind unzulässig." (Art. 101, Abs. 1, Satz 1 GG). Solche **Ausnahmegerichte** gab es während der nationalsozialistischen Diktatur in Deutschland und in den von den Deutschen im Zweiten Weltkrieg besetzten Gebieten in Europa.

Rechtliches Gehör

Gerichtsverhandlungen müssen so geführt werden, daß sich jeder zu seinem Fall äußern kann, d. h. vom Gericht und den daran beteiligten Personen **gehört** wird: „Vor Gericht hat jedermann Anspruch auf rechtliches Gehör." (Art. 103, Abs. 1 GG). Das bedeutet auch: Das Gericht darf in seiner Entscheidung nur das berücksichtigen, wozu die Beteiligten auch angehört wurden.

Im Zweifel für den Angeklagten

In einem Strafverfahren steht der Schutz des Beschuldigten bzw. Angeklagten vor falscher Verurteilung im Mittelpunkt. So untersucht das Gericht bereits vor der Eröffnung eines Hauptverfahrens im sogenannten „Zwischenverfahren", ob die von der Staatsanwaltschaft vorgelegte Anklage auf ausreichend klaren Tatsachen beruht. Wird die Hauptverhandlung eröffnet, dann stehen auch hier die Untersuchung und Beweisaufnahme im Mittelpunkt. Solange dem Gericht Zweifel an der Strafbarkeit eines Angeklagten bleiben, muß es Unschuld vermuten und zugunsten des Angeklagten entscheiden: „Im Zweifel für den Angeklagten."

Dieser Untersuchungsgrundsatz zugunsten des Rechtsuchenden gilt auch grundsätzlich in **öffentlich-rechtlichen Verfahren** vor den Verwaltungs-, Finanz- und Sozialgerichten. Auch hier soll der Bürger vor einer ungerechtfertigten Anwendung des Rechts durch eine Entscheidung einer staatlichen Behörde geschützt werden.
Dagegen gilt im **Zivilverfahren** und bei Prozessen vor den **Arbeitsgerichten** der Grundsatz, daß das Gericht unparteiisch und neutral nur über das verhandelt, was die privaten Prozeßparteien (Kläger und Beklagter) vorbringen und jeweils **selbst** beweisen. Das Verfahren – Beginn, Verhandlungsinhalt, Beendigung durch Verzicht, Vergleich oder Urteil – wird weitestgehend von den Prozeßparteien bestimmt. Wer sein Recht nicht fordert – z. B. weil er es nicht kennt – und seine Forderungen nicht als berechtigt nachweisen kann, kann in einem Zivilprozeß auch vom Richter kein Recht bekommen.

Mündlichkeit und Öffentlichkeit

Gerichtsverfahren müssen grundsätzlich **mündlich** und **öffentlich** geführt werden. In wenigen Ausnahmen kann die Öffentlichkeit ausgeschlossen werden, etwa in Jugendstrafprozessen. Der Jugendliche soll dadurch vor schädlichen Folgen des Verfahrens für seine weitere Entwicklung geschützt werden.
Öffentliche und mündliche Verhandlungen ermöglichen es jedermann, das Urteil zu überprüfen, da nur die mündlich vorgetragenen und verhandelten Tatsachen im Urteil berücksichtigt werden dürfen. Ebenso müssen Beweise, Zeugen- und Sachverständigenaussagen in der Verhandlung **unmittelbar** vorliegen. Das Urteil muß von dem bzw. den Richtern gefällt werden, die auch die Verhandlung geführt haben.
Wird in einem Gerichtsverfahren einer dieser Grundsätze mißachtet, haben die beteiligten Seiten (Angeklagter und Staatsanwaltschaft, Beklagter und Kläger) die Möglichkeit, **Rechtsmittel** gegen das Urteil einzulegen, d. h. Berufung oder Revision bei einem höheren Gericht zu beantragen (vgl. dazu Leitfrage 2).

2 Der Rechtsweg: Wie ist das Rechtssystem aufgebaut, und welche Bedeutung hat dieser Aufbau im Rechtsstaat?

Ordentliche Gerichte und Gerichte für besondere Sachgebiete

Das Grundgesetz sieht vor, daß für die verschiedenen Aufgabenbereiche auch verschiedene Gerichte zuständig sind. Die Gerichte der **ordentlichen Gerichtsbarkeit** sind zum einen für alle Strafsachen (Strafgerichtsbarkeit), zum anderen für alle allgemeinen privaten Streitigkeiten (Zivilgerichtsbarkeit) zuständig.
Die Bezeichnung „ordentliche Gerichtsbarkeit" ist leicht mißverständlich. Sie soll nicht die übrigen Gerichte abwerten. Entstanden ist sie in einer Zeit, als nur diese Gerichte mit unabhängigen Richtern besetzt waren. Die übrigen, z. B. die Verwaltungsgerichte, waren ursprünglich mit Beamten besetzt, die nicht über die volle richterliche Unabhängigkeit verfügten. Heute ist dieser Unterschied aufgehoben.

Übersicht 3: Die ordentliche Gerichtsbarkeit

ORDENTLICHE GERICHTE

Strafgerichte	Zivilgerichte
alle Strafsachen, z. B. § 324 StGB: Verunreinigung eines Gewässers – Freiheitsstrafe bis zu zwei Jahren oder Geldstrafe.	Streitfälle zwischen Privaten oder Vereinigungen Privater, z. B. § 1298 BGB: Ersatzpflicht bei Rücktritt von der Verlobung; §§ 16–26 Ehegesetz: Erklärung, daß eine Ehe nichtig ist.

Für besondere Sachgebiete nennt das Grundgesetz vier besondere Gerichte:

Übersicht 4: Die besondere Gerichtsbarkeit

BESONDERE GERICHTE

Arbeitsgerichte	Verwaltungsgerichte	Sozialgerichte	Finanzgerichte
Streitfälle aus Arbeitsverhältnissen: z.B. fristlose Kündigung eines Mitgliedes des Betriebsrates	Streitfälle Privater mit staatlichen Behörden: z.B. Klage eines Bauherrn gegen die Stadtverwaltung wegen Ablehnung eines Baugesuchs	Streitfälle mit den Trägern der Sozialversicherungen: z.B. Klage einer Witwe gegen den Rentenbescheid der Landesversicherungsanstalt	Streitfälle mit Finanz- und Zollämtern: z.B. Klage eines Arbeitnehmers gegen die Festsetzung der Lohnsteuersumme im Jahressteuerbescheid

Übersicht 5: Das Bundesverfassungsgericht – zuständig für ...?

Bundesverfassungsgericht

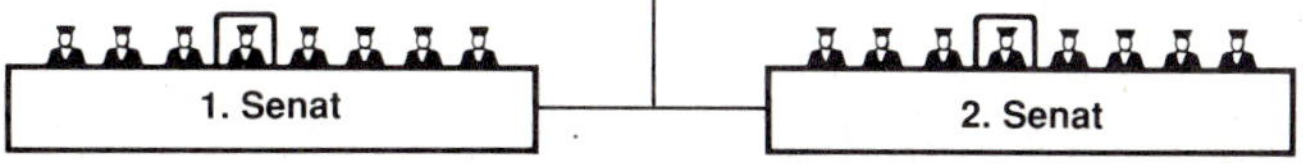

Verfassungsstreitigkeiten (Organstreitigkeiten)

Streitigkeiten zwischen obersten Bundesorganen (Bundespräsident, Bundestag, Bundesrat, Bundesregierung); Streitigkeiten zwischen Bund und Ländern oder zwischen einzelnen Bundesländern; Streitigkeiten über Rechte und Pflichten nach dem Grundgesetz.

Prüfung der Verfassungsmäßigkeit von Gesetzen (Normenkontrolle)

Normenkontrolle auf Antrag der Bundesregierung, einer Landesregierung oder eines Drittels der Mitglieder des Bundestages; Normenkontrolle nach Vorlage durch ein Gericht. Prüfung, ob Landes- oder Bundesrecht mit dem Grundgesetz übereinstimmen.

Verfassungsbeschwerden

Beschwerden von Bürgern, die sich durch Gesetzgebung, Verwaltung und Rechtsprechung in ihren Grundrechten verletzt fühlen; grundsätzlich erst nach Erschöpfung des Rechtsweges zulässig.

Anklageverfahren

Verfassungswidrigkeiten von Parteien; Verwirkung von Grundrechten; Anklage gegen den Bundespräsidenten und Bundesrichter wegen vorsätzlicher Verletzung des Grundgesetzes oder anderer Bundesgesetze.

Sonstige Verfahren

Wahlprüfung; Entscheidung über den Mandatsverlust von Bundestagsabgeordneten; Entscheidung über die Zulässigkeit von Volksbegehren.

Verfassungsgerichte

Bundesverfassungsgericht

Die besondere Bedeutung der Gerichte als dritte Staatsgewalt wird durch die Existenz des **Bundesverfassungsgerichts** unterstrichen. Es steht organisatorisch außerhalb des normalen Gerichtsaufbaus (siehe Übersicht 6) und ist nur für Angelegenheiten verfassungsrechtlicher Art zuständig. Diese Angelegenheiten sind im **Grundgesetz** in **Artikel 93** aufgeführt und in dem **Gesetz über das Bundesverfassungsgericht** im einzelnen genauer beschrieben.
Das Gericht besteht aus zwei **Senaten** mit jeweils acht Richterinnen und Richtern. Der Vorsitzende des Ersten Senats ist zugleich Präsident, der des Zweiten Senats Vizepräsident des Gerichts. Jeder Senat entscheidet selbständig, stellt also genau genommen ein vollständiges Gericht dar.

Staatsgerichtshöfe der Länder

Soweit solche Rechtsstreitigkeiten nur einzelne Bundesländer betreffen, werden diese in den **Staatsgerichtshöfen** der Länder entschieden.
Als „Hüter der Verfassung" sollen die Verfassungsgerichte dafür sorgen, daß die Regierungen und ihre gesetzgeberischen Mehrheiten im Parlament, aber auch die staatlichen Behörden, im Umgang mit den Bürgerinnen und Bürgern die Spielregeln der Verfassung und die Grundrechte beachten. Verfassungsrichter dürfen deshalb, damit sie unparteiisch bleiben, keine politischen Ämter oder Mandate neben ihrem Amt als Richter wahrnehmen.

Der Gang durch die Instanzen – der Rechtsweg

Am Ende des ersten Abschnittes, des Abschnittes über die Grundrechte, sichert das Grundgesetz jedem, der „durch die öffentliche Gewalt in seinen Rechten verletzt" wurde, die Möglichkeit zu, den „ordentlichen Rechtsweg" zu beschreiten, um sein Recht zu bekommen (Art. 19, Abs. 4 GG). Dies gilt auch dann, wenn er zu der Überzeugung kommt, daß er durch das Urteil eines Gerichtes („öffentliche Gewalt") falsch, d. h. unrechtmäßig behandelt wurde. Die **Garantie des Rechtsweges** durch das Grundgesetz kann somit als ein **Grundrecht** jedes einzelnen bezeichnet werden. Diese Garantie kann jeder, der in Deutschland lebt, in Anspruch nehmen, um sein Recht zu bekommen, unabhängig davon, ob er die deutsche Staatsbürgerschaft besitzt oder als Ausländer in Deutschland vor Gericht steht.

Stichwort: Instanzen

Die einzelnen Stufen der Ebenen dieses Rechtsweges werden als **Instanzen** bezeichnet. Jede dieser Instanzen ist mit einer bestimmten Zuständigkeit ausgestattet. Mit dieser Gliederung in unterschiedliche Ebenen sollen zwei Ziele erreicht werden:
Für den überwiegenden Teil aller Gerichtsverfahren gilt, daß die Entscheidung eines Gerichtes durch ein anderes, höheres Gericht **überprüft** werden kann. Der Rechtsweg eröffnet die Möglichkeit, gegen ein Urteil **Berufung** bzw. **Revision** einzulegen (vgl. dazu unten, Übersicht 6).
Einfachere Fälle können ohne größeren Aufwand vor einem „kleineren", umfangreichere vor einem mit mehreren Richtern besetzten „höheren" Gericht verhandelt werden.

Übersicht 6: Aufbau und Instanzen der Gerichte

BUNDESVERFASSUNGSGERICHT

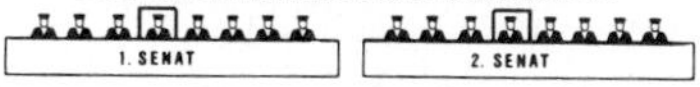

nach dem Bundesverfassungsgerichtsgesetz (BVerfGG) zuständig für

ORGANSTREITIGKEITEN	NORMENKONTROLLE	VERFASSUNGSBESCHWERDEN	ANKLAGEVERFAHREN	SONSTIGE VERFAHREN
zwischen obersten Bundesorganen (B'Präsident, B'Tag, B'Rat, B'Regierung) und zwischen Bund und Ländern über Rechte und Pflichten nach dem Grundgesetz	als Prüfung, ob Landes- oder Bundesrecht mit dem Grundgesetz übereinstimmen – nach Vorlage durch ein Gericht, Bundes- oder Landesregierung, B'Tag	von Bürgern, die sich durch Gesetzgebung, Verwaltung oder Gerichte in ihren Grundrechten verletzt fühlen – nach Erschöpfung des Rechtsweges	bezüglich Verwirkung von Grundrechten, Verfassungswidrigkeit von Parteien, Anklage gegen B'-Präsidenten und B'Richter wegen vorsätzlicher GG-Verletzung	Wahlprüfung, Entscheidung über Mandatsverlust von B'Tags-Abgeordneten und über Zulässigkeit von Volksbegehren

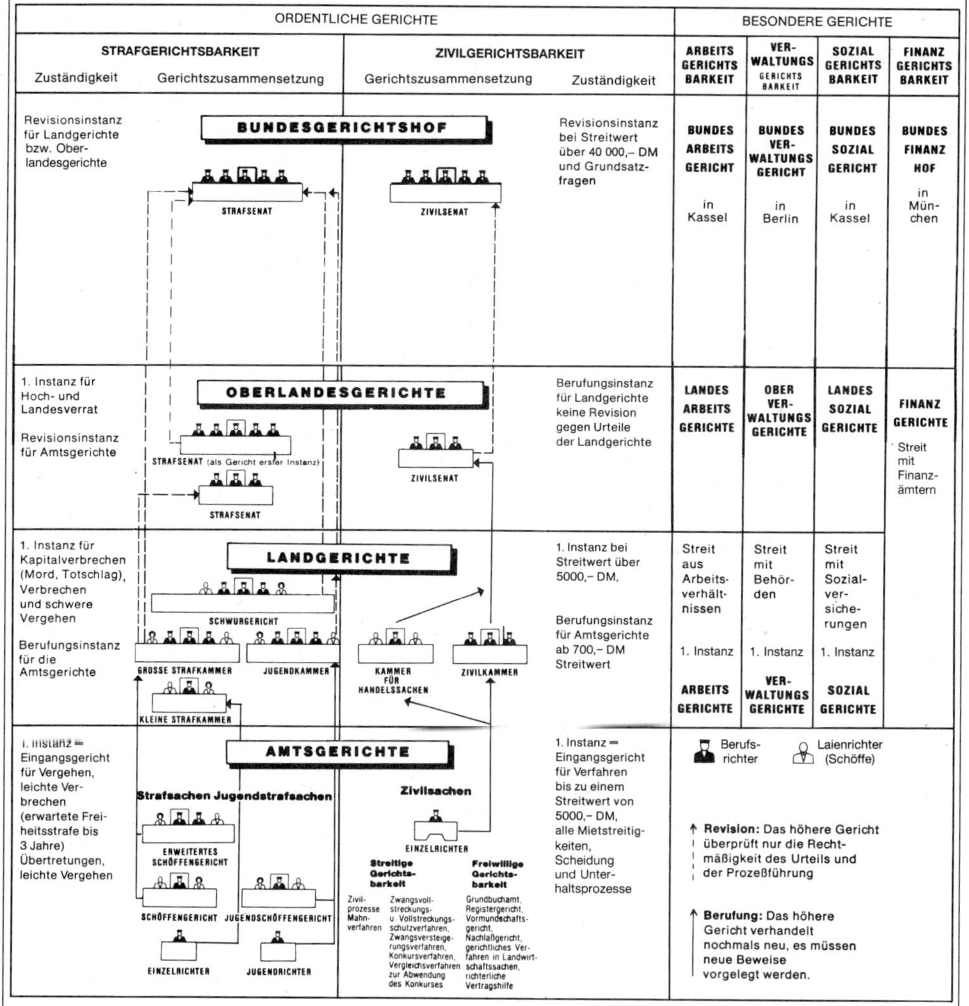

Zusammenfassung

1 Die Gerichte haben als Organe der Rechtsprechung die Aufgabe, die allgemeingültigen Rechtsregeln auf die Vielfalt der Rechtsfälle des praktischen Lebens anzuwenden. Als dritte Gewalt bestimmen sie, wie das vom Gesetzgeber (erste Gewalt) beschlossene und von der Regierung und der Verwaltung (zweite Gewalt) auszuführende Recht in Rechtsfällen des Alltags wirksam wird.
Neben dem materiellen Recht (z. B. dem Strafgesetzbuch) müssen die Gerichte dabei die rechtsstaatlichen Grundsätze, die in der Verfassung (vor allem in Abschnitt IX GG) und in den einzelnen Gesetzen des Verfahrensrechtes (formelles Recht) festgelegt sind, beachten. Diese Grundsätze sollen sicherstellen, daß Gerichtsentscheidungen „ohne Ansehen der Person" getroffen werden.

2 Das Rechtssystem der Bundesrepublik Deutschland setzt sich aus den Gerichten der ordentlichen Gerichtsbarkeit, der besonderen Gerichtsbarkeit und der Verfassungsgerichtsbarkeit zusammen.
Zu den im Grundgesetz aufgeführten Grundrechten zählt auch die Garantie des Rechtsweges: Die Entscheidung eines Gerichtes kann durch ein höheres Gericht, eine höhere Instanz, überprüft werden. Im Rahmen dieses Aufbaus der Gerichte hat jede Instanz eine genau umschriebene Zuständigkeit.

Entscheiden, Regieren, Kontrollieren: Das politische System der Bundesrepublik Deutschland

6

6.1 Demokratie – regiert werden, wie wir es eben verdienen

Jugend-Schelte

Erziehung und Wissenschaft 3/1987, S. 56.

Politik – das halbe Leben?

Verena, 11 Jahre:

„Politik ist eines der wichtigsten Dinge unseres Lebens. Ohne Politik käme es zu einem Chaos. Der Verkehr wäre ungeregelt, Menschen würden getötet und die Verbrecher würden nicht bestraft werden. Der Handel mit anderen Ländern würde nicht funktionieren. Ich finde, Politik ist das halbe Leben."

Nach: Monika Zabeck: Gorbi, bleib am Ball! Was unsere Kinder von der Politik halten. Bergisch Gladbach 1991, S. 90.

Leitfragen

1 Politik – was meinen wir damit, und was halten wir davon?

2 Politik machen – welche Grundsätze gelten dafür in der Demokratie?

1 Politik – was meinen wir damit, und was halten wir davon?

Dreimal Politik

Wenn in den Abschnitten dieses Kapitels von Politik die Rede ist, dann heißt das nicht, daß die anderen Kapitel dieses Buches nichts mit Politik zu tun haben. Im Gegenteil: In jedem dieser Kapitel geht es immer wieder darum zu zeigen, wie die unterschiedlichen Bereiche unseres Lebens durch politische Entscheidungen geregelt und geprägt werden, etwa

- das Zusammenleben in den Familien durch staatliche Familienpolitik (Abschn. 1.2),
- die Ausbildung in Schule und Beruf durch die Bildungspolitik (Abschn. 1.3),
- die Zahl und die Qualität der Massenmedien durch die Medienpolitik (Abschn. 2.3 und 2.4),
- Sicherheit und Frieden durch internationale Vereinbarungen zwischen den Staaten (Kap. 8, vor allem Abschn. 8.3 und 8.4),
- unsere Beziehungen zu den Ländern der Dritten und Vierten Welt durch die Entwicklungs- und die Außenpolitik (Abschn. 9.2).

Politik = gemeinsame Aufgaben und ihre Lösungen

Weitere Beispiele lassen sich an anderen Stellen finden. Wenn wir von Politik reden, meinen wir also zunächst Aufgaben, die es zu lösen gilt – in den unterschiedlichen Bereichen des öffentlichen Lebens. Deshalb ist es berechtigt, von den verschiedenen **Aufgabenfeldern** der

Übersicht 1: Die wichtigsten Aufgaben für die Politik – eine Meinungsumfrage

Ein Institut für Meinungsforschung nannte zehn Aufgabenfelder für die Politik. Die Befragten sollten sich darüber äußern, welche davon ihrer Meinung nach „besonders wichtig" sind. Sie konnten dabei mehrere Aufgaben nennen. Dabei ergaben sich für West- und Ostdeutschland unterschiedliche Rangfolgen (Angaben in Prozent der Befragten):

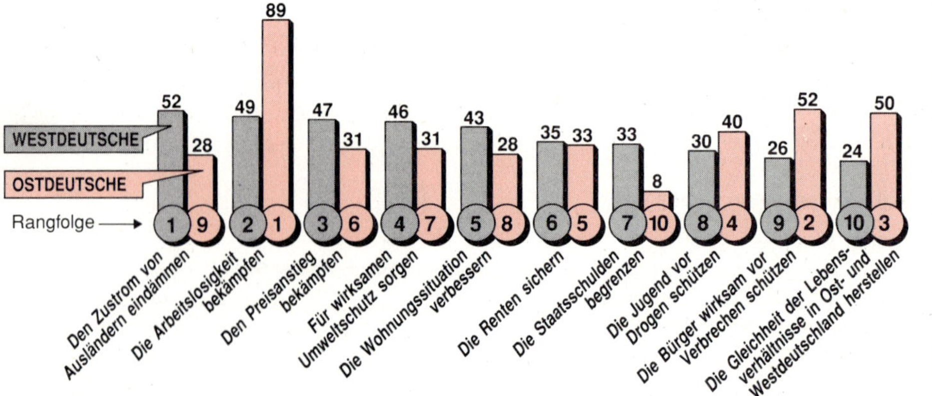

Quelle: DER SPIEGEL Nr. 8, 27.4.1992, S. 65.

Politik zu sprechen – von der Familien-, der Bildungs- oder der Wirtschaftspolitik, der Außen-, der Entwicklungs- und der internationalen Politik ...

Was man beim Lesen solcher Meinungsumfragen bedenken sollte

Bei Befragungen nach den wichtigsten Aufgaben der Politik (vgl. Übersicht 1) kommen längerfristige und kurzfristige Meinungen zum Ausdruck. Es zeigt sich, daß in der Meinung der Bevölkerung in Ost- und Westdeutschland die Rangfolge der Aufgaben nicht immer gleich ist. Ein Beispiel hierfür ist der Golfkrieg 1990/91: Nachdem Ende 1990 klar wurde, daß die irakische Armee das von ihr besetzte Kuwait nicht freiwillig räumen würde, stieg in der Öffentlichkeit die Furcht vor einem Krieg im Nahen Osten sprunghaft an (vgl. dazu Abschn. 8.4). Ende Dezember 1990 bis zum Ende der Kampfhandlungen am 28. Februar 1991 war die Sorge um den Frieden in dieser Region für die Westdeutschen die politische Aufgabe Nummer eins.
Anders in Ostdeutschland. Zwar stieg auch hier zu dieser Zeit die Zahl derer an, die die Beendigung des Krieges am Golf für eine besonders wichtige Aufgabe hielten (30–35 %). Doch weit darüber lag die Zahl derjenigen, die in der Bekämpfung der Arbeitslosigkeit die wichtigste politische Aufgabe sahen (zwischen 60 und 70 %) – und dies konstant seit 1990. Die Beseitigung der Arbeitslosigkeit im eigenen Land stellt demnach für die Mehrzahl der Bevölkerung in Ostdeutschland eine länger andauernde politische Aufgabe von hohem Rang dar.

Politik = Verfahren und Institutionen

Um die verschiedenen Aufgaben der Politik zu lösen, müssen Entscheidungen getroffen und die notwendigen Maßnahmen durchgeführt werden. „Ohne Politik käme es zu einem Chaos", sagt Verena (vgl. oben). Sie spricht damit aus, daß politische Entscheidungen nicht dem Zufall überlassen oder gar willkürlich sein dürfen. Sie müssen vielmehr nach festen **Grundsätzen** und anerkannten **Regeln** getroffen werden. Politik heißt also immer auch zu fragen: Auf welchem Wege, d. h. durch welche **Verfahren** werden politische Entscheidungen getroffen, und wer ist an diesen Verfahren beteiligt?

Übersicht 2: Die politischen Institutionen – vertrauenswürdig? – Noten für den Staat

Frage: Welchen politischen Institutionen vertrauen Sie? Die Befragten (nur Westdeutsche) konnten jeder Institution eine Bewertung zuordnen – zwischen + 5 („vertraue voll") und – 5 („vertraue nicht"). Die Angaben enthalten die mittleren Werte aus allen Aussagen.

Institutionen	1984	1990
Bundesverfassungsgericht	2,8	2,5
Gerichte	2,4	2,2
Polizei	2,5	2,1
Bundestag	2,0	1,9
Bundesregierung	1,6	1,5

Nach: Werner Weidenfeld, Karl-Rudolf Korte: Die Deutschen. Profil einer Nation. Stuttgart 1991, S. 110.

Politische Entscheidungen werden zwar von Menschen getroffen und ausgeführt. Sie tun dies aber nicht als einzelne, gleichsam privat, sondern sie gehören zum „politischen Apparat“ – den politischen **Institutionen**, oder sie sind Mitglieder in politischen **Organisationen**, etwa in Parteien oder in Bürgerinitiativen.

Politik = Wettbewerb um Einfluß und Macht

Noch eine weitere Seite interessiert uns, wenn wir von Politik reden: Politik – das heißt auch Streit, Auseinandersetzung mit den Vorstellungen der anderen, wenn es darum geht, Lösungen für die einzelnen Aufgaben zu finden. Um bei Verenas Aussage zu bleiben: Selbst eine auf den ersten Blick so technisch erscheinende Aufgabe wie „den Verkehr richtig regeln“ hat es „politisch“ in sich. Ob die Autobahnen weiter ausgebaut oder diese finanziellen Mittel in den Ausbau der Eisenbahn gesteckt werden sollen, darüber können die Meinungen auseinandergehen. Beim genaueren Hinschauen wird deutlich, daß es in einem solchen Streit um unterschiedliche **Interessen** geht, die durchgesetzt werden sollen. Der Streit, d. h. der Konflikt bei der Durchsetzung von Interessen, ist meist das Spektakuläre an der Politik, das im Bewußtsein haften bleibt.
Damit die unterschiedlichen Ideen und Interessen in die politischen Auseinandersetzungen eingebracht werden können, muß der Wettbewerb um **Einfluß** und **Macht** nach demokratischen Grundsätzen ausgetragen werden. Ob dies in unserer politischen Ordnung immer gelingt, darüber sind die Ansichten in der Bevölkerung verschieden.

2 Politik machen – welche Grundsätze gelten dafür in der Demokratie?

Demokratie: Wenn's schiefgeht, sind wir selber schuldig?

„Demokratie ist ein Verfahren, das garantiert, daß wir nicht besser regiert werden, als wir es verdienen.“ In diesem Satz hat der irische Dichter George Bernhard Shaw einen **Grundgedanken der demokratischen Ordnung** zugespitzt formuliert: Was immer in der Politik gemacht oder versäumt wird, welche Aufgaben gelöst oder hinausgeschoben, wie der Nutzen und wie die Lasten verteilt werden – es liegt bei den Bürgerinnen und Bürgern zu sagen, was sie wollen und was nicht.

Demokratie = Volksherrschaft

Die Wirklichkeit ist natürlich etwas komplizierter, und nicht immer läßt sich dieser Grundgedanke einer demokratischen Ordnung im alltäglichen Hin und Her der Politik praktisch erkennen. Letztlich müßten dann die betroffenen Bürgerinnen und Bürger ihre Angelegenheiten in die eigenen Hände nehmen und die notwendigen Entscheidungen selbst treffen. Trotzdem stimmt die ironische Umschreibung der **Demokratie** durch George Bernard Shaw: Sie bedeutet, daß das Volk selbst Politik machen kann – und damit auch selbst für diese Politik verantwortlich ist.
Demokratie bedeutet **Volksherrschaft**. Nicht einzelne Menschen, wie der König in der Monarchie oder ein Diktator in einer Diktatur, sollen die politische Macht im Staat ausüben. Auch nicht einige wenige, aber ein-

flußreiche Bürger, wie in einer Oligarchie, oder eine besondere soziale Schicht, wie die Adligen in der Aristokratie, sollen die politischen Entscheidungen fällen, sondern die Bürgerinnen und Bürger selbst.

Volksherrschaft: direkt oder durch Vertreter?
Direkte Demokratie

Die Schweiz ist – ähnlich der Bundesrepublik Deutschland – ein Bundesstaat (vgl. Abschn. 6.2). In einigen Bundesländern, Kantone genannt, treffen sich die stimmberechtigten Männer und Frauen auf dem „Landsgemeindeplatz" in der Kantonshauptstadt. Die Kantonsregierung stellt dort wichtige politische Vorhaben vor. Die Anwesenden entscheiden dann direkt in offener Abstimmung, ob sie diese Vorschläge verwirklichen oder verwerfen wollen. Dies ist eine Möglichkeit, die „Herrschaft des Volkes" direkt, ja geradezu „vor Ort" auszuüben.
Eine andere Form finden wir heute ebenfalls in der Schweiz, aber auch in anderen Staaten: Die wahlberechtigte Bevölkerung kann in **Volksbegehren** und **Volksabstimmungen** entscheiden, welche Maßnahmen getroffen werden sollen oder was nicht gemacht werden soll. Diese Möglichkeit ist auch in den Verfassungen der meisten deutschen Bundesländer und in den Gemeindeordnungen vorgesehen (vgl. Abschn. 5.1, Leitfrage 3).

Übersicht 3: Die direkte Demokratie im Modell

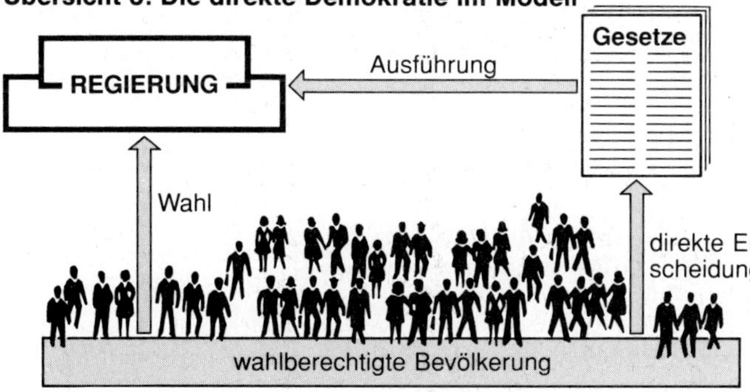

Stichwort: Repräsentative Demokratie

Im **Grundgesetz** als der Verfassung der Bundesrepublik Deutschland ist festgelegt, wie sich die Bürgerinnen und Bürger an den politischen Entscheidungen beteiligen können. Das Volk kann durch **Wahlen** Vertreter, d. h. **Repräsentanten** bestimmen – die Abgeordneten in den Parlamenten, im Bundestag und in den Landtagen. In dieser **repräsentativen Demokratie** sollen die unterschiedlichen politischen Interessen, die in jeder Gesellschaft vorhanden sind, im **Parlament** versammelt sein. Niemand kann von vornherein sagen, welche die beste Politik, das „Gemeinwohl" für alle ist. Besser ist es, wenn in der gemeinsamen Diskussion und nach demokratischen Regeln um die Verwirklichung politischer Ziele gekämpft wird.
Die **Parteien** haben in diesem Wettstreit die Aufgabe, Programme für die Gestaltung der Politik anzubieten. In den Wahlen entscheiden dann

die Bürgerinnen und Bürger, durch welche Partei und mit welchen Abgeordneten sie sich in den Parlamenten vertreten lassen wollen. Die **Regierung** wird nach diesen Wahlen von derjenigen Partei gebildet, die die Mehrheit der Sitze im Parlament – auch Mandate genannt – erhalten hat. Gelingt es keiner Partei, mehr als die Hälfte der Mandate zu bekommen, können zwei oder mehr Parteien zusammen eine **Koalition**, d. h. ein Bündnis im Parlament, vereinbaren, das dann eine Regierung bildet. Dies setzt voraus, daß sich diese Koalitionsparteien für die Wahlperiode, die Legislaturperiode, auf ein gemeinsames Programm einigen können.

Übersicht 4: Die repräsentative Demokratie im Modell

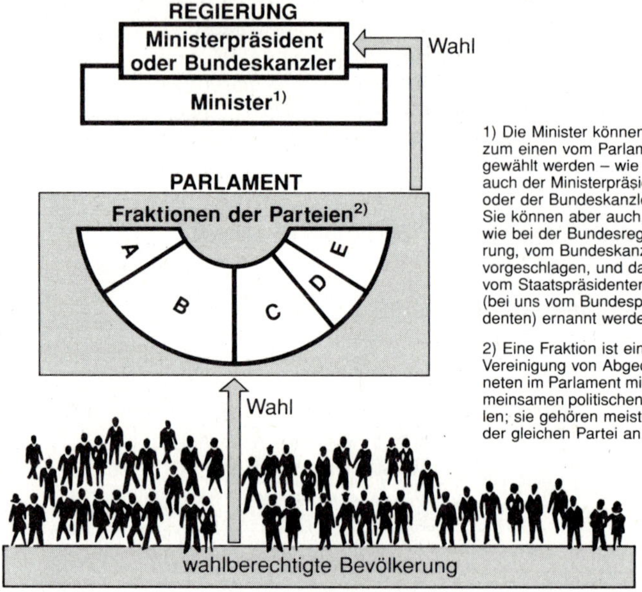

1) Die Minister können zum einen vom Parlament gewählt werden – wie auch der Ministerpräsident oder der Bundeskanzler. Sie können aber auch, wie bei der Bundesregierung, vom Bundeskanzler vorgeschlagen, und dann vom Staatspräsidenten (bei uns vom Bundespräsidenten) ernannt werden.

2) Eine Fraktion ist eine Vereinigung von Abgeordneten im Parlament mit gemeinsamen politischen Zielen; sie gehören meistens der gleichen Partei an.

Zusammenfassung

1 Durch die Politik sollen Aufgaben, die für das Zusammenleben im Staat und in der Gesellschaft wichtig sind, gelöst werden. Dazu sind anerkannte Verfahren und feste Institutionen notwendig. Bei den Auseinandersetzungen um die Lösung dieser Aufgaben geht es darum, im Wettbewerb unterschiedlicher Interessen Einfluß und Macht zu gewinnen, um seine Vorstellungen durchsetzen zu können.

2 Der Grundgedanke der demokratischen Ordnung besagt, daß die politische Macht beim Volk selbst liegen soll. Es kann diese Macht selbst, also direkt ausüben, oder – wie in der Bundesrepublik – in Wahlen seine politischen Repräsentanten wählen. Das Grundgesetz für die Bundesrepublik Deutschland regelt die Grundzüge dieser repräsentativen Demokratie.

6.2 Rechtsstaat, Sozialstaat, Bundesstaat – die Grundzüge der politischen Ordnung in Deutschland

Die Verfassungsgrundsätze im Überblick

Art. 20 (1) Die Bundesrepublik Deutschland ist ein demokratischer und sozialer Bundesstaat.

(2) Alle Staatsgewalt geht vom Volke aus. Sie wird vom Volke in Wahlen und Abstimmungen und durch besondere Organe der Gesetzgebung, der vollziehenden Gewalt und der Rechtsprechung ausgeübt.

(3) Die Gesetzgebung ist an die verfassungsmäßige Ordnung, die vollziehende Gewalt und die Rechtsprechung sind an Gesetz und Recht gebunden.

(4) Gegen jeden, der es unternimmt, diese Ordnung zu beseitigen, haben alle Deutschen das Recht zum Widerstand, wenn andere Abhilfe nicht möglich ist.

Art. 28 (1) Die verfassungsmäßige Ordnung in den Ländern muß den Grundsätzen des republikanischen, demokratischen und sozialen Rechtsstaates im Sinne dieses Grundgesetzes entsprechen. In den Ländern, Kreisen und Gemeinden muß das Volk eine Vertretung haben, die aus allgemeinen, unmittelbaren, freien, gleichen und geheimen Wahlen hervorgegangen ist. In den Gemeinden kann an die Stelle einer gewählten Körperschaft die Gemeindeversammlung treten.

Artikel 20/28 GG

Bundesrepublik Deutschland			
Volkssouveränität	**Rechtsstaat**	**Sozialstaat**	**Bundesstaat**

Gebunden an die Grundrechte

Die Verwirklichung dieser Grundsätze (Prinzipien) durch die politischen und gesellschaftlichen Kräfte und durch die staatlichen Organe ist gebunden an die **Grundrechte**, die unmittelbar geltendes Recht darstellen. Als obersten Wert formuliert das Grundgesetz in

Art. 1 (1) Die Würde des Menschen ist unantastbar. Sie zu achten und zu schützen ist Verpflichtung aller staatlichen Gewalt.

(2) Das Deutsche Volk bekennt sich darum zu unverletzlichen und unveräußerlichen Menschenrechten als Grundlage jeder menschlichen Gemeinschaft, des Friedens und der Gerechtigkeit in der Welt.

(3) Die nachfolgenden Grundrechte binden Gesetzgebung, vollziehende Gewalt und Rechtsprechung als unmittelbar geltendes Recht.

Die wesentlichen Merkmale der politischen Ordnung sind im **Grundgesetz für die Bundesrepublik Deutschland** festgelegt. Diese Verfassung formuliert die grundlegenden Aussagen, die den Rahmen für das politische Handeln des einzelnen Bürgers, der politischen Organisationen (z. B. der Parteien) und der politischen Organe (z. B. des Parlaments) absteckt. Nach Art. 20 und 28 GG gehören folgende Grundsätze (Prinzipien) zum Kern der Verfassung:

- **Der Grundsatz der Volkssouveränität**: Herrschaft ist vom Willen des Volkes abhängig, eine Regierung braucht die Zustimmung der Mehrheit der Wähler (vgl. Abschn. 6.1).
- **Das Prinzip des Rechtsstaates**: Politische Entscheidungen sind an das Recht, d. h. an die Verfassung und an die Gesetze gebunden.
- **Das Prinzip des Sozialstaates**: Politisches Handeln soll soziale Gerechtigkeit und die Gleichheit der Chancen aller Bürger verwirklichen.
- **Das Bundesstaatsprinzip**: Die Bundesrepublik besteht aus Bundesländern, denen in der Verfassung eigene Rechte und Pflichten zugewiesen werden.

Leitfragen

1 Der Rechts- und der Sozialstaat – gleiche Rechte und gerechte Chancen für alle?

2 Der Bundesstaat: Warum sollen die Länder im Bund mitreden?

1 Der Rechts- und der Sozialstaat – gleiche Rechte und gerechte Chancen für alle?

Der demokratische Rechtsstaat: frei sein und Rechte haben

Alle staatlichen Entscheidungen und Handlungen müssen an das **Recht** gebunden sein, also den Bestimmungen der Verfassung und der Gesetze entsprechen.
Handlungen der staatlichen Organe, die sich nicht auf eine solche rechtliche Grundlage zurückführen lassen, sind rechtswidrig. Gegen sie kann bei einem **Gericht** geklagt werden (vgl. Abschn. 5.4).
Zum Recht gehören auch die **Grundrechte**, die ein wichtiger Bestandteil der Verfassung sind (vgl. Abschn. 5.1). Sie sollen die Bürgerinnen und Bürger vor allem vor Eingriffen des Staates in ihre Rechte, aber auch vor willkürlichen Übergriffen einzelner Personen und Gruppen schützen. Im demokratischen Rechtsstaat bedeutet dies:

Freiheitssicherung

Die **Freiheit des einzelnen**, sein privates Leben, muß durch das Recht geschützt werden. Wichtige Freiheiten, die die Grundrechte garantieren, sind das Recht auf Leben, die Glaubensfreiheit, die Meinungsfreiheit, die Versammlungsfreiheit, die Freizügigkeit, die freie Wahl des Berufes und der Arbeit, der Schutz der Wohnung und der Privatsphäre vor Verletzungen durch den Staat oder Dritte, die Garantie des Eigentums.
Diese Freiheiten sind allerdings nicht schrankenlos. Ihre Grenzen finden sie dort, wo die Freiheit anderer und die Rechtsordnung gefährdet und verletzt werden.

Rechtsgleichheit

In einem Rechtsstaat darf es keine Vorrechte, d. h. Privilegien einzelner oder ganzer Gruppen geben: „Alle Menschen sind vor dem Gesetz gleich" (Art. 3 GG). Diese Forderung der Verfassung nach **Rechts-**

gleichheit klingt heute wie eine Selbstverständlichkeit. Ihre praktische Verwirklichung ist aber damit noch nicht zwangsläufig gesichert. Gleiche Taten sollten vor Gericht nicht unterschiedlich beurteilt werden und nicht zu verschiedenen Strafen führen. Es kommt auch darauf an, daß die tatsächlichen Lebensverhältnisse den einzelnen in die Lage versetzen, seine Rechte im Alltag in Anspruch zu nehmen. Auf dieses Problem wies der französische Dichter Anatole France (1844–1924) mit seiner Feststellung hin: „Das Gesetz in seiner majestätischen Gleichheit verbietet den Reichen wie den Armen, unter den Brücken zu schlafen, auf den Straßen zu betteln und Brot zu stehlen." Die Gleichheit vor dem Gesetz ist nur in einer Gesellschaft möglich, in der der Staat durch eine soziale Politik die notwendigen Voraussetzungen schafft. Der Rechtsstaat ist ohne den Sozialstaat nicht möglich. Das Grundgesetz spricht deshalb in Art. 28 auch vom „sozialen Rechtsstaat".

Rechtssicherheit

Recht muß man haben – und auch bekommen. Die **Rechtssicherheit** bedeutet vor allem:

- Die Grundrechte des einzelnen gelten unmittelbar und können, sollten sie verletzt worden sein, vor Gericht eingeklagt werden;
- alle staatlichen Organe, die Verwaltung und die Gerichte, sind an das Recht, d. h. an die Verfassung und an die Gesetze gebunden;
- wer sich in seinen Rechten verletzt fühlt, kann die Gerichte anrufen, ihm steht „der Rechtsweg" zu – notfalls bis zum Bundesverfassungsgericht;
- niemand darf willkürlich, d. h. ohne rechtliche Begründung verhaftet werden;
- vor Gericht hat jedermann Anspruch auf Anhörung; er kann seine Ansicht zur Streitsache vor dem Richter vortragen;
- niemand kann für eine Handlung bestraft werden, wenn diese nicht zuvor schon durch ein Gesetz als Straftat bestimmt war;
- die Todesstrafe ist abgeschafft.

Stichwort: Gewaltenteilung

Die Ausübung der Staatsgewalt ist auf mehrere Organe verteilt. Durch diese **Gewaltenteilung** soll verhindert werden, daß ein einzelnes Organ, z. B. eine Regierung, zu mächtig wird und nicht mehr kontrolliert werden kann. Die Regierung als vollziehende Gewalt, d. h. die **Exekutive**, die Parlamente als Organe der Gesetzgebung, das ist die **Legislative**, und die Gerichte als Organe der Rechtsprechung, die **Judikative**, haben jeweils eigene Aufgaben. Diese dürfen von keinem anderen Organ übernommen werden. Die Bereiche, für die sie zuständig sind, wurden im Grundgesetz genau festgeschrieben. Die Übersicht 1 macht deutlich, daß dieses Prinzip sowohl für die Bundes- als auch für die Länderebene gilt. Allerdings gibt es auch Verbindungen zwischen dem Parlament und der Regierung (vgl. dazu Abschn. 6.1).

Der Sozialstaat: Chancengleichheit und soziale Gerechtigkeit

Das Grundgesetz verpflichtet die staatlichen Organe, für ein Höchstmaß an **sozialer Gerechtigkeit** und für **Chancengleichheit** aller Bürgerinnen und Bürger zu sorgen.
Ein wichtiges Mittel, die sozialen Unterschiede in der Gesellschaft aus-

Übersicht 1: Staatliche Organe – unterschiedliche Aufgaben und begrenzte Kompetenz: die Gewaltenteilung im Bund, in den Ländern und in den Gemeinden

	Die Gesetzgebung (Legislative) Parlament (Art. 39–49, 50–53 GG)	**Die vollziehende Gewalt** (Exekutive) Regierung und Verwaltung (Art. 62–69 GG)	**Die Rechtsprechung** (Judikative) Gerichte (Art. 92–104 GG)

Diese drei Gewalten stehen nicht isoliert nebeneinander, sondern haben mannigfache Beziehungen zueinander. Sie sollen sich gegenseitig kontrollieren und im Gleichgewicht halten.

Bundes-ebene	**Bundestag** (Volksvertretung) **Bundesrat** Ausschließliche Gesetzgebung (Art. 71, 73 GG)	**Bundesregierung** **Bundeseigene Verwaltung** (Art. 86–87b, 87d–89 GG)	**Bundesverfassungsgericht** **Obere Bundesgerichte** (Art. 93, 94, 99, 100 GG)
Länder-ebene	**Parlamente der Länder** Konkurrierende Gesetzgebung (Art. 72, 74 GG) Gesetzgebung der Länder	**Auftragsverwaltung** (Art. 85, 87c, 90 GG) **Länderregierungen** **Länderverwaltungen** (Art. 83, 84 GG)	**Gerichte der Länder *)** (z. B. Oberlandesgerichte, Landgerichte, Amtsgerichte, Oberverwaltungsgerichte, Verwaltungsgerichte)
Gemeinde-ebene	**Kreistage** **Stadtverordneten-versammlungen** **Gemeinderäte**	**Kreisverwaltungen** **Stadtverwaltungen** **Gemeindeverwaltungen**	
	Die Gesetzgebung ist an die verfassungsmäßige Ordnung gebunden.	Die vollziehende Gewalt ist an Gesetz und Recht gebunden.	Die Rechtsprechung ist an Gesetz und Recht gebunden.

*) Die Gerichte der Länder wenden Bundesrecht und Landesrecht an.

zugleichen, sind z. B. die Steuern. So wird die wichtigste Einnahmequelle des Staates, die Lohn- und Einkommensteuer, die von den Erwerbstätigen erhoben wird, nicht nach einem festen Satz, sondern nach der Höhe des Einkommens berechnet: Mit steigendem Einkommen wächst auch der Anteil, der als Lohn- bzw. Einkommensteuer abgeführt werden muß (progressive Steuer). Wer mehr verdient, soll in höherem Maße zur Finanzierung der staatlichen Aufgaben herangezogen werden. Die finanziellen Belastungen der Bürgerinnen und Bürger sollen also **sozial gerecht** verteilt werden.

Soziale Leistungen: soziale Sicherung und sozialer Ausgleich

Aus den Steuereinnahmen des Staates können sozialpolitische Maßnahmen finanziert werden. Mit diesen staatlichen Leistungen sollen die Bürgerinnen und Bürger **sozial gesichert** und die sozialen Unterschiede **ausgeglichen** werden, um **soziale Gerechtigkeit** und mehr **Chancengleichheit** in der Gesellschaft zu verwirklichen. So können Jugendliche aus einkommensschwachen Familien durch Ausbildungsbeihilfen (z. B. nach dem Bundesausbildungsförderungsgesetz, kurz BAföG) gefördert werden. Sie sollen damit in der Lage sein, eine Berufsausbildung zu wählen, die ihrer Begabung und ihrer Neigung entspricht – auch dann, wenn die Eltern mit ihrem Einkommen die Berufsausbildung nicht finanzieren könnten. (Zu den einzelnen Leistungen des Sozialstaates vgl. Abschn. 1.7.)

Übersicht 2: Die Staatsorgane der Bundesrepublik Deutschland

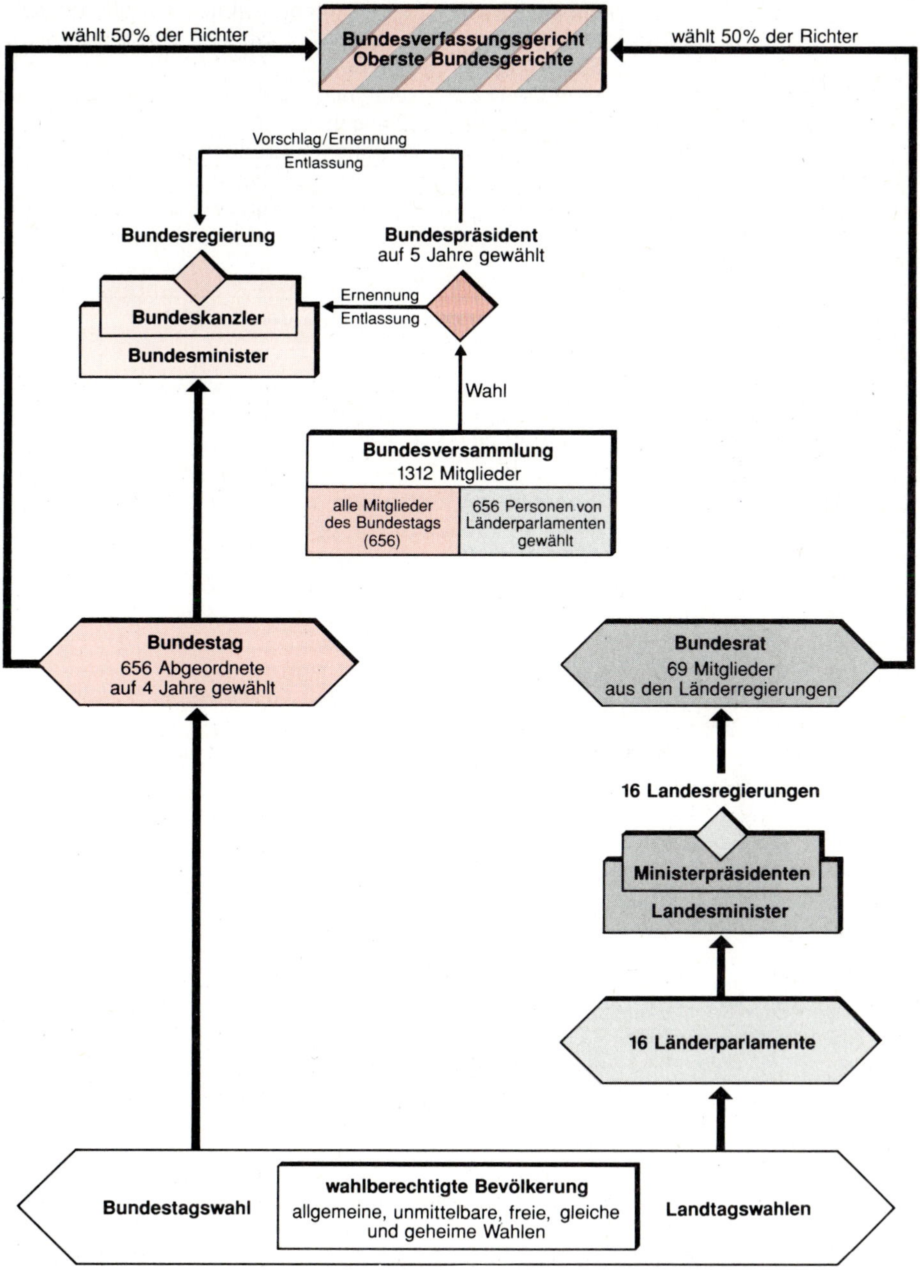

Neben den Finanzmitteln, die der Staat durch Steuern einnimmt und mit seinen sozialpolitischen Maßnahmen neu verteilt, d. h. **umverteilt**, werden viele sozialpolitische Leistungen von den Betroffenen selbst und von den Arbeitgebern aufgebracht. So wird der größte Teil der sozialen Sicherung durch die Beiträge der Arbeitnehmer und der Arbeitgeber in die Krankenversicherung, die Renten- und die Unfallversicherung sowie die Arbeitslosenversicherung finanziert. Die Höhe der Beiträge und die davon betroffenen Gruppen werden durch staatliche Gesetze festgelegt. Die finanziellen Mittel, die durch diese Beiträge zusammenkommen, werden dann auf diejenigen **umgelegt**, die die soziale Sicherung in Anspruch nehmen müssen.

Übersicht 3: Zuviel Sozialstaat? – Zwei Vorstellungen über den Sozialstaat

Argument:
„Abbau des Sozialstaates"

Merkmale: Armut und Not werden bekämpft. Das ausufernde soziale Netz soll aber reduziert und dadurch finanzierbar gemacht werden. Der einzelne Bürger trägt für die eigene Sicherheit in erster Linie selbst die Verantwortung (Verstärkung der privaten Sicherung). Soziale Differenzierungen können auch im Sozialstaat nicht beseitigt werden.

Ziele: Die Freiheit des Bürgers soll erhöht werden (klassische liberale Idee des durch staatlichen Einfluß ungehinderten Individuums).

Die Leistungsfähigkeit der Wirtschaft erfährt durch die Entlastung von Sozialabgaben eine Stärkung. Die direkte, individuelle Hinwendung der Bürger gegenüber Hilfebedürftigen soll gefördert werden.

Vertreter: F. D. P., Teile der Union, die Arbeitgeberverbände.

Einwände, die gegen diesen Ansatz vorgebracht werden: Die Gesellschaft spaltet sich. Die Mitglieder der Kerngesellschaft besitzen Arbeit, Einkommen und soziale Sicherheit. Die Menschen am Rande der Gesellschaft werden ins soziale Abseits gedrängt.

Argument:
„Um- und Ausbau des Sozialstaates"

Merkmale: Durch Um- und Ausbaumaßnahmen soll das soziale Netz wieder tragfähig und finanzierbar gemacht werden. Einrichtungen zur Selbsthilfe werden gefördert. Es besteht die Neigung zu einer expansiven Sozialpolitik.

Ziel: Jeder Bürger wird durch eine umfassende Sicherung ausreichend gegen Risikofälle geschützt und dadurch frei von Armut und Not.

Vertreter: Teile der Union, SPD, die Grünen, Gewerkschaften, die Kirchen.

Einwände, die gegen diesen Ansatz vorgebracht werden: Das soziale Netz ufert aus und kann nicht mehr finanziert werden. Nur wenige finden sich noch zu individuellen Hilfeleistungen bereit. Wegen zunehmender Verrechtlichung und Bürokratisierung durchschaut der einzelne Bürger immer weniger das System der sozialen Sicherung.

Ein umfassend abgesicherter Mensch neigt zur Unselbständigkeit. Soziale Sicherheit fördert Leistungsverweigerung und Leistungsmißbrauch und untergräbt die Arbeitsmoral, das Pflichtbewußtsein und die Eigenverantwortung. Die hohe Abgabenlast behindert die Leistungsfähigkeit der Wirtschaft.

Nach Gotthard Breit: Zwei konkurrierende Sozialstaatskonzepte. In: Sozialwissenschaftliche Informationen 18 (1989), H. 1, S. 57.

Umstritten: Wieviel Sozialstaat?

In welchem Umfang der Auftrag des Grundgesetzes, den **Sozialstaat** praktisch zu verwirklichen, umgesetzt werden soll, ist zwischen den politischen Parteien und den großen Interessenverbänden – etwa den Gewerkschaften und den Verbänden der Arbeitgeber – umstritten. Dabei geht es letztlich um die Frage, wie die Leistungen des Staates auf die einzelnen Gruppen der Gesellschaft **verteilt** und wie diese Leistungen **finanziert** werden sollen.

Soziale Teilhabe

Eine dritte Aufgabe stellt sich dem Sozialstaat, wenn es um die Frage geht: Wer soll an der praktischen Ausgestaltung der Arbeitsbedingungen und der sozialen Sicherung **beteiligt** werden?
Die Antwort des Grundgesetzes heißt zunächst: Die jeweils betroffenen gesellschaftlichen Gruppen selbst. So bestimmt z. B. Art. 9 GG, daß die Arbeitnehmer und Arbeitgeber „zur Regelung der Arbeits- und Wirtschaftsbedingungen" Verbände gründen können. Konkret heißt dies: Wenn neue Tarifverträge ausgehandelt werden sollen, ist dies eine Sache der betroffenen Arbeitnehmer und Arbeitgeber, und nicht des Staates. Das Tarifvertragsgesetz muß dieses Recht der Tarifpartner – die Tarifautonomie – berücksichtigen. Es regelt lediglich, wie die Verhandlungen ablaufen und welche Schritte erforderlich sind, bis ein neuer Tarifvertrag in Kraft treten kann.
Was für die Tarifbeziehungen gilt, treffen wir auch in anderen Bereichen des Arbeitslebens und der sozialen Sicherung an: bei der Selbstver-

Übersicht 4: Die drei Aufgaben des Sozialstaates

Verfassungsauftrag:
die Bundesrepublik als Sozialstaat

Soziale Sicherheit

- Rentenversicherung
- Krankenversicherung
- Unfallversicherung
- Arbeitslosenversicherung
- Pflegeversicherung
- Sozialhilfe
- ...

sozialer Ausgleich

- nach Einkommen und Vermögen gestaffelte Steuern
- Ausbildungsförderung
- Umschulungshilfen
- Kindergeld
- Wohngeld
- Förderung der Vermögensbildung
- ...

soziale Teilhabe

- Koalitionsfreiheit und Tarifautonomie
- Mitwirkung und Mitbestimmung in Betrieben und Unternehmen nach dem Betriebsverfassungs- und dem Mitbestimmungsgesetz
- Selbstverwaltung der Einrichtungen zur sozialen Sicherung
- Mitwirkung bei den Arbeits- und den Sozialgerichten
- ...

waltung der Versicherungseinrichtungen (vgl. Abschn. 1.7), bei den Arbeits- und Sozialgerichten und nicht zuletzt durch die Mitwirkung und Mitbestimmung der Arbeitnehmer in den Betrieben und den Unternehmen (vgl. Abschn. 3.4, Leitfrage 2).

2 Der Bundesstaat: Warum sollen die Länder im Bund mitreden?

Föderalismus: Aufgabenverteilung zwischen Bund und Ländern

Als die drei **westlichen Siegermächte** im Juli 1948 den Ministerpräsidenten der damaligen Länder in der amerikanischen, britischen und französischen Besatzungszone den Auftrag gaben, eine Verfassung für einen vorläufigen westdeutschen Teilstaat auszuarbeiten, formulierten sie zugleich eine Auflage: Dieser Staat soll eine „Regierungsform des **föderalistischen Typs**" haben (Föderalismus, lat. foedus: Bündnis). Die Mitwirkung der Länder an der Gesetzgebung des Bundes (vgl. Abschn. 5.2) ist – geschichtlich gesehen – auch aus dem Bemühen der Westmächte entstanden, ein Wiedererstarken einer deutschen Zentralregierung zu verhindern.

Es gibt darüber hinaus auch eine **geschichtliche Tradition** des Bundesstaates in Deutschland, die noch weiter zurückreicht: Zwischen 1815 und 1866 gab es den Deutschen Bund, einen losen Zusammenschluß der Fürstentümer und Freien Städte. Auch 1871, als das Deutsche Reich gegründet wurde, bestanden die deutschen Staaten in diesem Kaiserreich fort. Und in der Weimarer Republik bestimmte Art. 2 der Weimarer Verfassung, daß das Reichsgebiet „aus den Gebieten der deutschen Länder" bestehe. Sie wirkten mit dem Reichsrat an der Gesetzgebung des Reiches mit (Art. 60 Weimarer Verfassung). Die Nationalsozialisten schalteten dann nach der Machtübernahme die Länder weitgehend mit der Politik der NSDAP-Führung gleich.

Nach dem Ende des Zweiten Weltkrieges (1945) gab es auch praktische Gründe, daß die Länder wieder ein besonderes Gewicht bekamen. Nachdem die letzte nationalsozialistische Reichsregierung unter Admiral Dönitz am 23. Mai 1945 abgesetzt und Deutschland durch die Siegermächte besetzt worden war, gab es **keine deutsche Zentralgewalt** mehr. Die Länder waren – neben den Kommunen – die ersten Einheiten, in denen am ehesten wieder Politik gemacht werden konnte. Zwar wurden die ersten Landesregierungen noch von den Alliierten bestellt, doch schon 1946 und 1947 konnten diese durch gewählte Regierungen abgelöst werden.

Damit wurde der Parlamentarische Rat, der 1948 zur Ausarbeitung des Grundgesetzes gebildet worden war, mit seiner Entscheidung für die Bundesstaatliche Ordnung nicht nur dem alliierten Auftrag gerecht. Er orientierte sich dabei auch an der bereits vollzogenen Tatsache, daß die Länder wieder die politischen Zentren in den drei westlichen Zonen waren.

Bundesrat

Bund und Länder sind nicht strikt voneinander getrennt: Die Länder wirken im **Bundesrat** (vgl. Abschn. 5.2) an der Gesetzgebung des Bundes mit. Der Bundesrat setzt sich aus den Regierungen der 16 Bundesländer zusammen (vgl. Übersicht 5). Die Zahl der Stimmen, die ein Bundesland im Bundesrat hat, richtet sich nach dessen Einwohnerzahl. Jedes Land kann seine Stimmen nur geschlossen abgeben; eine Aufspaltung etwa in Zustimmung und Ablehnung ist nicht möglich. Die Vertreter der Länder sind dabei an die Weisungen ihrer Regierungen gebunden.

Für viele Gesetzesvorlagen ist die **Zustimmung** des Bundesrates erforderlich. Das trifft immer dann zu, wenn durch das geplante Gesetz die Finanzen oder die Verwaltung der Länder betroffen sind oder wenn das Grundgesetz geändert werden soll. Gegen alle anderen Gesetzesvorlagen kann der Bundesrat **Einspruch** erheben. Dieser verhindert jedoch nicht unbedingt das Gesetz. Der Bundestag hat das Recht, den Einspruch mit einfacher Mehrheit zurückzuweisen (vgl. Abschn. 5.2).

Der Bundesrat wirkt darüber hinaus noch bei einer Reihe anderer Entscheidungen mit, etwa wenn

- die Bundesregierung zur Durchführung von Gesetzen Verwaltungsvorschriften erläßt,
- die Bundesregierung neue Verwaltungsbehörden einrichten will,
- Vermögen des Bundes, z. B. Aktien an Industrieunternehmen, verkauft werden soll,
- die Richter der obersten Bundesgerichte gewählt und die Bundesanwälte ernannt werden,
- der Katastrophen- und der Verteidigungsfall festgestellt werden muß,

Übersicht 5: Die 16 Bundesländer im Bundesrat

69 Mitglieder, von den Länderregierungen bestellt. Der Präsident des Bundesrates wird jeweils für ein Jahr in der alphabetischen Reihenfolge der Länder gewählt. Er ist zugleich Stellvertreter des Bundespräsidenten.

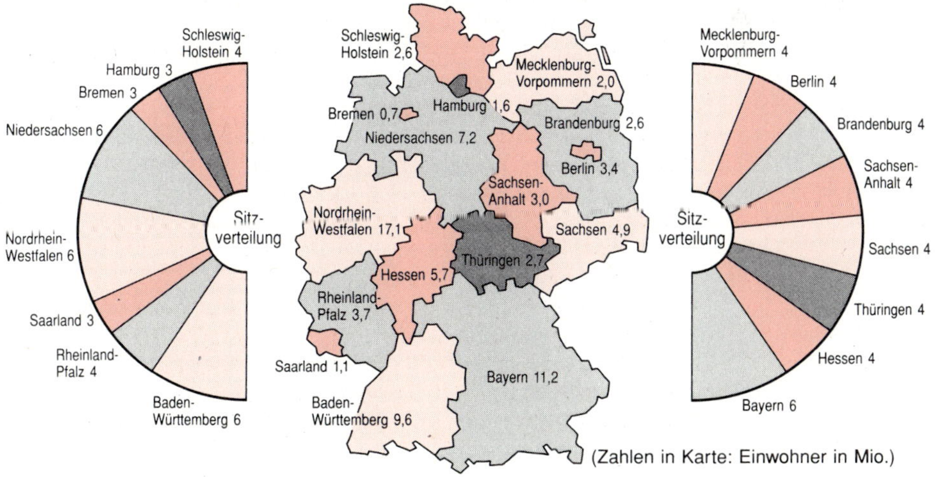

(Zahlen in Karte: Einwohner in Mio.)

- der Bundespräsident wegen einer Verletzung seiner Amtspflichten vor dem Bundesverfassungsgericht angeklagt werden soll.

Der Bundesrat als Gegenspieler der Bundesregierung

Im Bundesrat können die Länder die Politik der Bundesregierung kontrollieren und gegebenenfalls auch blockieren. Dies ist der Fall, wenn die Mehrheit der Landesregierungen von der Partei gestellt wird, die im Bundestag in der Opposition ist. Dann kann dieses Gremium zum **Gegenspieler** der Bundesregierung werden – etwa indem die Mehrheit im Bundesrat den Gesetzesvorlagen der Bundesregierung ihre Zustimmung verweigert. Die Bundesregierung kann dadurch zu einem Einlenken und zu einem Kompromiß gezwungen werden.

Zusammenfassung

1 Der Verfassungsgrundsatz des demokratischen Rechtsstaates verpflichtet die Politik, die Freiheit des einzelnen zu achten und zu schützen (Freiheitssicherung), jedermann vor dem Gesetz gleich zu behandeln (Rechtsgleichheit) und sicherzustellen, daß er seine Rechte auch in Anspruch nehmen kann (Rechtssicherheit). Ein Kennzeichen des demokratischen Rechtsstaates ist, daß die politischen Gewalten auf mehrere Organe verteilt sind.

Das Prinzip des Sozialstaates verlangt eine Politik des Staates, die soziale Gerechtigkeit und Chancengleichheit durch soziale Leistungen und durch demokratische Mitwirkung bei der Regelung der Arbeits- und Sozialbeziehungen verwirklicht. Wie stark die sozialen Leistungen des Staates und die demokratischen Mitwirkungsrechte ausgebaut werden sollen, ist zwischen den Parteien und den Interessengruppen umstritten.

2 Durch die bundesstaatliche, d. h. föderalistische Ordnung wirken die Länder über den Bundesrat an der Politik des Bundes mit. Zwischen Bund und Ländern besteht zum einen eine Arbeitsteilung, z. B. in der Verwaltung. Zum anderen gibt es Aufgaben, bei denen beide zusammenwirken müssen, etwa bei der Gesetzgebung.

6.3 Wähler und Wahlen – entscheiden, wer regieren soll

Leitfragen

1 Das Wahlrecht – nur ein Recht und keine Pflicht?

2 Das Wahlverfahren – wie werden die Mitglieder des Bundestags gewählt?

3 Wählen – wonach richten sich die Wählerinnen und Wähler?

1 Das Wahlrecht – nur ein Recht und keine Pflicht?

Wahlen – wozu?

In einer repräsentativen Demokratie werden durch die **Wahlen** diejenigen bestimmt, die im Auftrag des Volkes politische Herrschaft ausüben sollen. Das bedeutet im einzelnen:

Repräsentanten auswählen

- Aus der Vielzahl der Kandidatinnen und Kandidaten werden die Abgeordneten als **Repräsentanten** der Bevölkerung in die Parlamente gewählt. Durch die Wahl erhalten sie von den Wählerinnen und Wählern den Auftrag, an ihrer Stelle Entscheidungen, die zur Lösung der politischen Aufgaben notwendig sind, zu treffen. Dieser Auftrag wird auch als **Mandat** (vom Lateinischen mandatum = Auftrag, Befehl, Anordnung) bezeichnet. Das Mandat der Abgeordneten des Deutschen Bundestages ist auf vier Jahre befristet. Auch in den meisten Bundesländern werden die Abgeordneten der Landtage für vier, in einigen auch für fünf Jahre gewählt (z. B. in Nordrhein-Westfalen). Entsprechende Regelungen gibt es auch in den Städten und Gemeinden für die Gemeinderäte.

Die Regierung bilden

- Auf der Grundlage der Wahlergebnisse werden im Bund und in den Ländern die **Regierungen** gebildet – als Ein-Parteien-Regierung, wenn eine Partei mehr als die Hälfte der Mandate, also die absolute Mehrheit erreicht, oder als Koalitionsregierung aus zwei oder mehr

Parteien, die dann zusammen die absolute Mehrheit im Parlament haben.
Diese Mehrheit **berechtigt** die Regierung, ihr Amt als vollziehende Gewalt nach den Grundsätzen der Verfassung auszuüben.

Die Arbeit der Repräsentanten kontrollieren

- Eine dritte Aufgabe haben Parlamentswahlen gleichsam im nachhinein: Sie stellen die Nagelprobe dar, mit der die Wählerinnen und Wähler zum Ausdruck bringen, wie sie die Arbeit der Abgeordneten und ihrer Parteien in der abgelaufenen Legislaturperiode bewerten. Sie sollen dadurch die Politikerinnen und Politiker **kontrollieren**. Gelingt es dabei der Regierungspartei (bzw. den Koalitionsparteien) nicht, erneut die Mehrheit der Mandate zu erhalten, kommt es mit der Wahl zu einem Regierungswechsel. Die bisherige Opposition hat dann die Chance, eine neue Regierung zu bilden.

Parlamentarisches Regierungssystem

Die Bundesregierung kann nur so lange im Amt bleiben, wie sie die Mehrzahl der Abgeordneten im Parlament, dem Bundestag, hinter sich hat. Verliert sie diese Mehrheit, kann vom Bundestag ein neuer Bundeskanzler gewählt werden, der dann eine neue Regierung bildet (konstruktives Mißtrauensvotum). Die Regierung, d. h. die vollziehende Gewalt, ist also nur so lange im Amt, wie es das Parlament, die gesetzgebende Versammlung, will. Deshalb bezeichnen wir diese Regierungsform auch als **parlamentarisches Regierungssystem**. Das bedeutet: Die Regierung braucht die Zustimmung der Mehrheit des Parlaments (vgl. Übersicht 5 in Abschn. 6.1).
Im Unterschied dazu kann in einem **präsidialen Regierungssystem** die Regierung nicht durch das Parlament gestürzt werden. An der Spitze einer solchen Regierung steht ein Präsident, der in der Regel – wie in Frankreich – vom Volk direkt gewählt wird. Er ist unabhängig vom Vertrauen des Parlaments und kann auch nicht von diesem abgewählt werden. Allerdings müssen auch in einem präsidialen Regierungssystem die Gesetze von der Mehrheit des Parlaments beschlossen werden.

Wahlrecht – Wahlpflicht?

Das **allgemeine und gleiche Wahlrecht**, wie es in Art. 38 GG beschrieben ist, wurde in Deutschland mit einer Verordnung der Reichsregierung vom 30. November 1918 eingeführt. Damit gab die Regierung einer politischen Forderung nach, die vor allem von der Arbeiterbewegung, den Sozialdemokraten und den liberalen Demokraten seit der Mitte des 19. Jahrhunderts immer wieder erhoben worden war. Das deutsche Kaiserreich hatte gerade den Ersten Weltkrieg verloren, Kaiser Wilhelm II. hatte abgedankt und die Monarchie war zusammengebrochen. Mit der Einführung des gleichen Wahlrechts für alle sollte der Grundstein für eine **demokratische Republik** gelegt werden.
Bis zu diesem Zeitpunkt war das Wahlrecht im Deutschen Reich und in den deutschen Staaten keinesfalls demokratisch. So durften bei den Wahlen zum Reichstag (seit 1871) nur Männer ihre Stimme abgeben. Und der Preußische Landtag wurde bis 1918 nach dem Dreiklassen-

wahlrecht gewählt: Alle Wahlberechtigten waren in drei Klassen eingeteilt – nach ihrem Vermögen bzw. nach der Höhe der Steuern, die sie bezahlten. Wer mehr besaß, hatte mehr Stimmen.

Aktives und passives Wahlrecht

Das Grundgesetz unterscheidet ein aktives und ein passives Wahlrecht. Das **aktive Wahlrecht** bedeutet, daß jeder Staatsbürger und jede Staatsbürgerin, die das 18. Lebensjahr vollendet haben, wählen können. Das **passive Wahlrecht** nehmen die Kandidatinnen oder Kandidaten in Anspruch, die sich bei einer Wahl wählen lassen möchten.
In einigen Staaten, z. B. in Belgien, Italien und in Luxemburg, gehört zum Wahlrecht auch die **Wahlpflicht**. Die wahlberechtigte Bevölkerung ist dort durch ein Gesetz verpflichtet, ihre Stimme bei den Wahlen abzugeben. Allerdings hat ein Verstoß gegen die Wahlpflicht in diesen Ländern keine allzu großen negativen Folgen. Eine solche Regelung gibt es in Deutschland weder bei Bundes- und Landtagswahlen noch bei den Wahlen in den Gemeinden.

Übersicht 1: Aktives und passives Wahlrecht – wählen und gewählt werden können

Aktives Wahlrecht

Wählen darf,

- wer Deutscher ist, d. h. die deutsche Staatsangehörigkeit besitzt,
- wer das 18. Lebensjahr vollendet hat und
- mindestens seit 3 Monaten in Deutschland lebt (den Wohnsitz hat).

Passives Wahlrecht

Wählbar ist,

- wer Deutscher ist, d. h. die deutsche Staatsangehörigkeit besitzt,
- wer das 18. Lebensjahr vollendet hat.

Kein Wahlrecht besitzt,

- wem das Wahlrecht durch Gerichtsurteil aberkannt wurde,
- Entmündigte und geistig Behinderte, die unter der Aufsicht einer Pflegschaft stehen,
- wer sich aufgrund richterlicher Anordnung in einem psychiatrischen Krankenhaus befindet.

Rechtliche Grundlagen

bei Bundestagswahlen

- Grundgesetz, Art. 20 (2), Art. 38 (2), Art. 116 (1)
- das Bundeswahlgesetz, §§ 12 – 15

bei Landtagswahlen

- das Grundgesetz, Art. 20 (2), Art. 28 (1)
- die Landesverfassungen
- die Landeswahlgesetze

bei Kommunalwahlen (einschließlich Kreistagswahlen)

- das Grundgesetz, Art. 20 (2), Art. 28 (1)
- die Landesverfassung
- das Kommunalwahlgesetz des Landes

Zur Ergänzung: Das Mindestalter zum passiven Wahlrecht ist in einigen Bundesländern bei Landtagswahlen höher als im Bund (z. B. in Bayern: vollendetes 21. Lebensjahr).

Politisch umstritten: Wahlrecht für Ausländer

„Alle Staatsgewalt geht vom Volke aus. Sie wird vom Volke in Wahlen und Abstimmungen ... ausgeübt“ (Art. 20 [2] GG). Heißt das, daß zum Volk, das in einem Staat lebt, nur diejenigen zählen, die auch dessen Staatsbürgerschaft haben?

Die SPD-regierten Länder Schleswig-Holstein und Hamburg wollten 1989 den ausländischen Bürgerinnen und Bürgern das Recht geben, an **Kommunalwahlen** teilzunehmen. Ihren Überlegungen lag der Gedanke zugrunde, daß ein großer Teil der knapp fünf Millionen Ausländer schon lange in Deutschland lebt, viele von ihnen hier geboren sind und hier auch bleiben wollen. Sie orientierten sich dabei an Regelungen, wie sie in einigen anderen Staaten Europas bestehen. Dort können Ausländer an Gemeindewahlen teilnehmen, etwa in Schweden, Norwegen und in einigen Kantonen der Schweiz.

Die CDU-regierten Länder und die Bundestagsfraktion der CDU/CSU lehnten diese Ausweitung des Wahlrechts ab. Ihr Argument: Das Wahlrecht ist in der Verfassung ausschließlich Deutschen vorbehalten, es ist ein Bürgerrecht der Deutschen, kein von der Nationalität unabhängiges Menschenrecht. Ein kommunales Wahlrecht für Ausländer sei deshalb verfassungswidrig. Sie erhoben gegen die beiden Länder Klage beim **Bundesverfassungsgericht** in Karlsruhe. Im Oktober 1990 stimmte dieses Gericht der Argumentation der CDU/CSU zu und erklärte die beiden Gesetze in Hamburg und Schleswig-Holstein für verfassungswidrig.

Wie weiter?

Ob dies das letzte Wort in dieser Angelegenheit bleibt, ist fraglich. Sicher ist, daß in allen Industrieländern die Zahl der Ausländer auch in Zukunft zunehmen wird. So werden die zwölf Staaten der **Europäischen Gemeinschaft** politisch und wirtschaftlich immer enger zusammenwachsen; weitere Staaten werden in die Gemeinschaft aufgenommen (vgl. dazu Kap. 7). Wird es dann noch möglich sein, Ausländern solche grundlegenden politischen Rechte wie das Wahlrecht vorzuenthalten? Warum soll ihnen nicht auch erlaubt sein, ihre Interessen politisch durchsetzen zu können? Hat eine solche Politik nicht zur Folge, daß Ausländer aus der Gesellschaft weiter ausgegrenzt werden?

Nach dem Urteil des Bundesverfassungsgerichts gegen das kommunale Ausländerwahlrecht stellte die damalige „Beauftragte der Bundesregierung für die Integration der ausländischen Arbeitnehmer und ihrer Familienangehörigen“, Liselotte Funke, in ihrem Jahresbericht 1991 fest:

„Die ausländische Bevölkerung hatte gehofft, mit dem kommunalen Wahlrecht das Ohr der Politiker für ihre berechtigten Anliegen zu erreichen. Nunmehr fühlen sie sich weiterhin politisch recht- und stimmlos, selbst wenn sie aus einem EG-Land stammen.“

Das Bundesverfassungsgericht hat darauf hingewiesen, daß durch eine Änderung des Grundgesetzes das Wahlrecht für Ausländer eingeführt werden könnte. Dazu fehlen aber auf absehbare Zeit die Mehrheiten im Bundestag und im Bundesrat, die für eine Verfassungsänderung notwendig sind (Zweidrittelmehrheit, vgl. Art. 79 [2] GG).

Eher könnte es möglich sein, innerhalb der **Europäischen Gemeinschaft** eine Lösung zu finden, um Bürgerinnen und Bürgern aus den Mitgliedstaaten das Wahlrecht zu geben. Im Vertrag über die **Europäische Union** (Maastrichter Vertrag) haben die zwölf EG-Staaten beschlossen, bis spätestens 1999 eine „europäische Staatsbürgerschaft" einzuführen. Jeder EG-Bürger soll dann in jedem Mitgliedstaat das aktive und passive Wahlrecht bei Kommunalwahlen und bei der Europawahl haben (vgl. Abschn. 7.1, Stichwort „Europäische Union"). Ausländer, die nicht aus EG-Staaten kommen, blieben dann allerdings nach wie vor vom Wahlrecht ausgeschlossen.

2 Das Wahlverfahren – wie werden die Mitglieder des Bundestags gewählt?

Wählen – nach demokratischen Grundsätzen

Demokratie – das heißt nicht nur Volksherrschaft, das bedeutet auch, daß von der Ausübung des Wahlrechts niemand ausgeschlossen oder benachteiligt werden darf. Im Grundgesetz sind deshalb in Art. 38 die Prinzipien festgelegt, die bei der Wahl zum Deutschen Bundestag gelten. Da auch die politische Ordnung in den Ländern „den Grundsätzen des republikanischen, demokratischen und sozialen Rechtsstaates" entsprechen muß (Art. 28 [1] GG), werden die Mitglieder aller Parlamente, der Landtage wie der Gemeinderäte nach diesen Prinzipien gewählt.

Übersicht 2: Grundsätze demokratischer Wahlen – Art. 38 (2) GG

Wahlen sind ...	Das bedeutet:
allgemein	Alle Bürgerinnen und Bürger, die 18 Jahre und älter sind, dürfen wählen. Keine Gruppe der Gesellschaft und auch keine einzelnen Personen dürfen ausgeschlossen sein (vgl. aber Übersicht 1).
unmittelbar	Die Mitglieder der Volksvertretung werden direkt und nicht von einer Wahlversammlung gewählt (vgl. dazu Abschn. 6.1).
frei	Die Stimmabgabe muß ohne Druck und äußeren Zwang möglich sein. Niemand kann anordnen, welche Partei oder welcher Kandidat gewählt werden muß.
gleich	Jede Stimme zählt gleich viel. Weder das Einkommen und Vermögen noch das gesellschaftliche Ansehen dürfen bei der Wahl und bei der Auszählung der Stimmen von Gewicht sein.
geheim	Die Stimmabgabe erfolgt verdeckt und ohne Namensnennung. Im Wahllokal muß sichergestellt sein, daß das Wahlgeheimnis nicht verletzt werden kann.

Wahlsysteme: Mehrheit oder Anteile?

Wie die Wahlen durchgeführt und nach welchen Regeln die Gewinner und die Verlierer ermittelt werden, ist nicht nur eine rechnerische Aufgabe. Es geht dabei um die politische Frage, ob alle Wählerstimmen bei der Zusammensetzung des Parlaments zum Zuge kommen oder nur diejenigen, die die Sieger in den Wahlkreisen erhalten. Auf diese Frage gibt es unterschiedliche Antworten, je nachdem, welches Wahlsystem in einem Land gilt.

Stichwort: Mehrheitswahl

Beim **Mehrheitswahlsystem** gilt der Grundsatz: Jede(r) Wähler(in) hat eine Stimme. Diese geben sie direkt einer Kandidatin oder einem Kandidaten ihres Wahlkreises. Gewählt, d. h. im Parlament ist, wer im Wahlkreis die meisten Stimmen erringt. Die Stimmen, die die unterlegenen Mitbewerber/innen im Wahlkreis erhalten, werden bei der Zusammensetzung der Volksvertretung nicht berücksichtigt.
Um den Wahlkreis im Parlament zu vertreten, genügt es nach diesem Modell, wenn die **einfache Mehrheit** (= am meisten Stimmen) erreicht wird. Möglich ist auch, daß zunächst die **absolute Mehrheit** (= mehr als 50 % der Stimmen) erforderlich ist, um ins Parlament einzuziehen. Gelingt dies nicht auf Anhieb, ist ein **zweiter Wahlgang** notwendig, bei dem dann die einfache Mehrheit reicht. In manchen Staaten dürfen beim zweiten Wahlgang nur die beiden stärksten Kandidaten in einer Stichwahl antreten.

Übersicht 3: Das Mehrheitswahlsystem

Die Modelldarstellung geht von
- einem Parlament mit 5 Mandaten und demzufolge von
- einem Wahlgebiet mit 5 Wahlkreisen aus. Nicht alle Parteien treten in jedem der 5 Wahlkreise mit einem eigenen Kandidaten an.

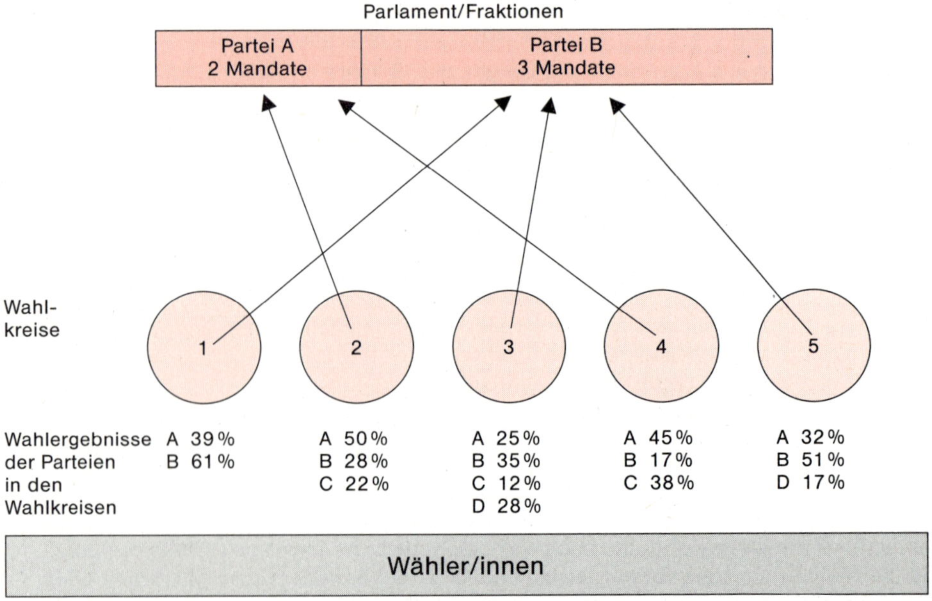

Bei einer Mehrheitswahl haben es vor allem kleinere Parteien schwer, in einem Wahlkreis die Mehrheit zu gewinnen. Die politischen Interessen, die sie vertreten, können dann nicht in den parlamentarischen Beratungen vorgetragen und zur Diskussion gestellt werden. Dieser Kritik will das **Verhältniswahlsystem** gerecht werden. Danach gilt der Grundsatz: Die unterschiedlichen Meinungen und politischen Interessen, die mit den Parteien bei einer Wahl antreten, sollen auch im Parlament zum Ausdruck kommen. Bei einem solchen Wahlverfahren stellen die Parteien Kandidatenlisten auf. Die Wähler geben ihre Stimme den Parteien. Die Zahl der Sitze im Parlament wird errechnet, indem die Stimmen jeder Partei ins **Verhältnis** zu den Gesamtstimmen der Wahl gesetzt werden. Die Zahl der Mandate, die auf die Parteien fallen, errechnet sich aus dem Anteil der Stimmen, den sie bei der Wahl erzielt haben.

Übersicht 4: Das Verhältniswahlsystem
Die Modelldarstellung geht von einem Parlament mit 100 Mandaten aus. Es treten vier Parteien an.

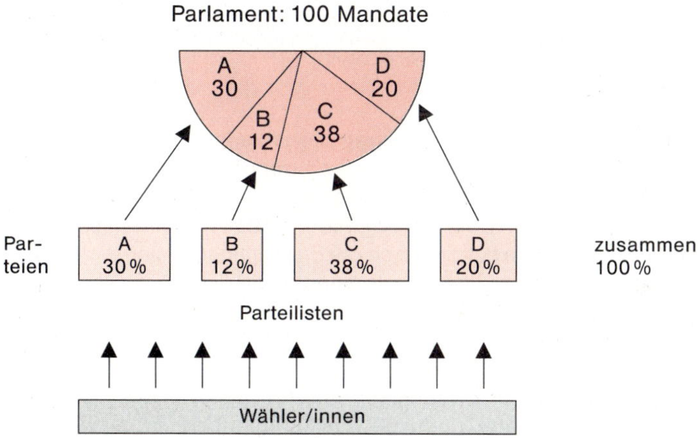

Zwei Stimmen bei der Bundestagswahl – warum?

Das Verfahren zur Wahl des Deutschen Bundestags ist im **Bundeswahlgesetz** geregelt. Nach § 1 Abs. 1 sollen die Vorteile der Mehrheitswahl mit denen der Verhältniswahl verbunden werden: die direkte Wahl eines Kandidaten im Wahlkreis (personenbezogene Wahl nach dem Grundsatz der Mehrheitswahl) und die Berücksichtigung der Stimmanteile, die alle Parteien bei der Wahl insgesamt erreichen (Grundsatz der Verhältniswahl).

Stichwort: personalisierte Verhältniswahl

Jede Wählerin und jeder Wähler haben deshalb zwei Stimmen. Ihre **Erststimme** geben sie einem Kandidaten bzw. einer Kandidatin des **Wahlkreises**. Mit einer weiteren Stimme, der **Zweitstimme**, wird eine Partei gewählt, die auf der **Landesliste** (jeweils für ein Bundesland) weitere Kandidatinnen und Kandidaten vorschlägt. Diese Zweitstimme

Übersicht 5: Das Wahlrecht zur Wahl des Deutschen Bundestags

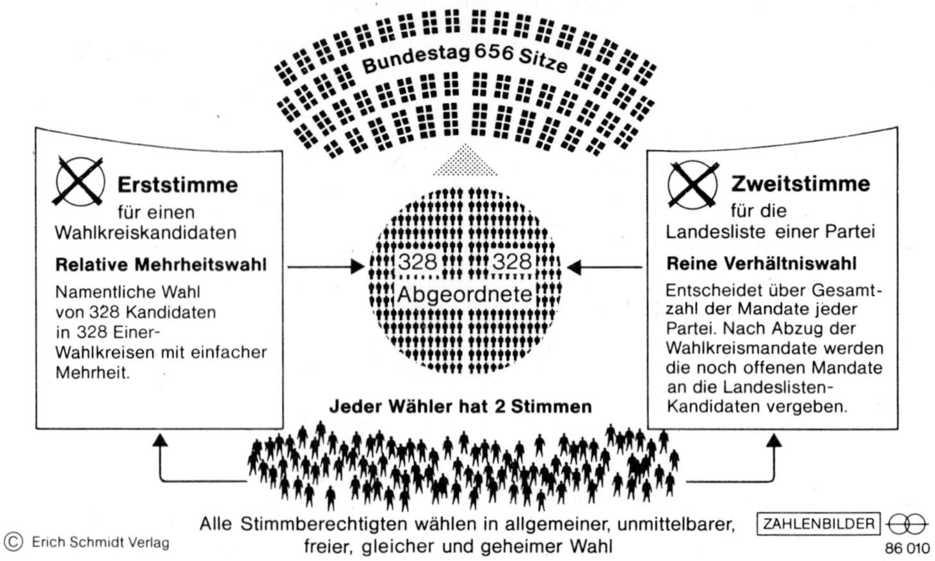

beeinflußt die endgültige Verteilung der Sitze im Deutschen Bundestag, denn nach dem Verhältnis der von den Parteien erzielten Zweitstimmen werden ihre Mandate errechnet.

Von diesen Mandaten, die auf jede Partei entfallen, werden zuerst diejenigen zugeteilt, die schon durch die Erststimmen in den Wahlkreisen direkt gewählt wurden, die **Direktmandate**. Die restlichen Sitze werden entsprechend der Reihenfolge ihrer Nennung an die Kandidaten vergeben, die auf der Landesliste kandidierten und kein Direktmandat errungen haben. Mit den Erst- und Zweitstimmen werden somit alle 656 Abgeordneten des Deutschen Bundestags ermittelt.

Zu **Überhangmandaten** (mehr als 656 Mandate) kommt es, wenn eine Partei mehr Direktmandate errungen hat, als ihr aufgrund ihres Anteils an Zweitstimmen zustünden.

Die „Fünf-Prozent-Klausel“ – Hürde für die Kleinen?

Eine Partei, die bei der Wahl zum Deutschen Bundestag weniger als fünf Prozent aller im Bundesgebiet abgegebenen Zweitstimmen oder weniger als drei Direktmandate erhalten hat, kann nicht in das Parlament einziehen. Diese Klausel (=Vorbehalt), die in § 6 Abs. 4 des Bundeswahlgesetzes formuliert ist, soll verhindern, daß viele kleine Splitterparteien mit wenigen Abgeordneten in das Parlament einziehen. Dadurch könnte die Bildung einer arbeitsfähigen Regierungsmehrheit erschwert oder gar verhindert werden.

3 Wählen – wonach richten sich die Wählerinnen und Wähler?

Wahlbeteiligung – wie viele machen mit?

Die Bundesrepublik Deutschland zählt zu den Staaten, in denen relativ viele Bürgerinnen und Bürger von ihrem Wahlrecht Gebrauch machen. Ein Blick in die Statistik zeigt jedoch, daß dies nicht bei allen Wahlen in gleichem Umfang der Fall ist: in der Regel ist die **Wahlbeteiligung** bei Bundestagswahlen am höchsten (vgl. Übersicht 6), gefolgt von den Landtagswahlen (vgl. Übersicht 7) und – an dritter Stelle – den Kommunalwahlen. Am wenigsten angesprochen fühlen sich die Wählerinnen und Wähler bei den Wahlen zum Europäischen Parlament, dessen Mitglieder seit 1979 auch direkt gewählt werden (z.B. 1989: 62,3% der Wahlberechtigten; vgl. Abschn. 7.1).

Übersicht 6: Wahlbeteiligung bei den Bundestagswahlen 1949 – 1990

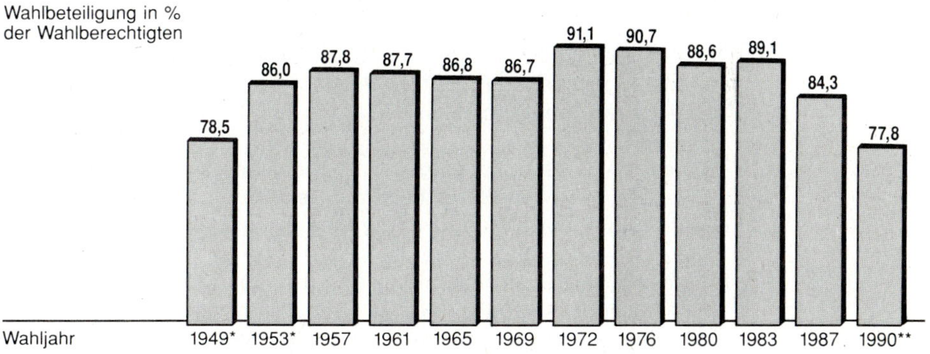

*ohne Saarland **erste gesamtdeutsche Bundestagswahl

Datenreport 1992, S. 172

Übersicht 7: Wahlbeteiligung bei Landtagswahlen – z.B. 1990 – 1992

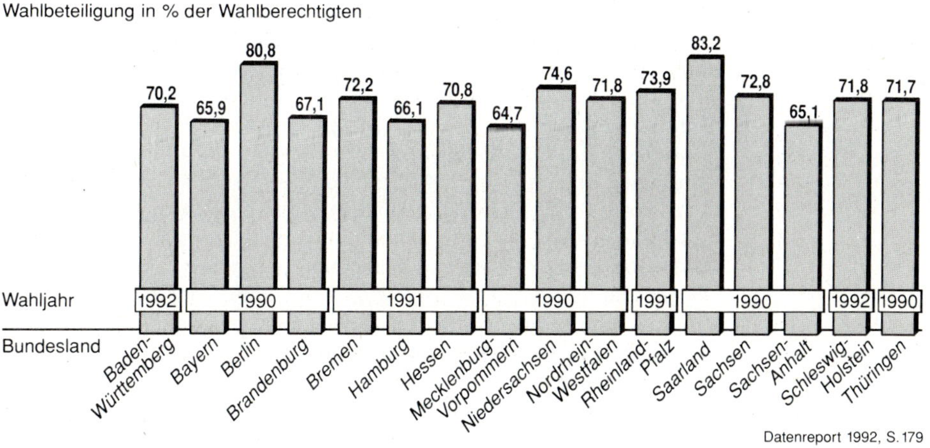

Datenreport 1992, S. 179

Wahlen – unterschiedlich attraktiv

Die unterschiedlichen Zahlen über die Wahlbeteiligung lassen sich erklären. Zwei Beobachtungen sind hier vor allem wichtig:

- Je einflußreicher ein Parlament, dessen Mitglieder gewählt werden sollen, nach Meinung der Wähler ist, je mehr es in ihren Augen „zu sagen hat", um so mehr sind sie bereit, mit ihrer Stimme auf die Zusammensetzung dieses Parlaments Einfluß zu nehmen. So erklärt sich die oben beschriebene Rangfolge vom Bundestag zum Europaparlament.
- Je mehr bei einer Wahl „auf dem Spiel steht", je klarer für die Wähler die Fragen sind, die es zu entscheiden gilt, aber: je deutlicher die Alternative zwischen den Spitzenkandidaten der Parteien ist, um so höher ist die Wahlbeteiligung. Auf diese Weise kam bei den Bundestagswahlen von 1972 bis 1983 die hohe Wahlbeteiligung zustande. Etwa 1972: Der Bundestag war vorzeitig aufgelöst worden, weil in den Monaten zuvor die Mehrheit der Koalitionsregierung von Bundeskanzler Willy Brandt (SPD) und Außenminister Walter Scheel (FDP) immer brüchiger geworden war (Abgeordnete der FDP waren zur CDU/CSU-Fraktion übergetreten). Es ging also um die Frage, ob die sozialliberale Regierung mit Willy Brandt an der Spitze weiterarbeiten oder durch eine Regierung aus CDU/CSU ersetzt werden soll.

Diese beiden Beobachtungen sind aber keine starren Regeln, keine Gesetzmäßigkeiten. Sonst hätte die Beteiligung an der Bundestagswahl 1990 – der ersten nach der Vereinigung der beiden deutschen Staaten – eigentlich höher sein müssen. Daß sie dies nicht war, hatte mehrere Gründe. Zum Beispiel die Wahlmüdigkeit in den neuen Bundesländern: Dort gingen der Bundestagswahl im gleichen Jahr drei Wahlen voraus – die Wahl zur letzten Volkskammer der DDR am 18. März, die Kommunalwahlen am 6. Mai und die Landtagswahlen am 14. Oktober 1990. Aber auch die Westdeutschen hatten ihren Anteil an der geringsten Wahlbeteiligung, seit es den Bundestag überhaupt gibt.

Nichtwähler im Kommen?

Hinter dieser Wahlmüdigkeit könnten auch länger anhaltende Motive stecken; Gründe, die nicht nur mit den vielen Wahlgängen 1990 oder den damaligen Spitzenkandidaten der Parteien zu tun hatten. Denn schon vor der Bundestagswahl 1990 zeigte sich, daß die Zahl der **Nichtwähler** zugenommen hat. Eine erste, oft gehörte Erklärung für diese Entwicklung ist: Die Nichtwähler interessieren sich nicht für Politik. Aus Umfragen wissen wir jedoch, daß dieser Grund nur für einen kleinen Teil von ihnen zutrifft. Viele Nichtwähler informieren sich intensiv und regelmäßig über das politische Geschehen und setzen sich mit ihm bewußt auseinander. Für sie kann Nichtwählen bedeuten:

- Die Personen, die für die Parteien bei einer Wahl antreten, und die Vorschläge, die diese vor einer Wahl zur Lösung der politischen Aufgabe machen, überzeugen sie nicht. Deshalb bleiben sie dieses Mal der Wahl fern.
- Oder sie sind grundsätzlich der Meinung, daß man mit dem Stimmzettel keinen nennenswerten Einfluß auf die Politik hat. Ihre Wahl-

enthaltung stellt damit zugleich eine **Kritik** an den Parteien oder an der politischen Ordnung insgesamt dar.

Neben diesen politisch bewußten Nichtwählern gibt es sicher immer auch diejenigen, die am Wahltag kurzfristig etwas anderes tun wollen, denen das Wetter zu schlecht oder zu schön ist ... Darüber hinaus gibt es gesellschaftliche Gruppen, die aus weltanschaulichen Gründen von der Wahl fern bleiben (z.B. die Zeugen Jehovas). Und nicht zuletzt scheuen viele alte Menschen den Weg ins Wahllokal, und die Briefwahl mag für sie mit zuviel bürokratischem Aufwand verbunden sein.

Eine sehr große Gruppe unter den Nichtwählern bilden die Erst- und Jungwähler.

Wer wählt welche Partei?

Wahlen zu den Parlamenten müssen geheim sein. Und dennoch sind Fragen wie diese interessant: Wer wählt welche Partei? Wonach richten sich die Wählerinnen und Wähler bei ihrer Wahl?

Die amtliche Wahlstatistik

Um hinter diese Fragen zu kommen, gibt es mehrere Möglichkeiten, ohne das Wahlgeheimnis zu verletzen. Zum einen die **amtliche repräsentative Wahlstatistik:** Dabei wird z.B. bei der Bundestagswahl im gesamten Bundesgebiet eine bestimmte Zahl von Wahlbezirken ausgewählt. In diesen Bezirken werden Stimmzettel ausgegeben, die nach **Geschlecht** und nach **Altersgruppen** gekennzeichnet sind. Bei der

Übersicht 8: Wahlbeteiligung – nach Alter und Geschlecht Bundestagswahl 1990 in % der Wahlberechtigten

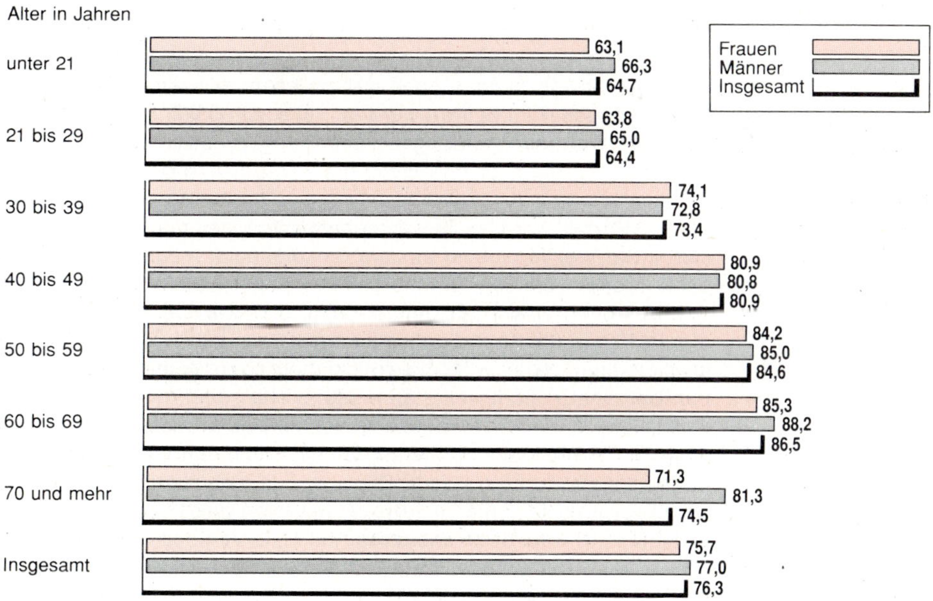

Datenreport 1992, S. 174

Auszählung kann dann z. B. festgestellt werden, wie die Jugendlichen, genauer, die Frauen und Männer im Alter zwischen 18 und 20 Jahren, gewählt haben. Von den Ergebnissen aus diesen Wahlbezirken kann dann mit Hilfe sozialwissenschaftlicher Verfahren auf alle Wählerinnen und Wähler im gesamten Wahlgebiet geschlossen werden. Es ist nicht erlaubt, Stimmzettel nach anderen als diesen beiden Merkmalen – dem Alter und dem Geschlecht – zu kennzeichnen.
Das Ergebnis einer repräsentativen Wahlstatistik zeigt die Übersicht 8: Die Wahlbeteiligung, unterschieden nach Alter und Geschlecht.
Für welche Parteien sich die einzelnen Altersgruppen – je nach Geschlecht – tatsächlich bei einer Wahl entscheiden, verdeutlicht Tabelle 1.

Tab. 1: Stimmabgabe für die Parteien nach Alter und Geschlecht
Bundestagswahl 1990, in % der Zweitstimmen – CDU/CSU, SPD und FDP

		Altersgruppen/Geschlecht									
		18–24		25–34		35–44		45–59		60 und älter	
Partei	Insgesamt	F	M	F	M	F	M	F	M	F	M
CDU/CSU	43,4	34,6	36,4	34,2	35,2	40,3	39,4	47,6	45,4	53,9	48,6
SPD	33,8	36,2	32,8	39,0	37,5	34,7	34,8	31,5	32,8	31,0	33,0
FDP	10,8	10,3	10,6	9,6	9,9	12,7	12,4	12,3	12,5	8,8	9,3
Sonstige*	12,0	18,9	20,2	17,2	17,4	12,3	13,8	8,6	9,3	6,3	9,1

Hinweis: F = Frauen, M = Männer.
*einschließlich GRÜNE (alte Bundesländer) und Bündnis 90/GRÜNE (neue Bundesländer)
Zeitschrift für Parlamentsfragen (1992) H. 2, S. 271–279.

Befragungen

Will man darüber hinaus noch mehr wissen, müssen die Wähler vor oder nach der Wahl befragt werden. Bei solchen **Wählerbefragungen** kann die Wahlentscheidung mit mehreren zusätzlichen Merkmalen verglichen werden. Zum Beispiel mit den **Berufen** der Wähler. Noch genauer werden die Ergebnisse, wenn z. B. die Gruppe der Arbeiter noch unterteilt wird in Gewerkschaftsmitglieder und Nicht-Organisierte. Darüber hinaus ist es zum Beispiel auch möglich, die Wähler nach ihrer Konfession zu unterscheiden. Hier kann man noch einen Schritt weitergehen und untersuchen, ob etwa die Katholiken, die regelmäßig in die Kirche gehen, sich bei einer Wahl anders verhalten als diejenigen, die zwar Mitglied der katholischen Kirche sind, sich aber darüber hinaus nicht weiter an diese Kirche gebunden fühlen.
Auch hier gilt, wie bei der amtlichen Wahlstatistik: in diesen Befragungen werden nicht alle Wählerinnen und Wähler einbezogen, sondern nur eine statistische Auswahl. Diese muß jedoch repräsentativ für die jeweilige gesellschaftliche Gruppe sein. Von diesen repräsentativen Ergebnissen wird dann wiederum mit Hilfe von sozialwissenschaftlichen Verfahren auf das Wahlverhalten der untersuchten Gruppen im gesamten Wahlgebiet geschlossen.
Ein Ergebnis solcher Untersuchungen zeigt die folgende Tabelle.

Tab. 2: Wie wählen Arbeitnehmer und Gewerkschaftsmitglieder?
Bundestagswahl 1987 und 1990, Angaben in %

	Arbeiter				Angestellte, Beamte			
	Mitglieder		Nichtmitglieder		Mitglieder		Nichtmitglieder	
Partei	1987	1990	1987	1990	1987	1990	1987	1990
CDU/CSU	29	37	40	49	36	31	50	47
SPD	60	52	47	39	51	47	26	27
FDP	1	5	5	4	5	11	12	19
GRÜNE	9	4	6	6	7	8	10	4

1987: Befragungen nach der Wahl, 1990: Vor der Wahl.
Forschungsgruppe Wahlen, in: Aus Politik und Zeitgeschichte B 11–12/92, S.16.

„Hochburgen": Soziale Gruppen und „ihre Parteien"

Untersuchungen zeigen, daß die einzelnen Parteien für die verschiedenen gesellschaftlichen Gruppen unterschiedlich attraktiv sein können (vgl. Tab. 2). Die **soziale Stellung**, d. h. vor allem die **Ausbildung** und die **berufliche Tätigkeit**, aber auch die Bindung an eine **Religionsgemeinschaft** können bei der Entscheidung für eine Partei, für ihr Programm und ihre Kandidaten von Einfluß sein. Das bedeutet zum Beispiel, daß

- ein großer Teil der gewerkschaftlich organisierten Arbeiter SPD wählt,
- Katholiken, vor allem diejenigen, die regelmäßig in die Kirche gehen, mehrheitlich CDU/CSU wählen,
- die FDP viele Wählerinnen und Wähler in den Reihen der besser oder gut verdienenden Angestellten und Beamten findet,
- die GRÜNEN ihre Wählerhochburgen in den Universitätsstädten, vor allem in den Wohnvierteln mit hohen Akademiker-Anteilen, haben.

Veränderungen

Diese Aussagen stellen allerdings keine festen Gesetzmäßigkeiten dar. Die Bindungen einzelner Gruppen an bestimmte Parteien können sich im Laufe der Zeit lockern, neue Bindungen können entstehen. So haben bei der Bundestagswahl 1976 noch 82 % der Katholiken, die regelmäßig zu den Gottesdiensten gehen, CDU/CSU gewählt. 1990 entschieden sich dagegen nur 75 % für diese Partei. Solche Veränderungen in den Einstellungen der Wählerinnen und Wähler können nicht nur die Gewichte zwischen den bestehenden Parteien verschieben. Es können auch neue Parteien entstehen und in die Parlamente gewählt werden. Zunehmende Umweltgefahren und -schäden in den siebziger Jahren haben viele Menschen dazu veranlaßt, sich stärker als bis dahin für den Erhalt der natürlichen Lebensgrundlagen einzusetzen. Dieser Bewußtseinswandel hat zur Gründung vieler Umweltinitiativen geführt. Aus ihnen ging die Partei DIE GRÜNEN hervor. Sie zogen erstmals 1983 mit 28 Abgeordneten in den Bundestag ein.

Zusammenfassung

1 Im parlamentarischen Regierungssystem der Bundesrepublik Deutschland wählen die Bürgerinnen und Bürger die Abgeordneten als ihre Repräsentanten. Bundeskanzler wird, wer von der Mehrheit der Abgeordneten des Deutschen Bundestags gewählt wird. Er und die von ihm gebildete Bundesregierung sind also auf die Zustimmung der Mehrheit im Parlament angewiesen.
Das Wahlrecht besitzt, wer Deutscher ist und das 18. Lebensjahr vollendet hat. Im Vertrag über die Europäische Union (Maastrichter Vertrag) beschlossen die Staats- und Regierungschefs der EG-Staaten, spätestens bis 1999 eine europäische Staatsbürgerschaft mit einem europäischen Wahlrecht bei Kommunalwahlen und bei der Europawahl einzuführen.

2 Parlamentswahlen sind nach Art. 38 GG allgemein, unmittelbar, frei, gleich und geheim. Bei der Bundestagswahl haben die Wählerinnen und Wähler zwei Stimmen: die erste für die direkte Wahl eines Kandidaten oder einer Kandidatin im Wahlkreis, die zweite für die Wahl der Landesliste einer Partei. Dieses Verfahren, die personalisierte Verhältniswahl, stellt somit eine Kombination der Mehrheitswahl mit der Verhältniswahl dar.

3 Die Wahlbeteiligung ist in den letzten Jahren bei uns etwas zurückgegangen. Am geringsten ist sie bei den Erst- und Jungwählern. Mit Hilfe der repräsentativen amtlichen Wahlstatistik und durch Umfragen vor oder nach einer Wahl wird ermittelt, wie stark sich einzelne gesellschaftliche Gruppen an Wahlen beteiligen und welchen Parteien sie in der Mehrzahl ihre Stimmen geben.

6.4 Die Parteien – ungeliebt, doch notwendig?

Karikatur: Eberhard Holz

Bundespräsident Richard von Weizsäcker, CDU:

Wenn man in Artikel 21 des Grundgesetzes „den Kernsatz liest, ‚die Parteien wirken bei der Willensbildung des Volkes mit', und dies mit der tatsächlich eingetretenen Wirklichkeit unseres Verfassungslebens vergleicht, dann kommen einem die Tränen der Rührung, und dem anderen schwellen die Zornesadern. Und das bekommt auf die Dauer unserer Demokratie gerade deshalb nicht gut, weil wir die Parteien brauchen ...

In Deutschland ist mit dem Ansehen der Parteien auch die Attraktivität des politischen Berufs zurückgegangen ... Der Hauptaspekt des ‚erlernten' Berufs unserer Politiker besteht in der Unterstützung dessen, was die Partei will, damit sie einen nominiert, möglichst weit oben in den Listen, und in der behutsamen Sicherung ihrer Gefolgschaft, wenn man oben ist. Man lernt, wie man die Konkurrenz der anderen Parteien abwehrt und sich gegen die Wettbewerber im eigenen Lager durchsetzt."

In: DIE ZEIT Nr. 26, 19.6.1992, S. 3.

Herbert Riehl-Heyse, Journalist:

„Über ein paar Dinge müßte eigentlich Einverständnis zu erzielen sein. Zum Beispiel dürfte man nicht darüber streiten müssen, daß es **die** Politiker gar nicht gibt, so wenig wie **die** Wirtschaftsführer oder Schriftsteller ..."

Die „allgemeine Wut auf die Politiker" geht „auf merkwürdige Weise mit immer noch steigenden Erwartungen an sie" einher.

In: Süddeutsche Zeitung Nr. 240, 17./18.10.1992, Beilage.

Leitfragen

1 In schlechtem Ruf: Versagen die Parteien heute?

2 Ein Blick in die Verfassung: Welche Aufgaben haben die Parteien?

3 Die Mitglieder: Wer macht mit in den Parteien?

4 Programme und Ziele: Gibt es überhaupt Unterschiede zwischen den Parteien?

5 Das Parteiensystem in der Zukunft: Wieder mehr Parteien in den Parlamenten?

1 In schlechtem Ruf: Versagen die Parteien heute?

Parteienkritik und Politikverdrossenheit

Häufig gehörte Vorwürfe: „Abgeordnete interessieren sich kaum für die Probleme der Leute, von denen sie gewählt worden sind." – „Parteien sind nichts für mich. Die schauen erst mal, daß sie an die Macht kommen, oder doch einen Zipfel der Macht erwischen können. Was sie dann damit anfangen, darauf haben wir keinen Einfluß mehr." – „In den Parteien geht es vor allem darum, mit Unterstützung der eigenen Clique Karriere machen zu können." Man könnte einen Test machen, und Passanten auf der Straße bitten, spontan zu sagen, welche Eigenschaften sie den politischen Parteien und den Parteipolitikern zuschreiben. Das Ergebnis wäre zur Zeit wenig schmeichelhaft. Diese Kritik – auf der Straße oder an den Stammtischen vorgetragen – mag oft pauschal sein und gespickt mit Vorurteilen über „die Großkopfeten in Bonn". Sie enthält jedoch einen Kern, über den kaum noch gestritten wird: Das Bild, das große Teile der Bevölkerung heute von den Parteien und den Parteipolitikern haben, ist schlecht. Das gilt auch für die Kritik an den Abgeordneten in den Parlamenten, im Bundestag wie in den Landtagen. Diese Kritik hat viele Spitzen:

Am Pranger: Skandale und mehr

- „Politik – es geht um viel Geld": Parteien und Politiker halten, so ein Vorwurf, gerne die Hand auf – etwa bei den regelmäßigen Erhöhungen der Diäten für die Abgeordneten, wenn sie sich großzügige Einnahmen durch die staatliche Finanzierung der Wahlkämpfe verschaffen, durch satte Parteispenden aus den Kassen namhafter Industrieunternehmen, selbst wenn sie dabei gegen das Gesetz verstoßen ...
- „Überall die Finger drin": Längst haben sich die Parteien auf Bereiche ausgedehnt, in denen sie eigentlich nichts zu sagen haben – etwa in den großen Sendehäusern der öffentlich-rechtlichen Rundfunk- und Fernsehanstalten, indem sie die einflußreichen Posten untereinander aufteilen; oder bei der Besetzung wichtiger Ämter in der Rechtsprechung, bei den Gerichten und in den Staatsanwaltschaften, bei der Verteilung von Führungsposten in den großen Sportverbänden – etwa im Fußball, aber auch in der Verwaltung ...
- „Die Partei sagt, wo es lang geht": Einige wenige bestimmen in den Fraktionen, wie sich alle verhalten müssen – bei den Abstimmungen in den Parlamenten entscheiden die Abgeordneten nicht nach ihrem Gewissen, sie sind dem Fraktionszwang unterworfen. Wie glaubwürdig dabei der einzelne aussieht, spielt keine Rolle.
- „Die alten Herren regieren": Nur die haben etwas zu sagen, die sich in der Parteileiter in langen Jahren von unten nach oben gedient haben. „Quereinsteiger" haben selten eine Chance. Wer auffällt und aneckt, ist unten durch. Wer etwas werden will, braucht „politische Seilschaften". Frauen haben es dabei immer noch besonders schwer.
- „Parteien – schwerfällig und unbeweglich wie ein großer Tanker": Eigentlich müßten Parteien die ersten sein, wenn es darum geht, die großen Aufgaben in der Politik zu erkennen und anzupacken. In Wirklichkeit sind sie mehr mit sich beschäftigt. Die „Volksparteien" sind unfähig, auf die Fragen der Zeit klare und einleuchtende Antworten zu geben. Immer geht es ihnen darum, die unterschiedlichen Interessengruppen und Flügel in ihren eigenen Reihen unter einen Hut zu bringen. Dabei kommen dann meist verwaschene oder komplizierte Kompromisse heraus, die niemand versteht.

2 Ein Blick in die Verfassung: Welche Aufgaben haben die Parteien?

Grundgesetz und Parteiengesetz: Aufgaben der Parteien

Anders als die Verfassung der Weimarer Republik enthält das Grundgesetz für die Bundesrepublik Deutschland wichtige Aussagen über die Rolle der Parteien. In Art. 21 heißt es:

- Die Parteien wirken bei der politischen Willensbildung des Volkes mit. Ihre Gründung ist frei. Ihre innere Ordnung muß demokratischen Grundsätzen entsprechen. Sie müssen über die Herkunft und Verwendung ihrer Mittel sowie über ihr Vermögen öffentlich Rechenschaft ablegen.
- Parteien, die nach ihren Zielen oder nach dem Verhalten ihrer Anhänger darauf ausgehen, die freiheitliche demokratische Grundordnung zu beeinträchtigen oder zu beseitigen oder den Bestand der Bundesrepublik Deutschland zu gefährden, sind verfassungswidrig. Über die Frage des Verfassungswidrigkeit entscheidet das Bundesverfassungsgericht.
- Das Nähere regeln Bundesgesetze.

Das „Gesetz über die politischen Parteien", auch „Parteiengesetz" genannt, regelt die allgemeinen Bestimmungen des Grundgesetzes durch genauere Festlegungen. Dazu zählen auch Aussagen, auf welche Weise die Parteien bei der politischen Willensbildung konkret mitwirken sollen.

Die wichtigsten Aussagen hierzu sind:

- Parteien sind ein **durch die Verfassung geschützter** Bestandteil der freiheitlichen demokratischen Grundordnung.
- Eine Organisation ist erst dann eine Partei, wenn sie sich **dauernd**, und nicht nur momentan, an der politischen Willensbildung beteiligt.
- Beteiligen sich Parteien dauerhaft an der politischen Willensbildung, erfüllen sie eine wichtige **öffentliche Aufgabe**. Aus dieser Bestimmung folgt: Die Kosten, die den Parteien dabei entstehen,

Übersicht 1: Wie und wodurch wirken Parteien an der politischen Willensbildung mit?

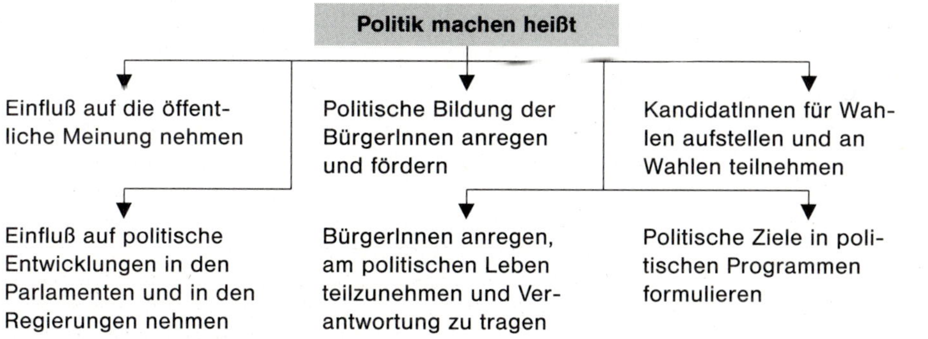

Gesetz über die politischen Parteien, § 1, Absatz 1.

werden durch öffentliche Gelder, also vom Staat, erstattet. Deshalb regelt das Parteiengesetz, wie und in welcher Höhe die „notwendigen Kosten eines angemessenen Wahlkampfes" erstattet werden (Parteiengesetz § 18–22).

- Parteien sind verpflichtet, die Ziele, die sie in der Politik verwirklichen wollen, in **politischen Programmen** festzulegen und damit offen auszuweisen.
- Parteien wirken an der politischen Willensbildung des Volkes „auf allen Gebieten des öffentlichen Lebens" mit. Was das heißt, zeigt Übersicht 1.

Umstritten: der „Parteienstaat"

Vergleicht man die Formulierungen im Grundgesetz und im Parteiengesetz, fällt ein interessanter Unterschied auf: In Art. 21 des Grundgesetzes von 1949 heißt es knapp: „Die Parteien wirken bei der politischen Willensbildung des Volkes mit." Im Parteiengesetz, erst 1967 nach vielen Anläufen verabschiedet, findet sich noch ein Zusatz: „... auf allen Gebieten des öffentlichen Lebens ..." Heißt dies, daß Parteien überall „mitmischen" sollen? Und können sie sich auf das Gesetz berufen, wenn sie dies tun?

Öffentliche Aufgaben – öffentliche Gelder: Parteienfinanzierung

Parteien beziehen ihre Einnahmen aus unterschiedlichen Quellen, vor allem

- aus Beiträgen der Mitglieder,
- aus den Sonderbeiträgen von Amtsträgern, die bei ihnen Mitglieder sind (z. B. Abgaben der Parlamentsabgeordneten),
- durch Spenden von Privaten und Unternehmen,
- als öffentliche Mittel, mit denen die „notwendigen Kosten eines angemessenen Wahlkampfes" erstattet werden sollen,

Übersicht 2: Die Bundesrepublik – ein „Parteienstaat"?

Argumente pro und contra

Zustimmung	**Kritik**
In großen Massendemokratien organisieren die Parteien die politischen Vorstellungen und Ziele, die in der Bevölkerung vorhanden sind. Dazu müssen sie auch in den verschiedenen gesellschaftlichen Bereichen „präsent" sein. Die politischen Meinungen der Bürgerinnen und Bürger können nur über Parteien in die Willensbildung im Parlament und in der Regierung eingebracht werden. Einzelne haben darauf keinen nennenswerten Einfluß. Der „Parteienstaat" ist also in einer parlamentarischen Demokratie notwendig.	Art. 21 GG sagt nicht, daß Parteien allein die politische Willensbildung des Volkes organisieren. Sie wirken nur mit. Neben ihnen gibt es noch andere Wege, um die Vielzahl der politischen Meinungen und Interessen zum Ausdruck zu bringen – etwa in Verbänden, in Bürgerinitiativen, in den Massenmedien. Wenn die Parteien sich in alle Bereiche des öffentlichen Lebens einmischen, gefährden sie die freie Auseinandersetzung. Ein solcher „Parteienstaat" gefährdet die pluralistische Demokratie.

- aus Erträgen, die sie mit ihrem Vermögen, z. B. aus Immobilien, und mit Unternehmen erwirtschaften,
- aus dem Verkauf von Druckschriften, Eintrittsgeldern bei Veranstaltungen usw.

Geld = Einfluß auf die Politik der Parteien?

Nach den Bestimmungen des Grundgesetzes (Art. 21) und des Parteiengesetzes müssen die Parteien jährlich beim Präsidium des Deutschen Bundestages einen Rechenschaftsbericht vorlegen, der eine genaue Aufstellung aller Einnahmen und Ausgaben enthält. Diese Berichte werden dann als Bundestagsdrucksache veröffentlicht.
Die Regelungen über die staatliche Parteienfinanzierung und die Bestimmungen, bis zu welcher Höhe Parteispenden bei der Steuer angerechnet werden können, wurden in den letzten Jahren immer wieder geändert. Anlaß dazu waren Urteile des **Bundesverfassungsgerichtes**, durch die Teile dieser Regelungen als verfassungswidrig erklärt wurden. Dabei ging es vor allem um zwei Streitfragen:

- Muß es bei der Steuerbefreiung für Spenden an Parteien eine Obergrenze geben, um auszuschließen, daß finanzielle Einzelpersonen oder Unternehmen einen besonderen Einfluß auf Parteien und deren Politik nehmen? Wenn keine Obergrenze festgelegt wird, ist der Grundsatz verletzt, daß jeder – unabhängig von seinem Einkommen – **gleiche Chancen** haben muß, sich an der politischen Willensbildung zu beteiligen.
- Wie hoch darf der Anteil der staatlichen Parteienfinanzierung an den Gesamteinnahmen einer Partei sein? Wird diese Grenze sehr hoch angesetzt, müssen die Parteien sich nicht mehr vorrangig um die Unterstützung durch ihre Mitglieder kümmern. Dies würde den Grundsatz verletzen, daß Parteien **freie Vereinigungen** und keine staatlichen Organisationen sind.

Im April 1992 entschied das Bundesverfassungsgericht:

- Eine teilweise Finanzierung der Parteien und ihrer Arbeit durch den Staat ist zulässig. Die Parteien wirken an der politischen Willensbildung des Volkes mit. Diese „öffentliche Aufgabe" beschränkt sich nicht auf die Vorbereitung und Durchführung von Wahlkämpfen.
- Die Finanzierung der Parteien aus eigener Kraft hat jedoch Vorrang vor der Staatsfinanzierung, da Parteien unabhängig vom Staat sein müssen. Die staatlichen Zuwendungen „an eine Partei darf die Summe ihrer selbst erwirtschafteten Einnahmen ... nicht überschreiten"; Selbstfinanzierung hat Vorrang vor der Staatsfinanzierung.
- Eine Erstattung der Kosten für einen angemessenen Wahlkampf ist zulässig. Die Parteien können dabei für jede Wählerstimme eine Pauschale von bis zu DM 6,50 vom Staat erhalten.
- Künftig dürfen nur noch Privatpersonen Spenden an Parteien steuerlich absetzen (Obergrenze: DM 1200 für Ledige, DM 2400 für Verheiratete). Spenden durch juristische Personen (z. B. Kapitalgesellschaften, Vereine) sind zwar in beliebiger Höhe zulässig, sie dürfen jedoch nicht mehr steuerlich abgesetzt werden.

Übersicht 3: Einnahmen der Bundestagsparteien (1991 in Mio. DM)

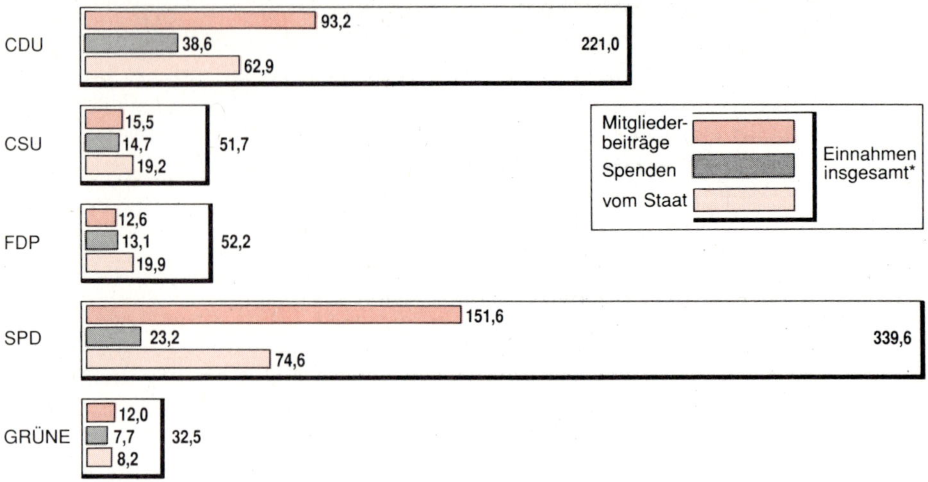

*Neben den hier genannten Einnahmequellen haben die Parteien noch weitere, etwa Einnahmen aus Veranstaltungen, aus dem Verkauf von Artikeln und aus eigenem Vermögen.

Nach: Stuttgarter Zeitung vom 01.02.1993, S.5

- Spenden, die höher als DM 20 000 sind, müssen in den jährlichen Rechenschaftsberichten unter Nennung des Spenders veröffentlicht werden. Die Wählerinnen und Wähler sollen wissen, wer finanziell hinter einer Partei steht.

3 Die Mitglieder: Wer macht mit in den Parteien?

Die Organisierten: Wer und wie viele?

In der Bundesrepublik gehören rund 2,2 Millionen Menschen einer Partei als eingeschriebene Mitglieder an. Dies entspricht etwa vier Prozent der wahlberechtigten Bevölkerung (rund 60,5 Millionen). In der Berichterstattung der Massenmedien ist in der Regel nur von den Parteien die Rede, die in den Parlamenten vertreten sind. Tatsächlich gibt es jedoch eine Vielzahl politischer Parteien (1992 waren es mehr als 65 Parteien, die beim Bundeswahlleiter gemeldet waren). Allerdings nimmt nur ein kleiner Teil von ihnen regelmäßig an Wahlen teil.

Die Zahl der Parteimitglieder hängt auch von politischen Entwicklungen ab. So hatte die CDU 1947 in Westdeutschland rund 400 000 Mitglieder; 1952 war es nur noch etwa die Hälfte. Auch bei den meisten anderen Parteien verlief die Entwicklung in den fünfziger Jahren ähnlich. In der zweiten Hälfte der sechziger Jahre stiegen die Mitgliederzahlen wieder an. Dabei haben vor allem die CDU und die CSU den Vorsprung der SPD, die traditionell eine starke Mitgliederpartei ist, verringern können.

Tab. 1.: Die Mitglieder der Parteien

Parteien	1970	1980	1989	1991 West	1991 Ost
CDU	329 000	693 320	668 115	645 271	111 248
CSU	93 000	172 000	185 853	184 153	–
SPD	820 202	986 872	921 430	899 931	28 296
FDP	57 000	84 208	65 485	ca. 65 000	ca. 75 000
GRÜNE	–	18 000	41 171	37 799	1 374
PDS (SED)	–	2 062 875	1 700 000	–	185 254

Die Mitgliederzahlen für die PDS beziehen sich alle auf Ostdeutschland. Von den Republikanern wurden keine aktuellen Angaben gemacht. Anfang der neunziger Jahre wurden rund 20 000 Mitglieder geschätzt. Die ebenfalls rechtsradikal orientierte Deutsche Volks-Union (DVU) soll zu dieser Zeit etwa 24 000 Mitglieder gehabt haben (Verfassungsschutzbericht 1991, S. 110).

Nach: Auskunft der Parteien; SPIEGEL Nr. 16/1992, S. 52.

Übersicht 4: Die Mitglieder der Parteien nach sozialen Merkmalen

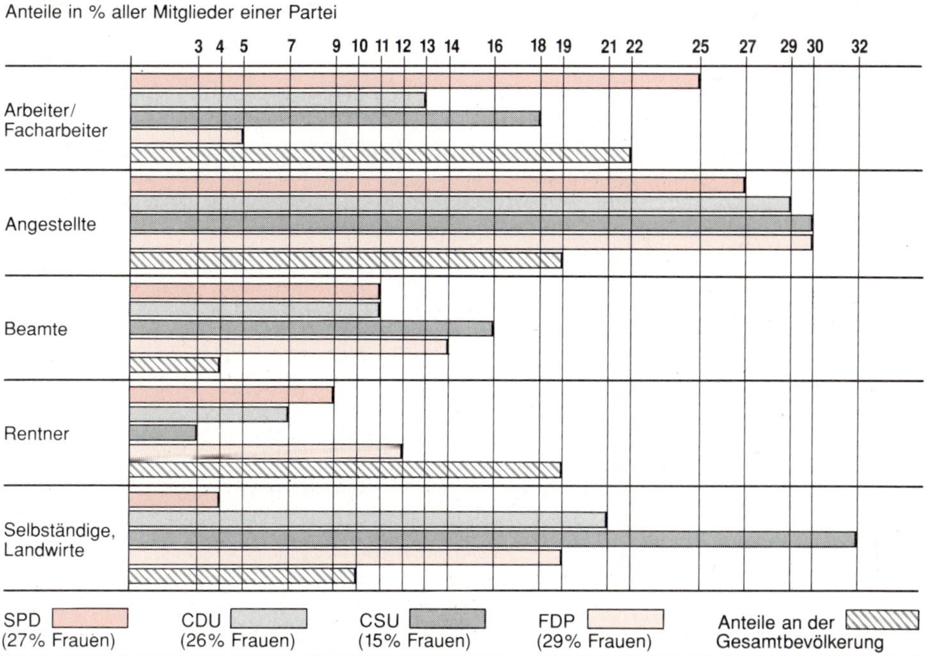

Von den übrigen im Bundestag vertretenen Parteien (Bündnis 90/GRÜNE und PDS) lagen keine nach sozialen Merkmalen aufgeschlüsselten Zahlen vor.

Nach: Fischer Weltalmanach '93, Frankfurt a.M. 1992, Sp. 293ff.; Klaus von Beyme: Das politische System der Bundesrepublik Deutschland nach der Vereinigung. München 1991, S. 136; telefonische Auskunft der Parteien.

Wer wird Parteimitglied?

Untersucht man die Mitglieder der Parteien nach ihren sozialen Gruppen und vergleicht man diese Ergebnisse mit den Anteilen, die diese Gruppen an der gesamten Bevölkerung haben, zeigt sich, daß sich einige Gruppen stärker, andere wiederum schwächer in den einzelnen Parteien engagieren, etwa:

- Der Anteil der Angehörigen des **öffentlichen Dienstes** an den Mitgliedern aller Parteien ist höher als an der Gesamtbevölkerung.
- Die Anteile der **Frauen** und der **Rentner** bei den Parteimitgliedern sind insgesamt geringer als an der Gesamtbevölkerung. Darüber hinaus ergeben solche Untersuchungen, daß
- sich **Selbständige** eher in der CDU, der CSU und der FDP als bei der SPD und den GRÜNEN organisieren;
- der Anteil der **Arbeiter** an der Gesamtzahl der Mitglieder bei der SPD am höchsten ist;
- bei den Mitgliedern der GRÜNEN die Anteile der **Beamten** und der **Studenten** besonders hoch sind;
- **Katholiken** besonders stark in der CDU (rund 58 % der Parteimitglieder) und noch stärker in der CSU (etwa 80 % – jeweils 1989/90) vertreten sind.

Gesucht: Jugendliche in den Parteien

Die traditionellen Parteien haben besondere Jugendorganisationen (vgl. Übersicht 5). Diese Vereinigungen haben seit einigen Jahren zunehmend Schwierigkeiten, neue Mitglieder zu bekommen, die sich für die Arbeit in der Jugendorganisation einer Partei zur Verfügung stellen. Diese Schwierigkeiten könnten als ein Hinweis gedeutet werden, daß Jugendliche ganz allgemein kein **Interesse an Politik** haben und sich nicht für politische Aufgaben engagieren wollen. Dabei wird jedoch übersehen, daß es neben den Parteien noch andere Möglichkeiten gibt, sich an den politischen Auseinandersetzungen zu beteiligen. So sind Jugendliche besonders stark in den **neuen sozialen Bewegungen**, d. h. in Bürgerinitiativen und Aktionskreisen vertreten

Übersicht 5: Die Jugendorganisationen von Parteien

Arbeitsgemeinschaft der Jungsozialistinnen und Jungsozialisten in der SPD
Ollenhauerstraße 1
53113 Bonn

ca. 172 000 Mitglieder

Junge Union Bayern
Nymphenburger Straße 64–66
80335 München

ca. 44 000 Mitglieder

Junge Union Deutschlands
Annaberger Straße 283
53175 Bonn

ca. 195 000 Mitglieder

Junge Liberale
Lennéstraße 30
53113 Bonn 1

ca. 9 500 Mitglieder

Fischer Weltalmanach '93. Sp. 297f.

Übersicht 6: Politisch aktiv werden – aber wie?

Jugendlichen in den alten und in den neuen Bundesländern wurden neun verschiedene Möglichkeiten vorgegeben, politisch aktiv zu werden. Sie konnten diese politischen Handlungsformen bewerten: 1 = gar nicht wichtig, ... 5 = wichtig, 6 = sehr wichtig. Das Schaubild faßt die Einstufungen 5 und 6 zusammen (Antworten in Prozent der Befragten, gerundet):

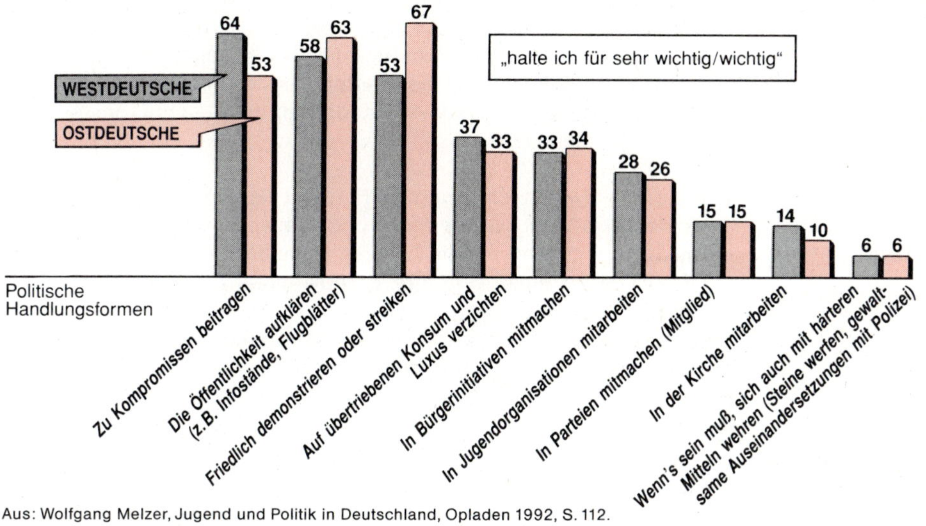

Aus: Wolfgang Melzer, Jugend und Politik in Deutschland, Opladen 1992, S. 112.

(vgl. Abschn. 6.5). Diese Organisationen unterscheiden sich allerdings von den Parteien. Sie konzentrieren sich in der Regel auf ein einzelnes, eingrenzbares politisches Anliegen (etwa auf den Umweltschutz).
In solchen **Ein-Punkt-Organisationen** können Jugendliche ihre Vorstellungen direkt einbringen, ohne dabei auf mögliche Zusammenhänge mit anderen politischen Aufgaben Rücksicht nehmen zu müssen (etwa: Schutz eines Biotops statt des Ausbaus eines Gewerbegebietes). Die Mitglieder sozialer Initiativen haben sich zusammengeschlossen, um ihre besonderen Anliegen gemeinsam besser vertreten und durchsetzen zu können.

Die Mitarbeit in einer Partei bedeutet dagegen, daß man sich mit deren gesamtem Programm identifizieren muß. Eine **aktive** Mitarbeit bedeutet darüber hinaus, sich regelmäßig, auf längere Sicht und für unterschiedliche Themen oder Aufgaben zu engagieren. Bei den meisten Fragen, mit denen sich Parteien befassen, geht darum, zwischen den unterschiedlichen Positionen der Mitglieder einen gemeinsamen Weg „auszuhandeln". Dabei bleibt es nicht aus, daß sich nicht alle mit solchen **Kompromissen** voll identifizieren können.

Die neuen sozialen Bewegungen dagegen „ermöglichen Formen der politischen Mitarbeit, deren Erfolg oder Mißerfolg schneller erfahrbar sind, als die ‚Ochsentour' durch die Großparteien dies vorsieht. Die Formen der Mitarbeit in solchen Bewegungen ähneln Lebensformen, die ohnehin den Alltag der Jugendlichen bestimmen." (Shell-Studie Jugend '92, Band 2, Opladen 1992, S. 49).

4 Programme und Ziele: Gibt es überhaupt Unterschiede zwischen den Parteien?

Gemeinsamkeiten und Unterschiede

In Umfragen kommt immer wieder zum Ausdruck, daß viele der Meinung sind, die großen Parteien würden sich in ihren Zielen nur noch unwesentlich unterscheiden. Bittet man jedoch die Befragten, die Parteien einmal daraufhin zu überprüfen, ob sie eher auf dem linken oder auf dem rechten Flügel der Parteienlandschaft einzuordnen sind, kommt ein anderes Ergebnis zustande, als es die spontanen Äußerungen vermuten lassen.

Programme mit unterschiedlichen Absichten

Die subjektive Einschätzung der Parteien als „links" oder „rechts" oder „in der Mitte" durch Wählerinnen und Wähler ist nicht gleichbedeutend mit der Einordnung, die die Parteien selber für sich vornehmen. Dieses „Selbstverständnis", d. h. ihre grundlegende politische Ausrichtung und die Ziele ihrer Politik, formulieren sie auf unterschiedliche Weise – und das heißt immer auch: unterschiedlich konkret:

- In einem **Grundsatzprogramm** werden der politische Standort und die Grundwerte, denen sich eine Partei in ihrem Handeln verpflichtet fühlt, dargestellt. Es soll lediglich den Rahmen abstecken für kurz- und mittelfristige Ziele, die in der aktuellen politischen Auseinandersetzung eine Rolle spielen.
- Das mittelfristige **Orientierungsprogramm** baut auf dem Grundsatzprogramm auf. Es beschreibt die politischen Schwerpunkte für einen überschaubaren Zeitraum und nennt Wege, die zu deren Ver-

Übersicht 7: Die Parteien – links, rechts, in der Mitte?

Umfrage, wie Wählerinnen und Wähler die Parteien einschätzen.
0 = ganz links, 10 = ganz rechts

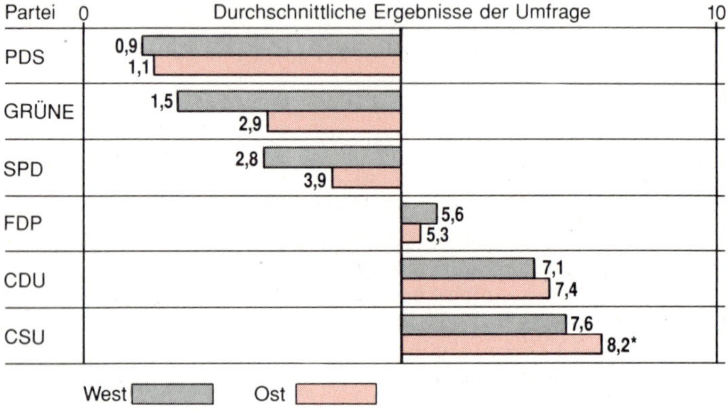

*In den neuen Bundesländern: Deutsche Soziale Union (DSU).
Zeitpunkt der Umfrage: Vor der Bundestagswahl am 2. 12. 1990.
Aus: Werner Kaltefleiter, Die Struktur der deutschen Wählerschaft nach der Vereinigung. In: Zeitschrift für Parlamentsfragen Nr. 1/1991, S. 12f.

wirklichung notwendig sind. Solche Programme haben die Parteien z. B. nach der Vereinigung der beiden deutschen Staaten für den Aufbau der sozialen Marktwirtschaft in den neuen Bundesländern vorgelegt.

- Vor Parlamentswahlen beschließen die Parteien in der Regel **Wahl- und Regierungsprogramme**. Sie verdeutlichen, welche Ziele und Schwerpunkte sie sich im Falle der Regierungsübernahme für die bevorstehende Legislaturperiode (4 bis 5 Jahre) vornehmen wollen. Diese Programme sollen konkrete Aussagen enthalten, wie die politischen Pläne verwirklicht werden können und welche Mittel dazu notwendig sein werden.

Konkreter: aktuelle Streitfragen

Um die unterschiedlichen Ziele der Parteien herauszuarbeiten, genügt es nicht, in die einzelnen Programme zu schauen. Klarer werden die politischen Absichten, wenn man die Vorschläge, die Parteien zur Lösung der laufenden **aktuellen Aufgaben** machen, vergleicht. Dabei zeigt es sich, daß es bei einer ganzen Reihe von Themen durchaus Unterschiede, ja nicht selten Streit gibt, etwa über die Fragen,

- wie in der Marktwirtschaft der Staat für Arbeitsplätze sorgen soll,
- ob Betriebe und ihre Arbeitsplätze in Ostdeutschland, die seit der Wiedervereinigung dem internationalen Wettbewerb ausgesetzt sind, auf längere Sicht durch staatliche Mittel gestützt oder ob sie gleich privatisiert werden sollen,
- wie die Grundrechte der Bürgerinnen und Bürger geschützt werden können,
- ob die Polizei mit Richtmikrofonen „Lauschangriffe" auf private Wohnungen durchführen darf, wenn der Verdacht besteht, daß dort Straftaten organisiert werden,
- auf welche Weise sichergestellt werden soll, daß die natürlichen Grundlagen des Menschen nicht weiter zerstört werden,
- wie erreicht werden kann, daß die Müllberge nicht weiter zunehmen, etwa durch ein Verbot der Einwegflaschen oder durch eine freiwillige Vereinbarung der Produzenten.

Aktuelle Infos

Zu den Programmen wie auch zu aktuellen politischen Streitfragen informieren die Parteien auf den unterschiedlichen Ebenen, von den Kreis- über die Landesverbände bis zu den Bundesorganisationen.

Anschriften der Parteien auf Bundesebene

Sozialdemokratische Partei Deutschlands (SPD)
Erich-Ollenhauer-Haus, Ollenhauerstr. 1
53113 Bonn

Christlich-Demokratische Union (CDU)
Konrad-Adenauer-Haus, Friedrich-Ebert-Allee 73–75
53113 Bonn

Christlich-Soziale Union (CSU)
Nymphenburger Straße 64
80335 München

Freie Demokratische Partei (F.D.P.)
Thomas-Dehler-Haus, Adenauerallee 266
53113 Bonn

Partei des Demokratischen Sozialismus (PDS)
Kleine Alexanderstraße 28
10178 Berlin

DIE GRÜNEN
Colmantstraße 36
53115 Bonn

Zu aktuellen politischen Vorhaben informieren darüber hinaus die Geschäftsstellen der Fraktionen der Parteien im Deutschen Bundestag in Bonn.

Stichwort: Volksparteien

Wenn auch die Wählerinnen und Wähler die Parteien im Links-Rechts-Spektrum unterschiedlich einordnen, haben zumindest die großen Parteien CDU und SPD eine Gemeinsamkeit: Sie erheben den Anspruch, nicht nur für die Interessen einer einzelnen sozialen Gruppe oder Schicht – etwa der Katholiken oder der Arbeiter – zu sprechen.
Dies war in der Vergangenheit durchaus der Fall. So verstand sich die Deutsche Zentrumspartei im Reichstag von 1870 bis 1918 und in der Weimarer Republik von 1919 bis 1933 als **Weltanschauungspartei**, die die Belange der katholischen Bevölkerung vertreten wollte. Die Sozialdemokratische Partei Deutschlands (SPD) hatte ihr Programm seit ihrer Gründung im Jahre 1863 (als „Allgemeiner Deutscher Arbeiterverein“) vor allem auf die politischen und sozialen Interessen der Arbeitnehmer, insbesondere der Industriearbeiter, ausgerichtet. Mit dem Godesberger Programm gab sie 1959 diese Ausrichtung auf eine soziale Klasse auf. Als **Klassenpartei** war es ihr in den Wahlen, die bis dahin zum Deutschen Bundestag stattgefunden hatten, nicht gelungen, die 30-Prozent-Schranke nennenswert zu überspringen und zur Mehrheitspartei zu werden (1949: 29,2 %; 1953: 28,8 %; 1957: 31,8 %).
Anders als Weltanschauungs- und Klassenparteien wollen die großen **Volksparteien** möglichst breite Wählerschichten ansprechen. Dies drückt sich bereits in ihren Mitgliedern aus: Sie kommen aus unterschiedlichen gesellschaftlichen Bereichen, wenn auch einzelne soziale Gruppen – von Partei zu Partei verschieden – besonders stark vertreten sind (vgl. Übersicht 4). Darüber hinaus müssen sie in ihren Programmen wie auch in ihren aktuellen politischen Aussagen unterschiedliche Interessen aufgreifen und in eigenen Lösungsvorschlägen zusammenführen, d. h. integrieren.
Dies geschieht organisatorisch durch besondere Gruppierungen innerhalb der Parteien. In der **CDU** sind dies die unterschiedlichen **Vereinigungen**: etwa die Mittelstandsvereinigung als Zusammenschluß der mittelständischen Unternehmer, der Wirtschaftsrat als Vertretung der Großunternehmen, die Sozialausschüsse der Christlich-Demokratischen Arbeitnehmerschaft. Entsprechendes gilt für die **Arbeitsge-**

meinschaften in der SPD, so die Arbeitsgemeinschaft für Arbeitnehmerfragen und die Arbeitsgemeinschaft der Selbständigen in der SPD. Die Entwicklung großer Parteien zu Volksparteien können wir nicht nur in Deutschland, sondern auch in anderen parlamentarischen Demokratien in Europa beobachten. Dahinter steckt die Erfahrung, daß, wer Mehrheiten gewinnen will, an unterschiedliche soziale Gruppen Zugeständnisse machen muß. Damit ist der Wahlerfolg jedoch keinesfalls garantiert. Solche politischen Zugeständnisse können zur Folge haben, daß alte Kernwähler von ihren Parteien abwandern, ohne daß dieser Verlust durch neue Wählergruppen ausgeglichen oder gar übertroffen wird.

Die Kleinen – weniger auf Kompromisse angewiesen?

Die Aufgabe, ein breit gestreutes Spektrum politischer Interessen integrieren zu müssen, stellt sich für die **kleineren Parteien**, etwa für FDP und GRÜNE, nicht in gleichem Ausmaß. Sie können ihre Programme stärker auf Zielgruppen und auf bestimmte Interessen zuspitzen. So steht im Mittelpunkt der Innenpolitik der FDP die Durchsetzung liberaler Grundsätze vor allem in der Wirtschafts- und Rechtspolitik. Da sie nur wenige Wähler in den Reihen der Gewerkschaftsmitglieder hat, kann sie es sich eher „leisten“, mit deren politischen Interessen in Konflikt zu geraten.

Das Programm der GRÜNEN ist demgegenüber schwerpunktmäßig von ökologischen Grundsätzen und von den Forderungen der Friedensbewegung nach weitreichender und wirkungsvoller Abrüstung bestimmt. Sie verlangen darüber hinaus, die Bürgerinitiativen stärker als bisher an den politischen Entscheidungen zu beteiligen, mit anderen Worten: die repräsentative Demokratie durch ein direktes Mitspracherecht der Bürger zu ergänzen. Volksbegehren und Volksentscheide sollen deshalb auch in der Bundespolitik – und nicht nur in den Gemeinden und in den Ländern – zugelassen werden (vgl. Abschn. 5.2 und 6.1).

5 Das Parteiensystem in der Zukunft: Wieder mehr Parteien in den Parlamenten?

Vom Drei- zum Vielparteiensystem?

Die Zahl der Parteien, die im Bundestag vertreten sind, hatte sich 1957 auf drei verringert: CDU/CSU, SPD und FDP. Diese **Konzentration der Parteien** macht deutlich, daß die politische Entwicklung in der Bundesrepublik weitgehend stabil verlaufen ist. Anders als in der Weimarer Republik blieben schwere politische und soziale Krisen aus. Auch die seit Ende der siebziger Jahre anhaltende Massenarbeitslosigkeit führte zu keiner grundsätzlichen Verschiebung im Wählerverhalten und im Parteiensystem der Bundesrepublik.

Dagegen kam es im Gefolge der **Protestbewegung** zu der bislang einschneidensten Veränderung in der Parteienlandschaft. Seit Mitte der siebziger Jahre erhielten Bürgerinitiativen aus dem Bereich des **Umweltschutzes** und etwas später auch der **Friedensbewegung** verstärkt Zulauf. Ihre politischen Ziele beschränkten sich schon bald nicht mehr auf lokal oder regional begrenzte Initiativen; ihre Arbeit schloß vielmehr die Kritik an der Politik der damals bestehenden Parteien ein. Erste Erfolge dieser Gruppierungen bei Kommunal- und Landtagswahlen zeigten seit 1977, daß die Themen Umweltschutz und Friedenssicherung geeignet waren, zum Kern einer neuen politischen Kraft zu werden. Mit der Gründung der **GRÜNEN** als neue Partei im Jahre 1980 erhielt die Umweltschutz- und Friedensbewegung eine eigenständige politische Organisation auf Bundesebene. 1983 gelang dieser Partei erstmals der Einzug in den Bundestag. Das seit 1957 stabile **Dreiparteien-System** erweiterte sich somit zu einem **Vierparteien-System.**

Die deutsche Vereinigung

Der Zusammenschluß der beiden deutschen Staaten seit dem Herbst 1990 veränderte auch die Parteien. Allerdings wurde dadurch die bis dahin im Westen bestehende Parteienlandschaft, die Einteilung des Parteiensystems, nicht grundlegend verändert: Die traditionellen Parteien dehnten ihre Organisationen auf das Gebiet der neuen Bundesländer aus.

Dabei konnten die **CDU** und die **FDP** auf Parteiorganisationen zurückgreifen, die bereits in der DDR bestanden hatten und die bis dahin als „Blockparteien" den Führungsanspruch der Sozialistischen Einheitspartei Deutschlands (SED) anerkannt hatten:

- ▶ Auf dem Parteitag in Hannover am 11. und 12. August 1990 schlossen sich die Liberalen der DDR mit der FDP der alten Bundesrepublik zusammen.
- ▶ Am 1. und 2. Oktober 1990 traten in Hamburg die Landesverbände der Ost-CDU der West-CDU bei.

Die **SPD** veranstaltete ihren Vereinigungsparteitag am 27. und 28. September 1990 in Berlin. Dabei schloß sich die West-SPD mit der SPD-Ost zusammen. Diese Partei war kurz vor dem Zusammenbruch der DDR, im Oktober 1989, als Sozialdemokratische Partei (SDP) gegründet worden. Die Ost-Sozialdemokraten nannten sich Anfang 1990 in SPD um.

Die Revolution im Herbst 1989 wurde in der DDR besonders von demokratischen Bürgergruppen getragen. Einige von ihnen – etwa „Demokratie jetzt" und die „Initiative für Demokratie und Menschenrechte" – bildeten zur Bundestagswahl 1990 mit den GRÜNEN der DDR das Wahlbündnis **Bündnis 90/GRÜNE**. Sie erhielten in der Wahl am 2. Dezember 1990 in den neuen Bundesländern 6,0 % der Zweitstimmen und zogen mit 8 Abgeordneten in das Parlament ein. 1992 einigten sich das Bündnis 90 und die GRÜNEN grundsätzlich, künftig zusammen als eine Partei aufzutreten.

Die **westdeutschen GRÜNEN** scheiterten 1990 bei der Wahl zum Bundestag. Mit 4,8 % der Zweitstimmen in den alten Bundesländern blieben sie knapp unter der Fünf-Prozent-Hürde.

Mit dem Zusammenbruch der DDR zerfiel auch die Vormachtstellung der sozialistischen Einheitspartei Deutschlands. Die **PDS**, die Partei des Demokratischen Sozialismus, versteht sich als reformierte und demokratische Nachfolgeorganisation der SED. Sie erhielt bei der

Bundestagswahl 1990 in Ostdeutschland 11,1 % und in Westdeutschland 0,3 % der Zweitstimmen und damit 17 Mandate.
Bei einigen westdeutschen Landtagswahlen gelang es **rechtsradikalen Parteien**, in die Landesparlamente zu kommen. So erhielt die Deutsche Volks-Union (DVU) in Bremen im September 1991 sechs und in Schleswig-Holstein im April 1992 ebenfalls sechs Mandate. Die Republikaner schafften im April 1992 mit 15 Abgeordneten den Einzug in den Landtag Baden-Württembergs. Sie wurden damit drittstärkste Fraktion. Der damalige Vorsitzende der SPD und Ministerpräsident von Schleswig-Holstein, Björn Engholm, bezeichnete den Erfolg der rechtsradikalen Parteien als „gelbe Karte für die demokratischen Parteien“ und ihre bisherige Politik.

Zusammenfassung

1 Die Kritik an den Parteien und ihrer Rolle im Staat und in der Gesellschaft hat in den letzten Jahren zugenommen. Kritisiert werden vor allem Parteispendenskandale und der großzügige Umgang mit öffentlichen Geldern, der Einfluß bei der Vergabe von öffentlichen Ämtern, aber auch die Schwerfälligkeit, die die Parteien bei der Lösung wichtiger politischer Aufgaben an den Tag legen.

2 Nach den Bestimmungen des Grundgesetzes (Art. 21) wirken die Parteien „bei der politischen Willensbildung des Volkes“ mit. Sie nehmen damit eine „öffentliche Aufgabe“ wahr. Diese Mitwirkung ist nicht auf die Beteiligung an politischen Wahlen beschränkt. Im Parteiengesetz wird sie auf „alle Gebiete des öffentlichen Lebens“ ausgedehnt. Dennoch ist umstritten, ob im „Parteienstaat“ die Parteien in allen gesellschaftlichen Bereichen präsent sein sollen.
Zur Finanzierung ihrer „öffentlichen Aufgabe“ erhalten die Parteien neben ihren eigenen Einnahmen auch finanzielle Unterstützung aus öffentlichen Mitteln.

3 In der Bundesrepublik sind rund vier Prozent der wahlberechtigten Bevölkerung Mitglieder in Parteien; insgesamt sind dies 2,2 Mill. Menschen. Nicht alle sozialen Gruppen sind in den Parteien gleich stark vertreten; einige sind über-, andere unterrepräsentiert.
Jugendliche können sich in den meisten Parteien in besonderen Jugendgruppen engagieren. Die Bereitschaft hierzu hat allerdings in den letzten Jahren nachgelassen.

4 Nach dem Grundgesetz sind die Parteien verpflichtet, ihre Ziele in Programmen offenzulegen. Parteiprogramme können – je nach Zweck – unterschiedlich konkret sein. Die Ziele, die die Parteien verfolgen, kommen in besonderer Weise in den aktuellen Streitfragen im Rahmen der politischen Auseinandersetzungen zum Ausdruck.

5 Von 1957 bis 1983 waren im Deutschen Bundestag drei Parteien vertreten. Diese Konzentration auf ein Dreiparteiensystem wurde mit dem Aufkommen der GRÜNEN seit dem Ende der siebziger Jahre aufgebrochen. 1983 gelang es ihnen, als vierte Partei in den Bundestag einzuziehen.
Mit der Vereinigung der beiden deutschen Staaten im Oktober 1990 dehnten die CDU, die SPD und die FDP ihre Organisationen auf die neuen Bundesländer aus. Die Wahl am 2. Dezember 1990 brachte mit der PDS als Nachfolgeorganisation der SED eine fünfte Partei in den Bundestag.

6.5 Verbände und Initiativen – Interessen organisieren und Politik selber machen

Politik – nicht nur das, was Politiker machen

„Das beste Mittel gegen Verdrossenheit ist, sich selbst zu aktivieren."

(Bundespräsident Richard von Weizsäcker, Weihnachtsansprache 24.12.1992)

„Die Wende, das ist das Ereignis meines Lebens. Es war das atemberaubendste Geschehen für mich. Vor allem, weil ich es doch relativ hautnah in den Demos erlebt habe. Montag für Montag. Immer mehr Menschenmassen. Die Spannung stieg immer mehr. Ganz schön nervenraubend."

(Jugendlicher aus Leipzig)

„Es kommt jetzt darauf an, Zivilcourage zu zeigen, und nicht zu Hause zu hocken und zu warten, bis zwanzig Politiker etwas unternehmen."

(Björn Engholm, SPD-Bundesvorsitzender, im Dezember 1992, anläßlich eines Brandanschlags auf das Wohnhaus einer türkischen Familie)

„Politik ist zwar oft so schlimm, wie Lieschen Müller es immer befürchtet hat – aber Lieschen Müller ist keinen Deut besser. Die Kritik an denen da oben, vor allem, wo sie Einkünfte betrifft, ist pharisäerhaft bei einem Volk, das eben so dreist fünfe gerade sein läßt ... Jetzt ist nicht die Zeit für politische Privatiers und Aussteiger, niemand nimmt uns die Sorgen ab: Bürgerinnen und Bürger – bitte einsteigen!"

(Claus Leggewie, Politikwissenschaftler, in: DIE ZEIT Nr. 43, 16.10.1992, S.14)

Leitfragen

1 Interessen organisieren: Welche Rolle spielen die Verbände in der Politik?

2 Bürgerinitiativen und neue soziale Bewegungen – Konkurrenz für die Parteien?

1 Interessen organisieren: Welche Rolle spielen die Verbände in der Politik?

Sich organisieren – ein Grundrecht

Im Grundgesetz heißt es in Art. 9:

(1) Alle Deutschen haben das Recht, Vereine und Gesellschaften zu bilden ...

(3) Das Recht, zur Wahrung und Förderung der Arbeits- und Wirtschaftsbedingungen Vereinigungen zu bilden, ist für jedermann und für alle Berufe gewährleistet ...

Damit ist in der Verfassung die **Vereinigungsfreiheit** als Grundrecht ausgewiesen. Darunter versteht man:

- Die **allgemeine Vereinigungsfreiheit:** Alle Deutschen können sich in Vereinen mit anderen zusammentun, um einem gemeinsamen Zweck, gemeinsamen Interessen nachzugehen. (Für Ausländer ist dies nicht verboten, es wird vielmehr in besonderen Gesetzen, etwa im Vereinsgesetz, geregelt.)

► Die **Koalitionsfreiheit** als besondere Vereinigungsfreiheit: Im Arbeits- und Wirtschaftsleben können sich alle beteiligten Seiten in Interessenverbänden organisieren. Diese Verbände können Anliegen, die sie betreffen, in eigener Zuständigkeit regeln – etwa die Entlohnung der Arbeitnehmer in Tarifverträgen (vgl. Abschn. 3.4, Leitfrage 3).

Stichwort: Interessenverbände

Unter **Interessenverbänden** verstehen wir Organisationen, die durch den freien Zusammenschluß ihrer Mitglieder entstehen. Ihr Ziel ist es, die besonderen Interessen der Mitglieder **nach außen** zu vertreten. Dazu versuchen sie, Einfluß auf Politik, Wirtschaft und Gesellschaft auszuüben. Im Unterschied hierzu beschränken sich **Vereine** darauf, ihren Mitgliedern Möglichkeiten zur eigenen gemeinsamen Betätigung anzubieten. So hat z. B. der Sportverein einer Gemeinde das Ziel, für die Mitglieder Sportveranstaltungen zu organisieren. Dieser Verein kann zugleich Mitglied im „Deutschen Sportbund" sein. Als Interessenverband hat sich diese Organisation u. a. zum Ziel gesetzt, auf die Parlamente einzuwirken, etwa um öffentliche Gelder für den Bau von Sportstätten zu erhalten.
Es gibt schätzungsweise zwischen 3500 und 4000 Interessenverbände in der Bundesrepublik. Davon sind etwa 1500 beim Präsidium

Übersicht 1: Interessenverbände der Arbeitnehmer

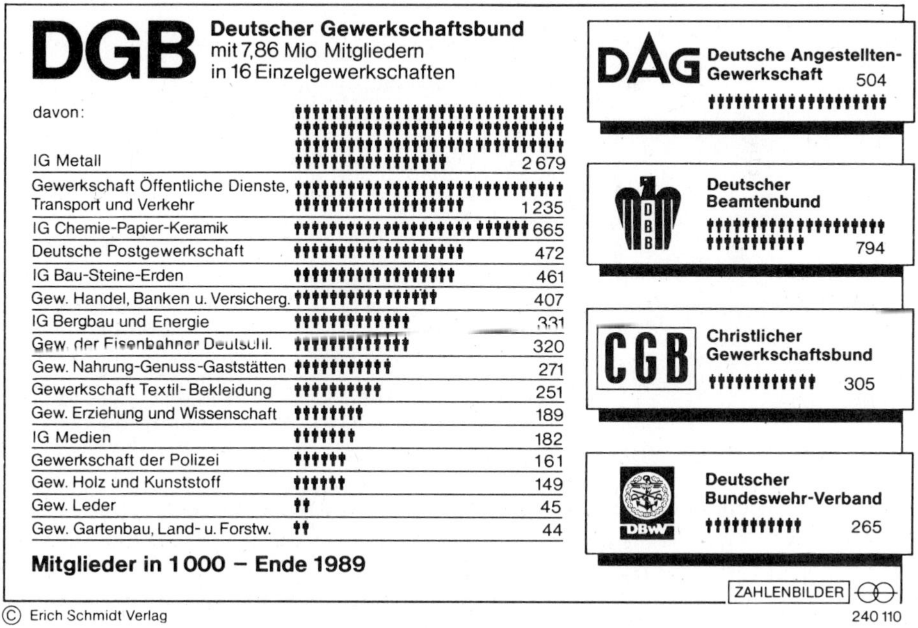

des Deutschen Bundestages gemeldet. Diese Meldepflicht wurde 1972 eingeführt. Die Geschäftsordnung des Deutschen Bundestages schreibt seither vor, daß nur registrierte Verbände an der Arbeit des Parlamentes, z. B. bei Anhörungen in den Ausschüssen im Rahmen der Beratung von Gesetzentwürfen, beteiligt werden dürfen.
Rund die Hälfte dieser in Bonn registrierten Verbände vertritt wirtschaftliche Interessen von **Unternehmen und Arbeitgebern** (z. B. die „Wirtschaftsvereinigung Eisen- und Stahlindustrie"). Nicht ganz ein Viertel nimmt Interessen von **Arbeitnehmern** (z. B. der „Deutsche Gewerkschaftsbund") oder von einzelnen **Berufsgruppen** (z. B. der „Bundesverband der Freien Berufe") wahr. Daneben sind auch Verbände registriert, die **kulturelle** oder **sozialpflegerische Interessen** vertreten. Dazu gehören die Verbände der Freien Wohlfahrtspflege (z. B. die „Arbeiterwohlfahrt", der „Deutsche Caritas-Verband") und der „Deutsche Volkshochschul-Verband". Schließlich finden wir noch Vereinigungen, die im **Freizeit- und Sportbereich** aktiv sind; so der „Deutsche Sportbund", der nahezu 78 000 Sportvereine mit mehr als 20 Millionen aktiven und passiven Mitgliedern vertritt.

Einfluß – wie und wo?

Um ihre Interessen durchzusetzen, haben die Verbände **unterschiedliche Mittel**, etwa: Pressemitteilungen, Kontakte zu den Parteien, Parteispenden, Stellungnahmen bei Anhörungen, die während der Beratung von Gesetzesvorlagen in den Ausschüssen der Parlamente durchgeführt werden, Einfluß über Abgeordnete, die einem Verband nahestehen oder Mitglied sind, Gespräche mit Beamten in den Ministerien, die Veröffentlichung von Gutachten, aber auch Protesterklärungen und

Übersicht 2: Interessenverbände in der Politik – Einfluß wie und wo?

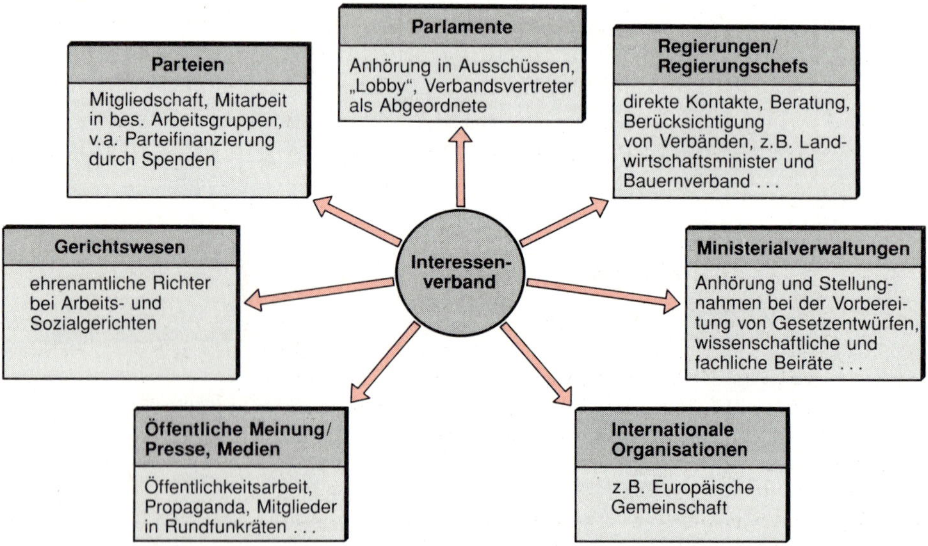

öffentliche Demonstrationen, nicht zuletzt die Drohung, man werde die eigenen Mitglieder künftig auffordern, eine Partei nicht mehr zu unterstützen, sei es bei der Wahl oder durch Parteispenden.
Dabei spielt eine Rolle, ob ein Verband auch in der Lage ist, seine Drohung zu verwirklichen. Die Gewerkschaften haben vor allem durch die große Zahl ihrer Mitglieder, die auch Wähler sind, Gewicht in den politischen und gesellschaftlichen Auseinandersetzungen. Dagegen sind die Unternehmensverbände vor allem dann erfolgreich, wenn sie darauf hinweisen, ein geplantes Gesetz schade ihrer Wettbewerbsfähigkeit; es gefährde die wirtschaftliche Entwicklung des Landes insgesamt und führe zu höheren Arbeitslosenzahlen.

Tab. 1: Abgeordnete als Verbandsmitglieder
Zum Beispiel im 12. Deutschen Bundestag (1990–1994) – in Prozent der Mitglieder insgesamt und der Fraktionen

Organisationen	Bundestag	CDU/CSU	SPD	FDP	GRÜNE	PDS
DGB-Gewerkschaften	5,9	0,3	15,5	–	–	5,9
Beamtenbund, DAG	1,1	1,9	0,4	–	–	–
Unternehmensverbände, IHKs	4,7	6,6	0,8	10,1	–	–
Mittelstandsorganisationen	1,5	1,3	0,8	5,1	–	–
Bauernverband	2,6	4,4	–	3,8	–	–
Organisationen sozialer Hilfe	4,8	5,0	5,4	2,5	–	5,9
Vertriebenenverbände	1,4	2,2	0,4	–	–	–
Ideell-polit. Vereinigungen	9,4	7,2	11,7	6,3	50,0	5,9
Frauenverbände	1,5	0,6	1,7	1,3	12,5	11,8
Katholische Organisationen	4,5	9,1	0,4	–	–	–
Evangelische Organisationen	4,4	4,1	5,9	–	25,0	–
Sportverbände und -vereine	3,0	3,1	3,3	2,5	–	–
Kommunale Spitzenverbände	1,5	2,2	0,8	1,3	–	–

Aus: Wolfgang Rudzio: Das politische System der Bundesrepublik Deutschland. 3. Aufl., Opladen 1991, S. 79.

2 Bürgerinitiativen und neue soziale Bewegungen – Konkurrenz für die Parteien?

Politik: direkt und selber handeln

Die Bereitschaft der Bürger, sich mit anderen zusammenzutun und zu Wort zu melden, wenn es um konkrete Vorhaben in ihrer eigenen Umgebung geht, hat seit Anfang der siebziger Jahre zugenommen. In Aktionskreisen und Selbsthilfegruppen wollen sie ihre Interessen durchsetzen, etwa bei der Planung einer Straße, in der eigenen Gemeinde, bei der Einrichtung von Spielplätzen und Kindergärten in ihrer Siedlung, der Sanierung des eigenen Wohnviertels, bei der Betreuung von Asylbewerbern in ihrer Stadt, zur Verhinderung einer Mülldeponie in ihrer Region ...

Stichwort: Bürgerinitiative

In **Bürgerinitiativen** schließen sich Personen zusammen, die ein gesellschaftliches oder politisches Problem „vor Ort" lösen wollen. Weil sie ihre Arbeit meist auf eine Aufgabe konzentrieren, werden sie auch als „Ein-Punkt-Organisationen" bezeichnet – im Unterschied zu Parteien, die mit einem breiten politischen Programm an Wahlen teilnehmen und die Regierungsmacht übernehmen wollen. Bürgerinitiativen werden dagegen direkt aktiv; sie wollen ihre Ziele nicht über den „Umweg" gewählter Stellvertreter in den Gemeinderäten oder in den Parlamenten durchsetzen. Und im Unterschied zu Interessenverbänden fehlt den einzelnen Initiativen meist ein fester und dauerhafter organisatorischer Unterbau mit eingetragenen Mitgliedern.

Dennoch spielen sie als „dritte Organisationen" – neben Parteien und Verbänden – eine Rolle in der politischen Willensbildung. Zwar gibt es keine genauen Angaben über die Zahl der Initiativen und deren Mitglieder. Schätzungen gehen aber davon aus, daß gegenwärtig etwa eine gleich große Zahl von Menschen in Bürgerinitiativen mitarbeitet wie in Parteien. Allerdings zeigt sich auch hier, daß nur ein kleiner Teil der Mitglieder den aktiven, kontinuierlich engagierten Kern bildet. Gerade diese Aktiven schränken ihre politische Beteiligung nicht auf die Bürgerinitiativen ein: Sie sind meist auf mehreren Ebenen politisch tätig, so auch als Mitglieder in Parteien.

Von der Initiative zur sozialen Bewegung

Aus den ersten, meist spontanen Bürgerinitiativen ist inzwischen eine breite Bewegung geworden. Dazu hat beigetragen, daß die Probleme, die gelöst werden müssen, zugenommen haben und nicht lokal oder regional begrenzt sind: die Verschmutzung der Luft, der Flüsse und des Grundwassers, die Zersiedlung der Landschaft, das Waldsterben, spektakuläre Katastrophen in Atomkraftwerken (Tschernobyl 1986) und chemischen Fabriken (Basel 1986), die atomare Rüstung ...

Dies hat dazu geführt, daß die einzelnen Initiativen auch überregional zusammenarbeiten, Informationen austauschen und sich gegenseitig unterstützen. So haben sich im Bundesverband Bürgerinitiativen Umweltschutz etwa 350 Gruppen eine lose Dachorganisation gegeben. Ähnliche Bemühungen gibt es auch bei der Friedensbewegung. Darüber hinaus haben sich Initiativen auch international und weltweit organisiert, etwa die Umweltschutzorganisation „Greenpeace" und die Menschenrechtsinitiative „amnesty international".

Stichwort: Neue soziale Bewegung

Die Vielzahl der außerhalb der Parteien und der Interessenverbände aktiven Organisationen werden als **neue soziale Bewegungen** bezeichnet (im Unterschied zu „älteren", z. B. der Arbeiterbewegung). Unter diesem Begriff werden Initiativen zusammengefaßt, die mit ihren Aktionen auf offene und versteckte **Gefahren** aufmerksam machen und **politische und gesellschaftliche Verhältnisse** kritisieren und ändern wollen. Dabei kann es sich handeln um

- drohende politische und militärische Gefahren – etwa um einen atomaren Krieg,
- ökologische Risiken – z. B. durch die steigende Erwärmung der Erdatmosphäre,

- industrielle Katastrophen – wie die atomare Verseuchung durch einen Unfall in einem Kernkraftwerk,
- Verletzungen der Menschenrechte (etwa die Vertreibung der indianischen Bevölkerung durch die Rodung des Regenwaldes in Lateinamerika),
- soziale Benachteiligungen (z. B. von Frauen in unserer Gesellschaft).

Zu den neuen sozialen Bewegungen zählen vor allem
- die Friedensbewegung,
- die Antikernkraftbewegung,
- die Ökologiebewegung,
- die Frauenbewegung,
- und die Bürgerrechtsbewegung in den letzten Jahren der DDR bzw. in den neuen Bundesländern.

Ihre Aktionen reichen von der Information und Aufklärung der eigenen Mitglieder und der Öffentlichkeit über Demonstrationen und Proteste bis hin zu Blockaden oder Besetzungen wichtiger Einrichtungen (etwa der Baustelle eines Kernkraftwerkes). Mit solchem öffentlich gezeigten, d. h. **zivilen Ungehorsam** soll Druck ausgeübt werden. Die Aktionen der neuen sozialen Bewegungen zielen damit auf die Regierungen, die Parteien und Parlamente, aber auch auf große Wirtschaftsunternehmen und deren Entscheidungen.

Nicht Konkurrenz, sondern Ergänzung

Die Erfahrung, daß die Parteien wichtige Fragen nicht schnell und wirkungsvoll genug aufgreifen, ist für viele ein wichtiges Motiv, um selber in Initiativen tätig zu werden. Für die meisten werden aber dadurch die Parteien nicht überflüssig. So ist die **Parteienverdrossenheit** unter denen, die in neuen sozialen Bewegungen aktiv sind, sogar kleiner als in der Gesamtbevölkerung: Während 38 % der Bevölkerung angeben, daß sie keiner der vorhandenen Parteien nahestehen, sagen dies von den Anhängern z. B. der Friedensbewegung nur 34 %.
Die Mitarbeit in Bürgerinitiativen bedeutet für deren Anhänger selbst keinen Ersatz für die Parteien und für Entscheidungen in den Parlamenten. Sie versteht sich vielmehr als eine notwendige **Ergänzung** hierzu. Die neuen sozialen Bewegungen können mit ihren Aktionen Signale setzen und damit wie ein Frühwarnsystem auf neue Aufgaben aufmerksam machen. Der „Druck von unten“ zwingt die Parteien, sich mit diesen Aufgaben auseinanderzusetzen und auf parlamentarischem Wege nach Lösungen zu suchen. So kann es als Erfolg der Bürgerinitiativen und der Ökologiebewegung gewertet werden, daß der Umweltschutz seit Mitte der siebziger Jahre zu einem bedeutsamen Thema in der Öffentlichkeit, aber auch bei den Parteien geworden ist.

Allgemeine Interessen

Der „Druck von unten“ soll nicht nur die eigenen Mitglieder, sondern vor allem diejenigen Personen und Institutionen aktivieren, die in der Politik, in der Gesellschaft und in der Wirtschaft Entscheidungen treffen. Zugleich erheben die neuen sozialen Bewegungen den Anspruch, **allgemeine Interessen** – und nicht nur die einzelner Gruppen – zu vertre-

ten, zum Beispiel den Erhalt der natürlichen Lebensgrundlagen, Frieden, eine gerechte Verteilung des Wohlstandes. Sie fordern, daß diese „verallgemeinerungsfähigen Güter“ einen besonderen Stellenwert in der Politik erhalten.
Die Kritik an den Parteien stellt aber keine „Fundamentalopposition“ dar. Sie schließt nicht aus, daß Bürgerinitiativen und neue soziale Bewegungen bei einzelnen Aktionen die Zusammenarbeit mit Parteien oder mit einzelnen Gruppen von ihnen suchen. Naturgemäß ist eine solche Zusammenarbeit eher mit Oppositions- als mit den Regierungsparteien möglich. Zum Beispiel wurden die Antikernkraft- und die Friedensbewegung in den letzten Jahren vor allem von den GRÜNEN, aber auch von großen Teilen der SPD mitgetragen. So erklärten Ende der achtziger Jahre zwischen 75 und 80 % der GRÜNEN-Wähler, Anhänger der Friedens- und der Ökologiebewegung zu sein. Von den SPD-Wählern unterstützten 44 % die Ökologie- und 54 % die Friedensbewegung (nach Jürgen Hofrichter, Hermann Schmitt (Hrsg.), a. a. O., S. 488).

Zusammenfassung

1 Interessenverbände wollen die Anliegen und Ziele ihrer Mitglieder nach außen vertreten. Sie richten sich dabei besonders an die Öffentlichkeit, an die Massenmedien, an die Parteien und Parlamente und an die Regierungen.
Die Geschäftsordnung des Bundestages schreibt vor, daß nur solche Interessenverbände (als Dach-, nicht als Einzelverbände) bei der Vorbereitung von Gesetzen angehört werden dürfen, die beim Präsidium des Parlamentes registriert sind.

2 Zu den Bürgerinitiativen zählen Selbsthilfegruppen, die ein gesellschaftliches Problem selbst und „vor Ort“ lösen wollen. Dazu gehören auch Aktionsgruppen, die mit ihren Initiativen Druck auf die zuständigen Stellen ausüben, um so ihre Ziele durchzusetzen.
Die Vielzahl der außerhalb der Parteien und Interessenverbände aktiven Organisationen werden als neue soziale Bewegungen zusammengefaßt. Dazu zählen vor allem die Friedensbewegung, die Antikernkraftbewegung, die Ökologiebewegung, die Frauenbewegung und die Bürgerrechtsbewegung. Ihre Aktionen reichen von der Information und Aufklärung der eigenen Mitglieder und der Öffentlichkeit über Demonstrationen und Proteste bis zu Besetzungen und Blockaden. Mit diesem „zivilen Ungehorsam“ können sie eine große Zahl von Anhängern mobilisieren. Dadurch machen sie die Parteien und Regierungen auf wichtige Probleme aufmerksam. Sie bringen auf diese Weise ihre Ziele und Vorstellungen in die öffentliche Debatte ein.

6.6 Demokratie – mehr als nur eine Regierungsform

Deutscher sein – was ist das?

„Was meinen wir, wenn wir, Deutsche Ost und Deutsche West, jetzt sagen: ‚Wir sind Deutsche‘?
Ich antworte: nichts Besonderes, aber etwas Bestimmtes. Wenn jemand sagt: ‚Ich bin Tischler‘, dann behauptet er ja auch nicht, daß dieser Beruf allen anderen weit überlegen sei, sondern: Unter vielen ehrenwerten Berufen ist dies nun gerade mein Beruf. In dem kenne ich mich aus, in anderen nicht oder jedenfalls schlechter ...
Also: Wir, die Westler und die Ostler, sind Deutsche, weil uns unser Vaterland, unsere Muttersprache, unsere Geschichte und unsere Kultur verbindet ...
Wir haben genug Verbindendes, um das Trennende zu überwinden. Unterschiede zwischen Ostlern und Westlern werden sicher noch lange bleiben, aber sie können doch auch ruhig bleiben, Deutschland war immer voller Unterschiede, bloß trennen sollen sie uns nicht mehr."

Richard Schröder in: DIE ZEIT Nr. 4, 22.01.1993, S. 36.

SZ-Zeichnung: Ironimus

Süddeutsche Zeitung Nr. 220, 24.09.1990, S. 4

Gründe, stolz zu sein?

„Sind wir also stolz, Deutsche zu sein? Hoffentlich. Laßt uns stolz sein auf die guten Löhne, die man bei uns verdienen kann. Auf die Geschicklichkeit unserer Facharbeiter, auf die Intelligenz unserer Ingenieure ...
Laßt uns stolz sein auf unsere Kraft, Fremde zu beherbergen und zu integrieren; stolz sein auf die Frankfurter Museen und die Berliner Theater, die Wolfenbüttler Ernst-August-Bibliothek und das Nolde-Museum in Niebüll. Und laßt uns dafür sorgen, daß in diesem Stolz niemals Arroganz mitschwingt, niemals die Abwertung von Leistungen, Fähigkeiten und Besitztümern, die anderen zustehen."

Peter Glotz in: Berliner Zeitung Nr. 19, 23./24.01.1993, S. 6.

Den Staat lieben?

Gustav Heinemann, von 1969 bis 1974 Bundespräsident der Bundesrepublik Deutschland, gab auf die Frage, ob er den Staat liebe, zur Antwort: „Ich liebe meine Frau."

Leitfragen

1 Politische Kultur: Wie kann man herausfinden, was die Bürgerinnen und Bürger von der Demokratie halten?
2 Untertan oder Staatsbürger: Wie sehen wir unsere Rolle im Staat und in der Politik?
3 Interessen und Konflikte: Muß es in der Politik immer harmonisch zugehen?
4 Stolz sein auf Deutschland – ein gefährlicher Spruch?
5 Extremismus und Gewalt: Menschenrechte und Demokratie in Gefahr?

1 Politische Kultur: Wie kann man herausfinden, was die Bürgerinnen und Bürger von der Demokratie halten?

Politik erleben und beurteilen

Was in der Politik geschieht, ist eine Sache; was die Menschen, die diese Politik erleben, dabei fühlen und denken, eine andere.
Wie Menschen die Politik, politische Einrichtungen und politische Ereignisse beurteilen, können wir durch Umfragen erheben. Wir finden solche Aussagen aber auch täglich in unserer Umgebung und in der Öffentlichkeit – als Meinungen und Feststellungen über einzelne Politiker und Politikerinnen, über die Regierungen im Lande oder im Bund, ihre Entscheidungen und ihre Versäumnisse, über einzelne Parteien, die Politik insgesamt oder über den Staat. Etwa als Kritik:

- „Die Bundesregierung drückt sich vor unpopulären Entscheidungen. Das dicke Ende kommt immer nach der Wahl."
- „Die Parteien sind schwerfällige Vereine. Die wirklichen Aufgaben erkennen sie erst, wenn sie das Volk darauf aufmerksam macht."
- „Der heutige deutsche Staat ist weitgehend machtlos, alle Gruppen der Gesellschaft wollen immer mehr bekommen, ohne selber was zu geben."

Aber auch als positive Meinung, als Unterstützung und Zustimmung:

- „Wir leben heute in der freiheitlichsten Demokratie, die es in Deutschland jemals gegeben hat."
- „Wer etwas erreichen will in der Politik, muß nur die Möglichkeiten, die ihm geboten werden, auch nutzen."

Stichwort: politische Kultur

Die Einstellungen und Meinungen, mit denen sich die Bürgerinnen und Bürger eines Staates über die politische Ordnung, die einzelnen Institutionen (z. B. das Parlament), über politische Organisationen (etwa die Parteien), über Politikerinnen und Politiker, aber auch über die eigene Rolle in der Politik äußern, werden als **politische Kultur** bezeichnet. Solche Äußerungen können dreierlei zeigen. Zum einen machen sie deutlich, wie die demokratische Ordnung und das politische Geschehen von den Bürgerinnen und Bürgern **beurteilt** und **eingeschätzt** werden und ob sie sich mit diesem Staat **identifizieren**. Zum anderen erhalten wir auf diese Weise Auskunft, was aus ihrer Sicht in der Politik **wichtig** ist, etwa:

- auf welche Werte und Ziele es in einer demokratischen Ordnung besonders ankommt,

- in welchem Ausmaß diese Werte und Ziele ihrer Meinung nach bereits verwirklicht sind,
- wie zufrieden sie mit der Politik im eigenen Staat sind und wie stark sie den staatlichen Institutionen vertrauen,
- wie sie die politischen Parteien und ihre Rolle in der Politik beurteilen.

Und schließlich erfahren wir auf diesem Wege,
- wie die Bürgerinnen und Bürger ihre eigenen Möglichkeiten einschätzen, das politische Geschehen **beeinflussen** zu können,
- ob sie bereit sind, sich aktiv zu **engagieren** oder ob sie eher dazu neigen, den Dingen ihren Lauf und damit andere entscheiden zu lassen.

2 Untertan oder Staatsbürger: Wie sehen wir unsere Rolle im Staat und in der Politik?

Demokratie in Deutschland – eine kurze Tradition

1918, im letzten Jahre des Ersten Weltkrieges und kurz vor dem Zusammenbruch der Monarchie in Deutschland, veröffentlichte der Dichter Thomas Mann ein Buch mit dem Titel „Betrachtungen eines Unpolitischen". Darin heißt es: „Die Politik macht roh, pöbelhaft und stupid. Neid, Frechheit, Begehrlichkeit ist alles was sie lehrt... Ich will nicht die Parlaments- und Parteiwirtschaft, welche die Verpestung des gesamten nationalen Lebens mit Politik bewirkt... Ich will nicht Politik. Ich will Sachlichkeit, Ordnung und Anstand." Thomas Mann meinte damals noch, eine **parlamentarische Demokratie**, wie sie etwa in England oder in den Vereinigten Staaten von Amerika zu dieser Zeit bereits bestand, passe nicht nach Deutschland, sie würde das Land „dumm und undeutsch machen".
Nachem 1933 die Nationalsozialisten mit Adolf Hitler an die Regierung gekommen waren, zerschlugen sie die junge parlamentarische Demokratie, die Weimarer Republik, und errichteten Schritt für Schritt die **Diktatur des Führers und der NSDAP**, der Nationalsozialistischen Deutschen Arbeiterpartei. Der Staat und die Gesellschaft, das gesamte öffentliche Leben, wurden nach dem **Führerprinzip** umgestaltet: „Führer befiehl, wir folgen Dir!" – so lautete der Schlachtruf, mit dem die Nationalsozialisten sich selbst und die anderen anfeuerten, sich dem „Führer" an der Spitze des Staates und der einzigen Partei, aber auch den vielen „kleinen Führern" in der Gesellschaft, in der Wirtschaft, in den Gemeinden und Städten, bis hinein ins kulturelle Leben unterzuordnen.
Nach dem Zusammenbruch der nationalsozialistischen Diktatur und dem Ende des Zweiten Weltkrieges haben die alliierten Siegermächte auf der **Konferenz von Potsdam** am 2. August 1945 vereinbart. „dem deutschen Volk die Möglichkeit" zu geben, „sich darauf vorzubereiten, sein Leben auf einer demokratischen und friedlichen Grundlage von neuem wiederaufzubauen".

Zwei deutsche Staaten – zwei unterschiedliche Entwicklungen

In den beiden Staaten, die in den darauffolgenden Jahren in Deutschland entstanden, wurden unterschiedliche politische Ordnungen errichtet. Zwar erhoben beide den Anspruch, Demokratien zu sein, doch in ihren Verfassungen orientierten sie sich an unterschiedlichen politischen Leitvorstellungen.

In den drei westlichen Besatzungszonen wurde eine politische Ordnung der liberalen und parlamentarischen Demokratien der Westmächte aufgebaut (vgl. Kapitel 6.1 und 6.2). In der sowjetischen Besatzungszone wurde unmittelbar mit dem Ende des Krieges begonnen, eine kommunistische Gesellschafts- und Staatsordnung zu verwirklichen, unter der Kontrolle der sowjetischen Besatzungsmacht und mit Beteiligung deutscher Kommunisten.

Die Deutsche Demokratische Republik hat die friedliche Revolution 1989/90 nicht überstanden. Wie der neue gesamtdeutsche Staat von seinen Bürgerinnen und Bürgern im Osten und im Westen nun gesehen wird, welche Hoffnungen und Erwartungen sie mit der Politik dieses Staates verbinden – und wie sie sich selber darin sehen, darauf sollen im folgenden einige Antworten versucht werden.

Der Staat und seine Aufgaben

Was der Staat tun soll, welche **Aufgaben** also durch die Politik gelöst werden sollen, darüber gibt es unterschiedliche Auffassungen – ob er für die Absicherung alter Menschen zuständig ist, für die Unterstützung kinderreicher Familien, für das Wachstum der Wirtschaft ... Ende 1990 fielen die Antworten darauf wie folgt aus:

Tab. 1: Aufgaben des Staates oder Sache jedes einzelnen selbst?

Frage: *Für welche der in der Liste genannten Aufgaben ist Ihrer Meinung nach der Staat verantwortlich*?

	Von 100 Befragten stimmten zu	
Aufgaben	Ost	West
gesundheitliche Versorgung für Kranke	99	95
angemessener Lebensstandard für alte Menschen	99	95
angemessene Wohnung für diejenigen, die es sich finanzielle nicht leisten können	94	80
angemessener Lebensstandard für Arbeitslose	94	78
Garantie eines Arbeitsplatzes	95	74
Kontrolle der Preise	91	70
Sicherung des wirtschaftlichen Wachstums	80	52

Nach: Datenreport 1992, S. 642.

Der Staat – wer ist das eigentlich?

Ende der fünfziger Jahre untersuchten zwei Sozialwissenschaftler aus den USA, Gabriel Almond und Sidney Verba, die politischen Einstellungen und Verhaltensweisen in mehreren Ländern. Eines davon war die damals gerade zehn Jahre alte Bundesrepublik.

Die beiden Wissenschaftler kamen zu dem Ergebnis, die westdeutsche Bevölkerung sei über Politik im allgemeinen **sehr gut informiert**, besser als etwa die Bevölkerung der USA. Trotzdem würden die Westdeutschen in großer Zahl davon ausgehen, daß der einzelne Bürger in der Politik wenig zu sagen habe, Politik sei nicht seine Sache, sondern die der Regierung bzw. des „Staatsapparates". Sie trauten sich selber keinen wirksamen Einfluß auf die Politik zu. Vorrang habe bei vielen das Privatleben und die Sicherung des eigenen Einkommens durch die Arbeit. Ein großer Teil verstehe seine Rolle eher als **Untertan** denn als **aktiver Staatsbürger**, der Einfluß auf die Politik nehmen will.
Wenn wir Fragen, die die beiden Sozialwissenschaftler vor rund 35 Jahren gestellt haben, heute nachgehen, können wir darauf schrittweise eine Antwort finden. Zunächst: Anfang der neunziger Jahre wurde Deutschen in Ost und West folgende Aussage vorgelegt: „Leute wie ich haben **keinen Einfluß** darauf, was die Regierung tut."
Rund zwei Drittel, genau 68 Prozent der Befragten, stimmen dieser Aussage heute zu. Sie halten sich für weitgehend ohnmächitg, wenn es um die Politik der Regierung, also vor allem um Bundespolitik geht (nach: Fritz Plasser, Peter A. Ulram (Hrsg.), Staatsbürger oder Untertanen? Frankfurt a.M. 1991, S. 27). Zum Vergleich: In Österreich waren dies sogar 72, in den USA jedoch nur 41 Prozent, die einer entsprechenden Aussage zustimmten.
Das heißt aber auch: Ein Drittel der Deutschen sehen durchaus **Chancen**, die Politik zu beeinflussen. Zudem können wir davon ausgehen, daß auch diejenigen, die ganz allgemein zunächst meinen, keinen Einfluß zu haben, ihre Chancen ergreifen, wenn sie selbst etwas erreichen wollen. So ist nicht nur die Wahlbeteiligung in Deutschland – verglichen mit anderen Ländern – in der Regel sehr hoch, auch wenn sie in den letzten Jahren zurückgegangen ist (vgl. Abschn. 6.3, Übersicht 6). Darüber hinaus ist heute – anders als am Beginn der Bundesrepublik – die Bereitschaft größer, sich auf andere Weise „in die Politik einzumischen". Zu solchen **unkonventionellen Formen** zählt nicht nur die Mitarbeit in lokalen Bürgerinitiativen und sozialen Bewegungen (vgl. Abschn. 6.5), sondern auch der organisierte und spontane Protest, der in Demonstrationen zum Ausdruck gebracht wird.
Daraus wird deutlich:

- Das Interesse an der Politik ist gestiegen.
- Die eigene Meinung frei zu sagen und sie in die politischen Auseinandersetzungen einzubringen, ist heute selbstverständlicher als in den Anfängen der Bundesrepublik.
- Zugenommen haben auch die Ansprüche an den Staat und seine Institutionen (vgl. Tabelle 1). Damit gestiegen ist zugleich die Bereitschaft, diese Ansprüche als Leistungen einzufordern.

3 Interessen und Konflikte: Muß es in der Politik immer harmonisch zugehen?

Demokratische Grundsätze – Regeln für den politischen Konflikt

Die Urteile sind unterschiedlich, manchmal widersprechen sie sich: Gibt es in einer Partei zu einem Thema mehrere Auffassungen und werden die Meinungsunterschiede auch noch öffentlich ausgetragen, dann heißt es: Die Partei ist zerstritten! Für manche sogar: Sie ist nicht regierungsfähig! Tritt sie im Parlament bei Abstimmungen einheitlich auf, setzt sie sich dem Vorwurf aus, Fraktionszwang auszuüben.

Der **Streit** um politische Entscheidungen macht Politik für viele verdächtig, läßt sie dahinter nicht selten ein „schmutziges Geschäft" vermuten. An Stelle des politischen Streites wird gefordert, nur „nach sachlichen Gesichtspunken" zu entscheiden.

Die **Demokratie** geht jedoch von dem Grundgedanken aus: Es gibt keine einzelne Person oder Gruppe, die entscheiden kann, „was Sache ist". Die richtige Lösung steht am Ende einer Auseinandersetzung, in der verschiedene Meinungen und Interessen darum kämpfen, die **Mehrheit** zu erhalten. Und die **Minderheit** hat das Recht, die Mehrheit zu kritisieren und zu kontrollieren, um auf diese Weise dann selbst einmal zur Mehrheit werden zu können.

Die folgende Tabelle zeigt, in welchem Ausmaß solche Grundsätze der Demokratie in der Bevölkerung Zustimmung finden.

Tab. 2: Demokratische Grundsätze – anerkannt als Regeln politischer Auseinandersetzung?

Die Befragten erhielten eine Liste von Aussagen, in denen Grundsätze einer demokratischen politischen Ordnung formuliert waren.

	Zustimmung in %	
Aussagen	Ost	West
1. Jeder sollte das Recht haben, für seine Meinung einzutreten, auch wenn die Mehrheit anderer Meinung ist.	98	94
2. Jeder Bürger hat das Recht, notfalls für seine Überzeugung auf die Straße zu gehen.	93	91
3. Eine lebensfähige Demokratie ist ohne Opposition nicht denkbar.	96	94
4. Jede demokratische Partei sollte grundsätzlich die Chance haben, an die Regierung zu kommen.	91	92

Nach: Datenreport 1992, S. 646.

Weitaus weniger Anklang finden jedoch der politische Streit und die Auseinandersetzungen unterschiedlicher Interessengruppen, wenn es ganz konkret wird: Etwa bei Streiks im öffentlichen Dienst, z. B. bei der Müllabfuhr.

Solche Konflikte sind in Deutschland in der Regel wenig beliebt. So sind rund zwei Drittel der Befragten der Meinung, das Recht, zur

Durchsetzung der eigenen Interessen zu streiken oder dafür zu demonstrieren, habe eine Grenze, wenn dadurch die „öffentliche Ordnung“ gefährdet werde. (Datenreport 1992, S. 646)

Streiten in der Politik – aber wie?

Was für gesellschaftliche Gruppen – z. B. die Interessenverbände (vgl. Abschn. 6.5) – gilt, trifft auch für den politischen Streit im engeren Sinne, zwischen den Parteien, zwischen der Regierung und der Opposition, zwischen einzelnen Politikerinnen und Politikern zu: Der politische Streit braucht **Regeln,** soll nicht das „Recht des Stärkeren“ letztlich zählen. Die wichtigsten **Grundsätze des politischen Streites** sind in der Verfassung, dem Grundgesetz für die Bundesrepublik Deutschland, direkt formuliert. Andere können aus ihr abgeleitet und begründet werden. In Übersicht 1 sind sie zusammengefaßt und verdeutlicht.

Übersicht 1: Grundsätze des politischen Streits in der Demokratie

Grundsätze	**Beispiele**
▶ die Würde des Menschen achten	▶ der politische Gegner als Person, nicht als Feind, der „geschlagen“ werden muß
▶ Menschrechte anerkennen	▶ freie Meinungsäußerung ▶ freie Entfaltung der Persönlichkeit
▶ geregelte Verfahren einhalten, wenn Lösungen gesucht und Entscheidungen getroffen werden	▶ Mehrheitsprinzip bei Wahlen und Abstimmungen ▶ Aushandeln einer gemeinsamen Lösung bei Tarifverhandlungen ▶ Anerkennung eines Kompromisses, z. B. durch einen Schlichter, wenn die Verhandlungen gescheitert sind
▶ auf Gewalt als einzelner oder als Gruppe verzichten	▶ kein „Recht des Stärkeren“, z. B. einer „Saalschutztruppe“ ▶ Verzicht auf Drohung mit wirtschaftlichem Schaden
▶ Rechte der Minderheiten anerkennen und schützen	▶ besondere Mehrheiten bei wichtigen Entscheidungen, etwa Zwei Drittel-Mehrheit bei Verfassungsänderungen, ▶ Kontrolle der Regierung durch die Opposition, z. B. mit Anfragen im Parlament ▶ Recht auf öffentliche Kritik
▶ Entscheidungen der Mehrheit überprüfen und kontrollieren lassen	▶ Klage, z. B. der Oppostion, gegen ein Gesetz vor dem Bundesverfassungsgericht ▶ Kritik und Kontrolle durch die Massenmedien

Wie immer, wenn solche allgemeinen Regeln zusammengestellt werden, stellt man fest: Sie stimmen zwar grundsätzlich, es gibt aber auch Beispiele, die zeigen, daß die **politische Praxis** mitunter anders verläuft, vielleicht sogar, daß es zwischen diesen Grundsätzen Spannungen gibt. Dies kann der Fall sein, wenn z. B. die Opposition im Parlament gegen ein Gesetz, das mit der Mehrheit der Abgeordneten verabschiedet wurde, vor dem Bundesverfassungericht klagt und damit ihr Recht als Minderheit in Anspruch nimmt.

4 Stolz sein auf Deutschland - ein gefährlicher Spruch?

Stolz sein - worauf?

Auf etwas stolz sein kann man eigentlich nur, wenn dahinter eine eigene Leistung, ein Verdienst steht. Deutscher zu sein bedeutet zunächst einmal, von deutschen Eltern abzustammen. Nur ganz wenige, die deutsche Staatsbürger sind, wurden dies durch Einbürgerung. Wofür man nichts kann, darauf besteht - genau genommen - kein Anlaß stolz zu sein.

Wenn Sozialwissenschaftler trotzdem die Frage stellen, ob Menschen stolz auf ihre **nationale Herkunft** sind, fragen sie nicht nach „Nationalstolz". Sie wollen nicht wissen, ob wir uns „etwas darauf einbilden", Deutsche zu sein. Sie wollen vielmehr herausfinden, ob sich die Bürgerinnen und Bürger ihrem Staat **zugehörig fühlen** und sich mit ihm **identifizieren** (vgl. oben die Einleitungstexte).

In diesem Sinne stellten diese Frage 1959 die schon erwähnten Sozialwissenschaftler Almond und Verba. Gefragt, worauf sie stolz seien als Deutsche, nannten damals sieben Prozent die noch junge demokratische Ordnung und die Einrichtungen des neuen demokratischen Staates. Ein Drittel gab als Grund hierfür die deutsche Wirtschaft und ihre Leistungen an, und 36 Prozent nannten als Rechtfertigung besondere „Eigenschaften der deutschen Bevölkerung".

In den USA fielen die Anworten damals ganz anders aus: 85 Prozent waren der Meinung, die demokratische Ordnung in ihrem Staat sei für sie ein Grund, auf ihr Land stolz zu sein und sich mit ihm zu identifizieren. Und nur sieben Prozent rechtfertigten dieses Gefühl mit dem Argument, die Bevölkerung der USA habe besondere Eigenschaften, die ihr Land eben von anderen positiv unterscheide.

Die Zahl der Deutschen, die vor allem die **demokratische Ordnung** des Staates, das Grundgesetz und die Grundrechte als Gründe dafür nennen, stolz auf Deutschland zu sein, ist inzwischen wesentlich größer geworden. Ende der achtziger Jahre waren dies rund die Hälfte aller Befragten. Etwa gleich viele verwiesen auf die Leistungsfähigkeit der **Wirtschaft** und die **soziale Sicherheit** in Deutschland. Gleichzeitig ging der Anteil derjenigen, die in den Deutschen „etwas Besonderes" sehen, auf das sie deshalb stolz sind, zurück.

Nationalstolz - aggressiv gegen andere

Die Feststellung „Ich bin stolz, Deutscher zu sein", hat heute allerdings auch eine andere Bedeutung. Sie drückt nicht nur aus, daß sich ein großer Teil der Bevölkerung mit der demokratischen Ordnung in

Deutschland identifiziert. Für einige Gruppen ist dieser Satz gleichbedeutend mit der Behauptung, die Deutschen seien etwas Besonderes, sie seien besser, fleißiger, ordentlicher, tüchtiger als andere. Die Nationalität wird für sie ein Mittel, sich in aggressiver Form von anderen abzuheben und diese **auszugrenzen**. Die nationale Herkunft dient als Rechtfertigung, andere, vor allem Minderheiten und Ausländer, von der Gesellschaft auszuschließen, nicht selten mit Gewalt.

Tab. 3: Die Deutschen – etwas Besonderes?

Schülerinnen und Schüler auf die Frage, ob ihrer Meinung nach die Deutschen schon immer die Größten in der Geschichte waren:

Dies entspricht meiner Meinung	Antworten in %
vollkommen	8
mit geringen Einschränkungen	11
teils, teils	24
kaum	26
überhaupt nicht	32

Nach: Deutsches Jugendinstitut: Deutsche Schüler im Sommer 1990. München 1990, S. 54. (DJI-Arbeitspapier 3 – 019; Zahlen gerundet, daher mehr als 100 %).

5 Extremismus und Gewalt: Menschenrechte und Demokratie in Gefahr?

Ausländerhaß und rechtsextremistische Gewalttäter

Seit Beginn der neunziger Jahre werden **Ausländer** immer häufiger Ziel gewaltsamer Angriffe durch Deutsche in den alten und in den neuen Bundesländern. Haß auf Fremde und Gewalt gegen sie wird insbesondere von **rechtsextremistischen Gruppen und Parteien** propagiert. Sie

Tab. 4: Rechtsextreme Gewalttaten 1990 – 1992

Delikte	1990 [1]	1991	1992
Tötungsdelikte	2	3	17
Brand- und Sprengstoffanschläge	47	383	701
Sachbeschädigungen mit erheblicher Gewaltanwendung	119	648	-- [2]
Körperverletzungen	102	449	-- [2]
Insgesamt	270	1483	2285

[1] nur alte Bundesländer
[2] bei Redaktionsschluß noch nicht nach Deliktarten aufgeschlüsselt

Zur Ergänzung: 1992 konnten die Staatsanwaltschaft und die Polizei 894 Tatverdächtige ermitteln. Etwa 70 % von ihnen waren Jugendliche im Alter bis 20 Jahre, 97 % aller Täter waren 30 Jahre und jünger.

Nach: Bundesminister des Innern: Verfassungsschutzbericht 1991. Bonn 1992, S. 76, und Süddeutsche Zeitung Nr. 31, 08.02.1993, S. 1.

üben damit nicht zuletzt auf Jugendliche eine besondere Anziehungskraft aus.
Wie wir mit Menschen aus anderen Ländern umgehen und welche Rechte sie in unserem Land haben sollen, kann als ein besonderer Gradmesser für die **politische Kultur** in Deutschland betrachtet werden. In dieser Debatte wird – häufig als Entschuldigung – darauf verwiesen, daß es auch in Europa ausländerfeindliches Verhalten gebe. Es trifft zu, daß Fremde auch in anderen Ländern benachteiligt werden. Das Ausmaß an **Gewalt**, die von Rechtsextremisten in Deutschland ausgeübt wird, findet sich jedoch in keinem dieser Länder wie in der Bundesrepublik. So hat eine Untersuchung in Frankreich gezeigt, daß zwar nahezu ein Fünftel der Franzosen rassistischen Argumenten gegen Ausländer zustimmt. Gleichzeitig wurde aber deutlich, daß die Zahl der Gewalttaten gegen Ausländer und andere Minderheiten wesentlich geringer ist als in Deutschland (1992: 28 Straftaten, 15 Verletzte, keine Toten; nach: Süddeutsche Zeitung Nr. 47, 26.02.1993).

Rechtsextremistische Gewalt – auch schon früher in Deutschland

Die Vermutung, rechtsradikale Gewalt gebe es nach dem Ende der nationalsozialistischen Diktatur (1945) in Deutschland erst wieder seit der Vereinigung der beiden Staaten im Herbst 1990, ist falsch. Richtig ist, daß die Zahl der Gewalttaten und auch der Opfer seither zugenommen hat. Aber in beiden Teilen Deutschlands kam es auch schon früher zu solchen Ausschreitungen. So beobachtete z. B. Anfang der achtziger Jahre die Polizei in Hamburg, daß bei Zusammenstößen gewalttätiger Fußballfans immer häufiger „Rechtsextremismus und Rassenhaß im Spiel" waren (Spiegel Nr. 49/1982, S. 65). Im August 1980 warfen Rechtsradikale Sprengsätze in ein Hamburger Ausländerheim. Dabei wurden zwei Vietnamesen getötet.
Aus der ehemaligen DDR sind zwar gewaltsame Angriffe auf Fremde in diesem Ausmaß nicht bekannt geworden. Polizei und Staatssicherheitsdienst verhinderten, daß sich rechtsradikale Gruppen offen bildeten. Nach dem Zusammenbruch der SED-Herrschaft wurde aber bekannt, daß es zuvor schon vereinzelte Angriffe auf Studenten und Arbeiter aus Vietnam und aus Afrika gegeben hatte. Darüber hinaus wurden Ergebnisse von Meinungsumfragen aus der Mitte der achtziger Jahre veröffentlicht, die zeigen, daß Ausländerhaß und rechtsradikales Denken auch bei Jugendlichen in der DDR Anklang gefunden hatte. Mit dem Ende der DDR konnten diese offener und ungehinderter auftreten.

Gewalt nicht nur gegen Ausländer

Ein zweites Mißverständnis lautet: Die **Asylbewerber**, die in großer Zahl nach Deutschland kommen, sind der Grund, daß Deutsche sich mit Gewalt dagegen wehren. Doch die Gewalt richtet sich inzwischen nicht mehr nur gegen diese Menschen. Betroffen davon sind auch andere in unserer Gesellschaft:

- **Ausländische Arbeitnehmer** und ihre Familien – In der Nacht vom 22. zum 23. November 1992 werfen Jugendliche Brandbomben in ein Wohnhaus in Mölln, in dem türkische Familien wohnen. Drei Menschen, unter ihnen ein zehnjähriges Mädchen, in Deutschland geboren, verbrennen.

- **Deutsche Juden** und ihre Einrichtungen – Jüdische Friedhöfe, Synagogen und Gedenkstätten, die an die Vernichtung der Juden im Dritten Reich (1933–1945) erinnern, werden in den letzten Jahren zunehmend beschädigt oder gar zerstört. Einzelne Personen und Familien erhalten Drohungen.
- **Behinderte Menschen** – Im November 1992 beschimpfen Skins in einer norddeutschen Kleinstadt Behinderte und schlagen auf sie ein.
- **Schwächere,** die sich nicht wehren können – In Schulen werden schwächere Kinder und Jugendliche häufig von Mitschülern bedrängt und geschlagen.
- **Politisch Andersdenkende** – Im Februar 1993 wird auf das Haus einer Politikerin, die in der Partei DIE GRÜNEN in Niedersachsen aktiv ist, ein Brandanschlag verübt.

Stichwort: Rechtsextremismus

Die Parolen „Ausländer raus!" oder „Deutschland den Deutschen!" könnten zu der Annahme führen, man müsse nur den Zugang von Asylbewerbern nach Deutschland stoppen, dann sei auch dem Rechtsradikalismus der „Wind aus den Segeln" genommen. Die letzten Jahre haben aber gezeigt, daß sich rechtsradikale Gewalttäter auch gegen andere wenden. Ausländer, vor allem Asylbewerber, sind zwar in diesen Jahren die wichtigste Gruppe, die herhalten muß, wenn Rechtsextremisten ihre eigenen Ziele und Aktionen rechtfertigen. Es können aber auch andere sein, die als **Sündenböcke** für vieles verantwortlich gemacht werden, für Mißstände in der Gesellschaft wie auch für die persönlichen Probleme einzelner. Daß dabei die Wirklichkeit nicht mehr richtig wahrgenommen wird und die tatsächlichen Ursachen, die zu den Problemen führen, keine Rolle spielen, wird aus folgendem Gespräch mit einem Jugendlichen aus Potsdam deutlich:

Sven: Die Ausländer sind zu viele hier, und weil sie so viele sind, denken sie, daß sie an der Macht sind.
Was glaubst du denn, wie viele es sind?
Sven: Genau weiß ich das nicht, sind genug.
Schätz doch mal, wieviel Prozent an der Gesamtbevölkerung in Potsdam.
Sven: Vielleicht nicht die Hälfte, aber ein Viertel bestimmt.
Es sind unter drei Prozent.
Sven: Sind genug, ein Viertel ist es bestimmt.
(DIE ZEIT Nr. 50, 04.12.1992, S. 85).

Rechtsextremistisches Denken begegnet uns heute mit den unterschiedlichsten Argumenten. Gemeinsam ist diesen Argumenten zum einen, daß sie die Interessen und die Rechte der Deutschen über die der anderen stellen: Nicht **gleiche Rechte für alle** gilt es zu verwirklichen, sondern: „Erst wir, dann die anderen!" Um diese Politik durchzusetzen, darf – so die zweite Behauptung – letztlich auch **Gewalt** eingesetzt werden.

Übersicht 2: Rechtsextremistisches Denken – was steckt dahinter?

Rechtsextremistische Vorstellungen und Orientierungen

Ungleichheit zwischen den Menschen

- Abwertung von Fremden und „anderen": Die anderen sind von Natur aus minderwertig, taugen weniger, sind schwächer ... Wir sind etwas Besonderes – als Volk, als Rasse, als Gruppe.
- Ungleiche Behandlung: Die anderen haben weniger Rechte als wir, es gibt keine allgemeingültigen Menschenrechte.
- Ausgrenzung: Wer nicht zu uns gehört oder uns nicht unterstützt, ist unser Feind.
- Führerprinzip: Die Gesellschaft wie auch der Staat müssen nach dem Grundsatz „Befehl und Gehorsam" geführt werden.

Bereitschaft, Gewalt anzuwenden

- Gewalt und Kampf gehören zur Natur des Menschen („Kampf ums Dasein").
- Der Stärkere hat ein Recht, slch andere unterzuordnen.
- Konflikte, die aus gesellschaftlichen und politischen Problemen entstehen, werden auf Personen zurückgeführt (personalisiert): Die anderen sind schuld.
- Konflikte werden nicht auf demokratischem Wege, durch Kompromisse oder durch Abstimmungen gelöst, sonden durch die Macht des Stärkeren.
- Die eigene Stärke muß vorgezeigt werden – mit besonderen Symbolen, in der Kleidung, im Auftreten.

Zum Nachdenken und Diskutieren: Äußerungen Jugendlicher über Gewalt gegen andere – was das für sie selbst und für ihre Opfer bedeutet

- „Ich schlage zu, dann weiß ich, wer ich bin!"
- „Ich weiß auch nicht, was da in mir vorgeht, wenn ich das einfach mitmache. Das gibt dir so 'nen Kick. Das hat mit Krieg zu tun."
- „Ja, jeder muß sich durchsetzen, der Stärkere ist nun mal der Stärkere, ne. Schlechter wird es den Schwächeren immer gehen, wenn die es nicht lernen, sich durchsetzen zu können."

Zusammenstellung nach: Wilhelm Heitmeyer und andere: Die Bielefelder Rechtsextremismusstudie. München 1992, vor allem S. 13–35; ferner: DIE ZEIT Nr. 1, 01. 01. 1993, S. 2.

Rechtsextremisten – eine kleine, aber gefährliche Minderheit

Auf die Frage, wieviele Jugendliche bereit sind, tatsächlich Gewalt gegen andere anzuwenden, gibt es keine einfache Antwort. Denn: Wer bei einer Meinungsumfrage sagt, er könne sich vorstellen, daß er in der Auseinandersetzung mit anderen auch mal zu gewaltsamen Mitteln greife, muß dies in Wirklichkeit nicht unbedingt tun. Und: Wo fängt Gewalt an? Etwa, wenn die Zufahrt zu einem Atomkraftwerk blockiert wird?

Die folgende Tabelle unterscheidet:

- Beschädigungen fremden Eigentums, z. B. Fenster einschlagen, Straßenschilder abmontieren u. a. m.;
- Gewalt gegen Personen, z. B. Schlägereien mit Polizisten und Demonstranten von der Gegenseite.

Tab. 5: Jugendliche, die bereit sind, Gewalt in politischen Auseinandersetzungen anzuwenden (Angaben in Prozent der Befragten)

	Altersgruppe (in Jahren)			
	15 – 20		21 – 24	
	West	Ost	West	Ost
Beschädigung fremden Eigentums	3	2	2	0
Gewalt gegen Personen	3	4	2	1

Shell-Studie Jugend '92. Band 2. Opladen 1992, S. 79.

Die gewalttätigen Jugendlichen machen nur einen geringen Teil derjenigen aus, die rechtsextremistisches Denken und Handeln **befürworten** oder **unterstützen.** Die Zahl derjenigen, die heimlich oder laut Beifall klatschen, wenn Asylbewerber angegriffen werden, ist wesentlich größer: Im September 1991 wurden in Hoyerswerda (Sachsen) die Unterkünfte von Asylbewerbern mehrere Tage lang von Deutschen belagert und angegriffen. „Verständnis" für diese und ähnliche Aktionen hatten in Westdeutschland 38 Prozent, in Ostdeutschland 21 Prozent (Spiegel Nr. 40, 30.09.1991, S. 30).

Nein sagen – Lichterketten und mehr

Die zunehmende Gewalt gegen Fremde, Minderheiten, Andersdenkende muß nicht ohne Widerspruch bleiben. Die Auseinandersetzung mit rechtsradikalen Gruppen und Parteien kann mit friedlichen Mitteln geführt werden. So organisierte im Dezember 1992 der Münchener Journalist Giovanni di Lorenzo mit Freunden eine **Lichterkette**. Entlang der Straßen versammelten sich in München rund 400 000 Menschen, die mit brennenden Kerzen friedlich gegen Gewalt und Fremdenhaß

Übersicht 3: Eine Lichterkette und mehr: Demokratie – Erfahrungen sammeln, mitmachen und sich einmischen

Gil Bachrach, Mitorganisator:

- „Wenn es darauf ankommt, müssen die Politiker nicht immer vorangehen. Wir können selbst etwas unternehmen."
- Eine Lawine ist ins rollen gekommen. Jeder hat seinen persönlichen Bereich zur Lichterkette aufgerufen."

Konstantin Wecker, Liedermacher:

- „Solche Demonstrationen sind wahnsinnig wichtig. Es ist höchste Zeit, die Menschen hätten schon viel früher beginnen müssen."

Giovanni di Lorenzo, Mitorganisator:

- „Der wesentlich schwerere Kampf, der undankbare, weil unspektakuläre, ist jetzt auf lange Zeit erst einmal im kleineren Kreis fortzuführen, dort, wo die Zivilcourage jedes einzelnen gefordert wird."

Zitate aus: Süddeutsche Zeitung Nr. 283, 08.12.1992, S. 18 und DER SPIEGEL Nr. 6, 08.02.1993, S. 212.

demonstrierten. Diesem Beispiel folgend kam es in den Wochen darauf zu zahlreichen weiteren Aktionen in anderen Städten, in Schulen und Betrieben.

Zusammenfassung

1 Die Meinungen, die in einem Staat über die Politik, die politische Ordnung und über diejenigen, die Politik machen, vorhanden sind, werden als politische Kultur bezeichnet. Untersucht man die politische Kultur eines Landes, erhält man Auskunft, wie zum einen die Bürgerinnen und Bürger den Staat, in dem sie leben, beurteilen und zum anderen, wie sie ihre eigene Rolle in diesem Staat und in der Politik insgesamt sehen.

2 Der Anteil der Bevölkerung, der es für sinnvoll und notwendig hält, sich politisch zu engagieren und in die Politik einzumischen, ist seit Gründung der Bundesrepublik größer geworden. Darüber hinaus werden heute mehrere und unterschiedliche Formen praktiziert, wenn es darum geht, politisch aktiv zu werden: auf konventionellem Weg über die Mitarbeit in Parteien und Interessenverbänden, aber auch in der eher unkonventionellen Form der politischen Beteiligung, in Bürgerinitiativen und sozialen Bewegungen, als spontaner oder organisierter Protest.

3 In der politischen Auseinandersetzung können Konflikte nicht ausgeklammert oder gar vermieden werden. Die Vorstellung, Auseinandersetzungen zwischen unterschiedlichen Interessengruppen und der Streit zwischen den Parteien schadeten dem Staat, ist allerdings weit verbreitet. In der pluralistischen Demokratie müssen jedoch die unterschiedlichsten Meinungen und Interessen frei und offen vertreten werden. Ausgehend von den rechtsstaatlichen Bestimmungen des Grundgesetzes können Grundsätze formuliert werden, die für den politischen Streit in der Demokratie wichtig sind.

4 Die politische Ordnung der Bundesrepublik wird von der überwiegenden Mehrheit der Deutschen im Grundsatz bejaht. Als Gründe werden für diese Zustimmung vor allem genannt: die demokratischen Rechte, die im Grundgesetz zugesichert werden, die Leistungsfähigkeit der Wirtschaft und die soziale Sicherheit für die Bürgerinnen und Bürger. Die Identifikation mit Deutschland kann allerdings auch im nationalistischen Sinne mißbraucht werden. Dies ist der Fall, wenn die eigene Nation anderen übergeordnet und so versucht wird, sich von anderen in aggressiver Form abzuheben.

5 Die zunehmende Gewalt gegen Ausländer, Minderheiten und Andersdenkende macht deutlich, daß rechtsextremistische Vorstellungen und Verhaltensweisen in beachtlichem Umfang in der Gesellschaft Anklang finden. Ihnen gemeinsam sind zum einen die Behauptung, nicht alle Menschen hätten gleiche Rechte (Menschenrechte), die eigene Gruppe oder die eigene Nation sei anderen übergeordnet und vorzuziehen. Zum anderen besteht eine große Bereitschaft, Gewalt anzuwenden und das Recht des Stärkeren gelten zu lassen, wenn es darum geht, seine eigenen Interessen gegen andere durchzusetzen.

Die Gewalt gegen Ausländer hat aber auch eine Gegenbewegung angestoßen: Die Bereitschaft, sich ihr entgegenzustellen und dafür auch öffentlich einzutreten, hat mit den „Lichterketten" seit Dezember 1992 zugenommen. Darin kommt zum Ausdruck, daß sich heute ein großer Teil der Bevölkerung selbst dafür verantwortlich hält, welche politische Kultur und welche Politik wir in Deutschland haben.

Die Europäische Gemeinschaft

7

7.1 Erst sechs – jetzt zwölf: Die Europäische Gemeinschaft und ihre Aufgaben

Die Entwicklung der Europäischen Gemeinschaft

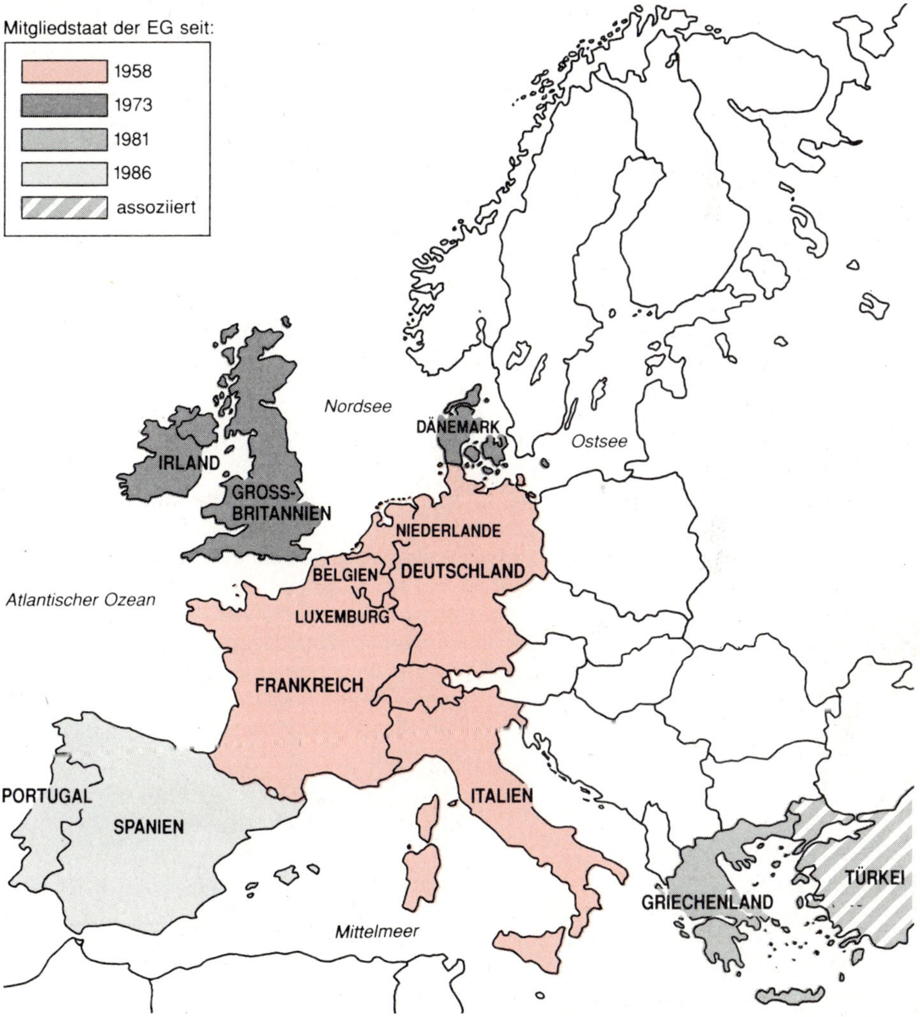

Leitfragen

1 Ziele und Aufgaben: Ein gemeinsames Europa – wie und wozu?

2 Vom gemeinsamen Wirtschaftsmarkt zur politischen Union – ein Plan für Europas Zukunft?

1 Ziele und Aufgaben: Ein gemeinsames Europa – wie und wozu?

Wir haben uns angewöhnt, von der EG als der Europäischen Gemeinschaft zu sprechen. Eigentlich müßten wir den Plural gebrauchen, denn die EG besteht aus drei Organisationen: der Europäischen Gemeinschaft für Kohle und Stahl (EGKS, auch Montanunion genannt,

Übersicht 1: Drei Gemeinschaften – drei Aufgabenfelder

Die Entwicklung der Europäischen Gemeinschaft bis zur Zusammenlegung der Organe im Jahre 1967

1952: Die Europäische Gemeinschaft für Kohle und Stahl (EGKS, auch Montanunion)

Die sechs Länder Belgien, die BR Deutschland, Frankreich, die Niederlande, Italien und Luxemburg arbeiten auf dem Gebiet der Kohleförderung, der Eisen- und Stahlproduktion (Montanindustrie) zusammen. Der Montanunion-Vertrag wurde am 18. April 1951 in Paris unterzeichnet. Das Ziel: Die schrittweise Aufhebung der Zölle und Handelsbeschränkungen für Kohle und Stahl; ein gemeinsamer Außenzoll für Kohle-, Stahl- und Eisenhandel mit anderen (dritten) Staaten. Aber auch: die gemeinsame Kontrolle der westdeutschen Schwerindustrie.

1958: Die Europäische Wirtschaftsgemeinschaft (EWG)

Seit Juni 1955 verhandeln die sechs EGKS-Staaten über weitere Schritte, um auch in den übrigen Wirtschaftsbereichen zusammenzuarbeiten. Der Vertrag über die EWG wurde am 25. März 1957 – zusammen mit dem Vertrag über die Europäische Atomgemeinschaft – in Rom unterzeichnet (Römische Verträge). Er trat am 1. Januar 1958 in Kraft.
Die wichtigsten wirtschaftlichen Ziele der EWG wurden als die **vier Freiheiten** formuliert:

- ▶ Der freie Handel mit Waren und Dienstleistungen. Dazu müssen die Zölle im Innern der EWG und die mengenmäßigen Beschränkungen des Handels (z. B. Höchstzahlen für die Einfuhr bestimmter Waren) abgebaut (Gemeinsamer Markt) und die unterschiedlichen Zölle der Mitgliedstaaten gegenüber dritten Staaten schrittweise in einem gemeinsamen Außenzoll vereinheitlicht werden (Zollunion).
- ▶ Die Freizügigkeit der Arbeitnehmer.
- ▶ Das freie Niederlassungsrecht der Unternehmer.
- ▶ Der freie Geldverkehr in den EWG-Staaten.

1958: Die Europäische Atomgemeinschaft (EAG, auch EURATOM)

Die sechs Länder wollen in der Erforschung und friedlichen Nutzung der Atomenergie zusammenarbeiten. Die EAG soll gemeinsame Vorschriften über den Umgang mit radioaktiven Stoffen beschließen, die beim Bau und beim Betrieb von Atomkraftwerken berücksichtigt werden sollen.

1952), der Europäischen Atomgemeinschaft (Euratom, 1958) und der Europäischen Wirtschaftsgemeinschaft (EWG, 1958). Seit 1967 arbeiten diese Gemeinschaften nicht mehr getrennt. Ihre Aufgaben werden vielmehr von gemeinsamen Organen (siehe unten) wahrgenommen. Seither sprechen wir von der Europäischen Gemeinschaft, der EG.

Politische Entscheidungen – wer hat das Sagen?

Die Europäische Gemeinschaft ist heute ein Zusammenschluß von zwölf Staaten. Die Grundzüge ihrer Zusammenarbeit sind in den **Gründungsverträgen** der drei Gemeinschaften (1951 bis 1957), in der **Einheitlichen Europäischen Akte** (1986) und im **Vertrag über die Europäische Union** (1991) festgelegt. Die Mitglieder der EG haben Rechte an die Gemeinschaft (vgl. unten) abgetreten. Aufgaben, die sie vor ihrem Beitritt jeweils für sich lösen mußten, fallen nun in die Zuständigkeit der Gemeinschaft.

Ämter, Behörden, Institutionen: die Organe der EG

Wie werden Entscheidungen in der Europäischen Gemeinschaft vorbereitet und getroffen? Welche Rolle spielen dabei die einzelnen europäischen Institutionen?
Wir nennen die Institutionen der Gemeinschaft „Organe“. Damit meinen wir

- das Europäische Parlament,
- die Kommission,
- den Ministerrat,
- den Gerichtshof.

In dieser Reihenfolge werden sie in Art. 4 des EWG-Vertrages (1957) genannt.

Zu den weiteren Einrichtungen der EG zählt noch der Wirtschafts- und Sozialausschuß. Er „besteht aus Vertretern der verschiedenen Gruppen des wirtschaftlichen und sozialen Lebens, insbesondere der Erzeuger, der Landwirte, der Verkehrsunternehmer, der Arbeitnehmer, der Kaufleute und Handwerker, der freien Berufe und der Allgemeinheit“ (Art. 193 EWG-Vertrag). Der Ausschuß berät den Ministerrat und die Kommission.

Aufgaben der Organe

Die 17 Mitglieder – EG-Kommissare genannt – werden zwar von den Regierungen ernannt; sie sollen jedoch in erster Linie Europäer und

Übersicht 2: Wie in der EG eine Entscheidung getroffen wird

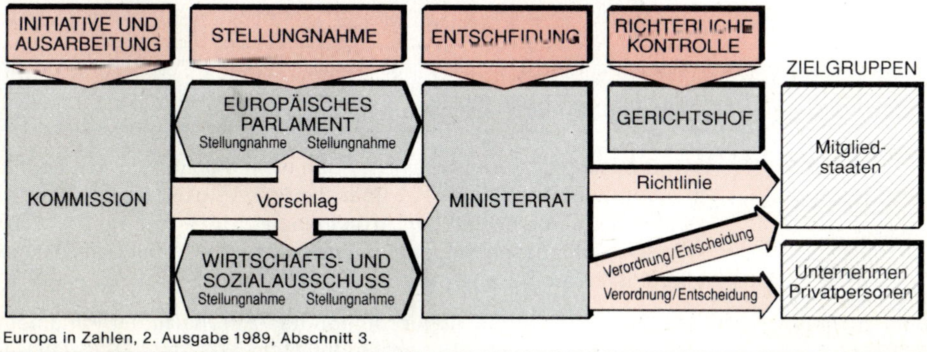

Europa in Zahlen, 2. Ausgabe 1989, Abschnitt 3.

Kommission

nicht Vertreter ihres Herkunftslandes sein. Jeder Kommissar ist für einen bestimmten Politikbereich zuständig. Der Präsident der Kommission vertritt die Gemeinschaft auch bei internationalen Verhandlungen. Die Kommission hat **drei Aufgaben:**

- Sie hat allein das Recht, neue Maßnahmen vorzuschlagen und dem Ministerrat zur Entscheidung vorzulegen (Initiative und Ausarbeitung von Vorlagen);
- sie überwacht die Anwendung der europäischen Verträge durch die Mitgliedsländer; im Konfliktfall stellt sie die Verstöße fest mit dem Ziel, daß diese behoben werden;
- sie überwacht die Durchführung der vom Ministerrat beschlossenen Maßnahmen (der EG-Verordnungen und Richtlinien).

Der ständige Amtssitz der Kommission der EG ist in Brüssel.

Ministerrat

Er ist das Organ der zwölf nationalen Regierungen. Jedes Mitglied vertritt sein Herkunftsland. Der Ministerrat legt die Politik der EG fest; er ist das Organ, das Entscheidungen trifft (nicht das Parlament).
Je nach Tagesordnung versammeln sich im Rat die jeweils zuständigen Fachminister (z. B. die Landwirtschaftsminister für die Agrarpolitik). Ihre Arbeit wird vom Ausschuß der Ständigen Vertreter vorbereitet. Ihm gehören die Botschafter der Mitgliedstaaten bei der EG und ihre Mitarbeiter an. Die ständige Arbeit des Ministerrates wird von dem Generalsekretariat übernommen, einer Behörde mit rund 2 200 Beamten.
Bis 1986 wurden nahezu alle Entscheidungen vom Ministerrat **einstimmig** gefällt. Einerseits konnte so kein Land überstimmt werden. Andererseits hatte damit auch jede Regierung die Möglichkeit, Beschlüsse des Ministerrats durch ihr Veto (d. h. die Nein-Stimme) zu blockieren.
Seit der Unterzeichnung der **Einheitlichen Europäischen Akte** am 28. Februar 1986 – sie trat am 1. Juli 1987 in Kraft – müssen nur noch Entscheidungen, die von grundsätzlicher Bedeutung sind, einstimmig getroffen werden. In allen anderen Fällen genügt es, wenn die Minister einer Vorlage mit einer sogenannten **qualifizierten Mehrheit** (vgl. Tab. 1) zustimmen.

Tab. 1: Stimmenverteilung im Ministerrat

Länder	D F I GB	E	B GR NL P	DK IRL	L	insgesamt
Stimmen	je 10	8	je 5	je 3	2	76

Mindestzahl für qualifizierte Mehrheit: 54 Stimmen.

Mehrheitsentscheidungen sind jedoch nicht möglich „für die Bestimmungen über die Steuern, ... über die Freizügigkeit und ... über die Rechte und Interessen der Arbeitnehmer" (EG-Vertrag Art. 100 a, Abs. 2). Hier müssen Entscheidungen nach wie vor mit den Stimmen aller Mitglieder getroffen werden.

Europäisches Parlament

Seit 1979 werden die Abgeordneten des Europäischen Parlaments direkt gewählt. Die **Fraktionen** werden nicht nach der nationalen Her-

kunft, sondern nach der politischen Ausrichtung, den Parteien, gebildet.
Das Parlament kontrolliert die Arbeit der Kommission. Ohne seine Zustimmung können die Regierungen auch keine neuen Miglieder der EG-Kommission ernennen. Mit einer Mehrheit von zwei Dritteln seiner Mitglieder kann es die Kommission insgesamt zum Rücktritt zwingen. Bei den Beratungen der Kommission und des Ministerrats muß das Parlament angehört werden. Es kann dabei Stellungnahmen abgeben und eigene Vorschläge formulieren. Bei den Beratungen des Haushalts der EG wird das Parlament beteiligt; es kann in begrenztem Rahmen einzelne Änderungen beschließen. Findet der Haushaltsplan, der von der Kommission ausgearbeitet wurde, keine Mehrheit im Parlament, gilt er insgesamt als abgelehnt.
Das Europäische Parlament hat allerdings noch nicht die vollen Rechte, die die nationalen Parlamente der Mitglieder – etwa der Deutsche Bundestag – haben (z. B. Gesetzgebung, Wahl und Kontrolle einer Regierung). Insbesondere kann das EG-Parlament keine eigenen Gesetzesvorlagen einbringen; es hat also kein politisches Initiativrecht. Es konnte jedoch seine Zuständigkeit seit 1979 schrittweise ausbauen; vor allem im Verbraucherschutz, in der Gesundheits-, Kultur- und der Forschungspolitik. Die „klassischen Politikbereiche",

Übersicht 3: Das Europäische Parlament

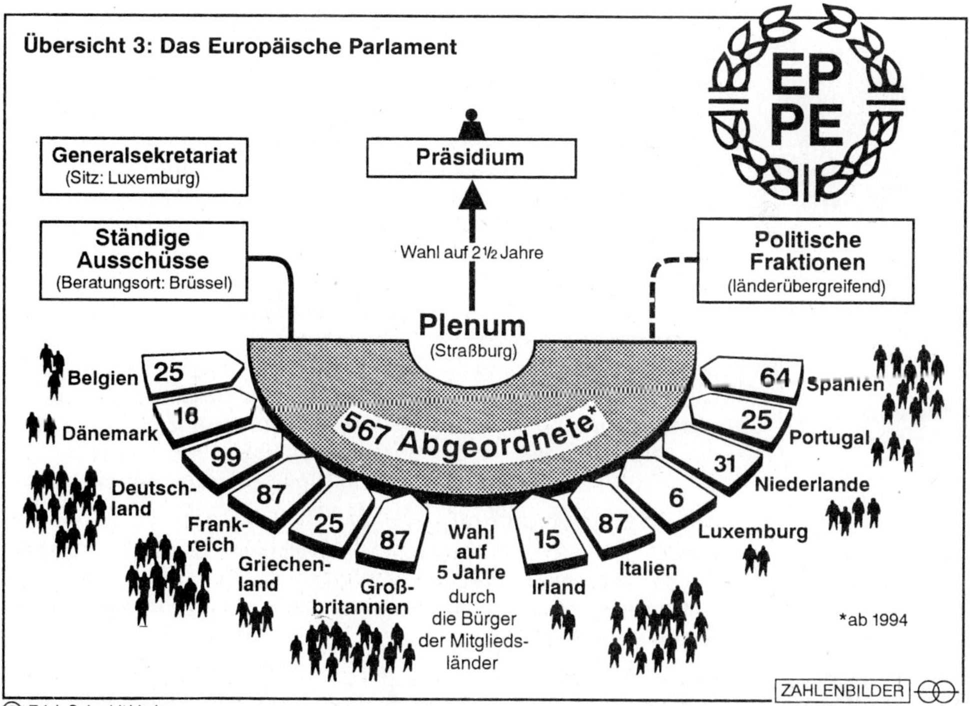

 714 050

etwa die Außen- und die Sozialpolitik, liegen dagegen noch weitgehend in der Zuständigkeit des Ministerrates.

Gerichtshof

Er besteht aus dreizehn Richtern und sechs Generalanwälten. Seinen Sitz hat das Gericht in Luxemburg. Im Streitfall überprüft es Entscheidungen des Ministerrats und Maßnahmen der Kommission (z.B. bei der Durchführung von Verordnungen). Außerdem können die Richter die Maßnahmen der nationalen Regierungen für ungültig erklären, wenn diese gegen Bestimmungen der europäischen Verträge verstoßen. Die Urteile sind für alle Gerichte der Mitgliedstaaten verbindlich.

Europäischer Rat

Die europäischen Verträge sahen für die Staats- und Regierungschefs der Mitgliedsländer ursprünglich keine besondere Rolle im Rahmen der Organe der Gemeinschaft vor. In der Praxis zeigte sich jedoch, daß von solchen „europäischen Gipfeltreffen" wichtige Anstöße ausgingen. Seit 1975 treffen sich deshalb die Staats- und Regierungschefs zusammen mit dem Präsidenten der Kommission regelmäßig (zweimal jährlich), um die **Grundzüge** der Europa-Politik festzulegen.
Um die Rolle dieser Gipfeltreffen auch rechtlich festzulegen, wurden sie 1986 als **Europäischer Rat** in Art. 2 der **Einheitlichen Europäischen Akte** aufgenommen: „Im Europäischen Rat kommen die Staats- und Regierungschefs der Mitgliedstaaten sowie der Präsident der Kommission der Europäischen Gemeinschaft zusammen."

2 Vom gemeinsamen Wirtschaftsmarkt zur politischen Union – ein Plan für Europas Zukunft?

Die Europäische Union – Zielpunkte und Schritte

Auf dem Gebiet der Wirtschaft hat die EWG schon früh beachtliche Erfolge erzielt. Der Handel zwischen den Mitgliedsländern nahm rasch zu. Heute geht zum Beispiel etwas mehr als die Hälfte der deutschen Exporte in die Länder der Gemeinschaft. Gleichzeitig kommt die Hälfte unserer Einfuhren aus EG-Ländern. Dazu beigetragen hat auch, daß es zwischen den Mitgliedstaaten praktisch seit 1968 keine Zollschranken mehr gibt (für die später beigetretenen Länder gelten Übergangsbestimmungen). Waren können also ohne Zölle, die Preise verteuern und die Absatzchancen dadurch verringern würden, innerhalb der EG verkauft werden. Das Gebiet der EG ist somit ein großer gemeinsamer Markt. In ihm leben heute 342 Mio. Menschen (USA: 246 Mio.) Gegenüber dritten Staaten wurden gleichzeitig einheitliche Zolltarife festgesetzt (Zollunion). (Aber: Es gibt noch immer Handelsschranken in der EG – dazu mehr unter Stichwort: Binnenmarkt 1993.)

Eine wichtige Etappe: die europäische Währung

Eine Geschichte: Ein Tourist reist durch alle zwölf Länder der Gemeinschaft. An jeder Grenze wechselt er sein Geld in die entsprechende Landeswährung. Selbst wenn er nichts davon ausgeben würde, käme er am Schluß nur noch mit der Hälfte seines Geldes zurück. Die andere Hälfte schlucken die Wechselgebühren und die Verluste durch die unterschiedlichen Wechselkurse.

Nach Berechnungen der EG gehen auf diese Weise der Wirtschaft und den Verbrauchern jedes Jahr mindestens 30 Mrd. Mark verloren. Die Gewinner sind die Banken.

Stichwort: Europäische Währungsunion

Um den Handel und den Geldverkehr zwischen den EG-Staaten zu vereinfachen, strebt die Gemeinschaft deshalb eine **Europäische Währungsunion** an. Sie läßt sich jedoch nur schrittweise verwirklichen. So gelten seit März 1979 **feste Wechselkurse** zwischen den nationalen Währungen (wenn z. B. DM in französische Francs umgetauscht werden). Diese Vereinbarung und ihre Regelungen werden als **Europäisches Währungssystem** (EWS) bezeichnet.
Nicht alle EG-Länder waren jedoch sofort bereit, diese Regelungen zu verwirklichen. Großbritannien wollte sich aus wirtschaftlichen Gründen nicht gleich an einen festen Wechselkurs binden; es trat – zusammen mit Spanien – erst 1990 dem EWS bei. Griechenland und Portugal erhielten bei ihrem Eintritt in die Gemeinschaft eine längere Übergangsfrist.

Der ECU – ein gemeinsames Zahlungsmittel?

Die Mitgliedsländer beschlossen ferner, die **Europäische Währungseinheit ECU** einzuführen (engl. Abkürzung für European Currency Unit, 1 ECU entspricht etwa DM 2,07). Damit sollen zum einen größere Kursschwankungen zwischen den nationalen Währungen vermieden werden. Zum anderen wird die Einheit bei der Abrechnung des Handels mit Waren und Dienstleistungen innerhalb der EG wie auch bei der Aufstellung und Abwicklung des Haushalts der Gemeinschaft benutzt.
Spätestens bis 1999 soll der ECU als allgemeine Währung, d. h. als direktes Zahlungsmittel in der EG gelten. Dazu muß eine gemeinsame **Zentralbank** geschaffen werden, die wichtige Entscheidungen unabhängig von den nationalen Zentralbanken und den Regierungen der einzelnen Länder treffen kann (z. B. die Festsetzung der Leitzinsen). Dieser wichtige Schritt setzt jedoch voraus, daß es gelingt, die immer noch großen wirtschaftlichen Unterschiede zwischen den Ländern abzubauen. Da dies sicher nicht bis 1999 gelingt, soll geprüft werden, welche Länder dann in der Lage sind, die gemeinsame Währung ECU zu diesem Zeitpunkt einzuführen.
Ein Hindernis sind die ungleichen Entwicklungen der Preise: Neben Ländern mit niedriger Inflation (z. B. Dänemark, Belgien, Luxemburg) stehen solche mit sehr hohen Preissteigerungen (etwa Griechenland 1991: knapp 20 %, Portugal: rund 12 %).
Ähnliche Gegensätze gibt es bei den Zinsen. Sie sind der Preis, den die Banken verlangen, wenn Unternehmen oder Verbraucher Kredite aufnehmen. Ohne eine Angleichung dieser Zinsen würden in den einzelnen Ländern sowohl für die Wirtschaft wie auch für die Verbraucher ganz verschiedene Arbeits- und Lebensbedingungen bestehen, mit ungleich verteilten Vor- und Nachteilen.

Stichwort: Binnenmarkt 1993

Seit 1968 werden zwar im Handel zwischen den EG-Staaten keine Zölle mehr erhoben; der Gemeinsame Markt könnte also Alltag sein. In der Praxis erschweren jedoch zahlreiche nationale Vorschriften den europäischen Handel. Um einen großen **Binnenmarkt** in der Europäischen Gemeinschaft schaffen zu können, wurde vereinbart, diese nationalen Schranken für die Verwirklichung der **vier Freiheiten** (vgl. Übersicht 4) bis Ende 1992 abzubauen.

- Steuerpolitik: Neben Ländern mit niedrigen Regelsätzen für die Mehrwertsteuer (Luxemburg und Spanien: 12 %) gab es bis Ende 1992 solche mit sehr hohen Regelsätzen (Irland: 23 %). Darüber hinaus erhoben manche Länder für einige Produkte (z. B. importierte Autos) noch erhöhte Sätze. Die Spitze erreichte dabei Italien mit einem erhöhten Mehrwertsteuersatz von 38 %. Seit dem 1. Januar 1993 muß die Mehrwertsteuer mindestens 15 % betragen.
- Technische Normen: Zahlreiche Vorschriften der einzelnen Staaten mußten abgeschafft oder angeglichen werden. Sie sollten ursprünglich der Sicherheit oder der Gesundheit der Verbraucher dienen. In vielen Fällen schützten sie jedoch die einheimischen Hersteller vor der Konkurrenz aus EG- und anderen Ländern.
- Bildungs- und Sozialpolitik: Auch hier bringt der Binnenmarkt eine Reihe von Anpassungen. Dazu zählen z. B. die gegenseitige Anerkennung von Ausbildungsgängen und Zeugnissen, die Ausarbeitung von gemeinsamen Richtlinien für den Arbeitsschutz, bei Unfällen und bei Krankheit oder im Falle von Arbeitslosigkeit. Die EG gibt hierzu „Mindestvorschriften" vor, die in jedem Land Geltung haben müssen. Darüber hinaus können auf nationaler Ebene weitergehende Vereinbarungen – z. B. zwischen den Sozialpartnern – getroffen werden.

  Hier befürchten jedoch die Gewerkschaften in der Bundesrepublik, daß als Folge dieser Harmonisierung die Rechte der Arbeitnehmer bei uns allmählich an den niedrigeren Standard in anderen Ländern angepaßt werden. Bestehende nationale Rechte würden damit gefährdet sein.

 715 320

Die Europäische Union

Die Zusammenarbeit der zwölf Staaten soll letztlich zu einer **Europäischen Union** führen. In diese politische Union sollen alle einzelnen Maßnahmen der gemeinsamen Politik auf den unterschiedlichen Feldern einmünden. Dazu zählen demnach

- die gemeinsame Währungspolitik,
- die vollständige Wirtschaftsunion im Europäischen Binnenmarkt,
- die gemeinsame Außen- und Sicherheitspolitik,
- eine gemeinsame „europäische Innenpolitik".

Die politische Zusammenarbeit in einer Europäischen Union erwies sich in der Vergangenheit als ein besonders schwieriges Ziel. So scheiterte 1954 der Plan, mit einer **Europäischen Verteidigungsgemeinschaft** (EVG) eine gemeinsame Sicherheitspolitik mit einer europäischen Armee aufzubauen. Trotz dieses Fehlschlags konnten auf dem Gebiet der Außenpolitik einige erfolgreiche Schritte zurückgelegt werden. So wurden seit Anfang der siebziger Jahre die wichtigsten **außenpolitischen Fragen** (z. B. Abrüstung, Beziehungen zu den Ländern der Dritten und Vierten Welt, das Verhalten der EG in internationalen Krisen und Konflikten) in regelmäßigen Konferenzen der Außenminister und der Staats- und Regierungschefs besprochen.

Stichwort: Gemeinsame Außen- und Sicherheitspolitik

Diese Zusammenarbeit in der Politik gegenüber dritten Ländern wurde im Dezember 1991 im **Vertrag über die Europäische Union** (Maastrichter Vertrag) weiter vorangebracht: Die zwölf Regierungen stimmen ihre Außenpolitik nicht mehr nur untereinander ab. Der Vertrag legt vielmehr fest, daß die Europäische Gemeinschaft bei internationalen Verhandlungen gemeinsam auftritt und zu wichtigen Fragen **gemeinsame Aktionen** durchführt. Hierzu zählen vor allem die Abrüstungspolitik, die Kontrolle der Rüstungen und die KSZE-Verhandlungen (vgl. hierzu die Informationen in Kap. 8). Dabei ist es nicht immer erforderlich, daß diese gemeinsame Politik einstimmig, d. h. von allen zwölf Staaten beschlossen wird. In einigen Fällen reichen auch Entscheidungen, die im Rat der Außenminister mit zwei Dritteln der Stimmen getroffen werden. Diese Regelung erleichtert ein rascheres Handeln der EG nach außen. (Zu den Stimmengewichten der EG-Länder vgl. Tab. 1.)

Noch nicht beschlossen, aber weiterhin angestrebt wird eine gemeinsame **Verteidigungs- bzw. Sicherheitspolitik.** Langfristig soll eine europäische Verteidigungsorganisation entstehen. Deswegen soll die **Westeuropäische Union** (WEU) weiter ausgebaut werden.

Diese Organisation wurde 1954 gegründet. Die Mitglieder vereinbarten damals, im Falle eines bewaffneten Angriffs auf einen oder mehrere Vertragspartner gegenseitige „militärische und sonstige Hilfe und Unterstützung" zu leisten. Mitglieder sind heute: Belgien, Deutschland, Frankreich, Großbritannien, Italien, Luxemburg, die Niederlande, Spanien, Portugal und Griechenland. Die Türkei hat ihre Aufnahme beantragt. Ebenso möchte Ungarn Mitglied der WEU werden.

Die WEU hat keine eigenen militärischen Verbände, die einem gemeinsamen Kommando unterstellt sind. Sie ist also bislang lediglich ein

politisches Bündnis. Als Verteidigungsorganisation der EG soll sie eine eigene militärische Führung bekommen. Diese wird allerdings eng mit der NATO (vgl. Kap. 8) zusammenarbeiten.
Was die Staats- und Regierungschefs bei der Unterzeichnung des Maastrichter Vertrags nicht bedacht haben, ist: Nicht alle EG-Staaten sind gleichermaßen an der Europäischen Union interessiert. So gibt es in Großbritannien große Bedenken, eigene Rechte der britischen Regierung an die Europäische Gemeinschaft abzutreten. Dies gilt vor allem für die Wirtschaftspolitik. Und in der Bevölkerung der EG-Staaten wuchs zudem in den letzten Jahren die Befürchtung, die Europäische Gemeinschaft könne immer mehr zu einer unübersichtlichen Super-Behörde werden. Diese ziehe – weit weg von den eigentlichen Interessen der Menschen – in Brüssel immer mehr Rechte an sich. Dabei fehle es an echter demokratischer Mitwirkung, weil das Europäische Parlament immer noch keine richtige Entscheidungsgewalt habe.
Diese Angst kam 1992 in den nationalen Abstimmungen über den Maastrichter Vertrag zum Ausdruck: In Frankreich erhielt er nur eine äußerst knappe Mehrheit (ca. 51 % der Stimmen); die Dänen lehnten ihn ebenso knapp ab. In der Bundesrepublik stimmten der Bundestag und der Bundesrat dem Maastrichter Vertrag im Dezember 1992 zu. Trotz der Bedenken werden die Bestimmungen des Maastrichter Vertrages schrittweise seit 1993 verwirklicht.

Deutsche Einigung: EG-Recht auch in Ostdeutschland

Am 21. 08. 1990 legte die EG-Kommission Vorschläge zur Eingliederung des Gebietes der DDR in die Gemeinschaft vor. Sie waren Grundlage der Beratungen im Ministerrat und im Europäischen Parlament.

- Rund 80 % der EG-Regelungen traten mit dem Beitritt der DDR zum Grundgesetz am 3. 10. 1990 in Ostdeutschland in Kraft.
- Für die übrigen Bereiche wurden Übergangsregelungen vereinbart, längstens jedoch bis Ende 1995.

Diese Übergangsfristen wurden durch die besonderen Bedingungen in der ehemaligen DDR notwendig (z. B. bei den EG-Normen für Luft- und Wasserqualität aufgrund der gravierenden Umweltschäden). Übergangsfristen gibt es nicht, wo die Sicherheit unmittelbar gefährdet ist, z. B. beim Betrieb von Atomkraftwerken.

Neue Mitglieder?

Die politischen Veränderungen in **Ost- und Südosteuropa**, vor allem die Auflösung des Warschauer Pakts (vgl. Kap. 8) und der Zerfall Jugoslawiens, haben auch die Beziehungen dieser Staaten zu Westeuropa verändert. Länder wie Ungarn und Polen, die Tschechische Republik und die Slowakei, Slowenien und Kroatien wollen möglichst schnell ihre wirtschaftlichen Verbindungen zur Europäischen Gemeinschaft ausbauen und vertiefen. Die zwölf Mitgliedstaaten haben jedoch keine einheitliche Vorstellung, bis wann diese Länder Mitglieder in der EG werden können. Während die deutsche Bundesregierung den Beitritt vor allem Polens, Ungarns, der Tschechei und der Slowakei bis zum Ende der neunziger Jahre abschließen möchte, wollen Frankreich und Spanien dafür einen längeren Zeitraum ansetzen.

Der Europäische Wirtschaftsraum

Im Mai 1992 unterzeichneten die Außenminister der zwölf EG-Staaten mit Österreich, Finnland, Island, Norwegen, Schweden, der Schweiz und mit Liechtenstein den Vertrag zur Gründung des **Europäischen Wirtschaftsraums** (EWR). Damit war beabsichtigt, ab dem 1. Januar 1993 im Gebiet dieser 19 Staaten mit Waren, Dienstleistungen und Kapital frei über die Grenzen hinweg zu handeln. Unternehmen sollten sich niederlassen können, Arbeitnehmer aus allen EWR-Staaten das Recht haben, dort ungehindert zu arbeiten (Freizügigkeit). Damit könnte ein gemeinsamer Wirtschaftsraum für 380 Millionen Menschen entstehen.

Die Entwicklung zu diesem größeren Europa wird jedoch nicht überall und uneingeschränkt befürwortet. Im Dezember 1992 stimmte eine knappe Mehrheit der Schweizer Bürgerinnen und Bürger in einer Volksabstimmung gegen den Beitritt ihres Landes zum EWR. Sie befürchteten, die Schweiz könnte dadurch ihre Jahrhunderte alte Neutralität verlieren. Vor allem in den deutschsprachigen Kantonen, in denen die ländliche Bevölkerung in der Überzahl ist, erhielten die Gegner eines Beitritts Unterstützung: Die Schweizer Bauern lehnten in großer Zahl die Landwirtschaftspolitik der Europäischen Gemeinschaft ab (vgl. Kap. 7.2). Die Volksabstimmung in der Schweiz vom Dezember 1992 ändert jedoch nichts daran, daß die meisten dieser Länder, die mit den EG-Staaten den EWR bilden, der Europäischen Gemeinschaft beitreten wollen. So streben Österreich, Schweden und Finnland die volle Mitgliedschaft für die nächsten Jahre an.

Zusammenfassung

1 In der Europäischen Gemeinschaft (EG) arbeiten zwölf Länder zusammen. Sie ist ursprünglich aus der Zusammenlegung der Europäischen Gemeinschaft für Kohle und Stahl (EGKS, 1952), der Europäischen Atomgemeinschaft (EAG, 1958) und der Europäischen Wirtschaftsgemeinschaft (EWG, 1958) hervorgegangen. Die Mitgliedstaaten haben nationale Zuständigkeiten an die Organe der Gemeinschaft abgetreten: die Kommission, der Ministerrat, das Europäische Parlament und der Gerichtshof. Zudem wird der Wirtschafts- und Sozialausschuß in die Entscheidungen der europäischen Organe einbezogen. Die Grundzüge der EG-Politik legt der Europäische Rat auf seinen regelmäßigen Sitzungen fest.

2 Zu den wirtschaftlichen Zielen der gemeinsamen Europapolitik sind in den letzten Jahren auch verstärkt Bemühungen in den übrigen Bereichen der Politik – einschließlich der Außenpolitik – gekommen. Die Einheitliche Europäische Akte (1986) und der Vertrag über die Europäische Union (1991) legen diese Aufgaben auch vertraglich fest. Am 1. Januar 1993 wurde der einheitliche und ungehinderte europäische Binnenmarkt verwirklicht. Nun ist es notwendig, zahlreiche nationale Besonderheiten in den unterschiedlichen Bereichen der Politik (z. B. im Steuerrecht, im Umweltschutz) auszugleichen, d. h. zu harmonisieren. Die Währungsunion, die Einführung der gemeinsamen Währung ECU und die politische Union sollen schrittweise bis 1999 verwirklicht werden. Mit dem Europäischen Wirtschaftsraum (EWR) besteht seit Januar 1993 ein einheitliches Wirtschaftsgebiet zwischen 19 europäischen Staaten.

7.2 Europäische Politik – gemeinsame Lösungen für gemeinsame Probleme?

Leitfragen

1 Die Landwirtschaft in der EG: Überschuß-Produktion auf Kosten der Steuerzahler?

2 Die Lebensbedingungen der Menschen: Gibt es einen sozialen Ausgleich in der Europäischen Gemeinschaft?

1 Die Landwirtschaft in der EG: Überschuß-Produktion auf Kosten der Steuerzahler?

Gemeinsame Agrarpolitik in der EG – wozu?

Die Landwirtschaftspolitik ist nach den Bestimmungen des EWG-Vertrages eine europäische Gemeinschaftsaufgabe (Gemeinschaftspolitik). Das bedeutet: In diesem Bereich gibt es nur gemeinsame und einheitliche Regelungen. Den einzelnen Staaten ist es nicht mehr erlaubt, eigene Entscheidungen, die von den Vereinbarungen der EG abweichen, zu treffen. Neben der Landwirtschaft unterliegen auch die Fischerei, die Verkehrspolitik und die Handelspolitik den Bestimmungen der Gemeinschaftspolitik. Nationale Entscheidungen sind in diesen Bereichen nur möglich, sofern sie nicht gegen Ziele und Inhalte der EG-Politik verstoßen (durch besondere Vorteile für das eigene Land, die sich als Vorteile im Wettbewerb mit anderen auswirken).

1957 vereinbarten die Regierungen der sechs Gründerstaaten:

„Ziel der gemeinsamen Agrarpolitik ist es,

a) die Produktivität der Landwirtschaft ... zu steigern;
b) auf diese Weise der landwirtschaftlichen Bevölkerung ... eine angemessene Lebenshaltung zu gewährleisten;
c) die Märkte zu stabilisieren;

d) die Versorgung sicherzustellen;
e) für die Belieferung der Verbraucher zu angemessenen Preisen Sorge zu tragen.“ (Art. 39, EWG-Vertrag 1957)

Diese Aufgaben wurden nicht alle in gleichem Maße erfüllt. So wurde zwar die Produktion in der Landwirtschaft enorm gesteigert. Weniger Betriebe produzieren heute entschieden mehr als früher. Dies war nur möglich durch einen **erhöhten Einsatz von Kapital** – in Form von Maschinen, Dünge- und Pflanzenbehandlungsmitteln, neuen Betriebsstätten. Damit wurde die landwirtschaftliche Produktion enorm **rationalisiert** und **intensiviert.** Ein Beispiel: Seit 1974 ging die Zahl der Milchkühe in der EG um rund 10 Prozent zurück. Im gleichen Zeitraum stieg die Milcherzeugung aber um 20 Prozent an.

Überschußproduktion

Die Rationalisierung und Intensivierung der Produktion führte nicht zwangsläufig zu höheren Einkommen der Landwirte. Dies wird deut-

Tab. 1: Anzahl und Fläche der landwirtschaftlichen Betriebe in der EG

Land	Anzahl in 1000	durchschn. landwirtschaftl. Fläche in ha
Belgien	93	14,8
Dänemark	92	30,7
Deutschland*	722	19,4
Frankreich	928	28,6
Griechenland	953	4,0
Großbritannien	260	51,5
Irland	217	22,7
Italien	2 784	5,6
Luxemburg	4	30,2
Niederlande	132	15,3
Portugal	769	4,3
Spanien	1 776	13,9

Zur Ergänzung:

1. Zahl der landwirtschaftlichen Betriebe in der ehemaligen DDR (Landwirtschaftliche Produktionsgenossenschaften, LPG): 3 844; landwirtschaftliche Fläche insgesamt: 5 346 000 ha; durchschnittliche Fläche pro LPG: 1 390 ha. Seit der Vereinigung befindet sich die Landwirtschaft in den fünf neuen Ländern im Umbruch. Anfang 1992 gab es rund 14 000 Einzelbetriebe, 1500 Genossenschaften, 1200 Gesellschaften mit beschränkter Haftung (GmbH) und 600 Betriebe mit anderer Rechtsform. Die Einzelbetriebe bearbeiten wesentlich größere Flächen als in den westlichen Ländern: im Durchschnitt zwischen 120 und 150 ha.
2. Tab. 1 gibt durchschnittliche Betriebsgrößen je Land wieder. Innerhalb der einzelnen Länder gibt es allerdings weitere Unterschiede, etwa: In Portugal bewirtschaften 35 % aller Betriebe eine Fläche zwischen 1 und 5 ha; 0,9 % aller Betriebe sind größer als 50 ha. In Großbritannien bewirtschaften 13 % der Betriebe zwischen 1 und 5 ha; 32 % der Betriebe sind größer als 50 ha.

*BR Deutschland vor dem 3.10.1990.

Zahlen nach: Europa in Zahlen, 2. Ausg. 1990, S.18; Stat. Bundesamt, DDR 1990. Zahlen und Fakten, S. 36; Süddeutsche Zeitung Nr. 44, 22./23. 2. 1992, S. 34.

lich, wenn wir die Entwicklung der landwirtschaftlichen Erzeugerpreise untersuchen. Seit Mitte der siebziger Jahre fielen diese Preise um rund 25 Prozent (nach Abzug der Inflationsraten). Im gleichen Zeitraum stiegen aber die realen Kosten für die meisten landwirtschaftlichen Produktionsmittel einschließlich der Dienstleistungen, die in den landwirtschaftlichen Betrieben benötigt werden. Diese Kosten drükken auf die Einkommen der Landwirte. Im Durchschnitt fielen deshalb die Einkommen Ende der achtziger Jahre wieder unter den Stand zurück, den sie bereits Mitte der siebziger Jahre hatten.
Den Kostendruck haben viele Betriebe durch eine mengenmäßig größere Produktion aufzufangen versucht. Dies gelang vor allem den Großbetrieben. Durch eine stärkere Auslastung der Maschinen und Gebäude wirken sich bei ihnen die Vorteile der Rationalisierung eher aus als in den kleinen Familienbetrieben.

Stichworte: Richtpreise und Interventionspreise

Die Produktion von Überschüssen wurde in der Vergangenheit auch durch die **Preispolitik** der Gemeinschaft begünstigt. Die Preise der meisten landwirtschaftlichen Produkte werden nicht dem Markt, d. h. dem Verhältnis von Angebot und Nachfrage, überlassen. Vielmehr setzt der Ministerrat hierfür jedes Jahr sogenannte **Richtpreise** fest. Diese Preise sollen die Erzeuger für ihre Produkte in der EG erhalten. Sinken die Marktpreise aufgrund eines großen Angebots spürbar unter diese Richtpreise, so greift die EG von einem bestimmten Punkt an ein: Sie kauft durch die dafür vorgesehenen EG-Stellen landwirtschaftliche Produkte auf. Hierfür gelten sogenannte **Interventionspreise;** sie sind zwangsläufig niedriger als die – für den Normalfall gedachten – Richtpreise.
Da für eine große Zahl landwirtschaftlicher Produkte solche Richt- und Interventionspreise, auch **Marktordnungen** genannt, bestehen, liegt darin ein zusätzlicher Anreiz zur verstärkten Produktion: Die Abnahmegarantien sichern einen Mindestpreis.
Ankauf und Einlagerung der Produktion werden mit Geldern aus dem EG-Haushalt finanziert. Der spätere Verkauf bringt in der Regel diese Kosten nicht wieder ein. Es handelt sich also bei diesem Vorgehen um eine Subventionierung, d. h. finanzielle Stützung der Landwirtschaft mit öffentlichen Mitteln. Diese Mittel kommen zum überwiegenden Teil aus den Steuereinnahmen der Mitgliedsländer. Anfang der neunziger Jahre wurden hierfür jährlich rund zwei Drittel der EG-Mittel ausgegeben. Im Durchschnitt kam dabei knapp die Hälfte des Einkommens, das ein Bauer in der EG hatte, aus solchen Subventionen.

Reform der Agrarpolitik

Um einen weiteren Anstieg der Kosten für die landwirtschaftliche Überschußproduktion zu verhindern, wird seit Mitte der achtziger Jahre eine Reihe von Maßnahmen durchgeführt, etwa:

- Die Festsetzung von **Obergrenzen** für die Milchproduktion je Betrieb (Milchquoten). Wer mehr erzeugt, muß dafür eine besondere Abgabe bezahlen.
- Finanzielle Hilfen für die **Stillegung** von Anbauflächen, für Aufforstung von Feldern und für die Umstellung der Produktion auf weni-

ger intensive Nutzung (Extensivierung, zwischen 50 und 90 DM je Hektar und Jahr).

- Finanzielle Unterstützung beim Bau von **umweltfreundlichen Produktionsanlagen,** bei Verzicht auf intensive Düngung und damit verbundenen geringeren Erträgen.
- Schrittweise **Herabsetzung** der von der EG garantierten Preise und Abnahmemengen für Getreide und Rindfleisch bis 1996. Die Bauern erhalten dafür einen Einkommensausgleich.

Tab. 2: Die Ausgaben der EG (in Mrd. ECU)

Jahr	1980	1985	1991
Ausgaben insgesamt	16,3	28,1	56,0
Agrar-Ausgaben	11,9	20,5	35,2
Agrar-Ausgaben in % der gesamten Ausgaben	73 %	73 %	63 %

Institut der deutschen Wirtschaft: Internationale Wirtschaftszahlen 1992, Köln 1992, Tab. 17.

Besonders die Absenkung der Preise für landwirtschaftliche Produkte ruft regelmäßig den Widerstand der Bauern und ihrer Organisationen hervor. Die EG-Kommission will neben dem Abbau der Überproduktion noch ein zweites Ziel erreichen: Indem die Kosten für Preisgarantien sinken, sollen zugleich mehr Mittel für andere Aufgaben in der Gemeinschaft freigestellt werden (siehe Leitfrage 2).

2 Die Lebensbedingungen der Menschen: Gibt es einen sozialen Ausgleich in der Europäischen Gemeinschaft?

Regionen in Europa

Die EG-Staaten haben sich verpflichtet, für eine „ausgewogene Entwicklung" der Lebensbedingungen in der Gemeinschaft einzutreten. Dies heißt nicht, daß alle kulturellen, gesellschaftlichen und regionalen Eigenarten einander angeglichen, gleichsam auf ein „europäisches Mittelmaß" gebracht werden. Es bedeutet aber, daß diejenigen Probleme, die eine weitere Entwicklung der wirtschaftlichen und politischen Zusammenarbeit erschweren, durch gemeinsame Anstrengungen gelöst werden sollen.

Daß die **Regionen** in der Gemeinschaft auch politisch mitreden wollen, betonen immer wieder die Ministerpräsidenten aller 16 deutschen Länder. Sie fordern, daß bei der weiteren Einigung Europas die Länder und Regionen nicht übergangen werden. Notfalls sollen sie ihre Rechte vor dem Europäischen Gerichtshof einklagen können. Europa muß ihrer Meinung nach einen dreistufigen Aufbau bekommen, in dem jede Stufe eigene Rechte hat:

1. Stufe: die Länder und Regionen innerhalb der einzelnen Mitgliedstaaten,
2. Stufe: die zwölf Mitgliedstaaten,
3. Stufe: die Europäische Union.

Damit soll der föderative, d.h. bundesstaatliche Aufbau, wie er in Deutschland in der Verfassung verankert ist, auch für die Europäische Gemeinschaft gelten.

Benachteiligte Regionen

Innerhalb der EG gibt es Regionen, die hinter dem Durchschnitt der wirtschaftlichen Entwicklung aller Länder zurückliegen. Die Erweiterung der Gemeinschaft durch den Beitritt Griechenlands (1981), Portugals und Spaniens (1986) hat die Zahl der ärmeren Regionen noch erhöht. Dies zeigt bereits ein erster Vergleich der Wirtschaftsleistungen (z.B. Einkommen pro Einwohner, Arbeitslosigkeit).
Wenn wir diese Leistungen nicht nur für ganze Länder, sondern auch für einzelne Regionen in diesen Ländern untersuchen, kommen wir zu einem noch deutlicheren Bild. So liegt die durchschnittliche Arbeitslosenquote im Süden Italiens, etwa in Sizilien, bei 16 % und mehr, während sie im industrialisierten Norden zwischen 5 und 8 % schwankt. Ähnliche Unterschiede stellen wir auch in der Bundesrepublik fest; in Bremen waren 1992 etwa 11 % der Erwerbstätigen ohne Arbeit, in Baden-Württemberg dagegen rund 4 %. Noch stärker gehen diese Zahlen auseinander, wenn wir die Arbeitslosigkeit in den fünf neuen Ländern Ostdeutschlands einbeziehen.

Tab. 3: Unterschiedliche Wirtschaftskraft in der EG

Bruttoinlandsprodukt pro Kopf 1989					
Land	ECU	Land	ECU	Land	ECU
Belgien	15 247	Griechenland	5 403	Luxemburg	17 838
Dänemark	20 292	Großbritannien	14 451	Niederlande	15 078
Deutschland *	19 293	Irland	9 345	Portugal	4 327
Frankreich	16 937	Italien	14 995	Spanien	9 670

* BR Deutschland vor dem 3.10.1990

Institut der deutschen Wirtschaft: Internationale Wirtschaftszahlen 1991, Köln 1991, S. 7.

Tab. 4: Arbeitslosigkeit in der EG April 1991 (Arbeitslosenquoten in %)

Land	alle Arbeitslose	arbeitslose Jugendliche unter 25 Jahren (1990)	Land	alle Arbeitslose	arbeitslose Jugendliche unter 25 Jahren (1990)
Belgien	8,3	16,0	Irland	16,1	21,6
Dänemark	8,6	11,1	Italien	10,3	28,9
Deutschland *	4,3	4,5	Luxemburg	2,0	3,5
Frankreich	9,7	18,6	Niederlande	7,0	11,6
Griechenland	7,0	24,8	Portugal	3,8	10,0
Großbritannien	9,4	9,4	Spanien	15,9	31,5

* vor dem 3. 10. 1990 EG-Kommission, Stichwort europa, 6 – 7 / 1991, S. 14 und S. 17.

Es werden **zwei Gruppen benachteiligter EG-Regionen** unterschieden:

1. **Entwicklungsschwache Regionen,** deren Wirtschaft in starkem Maße von der Landwirtschaft abhängt, mit hoher Arbeitslosigkeit und schlecht entwickelter Infrastruktur (Verkehr, Bildungseinrichtungen usw.). Diese Regionen finden wir vor allem im Süden der Gemeinschaft, in Süditalien, Spanien, Portugal und Griechenland.
2. Regionen, deren Wirtschaft sich in einem **Umstellungsprozeß** befindet: Früher dominierende Branchen sind rückläufig – z. B. der Schiffsbau, die Eisen- und Stahlindustrie, die Textilindustrie; neue Wachstumsbranchen müssen angesiedelt und ausgebaut werden. Solche Regionen mit einem tiefgreifenden **Strukturwandel** gibt es z. B. in England, Schottland, Wales, in Nordfrankreich, im Saarland und im Ruhrgebiet, im Norden und im Nordosten Spaniens.

Stichwort: Strukturfonds

Um die allzu großen regionalen und sozialen Gegensätze auszugleichen, finanziert die Gemeinschaft Programme, die in den benachteiligten Regionen in Zusammenarbeit mit den nationalen Regierungen durchgeführt werden. Die finanziellen Mittel hierzu werden im **Europäischen Fonds für regionale Entwicklung** (EFRE) und im **Europäischen Sozialfonds** (ESF) bereitgestellt (Fonds = Geldreserve). Anfang der neunziger Jahre gab die Gemeinschaft für diese Regional- und Sozialpolitik rund 20 % des gesamten Haushalts aus (rd. 10 Mrd. ECU). Damit werden Vorhaben gefördert, mit denen z. B. Langzeitarbeitslose in wirtschaftlichen Problemregionen umgeschult und in neue Arbeitsbedingungen eingeführt werden. Weitere Vorhaben dienen der Förderung einer Berufsausbildung von Behinderten, der Weiterbildung und der Umschulung, der Berufsausbildung von Frauen. In der Regel müssen sich die nationalen Regierungen mit etwa der Hälfte an den Kosten dieser Programme beteiligen.
Neben diesen beiden Unterstützungsprogrammen gibt es ein besonderes Programm für die Landwirtschaft: **Der Europäische Ausrichtungs- und Garantiefonds für die Landwirtschaft** (EAGFL) hat zum einen die Aufgabe, die Garantiepreise für landwirtschaftliche Produkte zu finanzieren (siehe Leitfrage 1). Zum anderen werden mit ihm notwendige Umstellungen in der landwirtschaftlichen Produktion einzelner Regionen (z. B. bei Betriebsstillegungen, bei Umstellung der Produktion) gefördert.
Alle drei Förderungsprogramme der EG werden auch als **Strukturfonds** bezeichnet. Sie stützen die finanziellen Kosten eines notwendigen Strukturwandels in der Wirtschaft ab. Zu den drei großen Strukturfonds gibt es in der EG eine Reihe von **Einzelprogrammen.** Übersicht 1 zeigt ein Beispiel für junge Arbeitnehmer.

Aktuelle Infos

Kommission der Europäischen Gemeinschaften
Vertretungen in Deutschland:
Zitelmannstraße 22, 53113 Bonn
Kurfürstendamm 102, 10711 Berlin
Erhardstraße 27, 80331 München

Übersicht 1: Ein Förderprogramm für internationale Weiterbildung

Titel: Ausbildung und Vorbereitung der Jugendlichen für das Erwachsenen- und Berufsleben.

Zielgruppe: Arbeitnehmer im Alter von 18 bis 28 Jahren; Voraussetzungen: Berufsausbildung oder praktische Arbeitserfahrung.

Worum geht es? Die EG beteiligt sich an Kosten für Unterkunft, Verpflegung, Sprachkurse und Reisen.

Zwei Formen:

- Kurzfristige Praktika, zwischen 3 Wochen und 3 Monaten.
  Schwerpunkte: Unternehmen und Ausschnitte aus der Arbeitswelt im Gastland kennenlernen.
- Langfristige Praktika, zwischen 4 und 6 Monaten.
  Schwerpunkte: Die Arbeitswelt des Gastlandes sowie das wirtschaftliche, soziale und kulturelle Leben kennenlernen, sich intensiv mit einem bestimmten Beruf bei der Arbeit in einem Unternehmen befassen.

Trägerorganisationen und Kontaktadressen in Deutschland zu diesem Programm:

Carl Duisberg
Gesellschaft e. V.
Hohenstaufenring 30–32
50674 Köln
Telefon (02 21) 2 09 82 25

Zentralstelle
für Arbeitsvermittlung
Feuerbachstraße 42–46
60325 Frankfurt a. M.
Telefon (0 69) 7 11 13 63

AFS Interkulturelle
Begegnungen
Rentzelstraße 7
20146 Hamburg
Telefon (0 40) 45 78 80

Zusammenfassung

1 Für die wichtigsten landwirtschaftlichen Produkte hat die EG Preise festgesetzt. Die Preisbildung richtet sich also nicht nach den Gesetzen des freien Wettbewerbs, d. h. nach Angebot und Nachfrage. Dadurch sollen die Agrarpreise in den Ländern der Gemeinschaft einander angeglichen und die Einkommen der landwirtschaftlichen Betriebe gesichert werden.
Die garantierten Preise sind aber auch ein Anreiz zur Überproduktion. Die Reform der Agrarpolitik in der EG sieht vor, daß für bestimmte Produkte – z. B. für Milch – Höchstmengen festgesetzt und außerdem die Landwirte für die Stillegung von landwirtschaftlich genutzten Flächen finanziell entschädigt werden.

2 Dem Ziel der EG, für eine „ausgewogene Entwicklung" der Lebensbedingungen in den Mitgliedsländern zu sorgen, stehen die großen Unterschiede im Lebensstandard zwischen den reichen und den ärmeren Regionen entgegen. Mit dem Europäischen Fonds für regionale Entwicklung, dem Europäischen Sozialfonds und dem Europäischen Ausrichtungs- und Garantiefonds für die Landwirtschaft finanziert die Gemeinschaft Programme zur Förderung benachteiligter sozialer Gruppen, zur Entwicklung der wirtschaftlich schwachen Regionen und zur Unterstützung der Landwirtschaft. Darüber hinaus finanziert die Gemeinschaft eine Vielzahl von einzelnen Vorhaben; unter anderem fördert sie einzelne Maßnahmen im Rahmen der Schul- und Berufsausbildung und des Jugendaustausches.

Internationale Politik: Friedenssicherung nach dem Ost-West-Konflikt

8

8.1 Ein neues „Zeitalter von Frieden und Freundschaft"?

Der Kalte Krieg – begraben?

Süddeutsche Zeitung Nr. 27, 3.2.1992, S. 4.

Gemeinsame Erklärung der Präsidenten der USA und Rußlands, George Bush und Boris Jelzin, 1. Februar 1992

„Zum Abschluß dieses historischen (geschichtlichen) Treffens ... stimmen wir ... überein, daß eine Reihe von Prinzipien (Grundsätzen) die Beziehungen zwischen Rußland und Amerika leiten sollen:

- Erstens, daß Rußland und die Vereinigten Staaten sich nicht länger als potentielle (mögliche) Gegner betrachten. Von heute an wird ihre Beziehung durch Freundschaft und Partnerschaft charakterisiert sein...

► Zweitens, daß wir daran arbeiten werden, irgendwelche Überreste von Kalter-Kriegs-Feindseligkeiten zu beseitigen, eingeschlossen Schritte zur Verringerung unserer strategischen Arsenale (Waffenlager)...

In dieser neuen Ära streben wir nach Frieden, einem anhaltenden Frieden, der auf dauerhaften gemeinsamen Werten beruht. Dies kann ein Zeitalter von Frieden und Freundschaft sein, das nicht nur unseren Völkern, sondern in der ganzen Welt Hoffnung bringt. Denn während unser Konflikt die Welt für Generationen teilen half, können wir nun ... die Welt durch unsere Freundschaft vereinigen – eine neue Allianz von Partnern, die gegen die gemeinsamen Gefahren arbeiten, vor denen wir stehen."

Nach: Süddeutsche Zeitung Nr. 27, 3.2.1992, S. 6.

Leitfragen

1 Sicherheit und Frieden – ein gemeinsames Ziel von Ost und West?

2 Die Veränderungen in Osteuropa – das Ende der Teilung Europas?

1 Sicherheit und Frieden – ein gemeinsames Ziel von Ost und West?

Ein neues Europa?

1989 – ein Jahr der Revolutionen in Ost- und Südosteuropa, das „Jahr der europäischen Freiheit", wie es der Sozialwissenschaftler Ralf Dahrendorf nannte. In der Politik und in den Massenmedien herrscht beim Rückblick auf dieses Jahr weitgehende Einigkeit: 1989 und das darauffolgende Jahr – das ist gleichbedeutend mit dem Ende der Teilung Deutschlands und Europas, einer neuen Epoche im Verhältnis der Staaten des Westens und des Ostens, nicht zuletzt zwischen den Supermächten USA und UdSSR.

Am 19. November 1990 unterzeichneten die Regierungen der beiden ehemals gegnerischen Militärbündnisse (vgl. Abschn. 8.2, Leitfrage 2), der **NATO** und des **Warschauer Paktes**, eine gemeinsame Erklärung, in der sie unter anderem feststellten, „daß sie in dem anbrechenden neuen Zeitalter europäischer Beziehungen nicht mehr Gegner sind, sondern neue Partnerschaften aufbauen und einander die Hand zur Freundschaft reichen wollen" (Gemeinsame Erklärung von zweiundzwanzig Staaten, Paris, 19.11.1990). Und zwei Tage später erklärten diese Regierungen zusammen mit den Vertretern der übrigen europäischen Staaten, daß „die Ära der Konfrontation und der Teilung in Europa beendet" sei (Charta von Paris für ein neues Europa, Paris, 21.11.1990).

Mit diesen Erklärungen wurde die Phase der Gegnerschaft zwischen West und Ost, zwischen den Supermächten USA und UdSSR, aber auch zwischen den militärischen und politischen Lagern in Europa gleichsam offiziell beendet. Möglich wurde dies vor allem durch die weitreichenden Veränderungen in der Sowjetunion und in den Staaten, die bis dahin unter ihrer politischen und militärischen Führung und Kontrolle standen.

Das Ende des sowjetischen Führungsanspruches

Zwischen 1945 und dem 7. Oktober 1949, als in Ost-Berlin die Regierung der DDR gebildet wurde, entstanden im sowjetischen Einflußbereich in Ost- und Südosteuropa „Volksdemokratien". Die eigentliche Entscheidungsgewalt lag in diesen Staaten bei der kommunistischen Partei. Sie erhob den Anspruch, die Interessen der „werktätigen Menschen" zu vertreten. Andere politische Parteien und Gruppen durften nur bestehen, wenn sie sich diesem **kommunistischen Führungsanspruch** unterordneten. Opposition und ein Nebeneinander unterschiedlicher politischer Meinungen durfte es offiziell nicht geben.
Immer wieder wurde in nachfolgenden Jahren versucht, die Einparteienherrschaft zu verändern und die politische Ordnung in diesen Staaten freiheitlicher und demokratischer zu gestalten. Ein solcher Versuch wurde zuletzt 1968 in der **Tschechoslowakei** durch Truppen der Staaten des Warschauer Paktes unter der Führung der UdSSR gewaltsam niedergeschlagen (vgl. Übersicht 1).
In **Polen** wurde 1980 erstmals in einem kommunistischen Staat eine unabhängige Gewerkschaft, die **Solidarnosc (Solidarität)**, gegründet. Sie forderte demokratische Veränderungen in der Wirtschaft und im Staat: Arbeiterselbstverwaltung, das Ende der Planwirtschaft, die Zulassung unabhängiger Parteien und freie Wahlen. Unter politischem Druck aus Moskau verhängte die polnische Regierung 1981 das Kriegsrecht. Die Solidarnosc wurde verboten, einzelne Mitglieder wurden verhaftet. Diese Opposition konnte allerdings in den darauffolgenden Jahren nie ganz ausgeschaltet werden. Sie erhielt auch in

Übersicht 1: Der Führungsanspruch der UdSSR – die Breschnew-Doktrin und das Selbstbestimmungsrecht der Völker

1968 versuchten liberale Kommunisten unter *Alexander Dubcek*, in der Tschechoslowakei einen freiheitlichen Sozialismus zu verwirklichen („Prager Frühling"). Dazu wollten sie notfalls aus dem Warschauer Pakt austreten. Die UdSSR ordnete den Einmarsch von Truppen des Pakts an. Dubcek wurde gestürzt. Der damalige Generalsekretär der KPdSU in der UdSSR, *Leonid Breschnew*, begründete dieses Vorgehen am 12. November 1968: „Wenn die inneren und äußeren, dem Sozialismus feindlichen Kräfte die Entwicklung irgendeines sozialistischen Landes auf die Restauration der kapitalistischen Ordnung zu verwenden versuchen, wenn eine Gefahr für den Sozialismus in diesem Lande, eine Gefahr für die Sicherheit der gesamt-sozialistischen Staatengemeinschaft entsteht, ist das nicht nur ein Problem des betreffendes Landes, sondern ein allgemeines Problem, um das sich alle sozialistischen Staaten kümmern müssen."
Diese *Breschnew-Doktrin* („Lehrmeinung") galt als Leitidee der sowjetischen Außenpolitik. Sie wurde unter *Michail Gorbatschow* dann offiziell für falsch erklärt. Die Mitgliedstaaten des Warschauer Vertrags bestätigten diese Politik Gorbatschows auf ihrer Tagung am 7. und 8. Juli 1989 in Bukarest: Jedes Land hat das Recht, „selbständig seine eigene politische Linie, Strategie und Taktik ohne Einmischung von außen auszuarbeiten" und zu verwirklichen.

Europa-Archiv 20/1989, S. D. 599.

dieser Zeit Unterstützung von der polnischen Bevölkerung und vom westlichen Ausland.

Reformen in der UdSSR

Im März 1985 wurde in der Sowjetunion **Michail Gorbatschow** zum Generalsekretär, d. h. zum Chef der Kommunistischen Partei (KPdSU) gewählt. Überzeugt, daß die großen wirtschaftlichen Probleme seines Landes nicht mit alten Mitteln gelöst werden können, stellte er seine neue Politik der **Umgestaltung (Perestroika)** und der **Offenheit und Demokratisierung (Glasnost)** vor (vgl. Übersicht 2).

Übersicht 2: Perestroika und Glasnost – Reformen in der Sowjetunion

Gorbatschows Politik der schrittweisen Veränderungen in der UdSSR wird mit den beiden Schlagworten „Perestroika" – Umgestaltung – und „Glasnost" – Offenheit – gekennzeichnet.

Perestroika und Glasnost bedeuteten konkret:

- Veränderungen im Staat und in der Partei (KPdSU): Wahl der Parteifunktionäre und der Inhaber von Staatsämtern unter mehreren Kandidaten, ihre Amtszeit soll auf höchstens zweimal fünf Jahre begrenzt sein; Verzicht auf den alleinigen Führungsanspruch der KPdSU im Staat und in der Wirtschaft.
- Veränderungen in der Wirtschaft: Betriebe werden unabhängiger vom staatlichen Wirtschaftsplan, beschränkte Zulassung von privaten Unternehmen, landwirtschaftlich genutzter Boden kann von Bauern gepachtet werden.
- Veränderungen in der Gesellschaft: Die Berichterstattung in den Massenmedien wird von der Partei unabhängig, Kritik ist zulässig, auch nichtkommunistische Vereine und politische Gruppierungen außerhalb der KPdSU können gegründet werden, eine offene und freie Religionsausübung wird möglich.

Neues Denken in der Außenpolitik

Die neue Politik der Sowjetunion zeigte sich auch im Verhalten nach außen, gegenüber den anderen Staaten. Zusammen mit Außenminister **Eduard Schewardnadse** leitete Gorbatschow eine **neue Außenpolitik** ein – sowohl gegenüber den Staaten der NATO als auch den Mitgliedern des eigenen Militärbündnisses, des Warschauer Paktes (genaue Bezeichnung: Warschauer Vertragsorganisation, WVO).
Dieses „neue Denken" in der sowjetischen Außenpolitik strebte vorrangig vier Ziele an:

- **Die Kosten der Rüstung senken:** Die Außenpolitik muß dafür sorgen, daß die UdSSR in Zukunft weniger Geld ausgeben muß für ihre militärische Sicherheitspolitik. Die Sowjetunion benötigt Geld für den Aufbau einer modernen Wirtschaft und für die Verbesserung des Lebensstandards ihrer Bevölkerung.
- **Eine hinlängliche Verteidigung auf niedrigem Niveau sicherstellen:** In internationalen Verhandlungen muß es gelingen, den Rüstungswettlauf zu stoppen und zu einer wirkungsvollen Abrüstung zu kommen. Waffen und Armeen sind nur in einem solchen Ausmaß gerechtfertigt, als sie zur eigenen Verteidigung notwendig sind.

- **Sicherheitspartnerschaft statt Gegnerschaft:** Die Außenpolitik muß wegkommen vom Denken in gegnerischen Blöcken und von der Abschreckung durch Drohung mit Waffengewalt. Frieden ist ein gemeinsames Interesse aller. Sicherheit kann nicht gegen die anderen, sondern nur zusammen mit ihnen, durch gemeinsame politische Vereinbarungen, erreicht werden.
- **Verzicht der UdSSR auf Vorherrschaft in der WVO:** Jeder Staat hat das Recht, seinen eigenen Weg zu gehen. Europa besteht aus gleichberechtigten Staaten. Kein Staat darf versuchen, auf Kosten eines anderen die politische Entwicklung bestimmen zu wollen. Die Breschnew-Doktrin widerspricht dem Selbstbestimmungsrecht der Völker und kann deshalb nicht länger Grundsatz der sowjetischen Außenpolitik sein.

2 Die Veränderungen in Osteuropa – das Ende der Teilung Europas?

Der „Ostblock“ löst sich auf

Schneller als in der Sowjetunion selbst zeigten sich in den bislang von ihr abhängigen Staaten Ost- und Südosteuropas die Auswirkungen der neuen sowjetischen Politik. Der Zerfall der kommunistischen Parteien und das Ende der Einparteienherrschaft konnte in diesen Ländern nicht mehr aufgehalten werden. Seit 1989 fanden erstmals **freie Wahlen** statt, an denen mehrere Parteien teilnahmen. In Polen, Ungarn und der Tschechoslowakei erhielten Bürgerrechtsbewegungen und nichtkommunistische Parteien die Mehrheit. In Bulgarien und Rumänien waren zunächst Parteien erfolgreich, die sich als Reformsozialisten bezeichnen.

Der Übergang zu demokratischen Verhältnissen verlief in den meisten Ländern friedlich. Nur in Rumänien kam es Ende 1989 zu blutigen Unruhen, in deren Verlauf der kommunistische Partei- und Staatschef Nikolae Ceaucescu und seine Frau von einem Schnellgericht zum Tode verurteilt und erschossen wurden.

Übersicht 3: Neue Demokratien in den ost- und südosteuropäischen Staaten – ehemalige Mitglieder des Warschauer Pakts

Ungarn

02.05.1989: Die Armee beginnt mit dem Abbau der Grenzbefestigungen zu Österreich.
19.09.1989: Die Ungarische Sozialistische Arbeiterpartei und die Opposition einigen sich, in einer neuen Verfassung das Recht auf freie Wahlen mit mehreren Parteien zu verankern.
23.03.1990: Bei den ersten freien Parlamentswahlen erhalten nichtkommunistische konservative und liberale Parteien die Mehrheit. Dieses Ergebnis wird auch beim zweiten Wahlgang am 08.04. bestätigt.
23.05.1990: Das Parlament bestätigt die neue Regierung unter József Antall, dem Vorsitzenden des Ungarischen Demokratischen Forums (UDF).

Polen

24.08.1989: Am 19.08. war der Versuch der kommunistischen Polnischen Vereinigten Arbeiterpartei gescheitert, eine Regierung zu bilden. Daraufhin wählt das Parlament erstmals einen Vertreter der oppositionellen Gewerkschaft Solidarnosc, Tadeus Mazowiecki, zum Ministerpräsidenten.
09.12.1990: Der Vorsitzende der Gewerkschaft Solidarnosc, Lech Walesa, wird zum Präsidenten Polens gewählt.
27.10.1991: Die ersten freien Parlamentswahlen bringen keine klare Regierungsmehrheit. 29 Parteien ziehen ins Parlament, den Sejm, ein (490 Abgeordnete). Die Bildung einer Regierung erweist sich als sehr schwierig. Am 06.12.1991 wird Jan Olszewski von der Partei „Bürgerallianz Zentrum" (44 Abgeordnete) zum Ministerpräsidenten einer Koalitionsregierung gewählt.
04.06.1992: Auf Antrag von Staatspräsident Walesa entzieht das Parlament der Regierung Olszewski das Vertrauen. Am Tag darauf wählt es Waldemar Pawlak von der Bauernpartei zum neuen Ministerpräsidenten. Meinungsverschiedenheiten in der Regierung und mit dem Staatspräsidenten veranlassen Pawlak, Anfang Juli zurückzutreten.
10.07.1992: Die neue Regierung unter Ministerpräsidentin Hanna Suchocka (Demokratische Union) wird im Parlament vereidigt.

Tschechoslowakei

07.12.1989: Der Reformkommunist Marián Calfa bildet eine Koalitionsregierung. Die Kommunisten stellen darin 10 der 21 Minister. Calfa tritt am 18.01.1990 aus der Kommunistischen Partei aus.
28./29.12.1989: In Prag werden Alexander Dubcek, Führer des Aufstandes von 1968, zum Parlamentspräsidenten und Vaclav Havel, Schriftsteller und Sprecher der demokratischen Opposition, zum Staatspräsidenten gewählt.
08./09.06.1990: Bei den ersten freien Parlamentswahlen erhalten die frühere Oppositionsgruppe „Tschechisches Bürgerforum" und deren Partnerorganisation für die Slowakei, „Öffentlichkeit gegen Gewalt", 87 der 150 Sitze. Präsident Havel beauftragt den bisherigen Ministerpräsidenten Calfa mit der Bildung einer Regierung.
01.01.1993: Wie vom tschechoslowakischen Parlament beschlossen, löst sich am 31.12.1992 die Tschechoslowakische Republik ČSFR auf. Seit Beginn des Jahres 1993 bestehen auf diesem Gebiet zwei neue Staaten, die Tschechische Republik (Prag) und die Slowakische Republik (Bratislava).

Bulgarien

17.06.1990: In den ersten freien Parlamentswahlen wird die Bulgarische Sozialistische Partei (BSP, ehemalige Kommunisten) mit 47,9 % der Stimmen stärkste Kraft. Ministerpräsident wird Dimitas Popow. Er bildet eine Koalitionsregierung unter Führung der BSP.
13.10.1991: Neuwahlen führen zu einem Machtwechsel. Stärkste Partei wird nun die frühere Oppositionsbewegung Union der Demokratischen Kräfte (UDK; 34,38 % der Stimmen). Ministerpräsident wird Filip Dimitroff. Er bildet eine Koalitionsregierung ohne Beteiligung der früheren Kommunisten (BSP).
12./19.01.1992: Bei den ersten freien Präsidentschaftswahlen erhält Sheljn Shelew von der UDK im zweiten Wahlgang 52,85 % der Stimmen. Auf Welko Wulkanow von der BSP entfallen 41,15 %.

Rumänien

25.12.1989: Staats- und Parteichef Nikolae Ceaucescu und seine Frau werden von einem Schnellgericht, das im Verlauf der blutigen Unruhen eingesetzt wurde, zum Tode verurteilt und hingerichtet. Die Front der Nationalen Rettung (FNR), in der auch frühere führende Kommunisten mitarbeiten, übernimmt mit Ion Iliescu die Staatsführung.
20.05.1990: Bei den ersten freien Wahlen erreicht die FNR die Mehrheit. Sie wird vor allem von der Landbevölkerung gewählt.
26.09.1991: Nach gewaltsamen Demonstrationen der Bergarbeiter gegen die Wirtschaftspolitik der Regierung (Übergang zur Marktwirtschaft, Anstieg der Preise und der Zahl der Arbeitslosen) tritt Ministerpräsident Roman zurück. Sein Nachfolger wird der parteilose Theodor Stolojan, unter Roman bislang Finanzminister.
08.12.1991: Nachdem das Parlament am 21.11.1991 die neue Verfassung gebilligt hat, wird sie durch eine Volksabstimmung mit 77,3 % Ja-Stimmen bestätigt. Das Parlament besteht aus zwei Kammern.

Die NATO verliert ihren Gegner: die Auflösung des Warschauer Pakts

Für die neuen Regierungen in Polen, Ungarn und der Tschechoslowakei war es von Anfang an ein wichtiges Ziel ihrer Politik, aus der Bevormundung und Kontrolle durch die östliche Supermacht, die UdSSR, herauszukommen. Dem **Recht auf Selbstbestimmung** entsprechend verlangten sie, ihre Außenpolitik und ihre Verteidigung selber gestalten zu können. Eine weitere Stationierung sowjetischer Truppen in ihren Ländern wie auch die weitere Mitgliedschaft im östlichen Militärbündnis, der WVO, lehnten sie deshalb ab.
Für die Sowjetunion stellten die kommunistischen osteuropäischen Staaten nach 1945 eine **Sicherheitszone** gegenüber den westlichen Staaten dar. Die Kontrolle dieser Zone war deshalb in ihrer Sicht auch militärisch begründet: Die kommunistischen Regierungen in Polen, in der DDR, in Ungarn und der Tschechoslowakei sollten zusammen mit den in diesen Ländern stationierten sowjetischen Truppen die sowjetische Westgrenze absichern. Als die Verhandlungen über die Auflösung des Warschauer Paktes im Februar 1991 begannen, erklärten die NATO-Staaten, daß sie nicht beabsichtigten, ihr eigenes Militärbündnis durch die Aufnahme osteuropäischer Staaten auszudehnen. Die UdSSR sollte sich nicht durch die NATO bedroht fühlen. Auf dieser Grundlage vereinbarten die Mitgliedstaaten des Warschauer Pakts, das Militärbündnis mit seinem gemeinsamen Oberkommando zum 31. März 1991 aufzulösen.

Das Ende der Sowjetunion, der UdSSR

Die Reformen, mit denen Michail Gorbatschow die politischen Verhältnisse in der Sowjetunion veränderte, verliefen nicht ohne Widerstand. Vor allem konservative Führungskräfte und Funktionäre der kommunistischen Partei, aber auch Teile der Roten Armee sahen, daß Gorbatschows Politik für sie mit Nachteilen verbunden war: Sie fürchteten den Verlust ihres Einflusses im Staat und in der Gesellschaft, eine unsichere berufliche und wirtschaftliche Zukunft. Sie sahen diese Befürchtungen bestätigt, als die wirtschaftliche Lage in der UdSSR immer schlechter wurde, Betriebe keine Aufträge mehr erhielten, die Zahl der Arbeitslosen anstieg, die Verbraucher immer länger nach den wenigen Lebensmitteln anstehen mußten...

Unabhängige Staaten – die neue Gemeinschaft: GUS

Die drei baltischen Republiken **Litauen**, **Estland** und **Lettland** wurden im Zweiten Weltkrieg gewaltsam der Sowjetunion einverleibt. Mit der Demokratisierung durch Gorbatschow sahen sie die Zeit für gekommen, sich wieder von der UdSSR zu lösen. Nach zum Teil blutigen Auseinandersetzungen mit sowjetischen Truppen stimmte der Staatsrat der UdSSR am 6. September 1991 der Unabhängigkeit dieser drei Republiken zu.

Das Ende der Sozialistischen Sowjetrepubliken wurde von den Präsidenten von elf Sowjetrepubliken am 21. Dezember 1991 in Alma Ata, der Hauptstadt Kasachstans, verkündet. Die zwölfte Sowjetrepublik, Georgien, war bei dieser Konferenz nicht vertreten. Die elf Präsidenten erklärten, die Selbständigkeit und Unabhängigkeit ihrer Staaten gegenseitig zu achten. Sie betonten aber, daß hierzu künftig keine zen-

Übersicht 4: Die Republiken der ehemaligen UdSSR

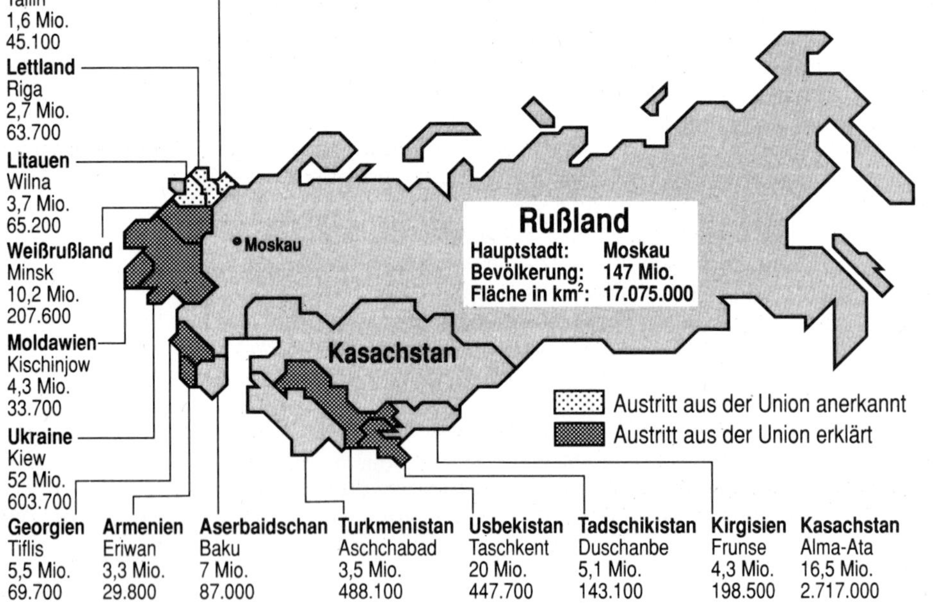

Zur Ergänzung:

Rußland, genauer die Russische Föderative Republik, besteht selber aus unterschiedlichen Staatsgebieten. Einige von ihnen nehmen auch für sich in Anspruch, möglichst selbständig zu sein. 83 % der Bevölkerung sind Russen, 17 % kommen aus mehr als 30 verschiedenen Völkern.

trale Regierung und kein Staatspräsident einer Union erforderlich seien. Als **Gemeinschaft Unabhängiger Staaten** wollen sie künftig in einem lockeren Verbund zusammenarbeiten, um vor allem die Wirtschafts- und die Verteidigungspolitik aufeinander abzustimmen. Damit war die Sowjetunion als Staat aufgelöst. Staatspräsident Gorbatschow trat daraufhin am 25. Dezember 1991 zurück.

Putsch gegen Gorbatschow

Unter Führung des sowjetischen Vizepräsidenten Janajew, des Ministerpräsidenten Pawlow und des Verteidigungsministers Jasow versuchten diese Kräfte, Gorbatschow durch einen Staatsstreich abzusetzen. Der Putschversuch, am 19. August 1991 begonnen, brach aber nach drei Tagen zusammen. Große Teile der Bevölkerung, angeführt von dem Präsidenten der russischen Republik, **Boris Jelzin**, zwangen die aufständischen Soldaten zum Abzug aus Moskau.
Diese drei Tage veränderten dennoch die politischen Verhältnisse in der UdSSR:

- ▶ Staatspräsident Gorbatschows Rolle war künftig geschwächt. Der neue starke Mann war nun der russische Präsident Boris Jelzin.
- ▶ Die Kommunistische Partei der UdSSR, die KPdSU, wurde am 23. August 1991 von Jelzin in der russischen Republik verboten, ihr Vermögen eingezogen.
- ▶ Die einzelnen Republiken, die zusammen die Union der Sozialistischen Sowjetrepubliken bildeten (UdSSR), rückten immer weiter von der Zentrale in Moskau ab. Sie verfolgten nun mit Nachdruck das Ziel, selbständige und unabhängige Staaten zu bilden.

Europa – mit neuer Landkarte

Die politische Landkarte Europas wurde durch die jüngsten Entwicklungen in der UdSSR und in den von ihr ehemals abhängigen Staaten in Ost- und Südosteuropa grundlegend verändert.
Europa war nach 1945 – und mit ihm auch Deutschland – durch einen Eisernen Vorhang in gegnerische Lager getrennt worden. Jedes dieser Lager hatte sich durch das andere bedroht gesehen – und hatte seine Armeen entsprechend aufgerüstet, um die andere Seite vor einem Angriff abzuschrecken. Beide Lager hatten zugleich unterschiedliche Vorstellungen von der richtigen Ordnung verkörpert, nach der ein Staat gestaltet und die Wirtschaft aufgebaut sein sollten.
Mit den Reformen in Osteuropa leiteten diese Länder eine Entwicklung ein, mit der – nach dem Abbau der militärischen Gegnerschaft – auch die politischen und die wirtschaftlichen Schranken, die der Ost-West-Konflikt aufgebaut hatte, allmählich verschwinden könnten.

Zusammenfassung

1 Im November 1990 erklärten die Staaten der Nordatlantischen Verteidigungsorganisation (NATO) und der Warschauer Vertragsorganisation (WVO), künftig nicht mehr als Gegner gegeneinander, sondern als Partner miteinander zu arbeiten, um den Frieden zu erhalten. Gleichzeitig stellten alle europäischen Staaten zusammen mit den USA und Kanada fest, daß die Zeit der Konfrontation und der Teilung Europas vorüber sei. Diese Erklärungen sollen den Ost-West-Konflikt beenden. Möglich wurde diese Politik vor allem durch die Reformpolitik in der UdSSR unter Staats- und Parteichef Michail Gorbatschow. Die UdSSR gab damit zugleich den Führungsanspruch gegenüber den anderen kommunistischen Staaten und die Breschnew-Doktrin auf.

2 Die Reformpolitik der UdSSR stärkte auch die oppositionellen Bewegungen in den Mitgliedstaaten der WVO. Bürgerrechtsgruppen, nichtkommunistische Gewerkschaften und Parteien errangen erstmals seit mehr als vierzig Jahren in freien Wahlen in diesen Ländern die Mehrheit: Zwischen 1989 und 1991 gelang es ihnen, die kommunistischen Parteien aus der Macht zu drängen und jeweils die Regierung zu bilden. Gegenüber der UdSSR forderten sie ihr Recht auf Selbstbestimmung, auch bei der Entscheidung über ihre eigene Außen- und Verteidigungspolitik.
Die UdSSR griff – anders als bei früheren Reformversuchen – nicht mehr in die innere Entwicklung dieser Länder ein. Zum 31. März 1991 löste sich das militärische Bündnis des Ostens, die WVO, auf.
Nach einem Putschversuch gegen Gorbatschow im August 1991 beschleunigte sich die Auflösung der Union der Sozialistischen Sowjetrepubliken, der UdSSR. Die einzelnen Teilrepubliken forderten nun verstärkt, als unabhängige und selbständige Staaten anerkannt zu werden. Sie zwangen Gorbatschow am 25. Dezember 1991 zum Rücktritt. Damit hörte die UdSSR auf, als Staat zu existieren.

8.2 Rückblick: Der Ost-West-Konflikt und seine Bedeutung für die internationale Politik

Adolf Hitler Was Here

New York Herald Tribune, 1. 4. 1949

Vielleicht gehts beim zweiten Male besser... („Krokodil")

Nationalzeitung, Berlin (Ost), 30. 5. 1948

Aus: Wolfgang Marienfeld, Die Geschichte des Deutschlandproblems im Spiegel der politischen Karikatur, Bonn, Bundeszentrale für politische Bildung 1989, S. 15f.

Die andere Seite – der Gegner

Zwei Karikaturen aus der zweiten Hälfte der vierziger Jahre – jede hat die andere Seite im Blick: Die New York Herald Tribune (eine Zeitung), als Beispiel für die im Westen vorherrschende Meinung, sieht im sowjetischen Diktator Stalin einen zweiten Hitler, dessen Ziel es sei, über Deutschland und Europa zur kommunistischen Weltherrschaft zu gelangen.
Für die kommunistische Ost-Berliner Nationalzeitung steht hinter der westlichen Politik – unter Führung der USA – vor allem das große internationale Kapital und seine weltweiten Interessen: Die Wallstreet, das Börsenzentrum in New York, habe mit seiner Politik gegenüber Deutschland in den zwanziger Jahren den Aufstieg Hitlers ermöglicht. Mit dem amerikanischen Marshall-Plan (siehe unten) versuche das große Finanzkapital nun erneut, weltweit die Herrschaft zu ergreifen. Nimmt diese Politik sogar in Kauf, daß sie einen zweiten Hitler hervorbringt?

Zum Dawes-Plan: 1924 – Regelung der Reparationszahlungen Deutschlands an die Siegermächte des Ersten Weltkriegs: bis 1928 insgesamt 5,4 Mrd., ab 1929 jährlich 2,4 Mrd. Mark; ohne zeitliche Begrenzung.

Leitfragen

1 Nach dem „heißen" der „Kalte Krieg" – wie kam es zur Gegnerschaft zwischen Ost und West?

2 Sicherheit militärisch – Frieden durch Drohung mit Waffengewalt?

3 Der Ost-West-Konflikt – auf Europa beschränkt?

1 Nach dem „heißen" der „Kalte Krieg" – wie kam es zur Gegnerschaft zwischen Ost und West?

Nach 1945: Keine gemeinsame Friedensordnung in Europa

Der Zweite Weltkrieg endete 1945 mit der militärischen Niederlage des nationalsozialistischen Deutschen Reiches. Die verbündeten Mächte, die Vereinigten Staaten von Amerika, Großbritannien und die Sowjetunion, hatten schon während des Krieges beschlossen, nach ihrem Sieg über Deutschland gemeinsam eine neue **Friedensordnung** in Europa aufzubauen. Doch nach der Kapitulation der Deutschen Wehrmacht am 8. Mai 1945 zeigte sich mehr und mehr, daß die westlichen Staaten unter der Führung der USA einerseits und die UdSSR andererseits keine dauerhaften gemeinsamen politischen Ziele in Europa verfolgten. Im Gegenteil: Beide Großmächte sahen ihre Sicherheit und die ihrer Verbündeten jeweils durch die andere Seite gefährdet. Um diese Entwicklung zu verstehen, ist es notwendig, die politischen Interessen dieser Staaten und die Vorstellungen von der richtigen Ordnung in Staat und Gesellschaft genauer anzuschauen.

Der Streit um Deutschlands Zukunft

Zur Kontrolle Deutschlands errichteten die Siegerstaaten vier **Besatzungszonen**; zu den drei Großmächten USA, UdSSR und Großbritannien war als vierte Besatzungsmacht noch Frankreich gekommen. Die Gegensätze traten zutage, als es darum ging, die politischen und wirtschaftlichen Verhältnisse in diesen Besatzungszonen neu zu ordnen. Unter den vier Staaten gab es keine gemeinsamen Pläne über ein künftiges „demokratisches Deutschland":

Die **sowjetische Militärregierung** verstaatlichte – unter Berufung auf das Potsdamer Abkommen vom 2. August 1945 – in ihrer Zone große Teile der Wirtschaft. Im Zuge einer Bodenreform wurden die großen landwirtschaftlichen Güter in kleinere Betriebe aufgeteilt. Rund 500 000 Personen – Landarbeiter, landlose Bauern, Umsiedler – erhielten zusammen 2,1 Mio. ha Land. Landverteilung und Verstaatlichung auf regionaler Ebene sollten aber nicht zu einer Landwirtschaft mit selbständigen, privaten Bauern führen. Schon im Juli 1945 hatte die sowjetische Besatzungsmacht Zentralverwaltungen für Verkehr, Nachrichtenwesen, Wirtschaft und Arbeit eingerichtet, aus denen sich **zentrale Planungseinrichtungen** für eine verstaatlichte Wirtschaft und für weitere Bereiche des öffentlichen Lebens entwickeln ließen, wie sie einer **sozialistischen Staats- und Gesellschaftsordnung** entsprachen. Bei den **Westmächten**, vor allem bei den **Vereinigten Staaten von Amerika**, hatte sich schon bald die Überzeugung durchgesetzt, daß die Wiederbelebung der deutschen Wirtschaft notwendig sei, um Westeuropa insgesamt zu stärken. Nur so sei es möglich, die Position des Westens gegenüber der Sowjetunion weiter auszubauen. Eine Verstaatlichung der Unternehmen wurde deshalb von ihnen in den westlichen Zonen abgelehnt. Eine solche Politik sei, so wurde betont, nicht mit den Grundsätzen einer **freiheitlichen, demokratischen Ordnung** und einer **freien Marktwirtschaft** vereinbar.

Die Teilung Europas

Der Gegensatz zwischen Ost und West zeigte sich nicht nur in der Deutschland-Politik der Großmächte, sondern auch in der Auseinandersetzung um **Osteuropa**.

Die UdSSR – Herrschaft über ganz Europa?

In Polen, Ungarn und der Tschechoslowakei, in Jugoslawien, Albanien, Bulgarien und Rumänien übernahmen nach dem Krieg mit massiver Unterstützung der UdSSR und ihrer Roten Armee Regierungen die Macht, in denen die kommunistischen Parteien die entscheidenden Rollen spielten. Sie bezeichneten sich im Unterschied zu den parlamentarischen Demokratien der westlichen Verbündeten als **Volksdemokratien**. Damit gelang es der UdSSR, mit diesen Staaten eine **sowjetische Einflußzone** zu schaffen und sie gegenüber Westeuropa abzuschließen. In den westlichen Staaten wurde in dieser Politik ein Versuch Moskaus gesehen, den eigenen Einfluß in Richtung Westeuropa auszuweiten. Letztlich gehe es der UdSSR und ihrem Diktator Stalin darum, die **Herrschaft des Kommunismus** weltweit auszudehnen. Die Machtübernahme in Europa sei eine Station auf dem Weg zur kommunistischen Weltherrschaft.

Was wollte Stalin?

Der Gedanke einer „kommunistischen Weltherrschaft" gehörte zwar zu den politischen Schlagwörtern, mit denen die kommunistischen Parteien ihre langfristigen Ziele propagierten. Dies beweist aber noch nicht, daß Stalin eine solche Politik tatsächlich verwirklichen konnte. Vorrangig war zu dieser Zeit für die Führung der UdSSR ein anderes Ziel: der Aufbau einer „Pufferzone" gegenüber dem „kapitalistischen Westen". Je geschlossener dieser Staatengürtel der „Volksdemokratien" war, um so sicherer konnte sich die UdSSR selber fühlen. Ein britischer Geschichtswissenschaftler faßt diese „Sicherheitspolitik" Stalins zusammen: „Die Russen hatten ohne Zweifel am meisten unter den deutschen Aggressionen in der ersten Hälfte des 20. Jahrhunderts gelitten, und sie waren ... fest entschlossen, in der zweiten Hälfte keine Wiederholung zuzulassen. Die Förderung der kommunistischen Weltrevolution war eine zweitrangige, aber damit verbundene Überlegung, da Rußlands ... Position am ehesten verstärkt werden konnte, wenn es andere marxistisch geführte Staaten schuf, die auf Führung aus Moskau vertrauten." (Paul Kennedy, Aufstieg und Fall der großen Mächte, Frankfurt 1991, S. 555f.)

Die USA – wirtschaftliche Hilfe zur „Eindämmung" des Kommunismus

Die meisten europäischen Staaten hatten nach dem Krieg mit großen wirtschaftlichen Problemen zu kämpfen. Diese Probleme konnten zum Nährboden für gesellschaftliche und politische Unruhen werden. Um eine solche Entwicklung zu verhindern, forderte die Regierung der USA, die westlichen Staaten müßten gemeinsame Anstrengungen unternehmen, um Westeuropa gegenüber der UdSSR zu stärken.
Mit dem **Marshall-Plan**, einem wirtschaftlichen Hilfsprogramm, boten die USA den europäischen Staaten 1947 Darlehen an, um ihre Industrien modernisieren und die drängenden Versorgungsprobleme lösen zu können. Der Grundgedanke dieses, nach dem damaligen

US-Außenminister benannten Planes war: Wenn die europäischen Staaten wirtschaftlich wieder „auf die Füße“ kommen, verlieren die kommunistischen Parteien in diesen Ländern an Einfluß. Zudem konnte ein wirtschaftlich sicheres Europa auch für die Wirtschaft der USA von Nutzen sein: als Absatzmarkt für amerikanische Produkte und als Anlageplatz für amerikanisches Kapital, das in europäische Unternehmen investiert würde. Ein **freier Welthandel**, d. h. freie Wirtschaftsbeziehungen zwischen demokratischen Staaten, sollte zu wirtschaftlichem Wohlstand führen und die Bevölkerung der europäischen Staaten davon überzeugen, daß die Staats- und Gesellschaftsordnung des Kommunismus der freien Marktwirtschaft und parlamentarischen Demokratie unterlegen sei.

Übersicht 1: Der Ost-West-Konflikt – Gegensätze auf mehreren Ebenen

UdSSR/Osten		**USA/Westen**
Alleinherrschaft der kommunistischen Partei als „Partei der Arbeiterklasse“, Volksdemokratien, ohne politische Opposition; Führungsanspruch der Partei auch in der Gesellschaft	**Staat und Gesellschaft**	pluralistische Demokratien, Wettbewerb unterschiedlicher politischer Parteien, freie und geheime Wahlen; Bildung von Interessenverbänden
Produktionsmittel in der Hand des Staates (Verstaatlichung) oder als Genossenschaften mit staatlicher Führung (Vergesellschaftung); zentrale Planung und Leitung der Volkswirtschaft – sowohl der Produktion wie des Angebots; Festsetzung der Preise und Löhne	**Wirtschaftsordnung**	freie Marktwirtschaft, Privateigentum an Produktionsmitteln; Planung und Leitung durch die Unternehmen; Preisbildung durch Angebot und Nachfrage; Festsetzung der Löhne durch Arbeitgeber und Arbeitnehmer bzw. ihre Verbände; freier Welthandel als freier Waren- und Kapitalverkehr
Aufbau einer „sozialistischen Staatengemeinschaft“ durch Volksdemokratien als Sicherheitszone; Kontrolle durch die sowjetische Rote Armee; Abschluß zweiseitiger „Freundschafts- und Beistandsverträge“ 1955; in der Warschauer Vertragsunion („Warschauer Pakt“) zusammengefaßt	**Internationale Beziehungen**	Wiederaufbau der Wirtschaft in Europa mit amerikanischer Hilfe, Öffnung der europäischen Märkte für die Wirtschaft der USA; politische und wirtschaftliche Zusammenarbeit der westeuropäischen Staaten untereinander; Eindämmung der UdSSR: Verhinderung einer weiteren Expansion; Aufbau von Militärbündnissen, so 1949: Nordatlantische Verteidigungsorganisation (NATO)

Über diese wirtschaftliche Hilfe hinaus bot der Präsident der USA, **Harry S. Truman**, am 12. März 1947 allen europäischen Staaten wirtschaftliche Hilfe und militärische Unterstützung an, falls sie „von außen", d. h. konkret von der UdSSR bedroht würden. Mit dieser „Truman-Doktrin" sollten zunächst Griechenland und die Türkei gestärkt und der sowjetische Einfluß in diesen Ländern zurückgedrängt werden. Insgesamt drückte der amerikanische Präsident damit seine Absicht aus, eine weitere Ausdehnung des sowjetischen Herrschaftsbereiches nicht hinzunehmen.

Zwei Lager

Der Marshall-Plan und die Truman-Doktrin machten deutlich, daß der Gegensatz zwischen den westlichen Großmächten und der UdSSR nicht nur Deutschland in **zwei Lager** teilte, sondern Europa insgesamt. Es folgte eine Periode, die durch Spannungen und Konfrontation zwischen dem Westen und dem Osten, das heißt zwischen den USA und der UdSSR und ihren jeweiligen Verbündeten, geprägt war. In dieser Phase begannen die beiden mächtigsten und politisch führenden Staaten der Welt, ihre einmal erreichten Einflußgebiete jeweils enger zusammenzuschließen und militärisch abzusichern.
Vor allem amerikanische Politiker sahen als Ziel der Politik des Westens an, ein weiteres sowjetisches Vordringen über die einmal erreichten Grenzen ihres Einflußbereiches hinaus zu verhindern: Durch den Aufbau eines Netzes militärischer Stützpunkte und durch die Gründung militärischer Bündnissysteme (Beistandspakte) sollte der sowjetische Herrschaftsbereich „eingedämmt" werden.

Stichwort:
Kalter Krieg

Die spannungsvollen und konflikthaften Beziehungen zwischen den USA und der UdSSR von 1947 bis zu Beginn der siebziger Jahre werden im engeren Sinne als **Kalter Krieg** bezeichnet. Die Formulierung wurde erstmals 1947 durch den US-amerikanischen Journalisten Walter Lippmann im Titel einer Schrift verwendet, in der er sich kritisch mit der „Eindämmungspolitik" der USA befaßte.
Der Kalte Krieg bezieht sich auf die gegensätzlichen Ziele und Interessen der USA und der UdSSR, wie sie insbesondere in den Vorstellungen über die Staats- und Gesellschaftsordnung, die Wirtschaftsordnung und die internationale Politik zum Ausdruck kamen (vgl. Übersicht 1). Im Kalten Krieg zeigten sich also ideologisch-weltanschauliche, wirtschaftspolitische und machtpolitische Konflikte zwischen den USA und der UdSSR einschließlich ihrer jeweiligen Verbündeten. Einen ersten Höhepunkt erreichten diese Konflikte in der Blockade der Zufahrtswege nach Berlin durch sowjetische Truppen (Berliner Blockade Juni 1948 bis Mai 1949). Im Korea-Krieg (1950 bis 1953) wurde deutlich, daß der Kalte Krieg, die Rivalität zwischen den USA und der UdSSR, sich auch auf Gebiete außerhalb Europas ausweitete.

2 Sicherheit militärisch – Frieden durch Drohung mit Waffengewalt?

Militärische Bündnisse – jede Seite macht sich stark

Wenn jede Seite davon ausgeht, daß die andere Gefährliches im Schilde führt, wie kann dann der Friede gewahrt werden? Die Politik zwischen West und Ost war nach 1945 von gegenseitigem Mißtrauen geprägt. Zwar haben die vier Großmächte auf vielen internationalen Konferenzen versucht, trotz unterschiedlicher Interessen über die Zukunft Deutschlands und Europas zu einem Ausgleich zu kommen. Diese Bemühungen blieben jedoch bis in die sechziger Jahre hinein ohne Erfolg. Den Frieden sichern – darunter verstanden beide, der Westen und der Osten, die Aufgabe, sich stark zu machen, um die andere Seite von einem Angriff abzuschrecken. Doch: Was die eine Seite zu ihrer Sicherheit unternahm, erschien in den Augen der anderen wiederum als Gefahr für deren Sicherheit. Der „Wettlauf um die Sicherheit" wurde zum Wettlauf mit der Rüstung. Eine Spirale ohne Ende?

Stichwort: Militärpakte

Die eigene Position gegenüber einem möglichen Gegner stark zu machen, gelingt in der Regel durch die Zusammenarbeit mit anderen. Staaten können zu diesem Zweck militärische Bündnisse, **Militärpakte**, abschließen. Solche Bündnisse beruhen auf vertraglichen Regelungen zwischen mindestens zwei Staaten. Ziel eines solchen Vertrages ist es, sich bei einem Angriff durch dritte Staaten gemeinsam zu **verteidigen**. In der Vergangenheit hat es allerdings auch Bündnisse gegeben, deren Ziel ein gemeinsamer **Angriff** zweier oder mehrerer Staaten gegen dritte war. So sah der „Deutsch-Sowjetische Nichtangriffspakt" von 1939 in einem geheimen Zusatz vor, Polen zwischen Deutschland und der UdSSR aufzuteilen und die drei baltischen Staaten Estland, Litauen und Lettland in die Sowjetunion einzugliedern, d. h. zu annektieren.

Angriffspakte verstoßen gegen das **Völkerrecht**. Dies wurde bereits 1919 in der Satzung des **Völkerbundes** beschlossen und 1945 bei der Gründung der **Vereinten Nationen** (UNO, siehe Abschn. 8.4) nochmals bestätigt. Das Völkerrecht erlaubt es allerdings Staaten, die angegriffen werden, sich zu verteidigen und sich dazu mit anderen zu einem **Verteidigungsbündnis** zusammenzuschließen. In Artikel 51 der Charta der Vereinten Nationen wird dieses Recht zur Selbstverteidigung im Falle eines bewaffneten Angriffs ausdrücklich betont. Der angegriffene Staat kann sich dabei selbst verteidigen (Recht zur individuellen Selbstverteidigung) oder einen Angriff gemeinsam mit anderen Staaten abwehren (Recht zur kollektiven Selbstverteidigung).

Die NATO – das nordatlantische Bündnis

Die Reihe der Bündnisse in Westeuropa nach 1945 eröffneten Frankreich und Großbritannien am 4. März 1947 mit dem **Vertrag von Dünkirchen**. Ihm folgte am 17. März 1948 der **Brüsseler Vertrag** zwischen Frankreich, Großbritannien, Belgien, den Niederlanden und Luxemburg. Beide Pakte waren zunächst gegen einen eventuell neu erstark-

ten deutschen Angreifer gerichtet. In diesem Fall sahen die Verträge Maßnahmen zur gemeinsamen, d. h. kollektiven Verteidigung vor. Der Brüsseler Vertrag bestimmte ferner, daß die fünf Unterzeichner eine gemeinsame Verteidigungsorganisation errichten sollten.
Bereits während der Vertragsverhandlungen und unmittelbar danach setzte sich bei den fünf Regierungen die Überzeugung durch, daß eine mögliche Aggression weniger von deutscher und eher von sowjetischer Seite ausgehen könnte. Seit 1946 war es der UdSSR gelungen, ihre Position in den Staaten Osteuropas – vor allem durch die Bildung von kommunistisch geführten Regierungen – zu ihren Gunsten zu verändern.
Am 22. Februar 1948 schließlich wurde die sozialdemokratisch geführte Regierung in Prag durch einen kommunistisch gelenkten Staatsstreich gestürzt. Im Juni 1948 begann die Blockade der Westsektoren Berlins (Berliner Blockade, bis Mai 1949). In diesem politischen Umfeld begannen im Juli 1948 Verhandlungen zwischen den fünf Staaten des Brüsseler Pakts sowie den USA und Kanada, zu denen dann weiter die Regierungen Italiens, Islands, Dänemarks, Norwegens und Portugals hinzutraten. Am 4. April 1949 unterzeichneten diese Regierungen in Washington den **Nordatlantik-Vertrag**, in dem der Aufbau einer **Nordatlantischen Verteidigungsorganisation,** der **NATO**, vereinbart wurde. Die Regierungen versicherten sich gegenseitig, „... daß ein bewaffneter Angriff gegen eine(n) oder mehrere von ihnen in Europa oder Nordamerika als ein Angriff gegen sie alle angesehen wird..." Sie vereinbarten daher, „daß im Falle eines solchen bewaffneten Angriffs jede(r) von ihnen Beistand leistet... einschließlich der Anwendung von Waffengewalt." (Art. 5, NATO-Vertrag 1949).
1952 traten Griechenland und die Türkei der NATO bei. Am 5. Mai 1955 wurde auch die Bundesrepublik Deutschland Mitglied dieses Bündnisses. Als bislang letzter Staat wurde Spanien zum 1. Januar 1982 aufgenommen.

Die WVO – der „Warschauer Pakt"

Zwischen 1943 und 1948 schloß die UdSSR mit Staaten Osteuropas zweiseitige Verträge. Diese Beistandsverträge mit Moskau wurden ergänzt durch Abkommen zwischen einzelnen osteuropäischen Staaten untereinander. Sie wurden am 14. Mai 1955 im **Warschauer Vertrag über Freundschaft, Zusammenarbeit und gegenseitigen Beistand** zusammengefaßt. Seine wichtigste Vereinbarung war die Gründung der **Warschauer Vertragsorganisation (WVO)**, auch „Warschauer Pakt" genannt. Zu dieser militärischen Organisation des Ostblocks schlossen sich unter der Führung der Sowjetunion sieben Staaten zusammen: Albanien, Bulgarien, die Deutsche Demokratische Republik, die Tschechoslowakei, Polen, Rumänien und Ungarn. Sie vereinbarten:
„Im Falle eines bewaffneten Überfalls in Europa auf einen oder mehrere Teilnehmerstaaten des Vertrages seitens irgendeines Staates oder einer Gruppe von Staaten wird jeder Teilnehmer des Vertrages ... sofortigen Beistand ... mit allen Mitteln ... einschließlich militärischer Gewalt erweisen." (Art. 4, WVO 1955).

Albanien trat 1968 aus Protest gegen den Einmarsch der Truppen des Warschauer Paktes in die Tschechoslowakei aus dem Pakt aus. Die Mongolische Volksrepublik, die Koreanische Volksdemokratische Republik und die Volksrepublik Vietnam arbeiteten bis zur Auflösung der WVO (siehe unten) eng mit diesem Bündnis zusammen, ohne direkt Mitglieder gewesen zu sein.

Die Sowjetunion verfolgte mit der WVO die **Ziele**,

- die Verteidigungsbereitschaft der Staaten in ihrem Einflußbereich zu erhöhen und die militärische Organisation der zweiseitigen, bilateralen Verträge in einem einzigen Bündnis zu straffen;
- durch ein multilaterales, d. h. mehrseitiges Bündnis ein Gegengewicht gegen die NATO zu schaffen, die gerade die Bundesrepublik als Mitglied aufgenommen hatte;
- eine Rechtsgrundlage für die weitere Stationierung sowjetischer Truppen in den osteuropäischen Staaten zu erhalten und
- die politische Entwicklung in diesen Staaten durch die Anwesenheit von Truppen der Roten Armee kontrollieren und steuern zu können, so geschehen bei der Niederschlagung von Reformbewegungen 1956 in Ungarn und 1968 in der Tschechoslowakei.

Sicherheit militärisch – die Strategie der Abschreckung

In der militärischen Sprache wird mit dem Begriff **Strategie** eine langfristige Planung bezeichnet. Sie legt fest, wie die militärischen Mittel, d. h. die Waffen und die Truppen, organisiert und eingesetzt werden. Dabei müssen wir zwischen der Planung für die Friedenszeit und für den Verteidigungsfall unterscheiden.

Die militärischen Strategien der NATO und des Warschauer Pakts unterschieden sich. Ein Grundsatz war ihnen jedoch gemeinsam: Die

Übersicht 2: Die Mitglieder der NATO und der WVO (bis 31.3.1991)

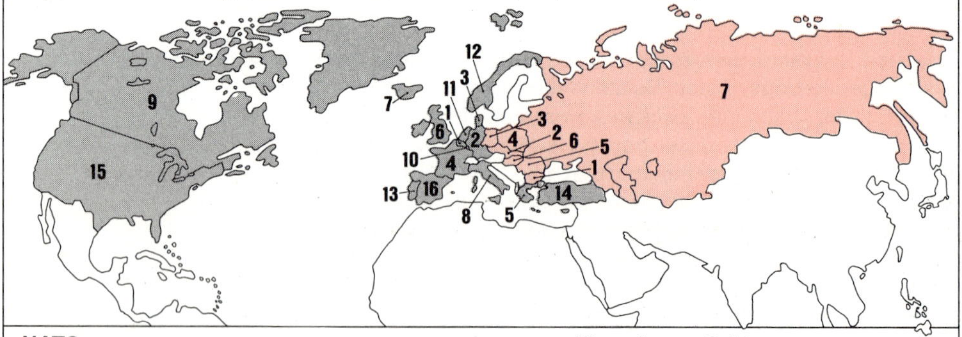

NATO

1 Belgien
2 Bundesrepublik Deutschland
3 Dänemark
4 Frankreich
5 Griechenland
6 Großbritannien
7 Island
8 Italien
9 Kanada
10 Luxemburg
11 Niederlande
12 Norwegen
13 Portugal
14 Türkei
15 Vereinigte Staaten
16 Spanien

Warschauer Pakt

1 Bulgarien
2 Tschechoslowakei
3 Deutsche Demokratische Republik (bis 1990)
4 Polen
5 Rumänien
6 Ungarn
7 Sowjetunion

Albanien war von 1955 bis 1968 Mitglied.

Übersicht 3: „Flexible Reaktion" – abgestufte Strategien der NATO zur Abschreckung des Gegners

1. Stufe: Direkte Verteidigung			
Militärische Reaktion mit Waffen, die auch der Angreifer einsetzt – einschließlich eines atomaren Gegenschlags ▽	**Ziel:** frühe Beendigung der Kampfhandlungen, Waffenstillstand	▶	**politische Lösung:** Verhandlungen zur Beendigung des Konflikts
2. Stufe: Vorbedachte Eskalation			
Ausweitung der Kampfhandlungen: – Erhöhung des Waffeneinsatzes, z. B. begrenzter Einsatz von Atomwaffen – räumliche Ausdehnung oder Verlagerung der Kampfhandlungen ▽	**Ziel:** Erhöhung des Risikos und des Schadens für den Angreifer, Waffenstillstand	▶	**politische Lösung:** Verhandlungen zur Beendigung des Konflikts
3. Stufe: Allgemeine nukleare Reaktion			
Vernichtung vor allem der weitreichenden strategischen Waffen: interkontinentale Raketen, Flugzeuge und U-Boote mit atomaren Waffen	**Ziel:** militärische Niederlage des Angreifers		
▷ = politische Lösung erfolglos	▶ = politische Lösung erfolgreich		

Armeen sollten in Friedenszeiten durch ihre Stärke in der Lage sein, einen möglichen Gegner von einem Angriff abzuschrecken.
Dieser **Strategie der Abschreckung** liegt folgende Annahme zugrunde: Ein Staat, der einen Angriff plant, muß mit militärischer Vergeltung rechnen. Diese Vergeltung fügt dem Angreifer großen Schaden zu. Wenn er den Nutzen, den ihm ein Angriff auf den Gegner bringen könnte, mit den möglichen Schäden, d. h. den im weitesten Sinne eintretenden „Kosten" vergleicht, muß er zu dem Ergebnis kommen: Die Kosten sind größer als der Nutzen. Im schlimmsten Fall steht am Ende eines solchen Konflikts die eigene Niederlage oder gar die Vernichtung. Weil er dies weiß, unterläßt er den Angriff. Voraussetzung ist: Die Abschrekkung muß dem möglichen Gegner bereits in Friedenszeiten **glaubhaft** demonstriert werden. Dadurch soll sie den Ausbruch eines Krieges verhindern.
Was geschieht, wenn diese Abschreckung versagt? Die militärischen Strategien für den **Fall des Krieges** wurden im Laufe der Jahre mehr-

fach verändert. Die Strategie der NATO, wie sie bis zum Ende des Ost-West-Konflikts (vgl. Abschn. 8.1) galt, sah vor, im Falle eines Angriffs **abgestuft, d. h. flexibel** zu reagieren:

Abschreckung = Rüstungswettlauf?

Die Strategie der Abschreckung kann nur dann wirksam sein, wenn ein möglicher Gegner davon überzeugt ist, daß die andere Seite ihm nicht unterlegen, sondern zumindest gleichwertig ist. Mit anderen Worten: Es muß zwischen den gegnerischen Lagern ein **militärisches Gleichgewicht** herrschen.

Die Praxis der Rüstungspolitik hat jedoch gezeigt, daß ein militärisches Gleichgewicht nicht von Dauer ist. Die Rüstungsanstrengungen der Staaten und der militärischen Blöcke waren in der Vergangenheit vielmehr immer in Bewegung. So führte die Befürchtung, gegenüber der anderen Seite zurückzufallen, zur ständigen Weiterentwicklung der militärischen Forschung. Technische Neuerungen versprachen – wenn auch kurzfristig – neue, vorteilhaftere Waffen. In einer solchen **Spirale** des **Wettrüstens** liegt für die Rüstungsindustrie zugleich die Möglichkeit, immer neue Produkte absetzen zu können. Und nicht zuletzt sind die Militärs selber daran interessiert, ihren Stand der Ausrüstung den jeweils neuesten technischen Möglichkeiten anzupassen. Ein dauerhaftes Gleichgewicht der militärischen Kräfte ist nur dann sicher, wenn der militärische Wettlauf durch **politische Vereinbarungen** zwischen den Staaten und Bündnissen gestoppt wird.

Übersicht 4: Abschreckung und Entspannung – Sicherheit auf zwei Säulen

Sicherheit

Militärische Abschreckung und Verteidigung: Strategie der flexiblen Reaktion

Durch eine ausreichende militärische Stärke und durch politische Zusammenarbeit im Bündnis soll ein möglicher Gegner von einem Angriff abgeschreckt bzw. das Gebiet der NATO im Falle eines Angriffs verteidigt werden.

Entspannungspolitik: Zusammenarbeit, dauerhafte Beziehungen, Abrüstung

Durch eine Politik der Entspannung sollen die Konflikte zwischen den Staaten und Blöcken auf friedlichem Wege gelöst und dauerhafte friedliche Beziehungen aufgebaut werden. Die Entspannungspolitik soll eine echte Abrüstung zwischen West und Ost einleiten und ermöglichen.

Sicherheit – wodurch?

Im Dezember 1967 beschlossen die Regierungen der NATO-Staaten, ihre Politik künftig an zwei Grundsätzen auszurichten und damit der NATO gleichrangig eine militärische und eine politische Aufgabe zu geben.

Zusammengestellt nach dem Harmel-Bericht vom Dezember 1967.

Trotz Ost-West-Konflikt: Zusammenarbeit?

Seit den sechziger Jahren zeichnete sich ab, daß der Frieden nicht durch Waffen allein, auch nicht durch die atomaren Massenvernichtungswaffen, gewährleistet werden kann. Militärische Abschreckung sollte in Zukunft nur eine „Säule“ des NATO-Bündnisses sein. Als zweite Säule der Sicherheit kam die **Politik der Entspannung** dazu: Ihr Ziel war es, die Ursachen der Konflikte zwischen den Staaten zu beseitigen. Durch dauerhafte Beziehungen sollte es möglich sein, internationale Konflikte zu vermeiden bzw. durch Verhandlungen beizulegen. Mit diesem **Zwei-Säulen-Konzept** der NATO, auf das sich die Mitgliedsländer 1967 einigten, wurde der Weg geebnet für internationale Verhandlungen mit dem Ziel, den Rüstungswettlauf zu kontrollieren bzw. zu einer echten Abrüstung zu kommen (vgl. Übersicht 4).

3 Der Ost-West-Konflikt – auf Europa beschränkt?

Zwei Lager – zwei Führungsmächte: eine bipolare Welt?

Im März 1947 rief der Präsident der USA, **Harry S. Truman**, die Abgeordneten des amerikanischen Parlaments auf, ihn in seiner Politik zur „Eindämmung des Kommunismus“ zu unterstützen: „Im gegenwärtigen Augenblick der Weltgeschichte muß fast jede Nation zwischen zwei verschiedenen Lebensweisen wählen ... Die eine Art zu leben gründet sich auf dem Willen der Mehrheit und zeichnet sich durch freie Institutionen, repräsentative Regierungen, freie Wahlen, Garantien der persönlichen Freiheit, Freiheit der Rede und der Religion und Freiheit von politischer Unterdrückung aus. Die zweite Lebensart hat als Grundlage den Willen einer Minderheit, der mit Gewalt der Mehrheit gegenüber geltend gemacht wird.“

Aus Moskauer Sicht stellte im September 1947 der sowjetische Diplomat **Alexejew A. Shdanow** auf einer Konferenz kommunistischer Parteien fest, seit 1945 sei „das gesamte politische Bild der Welt umgestaltet“ worden. Die Staaten der Welt seien in „zwei Lager“ gespalten: das „imperialistische und antidemokratische Lager“ unter der Führung der USA einerseits und das „antiimperialistische und demokratische Lager andererseits“, das sich aus den Staaten zusammensetze, die mit der UdSSR und den „brüderlichen kommunistischen Parteien“ eine „neue Demokratie“ aufbauen wollten. Zu diesem Lager zählen nach Shdanow auch jene Länder in Afrika und Asien, in denen nationale Befreiungsbewegungen gegen die Herrschaft der alten Kolonialmächte kämpfen.

Stichwort: bipolare Weltordnung

Die Stellungnahmen beider Politiker machen deutlich, daß sie nicht nur Europa, sondern die Staaten der Welt insgesamt in zwei gegensätzliche Lager einteilten. Ihrem eigenen schrieben sie jeweils die Rolle einer politischen, militärischen und wirtschaftlichen Führungsmacht zu. Diese Vorstellung von der machtpolitischen Aufteilung der Welt in zwei gegensätzliche Staatengruppen wird als eine **bipolare Weltordnung** bezeichnet: Die UdSSR und die USA bilden die beiden Pole, um die herum sich andere Staaten gruppieren sollen.

Übersicht 5: Die militärischen Bündnisse der USA außerhalb Europas (Auswahl)

Multilaterale Militärpakte

Bündnis	**Gründung/Dauer**	**Mitglieder**
Rio-Pakt	1947	21 amerikanische Staaten einschließlich USA
ANZUS	1951	Australien, Neuseeland, USA
SEATO (South East Asia Treaty Organization)	1954–1977	ANZUS-Staaten, Frankreich, Großbritannien, Pakistan, Philippinen, Thailand
CENTO (Central Treaty Organization)	1959–1979	Großbritannien, Iran, Pakistan, Türkei, USA als „Beobachter“

Bilaterale Beistandspakte der USA in Asien (Auswahl)

Japan: 1951, erneuert 1960
Philippinen: 1952, Stützpunkteabkommen seit 1947
Südkorea: 1953, mit Stützpunkteabkommen
Pakistan: 1954
Taiwan: 1955

Diese **Bipolarität** drückte sich auf drei Ebenen aus:

- In **Deutschland** mit der Gründung der beiden Staaten – der Bundesrepublik Deutschland und der Deutschen Demokratischen Republik;
- in **Europa** durch die Aufteilung in zwei militärische Blöcke – die Nordatlantische Verteidigungsorganisation (NATO) und die Warschauer Vertragsorganisation (WVO);
- **global, d.h. weltweit** durch den Aufbau mehrerer militärischer Bündnisse und Stützpunkte mit den USA als Führungsmacht einerseits (vgl. Übersicht 5) und einer Politik der UdSSR andererseits, die darauf abzielte, in den Ländern der Dritten Welt, in Afrika und Asien, aber auch in Zentralamerika (Kuba) Einfluß zu gewinnen, d. h. sich „Satelliten“ zu schaffen (vgl. Übersicht 6).

Weltweite Konfrontation der Supermächte

Mit dem Abwurf der beiden Atombomben über den japanischen Städten Hiroshima und Nagasaki im August 1945 waren die USA die führende Atommacht geworden. In den folgenden Jahren bauten sie diese Massenvernichtungswaffen in raschem Tempo aus. Zwar schlug die US-Regierung 1946 in den Vereinten Nationen vor, künftig alle Atomwaffen zu verbieten und sie durch einen internationalen Vertrag zu ächten. Die UdSSR lehnte jedoch diesen Plan ab. Sie war daran interessiert, die atomare Überlegenheit der USA durch den Aufbau einer eigenen Atommacht auszugleichen. Der atomare Wettlauf war eröffnet.

Übersicht 6: Die Sowjetunion in der Dritten Welt

Verträge über Freundschaft und Zusammenarbeit mit der UdSSR

Nordkorea: 1961	Mosambik: 1977	Demokratische Volksrepublik Jemen: 1979
Indien: 1971	Äthiopien: 1978	Syrien: 1980
Irak: 1972	Vietnam: 1978	Volksrepublik Kongo: 1981
Angola: 1976	Afghanistan: 1978	Arabische Republik Jemen: 1984

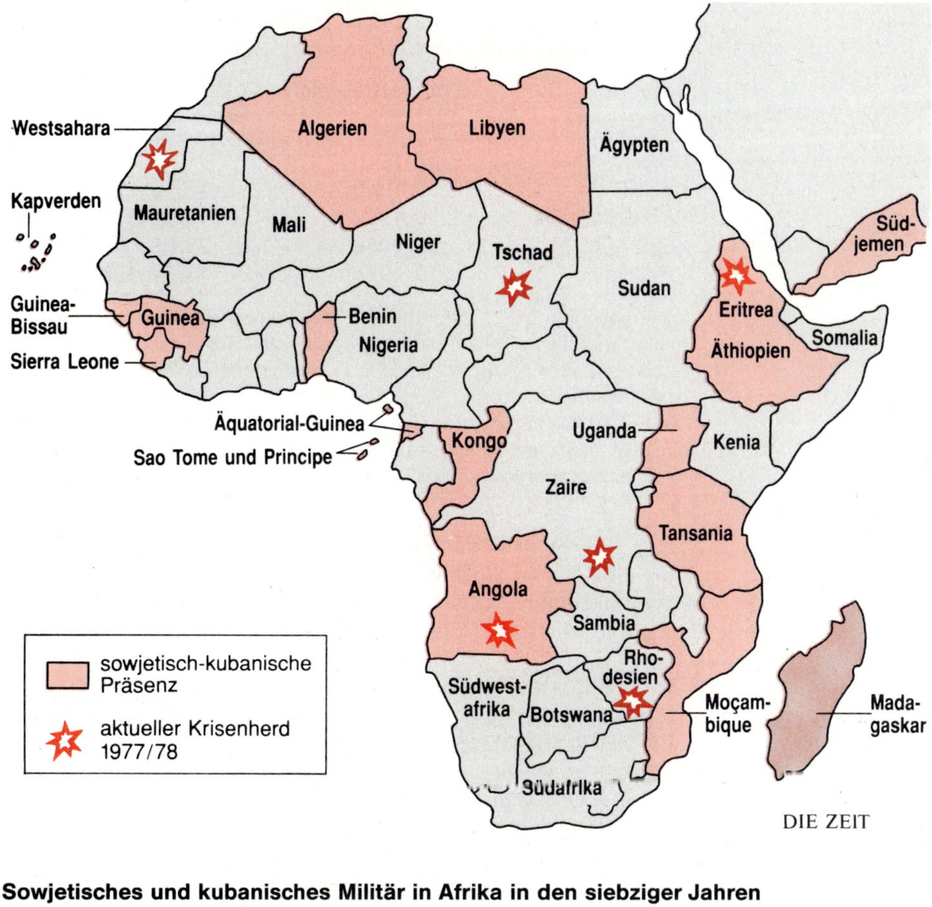

Sowjetisches und kubanisches Militär in Afrika in den siebziger Jahren

Die Karte zeigt beispielhaft die Situation in den Jahren 1977/78. Die Sowjetunion – wie auch andere Staaten des Warschauer Pakts – stellte in zahlreichen Staaten militärisches Ausbildungspersonal (Militärberater) und war einer der wichtigsten Waffenlieferanten. Kuba hatte in einigen afrikanischen Staaten neben seinen Militärberatern kämpfende Truppen stationiert (z. B. in Angola).

DIE ZEIT vom 26. 5. 1978.

Seit dem Ende der vierziger Jahre war jede Supermacht in der Lage, atomare Waffen herzustellen und dem Gegner mit deren Einsatz zu drohen. Wenn auch die USA bis in die sechziger Jahre hinein wesentlich mehr Atomsprengköpfe besaßen als die UdSSR, bestand doch – bezogen auf die atomare Waffentechnik – ein **Gleichgewicht**. Dieses atomare Patt hat zwar nicht die weltweite Ausdehnung des Ost-West-Konflikts verhindert. Es hat aber dazu beigetragen, daß die beiden Supermächte darauf bedacht waren, ein direktes Aufeinandertreffen in diesen Konflikten zu verhindern.

Tab. 1: Atom- und Wasserstoffbomben – die ersten Atommächte

Staaten	**Erste erfolgreiche Versuchsexplosion**	
	Atombombe	Wasserstoffbombe
USA	16.07.1945	01.11.1952
UdSSR	29.08.1949	12.08.1953
Großbritannien	03.10.1952	15.05.1957
Frankreich	13.02.1960	29.08.1968
VR China	16.10.1964	17.06.1967

Zur Ergänzung: Die Zahl der Staaten, die Atomwaffen haben oder sie kurzfristig herstellen können, ist heute größer als in der Tabelle ersichtlich. Sicher ist, daß Israel, Indien, Pakistan und Südafrika solche Waffen besitzen bzw. herstellen können. Darüber hinaus haben Brasilien, Argentinien, Libyen, der Irak und der Iran sowie Nordkorea und Taiwan (Republik China) seit den achtziger Jahren Anstrengungen unternommen, Nuklearwaffen herzustellen oder sie zu bekommen.

„Brückenköpfe“ und „Stellvertreter“ – das Beispiel Angola

An den meisten militärischen Konflikten in der Dritten Welt beteiligten sich die beiden Großmächte in der Regel nicht direkt, sondern unterstützten die ihnen politisch nahestehenden Gruppen aus diesen Ländern. Beispielhaft wird dies am Bürgerkrieg in **Angola** in Afrika deutlich.

In der portugiesischen Kolonie Angola kämpften seit 1961 drei Befreiungsbewegungen für die staatliche Unabhängigkeit: die MPLA (Movimento Popular de Libertacâo de Angola), die FNLA (Frente National de Libertacâo de Angola) und die UNITA (Uniâo National para a Independência Total de Angola). Unter dem Druck dieser Guerillaorganisationen zogen sich die Portugiesen 1975 aus Angola zurück. Doch die Übergangsregierung aus Vertretern aller drei Organisationen bestand nicht lange. Aus dem Befreiungskrieg wurde nun ein Bürgerkrieg, in den die UdSSR und die USA indirekt eingriffen:

- Die **UdSSR** unterstützte die MPLA mit Waffenlieferungen und Militärberatern. Mit ihrer Billigung und Unterstützung kämpfte das kommunistische Kuba direkt mit bis zu 20 000 Soldaten auf der Seite der MPLA.
- Die **USA** lieferten der FNLA und der UNITA Waffen und stellten Geld für den Unterhalt dieser Bürgerkriegsarmeen zur Verfügung. Die

weiße Regierung Südafrikas griff mit eigenen Truppen in die Kämpfe gegen die MPLA ein. Die MPLA hielt den Norden des Landes mit der Hauptstadt Luanda in ihrer Gewalt und bildete eine angolanische Regierung.
Beiden Supermächten ging es darum, in Angola eine Regierung an die Macht zu bringen, die ihren eigenen politischen Vorstellungen entsprechen würde. Auf diese Weise sollte ihr Einfluß in diesem Teil Afrikas gesichert werden. Der Bürgerkrieg konnte erst dann beendet werden, als mit dem Ende des Ost-West-Konflikts auch die weltweite Gegnerschaft zwischen den USA und der UdSSR abgebaut wurde.

► Im Mai 1991 waren Friedensgespräche zwischen den verfeindeten angolanischen Gruppen unter Beteiligung der USA und der UdSSR erfolgreich. Mit der Unterzeichnung eines Friedensvertrages durch den angolanischen Staatspräsidenten dos Santos und dem UNITA-Führer Savimbi am 31. Mai 1991 wurde der Bürgerkrieg beendet. Beide vereinbarten, bis Ende 1992 freie Wahlen durchzuführen. Sie sollten von UNO-Friedenstruppen überwacht werden.

Kuba 1962 – am Rande eines Atomkrieges

Anfang der sechziger Jahre besaßen die USA 17mal mehr atomare Sprengköpfe als die UdSSR (rund 5 000 : 300). Um diese Überlegenheit zu verringern, begann die UdSSR im Herbst 1962, auf **Kuba** Mittelstreckenraketen zu stationieren. Dadurch sollten, in unmittelbarer Nachbarschaft zur USA, sowjetische Raketenstützpunkte errichtet werden.
Die kommunistische Regierung Kubas rechtfertigte dieses Vorgehen mit dem Argument, Kuba müsse sich gegen eine amerikanische Invasion auf der Insel schützen. Die US-Regierung plane einen Sturz des Revolutionsführers Fidel Castro. Sie wolle zur kapitalistischen Herrschaftsordnung, wie sie bis 1959 bestanden habe, zurück.
Die USA ihrerseits sahen in dem Vorgehen der Sowjetunion eine Gefährdung ihrer eigenen Sicherheit. Sie forderten die sowjetische Regierung auf, die Raketen wieder abzuziehen. Dazu verhängte der amerikanische Präsident am 24. Oktober 1962 eine Seeblockade. Am 25. Oktober durchbrach das erste sowjetische Schiff die Blockade Kubas.
Aufklärungsflugzeuge meldeten, daß die Sowjets den Aufbau der Raketenstellungen fortsetzten. Bei diesen Flügen wurde ein amerikanisches Aufklärungsflugzeug von einer sowjetischen Rakete abgeschossen. Der Konflikt konnte sich jeden Augenblick zuspitzen.

In dieser Situation schickte Präsident **Kennedy** ein Fernschreiben an **Chruschtschow**, den Generalsekretär der Kommunistischen Partei der UdSSR. Robert McNamara, von 1961 bis 1968 Verteidigungsminister der USA, beschreibt rückblickend die Lage:
„Wir hoben hervor, daß wir nicht die Absicht hätten, eine Invasion von Kuba durchzuführen, wenn die Sowjets ihre Offensivwaffen (Angriffswaffen) abzögen. Aber wir machten deutlich, daß weitere Aktionen unsererseits auf dem Fuße folgen würden, wenn die Raketen nicht

wieder verschwänden. Ich will nicht darüber spekulieren, welche ‚weitere Aktionen' diese hätten sein können. Aber als ich an jenem wunderbaren Herbstabend das Weiße Haus verließ und durch den Garten zu meinem Auto ging, um ins Pentagon (Verteidigungsministerium) zurückzukehren, befürchtete ich, den nächsten Samstagabend nicht mehr zu erleben.
Ich möchte nicht den Eindruck erwecken, als hätte auch nur die geringste Chance bestanden, daß wir ... als erste Atomwaffen eingesetzt hätten. Auch möchte ich nicht andeuten, daß wir der Auffassung waren, das Politbüro (das Führungsorgan der Kommunistischen Partei der UdSSR) hätte den Einsatz der auf Kuba stationierten Atomraketen gegen die Städte unserer Ostküste freigegeben, selbst wenn es sich amerikanischen Luft- und Seeangriffen auf Kuba gegenübergestellt gesehen hätte. Aber wer vermag zu sagen, ob nicht ein sowjetischer oder kubanischer Offizier angesichts der bevorstehenden Niederlage seiner Streitkräfte einen Schießbefehl gegeben hätte?" (Robert McNamara, Blindlings ins Verderben, Reinbek 1987, S. 15f.)

Die Kuba-Krise stellt einen gefährlichen Höhepunkt des Ost-West-Konflikts dar. Der Kalte Krieg hätte heiß werden können. Die Krise wurde letztlich durch Verhandlungen beigelegt: Die UdSSR entfernten die Raketen aus Kuba. Die USA bauten ihrerseits Raketen ab, die sie in der nördlichen Türkei, an der Grenze zur UdSSR, stationiert hatten.

Zusammenfassung

1 Der Kampf gegen das nationalsozialistische Deutschland und die Befreiung der von der Deutschen Wehrmacht im Zweiten Weltkrieg besetzten Länder waren gemeinsame Ziele der Großmächte USA, UdSSR und Großbritannien. Nachdem diese Ziele mit der Kapitulation Deutschlands am 8. Mai 1945 erreicht waren, traten die unterschiedlichen Interessen zwischen den Siegerstaaten, d. h. zwischen den westlichen Demokratien einerseits und der UdSSR mit ihrer kommunistischen Staats- und Wirtschaftsordnung andererseits wieder deutlich hervor. Beide Seiten schlossen ihre Einflußbereiche immer enger zusammen: Die UdSSR kontrollierte mit Hilfe der Roten Armee und den kommunistischen Parteien im Gebiet der osteuropäischen Volksdemokratien eine breite Sicherheitszone. Der Marshall-Plan der USA stärkte die wirtschaftliche Entwicklung in Westdeutschland und in West- und Südeuropa. Im Kalten Krieg verhinderten die ideologisch-weltanschaulichen, die wirtschafts- und machtpolitischen Gegensätze den Aufbau eines einheitlichen deutschen Staates und einer europäischen Friedensordnung.

2 Die Teilung Europas in zwei Lager fand ihren Ausdruck in der Entstehung zweier militärischer Bündnissysteme, der Nordatlantischen Verteidigungsorganisation und der Warschauer Vertragsorganisation. Der Kalte Krieg war mit einem verstärkten Rüstungswettlauf verbunden: Die Strategie der Abschreckung sollte einen möglichen Gegner von einem Angriff auf das Gebiet des eigenen Bündnisses abhalten.

3 Der Ost-West-Konflikt weitete sich seit Beginn der fünfziger Jahre zu einem globalen Konflikt aus. Die bipolare Weltordnung drückte sich neben der Teilung Deutschlands und Europas auch in einer weltweiten Rivalität zwischen den beiden Supermächten USA und UdSSR aus: Die USA bauten ihre führende Rolle durch multilaterale Militärbündnisse und durch bilaterale Beistandspakte insbesondere in Asien und in Lateinamerika aus. Die Sowjetunion schloß mit einer Vielzahl von Staaten in Asien und Afrika „Verträge über Freundschaft und Zusammenarbeit" ab. Der Ost-West-Konflikt zeigte sich auch in den Ländern der Dritten Welt: Mit „Brückenköpfen" und „Stellvertretern" waren die beiden Supermächte in die politischen Auseinandersetzungen dieser Länder verwickelt.

8.3 Nach dem Ost-West-Konflikt – dauerhafter Friede in Europa?

Spaltungen überwinden: Die hohe Kunst des Brückenbauens

Jules Stauber, Wolfgang Baaske Cartoon-Agentur, München

Leitfragen

1 Entspannung und Abrüstung – kann das Wettrüsten gestoppt werden?

2 Ost und West zusammen – wie soll Europa aussehen?

1 Entspannung und Abrüstung – kann das Wettrüsten gestoppt werden?

Entspannung – vom Konflikt zur Konfrontation

Die Kuba-Krise war ein Höhepunkt des Kalten Krieges. Ihr Verlauf machte das Risiko, das mit der Strategie der Abschreckung verbunden ist, deutlich: Jede Seite geht davon aus, daß Sicherheit in erster Linie aus der **militärischen Stärke** kommt – zugespitzt: aus dem militärischen Vorteil gegenüber dem möglichen Gegner. Aber: Der Vorteil der einen Seite wird von der anderen als **Bedrohung** wahrgenommen. Die Kuba-Krise markierte zugleich einen Wendepunkt in der internationalen Politik: Sie zeigt, wie nahe sich die Strategie der Abschreckung im Spannungsfall am Rande eines Krieges bewegt – nicht zuletzt deshalb, weil es keinesfalls sicher ist, daß in solchen zugespitzten Konflikten die Gegner noch in der Lage sind, abgewogen zu handeln und einen „Kurzschluß“ zu vermeiden.

Das atomare Gleichgewicht zwischen den USA und der UdSSR war ein „Gleichgewicht des Schreckens“. Die riesigen Waffenlager, die im Zuge des Kalten Krieges in Ost und West angehäuft wurden, reichen auch heute noch aus, um die Erde – und mit ihr die Menschen – gleich mehrmals zu zerstören. Kein Angreifer kann dabei sicher sein, nicht selbst durch einen „zweiten Schlag“ des Angegriffenen vernichtet zu werden. In letzter Konsequenz wäre ein Atomkrieg gleichbedeutend mit einer „gemeinsamen und gegenseitigen Vernichtung“. Kann es deshalb – trotz aller Gegensätze – nicht ein Mindestmaß an Gemeinsamkeit, ein „gemeinsames Interesse am Überleben“ geben?

Stichwort: Entspannungspolitik

Hier setzte die **Politik der Entspannung** an. Ihr Grundgedanke war und ist: Miteinander reden statt einander zu drohen. Die beiden politischen und militärischen Lager müssen gemeinsam Regeln und Verfahren finden, die es möglich machen, bestehende Interessenkonflikte so zu beherrschen, daß die Gefahr eines militärischen Zusammenstoßes ausgeschlossen wird.
Zu den Zielen der Entspannungspolitik gehören:

- **Rüstungskontrolle und Abrüstung:** In internationalen Abkommen soll die Rüstungsspirale gebremst oder gestoppt werden – durch Rüstungsbegrenzung, indem für einzelne Waffensysteme Höchstgrenzen festgelegt werden; aber auch durch echte Abrüstung, wenn vorhandene Waffenbestände verringert oder ganz abgebaut und vernichtet werden.
- **Abbau von Spannungen:** Die politische Lösung von Konflikten hat Vorrang vor der militärischen. Die Staaten müssen sich dazu auf gemeinsame Grundsätze einigen, nach denen sie ihre Beziehungen friedlich gestalten wollen, etwa: Gewaltverzicht, Unverletzlichkeit der Grenzen, Selbstbestimmungsrecht der Völker. Internationale Organisationen können die Einhaltung dieser Grundsätze überwachen und im Falle eines Konfliktes einschreiten. Durch gegenseitigen Informationsaustausch kann Mißtrauen ab- und Vertrauen aufgebaut werden.
- **Wirtschaftliche und technische Zusammenarbeit:** Trotz unterschiedlicher Staats- und Gesellschaftsordnungen sind der Osten und der Westen am Ausbau des Handels interessiert. Die Staaten des Ostblocks sehen in einer verstärkten technischen und wissenschaftlichen Zusammenarbeit mit dem Westen die Chance, ihren Rückstand auf diesen Gebieten abzubauen.

- **Kulturelle und humanitäre Zusammenarbeit:** Mehr menschliche Kontakte und kulturelle Begegnungen sollen Mißtrauen und alte Feindbilder zwischen den Gesellschaften in Ost und West abbauen. Ein freier Austausch von Informationen und Meinungen kann wechselseitig die Vorurteile, die in der Phase des Kalten Krieges aufgebaut wurden, allmählich auflösen.

Die Konferenz für Sicherheit und Zusammenarbeit in Europa – KSZE

Die Sowjetunion hatte 1954 vorgeschlagen, eine „Konferenz europäischer Staaten" solle eine neue **Ordung in Europa** ausarbeiten. Sie wollte damit den Beitritt der Bundesrepublik zur NATO verhindern (1955 vollzogen). Darüber hinaus war es in dieser Phase des Kalten Krieges ihr Ziel, den Einfluß der USA in Europa zu schwächen. Der sowjetische Vorschlag fand deshalb – wie einige weitere in den sechziger Jahren – keine Zustimmung bei den westlichen Staaten. Erst als die UdSSR Anfang der siebziger Jahre einer Teilnahme der USA und Kanadas an einer solchen europäischen Konferenz zustimmte, waren auch die westlichen Staaten zu Gesprächen bereit. Beide nordamerikanischen Staaten waren als Mitglieder der NATO daran interessiert, an der Gestaltung der künftigen Ordnung in Europa mitzuwirken. Damit war eine entscheidende Hürde für die Verhandlungen genommen, die als **KSZE-Prozeß** bezeichnet werden.

Helsinki-Konferenz

Im Juli 1973 eröffneten die Außenminister der damals 33 west- und osteuropäischen Staaten sowie der USA und Kanadas die erste **Konferenz für Sicherheit und Zusammenarbeit in Europa**. Es fehlte lediglich Albanien. Sie verhandelten nur über drei Bereiche:

- Über die politische und militärische Zusammenarbeit in Europa,
- die Beziehungen auf den Gebieten der Wirtschaft, des Handels und der Wissenschaft,
- über die Verbesserung der menschlichen Kontakte, den freien Austausch von Informationen und Meinungen und die Verwirklichung der Menschenrechte.

  Die Konferenz mußte die Interessen von drei verschiedenen Staatengruppen in Einklang bringen: den NATO-Staaten, den Staaten des Warschauer Paktes sowie den neutralen und nichtgebundenen Ländern (N + N-Staaten).

1975 wurden im abschließenden Vertrag, der **Schlußakte der Konferenz von Helsinki**, Grundsätze einer künftigen Zusammenarbeit zwischen den Staaten und für den Umgang der Staaten mit den Bürgern festgelegt. Die Vereinbarungen wurden – den drei Verhandlungsbereichen entsprechend – in „Körbe" gegliedert (vgl. Übersicht 2). Damit die Bemühungen um Entspannung und Abrüstung in Europa weitergehen, beschlossen die Staaten zugleich, in regelmäßigen Abständen wieder zusammenzutreffen und bei **Folgekonferenzen** weitere Aufgaben schrittweise zu lösen.

Übersicht 1: Entspannung, Abrüstung und Rüstungskontrolle – wichtige Verhandlungen und Ergebnisse

Bezeichnung	Beteiligte	Inhalte	Ergebnisse/Stand (Frühjahr 1993)
SALT I: Strategic Arms Limitation Talks	USA und UdSSR	Obergrenze für interkontinentale Raketen, Zahl der Abfangraketen auf 2 Standorte je Land beschränkt mit jeweils höchstens 100 Raketen	Vertragsabschluß 1972 einschl. ABM-Abkommen (Abfangraketen), Laufzeit 5 Jahre
SALT II:	USA und UdSSR	Obergrenze für interkontinentale Raketen und Flugzeuge 2400, für atomare Sprengköpfe pro Rakete 10	Vertragsabschluß 1979: nach Einmarsch der sowjet. Truppen in Afghanistan (Dez. 1979) vom US-Parlament nicht bestätigt, dennoch eingehalten.
START: I Strategic Arms Reduction Talks	USA und UdSSR	Verringerung der strategischen Atomwaffen: Träger und Sprengköpfe	Beginn 1982; Abschluß 31.07.1991, Verringerung dieser Waffen um rund 30 %, gegenseitige Informationen und Kontrollen
START: II	USA und Rußland	Fortsetzung START I	Vertragsabschluß 03.01.1993: Abbau dieser Waffen auf ein Drittel des Bestandes von 1992, Ziel für 2003: USA: 3500 Sprengköpfe, Rußland: 2971 Sprengköpfe[1)]
INF: Intermediate Nuclear Forces	USA und UdSSR	Verringerung bzw. Abbau der nuklearen Raketen im Mittelstreckenbereich (zwischen 500 und 5500 km Reichweite)	Vertragsabschluß 1987: „Null-Lösung", d. h. Vernichtung aller Raketen dieser Gruppe in max. 3 Jahren; gegenseitige Kontrolle, auch Inspektionen vor Ort
CD: Conference on Disarmament – Genfer Abrüstungskonferenz	40 Staaten, darunter USA, UdSSR, Frankreich, Großbritannien, China, BR Deutschland	Abrüstung der Atomwaffen, Verhandlungen über Verbot chemischer und anderer Massenvernichtungswaffen	mehrere Abkommen, z. B. Verbot der Kernwaffenversuche in der Luft, im Weltraum und unter Wasser (1963); der Weiterverbreitung von Kernwaffen (1968); und biologischen Waffen (1972); Einigung über Verbot chemischer Waffen im August 1992
KSZE: Konferenz für Sicherheit und Zusammenarbeit	33 europäische Staaten (einschl. UdSSR), die USA und Kanada[2)]	vertrauensbildende Maßnahmen in Europa, Gleichberechtigung und Souveränität aller Staaten, Gewaltverzicht	Beginn 1973, 1. Abschluß 1975 mit der Schlußakte von Helsinki; Folgekonferenzen zur Überprüfung und Weiterentwicklung der Ergebnisse, z. B. in Wien 1986–89, Helsinki 1992 (vgl. auch Übersicht 2)

Konferenz für Vertrauensbildende Maßnahmen und Abrüstung in Europa	1983 beauftragt [3]	zen, Menschenrechte, Austausch von Informationen (auch militärischen) und Meinungen	Manöver und gegenseitige Beobachtung, Inspektionen militärischer Einrichtungen vor Ort zulässig
VKSE: Verhandlungen über konventionelle Streitkräfte in Europa	16 NATO- und 7 WVO-Staaten. 1989 von KSZE-Staaten beschlossen [3]	Verminderung von Truppen und konventionellen Waffen (vom Atlantik bis zum Ural)	Vertrag vom Nov. 1990: Obergrenzen für Waffen in Europa je Bündnis; z. B. 20000 Panzer, 6800 Kampfflugzeuge, Beginn der 2. Runde Febr. 1991 bis Juli 1992: Verminderung der Truppenstärken
VSBM: Vertrauens- und Sicherheitsbildende Maßnahmen	wie KSZE, in Wien 1989 beschlossen, zuletzt 48 Staaten	Weiterführung der KSZE und der KVAE	Erstes Teilabkommen Nov. 1990, Schlußabkommen März 1992: jährl. Informationsaustausch über militär. Planungen, gegenseitige Truppenbesuche, Beratung bei unvorhergesehenen Ereignissen, Kontaktstellen in Hauptstädten; Auskunft über technische Daten von Waffen, Begrenzung der Zahl und des Umfangs von Manövern; Ausweitung des Geltungsbereichs von Europa auf die asiatischen Republiken der GUS

Hinweis: WVO-Staaten sind die osteuropäischen Staaten der Warschauer Vertragsorganisation (bis 31. März 1991).

Bundesministerium des Auswärtigen, Bericht zur Rüstungskontrolle und Abrüstung 1989/90 aktualisiert.

1) Anfang 1993 war noch unklar, ob sich die anderen drei Atomstaaten der GUS, die Ukraine, Weißrußland und Kasachstan, dem Vertrag anschließen.
2) Nach der Auflösung der WVO und der UdSSR (1991), dem Beitritt Albaniens (1991) und der ehemaligen jugoslawischen Teilrepubliken Slowenien, Kroatien und Bosnien-Herzegowina (1992) ist die KSZE auf 52 Mitgliedsstaaten angewachsen.
3) Die elf Nachfolgestaaten der UdSSR, die die Gemeinschaft Unabhängiger Staaten (GUS) bilden, die drei baltischen Republiken Estland, Lettland, Litauen und die übrigen WVO-Staaten Osteuropas haben die Einhaltung der mit der UdSSR getroffenen Vereinbarungen zugesichert (Treffen des NATO-Kooperationsrates am 01. 04. 1992 in Brüssel).

Zur Ergänzung: Neben den bi- und multilateralen Verhandlungen über Abrüstung und Rüstungsbegrenzung kündigten die UdSSR und die USA nach dem Ende des Ost-West-Konflikts auch einseitige Maßnahmen an. So erklärte US-Präsident George Bush im September 1991, die USA würden alle bodengestützten Kurzstreckenwaffen in Europa, Asien und Amerika sowie alle taktischen Atomwaffen (Waffen mit geringerer Reichweite und Sprengwirkung) abbauen und vernichten. Außerdem hob er den ständigen Alarmzustand der strategischen, d. h. weitreichenden Bomberflotte auf. Der damalige sowjetische Präsident Gorbatschow reagierte auf diese Entscheidung Bushs mit der Ankündigung, die UdSSR werde ihrerseits alle bodengestützten atomaren Kurzstreckenwaffen abbauen und vernichten.

Übersicht 2: Die Konferenz für Sicherheit und Zusammenarbeit in Europa – KSZE

1. Die drei Körbe der KSZE-Schlußakte von Helsinki 1975

Am 1. August 1975 wurde in Helsinki die KSZE-Schlußakte unterzeichnet. Sie ist in drei Bereiche, auch „Körbe" genannt, gegliedert:

Korb I
Grundsätze, die die Sicherheit und Zusammenarbeit in Europa regeln sollen, wie Selbstbestimmungsrecht der Völker, Gleichberechtigung, Gewaltverzicht, Unverletzlichkeit der Grenzen, Nichteinmischung, vertrauensbildende Maßnahmen, Abrüstung.

Korb II
Empfehlungen für Zusammenarbeit in Wirtschaft, Technik und Umwelt sowie zur Ausweitung des Handels und des Tourismus.

Korb III
Regelungen zu humanitären Fragen, wie freies Reisen und kulturelle Kontakte, Jugend- und Bildungsaustausch, Familienzusammenführung, Durchsetzung der Menschenrechte, Austausch von Informationen, Verbesserungen der Arbeitsbedingungen für Journalisten.

2. Die KSZE-Folgekonferenzen

In der Helsinki-Schlußakte wurde festgelegt, daß die durch die KSZE eingeleitete Politik der Entspannung und Abrüstung mit weiteren Folgekonferenzen in einen dauerhaften Prozeß überführt werden sollen mit dem Ziel, einer europäischen Sicherheitsordnung näherzukommen.

1. Folgekonferenz: Belgrad 1977–1978
Der Streit zwischen den USA und der UdSSR über die Verletzung der Menschenrechte in der UdSSR und in Osteuropa verhinderte weitere Beschlüsse.

2. Folgekonferenz: Madrid 1980–1983
Der Konflikt insbesondere zwischen den USA und der UdSSR nach dem sowjetischen Einmarsch in Afghanistan (1979) blockierte zunächst weitere Verhandlungsresultate. Auf der in Madrid eingesetzten KVAE wurden 1986 vor allem vertrauensbildende Maßnahmen vereinbart.

3. Folgekonferenz: Wien 1986–1989
Es werden beschlossen
- direkte Abrüstungsgespräche zwischen NATO und WVO: VKSE, März 1989 bis November 1990;
- Gespräche über weitere vertrauensbildende Maßnahmen: VSBM, März 1989 bis November 1990;
- Sonderkonferenzen (wirtschaftliche Zusammenarbeit, Menschenrechte, 1990).

4. Folgekonferenz: Helsinki, 1992
Festlegung von Grundsätzen bei der Beratung und Entscheidung über gemeinsame Maßnahmen gegen einen Staat, der KSZE-Beschlüsse verletzt (auch gegen dessen Stimme möglich; Ziel: Mehrheitsentscheidungen statt Einstimmigkeit). Die folgenden Konferenzen sollen nun regelmäßig alle zwei Jahre stattfinden. Aufstellung von friedenserhaltenden Truppen nach dem Muster der „UNO-Blauhelme". Zusammenarbeit mit der NATO und der WEU im Falle eines militärischen Konflikts.

2 Ost und West zusammen – wie soll Europa aussehen?

Europa nach dem Kalten Krieg

Die Veränderungen in der Sowjetunion seit Michail Gorbatschow, der Zerfall dieses Vielvölkerstaates in 15 souveräne Staaten, die Auflösung des Warschauer Pakts, die Bildung von Demokratien in Ost- und Südosteuropa und das Ende der DDR können dazu verleiten, die Frage am Beginn dieses Abschnittes kurz und bündig zu beantworten: Ganz Europa wird eine Gemeinschaft demokratischer Staaten mit einer marktwirtschaftlichen Ordnung sein. Doch so nahtlos und harmonisch löst sich die alte bipolare Ordnung des Ost-West-Konflikts nicht in einem einheitlichen und konfliktfreien Europa auf.

NATO ohne Warschauer Pakt – noch zeitgemäß?

Nach der Auflösung des Warschauer Pakts im März 1991 wird der vollständige Rückzug der UdSSR aus den osteuropäischen Staaten hinter die eigenen Grenzen bis Mitte der neunziger Jahre abgeschlossen sein. Die militärische Planung muß sich auf diese neue Lage einstellen. Im November 1991 erklärten die Staats- und Regierungschefs der NATO-Staaten zum Abschluß einer Gipfelkonferenz in Rom:

- Die politische Teilung Europas war die Ursache der militärischen Konfrontation im Kalten Krieg. Diese ist jetzt aufgehoben – und damit die Notwendigkeit, die (damals noch existierende) Sowjetunion weiterhin als Gegner zu betrachten. Das „Risiko eines großen Konflikts in Europa" hat sich „erheblich verringert". Eine Ausrichtung der NATO-Strategie auf den möglichen Angreifer Sowjetunion ist künftig nicht mehr erforderlich.
- Aber: Gefahren für den Frieden in Europa können sich „aus den ernsten wirtschaftlichen, sozialen und politischen Schwierigkeiten" ergeben, die mit der Auflösung der Sowjetunion und der Entstehung neuer Staaten verbunden sind. Hinzu kommt: Die militärische Stärke, das Militärpotential der Sowjetunion bzw. ihrer Nachfolgestaaten, vor allem die in Rußland, der Ukraine, in Weißrußland und in Kasachstan stationierte Atomrüstung, stellt „immer noch den bedeutenden Faktor dar, den das Bündnis (die NATO) bei der Wahrung des strategischen Gleichgewichts in Europa in Rechnung zu stellen hat".
- Und: In einigen der neuen Staaten der ehemaligen UdSSR, aber auch in Jugoslawien haben Spannungen und Gegensätze zwischen den unterschiedlichen Volksgruppen zu gewaltsamen Konflikten, ja zu blutigen Kriegen geführt. Von hier aus können weitere Gefahren ausgehen.

Folgerungen
Abrüstung

Da der unmittelbare Konflikt mit der UdSSR und dem Warschauer Pakt nicht mehr besteht, stimmen die NATO-Staaten einer weiteren Abrüstung in Europa zu. Darin einbezogen ist auch eine deutliche Verringerung der in Deutschland stationierten ausländischen Truppen. Die verbleibenden Streitkräfte sollen so ausgerüstet sein, daß sie einen Angriff auf das NATO-Gebiet aufhalten und abwehren können. Im Verteidigungsfall werden sie rasch durch **bewegliche Verbände** verstärkt. Eine völlige Auflösung der NATO – wie dies 1991 mit dem Warschauer Pakt geschehen ist – lehnen die Mitgliedstaaten ab.

NATO-Kooperationsrat

Die NATO steht seit 1991 mit den früheren Mitgliedern des Warschauer Pakts in regelmäßigem Kontakt. Dazu wurde eine neue Institution geschaffen – der **NATO-Kooperationsrat**. In diesem Kreis treffen sich mindestens einmal im Jahr die Außenminister der 16 NATO-Staaten und der Staaten in Osteuropa und der ehemaligen UdSSR. Außerdem tagen regelmäßig die Botschafter dieser Länder. Die NATO-Staaten beraten auf diese Weise die neuen Staaten bei der Umwandlung der früheren Armeen des Warschauer Pakts in eigene nationale Armeen, bei der Abrüstung und vor allem der Vernichtung atomarer Waffen. Darüber hinaus erhalten die westlichen Staaten durch diese regelmäßigen Kontakte die Möglichkeit, die Entwicklung im Osten besser beobachten und kontrollieren zu können.

Schnelle Eingreif-Verbände

Der Golfkrieg im Jahre 1991 hat auch die Diskussion über die **NATO-Strategie** beeinflußt. Um auf unvorhersehbare Krisen und Konflikte schnell reagieren zu können, richtete die NATO „Sofort- und Schnellreaktionsverbände der Land-, Luft- und Seestreitkräfte" ein. Diese Verbände können sich auch aus Soldaten aus mehreren NATO-Staaten zusammensetzen, die unter einem einheitlichen Kommando stehen.

Umstritten: Einsätze außerhalb des NATO-Gebietes

Das im NATO-Vertrag vorgesehene und gemeinsam zu schützende Gebiet umfaßt die Hoheitsgebiete der 16 Mitgliedsstaaten in Europa und Nordamerika einschließlich der ihnen unterstehenden Inseln im Nordatlantik „nördlich des Wendekreis des Krebses" (nördlicher Wendekreis). Dem NATO-Beistandsschutz unterstehen auch alle Schiffe und Flugzeuge der NATO-Staaten, die sich in diesem Gebiet bewegen (Art. 6 NATO-Vertrag). Wie soll die NATO jedoch reagieren, wenn einer ihrer Staaten außerhalb dieses Gebietes in einen Konflikt verwickelt wird? Oder wenn die westlichen Industriestaaten durch einen solchen Konflikt von wichtigen Rohstoffen, z. B. vom Erdöl, abgeschlossen werden? Sollen diese Staaten dann militärisch in diesen Konflikt eingreifen?
Diese Frage ist in Deutschland politisch umstritten. In offiziellen NATO-Papieren wird heute betont, die „Sicherheitsinteressen des Bündnisses" könnten auch durch die „Verbreitung von Massenvernichtungswaffen", die „Unterbrechung der Zufuhr lebenswichtiger Ressourcen" (z. B. Rohstoffe) sowie durch „Terror- und Sabotageakte" gefährdet werden (NATO-Tagung, November 1991 in Rom). Vieles deutet darauf hin, daß die NATO damit ihr mögliches Einsatzgebiet über die ursprünglichen Bestimmungen des NATO-Vertrages hinaus ausweiten will. Strittig ist, ob die westlichen Staaten **moralisch** und **politisch berechtigt** sind, sich mit einer solchen Ausweitung der NATO-Aktionen wie eine „Weltpolizei" gegenüber anderen Staaten zu verhalten. Nicht zuletzt wird dieser Anspruch aus der Sicht der Dritten Welt fraglich.

Demokratie in Europa

Ein entscheidender Schritt zu einer **politischen Neuordnung Europas** wurde im November 1990 auf einer Gipfelkonferenz aller KSZE-Staaten in Paris getan. Die KSZE-Staaten unterzeichneten die **Charta für ein neues Europa**. Sie verpflichteten sich damit, die Teilung Europas zu überwinden und die Demokratie zur Grundlage ihrer Staats- und Gesellschaftsordnung zu machen:

Übersicht 3: Die wichtigsten Inhalte der Charta für ein neues Europa (1990)

Charta für ein neues Europa

Ziele

- Festigung der Demokratie und des Friedens
- Überwindung der Teilung Europas

Aufgaben für die europäischen Staaten und die KSZE

- Verwirklichung der Menschenrechte und Grundfreiheiten der Bürgerinnen und Bürger
- Aufbau einer sozial verpflichteten Marktwirtschaft in Osteuropa
- ökonomische, technische und humanitäre Zusammenarbeit zwischen den Staaten, Unterstützung der osteuropäischen durch die westlichen Staaten
- Weiterführung der Entspannungs- und Abrüstungspolitik, Ausbau der KSZE mit festen Einrichtungen:
  - Ständiges Sekretariat (Prag)
  - Büro für Freie Wahlen und Demokratie (Warschau)
  - Zentrum zur Verhütung von Konflikten (Wien)
  - regelmäßige Folgekonferenzen alle zwei Jahre

Unterzeichner: Alle damals 34 KSZE-Staaten sowie die Europäische Gemeinschaft. Die später der KSZE beigetretenen Staaten haben die Einhaltung dieser Vereinbarungen zugesichert.

Sicherheitspartnerschaft – ein Gedanke mit Zukunft?

Für die Gestaltung der politischen und militärischen Beziehungen zwischen den westlichen und den östlichen Staaten wird der Gedanke immer wichtiger, daß der Friede nur dann gewahrt werden kann, wenn ihn alle beteiligten Staaten als eine gemeinsame Aufgabe betrachten. Während im Kalten Krieg beide Seiten ihre Politik gegeneinander betrieben, wurde in den sechziger Jahren mit der Entspannungspolitik eine Phase eröffnet, in der die Staaten miteinander über ihre Sicherheit verhandelten.

Der Grundgedanke der **Sicherheitspartnerschaft** ist: Ein Staat ist dann vor einem Angriff sicher, wenn er selber das Bedürfnis der anderen Staaten nach Sicherheit kennt und es in seinem eigenen Handeln berücksichtigt. Staaten werden nur dann zum Angreifer, wenn sie sich bedroht fühlen.

Im Zeitalter der atomaren Massenvernichtungswaffen ist in Europa ein Eroberungskrieg unwahrscheinlich oder gar ausgeschlossen. Sicherheit zwischen Ost und West ist also nicht mehr gegeneinander, sondern nur noch miteinander möglich.

Um jeder Seite die Angst vor einem möglichen Angriff, d. h. die **Bedrohungsangst** zu nehmen, müssen die Staaten und Militärbündnisse ihre Strategien und ihre Bewaffnung ändern. Sie müssen um- und abrüsten. Als militärische Aufgabe bleibt die reine **Verteidigung**: Es sind nur noch solche Waffen und soviel Soldaten notwendig, die ein Staat oder ein Bündnis braucht, um einen Angriff eines möglichen Gegners abhalten zu können. Nicht mehr notwendig sind Waffen, die die andere Seite, ihre zivilen Einrichtungen wie auch ihre Menschen, vernichten können. Mit anderen Worten: Wenn die Armeen in Europa nur noch zur eigenen Verteidigung, nicht aber zu Angriffen taugen, muß sich kein Land durch ein anderes bedroht fühlen.
Ob der Wille zur Zusammenarbeit und zur Abrüstung zwischen den ehemals gegnerischen Staaten in West- und Osteuropa so dauerhaft ist, um die Grundgedanken der Sicherheitspartnerschaft zu verwirklichen, ist heute noch nicht entschieden. Die KSZE könnte eine Hilfe auf dem Weg zu diesem Ziel sein. Es ist ihr allerdings noch nicht gelungen, Regelungen zu finden, mit denen in einem Konflikt die beteiligten Parteien gezwungen werden könnten, auf militärische Kampfhandlungen zu verzichten und sich friedlich zu einigen (Stand: Anfang 1993).

Zusammenfassung

1 Die Entspannungspolitik zieht Konsequenzen aus der Erfahrung mit dem Wettrüsten des Kalten Krieges: Sicherheit ist nicht allein mit militärischen Mitteln möglich. Zur Entspannung gehören die Rüstungskontrolle und Abrüstung, der Abbau von Spannungen durch gegenseitigen Informationsaustausch und durch vertrauensbildende Maßnahmen, die wirtschaftliche und technische, die kulturelle und humanitäre Zusammenarbeit. Eine entscheidende Organisation dieser Politik wurde mit der Konferenz für Sicherheit und Zusammenarbeit in Europa, der KSZE, geschaffen.

2 In der neuen politischen Ordnung Europas sollen die Staaten in Ost und West politisch, wirtschaftlich und militärisch enger zusammenarbeiten. Die Staaten der ehemaligen Warschauer Vertragsorganisation sind nach dem Ende des Kalten Krieges für die NATO nicht mehr militärischer Gegner. Sie beraten sich vielmehr regelmäßig im NATO-Kooperationsrat und stimmen ihre Politik miteinander ab. Mit der Charta für ein neues Europa haben sich 1990 alle europäischen Staaten zur Festigung der Demokratie und des Friedens und zur Überwindung der Teilung Europas verpflichtet. Die KSZE wurde mit der Einrichtung ständiger Büros zu einer festen Institution ausgebaut. Diese Büros sollen die Einhaltung der Charta überwachen und im Falle eines Konfliktes die Parteien an den Verhandlungstisch bringen.

8.4 Ungelöste Konflikte – neue Bedrohungen: Die Vereinten Nationen als Weltorganisation

Auf dem eigenen Ast

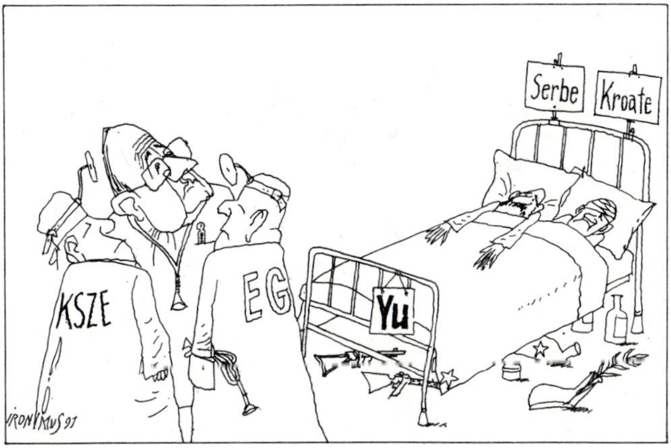

SZ-Zeichnung: Ironimus

Leitfragen

1 Nationalitätenkonflikte – neue Bedrohungen durch den Zerfall der alten Ordnung?

2 Der Nahe und Mittlere Osten – geht der Ost-West-Konflikt auch in dieser Region zu Ende?

3 Die Vereinten Nationen – welche Ziele verfolgt die UNO, und wie ist ihre Organisation aufgebaut?

4 Alte und neue Bedrohungen – welche Aufgaben hat die UNO heute?

1 Nationalitätenkonflikte – neue Bedrohungen durch den Zerfall der alten Ordnung?

Entspannung – nicht die ganze Wahrheit

In Europa ging mit dem Ende der achtziger Jahre der alte Ost-West-Gegensatz zu Ende. Zwischen den Staaten wurden neue Regeln für ein friedliches Zusammenleben vereinbart. Doch der Friede gewinnt nicht überall an Boden. Auch in Europa und in angrenzenden Regionen herrschen Spannungen und werden Konflikte mit Waffengewalt ausgetragen.

Nationalitätenkonflikte
... in der ehemaligen UdSSR

Zwischen den neuen Staaten, die nach dem Zerfall der UdSSR entstanden sind, bleiben viele Fragen bislang ohne Antwort. Etwa:

- Wie sollen die verschiedenen **Völker und Volksgruppen** künftig zusammenleben? Zum Beispiel in Berg-Karabach, einer armenischen Exklave im neuen Staat Aserbaidschan: Die Mehrzahl der Bevölkerung Berg-Karabachs gehört zum armenischen Volk und ist christlich. Aserbaidschan versteht sich als islamischer Staat und erhebt Ansprüche auf die armenische Exklave.
- Welche der neuen Republiken teilen sich die ehemals **sowjetische Armee** auf? Vor allem: Wer erhält das Kommando über die **atomar bewaffneten Truppen**?

... in Jugoslawien

Die Mehrzahl der Teilrepubliken Jugoslawiens ist aus dem **Bundesstaat** ausgetreten. Sie warfen der Zentralregierung in Belgrad vor, von den Serben beherrscht zu werden. Vor allem Slowenien und Kroatien, die wirtschaftlich erfolgreichen Teile, strebten seit dem Ende der achtziger Jahre einen schnellen Übergang von der alten Wirtschaftsordnung in die Marktwirtschaft an. Am 25. Juni 1991 riefen beide Republiken ihre Unabhängigkeit von Belgrad aus. Ihnen folgte am 3. März 1992 Bosnien-Herzegowina. In die gleiche Richtung zielte bislang auch die Politik in Mazedonien.
Die überwiegend von Serben geführte jugoslawische Bundesarmee sowie serbische Freischärler versuchten seit 1991, die Loslösung dieser Republiken von Belgrad aufzuhalten. Während es in Slowenien gelang, in einem Waffenstillstand den Abzug der jugoslawischen Armee zu vereinbaren, dauerte der Bürgerkrieg in Teilen Kroatiens und in Bosnien-Herzegowina im Sommer 1993 noch an. Mehr als 2,5 Mio. Menschen wurden Flüchtlinge, Zehntausende kamen um. Große Teile der beiden Republiken wurden 1993 von den Serben kontrolliert.

Gewalt und Elend: Flüchtlinge

Die Konfliktregionen in Europa und in den anderen Kontinenten sind zugleich die Gebiete, in denen die großen **Flüchtlingsströme** entstehen. Dazu kommen jene Länder in Osteuropa, in denen die wirtschaftlichen Probleme nach dem Ende der kommunistischen Herrschaft besonders drückend sind. Kriege zwischen den Staaten, Bürgerkriege und wirtschaftliches Elend machen heute Hunderttausende zu Flüchtlingen. So beantragten 1992 rund 450 000 Menschen Asyl in Deutsch-

Übersicht 1: Jugoslawien und seine Bevölkerungsgruppen

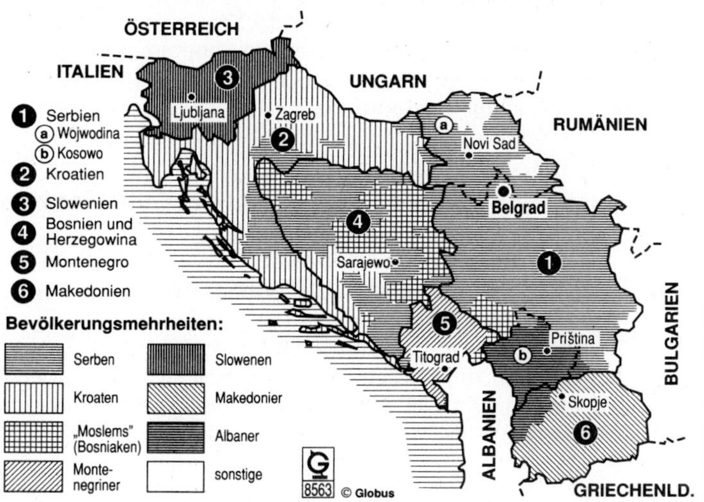

land. Davon kam der größte Teil aus den Bürgerkriegsgebieten im ehemaligen Jugoslawien.

Europa – hilflos?

Diese Frage stellt sich vor allem in Jugoslawien. Dort wurden die ehemaligen Teilrepubliken Slowenien, Kroatien und Bosnien-Herzegowina von vielen Staaten und der Europäischen Gemeinschaft diplomatisch anerkannt. Das bedeutet: Sie werden in der internationalen Politik als selbständige, d. h. **souveräne Staaten** behandelt.

Die **Europäische Gemeinschaft** (vgl. Kap. 7) und die **Vereinten Nationen** (vgl. Leitfragen 3 und 4) haben mehrfach versucht, im Jugoslawien-Konflikt zu vermitteln. Viele Waffenstillstandsvereinbarungen wurden jedoch nicht eingehalten. Erst im April 1992 konnte dann die UNO – mit Zustimmung aller Beteiligten – 14 000 Soldaten aus 31 Staaten als **Friedenstruppen**, als sogenannte „Blauhelme", in die umkämpften Gebiete schicken. Ihre Aufgabe ist es, die Einhaltung von Waffenstillstandsvereinbarungen zu überwachen. Darüber hinaus organisieren sie Lieferungen von Nahrungsmitteln und medizinischen Hilfen.

Auch die **KSZE** hatte in die Kampfgebiete Beobachter entsandt. Das gerade erst in Wien errichtete Zentrum zur Verhütung von Konflikten konnte jedoch bislang keinen ausschlaggebenden Einfluß auf die streitenden Parteien ausüben. In diesen Nationalitätenkonflikten Jugoslawiens hat sich – wie auch im Konflikt zwischen Aserbaidschan und Armenien um Berg-Karabach – die Politik der gemeinsamen Sicherheit noch nicht durchgesetzt. Einer Sicherheitspartnerschaft stehen die alten, z.T. weit in die Geschichte zurückgehenden Konflikte unterschiedlicher Nationalitäten und Religionsgruppen im Wege.

Diese Völker und Volksgruppen waren über Jahrzehnte in kommunistisch beherrschte Staaten eingebunden. Erst der Zerfall des Kommunismus gab ihnen die Chance, diese Entwicklung in ihrem Interesse und für ihre Selbständigkeit zu nutzen. Die Gegensätze und Konflikte, die zwischen ihnen bestanden, wurden in der Vergangenheit nicht aufgelöst und ausgeglichen, sondern durch die Zentralregierungen, die Armeen, die kommunistischen Parteien und die von ihnen abhängigen staatlichen Verwaltungen unterdrückt.

2 Der Nahe und Mittlere Osten – geht der Ost-West-Konflikt auch in dieser Region zu Ende?

Konfliktregion Naher und Mittlerer Osten

Der Nahe und Mittlere Osten zählt zu den Gebieten der Welt, die in diesem Jahrhundert eine Vielzahl von Konflikten und Kriegen erlebt haben: Etwa die Kriege in Palästina vor und nach der Gründung des Staates **Israel** (1948), der Bürgerkrieg im **Libanon** seit 1975, der **erste Golfkrieg** zwischen dem Irak und dem Iran 1980 bis 1988 sowie der **zweite Golfkrieg** nach der Besetzung Kuwaits durch den Irak 1990/91.

Ausländische Interessen in dieser Region

Zur politischen Vorgeschichte dieser Konflikte gehört:

- Die Staaten dieser Region sind nach den politischen Vorstellungen der europäischen Großmächte **Frankreich** und **Großbritannien** entstanden. Diese erhielten nach dem Ersten Weltkrieg vom Völkerbund den Auftrag (das Mandat), Kleinasien – wie die Region damals hieß – bis zur Gründung arabischer Staaten zu verwalten. Der Völkerbund war – wie heute die Vereinten Nationen – eine internationale Organisation mit Sitz in Genf. Er bestand von 1920 bis 1946. Seine Aufgabe war es, Konflikte zwischen den Staaten zu schlichten und den Weltfrieden zu sichern.
- In der Zeit des Ost-West-Konflikts haben die Supermächte **USA** und **UdSSR** immer wieder versucht, ihren Einfluß in dieser Region zur Geltung zu bringen, etwa durch die politische und militärische Unterstützung ihnen jeweils nahestehender Regierungen (z. B. die USA für Saudi-Arabien und Kuwait, die UdSSR für Syrien und den Irak). Dieser Wettlauf der Supermächte führte zu einer massiven **Aufrüstung** der dortigen Staaten.
- Die Industrieländer sind von einer gesicherten **Energieversorgung** abhängig. Der Ölreichtum macht diese Region zu einem besonderen Schwerpunkt in der Interessenpolitik der westlichen Länder.

Bereits 1921 entstand im britischen Mandatsgebiet das **Königreich Irak**. Zu diesem Zeitpunkt gehörte **Kuwait** zum irakischen Verwaltungsbezirk Basra. Großbritannien gab zwar 1932 das Mandat des Völkerbundes über den Irak zurück, blieb jedoch weiterhin in Kuwait. Als Protektorat („Schutzherrschaft“) stand dieses Gebiet bis 1961 unter britischem Einfluß. Mit der Unabhängigkeit 1961 übernahm die Herrscherfamilie der Sabah die Macht in diesem Ölstaat.

Grenzstreitigkeiten

Nach dem Rückzug Großbritanniens erhob der Irak erneut Anspruch auf Kuwait. Britische und arabische Truppen verhinderten damals die

Besetzung durch den Irak. 1963 anerkannte dieser zwar Kuwait als Staat, akzeptierte aber nicht dessen Grenzen.
1989 beschuldigte der Irak die kuwaitische Regierung, im Grenzgebiet aus **irakischen Ölfeldern** unbefugt zu fördern. Zusammen mit den Vereinigten Arabischen Emiraten fördere es zudem mehr Öl als vereinbart. Dies führe zu einem Verfall des Ölpreises auf dem Weltmarkt. Der Irak drohte, notfalls Gewalt anzuwenden, um diese Überproduktion zu drosseln. Er verlangte zudem von den arabischen Staaten, eine Kommission einzusetzen mit dem Ziel, Kuwait wegen Grenzverletzungen zu verurteilen.

Ungelöst: der Konflikt Israel – Palästina

Eine zweite Stoßrichtung im Vorfeld des Konflikts baute der irakische Präsident Saddam Hussein gegen **Israel** auf. In den arabischen Staaten entstand in den letzten Jahren die Besorgnis, durch die verstärkte Einwanderung von Juden aus der UdSSR nach Israel könne sich das Gewicht zum Nachteil der Araber verschieben. Außerdem werde die Ansiedlung dieser Einwanderer in jenen arabischen Gebieten, die Israel seit 1967 besetzt hält (Golan, Westjordanland, Gaza-Streifen), die Lebensmöglichkeiten der dort lebenden **Palästinenser** noch weiter einschränken.
Saddam Hussein wollte die arabischen Staaten drängen, diese Gebiete notfalls mit Gewalt zurückzuholen. Auf einer Konferenz der arabischen Staaten im Mai 1990 in der irakischen Hauptstadt Bagdad konnte er sich jedoch nicht durchsetzen.
Nachdem der irakische Präsident sowohl gegenüber Kuwait als auch in der Palästina-Frage keine einheitliche Unterstützung durch die arabischen Staaten erhielt, besetzten seine Truppen am 2. August 1990 das Emirat Kuwait. Die kuwaitische Herrscherfamilie floh nach Saudi-Arabien. Damit verstieß der Irak gegen einen Grundsatz des internationalen Rechts: das **Selbstbestimmungsrecht der Völker**. Nach Artikel 51 der **Charta der Vereinten Nationen** hat jeder Staat, der von einem anderen angegriffen wird, das Recht, sich allein oder zusammen mit anderen Staaten gegen den Angreifer militärisch zu wehren: Er kann in diesem Falle „zur individuellen oder kollektiven Selbstverteidigung" Waffen einsetzen.
Auf Bitten Kuwaits entsandten die USA – zusammen mit anderen Staaten – Truppen nach Saudi-Arabien, um ein weiteres Vordringen des Irak zu verhindern. Die Vereinten Nationen verurteilten den irakischen Angriff. Sie forderten den Irak auf, sich bis zum 15. Januar 1991 aus Kuwait zurückzuziehen. Nachdem dies nicht geschehen war, rückten die gemeinsamen Truppenverbände unter Führung der USA am 17. Januar gegen die irakische Armee vor. Sie konnten am 28. Februar Kuwait befreien.

Interessen
Die Rolle der USA ...

Der erste Golfkrieg zwischen dem Iran und dem Irak zog sich über acht Jahre hin. Erst der abflauende Ost-West-Konflikt machte es möglich, ihn 1988 durch Vermittlung der UNO zu beenden. Im zweiten Golfkrieg arbeiteten die beiden Supermächte **USA** und **UdSSR** von Anfang an politisch zusammen. Deutlich wurde:

- Die USA und die westlichen Staaten wollten eine Gefährdung Israels durch den Irak und ihm nahestehenden Staaten verhindern.
- Kuwait, Saudi-Arabien und die arabischen Emirate am Persischen Golf sind wichtige Öllieferanten für die westlichen Industrieländer.
- Diese Staaten sind zudem politisch Verbündete der USA, die einen weiteren Einfluß des Irak im Nahen und Mittleren Osten verhindern sollen.

... und der UdSSR

Die Sowjetunion beteiligte sich nicht an den militärischen Maßnahmen gegen den Irak. Sie unterstützte ihn auch nicht, obwohl zwischen beiden Staaten seit 1972 ein „Vertrag über Freundschaft und Zusammenarbeit" bestand (vgl. Abschn. 8.2, Leitfrage 3). Darin wirkte sich die **neue Außenpolitik** der UdSSR seit Michail Gorbatschow aus: der Verzicht auf die weltweite Rivalität mit dem Westen (vgl. Abschn. 8.1, Leitfrage 1). Für Gorbatschow hatten die Anstrengungen zur Reform der Wirtschaft und zum Aufbau der Demokratie im eigenen Land Vorrang. Eine Einmischung in Konflikte außerhalb der UdSSR oder eine massive wirtschaftliche und militärische Unterstützung des Irak hätte dieser Politik noch größere Schwierigkeiten gebracht, als sie ohnehin schon hatte.

Übersicht 2: Die Nahost-Konferenz seit Oktober 1991

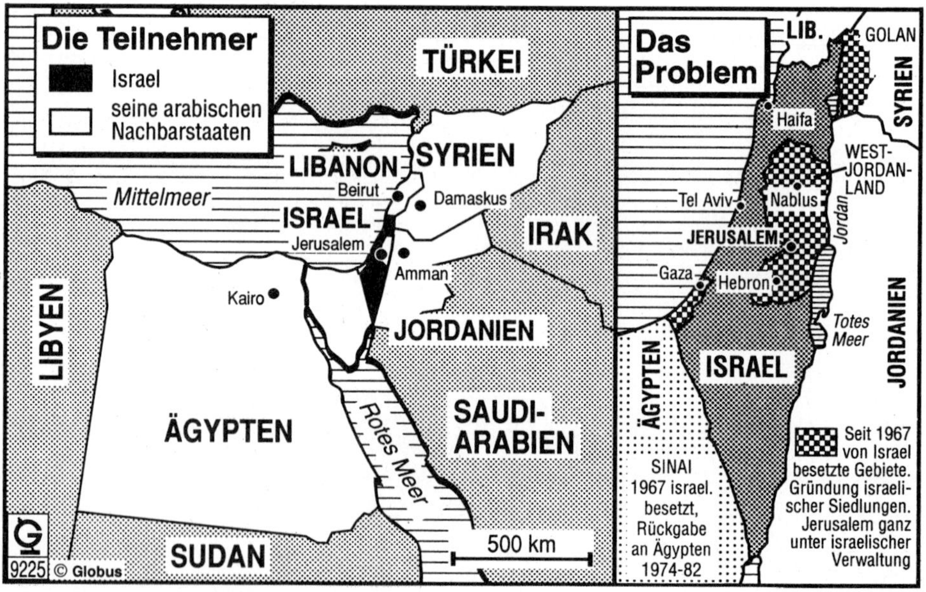

Ergänzung: Die Abrüstung des **Irak**, vor allem die Vernichtung der chemischen und biologischen Waffen, die Zerstörung der zu diesem Zweck vom Irak gebauten Produktionsanlagen, einschließlich von Atomreaktoren, ist eine Aufgabe, der die irakische Regierung im Waffenstillstand (3. April 1991) zustimmen mußte. Die Durchführung dieses Waffenstillstandes ist Sache der **UNO** und ihrer Expertenkommissionen. Die irakische Regierung versuchte, diese Abrüstung zu behindern.

Eine Lösung in Sicht?

Nach dem militärischen Sieg geht es darum, die politischen Verhältnisse in dieser Region so zu ordnen, daß die Spannungen zwischen den Staaten aufgehoben und weitere Konflikte vermieden werden. Die **USA** und die **UdSSR** schlugen eine **Nahost-Konferenz** unter ihrer Schirmherrschaft vor. Zu den wichtigsten Aufgaben einer solchen Friedenskonferenz zählen:

- Die Abrüstung der Staaten im Nahen und Mittleren Osten, vor allem des Iraks, die Vernichtung der biologischen und chemischen Waffen und der Forschungs- und Versuchsanlagen für atomare Waffen,
- die Zukunft der Kurden im Irak,
- das Verhältnis zwischen Israel und den arabischen Staaten,
- die Zukunft der palästinensischen Bevölkerung im Nahen Osten, d. h. in den von Israel besetzten Gebieten und in den Flüchtlingslagern in den arabischen Staaten, vor allem eine Entscheidung, welche politischen Rechte die Palästinenser künftig haben sollen (Selbstverwaltung oder ein eigener Staat?).

Unter dem Druck der USA stimmte die **israelische Regierung** zu, daß eine solche Konferenz Ende Oktober 1991 begann. Die Verhandlungen konzentrieren sich seither vor allem auf die Israel und die Palästinenser betreffenden Fragen.

3 Die Vereinten Nationen – welche Ziele verfolgt die UNO, und wie ist ihre Organisation aufgebaut?

Frieden machen und Frieden halten: Ziele der UNO

Im Oktober 1943, noch während des Zweiten Weltkriegs, verkündeten die USA, Großbritannien, die Sowjetunion und China ihre Absicht, nach dem Ende des Krieges eine internationale Organisation zu schaffen. In ihr sollten alle Staaten zusammenarbeiten, um **Konflikte** gewaltlos beizulegen und den **Frieden** zu sichern.

Diese Organisation wurde am 26. Juni 1945 gegründet: An diesem Tag unterzeichneten 51 Staaten eine Erklärung, die **Charta der Vereinten Nationen** (englisch: United Nations; abgekürzt auch UNO: United Nations Organization).

Die Mitglieder verpflichteten sich,

- mit anderen Staaten zusammenzuarbeiten, um den Frieden gemeinsam zu sichern und die wirtschaftlichen und sozialen Gegensätze zwischen den Staaten auszugleichen,
- im Umgang mit anderen Staaten den Grundsatz der Gleichberechtigung zu achten und deren Recht auf Selbstbestimmung anzuerkennen,
- Streitigkeiten untereinander friedlich, durch den Spruch eines Schiedsgerichtes, zu lösen,
- die Menschenrechte und die Grundfreiheiten der Bürgerinnen und Bürger in ihrem Land zu wahren,
- rassische und religiöse Benachteiligung zu beseitigen,
- zur Wahrung oder Wiederherstellung des Friedens notfalls gemeinsame Maßnahmen gegen einen Angreifer durchzuführen.

Die Organe

Vollversammlung

Sitz der UNO ist New York; einzelne Unterorganisationen haben ihre Büros aber auch in europäischen Staaten, z. B. in Genf und in Wien. Die Vertreter dieser Staaten treffen sich mindestens einmal im Jahr in der **Vollversammlung** (auch Generalversammlung genannt), dem obersten Organ der UNO. Jedes Mitglied hat in dieser Versammlung eine Stimme (vgl. Übersicht 3).

Sicherheitsrat

Das politisch wichtigste Organ ist der **Sicherheitsrat**. Ihm gehören insgesamt 15 Staaten an. Fünf davon (China, Frankreich, Großbritannien, die Sowjetunion – bzw. heute Rußland – und die Vereinigten Staaten von Amerika) sind ständig vertreten. Die übrigen Mitglieder werden für jeweils zwei Jahre von der Vollversammlung gewählt. Bei Abstimmungen hat jedes der fünf ständigen Mitglieder ein **Veto-Recht**. Dadurch können Beschlüsse – auch wenn die Mehrheit zugestimmt hat – verhindert werden. Mit dem Veto-Recht beanspruchen die fünf Großmächte der Gründerzeit einen besonderen Einfluß in der UNO (vgl. Übersicht 4).

Heute wird diskutiert, ob die Einschränkung der ständigen Mitglieder auf diese fünf Staaten noch den heutigen Verhältnissen gerecht wird. Es wird vorgeschlagen, diesen Kreis durch weitere Länder zu ver-

Übersicht 3: Die wichtigsten Organe der Vereinten Nationen

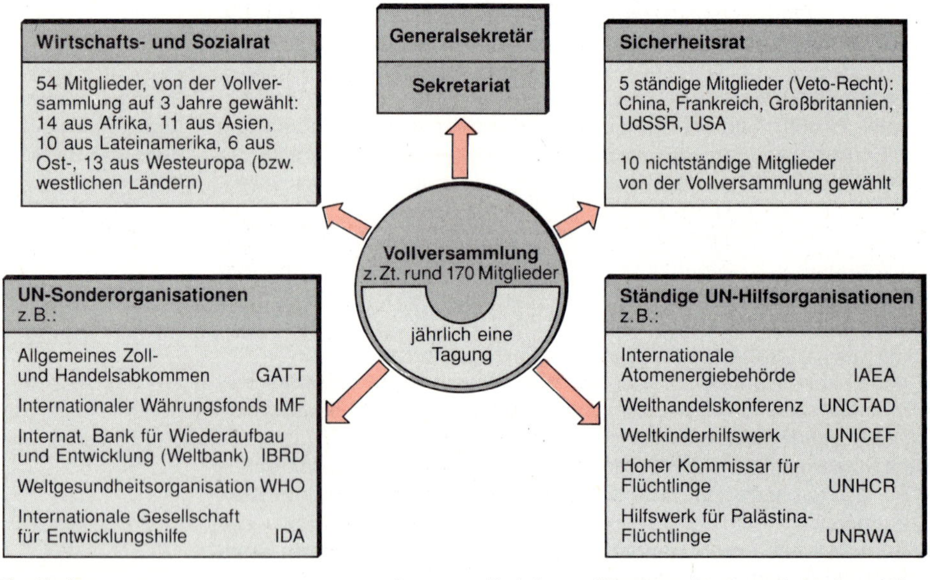

Zur Ergänzung:
Den Vereinten Nationen stehen mehr Organisationen und Beratungsgremien zur Verfügung, als dieses Schaubild festhalten kann (z. B. der Internationale Gerichtshof, die UN-Abrüstungskommission). In den ständigen Hilfsorganisationen und Sonderorganisationen (in der Regel von der Vollversammlung eingerichtet) werden besondere Vorhaben und Programme beraten, entschieden, und ihre Durchführung organisiert. Hier arbeiten Vertreter der Mitgliedstaaten zusammen; aber auch Länder, die nicht Mitglieder sind, können sich beratend und unterstützend beteiligen. So hat z. B. die Bundesrepublik Deutschland im UNICEF bereits vor ihrem UN-Beitritt (1973) mitgearbeitet.

Übersicht 4: Der Sicherheitsrat der Vereinten Nationen – Zusammensetzung und Aufgaben

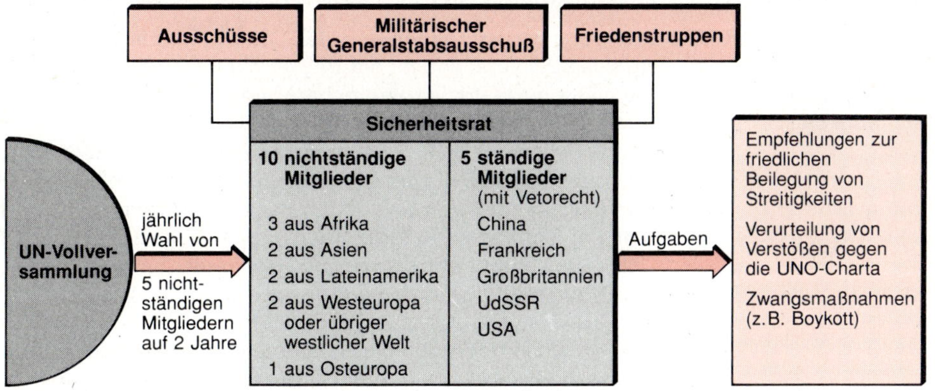

größern. Etwa durch die Aufnahme Japans und Deutschlands, aber auch durch wichtige Länder aus der Dritten Welt, z. B. Brasilien und Indien.
Der Sicherheitsrat soll in erster Linie eine „Weltpolizei" sein. Er kann zur Durchführung seiner Arbeit von den Mitgliedern der UNO Streitkräfte oder andere Hilfeleistungen anfordern (vgl. Übersicht 5). Jeder Mitgliedsstaat hat sich verpflichtet, „den Vereinten Nationen jeglichen Beistand bei jeglicher Maßnahme" zu leisten, die im „Einklang" mit der UNO-Charta vom Sicherheitsrat beschlossen wurde (Art. 2, Abs. 5 UNO-Charta).

Wirtschafts- und Sozialrat

Zahlreiche Projekte, die die UNO weltweit durchführt oder fördert, werden vom **Wirtschafts- und Sozialrat** betreut. Zu ihnen zählen vor allem die wirtschaftlichen, sozialen und humanitären Vorhaben in den Ländern der Dritten und Vierten Welt. Darüber hinaus hat er die Aufgabe, Fragen der internationalen wirtschaftlichen Zusammenarbeit zu untersuchen und die hierfür notwendigen Verträge zu vereinbaren.

Generalsekretär

An der Spitze der Verwaltung der UNO steht das **Sekretariat** mit dem **Generalsekretär**. Er wird von der Vollversammlung auf Vorschlag des Sicherheitsrates jeweils auf fünf Jahre gewählt. Es entspricht dem größer gewordenen Einfluß der Länder aus der Dritten und Vierten Welt, wenn sie heute fordern, daß der Generalsekretär aus ihren Reihen kommt. Bislang kamen drei Generalsekretäre aus Europa und jeweils einer aus Asien, Lateinamerika und Afrika. Seit 1992 hat der frühere ägyptische Außenminister Butros Ghali dieses Amt inne.

4 Alte und neue Bedrohungen – welche Aufgaben hat die UNO heute?

Eine neue Weltordnung: Sicherheit und Gerechtigkeit

Seit Gründung der UNO haben sich die Schwerpunkte in der Politik der Weltorganisation verschoben. Am Beginn der Arbeit stand der Wille, nach dem Zweiten Weltkrieg eine sichere und gerechte Ordnung in der Welt zu schaffen. In dieser Absicht verabschiedete die Vollversammlung am 10. Dezember 1948 die **Allgemeine Erklärung der Menschenrechte**. In den fünfziger Jahren, als der Ost-West-Konflikt sich verschärfte, ging es überwiegend um Fragen der **Kriegsverhütung**. So beschloß der Sicherheitsrat 1950, UNO-Truppen nach Korea zu schikken. Dort waren Truppen des kommunistisch regierten Nord-Korea in Süd-Korea eingedrungen. Die UNO-Truppen wurden in der Mehrzahl von den USA gestellt und standen unter deren Oberbefehl. Als der Beschluß gefaßt wurde, hatte die UdSSR den Sicherheitsrat aus Protest verlassen. Sie bestritt, daß die UNO für die Auseinandersetzung in Korea zuständig sei.

Seit Mitte der fünfziger Jahre standen Probleme der **Entkolonialisierung** – der Befreiung der Kolonien von den europäischen Kolonialmächten und der Gründung souveräner Staaten in Afrika und Asien – im Mittelpunkt der UNO-Arbeit. In der ersten Hälfte der sechziger Jahre entwickelte sich ein neuer Schwerpunkt: die Lösung vor allem **sozialer und wirtschaftlicher Probleme** in den Entwicklungsländern. Hierzu gehören auch die Fragen, die das Verhältnis der Industrieländer zur Dritten und Vierten Welt betreffen. Die armen Länder fordern mehr Einfluß gegenüber den starken Industrieländern und den großen wirtschaftlichen Konzernen. Sie verlangen, die **Weltwirtschaftsordnung** neu zu gestalten (vgl. Kap. 9).

Den Frieden sichern – mit welchen Mitteln?

Von 1945 bis heute gab es in der Welt mehr als 160 gewaltsame Konflikte in Staaten (z. B. Befreiungsbewegungen in der Dritten Welt) und zwischen Staaten, bei denen Waffen eingesetzt wurden. Zwar sieht die Charta der UNO im Kapitel VII „Maßnahmen bei Bedrohung oder Bruch des Friedens und bei Angriffshandlungen" vor (Art. 39). Dennoch wurden diese Maßnahmen nicht immer wirkungsvoll ergriffen, weil die Großmächte, vor allem die USA und die UdSSR, in diesen Konflikten meist gegensätzliche Interessen vertraten. Der **Ost-West-Konflikt** verhinderte ein gemeinsames Vorgehen im Sicherheitsrat.

Die UNO im zweiten Golfkrieg – Zwangsmaßnahmen gegen einen Angreifer

Im Golfkonflikt 1990/91 sahen sich die Vereinten Nationen zum Handeln verpflichtet, weil der Irak den Grundsatz der **Selbstbestimmung der Völker** mit Waffengewalt verletzt und damit den Frieden gebrochen hatte.

Die Maßnahmen, die der Sicherheitsrat auf Betreiben der USA in mehreren **Resolutionen** (Entschließungen) seit dem 2. August 1990 beschloß, begannen mit der Aufforderung an den Irak, Kuwait wieder zu räumen. Nachdem diese Resolution erfolglos blieb, verhängte der Sicherheitsrat einen Wirtschaftsboykott und anschließend eine Blokkade der Verkehrswege in den Irak.

Am 29. November 1990 ermächtigte er alle Staaten, die auf der Seite Kuwaits standen, den Irak mit Waffengewalt aus Kuwait zurückzudrängen, falls das Land nicht bis zum 15. Januar 1991 von irakischen Truppen geräumt würde. Die militärischen Maßnahmen der mit Kuwait verbündeten Staaten unter der Führung der USA wurden mit den Bestimmungen des **Artikel 51** der UNO-Charta begründet: Danach kann sich jeder Staat, der von einem anderen angegriffen wird, allein oder gemeinsam mit anderen Staaten mit militärischen Mitteln wehren. Das angegriffene Land hat somit das Recht zur „individuellen und kollektiven Selbstverteidigung".

Im vorliegenden Fall hat es die UNO Kuwait und den mit ihm verbündeten Staaten erlaubt, gemeinsam gegen den Angreifer vorzugehen. Dadurch verpflichtete sie zugleich alle übrigen Staaten, dem Angreifer nicht zur Hilfe zu kommen und die zuvor beschlossenen Maßnahmen, **Sanktionen**, gegen den Irak einzuhalten.

Die mit Kuwait verbündeten Truppen standen unter dem Oberbefehl der USA. Die Charta der Vereinten Nationen sieht auch die Möglichkeit vor, kämpfende Truppenverbände aus den Armeen einzelner Staaten zu bilden und sie unter den Befehl eines **UNO-Oberkommandos** zu stellen. Dieses militärische Oberkommando muß vom Sicherheitsrat beschlossen werden. Ihm gehören die Chefs der Generalstäbe aller ständigen Mitglieder an. Ein nichtständiges Mitglied des Sicherheitsrates kann daran beteiligt werden, „wenn die Mitarbeit dieses Mitglieds für die wirksame Durchführung der Aufgaben des Ausschusses erforderlich ist" (Art. 47, 2 UNO-Charta).

„Blauhelme": UNO-Friedenstruppen

In vielen Regionen übernimmt die UNO die Aufgabe, mit **Friedenstruppen** drohende Konflikte zu verhindern oder bestehende zu schlichten. Dies geschieht z. B. im Nahen Osten. Im Süden des Libanon und an der israelisch-syrischen Grenze überwachen solche „Blauhelme" die Einhaltung der Waffenstillstandsvereinbarungen, indem sie einen Puffer zwischen den gegnerischen Lagern bilden. Die Soldaten der UNO-Friedenstruppen kommen aus unterschiedlichen Staaten. Sie sind zur Neutralität verpflichtet und dürfen Waffen nur im Falle eines Angriffs zur eigenen Verteidigung einsetzen. Ihren Auftrag können sie – anders als die Kampftruppen – nur im Einverständnis mit den betroffenen Konfliktparteien ausüben.

Bedrohungen – nicht nur durch Waffen

Heute werden mehr Menschen durch die **Zerstörung der Natur** gezwungen, ihre Heimat zu verlassen, als durch Kriege: Rund zehn Millionen Menschen sind heute auf der Flucht, weil ihnen die Zerstörung der Umwelt ihre Lebensgrundlagen genommen hat. Dabei handelt es sich zum größten Teil um Eingriffe, die von Menschen verursacht werden. Die meisten dieser Umweltflüchtlinge leben in den armen Ländern der Dritten und Vierten Welt. Aber: Die größten Belastungen der Umwelt kommen aus den reichen Industrieländern; durch unseren Verbrauch an Energie und Rohstoffen, durch die Produktion von riesigen Müllbergen und giftigen Abfällen, durch die Belastung der Atmosphäre mit Kohlendioxyd (CO_2) und Fluorchlorkohlenwasserstoffe (FCKW).

Die Erwärmung der Erde wird – dies steht heute fest – die Lebensbedingungen in vielen Gebieten der Welt verschlechtern. Weite Küstengebiete – wie in Bangladesch – sind dann von Überschwemmungen bedroht. Der Anstieg der Temperatur begünstigt die Entwicklung von verheerenden Stürmen und Unwettern. Die Ozonschicht der Atmosphäre, die das gesundheitsgefährdende ultraviolette Sonnenlicht abhält, wird durch den Ausstoß von FCKW's abgebaut. Der Raubbau an den tropischen Regenwäldern beschleunigt diese Entwicklung.

Übersicht 5: Maßnahmen der UNO gegen einen Staat, der den Frieden verletzt (Art. 39–51 UNO-Charta)

Feststellungen des Sicherheitsrates (Art. 39)
- Bedrohung des Friedens
- Bruch des Friedens
- Vorliegen einer Angriffshandlung

Aufforderung an Konflikt-Parteien (Art. 40)
- Konflikt friedlich beizulegen
- Lage vor Ausbruch des Konflikts wiederherzustellen

Empfehlungen oder Beschluß gemeinsamer Maßnahmen einschließlich militärischer Zwangsmaßnahmen

Art. 41: Maßnahmen ohne Waffengewalt
- Handelsboykott (Embargo)
- Blockade des Land-, See- und Luftverkehrs
- Blockade der Post-, Telegraphen- und Funkverbindungen
- Abbruch der diplomatischen Beziehungen

Art. 42 ff.: Anwendung von Waffengewalt – militärische Zwangsmaßnahmen
- Einsatz von Luft-, See- und Landstreitkräften zur Wahrung oder Wiederherstellung des Friedens, falls Maßnahmen nach Art. 41 »unzulänglich sein würden oder sich als unzulänglich erwiesen haben«
- Bildung eines UN-Oberkommandos, Durchführung der Maßnahmen »von allen oder von einigen Mitgliedern« der UN

Stichwort: Kollektive Sicherheit

„Die Konstrukteure von Völkerbund und Vereinten Nationen haben den großangelegten Versuch unternommen, die Verhütung von Kriegen und die Eindämmung militärischer Gewaltanwendung durch kollektive Sicherheit zu erreichen. Der Grundgedanke der kollektiven Sicherheit besteht darin, daß sich eine Gruppe von Staaten zu dem Zweck zusammenschließt, untereinander friedensgefährdende Aktionen oder Angriffshandlungen zu verhindern.

Dieser Bezug auf den inneren Frieden unterscheidet ein System kollektiver Sicherheit prinzipiell von einem Bündnis. Letzteres stellt einen Zusammenschluß von Staaten gegenüber anderen Staaten dar. Die Kriegsverhütung oder Gewalteindämmung soll in einem System der kollektiven Sicherheit dadurch erfolgen, daß jedes Mitglied sich verpflichtet, nach förmlich festgelegten Regeln einer Bedrohung oder einem Bruch des Friedens entgegenzutreten. Der gemeinsame Widerstand aller gegen die Politik eines Landes, die den Frieden bricht oder gefährdet, umfaßt dabei ein weites Spektrum möglicher Sanktionen, von der Einschränkung des Handels über den Abbruch der diplomatischen Beziehungen bis hin zur Anwendung militärischer Gewalt."

DIFF, Fernstudienlehrgang Problemfelder Internationaler Beziehungen. Bd. 6: Lothar Brock: Konflikte und Konfliktregelung im internationalen System, Tübingen 1989, S. 60.

Übersicht 6: Einsätze der UNO-Friedenstruppen

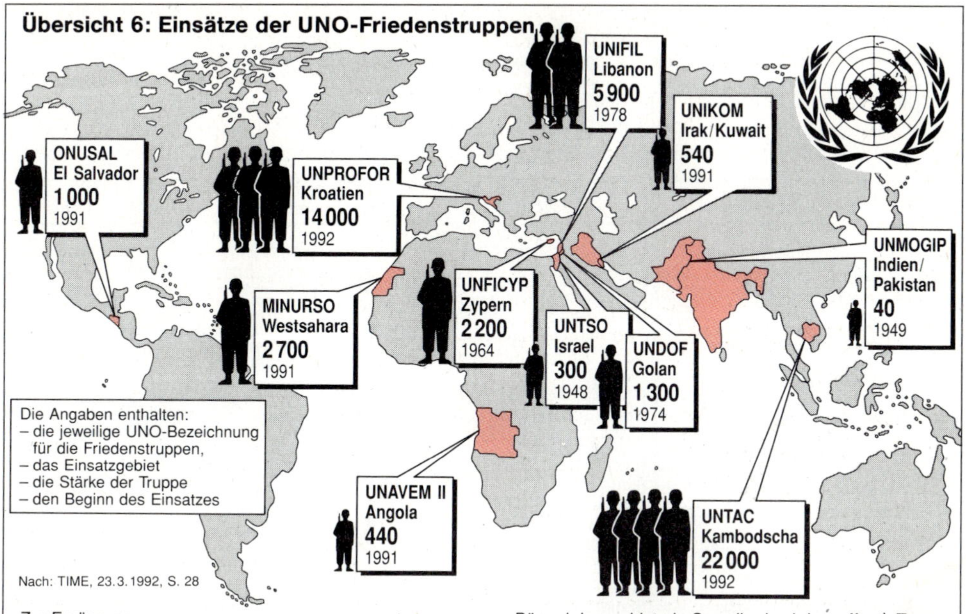

Nach: TIME, 23.3.1992, S. 28

Zur Ergänzung:
Bis Ende 1992 wurden weitere Friedenstruppen der UNO in Bosnien-Herzegowina und in Somalia stationiert. Anfang Dezember 1992 beschloß außerdem der Sicherheitsrat der UNO, die Hilfslieferungen in die Hunger- und Bürgerkriegsgebiete in Somalia durch bewaffnete Truppen (ca. 30 000 Soldaten) zu schützen. Darüber hinaus erhielten die unter dem militärischen Oberkommando der USA stehenden internationalen Verbände den Auftrag, die Bürgerkriegsarmeen in Somalia zu entwaffnen.

Wer handelt?

Einzelne Staaten sind beim Kampf gegen diese neuen Bedrohungen unserer Zukunft überfordert. Sie können zwar für ihr Gebiet Maßnahmen beschließen und die Produktion besonders gefährlicher Stoffe – etwa der FCKW-Treibgase – verbieten. Sie können sich hierzu auch mit benachbarten Staaten, z. B. in der Europäischen Gemeinschaft, abstimmen. Die drängendsten Umweltprobleme machen es darüber hinaus notwendig, daß **weltweit** gehandelt wird.

UNO: Umwelt und Entwicklung

Hier liegt ein **neues Aufgabenfeld** für die Vereinten Nationen. Sie organisieren Expertentreffen und Forschungsprogramme, die nach den Ursachen der weltweit drohenden Umwelt-Katastrophe suchen und Vorschläge machen sollen, wie sie abzuwenden ist. Ihre Mitglieder können regionale und weltweite Vereinbarungen treffen, mit denen sie sich zum Schutz der Umwelt verpflichten. Zusammengenommen könnte durch diese Politik der Vereinten Nationen eine **neue ökologische Weltordnung** entstehen.
In der Praxis der politischen Auseinandersetzungen sind wir jedoch noch weit von einer solchen Ordnung entfernt. Die Interessen der einzelnen Staaten und Staatengruppen gehen dabei meist weit auseinander. Dies zeigte die **UNO-Konferenz Umwelt und Entwicklung**, auf der sich nach langen Expertentreffen und Vorkonferenzen im Juni 1992

Übersicht 7: Der tropische Regenwald ist bedroht

- Der tropische Regenwald bedeckt 7 % der Landfläche der Erde. Er hat eine wichtige Funktion bei der Regulierung des Erdklimas und des Kohlendioxidgehalts der Atmosphäre. Er schützt die Böden der Tropen vor Unfruchtbarkeit, Überschwemmung und Erosion.
- Im tropischen Regenwald finden sich zwei Drittel aller Pflanzenarten; er ist Lebensraum für 80 % aller Insekten und 90 % aller Primaten (Affen u. ä.). Der Regenwald ist ein unersetzliches Reservoir für die Vielfalt des Lebens.

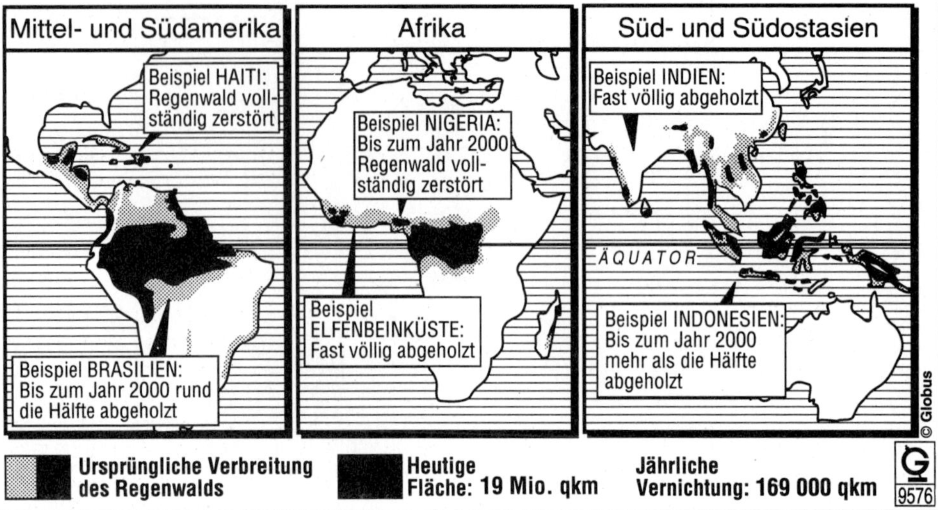

mehr als 60 Staats- und Regierungschefs in Rio de Janeiro trafen. Während die großen Industrieländer bei den Entwicklungsländern den Schutz des tropischen Regenwaldes einforderten, waren sie selber nicht bereit, in ihren Ländern rasche und wirkungsvolle Schritte zu unternehmen, um die von ihnen selbst verursachten Umweltbelastungen zu vermindern oder gar zu stoppen. Vor allem die USA weigerten sich aus wirtschaftlichen Gründen, entsprechende Maßnahmen zu ergreifen – etwa durch ein frühzeitiges Verbot der FCKW-Produktion und durch eine Einschränkung des Automobil-Verkehrs.

Das Ende des Ost-West-Konflikts macht heute – wie z. B. im zweiten Golfkrieg 1990/91 – gemeinsame Schritte zur Beendigung militärischer Konflikte möglich. Doch die wirtschaftlichen Gegensätze, wie sie sich im **Nord-Süd-Konflikt** zwischen den reichen und den armen Ländern zeigen, stehen einer wirkungsvollen Politik zum weltweiten Schutz der Umwelt im Wege. Um eine solche Politik durchzusetzen, ist politischer Druck notwendig, der von den Bevölkerungen der Länder selber kommt. **Bürgerinitiativen** und **internationale Umweltinitiativen** – wie z. B. Greenpeace – können diesen politischen Druck organisieren und demonstrieren (vgl. dazu Abschn. 6.5, Leitfrage 2).

Aktuelle Infos

Neben der laufenden Berichterstattung in den Medien vor allem **Jahrbuch Frieden 1992**, München, C. H. Beck Verlag 1991; weitere Bände erscheinen jeweils im Herbst eines jeden Jahres.

Aktualitätendienst 1994 Gesellschaft/Politik/Wirtschaft, Stuttgart, Ernst Klett Verlag für Wissen und Bildung 1993; weitere Bände erscheinen jeweils im September eines jeden Jahres.

Zusammenfassung

1 Mit dem Ende des Ost-West-Konflikts sind nicht alle Spannungen und Konflikte beigelegt. Vor allem in der ehemaligen UdSSR gibt es eine Reihe offener Fragen und ungelöster Gegensätze zwischen den neuen Staaten und den unterschiedlichen Völkern und Volksgruppen. In Jugoslawien herrscht seit 1990 ein Bürgerkrieg. Slowenien und Kroatien haben sich 1991, Bosnien-Herzegowina 1992 vom jugoslawischen Bundesstaat gelöst und ihre Unabhängigkeit als selbständige Staaten ausgerufen. Sie lehnen den jugoslawischen Bundesstaat ab, weil er einseitig von Serbien beherrscht werde. Außerdem behindere er eine rasche Entwicklung des Landes.

2 Der zweite Golfkrieg durch den Irak machte 1990/91 deutlich, daß im Nahen und Mittleren Osten lange, seit Jahrzehnten anstehende Konflikte immer wieder gewaltsam aufbrechen. Bis zum Ende des Ost-West-Konflikts traten hier die westlichen und die östlichen Staaten meistens mit gegensätzlichen Interessen auf. Das verhinderte eine dauerhafte Lösung dieser Konflikte.
Der Irak kam den Aufforderungen des Sicherheitsrates der UNO, Kuwait wieder zu räumen, nicht nach. Darauf ermächtigte die UNO die mit Kuwait unter der Führung der USA verbündeten Staaten, die irakische Armee mit Waffengewalt aus dem besetzten Gebiet zurückzudrängen. Die UdSSR beteiligte sich zwar nicht an den militärischen Aktionen, unterstützte jedoch die Politik der USA und die im Sicherheitsrat der UNO beschlossenen Resolutionen gegen den Irak.

3 Die Vereinten Nationen wurden 1945 von 51 Staaten gegründet. Ihr oberstes Ziel ist es, den Frieden gemeinsam zu sichern und eine gerechtere Ordnung zwischen den Staaten zu schaffen. Die wichtigsten Organe sind die Vollversammlung, der Sicherheitsrat, der Wirtschafts- und Sozialrat, der Internationale Gerichtshof und das Sekretariat mit dem UNO-Generalsekretär an der Spitze. Im Sicherheitsrat haben sich die fünf Großmächte der Gründerzeit mit dem Veto-Recht eine besondere Stellung geschaffen. In der Zeit des Ost-West-Konflikts blockierten die Großmächte mit ihrem Veto-Recht jedoch oft notwendige und gemeinsame Beschlüsse und Maßnahmen.

4 Seit der Gründung der UNO hat sich die Zahl ihrer Mitglieder stark vergrößert. Insbesondere ist das Gewicht der Staaten aus der Dritten und Vierten Welt bedeutender geworden. Gegenwärtig sind in dieser internationalen Organisation rund 165 Staaten vertreten. Neben der Erhaltung des Friedens ist heute der Ausgleich zwischen den reichen Industrie- und den armen Entwicklungsländern durch eine „neue ökonomische Weltordnung" besonders wichtig. Eng damit verbunden ist die Aufgabe, die natürlichen Lebensgrundlagen durch weltweite Vereinbarungen zu schützen. Einer „neuen ökologischen Weltordnung" stehen jedoch noch viele Hindernisse im Wege. Die großen Industrieländer lehnen vor allem solche Vereinbarungen ab, die sich belastend auf das Wachstum ihrer Wirtschaften auswirken könnten. Viele Entwicklungsländer sind allein wirtschaftlich zu schwach, einen wirkungsvollen Schutz der Umwelt durchzusetzen.

9 Entwicklungsländer und Entwicklungspolitik

9.1 Eine Welt für alle?

Unsere Interessen – und wie sie sich in den Entwicklungsländern auswirken

Rund ein Viertel des Wertes aller Güter, die die Dominikanische Republik ausführt, wird durch den Verkauf von Zucker erwirtschaftet. Ein wichtiger Abnehmer sind die USA. Dort stieg in den 80er Jahren die Zuckerproduktion kräftig an. Die Regierung in Washington entschied deshalb, die Einfuhrmenge für Zucker um 70 Prozent zu senken. In den Wettbewerb um die restlichen Zuckerimporte in die USA drängte zusätzlich noch die Europäische Gemeinschaft (EG). Sie ist der größte Zuckerexporteur der Welt. In den zwölf Ländern der EG wird die Produktion dieses Nahrungsmittels durch staatliche Hilfen für die Landwirtschaft (Subventionen) gestützt. EG-Zucker kann also auf dem Weltmarkt billiger verkauft werden als Zucker aus der Dominikanischen Republik.
In der Dominikanischen Republik mußten bis 1990 vier Zuckerfabriken geschlossen werden. Die gesamte Zuckererzeugung sank um 40 Prozent. Die Hälfte der Zuckerrohrarbeiter verlor ihre Arbeit, darunter allein 20 000 Zuckerrohrschneider aus Haiti. Die realen Einkommen der verbleibenden Zuckerrohrarbeiter wurden gekürzt.

Armut in den Entwicklungsländern – und ihre Auswirkungen bei uns

Ende 1989 fand in der peruanischen Hauptstadt Lima eine „Internationale Konferenz über Drogenhandel und Terrorismus“ statt. Zur Diskussion stand unter anderem die Strategie, den Handel mit Kokain zu zerschlagen, indem die Coca-Felder in Peru und Kolumbien mit Chemikalien besprüht und die Pflanzen dadurch vernichtet werden. Dieses Vorgehen wird vor allem von den USA befürwortet.
Der Erfolg blieb jedoch bislang aus. Die Coca-Bauern vergrößerten sogar noch ihre Anbauflächen. Rund 95 % der Coca-Produktion gehen in den illegalen Drogenhandel. Dieser überschwemmt in immer stärkerem Maße auch Deutschland. Sind damit die Bauern in Peru schuld, wenn bei uns zunehmend mehr Jugendliche drogensüchtig werden? Der frühere Präsident Perus, Alan Garcia, nennt den Grund: Die Bauern haben keine Wahl, andere Einnahmequellen fehlen. Eine Alternative könnte z. B. der Kaffeeanbau sein. Doch er bringt nicht genügend ein, weil der Preis für Kaffee in den letzten Jahren stark gefallen ist und die Abnehmerländer in Europa und Nordamerika nicht bereit sind, einen höheren Preis zu garantieren. Der Präsident Perus führte weiter aus: „Ich verstehe die USA nicht, die auf der einen Seite durch die Zerstörung der Coca-Pflanzen den Bauern die Lebensgrundlage nehmen wollen, auf der anderen Seite aber dafür sorgen, daß die Kaffeepreise um 50 Prozent fallen.“

Zusammengestellt nach: Weltbank (Hrsg.): Weltentwicklungsbericht 1990, Washington D.C. 1990, S.148; Badische Zeitung Nr. 278, 02./03.12.1989.

Leitfragen

1 Ungleichheit weltweit: Gibt es einen Nord-Süd-Konflikt?

2 Grundbedürfnisse: Welche Lebensbedingungen finden wir in der Dritten und Vierten Welt?

3 Gesellschaft und Staat: Wie sind Einfluß und Macht verteilt?

4 Weltwirtschaft: Welche Rolle spielen Entwicklungsländer im Welthandel?

1 Ungleichheit weltweit: Gibt es einen Nord-Süd-Konflikt?

Vier Welten in einer?

Südlich der meisten Industrieländer gibt es auf der Weltkarte einen Gürtel von Ländern, in denen die Mehrzahl der Menschen unter armen und ärmsten Bedingungen leben. Sie haben an der Entwicklung der letzten Jahrzehnte, die für die meisten Menschen in den Industrieländern des Nordens einen hohen Lebensstandard, soziale Sicherheit bei Krankheit und im Alter, ein breites Angebot an Schulen und Arbeitsplätzen gebracht hat, nicht teilgenommen. Und doch nennen wir diese Gebiete **„Entwicklungsländer"**. Der Begriff täuscht vor, daß sich diese Länder entwickeln. In Wirklichkeit trifft dies nur für eine kleine Zahl unter ihnen zu.
Nach einer Einteilung der Organisation für wirtschaftliche Zusammenarbeit und Entwicklung (engl. Abkürzung OECD) gibt es derzeit 135 Entwicklungsländer (vgl. Übersicht 1).

Unterschiede

Schon ein flüchtiger Blick über die Reihe dieser Länder zeigt: Dies ist keine einheitliche Gruppe. Da gibt es Länder, die mit ihren Erdölexporten sehr hohe Einnahmen erzielen, so z. B. Saudi-Arabien und der Irak. Diese **erdölexportierenden Länder** haben sich in der OPEC zusam-

Übersicht 1: Entwicklungsländer weltweit

Kontinent (Anzahl)	Beispiele
Europa (7)	Albanien, Griechenland, Jugoslawien, Malta, Portugal, Türkei, Zypern
Afrika (51)	nördlich der Sahara (5): Ägypten, Algerien, Libyen, Marokko, Tunesien südlich der Sahara (46): Angola, Äthiopien, Elfenbeinküste, Kamerun, Liberia, Mali, Niger, Somalia, Tschad, Uganda, Zaire
Amerika (33)	Mittelamerika (21): Costa Rica, Haiti, Kuba, Mexiko, Panama Südamerika (12): Argentinien, Brasilien, Peru, Venezuela
Asien (36)	Naher und Mittlerer Osten (13): Irak, Iran, Israel, Saudi-Arabien Südasien (9): Afghanistan, Bangladesch, Indien, Pakistan, Sri Lanka Ostasien (14): VR China, Kambodscha, Philippinen, Vietnam
Ozeanien (9)	Papua-Neuguinea, Samoa, Tonga

Nach: BMZ, Journalisten-Handbuch Entwicklungspolitik 1991/92, Bonn 1991, S. 297 f.

mengeschlossen (engl. Abkürzung: Organization of the Petroleum Exporting Countries). Bei den meisten von ihnen bilden die Einnahmen aus dem Ölexport allerdings die einzige Quelle ihrer Wirtschaft. Zudem werden diese Einkommen innerhalb ihrer Bevölkerung sehr ungleich verteilt. Die Gewinne gehen überwiegend in die Kassen wohlhabender Familien bzw. der herrschenden Schicht (z. B. in Saudi-Arabien) oder fließen in staatliche Kassen (z. B. im Iran).
Daneben finden sich Länder, die an der Schwelle zu einem Entwicklungsstand stehen, der mit westeuropäischen Maßstäben verglichen werden kann. Zu diesen **Schwellenländern** zählen etwa Brasilien, Mexiko, Taiwan und Israel sowie die meisten europäischen Entwicklungsländer.
Schließlich nennt die Übersicht Staaten, die außer ein paar landwirtschaftlichen Produkten keine nennenswerten Erzeugnisse haben, mit denen sie am internationalen Handel teilnehmen könnten. Zu diesen **ärmsten Ländern** zählen etwa Äthiopien und Mali in Afrika oder Bangladesch in Südasien.

Dritte Welt

Dem Begriff „Entwicklungsländer" ziehen die betroffenen Staaten die Kennzeichnung als **Dritte Welt** vor. Sie erheben damit den Anspruch, als Gruppe eine eigene Rolle in der Welt zu spielen – neben der „Ersten Welt" der westlichen Industrieländer (einschließlich Japans), und der „Zweiten Welt" der Staaten in Mittel- und Osteuropa bzw. Asien, die bis Ende der achtziger Jahre eine sozialistische Zentralverwaltungswirtschaft hatten und sich weitgehend an der Entwicklung in der Sowjetunion ausrichten mußten.

Vierte Welt

Da sich die Lage in einer Reihe der ärmsten Länder in den letzten Jahrzehnten zunehmend verschlechterte, werden diese als **Vierte Welt** von den anderen unterschieden. Als am wenigsten entwickelte Länder sind sie auf laufende Hilfe angewiesen. Zu dieser Gruppe zählen heute 36 Länder; die meisten davon liegen in Afrika. In ihnen leben rund 300 Mio. Menschen, das sind knapp 9 % der Bevölkerung der gesamten Dritten Welt.
Absolute Armut treffen wir jedoch nicht nur in diesen Ländern der Vierten Welt an. Auch in Schwellenländern wie Brasilien finden wir Menschen, die von den Erfolgen ihres Landes nichts abbekommen. So ist zwar der Südosten Brasiliens weitgehend industrialisiert. In Sao Paulo produzieren große Betriebe internationaler Konzerne, z. B. der Volkswagen AG, mit modernen Anlagen. In solchen industriellen Zentren gibt es deshalb neben einer wirtschaftlichen Führungsschicht auch eine Arbeiterschicht, die ein relativ sicheres Einkommen hat. Gleichzeitig strömen immer mehr Menschen in diese Wirtschaftszentren, in der Hoffnung, dort Arbeit zu finden. Viele von ihnen leben in den Armenvierteln, die als Elendsgürtel die großen Städte umgeben. Auf der Suche nach Arbeit ist ein gelegentlicher Job schon ein Erfolg; Arbeitslosigkeit ist in diesen Vierteln eher der Normalfall.

Stichwort: Nord-Süd-Konflikt

Die meisten Entwicklungsländer waren lange Zeit als Kolonien **politisch abhängig** von den Staaten Europas, nicht wenige davon bis in die zweite Hälfte unseres Jahrhunderts. So wurde die ehemalige britische Kolonie Rhodesien erst im April 1980 als Staat Simbabwe selbständig. Und in der früheren Kolonie Deutsch-Südwestafrika, die seit 1920 von Südafrika verwaltet wurde, konnte erst am 21. März 1990 der unabhängige Staat Namibia ausgerufen werden. Zuvor hatten schwarze Befreiungsbewegungen (z. B. die SWAPO) in jahrelangen Kämpfen ihr Recht auf Selbstbestimmung angemeldet.

Abhängigkeit – auch nach der Unabhängigkeitserklärung

Trotz der formalen Unabhängigkeit sind viele Länder der Dritten und Vierten Welt weiterhin abhängig von den reichen Ländern des Nordens. Sie sind darauf angewiesen,

- die Produkte, die sie erzeugen, auch auf den Märkten der Industrieländer verkaufen zu können,
- finanzielle Unterstützung (Kredite, direkte Zuschüsse) beim Aufbau ihres Landes von den reichen Ländern zu bekommen,
- im Wettbewerb mit den Industrieländern nicht länger nur als billige Rohstofflieferanten behandelt zu werden.

Der Nord-Süd-Konflikt bedeutet somit vor allem, daß die armen Länder von den reichen wirtschaftlich und in vielen Fragen damit auch weiterhin politisch abhängig sind. Diese Abhängigkeit kann nicht einfach von den Ländern der Dritten und Vierten Welt aufgegeben, gleichsam abgeschüttelt werden. Sie ist fest in der **Ordnung der Weltwirtschaft** verankert. In dieser Ordnung kommen vor allem die Interessen der wirtschaftlich starken Industrieländer zum Ausdruck: Die Entwicklungsländer sind in erster Linie Lieferanten von **Rohstoffen** und von **landwirtschaftlichen Produkten.** Die reichen Länder beliefern den Weltmarkt mit ihren **Industrieerzeugnissen.** Sie verfügen über das **Kapital,** das für den Aufbau einer Industrie, für Verkehrseinrichtungen, Schulen und Hochschulen usw. erforderlich ist. Und nicht zuletzt: In diesen Ländern finden die wichtigsten **wissenschaftlichen** und **technischen** Entwicklungen statt, die eine Grundlage für den wirtschaftlichen Erfolg der „Ersten Welt" sind.

Was heißt Unterentwicklung?

Armut im Weltmaßstab, d. h. die Existenz einer Dritten und Vierten Welt, findet bei uns oft einfache Erklärungen. Etwa:

- Das Klima ist schuld. In südlichen Ländern breitet sich die Dürre aus; weite Regionen, wie etwa in der Sahel-Zone in Afrika, sind wenig fruchtbares Land. Es kann seine Menschen nicht ernähren.
- Menschen, die in einem heißen Klima leben, können nicht soviel leisten wie die in den nördlichen Regionen.
- Diese Länder kennen nichts anderes. Ihre Menschen sind eigentlich mit ihrer Lage zufrieden. Die Vorstellung, sie seien arm, haben ihnen erst die Europäer beigebracht.
- Es gibt zu viele Menschen auf der Welt. Die Entwicklungsländer sollten erst mal dafür sorgen, daß dort nicht so viele Menschen geboren werden.

Problemfelder und Merkmale

Trotz der vielen Unterschiede, die wir zwischen den Entwicklungsländern im einzelnen feststellen können, ist es möglich, **Unterentwicklung**

Übersicht 2: Problemfelder und Merkmale der Unterentwicklung		
Problemfeld 1:	**Problemfeld 2:**	**Problemfeld 3:**
Mangel bei der Befriedigung der Grundbedürfnisse – Ernährung: Hunger und Unterernährung – Gesundheit und medizinische Versorgung – Bildung/Ausbildung – Arbeit und Arbeitsplätze – Zustand der Umwelt – Entwicklung der Bevölkerung	**Ungleichheit in Gesellschaft und Staat** – Soziale Gegensätze und soziale Gerechtigkeit – Wer hat das Sagen im Staat?	**Abhängigkeit von den Industrieländern** – Handel mit dem Ausland: Was kann exportiert werden? – Ausländisches Kapital: Schulden im Ausland

zu beschreiben, ohne sie mit solchen oder ähnlichen Argumenten erklären zu wollen. Es zeigen sich dabei drei **Problemfelder,** die zusammengenommen das Leben der Menschen bestimmen.

2 Grundbedürfnisse: Welche Lebensbedingungen finden wir in der Dritten und Vierten Welt?

Hunger und Unterernährung

Nach einer Schätzung der Ernährungs- und Landwirtschaftsorganisation der Vereinten Nationen (FAO: Food and Agriculture Organization) sind heute 1,5 Mrd. Menschen unzureichend ernährt, bis zu 600 Mio. davon sogar unterernährt. Nimmt man die gesamte Nahrungsmittelproduktion der Welt, vor allem die Erzeugung von Getreide, zusammen, so würde diese Menge ausreichen, die Ernährung der ganzen Weltbevölkerung zu sichern.

Nahrungsmittel – ungleich verteilt

Diese Produktion ist jedoch **ungleich verteilt.** In Europa, in den USA, in Australien und Neuseeland, aber auch in der Sowjetunion wurden in den vergangenen Jahren immer mehr Nahrungsmittel erzeugt. In den Entwicklungsländern konnte dieser Anstieg jedoch nicht mit der schnellen **Zunahme der Bevölkerung** Schritt halten: Wenn auch dort mehr Nahrungsmittel erzeugt werden, so müssen sie unter mehr Menschen aufgeteilt werden.

Hunger tritt heute nicht nur in Gebieten auf, die von der Natur benachteiligt sind. Selbst in Gegenden, die ehemals fruchtbares Land waren, gibt es Hunger und Unterernährung. Dies ist eine Folge der veränderten Bewirtschaftung. Um durch die Ausfuhr landwirtschaftlicher Produkte mehr Devisen (ausländische Währung) zu erhalten, wird heute z. B. im Nordosten Brasiliens, der zu den fruchtbaren Gebieten des Landes gehört, in großen, industriell ausgerichteten Betrieben fast ausschließlich Zuckerrohr angebaut. Zugunsten einer **am Export orientierten Landwirtschaft** wurden der Anbau von Obst und Gemüse sowie die Viehzucht für den eigenen einheimischen Markt aufgegeben. Während sich die kleinen Bauern früher damit selber versorgen konnten, fehlt heute den Arbeitern in der Zuckerrohrplantage oft das Geld, um die notwendigsten Nahrungsmittel für die Familie kaufen zu können.

Hungerkatastrophen

Auch an den zahlreichen **Hungerkatastrophen** ist keinesfalls nur das schlechte Klima schuld: Hunger ist gemacht. Etwa am „Horn von Afrika“, d. h. in Äthiopien, Somalia und Djibouti. Diese Staaten stellen heute die großen Hungerregionen der Welt dar. Allein in Äthiopien sind in den letzten Jahren über eine Million Menschen verhungert. Dabei sind nicht die ausgebliebenen Niederschläge der Hauptgrund, sondern die seit Jahren andauernden **Bürgerkriege.** Sie haben das Land verwüstet, Millionen von Menschen in die Flucht getrieben und damit altgewohnte Formen der Selbstversorgung unmöglich gemacht.

Unzureichende medizinische Versorgung

Die Armut eines Landes zeigt sich auch darin, daß für die Bevölkerung nicht genügend ausgebildete Ärzte, Krankenschwestern und Krankenpfleger, aber auch ausreichend ausgestattete Krankenstationen zur Verfügung stehen. Krankheiten, die bei uns schnell behandelt und geheilt werden können, stellen in armen Ländern oft eine lebensbedrohende Gefahr dar.

Tab. 1: Medizinische Versorgung in der Dritten und Vierten Welt

Ärzte: Anzahl der Personen, die von einem Arzt betreut werden müssen				
Industrieländer	BR Deutschland 380			
Entwicklungsländer	arme		fortgeschrittene	
	Mali	25 390	Peru	1 040
	Indonesien	9 460	Brasilien	1 080
	Äthiopien	78 770	Türkei	1 390
Durchschnittliche Lebenserwartung bei der Geburt in Entwicklungsländern (EL) und Industrieländern (IL)				
Region	Westl. IL	EL-niedriges Einkommen	EL-mittleres Einkommen	EL-höheres Einkommen
Lebensjahre*	79/73	63/61	68/63	72/65
Säuglingssterblichkeit (im ersten Lebensjahr) pro 1000 Geburten				
Industrieländer	Schweden	6		
	BR Deutschland	8		
Entwicklungsländer	Guatemala	55	Pakistan	68
	Nigeria	100	Peru	79

Weltentwicklungsbericht 1991, S. 300 f. und 308 f.

*1. Zahl: Frauen, 2. Zahl: Männer

Gesundheitsprogramme

Trotz der knappen finanziellen Mittel haben viele Staaten mit **besonderen Programmen** große Anstrengungen unternommen, um die medizinische Versorgung zu verbessern. So sank z. B. in Costa Rica die Kindersterblichkeit bis zum Ende des fünften Lebensjahres von 112 im Jahre 1960 auf 24 in der Mitte der achtziger Jahre (jeweils auf tausend Kinder). Die Erfolge haben ihren Preis: 1985 entfielen 23 % der gesamten Ausgaben dieses Staates auf das Gesundheitswesen. (Nach Weltentwicklungsbericht 1990, S. 90 f.)

Bildung und Ausbildung – nicht für alle

Die Organisation der Vereinten Nationen für Erziehung, Wissenschaft und Kultur (UNESCO) schätzt, daß gegenwärtig eine Milliarde Erwachsene in der Dritten und Vierten Welt nicht schreiben und lesen können. Ihre Zahl steigt weiter an. In 30 der insgesamt 135 Entwicklungsländer sind mehr als 50 % der Erwachsenen **Analphabeten.** Dazu einige Beispiele:

- In Afrika (südlich der Sahara), in Asien und in den arabischen Staaten erhält nur jedes zweite Kind eine systematische Schulausbildung.
- Mädchen erhalten in Entwicklungsländern eine weitaus schlechtere Ausbildung als Jungen: Mehr als die Hälfte der Analphabeten sind Frauen. Zudem brechen Mädchen ihre Schul- und Berufsausbildung häufiger ab als Jungen.

Fragt man nach den Gründen, so hört man oft, die Bevölkerung der Entwicklungsländer sei schon immer ohne Schreiben und Lesen ausgekommen. Dies trifft nur für einen Teil dieser Länder zu. In vielen von ihnen, so z. B. in Süd- und Mittelamerika, aber auch in Afrika, gab es schon lange **hochentwickelte Kulturen** (z. B. bei den Inkas in Peru), die durch die eindringenden Europäer zerstört und ausgerottet wurden. Die Kolonialmächte regierten bis in die Mitte des 20. Jahrhunderts hinein nach dem Grundsatz: Die Mehrzahl der einheimischen Bevölkerung braucht keine Ausbildung. Es genügt, wenn eine kleine, bevorzugte Elite fähig ist, bei der Beherrschung des Landes zu helfen.

Grundbildung und höhere Bildung

Die **Bildungspolitik** vieler Entwicklungsländer hat sich in den letzten Jahren besonders mit der Förderung der höheren Bildung beschäftigt. Dahinter steht die Vorstellung, die Ausbildung einer technischen und wirtschaftlichen Führungsschicht würde am schnellsten Fortschritte für das ganze Land bringen. Dagegen bestehen nach wie vor noch große Probleme in der Verwirklichung einer **Grundbildung** für alle. So besuchen nur 2 % der Jugendlichen (bis 24 Jahre) in den afrikanischen Ländern südlich der Sahara (ausgenommen die Republik Südafrika) eine höhere Schule. Aber 22 % der staatlichen Bildungsausgaben werden hierfür aufgebracht. Untersuchungen haben ergeben, daß eine bessere Förderung der Grundbildung für alle die größten wirtschaftlichen Erfolge bringt. Zwei Beispiele:

- In Afrika erzeugen Bauern mit einer vierjährigen Grundschulausbildung durchschnittlich 8 % mehr Güter als Bauern ohne Grundschule.

- In Peru wurde im Rahmen eines Entwicklungsprojekts die Grundschulausbildung von Frauen, die im Textilhandel arbeiteten, um ein Jahr erhöht. Ihr Einkommen stieg anschließend um 33 % an, da sie entsprechend anspruchsvollere Arbeiten leisten konnten. (Nach Weltentwicklungsbericht 1990, S. 96 f.)

Zu wenig Arbeitsplätze

Arbeitslosigkeit und **Unterbeschäftigung** stellen besonders große Probleme für die Entwicklungsländer dar. Industrie, Handel und Handwerk, aber auch die Landwirtschaft sind nicht in der Lage, die ständig wachsende Bevölkerung ausreichend mit Arbeitsplätzen zu versorgen. Anders als bei uns kennen die meisten armen Länder keine Sozialversicherung, die für Arbeitslose finanzielle Hilfe leistet (vgl. Abschn. 1.7). Arbeitslosigkeit ist deshalb in diesen Ländern gleichbedeutend mit offener Not und absoluter Armut.
Sie tritt in der Dritten und Vierten Welt in unterschiedlicher Form auf:

- Von **offener Arbeitslosigkeit** sind diejenigen betroffen, die in den Betrieben der Wirtschaft und in den Einrichtungen des Staates beschäftigt waren, keine Arbeit finden, obwohl sie eine solche suchen. Diese Gruppe erscheint dann in der offiziellen Statistik der Arbeitslosen.
- Weitaus größer ist die Zahl derjenigen, die als **versteckte Arbeitslose** bezeichnet werden: Menschen, die nur gelegentlich eine Arbeit finden, für ein paar Stunden oder Tage, ohne volle Beschäftigung, meist auch ohne rechtlichen und gewerkschaftlichen Schutz. Dazu gehört der Mann, der den Garten einer vermögenden Familie pflegt, der Schuhputzer im Zentrum einer Großstadt, aber auch der Laufbursche in einem Laden. Nach Schätzungen des Internationalen Arbeitsamtes (ILO) sind rund 40 % der arbeitsfähigen Erwachsenen in Entwicklungsländern versteckte Arbeitslose, also mit Gelegenheitsarbeiten unterbeschäftigt.

Umwelt – durch Armut und Ausbeutung gefährdet?

Die Zerstörung der natürlichen Umwelt ist nicht auf die Dritte und Vierte Welt beschränkt, ihre Ausmaße nehmen allerdings in diesen Regionen in den letzten Jahren gewaltig zu.
Natürliche Benachteiligungen (z. B. Trockenregionen), der rasche Anstieg der Bevölkerung und die Armut breiter Massen tragen dazu bei, daß Umweltprobleme in diesen Ländern oft katastrophale Ausmaße annehmen. Einen beachtlichen Anteil an der Zerstörung der Umwelt verursachen die Industrieländer: Sie verbrauchen den größten Teil der Rohstoffe und der Energie. Damit begünstigen sie den Raubbau an der Natur in der Dritten und Vierten Welt.
In unser Blickfeld ist dieser Raubbau vor allem durch das Abholzen der **tropischen Regenwälder** geraten. Immer mehr Menschen in den Industrieländern des Nordens werden sich allmählich bewußt, daß dieses Verhalten weltweite Auswirkungen hat: Unser Klima und unser Wetter sind direkt auf diesen Waldgürtel im Süden angewiesen.

Übersicht 3: Umweltprobleme in Entwicklungsländern

Ländliche Regionen	
Tropenwälder	**Landwirtschaft**
▶ *Brandrodung:* intensive Landwirtschaft, am Export orientiert ▶ *Holzabbau:* Brennholz („Brennholzkrise"); Nutzholz, vor allem für den Export in Industrieländer ▶ *Verkehr und Siedlung:* Zerstörung von natürlichen Lebensräumen durch Verkehr und neue Ansiedlungen, Artensterben (Tiere und Pflanzen), Verdrängung der Ureinwohner (z. B. einzelner Indianerstämme), Zerstörung ihrer Lebensformen, „Zivilisationslasten" (Seuchen, Alkoholismus, Prostitution)	▶ *Monokulturen und Spezialisierung:* intensive Düngung und Verwendung von Pflanzenschutzmitteln, Versalzung des Bodens durch künstliche Bewässerung, Auszehrung der natürlichen Kraftreserven des Bodens, Trinkwassergefährdung ▶ *Überweidung:* Bodenerosion, Ausdehnung der Wüsten, Zerstörung der Busch- und Baumvegetation ▶ *Naturkatastrophen:* Verschärfung der Auswirkungen durch nichtangepaßte Landwirtschaft (z. B. Austrocknung durch Überweidung)
Städte/industrielle Ballungsräume	
Ausdehnung der Städte/Landflucht	**Industrielle Entwicklung**
▶ *Slumbildung:* Zersiedelung, mangelhafte Abfall- und Fäkalienentsorgung ▶ *Infrastruktur/Umwelt:* unzureichende Müllentsorgung, Abwasserreinigung und Regenwasserableitung, ungenügende Trinkwasserversorgung (mengen- und qualitätsmäßig), Verschmutzung und Vergiftung von Wasser und Boden	▶ *Rohstoffabbau:* Bodenzerstörung, keine Rekultivierung ▶ *Industrielle Produktion:* mangelhafte oder fehlende Umweltschutzbestimmungen bei Wasser-, Boden- und Luftbelastungen, Gefährdung der Trinkwasservorkommen, unzureichender Schutz beim Umgang mit gefährlichen Stoffen und deren Verwendung in der Produktion (Schutz am Arbeitsplatz und Schutz vor Katastrophen), oft auch Auslagerung von umweltbelastenden Produktionen aus der Ersten in die Dritte und Vierte Welt, Mülltransport (z. B. Sondermüll) aus den Industrieländern

Beispiel: Sahel-Zone

Daß die Zerstörung der natürlichen Lebensgrundlagen durch **menschliche Eingriffe** vorangetrieben wird, wird in der Sahel-Zone in Afrika deutlich:

- Die herkömmliche Landwirtschaft (Nomaden-Viehhaltung, Wechselwirtschaft mit langer Brachezeit) war den vorhandenen natürlichen Bedingungen **angepaßt.**
- Der Bau von Tiefbrunnen ermöglichte den Übergang zur **intensiven** Landwirtschaft: Die Viehherden wurden größer. Die Steuerpolitik der englischen Kolonialmacht begünstigte früher größere Herdenbesitzer. Ziel dieser Landwirtschaft ist nicht mehr nur die Eigenversorgung, sondern die Belieferung der **städtischen Märkte** sowie der **Export.** Eine Folge: Das Gebiet im Umkreis der Brunnen wird überweidet. Mehr Menschen leben auf engerem Raum. Zudem: Bleiben die Niederschläge aus, reicht das Wasser der Tiefbrunnen für die Menschen und ihre großen Herden nicht aus; die Folgen sind meist katastrophal.

Die Zunahme der Bevölkerung

Die Zahl der Menschen, die auf der Erde leben, wächst immer schneller. Um 1800 waren es ca. 800 Millionen, 1900 schon 1,6 Milliarden, und nach neuesten Schätzungen werden es im Jahr 2025 rund 8,5 Milliarden Menschen sein. Während die Bevölkerung in den entwickelten Industriegesellschaften aber kaum mehr zu-, in einigen sogar eher abnimmt, steigt sie in den Entwicklungsländern meist stark an:

Tab. 2: Die Bevölkerung 1988 in Entwicklungsländern (in Milliarden Menschen) **und ihre Entwicklung bis 2000**

Jahr	1988	2000	durchschn. Wachstum pro Jahr*
Westl. Industrieländer	0,75	0,79	0,5 %
ärmste EL	2,88	3,62	1,9 %
EL-mittleres Einkommen**	1,06	1,34	1,9 %
EL-höheres Einkommen**	0,33	0,40	1,7 %

*1988 – 2000 **pro Kopf der Bevölkerung Weltbankbericht 1990, S. 260 f.

Armut und Bevölkerungswachstum

Untersuchungen haben ergeben, daß die Bevölkerung der **ärmsten Entwicklungsländer** am stärksten steigt: Trotz hoher Säuglingssterblichkeit und geringerer Lebenserwartung nimmt die Bevölkerung dieser Gebiete zu. Dafür werden vor allem drei Gründe genannt:

- Kinder sollen die älteren Menschen später versorgen. Die Eltern meinen, je mehr Kinder sie haben, desto besser seien ihre Altersversorgung und die Pflege bei Krankheiten gesichert.
- Viele Kinder sterben in den Entwicklungsländern in den ersten Lebensjahren. Je größer die Zahl der Kinder einer Familie ist, um so wahrscheinlicher ist es, daß einige überleben.
- Moderne Verhütungsmittel sind in den Entwicklungsländern noch nicht überall bekannt. Einige Religionen (etwa die katholische Kirche) verbieten diese Mittel. Auch sind sie für die meisten Menschen in der Dritten und Vierten Welt zu teuer. Wenn sie nicht vom Staat

oder von Hilfsorganisationen bezahlt werden, können sie diese nicht kaufen.

3 Gesellschaft und Staat: Wie sind Einfluß und Macht verteilt?

Soziale Ungleichheit

Eine Untersuchung, die die Weltbank in 83 Entwicklungsländern durchgeführt hat, ergab, daß dort 80 % des gesamten Ackerlandes im Eigentum von lediglich 3 % aller Landbesitzer sind. Mit anderen Worten:

Grund und Boden

Grund und Boden sind in den Ländern der Dritten und Vierten Welt, vor allem in Lateinamerika und in Asien, extrem ungleich verteilt. Darin liegt ein wesentlicher Grund für die Armut der Landbevölkerung.

Einkommen

Eine zweite Form der Ungleichheit drückt sich in den großen Unterschieden zwischen den niedrigen **Einkommen** der Mehrzahl und den hohen Einkommen der kleinen Oberschicht aus. Hohe Massenarbeitslosigkeit und unzureichende oder ganz fehlende Schul- und Berufsausbildung lassen das Einkommen vieler Familien unter das Existenzminimum sinken. Für sie ist es unmöglich, auch nur einen kleinen Teil zu sparen und so allmählich Vermögen zu bilden.

Einkommensverteilung – wie kann man sie beschreiben?

Aufschluß über die **Verteilung der Einkommen** auf die einzelnen sozialen Schichten einer Gesellschaft erhalten wir, wenn wir alle Haushalte in fünf gleich große Gruppen, also jeweils 20 % der Haushalte, einteilen. Die unterste Gruppe mit den niedrigsten Einkommen können wir dann z. B. mit der obersten Gruppe der höchsten Einkommen vergleichen und fragen: Wie groß ist der Anteil jeder Gruppe am gesamten Volkseinkommen? Dieses Verfahren läßt sich auch auf alle Länder der Dritten und Vierten Welt zusammen übertragen:

Tab. 3: Einkommensverteilung in Entwicklungsländern

Haushaltsgruppen: jeweils 20 % aller Haushalte	Anteil am gesamten Einkommen aller Haushalte in %
1. Gruppe: niedrigste Einkommen	5
2. Gruppe	7
3. Gruppe: mittlere Einkommen	13
4. Gruppe	22
5. Gruppe: höchste Einkommen	53
alle Haushalte	100

Nach: Dieter Nohlen (Hrsg.), Lexikon Dritte Welt, Reinbek 1992, S. 187.

Soziale Schichten

Vergleicht man die Gesellschaften industrialisierter Länder mit denen der armen Länder, so lassen sich Unterschiede feststellen: In Entwicklungsländern zählen nur wenige Menschen zur **mittleren Schicht** (Facharbeiter, selbständige Handwerker, mittlere Unternehmer, höhere Angestellte, Ärzte, freie Berufe; Brasilien etwa 10 %, Bundesrepublik ca. 50 %). Einer **kleinen Oberschicht** von Unternehmern, Großgrundbesitzern und hohen Militärs und Beamten steht die **Unterschicht** der ungelernten und angelernten Arbeiter und kleinen Angestellten, der kleinen Handwerker und der zahlreichen Arbeitslosen gegenüber.

Für Brasilien mit seinen industrialisierten Regionen im Süden und Südosten ergab eine Untersuchung:

- 20 bis 30 % der arbeitsfähigen Bevölkerung ist arbeitslos.
- Die Hälfte der Bevölkerung von rund 140 Mio. Menschen hat ein durchschnittliches Pro-Kopf-Einkommen zwischen 500 und 700 US-Dollar im Jahr; dagegen erwirtschaften die reichsten 14 Mio. Brasilianer (= 10 % der Bevölkerung) jährlich pro Kopf rund 10 000 US-Dollar.
- 36 Mio. Kinder und Jugendliche bis 18 Jahre, das sind 60 % der Altersgruppe, sind bedürftig. Ein Drittel der schulpflichtigen Kinder (zwischen 7 und 14 Jahren) besucht keine Schule.
- Zwei Drittel der Kinder bis 15 Jahren im relativ entwickelten Bundesstaat Sao Paulo gelten als verwahrlost. In der Stadt Sao Paulo sterben von 1000 Kindern im ersten Lebensjahr in den besseren inneren Stadtbezirken 38, in den Randgebieten gar 53 Kinder.

(Nach: Jahrbuch Dritte Welt 1991, München 1990, S. 182 ff.)

Schwache Staaten – starke Regierungen? – Wer hat das Sagen?

Die Staaten in der Dritten und Vierten Welt und ihre **politischen Ordnungen** lassen sich nicht alle auf einen Nenner bringen. Dennoch weisen die meisten von ihnen einige gemeinsame Merkmale auf:

- Rund zwei Drittel der Entwicklungsländer haben **autoritäre Regierungen.** Das bedeutet: Die Macht dieser Regierungen gründet in der Regel nicht auf Wahlen, in denen die Bevölkerung unter verschiedenen Parteien auswählen kann. So gibt es vor allem in afrikanischen Staaten meistens eine **Einheitspartei**, die die Regierung stützt. In Asien und in Lateinamerika sind die regierenden Parteien vor allem von der Duldung des **Militärs** abhängig.
  Oppositionsparteien sind in diesen Staaten nur von geringem Einfluß. Ebenso gibt es keine Teilung von politischen Gewalten (vgl. Kap. 6): Die Regierung ist nicht von der Mehrheit im Parlament abhängig. Gesetze können oft nur mit Zustimmung des Präsidenten oder – wie z. B. in Saudi Arabien – des Herrschers in Kraft treten.
  Zwar gibt es heute nur noch wenige Militärdiktaturen, dennoch ist das Militär in vielen Ländern stets als „Ordnungsmacht" bereit, in die politischen Entscheidungen einzugreifen. So hat Argentinien nach einer Zeit der grausamen Militärdiktatur (1976–1983) zwar wieder eine demokratisch gewählte Regierung mit einem Präsidenten an der Spitze. Diese mußte sich jedoch schon mehrfach gegen Putschversuche einzelner militärischer Gruppen zur Wehr setzen.
- Die Staaten der Entwicklungsländer stehen zwar vor einer Fülle von Aufgaben, es fehlt ihnen dazu aber in den meisten Fällen das Geld. Wirtschaftlich schwache Länder haben nur ein **geringes Steuerauf-**

kommen: Die Einkommen der Bevölkerung sind niedrig; ausländische Unternehmen erhalten meist langfristige Steuernachlässe, damit sie in diesen Ländern investieren. Die kleine einheimische Elite, die gut verdient, legt oft ihre Gewinne im Ausland an (Kapitalflucht).

- Es fehlen funktionierende **Verwaltungen.** Zwar beschäftigen diese Staaten in vielen Fällen zahlreiche Menschen. Diese haben jedoch nicht immer die für ihre Arbeit notwendige Ausbildung. Bei der Einstellung spielen häufig persönliche Beziehungen (eigene Verwandtschaft, Stammeszugehörigkeit) eine größere Rolle, als Ausbildung und Können. Die Arbeit der staatlichen Verwaltungen wird zudem erschwert, wenn notwendige Einrichtungen, etwa Telefonleitungen, fehlen. So gibt es in Afrika große Regionen, die von der staatlichen Verwaltung in der Hauptstadt und in den Provinzstädten gar nicht erreicht werden.
- Auch in den Entwicklungsländern Lateinamerikas, die demokratisch gewählte Regierungen haben, scheitern grundlegende Reformen nicht selten an den **Interessen der „Staatsklasse“:** des Militärs und der besitzenden Gruppen.

Unser Staat als Muster?

Bei der Beurteilung der politischen Verhältnisse in der Dritten und Vierten Welt können wir nicht einfach unsere Staatsordnung als „Muster“ und Maßstab anlegen. Zum einen wurde während der **Kolonialherrschaft** in den meisten dieser Länder eine eigene Entwicklung der politischen Ordnung verhindert. Nicht wenige Staaten haben heute noch mit den Auswirkungen einer oft willkürlichen Grenzziehung durch die Europäer zu tun. Stammeskriege und häufige Umstürze in afrikanischen Staaten sind die Folgen. Zum andern muß nicht jeder Einparteienstaat an sich schon undemokratisch sein. So ist im Verständnis und in der **Tradition** vieler Afrikaner eine Entscheidung der Mehrheit, die dann auch die überstimmte Minderheit bindet, undemokratisch. Sie ziehen das gemeinsame Gespräch vor, an dessen Ende dann die Übereinstimmung aller Beteiligten steht. Und schließlich bleibt zu bedenken, daß oft die ärmsten Entwicklungsländer **„an der Leine der Reichen“** gehen müssen. Abschätzig werden diese Staaten aus der Sicht der Industrieländer „Bananenrepubliken“ genannt. Verschwiegen wird dabei, daß es die Macht großer internationaler Konzerne – wie United Fruit oder Del Monte in Mittelamerika – ist, die diese Staaten in Abhängigkeit hält und deren Wirtschaft nach ihren Interessen steuert.

4 Weltwirtschaft: Welche Rolle spielen Entwicklungsländer im Welthandel?

Vom Welthandel abhängig

Für die achtziger Jahre formulierten die Vereinten Nationen als Ziel der Entwicklungspolitik, die wirtschaftlichen Unterschiede zwischen den Industrie- und den Entwicklungsländern zu verringern. Eine entscheidende Rolle in dieser Strategie wurde dem **Außenhandel** dieser Länder, vor allem dem Export in die industriell entwickelten Teile der Welt, zugeschrieben. Das Ergebnis dieser Politik ist nicht überall gleich:

- Einige Länder verfügen über eine relativ breite Palette an **Industrieprodukten,** die sie auf dem Weltmarkt anbieten. Damit konnten sie in den letzten Jahren ihre Exporte bedeutend steigern. Dazu zählen die Schwellenländer in Lateinamerika (Brasilien, Mexiko) und in Ostasien (die „vier kleinen Tiger" Hongkong, Taiwan, Singapur, Südkorea).
- Eine andere Gruppe kann als „zweite Reihe" der Schwellenländer bezeichnet werden. Länder wie Indonesien, Malaysia und Thailand erzeugen zwar ebenfalls ein breiteres Angebot an Industrieprodukten, können aber noch **nicht** in besonders nennenswertem Ausmaß damit **auf dem Weltmarkt** konkurrieren.
- Die größere Gruppe bilden jene Länder, die im wesentlichen nur über einen oder wenige **Rohstoffe** bzw. **landwirtschaftliche Produkte** verfügen. Die Exporteinnahmen z. B. der afrikanischen Staaten Burundi und Uganda stammen zu mehr als 90 Prozent aus dem Verkauf von Kaffee. Eine industrielle Produktion ist erst vereinzelt in den Anfängen vorhanden.

UNO-Ziel erreicht?

Die Anteile der Industrie- und der Entwicklungsländer am Welthandel haben sich in den zurückliegenden Jahren allerdings anders gestaltet, als es die UNO in ihrem Entwicklungsprogramm zu Beginn der achtziger Jahre formuliert hatte (vgl. Tab. 4).

Schranken für den Handel

Zwei Barrieren erschweren den Handel der Dritten und Vierten Welt mit den Industrieländern:

Stichwort: Protektionismus

Protektionismus bedeutet hier: Die Industriestaaten schützen (engl. to protect) ihre eigene Wirtschaft, indem sie die Einfuhren erschweren – etwa durch Zölle, die die Produkte an der Grenze verteuern, durch Beschränkung der Einfuhrmengen, durch besondere Vorschriften über die Qualität, durch Gesundheits- und Sicherheitsbestimmungen, Hafen- und Grenzgebühren usw. Von solchen besonderen Vorschriften sind nicht zuletzt landwirtschaftliche Erzeugnisse aus der Dritten und Vierten Welt betroffen (ein Beispiel steht am Beginn dieses Kapitels: Zuckereinfuhren in die USA).

Tab. 4: Der Welthandel – Anteile der Industrie- und der Entwicklungsländer
(jeweils Ausfuhren)

Ländergruppen	1975		1980		1990	
	absolut*	Anteil**	absolut	Anteil	absolut	Anteil
Westl. Industrieländer	575	66 %	1252	63 %	2 434	72 %
Entwicklungsländer	216	25 %	569	29 %	758	23 %
Staatshandelsländer (UdSSR und Verbündete)	87	10 %	177	9 %	174	5 %

*in Mrd. US-Dollar **Anteil an den gesamten Ausfuhren des Welthandels (mehr als 100 % durch Rundungen). Journalisten-Handbuch Entwicklungspolitik 1991/92, S. 261 ff.

Stichwort: Ungleicher Warentausch

Die Exporte der Entwicklungsländer hängen stark von der Nachfrage in den Industrieländern ab. Die Preise für Rohstoffe und landwirtschaftliche Produkte schwanken ständig. Insgesamt sanken sie in den achtziger Jahren auf den niedrigsten Stand seit 1945 (ausgenommen Rohöl). Umgekehrt stiegen die Preise für Industrieprodukte.
Das Problem, das daraus für die Entwicklungsländer entsteht, deren Exporte vor allem Grundstoffe für die verarbeitende Industrie und landwirtschaftliche Produkte sind, verdeutlicht die folgende Übersicht:

Übersicht 4: Der ungleiche Tausch – Güter aus den Entwicklungsländern gegen Güter aus den Industrieländern
Was muß ein Entwicklungsland bezahlen?

Für ein eingeführtes Industrieprodukt, z. B.	Gegenwert in eigenen landwirtschaftlichen Produkten	
	1985	1989
1 Lastwagen (6 – 10 t)	*El Salvador:* 93 Sack Kaffee	333 Sack Kaffee
	Mittelamerika: 44 t Bananen	69 t Bananen
1 Ackerschlepper (37 – 59 kW)	*El Salvador:* 55 Sack Kaffee	190 Sack Kaffee
	Mittelamerika: 26 t Bananen	40 t Bananen

Heinz-Werner Hetmeier: Verfall der Rohstoffpreise – Entwicklungshilfe für die Bundesrepublik. In: Frankfurter Rundschau Nr. 50, 28.02.1990, S.13.

Wer profitiert von dieser Entwicklung? Auf die Bundesrepublik bezogen heißt die Antwort eindeutig: wir. Verglichen mit 1985 bekamen wir Ende der achtziger Jahre für die gleiche Geldmenge rund 40 Prozent mehr Güter aus Entwicklungsländern. In der Umkehrung besagt dies: Die Verlierer sind die armen Länder. Sie bekamen für ihr Geld von uns wesentlich weniger Güter als fünf Jahre zuvor.

Schulden: Was bleibt noch übrig?

Wenn wir von den Schulden eines Entwicklungslandes sprechen, so meinen wir die **Kredite,** die die jeweilige Regierung und die wirtschaftlichen Unternehmen im Ausland aufgenommen haben, um damit z. B. Investitionen im eigenen Land und die Einfuhr von Gütern (z. B. Rohstoffe wie Erdöl, Maschinen als Produktionsgüter, Nahrungsmittel als Konsumgüter) zu bezahlen.

Stichwort: Schuldendienst

Industrieländer finanzieren ihre Importe durch die Einnahmen, die sie beim Export eigener Güter erzielen. Die Exporterlöse der Entwicklungsländer reichen jedoch hierzu nicht aus. Sie sind deshalb darauf angewiesen, bei ausländischen Banken und Staaten Kredite aufzunehmen. Für diese Kredite müssen sie Zinsen und jährliche Tilgungs-

raten bezahlen. Alle Zinsen und Tilgungsraten zusammen machen den **Schuldendienst** aus, den ein Land in einem Jahr aufbringen muß.
Die Aufnahme von Krediten ist wirtschaftlich sinnvoll, wenn dadurch die Leistung einer Volkswirtschaft nachdrücklich verbessert wird. In vielen Entwicklungsländern wächst jedoch der Schuldendienst schneller als die Wirtschaftsleistung. Wenn eine solche Entwicklung anhält, verschulden sich diese Länder immer mehr; es fehlt ihnen dann das Geld, um notwendige Investitionen im Lande (z. B. für das Verkehrs- und das Bildungswesen) zu finanzieren.
Im Jahre 1991 betrugen die Auslandsschulden aller Entwicklungsländer 1351 Mrd. US-Dollar. Für den Schuldendienst, d. h. für Zinsen und Tilgung zusammengenommen, mußten rund 24 % der Erlöse, die die Entwicklungsländer aus dem Export eigener Waren erzielten aufgebracht werden. Einige Länder müssen jedoch einen weit höheren Teil der Exporterlöse benutzen, um die Zinsen- und die Tilgungsraten für ihre Auslandsschulden aufzubringen. In Argentinien und Brasilien waren dies Anfang der 90er rund 40 % der Exporterlöse. Einige afrikanische Länder, etwa Ghana und Madagaskar, benötigten dazu die Hälfte ihrer Exporte. (Nach: Journalisten-Handbuch Entwicklungspolitik 1993, S. 253 f.).

Zusammenfassung

1 Die Vielzahl der Entwicklungsländer bildet keine einheitliche Gruppe. Die erdölexportierenden Länder erzielen hohe Einnahmen aus dem Verkauf dieses Rohstoffes. Schwellenländer besitzen eine zumindest teilweise moderne Industrie. Als Vierte Welt werden die ärmsten Länder von den übrigen, der Dritten Welt, unterschieden.

2 Unterentwicklung bedeutet vor allem Mangel. Er zeigt sich als Unterernährung und Hunger, in einer unzureichenden medizinischen Versorgung, im Fehlen von Schulen, Ausbildungsmöglichkeiten und Arbeitsplätzen und zunehmend auch in der zerstörten Umwelt. Dieser Mangel wird durch die starke Zunahme der Bevölkerung noch verschärft.

3 In den Gesellschaften der Dritten und Vierten Welt sind der Besitz an Grund und Boden sowie die Einkommen in starkem Maße ungleich verteilt. Einer zahlenmäßig kleinen Oberschicht steht eine große, aber meist politisch einflußlose Unterschicht gegenüber. Viele Staaten leiden noch unter den Folgen der Kolonialherrschaft der Europäer. Autoritäre Regierungen mit einer herrschenden „Staatsklasse“ verhindern eine erfolgreiche Mitwirkung der Bevölkerung.

4 Einige Staaten, die zu den Schwellenländern zählen, sind in der Lage, eigene Industrieerzeugnisse auf dem Weltmarkt zu verkaufen. Die Mehrzahl der Entwicklungsländer sind jedoch Lieferanten von Rohstoffen und landwirtschaftlichen Produkten. Die Preise dieser Güter sind in den letzten Jahren gefallen, während die Industrieprodukte teurer wurden. Dadurch verschlechterte sich die Position der Dritten und Vierten Welt im internationalen Handel. Die „Verschuldungskrise“ engt die Möglichkeiten der meisten Länder zusätzlich noch ein.

9.2 Entwicklung für wen und auf welchem Wege? – Entwicklungsstrategien und Entwicklungspolitik

Entwicklung für alle?

Gedanken einer indischen Arbeiterin, die beim Bau eines Staudammes beschäftigt ist. Sie gehört zur Kaste der „Unberührbaren", also zur unteren Schicht der indischen Gesellschaft.

Während ich diesen Damm baue
schaufle ich mein Grab.
Der Tag bricht an
und kein Mehl ist im Mühlstein.

Ich sammle die Spreu von gestern
für das Mehl von heute
die Sonne geht auf
und mein Mut sinkt.
Unter dem Korb verstecke ich mein Baby
und mit versteckten Tränen
gehe ich, den Damm zu bauen.

Fertig ist der Damm,
er nährt ihre Zuckerrohrfelder,
macht die Ernte fett und saftig.
Doch ich laufe Meilen durch die Wälder
auf der Suche nach einem Tropfen Trinkwasser.
Die Ernte wässere ich mit meinem Schweiß,
und es welken die Blätter
und füllen meinen trockenen Garten.

Aus: Entwicklung und Zusammenarbeit 1989, H. 5, S.17.

„Internationale soziale Gerechtigkeit sollte im Zusammenhang gesehen werden mit einem wachsenden Bewußtsein von der grundlegenden Gleichheit und Würde aller Menschen."

Willy Brandt in: Bericht der Unabhängigen Kommission für Internationale Entwicklungsfragen, Das Überleben sichern, Köln 1980, S. 35.

Leitfragen

1. Eine neue Weltordnung – was fordern die Entwicklungsländer?
2. Entwicklung – wie und in wessen Interesse?
3. Deutsche Entwicklungspolitik – wie verhalten wir uns?

1 Eine neue Weltordnung – was fordern die Entwicklungsländer?

Warum Entwicklungspolitik?

Damit die Länder der Dritten und Vierten Welt eine Zukunft haben, brauchen sie die Mitwirkung der industriell entwickelten Staaten. Diese Einsicht entspringt unterschiedlichen politischen Motiven; ihr können politische und wirtschaftliche, aber auch humanitäre Überlegungen zugrunde liegen:

- Armut, Hunger und Krankheit von Millionen von Menschen stehen im Widerspruch zum Wohlergehen und zum Wohlstand der anderen. Der unübersehbare weltweite Gegensatz zwischen Armen und Reichen ist nicht zu vereinbaren mit dem Menschenrecht auf **soziale Gerechtigkeit.**
- Die großen Armuts- und Hungergebiete der Erde sind nicht selten auch die Regionen, von denen gewaltsame Unruhen ausgehen. Hunger und Not ziehen oft **Gewalt und Krieg** nach sich.
- Wir brauchen die Zusammenarbeit mit den Entwicklungsländern. Die Wirtschaft der Industrieländer ist auf die **Rohstoffe** aus diesen Regionen angewiesen.
- Und schließlich: Die Länder der Dritten und Vierten Welt kaufen auch Produkte des Nordens. Zwar ist der **Nord-Süd-Handel** mengenmäßig heute noch von geringem Gewicht (rund 16% des gesamten Außenhandels der Bundesrepublik). Er könnte sich jedoch in Zukunft steigern.

Der Welthandel – weiterhin fest im Griff der Industrieländer?

Die Entwicklungsländer sind nicht länger bereit, weiterhin fast ausschließlich die Rolle der Rohstofflieferanten zu spielen. Sie verfolgen ihre politischen und wirtschaftlichen Ziele gemeinsam. So wurden in den vergangenen Jahren vor allem die **Vereinten Nationen (UNO)** zur Bühne, auf der sie ihre Probleme darstellen und ihre Forderungen vortragen konnten (vgl. Kap. 8).

Stichwort: UNCTAD

In mehreren großen internationalen Verhandlungen, die seit 1964 im Rahmen einer Unterorganisation der UNO, der **UN-Konferenz für Handel und Entwicklung** (engl. Abkürzung **UNCTAD,** auch Welthandelskonferenz genannt) stattgefunden haben, ging es um die Fragen,

- welchen Beitrag wir zur Entwicklung der armen Länder leisten sollen,
- wie der Handel mit Rohstoffen zwischen den Entwicklungsländern und den Industriestaaten organisiert werden soll,
- wie die wirtschaftlichen Beziehungen insgesamt zwischen reichen und armen Ländern gestaltet werden müssen, damit die Abhängigkeit der Armen von den Reichen aufgehoben werden kann.

An diesen Konferenzrunden zwischen den Entwicklungs- und den Industrieländern nehmen mittlerweile 168 Staaten teil. Dabei soll ein Weg gefunden werden, wie die alte Aufgabenteilung zwischen dem Norden und dem Süden in einer **neuen Ordnung der Weltwirtschaft** überwunden werden kann.

Übersicht 1: Forderungen der Entwicklungsländer für eine neue Weltwirtschaftsordnung

Forderungen

Folgen des Kolonialismus

- Ausgleich für die Ausbeutung durch die Kolonialmächte
- Anspruch auf Hilfe

Wirtschaftliche Souveränität

- Recht, über eigene Rohstoffe zu verfügen
- Kontrolle ausländischer und multinationaler Konzerne

Internationale Handelsbeziehungen

- Öffnung der Märkte der Industrieländer, weniger Handelsschranken: Abbau der Zölle und der benachteiligenden Vorschriften

Öffentliche Entwicklungshilfe

- Erhöhung der öffentlichen Zahlungen der Industrieländer auf mindestens 0,7 % ihres Bruttosozialprodukts

Verschuldungskrise

- Schuldenerlaß für die ärmsten Entwicklungsländer
- Umschuldung bei den übrigen Ländern zu finanzierbaren langfristigen Bedingungen

Rohstoffpolitik

- Aufbau gemeinsamer Rohstofflager (Rohstoff-Fonds)
- langfristige Stabilisierung der Preise durch Vereinbarungen (Rohstoffabkommen)

Stichwort: GATT

Den Welthandel freier zu gestalten, d. h. zu liberalisieren, ist Aufgabe des **Allgemeinen Zoll- und Handelsabkommens,** auch **GATT** genannt (General Agreement on Tariffs and Trade). Diesem Abkommen gehören heute rund 100 Mitgliedstaaten an, etwa zwei Drittel von ihnen sind Entwicklungsländer.

Die Vereinbarungen im Rahmen des GATT streben **drei Ziele** an:

- ▶ Hauptziel ist der Abbau aller Handelsschranken (siehe Abschn. 9.1, Leitfrage 4).
- ▶ Handelspolitische Vereinbarungen beruhen auf Gegenseitigkeit: Erleichterungen, die das Land A dem Land B gewährt, gelten auch umgekehrt.
- ▶ Vergünstigungen, die zwischen A und B vereinbart werden, sollen auch für alle Unterzeichnerstaaten des GATT-Abkommens gelten. Dieser Grundsatz wird als Meistbegünstigungsklausel bezeichnet. Auf diese Weise kann verhindert werden, daß die Regelung des Welthandels in zahlreiche unterschiedliche Einzelabkommen zersplittert.

In der Verhandlungsrunde zu Beginn der neunziger Jahre strebten die Entwicklungsländer vor allem bessere Chancen für ihre **Textil- und**

Agrarerzeugnisse an. Die Importquoten, d. h. die Einfuhrmengen für Textilien, die in vielen Industrieländern die einheimischen Erzeuger schützen, sollen deshalb vergrößert werden oder ganz entfallen.
Der freie Handel mit Agrarerzeugnissen wird besonders durch die **Europäische Gemeinschaft** (vgl. Kap. 7) erschwert. Zur Unterstützung der eigenen Betriebe werden in der EG einige Agrarprodukte subventioniert (vgl. Abschn. 9.1, S. 362). Die EG-Länder können diese Produkte dann auf dem Weltmarkt billiger anbieten. Das heißt aber auch: Länder, in denen das Geld für solche Subventionen fehlt, sind im internationalen Wettbewerb benachteiligt. Ihre landwirtschaftlichen Produkte müssen zwangsläufig teurer sein. So verkaufte Anfang der neunziger Jahre die EG Rindfleisch wesentlich billiger als die traditionellen Rindfleisch-Länder Argentinien und Uruguay. Selbst auf lateinamerikanischen Märkten waren EG-Produkte im Vorteil.
Der Grundsatz, daß Erleichterungen gegenseitig gewährt werden, kann von vielen Entwicklungsländern heute noch nicht in vollem Umfang akzeptiert werden. Sie fordern deshalb in den GATT-Verhandlungen für ihre einheimischen Märkte zumindest vorübergehend noch einen besonderen Schutz. Damit wollen sie ihre gerade im Entstehen begriffene einheimische Industrie schützen.

2 Entwicklung – wie und in wessen Interesse?

Entwicklung durch Industrialisierung

In den meisten Entwicklungsländern fehlen Arbeitsplätze. Große Teile der Bevölkerung nehmen am Wirtschaftsgeschehen nicht teil. Sie müssen von dem wenigen leben, das sie auf einem kleinen Stück Land erwirtschaften oder durch unregelmäßige Aushilfsarbeiten verdienen.

Investitionskapital – woher?

Es liegt nahe, diesen Zustand durch die verstärkte Ansiedlung von Fabriken ändern zu wollen. Hierzu ist jedoch **Kapital** erforderlich. Ein wesentlicher Teil der Auslandsschulden der Dritten und Vierten Welt ist dadurch verursacht:
Um eine eigene Industrie aufzubauen oder die vorhandenen Produktionsanlagen zu modernisieren, benötigen diese Länder **Kredite** – von ausländischen Banken oder von den Industriestaaten selbst.
Daneben ist ein zweiter Weg möglich, um Industrieunternehmen anzusiedeln: Viele Entwicklungsländer begrüßen es, wenn kapitalkräftige **ausländische Unternehmen** Produktionsanlagen bei ihnen errichten. Oft werden diesen Unternehmen Anreize für Investitionen gegeben, z. B. Steuererleichterungen in den ersten Jahren, der Verkauf billiger und günstiger Grundstücke als Standorte für Fabriken usw.
Unternehmen aus Industrieländern investieren in den Entwicklungsländern aus unterschiedlichen Gründen, z. B. um

- sich neue Märkte zu erschließen,
- hohe Zollschranken durch die Produktion im Lande selbst zu umgehen,
- durch billigere Arbeitskräfte kostengünstiger zu produzieren,

- schärferen Umweltvorschriften in den Industrienationen auszuweichen,
- den gestiegenen Ansprüchen der Arbeiterschaft in den Industrieländern, die zu einem großen Teil in Gewerkschaften organisiert ist, zu entgehen.

Industrialisierung – am Ausland orientiert

Mit der Steigerung der eigenen industriellen Produktion wollen die Entwicklungsländer zunächst erreichen, daß sie weniger Industrieprodukte vom **Ausland** einführen müssen. Die eigene Produktion soll die teuren Einfuhren ersetzen. Darüber hinaus sind sie daran interessiert, selber Industrieprodukte im Ausland zu verkaufen, um ihre Einnahmen in ausländischer Währung (Devisen) allmählich zu erhöhen. Ihr Ziel ist also der **Weltmarkt,** auf dem sie mit ihren Produkten wettbewerbsfähig werden wollen.
Mit zunehmenden Erfolgen soll es dann gelingen, den Rückstand zu den reichen Ländern aufzuholen. Dazu – so die Vorstellung – ist es notwendig, die industrielle Entwicklung durch einen „großen Schub“ in Gang zu setzen: Ein kräftiger Investitionsstoß soll auch in den übrigen Bereichen der Wirtschaft dauerhaftes Wachstum ankurbeln.

Stichwort: Internationaler Währungsfonds

Bei der Vergabe von internationalen Krediten spielt heute der **Internationale Währungsfonds (IWF)** eine besondere Rolle. Er ist eine Sonderorganisation der Vereinten Nationen. In ihm arbeiten rund 150 Staaten zusammen. Er wurde 1945 gegründet, um den Welthandel durch feste Wechselkurse zwischen den verschiedenen Währungen zu erleichtern. Es gehört heute zu seinen Aufgaben, zusammen mit der **Weltbank** die Entwicklung des Welthandels durch Kredite an einzelne Länder zu fördern.
Der IWF arbeitet ähnlich wie eine Genossenschaftsbank: Die Mitgliedstaaten beteiligen sich mit bestimmten Quoten (Anteilen) an seiner Finanzierung. Nach diesen Quoten richtet sich auch der **Einfluß auf die Politik** des IWF (vgl. Übersicht 2). Demnach haben die Industrieländer im IWF ein deutliches Übergewicht.

Übersicht 2: Anteile der Länder und Ländergruppen am IWF

Land/Ländergruppe	Anteile in %	
Industrieländer	62,3	Die Mitgliedsanteile betrugen zu Beginn der neunziger Jahre insgesamt rund 130 Mrd. US-Dollar.
davon USA	19,9	
Großbritannien	6,9	
BR Deutschland	6,0	
Frankreich	5,0	
Japan	4,7	
Kanada	3,3	
Italien	3,2	Zusammengestellt nach Angaben des Presse- und Informationsamtes der Bundesregierung 1990.
Sonstige	13,3	
Entwicklungsländer	37,7	

IWF und Weltbank legen die Bedingungen fest, nach denen ein Land einen Kredit bekommt. Dies gilt auch dann, wenn ein überschuldetes Land Zinsen und Tilgungsraten nicht mehr aufbringen kann und seine Schulden gestundet werden. Hierzu erhält es Zahlungsaufschub, zugleich wird ein Plan zur späteren Rückzahlung der Schulden festgelegt. Dabei machen IWF und Weltbank die Zahlungen weiterer Kredite von bestimmten **Auflagen** im Innern des Landes abhängig. Diese Auflagen – wie z. B. die Kürzung der Lebensmittelsubventionen, mit denen Grundnahrungsmittel verbilligt werden – führen aber nicht selten zu neuen sozialen Problemen.

Industrialisierung – mit wenig Arbeitsplätzen

In den vergangenen Jahren konnte man beobachten, daß die Zahl der **industriellen Arbeitsplätze** nicht in dem erwünschten Maße zunahm. In den neuen Unternehmen werden Produktionsmethoden und Einrichtungen verwendet, die nach den wirtschaftlichen Zielen der Industrienationen entwickelt wurden: Moderne technische Anlagen sind geeignet, in kurzer Zeit viele Güter zu erzeugen. Sie benötigen dafür nur wenige Arbeitskräfte. Das Problem der Arbeitslosigkeit wird dadurch nur in geringem Maße gelöst.

Die Rolle der Landwirtschaft

Daß die Entwicklung nicht allein von der Industrie ausgehen kann, wurde in jenen Ländern deutlich, die gleichzeitig auch die **Landwirtschaft** in ihre Entwicklungspolitik einbezogen haben (etwa Südkorea, Indonesien und Taiwan in Asien und Kamerun und Kenia in Afrika): Eine Zunahme der landwirtschaftlichen Produktion sichert sowohl die Ernährung der Bevölkerung als auch die landwirtschaftlichen Arbeitsplätze. Sie bremst auf diese Weise die Wanderung in die Städte.
Voraussetzung hierfür ist jedoch eine **soziale Politik,** die kleine Bauern unterstützt und Landarbeitern ermöglicht, selbst Land zu erhalten und anzubauen. In Ländern dagegen, in denen der Boden weitgehend von Großgrundbesitzern oder großen Agrarkonzernen bewirtschaftet wird, findet die Landbevölkerung nicht genügend Arbeitsplätze. Diese Großbetriebe produzieren mit modernen Maschinen oder haben sich auf solche Produkte spezialisiert, zu deren Erzeugung nur wenige Arbeitskräfte benötigt werden. Argentinien und Brasilien sind Beispiele dafür: Die Ausdehnung der Rinderzucht und des Zuckerrohranbaus durch die großen Agrarunternehmen nimmt vielen Landarbeitern Arbeit und Einkommen.

Die Strategie der Grundbedürfnisse

Entwicklung kann nicht allein mit Wirtschaftswachstum gleichgesetzt werden. Gerade Länder, die ihre Zukunft überwiegend oder ausschließlich im Aufbau einer eigenen Industrie sehen, stehen vor neuen Problemen:

- Die Industrialisierung verläuft nicht gleichmäßig. Sie begünstigt – zumindest in einer Übergangsphase – die Entstehung **neuer Gegensätze,** z. B. zwischen entwickelten und armen Regionen, aber auch zwischen einer gutverdienenden Arbeiterelite und den nicht oder nur wenig Verdienenden.

- Die Industrieproduktion richtet sich vorrangig nach den **Absatzmöglichkeiten im Ausland,** weniger nach dem Bedarf im eigenen Land.
- Eine rasche Industrialisierung ist oft mit starken **Belastungen der Umwelt** verbunden.

Entwicklung: von unten und selbständig

Seit der zweiten Hälfte der siebziger Jahre gewinnt eine alternative Strategie Bedeutung, die sich zum Ziel setzt,

- die wichtigsten **Lebensbedürfnisse** der Menschen zu befriedigen;
- die betroffenen Menschen selber in die Erziehungsarbeit einzubeziehen, also Entwicklung **von unten** anzuregen und zu organisieren;
- mit der gemeinsamen Arbeit im **unmittelbaren Umfeld** der Menschen zu beginnen (z. B. durch den Bau eines Brunnens, der hygienisch einwandfreies Wasser liefert),
- durch gemeinsame Arbeit auch das **soziale Verhalten** und das **politische Bewußtsein** (z. B. beim Kampf um die Menschenrechte) zu verändern.

Stichwort: Grundbedürfnisse

Auf diese Weise soll die Bevölkerung in die Lage versetzt werden, ihre **Grundbedürfnisse** unabhängig und ausreichend zu befriedigen. Darunter versteht man zunächst, daß der Mindestbedarf eines einzelnen und seiner Familie gesichert wird. Dazu zählen die notwendigen Mittel für die Ernährung, für die Unterkunft und für die Kleidung. Darüber hinaus sollen wichtige öffentliche Einrichtungen, wie medizinische Stationen, die Versorgung mit sauberem Trinkwasser und Schulen von allen benutzt werden können. Schließlich gehören eine gesunde Umwelt, die Beteiligung des Volkes an den politischen Entscheidungen und die Möglichkeit dazu, seinen Lebensunterhalt selber durch Arbeit zu verdienen (vgl. Abschn. 9.1, Leitfrage 2).
Die lebenswichtigen Einrichtungen dürfen in den Dörfern und Städten aber nicht einfach von fremden Fachleuten erstellt und betrieben werden; die Bevölkerung soll vielmehr von Anfang an bei der Planung und beim Betrieb **beteiligt** werden. Denn neben der Versorgung ist ein zweites Ziel dieser Entwicklungspolitik wichtig: Die Menschen sollen **Erfahrungen** sammeln können im Umgang mit den neuen Einrichtungen und lernen, daß sie ihre Verhältnisse selbst gestalten können. **Selbstvertrauen,** d. h. Vertrauen auf die eigene Kraft, kann so der wichtige Schritt aus der Armut sein.

Selbsthilfenetze – lernen, Erfolge zu haben

Die Arbeit der einzelnen Gruppen kann die Lebensbedingungen „vor Ort“ verändern. Um ihre Wirkung auf ein ganzes Land oder eine ganze Entwicklungsregion auszudehnen, treten die Gruppen miteinander in Kontakt, tauschen Erfahrungen aus und stimmen sich gegenseitig ab. Dadurch soll ein **Netz** entstehen, das die Erfolge im kleinen weiterträgt und auf Dauer absichert.
Der Aufbau eines **Netzwerks der Initiativen** kann nur erfolgreich sein, wenn auch die Regierungen diese Arbeit aufgreifen, unterstützen und weiterführen oder zumindest dulden. In vielen Ländern geraten die Basisgruppen jedoch in Konflikt mit dem Staat und den herrschenden

Gruppen. Aus der Initiative zur Selbsthilfe entsteht so oft eine **politische Opposition** zu den herrschenden Gruppen, die letztlich die sozialen und politischen Verhältnisse im Land insgesamt verändern will.

Die „Schattenwirtschaft" – Chancen für eine eigenständige Entwicklung

In den meisten Entwicklungsländern arbeitet die Mehrzahl der Menschen nicht in der Industrie oder in großen Handwerksbetrieben, auch nicht in der Landwirtschaft, sondern in Ein-Mann- und in Kleinbetrieben des Handwerks und des Baugewerbes, des Handels und des Transportwesens. Dazu zählen die „selbständigen" Straßenhändler und die Fahrradtaxis ebenso wie die Teppichweberei, in der Frauen und Kinder beschäftigt werden.
Nach Schätzungen der Weltbank verdienen in den Städten Afrikas südlich der Sahara (ohne Südafrika) mit solchen Arbeiten bis zu 75 Prozent ihren Lebensunterhalt. Mehr als die Hälfte von ihnen sind Frauen (Weltentwicklungsbericht 1990, S. 75 f.). In der peruanischen Hauptstadt Lima werden 95 Prozent des öffentlichen Transports auf diese Weise bewältigt. Und eine Untersuchung im afrikanischen Sierra Leone ergab, daß mehr als 30 Prozent der Beschäftigten auf dem Lande ebenfalls solche Arbeiten verrichten (Jahrbuch Dritte Welt 1991, S. 61 ff.)
Solche **Kleinst- und Kleinbetriebe** arbeiten in der Regel ohne staatliche Zulassung, sie zahlen keine Steuern und Abgaben. Die Arbeiter sind ohne Versicherungsschutz und ohne gewerkschaftliche Vertretung. Sie verdienen weniger als in den großen Betrieben.

Stichwort: Informeller Sektor

Dieser Bereich der Wirtschaft wird **informeller Sektor** genannt, im Unterschied zum formellen Sektor, d. h. den regulären, offiziell gemeldeten Industrie-, Dienstleistungs- und Handwerksbetrieben. In Europa werden solche ungeschützten und nicht genehmigten Tätigkeiten als „Schwarzarbeit" oder als „Schattenwirtschaft" bezeichnet. Sie spielen in entwickelten Industriestaaten in normalen Zeiten eine untergeordnete Rolle. In der Dritten und Vierten Welt dagegen kommt ihnen immer größere Bedeutung zu:
- Sie brauchen nicht in erster Linie Kapital, sondern **Arbeitskräfte;** sie sind also arbeitsintensiv,
- sie verbrauchen nicht große Mengen an Rohstoffen, sondern **verwerten** vor allem **Abfallprodukte** der modernen Industrie,
- sie versorgen unmittelbar den **lokalen Markt.**

Einige Länder haben erkannt, welche Chancen in diesem informellen Sektor liegen. Deshalb fördern sie solche Kleinst- und Kleinbetriebe mit Krediten, durch die Vergabe von Landrechten oder Verkaufsgenehmigungen. Die Betroffenen erhalten damit zugleich einen rechtlich abgesicherten Stand.

Zusammenarbeit der Entwicklungsländer

Der Zusammenarbeit einzelner Selbsthilfegruppen entspricht auf internationaler Ebene die **Kooperation einzelner Entwicklungsländer.** So arbeiten seit 1986 sieben Staaten in Südasien, nämlich Indien, Pakistan, Sri Lanka, Bangladesch, die Malediven, Nepal und Bhutan, in der „Vereinigung für regionale Kooperation" zusammen. Ihr Ziel ist es, sich gegenseitig abzustimmen, gemeinsame Projekte durchzuführen und den Handel zwischen ihren Ländern zu verstärken. Weitere Beispiele der Süd-Süd-Zusammenarbeit gibt es auch in anderen Regionen, z. B. in Lateinamerika. Dort schlossen 1969 Bolivien, Chile, Kolumbien, Ecuador und Peru den „Andenpakt“. Venezuela trat 1974 bei. Die sechs Länder wollen zwischenstaatliche Handelsschranken abbauen und gemeinsame Entwicklungsprogramme durchführen. Während gemeinsame Vorhaben bislang nur geringen Erfolg brachten, nahm immerhin der Handel zwischen diesen Ländern in den letzten Jahren zu.

3 Deutsche Entwicklungspolitik – wie verhalten wir uns?

Stichwort: Entwicklungspolitik

Als **Entwicklungspolitik** bezeichnen wir die Maßnahmen, die von Staaten, Staatengruppen (z. B. die Europäische Gemeinschaft) und internationalen Organisationen (etwa die UNO) ergriffen werden, um in der Dritten und Vierten Welt die **wirtschaftliche** und die **soziale Entwicklung** zu fördern. Damit sollen die Lebensbedingungen der Menschen in diesen Ländern verbessert werden.

Von diesem engeren Ziel zu unterscheiden sind die **besonderen Interessen,** die Industriestaaten darüber hinaus mit Entwicklungspolitik verfolgen – etwa den Aufbau von Handelsbeziehungen, die Sicherung ihrer Rohstoff-Einfuhren, die Unterstützung einer bestimmten Ordnung (z. B. die der Marktwirtschaft), den Abbau von internationalen Spannungen oder die Verhinderung von gewaltsamen Konflikten.

Politik auf unterschiedlichen Ebenen

Die Bundesrepublik Deutschland beteiligte sich erstmals 1952 mit einer kleinen Summe an einem Hilfsprogramm der Vereinten Nationen für arme Länder. Als der eigentliche Beginn der westdeutschen Entwicklungspolitik gilt das Jahr 1956: Das Auswärtige Amt stellte damals 50 Mio. DM für technische Hilfe an „unterentwickelte Gebiete“ bereit. Das erste **Bundesministerium für wirtschaftliche Zusammenarbeit** wurde 1961 eingerichtet.

Zusammenarbeit mit Entwicklungsländern vollzieht sich heute auf mehreren Ebenen:

Bund und Länder

Die **Bundesregierung** und die **Bundesländer** führen entwicklungspolitische Vorhaben in der Dritten und Vierten Welt durch. So leistet die Bundesrepublik finanzielle Hilfe (Kredite, Zuschüsse) und technische Zusammenarbeit, mit der sie einzelne Projekte, z. B. den Aufbau eines Telefonsystems, unterstützt. Die Bundesländer förderten daneben vor allem die Aus- und Fortbildung von Hochschülern und von Fachkräften für die Wirtschaft.

Europäische Gemeinschaft

Auch im Rahmen der **Europäischen Gemeinschaft** betreibt die Bundesrepublik Entwicklungspolitik: Die Staaten der EG haben im Dezember 1989 mit 69 Staaten Afrikas, der Karibischen See und des Pazifischen Ozeans (AKP-Staaten) im **Vierten Lomé-Abkommen** (benannt nach der Hauptstadt Togos) vereinbart, daß die meisten Produkte dieser Länder ohne besondere Zölle in die Europäische Gemeinschaft eingeführt und dort verkauft werden können. Darüber hinaus soll die wirtschaftliche und technische Zusammenarbeit verstärkt werden, indem z. B. Industrieunternehmen finanziell unterstützt oder mit Hilfe europäischer Fachleute aufgebaut und betrieben werden. Das Abkommen trat 1990 in Kraft. Es gilt bis zum Jahr 2000.

UNO

Die Bundesregierung beteiligt sich darüber hinaus an entwicklungspolitischen Maßnahmen, die von den **Vereinten Nationen** gemeinsam mit mehreren Staaten durchgeführt werden. Die UNO stellt Geld und Berater zur Verfügung, indem sie z. B. landwirtschaftliche Betriebe ausbaut, mit denen die Versorgung der Bevölkerung mit Nahrungsmitteln verbessert werden soll.

Städtepartnerschaften

Auch einzelne **Städte** beteiligen sich an der Arbeit in der Dritten und Vierten Welt. Sie schließen Partnerschaften mit Städten aus Entwicklungsländern, stellen Berater und Experten zur Verfügung und helfen beim Bau von Schulen, Krankenhäusern und anderen öffentlichen Einrichtungen. So unterhält Freiburg i. Br. eine Partnerschaft mit der Stadt Wiwili in Nicaragua, hilft beim Bau einer Wasserleitung und unterstützt das dortige Krankenhaus.

Freie Organisationen

Neben staatlichen Stellen organisieren und finanzieren auch kirchliche und gesellschaftliche Organisationen Entwicklungvorhaben. Zu diesen **Nichtregierungsorganisationen** gehören „Misereor" (katholische Kirche), „Brot für die Welt" (protestantische Kirchen), die „Deutsche Welthungerhilfe" (eine deutsche Unterorganisation der Vereinten Nationen) und „terre des hommes" Deutschland.

Wieviel Hilfe?

Die Vereinten Nationen haben die reichen Länder aufgefordert, für die Dritte und Vierte Welt zusammen 0,7 % ihres Bruttosozialprodukts zur Verfügung zu stellen. Diesem Vorschlag sind bislang nur wenige Staaten (z. B. Schweden und die Niederlande) nachgekommen. Obwohl der Deutsche Bundestag der Regierung 1982 empfahl, sich an dieser Zahl zu orientieren, blieben die deutschen Leistungen bislang unter diesem Wert. 1991 leistete die Bundesrepublik Deutschland staatliche Entwicklungshilfe in Höhe von 11,4 Mrd. DM. Das entsprach 0,41 % des Bruttosozialprodukts.

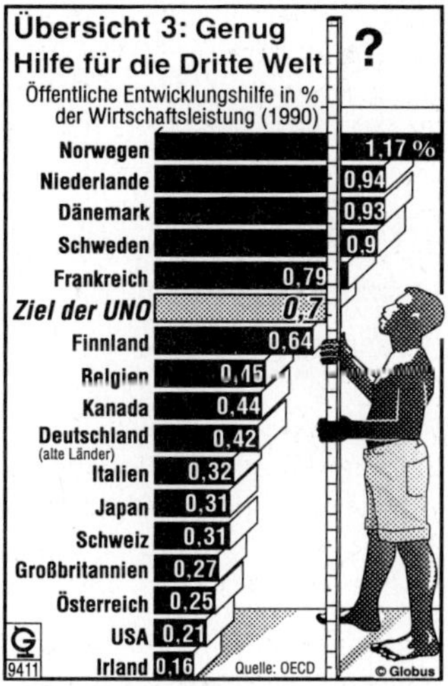

Übersicht 3: Genug Hilfe für die Dritte Welt

Der Anteil der Entwicklungshilfe am Bruttosozialprodukt aller westlichen Industrieländer betrug Anfang der neunziger Jahre im Durchschnitt 0,3 %. Er ist in den letzten Jahren leicht rückläufig. Die Entwicklungsländer befürchten, daß nach der Öffnung der osteuropäischen

Staaten und durch deren Übergang zur Marktwirtschaft der größte Teil des westlichen Geldes dorthin fließt. Damit würde sich die Lage der armen Länder weiter verschlechtern.

Aktuelle Infos

Entwicklungspolitik der Bundesregierung: jährlicher Bericht „Entwicklungspolitik"; „Journalisten-Handbuch Entwicklungspolitik", jeweils im September, weitere Schriften und Materialien:

Bundesministerium für wirtschaftliche Zusammenarbeit
Karl-Marx-Straße 4–6
53113 Bonn

Europäische Entwicklungspolitik: Leistungen der EG, Durchführung des Lomé-Abkommens
Europäische Gemeinschaften
Büro Bonn
Zitelmannstraße 22
53113 Bonn

Welthandelskonferenz: UNCTAD, besondere Abkommen, z. B. über einzelne Rohstoffe
Welthandels- und Entwicklungskonferenz UNCTAD
Palais des Nations
CH-1211 Genf 10

Weltbank: jährliche Weltentwicklungsberichte
UNO-Verlag
Poppelsdorfer Allee 5
53115 Bonn

Informationen zum Thema „Ernährung und Hunger", Zeitschrift „Welternährung"
Deutsche Welthungerhilfe
Adenauer-Allee 134
53113 Bonn

Entwicklungsprojekte, Einsatz deutscher Entwicklungshelfer, Erfahrungsberichte in der Zeitschrift „DED-Brief"
Deutscher Entwicklungsdienst (DED)
Kladower Damm 299–327
14089 Berlin

Zusammenfassung

1 Mit der Forderung nach einer neuen Ordnung der Weltwirtschaft wollen die Entwicklungsländer erreichen, daß die alte Aufgabenteilung im Handel zwischen dem Norden und dem Süden aufgehoben wird. Ihr Ziel ist es, ihre Position auf den Märkten der Industriestaaten zu verbessern. Verhandlungen hierzu finden (neben anderen) im Rahmen der UNCTAD und des GATT statt.

2 „Industrialisierung" oder „Befriedigung der Grundbedürfnisse" – mit diesen Stichworten werden zwei unterschiedliche Entwicklungsstrategien bezeichnet. Der Aufbau einer Industrie soll unabhängiger machen vom Ausland: Die eigene Produktion kann zum einen die Einfuhr von Industriegütern ersetzen. Zum anderen soll es auf diesem Wege gelingen, eigene Industrieprodukte auf dem Weltmarkt anzubieten und zu verkaufen.
Die Strategie der Grundbedürfnisse will an den unmittelbaren Lebensbedürfnissen der Menschen in der Dritten und Vierten Welt anknüpfen: Indem sie selber lernen, ihren Alltag und ihre Umgebung schrittweise zu verändern, sollen sie dazu beitragen, die Lage ihres Landes insgesamt zu verbessern. Ein wichtiges Ziel dieser Strategie ist es, Selbstvertrauen in die eigenen Fähigkeiten und Kräfte zu entwickeln.

3 Die Bundesrepublik leistet Entwicklungshilfe sowohl allein als auch in Zusammenarbeit mit der Europäischen Gemeinschaft und den Vereinten Nationen. Daneben beteiligen sich Städte und freie Organisationen an der Arbeit in der Dritten und Vierten Welt.

Suchbegriffe

Bundesrepublik Deutschland

- ■ über 1 Million Einwohner
- ● 500 000 – 1 Million Einwohner
- ⊙ 200 000 – 500 000 Einwohner
- • 100 000 – 200 000 Einwohner

Berlin (durchgezogen unterstrichen)	Hauptstadt
Bonn (unterstrichen)	Regierungssitz
Dresden (gestrichelt unterstrichen)	Hauptstädte der Bundesländer (Landeshauptstädte)